GERT NAUMANN

BESIEGT UND »BEFREIT«

Ein Tagebuch hinter Stacheldraht in Deutschland
1945–1947

Mai 1947
Lager Ludwigsburg

DUM SPIRO SPERO
(Solange ich atme, hoffe ich)

*(Bleistiftzeichnung des Verfassers im ehemaligen
Internierungslager Ludwigsburg, Mai 1947)*

GERT NAUMANN

BESIEGT UND »BEFREIT«

Ein Tagebuch hinter Stacheldraht in Deutschland
1945–1947

DRUFFEL-VERLAG
LEONI AM STARNBERGER SEE

Schutzumschlag H. O. Pollähne
Bilder: Aus dem Archiv des Autors

ISBN 3 8061 1032 8

Allen Kameraden gewidmet, die mit mir durch die in diesem
Buch beschriebene schwere Zeit gegangen sind,
allen voran meiner lieben Frau als meinem besten Kameraden.
Sie alle werden bezeugen können, daß ich gegenüber den
wahren Begebenheiten nichts verändert und nichts
hinzugedichtet, aber auch kaum etwas verschwiegen habe;
diese Schilderung basiert allein auf meinen vollständig
erhaltenen Tagebuchnotizen, die ich meistens wörtlich
übernehmen konnte. Insofern möge man mir gütigst
nachsehen, wenn ich auch häufig unter vollen
Namensnennungen diejenigen Vorgänge wahrhaftig
niedergeschrieben habe, die mir zur Bewältigung auch
unserer allerjüngsten Vergangenheit wesentlich erschienen.

München-Solln
Sommer 1984

Gert Naumann

1984
© by Druffel-Verlag, 8137 Leoni am Starnberger See
Gesamtherstellung: Ebner Ulm

Inhaltsverzeichnis

I. Kapitel

Ende und Übergang

Es ist der 25. März 1945. Über dem Sessel neben meinem Bett hängt an der Wand der Kalender mit den großen schwarzen Ziffern. Ich schaue auf meine Uhr. Es ist später Nachmittag. Ich liege in einem weißen Lazarettbett und starre hinauf zur niedrigen Decke dieses kleinen Raumes von kaum mehr als 6 qm Fläche, dieser winzigen Zelle irgendwo im 8. Stockwerk eines gigantischen Würfels aus Stahl und Beton. Flak-Turm am Zoologischen Garten von Berlin.

Als ich vor drei Wochen vom Flugplatz Tempelhof in einem Krankenwagen hierher gebracht wurde, war mir, als würde ich von meinen Sanitätern in einen Berg hineingetragen. Die Menschen wirkten winzig klein unter diesen mächtigen Toreinfahrten und vor den nackten, grauen Betonmauern der Hallen und Gewölbe. Man trug mich über Gänge und Treppen, ein Lift nahm mich empor, dort waren wieder Hallen und Korridore, die in Sauberkeit blitzten und blinkten; das Ende war dann diese Kabine, dieses nichtssagende, nüchtern-kalte Loch. Schwestern kamen und Ärzte und dann der Herr Professor Doktor Gorband, der »Chef«. Er klopfte mir auf die Schulter. »Das werden wir schon hinkriegen!« Er verordnete Eisbeutel und Injektionen gegen die allzu starken Schmerzen. »Der Abszeß liegt anscheinend unter dem Zwerchfell«, diagnostizierte er leise, zu seinem Oberarzt gewandt.

Seit drei Wochen habe ich keinen Himmel mehr gesehen, keine andere Luft mehr geatmet als die, welche mit leisem Surren durch das Röhrensystem der Klimaanlage in die vielen hundert Zellen dieses Wabengebildes gepumpt wird. Seit drei Wochen umgibt mich eine sterile, lautlose Abgeschiedenheit von allem Geschehen, in das ich fünf lange Kriegsjahre hineingestellt war. Ich lebe hier wie unter einer Glasglocke hermetisch abgeschirmt. Und ich warte. Den Ablauf der Zeit kann ich nur auf meiner Armbanduhr verfolgen. Morgens 6.00 Uhr wird das elektrische Licht in den Neonröhren angeschaltet, abends um 22.00 Uhr gelöscht. Meine Kabine hat — wie alle übrigen auch — keine Fenster. Ich weiß nicht, ob es draußen regnet oder ob die Sonne scheint. Die Tage gehen dahin und werden im wesentlichen nach den Mahlzeiten unterteilt, die mir Schwester Bettina, die Tochter des Reichsaußenministers von Ribbentrop, an meinem Bett serviert.

Die Nacht beginnt, sowie ich meine Dilaudid-Spritze bekommen habe und allmählich in jenen beseligenden Zustand der von Schmerzen befreiten Erlösung hinüberdämmere, an den man sich so sehr und so gefährlich gewöhnen kann! Neben meinem Bett steht auf dem kleinen Tisch ein

7

Rundfunkempfänger. Mit seinen Nachrichtensendungen bietet er die einzige Verbindung zur Außenwelt.

Ich versuche mir vorzustellen, daß draußen hinter den dicken Betonmauern dieser Flak-Festung ein Frühlingsahnen in der Luft liegen könnte, ein kleiner goldener Lichtschein über den Zweigen der Büsche und Sträucher, deren erste grüne Blattspitzen hervorzuknospen beginnen. Ich frage Schwester Bettina, ob sie wohl in diesen Tagen einmal draußen gewesen sei, aber sie verneint, denn auf die Plattform des Turmes hinauf, wo die Flak-Geschütze stehen, dürfe man nicht gehen, und um das Lazarett zu verlassen, habe sie keine Zeit gefunden. Sie weiß also auch nicht, daß der Frühling im Kommen ist. Sie ist in diesem riesigen Ameisenhaufen ebenso gefangen wie ich.

Im Grunde ist mir alles gleichgültig. Ich fühle mich matt und elend. Das Fieber infolge der großen Entzündung in meinem Leib ist andauernd hoch. Ich weiß nicht, ob ich wieder genesen werde, aber ich lebe noch und kann warten. So versuche ich diese künstliche Ruhe und Stille zu genießen. Was mich verblüfft, ist, daß ich nicht so sehr auf meine Gesundung warte, sondern vielmehr auf ein Ende, auf ein irgendwie geartetes Ende. Merkwürdig! Mein ganzes Leben lang habe ich stets an die Weite gedacht, an die Weite von Raum und Zeit. An künftige Möglichkeiten einer Entfaltung, an Reisen in fremde Länder, an bessere Zeiten. Nun aber denke ich an das Ende, von dem ich allerdings die Vorstellung eines Übergangs habe, eines Übergangs vom Bisherigen zu einem − − ich weiß nicht, was. Vielleicht zum Nichts. Zum mehr oder weniger schmerzvollen und jedenfalls wehmütigen Auslöschen. Zu etwas wahrscheinlich Endgültigem. Ich empfinde ein mich in der Seele belastendes Gefühl der Trauer über das nutzlos vertane Lebensgut.

Ohne eigentlich Angst zu haben − dieses Gefühl ist in mir in den Jahren des Fronteinsatzes stark abgenutzt! − habe ich das unbestimmbare Empfinden, daß das Ende jetzt bald kommen muß. Zwangsläufig. In irgendeiner Form. Daß ich hier derart ausgeschaltet in meinem Bett liegen und alles über mich ergehen lassen muß, macht mich etwas nervös. Aber es war stets meine Art, mich notfalls in das Unumgängliche zu schicken.

Drei Wochen liege ich jetzt hier, und das ist eine lange Zeit. Ich taxiere, daß es nochmals drei Wochen dauern wird, bis es kommt − − das Ende.

Schließlich bin ich nicht allein hier. Wenn das Ende kommt, wird es Hunderte von Verwundeten und Kranken treffen, die dieses Lazarett der Luftwaffe hier beherbergt. Und die Ärzte und Schwestern. Und das Sanitätspersonal. Und die Köchinnen und Reinemachfrauen und Hilfskräfte. Dabei ist dieses Lazarett selbst nur ein kleiner Teil dieses riesigen Beton-Bunkers. Da gibt es noch Kasernen und Munitionslager innerhalb dieser gigantischen Mauern, Kaufläden, Kinos, große Luftschutz-Sammelräume. Man sagt, daß bei einem Fliegeralarm etwa zwanzigtausend Menschen hier Platz finden. Ich weiß das nicht. Seit drei Wochen sehe ich nur mein Bett, den Sessel daneben, den Abreißkalender an der Wand, den kleinen Tisch mit dem Rundfunkgerät. Oberst Rudel kommt auf seinen Krücken zu mir. Das Schlachtflieger-As! Er liegt ein paar Kabinen weiter und wartet auch. Er wartet, daß sein Beinstumpf endlich wieder leidlich zuheilt, weil er wieder an die Front will. Er meint, daß wir den Krieg doch noch gewinnen werden. »Es ist doch einfach undenkbar, daß wir diesen Krieg verlieren könnten!« sagt er leidenschaftlich. Ich nicke mit dem Kopf. »Ja, das wäre ja auch noch schöner!!« sage ich. Es ist natürlich alles Unsinn. Ich bin auch nicht überzeugt, daß Oberst Rudel an seine Logik glaubt. Aber er sagt alles mit Nachdruck, wie er hier auf dem Rand meines Bettes sitzt, das Ritterkreuz mit Eichenlaub und Brillanten am Hals, den Uniformrock voller Orden. Er besieht sich den Stumpf seines rechten Beines, von dem der Fuß ab ist. »Das wird schon wieder gehen mit der Fliegerei!« sagt er vor sich hin. »Das mit dem Fuß ist nicht so wichtig. Man kann auch mit einer Prothese steuern!« Als er mir die Hand drückt, zerquetscht er mir fast die Finger. Seine Augen blitzen hellgrau wie geschliffener Stahl. In seinen Krücken hängend humpelt er hinaus auf den Gang.

Nachts kann ich schlecht schlafen. Die Dilaudid-Injektionen wirken nicht mehr so lange vor wie am Anfang. Und mit den Schmerzen kommen viele verworrene Gedanken, und alles dreht sich um mich. Ganz gleich, ob ich die Augen öffne oder geschlossen halte. Ich kann merken, daß sich alles noch schneller dreht, wenn ich die Augen schließe. Das Ende. Ich versuche mir auszumalen, wie es aussehen wird, das Ende. Neben mir im Tischkasten liegt meine Pistole. Im Magazin stecken 8 Schuß. Ich werde also die ersten Sowjetsoldaten, die bei der unvermeidlichen Eroberung von Berlin diesen Flak-Bunker stürmen und in meine Kabine hier eindringen würden, über den Haufen schießen können. Ich nehme mir vor, genau Obacht zu geben, daß ich nur sechs Schuß abfeuere, um die letzten zwei Kugeln für mich selbst behalten zu können. Ich grüble längere Zeit darüber nach, ob es mir gelingt, wirklich zwei Schuß schnell hintereinander in den eigenen Schädel zu jagen, oder ob nicht sofort nach der ersten Kugel Lähmungserscheinungen eintreten und ich dann gar nicht mehr zum zweiten Schuß käme?!? Ich hätte dann ja sieben Schuß für die Russen zur Verfügung!!? Keinesfalls will ich lebend in ihre Hände fallen! Nicht aus Ehrgefühl. Nicht aus heldenhaften Anwandlungen. Aber aus Furcht − − Furcht vor Quälereien.

Noch umgibt mich dieser riesenhafte Betonberg mit seinem ehernen Schutz. Noch schützt mich die Zeit, die vor mir liegt. Noch ist es nicht so weit! Zuweilen fühle ich mich in dieser winzigen Zelle hier und in meinem blitzsauberen Bett geborgen. Es gibt Stunden, in denen ich überhaupt nichts denke. Dann ist der Geist abgeschaltet. Funkstille. Dann schaue ich nur zur Decke empor und warte, wie die Zeit verrinnt.

Dann geschieht nichts weiter, als daß der Sekundenzeiger an meiner Armbanduhr einen Kreis nach dem anderen beschreibt. Ab und zu kommt Schwester Bettina und bringt einen Eisbeutel, den ich mir auf dem fieberheißen Leib zurechtrücke. Ich bin nicht überzeugt, daß diese Behandlung einen Wert hat; aber auch dies erscheint mir jetzt unwichtig. Eingesponnen in den schicksalhaften Ablauf der Dinge, scheint mir das einzelne ohne Wert zu sein.

Zuweilen kommt Besuch von draußen. Dem bin ich ausgeliefert, ob es mir paßt oder nicht. Am liebsten wäre ich allein wie ein krankes Tier, das sich in den hintersten Winkel seiner Höhle verkriecht. Und mir ist, als kommen die Menschen von draußen wie von einem fremden Stern. Sie wollen mir etwas Gutes sagen, und doch irrlichtert die Angst und das Gejagt-sein in ihren Blicken, so daß das, was sie aussagen, unecht wirkt. Gepeinigt von der Not des bevorstehenden gemeinsamen Untergangs, scheinen sich die Menschen enger zusammenschließen zu wollen. Aber sie finden keinen Trost aneinander. Sie reden aneinander vorbei.

Da kommt mein Oberbefehlshaber der Luftflotte, Generaloberst Ritter von Greim, alle paar Tage auf einen Sprung zu mir. Er besucht seinen »besten Mann«, Oberst Rudel, und schaut auch bei mir herein. Das ist nett von ihm. Er spricht nicht viel. Ich spüre seine Sorgen. Er wird, er kann, er darf mir seine eigenen innersten Gedanken nicht eröffnen, aber ich lese sie ihm von den Augen ab. Ein General in seiner eindrucksvollen Uniform, mit dem blauen, goldgeränderten Pour-le-mérite und dem schwarzen Ritterkreuz am Hals und doch auch nur − − ein Mensch. Er erscheint mir in seiner väterlichen Art und Besorgnis verehrungswürdig − − als Mensch. Ein Mensch, der vor dem Ende steht − − wie ich. Er ist stets in Eile, wenn er kommt, der Generaloberst, was nicht verwundert. Aber wenn er zu mir hereinkommt, dann setzt er sich in den Sessel und schaut minutenlang stumm vor sich hin. Um das Stillschweigen nicht zur Pein werden zu lassen, melde ich ihm, wie es mir heute geht. Er wünscht mir dann gute Besserung und geht wieder fort. Meist geht er anschließend zum Führer-Bunker in der Reichskanzlei, um Hitler Lagevortrag zu halten. Zuweilen kommt er von dort zurück und schaut nochmals bei Oberst Rudel und bei mir herein. Was für eine Veränderung! Seine Augen leuchten, seine schlanke Gestalt ist gestrafft, sein Händedruck kräftig. Er erzählt uns von der grenzenlosen Siegeszuversicht, die Hitler ausstrahlt, und daß wir es schon noch schaffen werden.

Wenn er dann wieder geht, drehe ich mich zur Wand und bin bemüht, meine Tränen zurückzuhalten.

Und dann kommt Hanna Reitsch, unser weiblicher Flugkapitän, zu Besuch. Eine bezaubernde Frau! Sie befindet sich wegen einer Erkrankung am Kehlkopf ebenfalls hier im Lazarett. Eine tapfere Frau, klein, zierlich, grazil, springlebendig und von einem bemerkenswerten fraulichen Charme. Und auch ein guter Kamerad, beseelt von sprühendem Idealismus.

Und da ist dann meine liebe, gute Mutter. Sie kommt meist gegen Abend, um die Fliegeralarme und Bombenangriffe auf Berlin in diesem gesicherten Betonklotz zu verbringen und um in meiner Nähe zu sein.

Längst ist jeder Funke ihres sonst so unbezwinglichen, sonnigen Humors verflogen. Die immer wiederkehrende Angst und Flucht vor dem Tode haben tiefe Falten in dieses gütige und Frohsinn ausstrahlende Antlitz gekerbt. Müde und hungrig setzt sie sich in den Sessel an mein Bett und sucht ein wenig Frieden zu finden. Mir tut es in der Seele weh, sie zu beobachten. Mit geschlossenen Augen sitzt sie da, ihre Finger öffnen und schließen sich nervös. Ich sehe ihre abgetretenen Schuhe, ihre vielfach ungeschickt gestopften Strümpfe, das immer gleiche Kleid, die große, schäbige Wachstuchtasche, in der sie das Wichtigste an Schriftstücken, Dokumenten, Schmuck mit sich trägt. Nie weiß sie, ob sie ihre Wohnung wiederfindet, wenn sie nachts heimkehrt. Sie hängt an ihrem Heim. Aber die fortwährende Todesangst in dieser Stadt wird unerträglich. Sie will meine Meinung hören, meinen Rat; aber ich weiß selbst nicht, wo Rettung sein könnte, wo sie Zuflucht fände. Nicht einmal meiner Mutter kann ich helfen − − −

Ach, diese armselige Hilflosigkeit!

Alle Überlegungen drehen sich im Kreise. Wir werden in einer ganz und gar niederträchtigen Weise einem katastrophalen Ende zugetrieben, kraftlos, selbst ohne die Möglichkeit einer Auflehnung. Um es klar zu sagen: Ich fühle mich hier und jetzt aus jeglicher Entscheidungsfreiheit herausgenommen. Fast erscheint es mir dabei grotesk, daß ich den Vorzug habe, mich in diesen Tagen hier in meinem Lazarettbett geborgen und umsorgt fühlen zu dürfen. Zugleich ist mir aber auch vollkommen bewußt, daß das alsbaldige und noch unbekannte Ende nicht haltmachen wird vor den dicken Mauern dieser Festung, dieses Giganten aus Beton und Stahl, diesem Mittelding aus einer modernen Fluchtburg und einem riesenhaften U-Boot. Ich fühle mich absolut eingekettet in den Gang des Schicksals. Auch, daß ich jetzt wieder diesen scheußlichen inneren Abszeß bekommen mußte, gerade jetzt, wo es darauf angekommen wäre, »seinen Mann zu stehen«. Ich weiß, daß es eine Krankheit ist, bei der es um Leben und Tod geht. Aber heute und jetzt geht alles überall auf Leben und Tod! Es ist also nicht so wichtig, daß ich in meinem Krankheitszustand vor dieser Entscheidung stehe. Das ist alles mit dem Ende verknüpft, auf das wir zutreiben. Es ist also ganz gleichgültig, was mit mir geschieht. Noch ist alles für mich erträglich, und ich empfinde fast eine Spur von Dankbarkeit.

Wenn die Schmerzen überhand nehmen, klingele ich nach der Schwester und bekomme eine Injektion, so daß ich schnell aus dem Irdischen entschwebe und fern von allen quälenden Gedanken in die nächsten Stunden hineindämmere.

Ein Wesen, das gleichsam künstlich am Leben gehalten wird und dem man mit entsprechenden Präparaten und Mitteln alles physische und psychische Ungemach fernhalten kann. Das Frühstück bekomme ich von einer Schwester auf beigetöntem dünnem Porzellan serviert.

Man schiebt es auf einem bequemen Bett-Tischchen mit weißer Decke vor mich hin. Man schüttelt mir die Kissen auf – – –

An die Wand neben meinem Bett habe ich eine große Landkarte von Deutschland geheftet. Hier trage ich nach den Radiomeldungen mit Rotstift täglich die Vormarschbewegungen des Feindes ein. Dies ist bereits ein sehr bedrohliches Gemälde geworden! Der Feind steht tief im Land. Auflösung der Fronten überall. Die Westmächte rücken täglich unaufhaltsam weiter vor. Die Pfeile von Osten zeigen auf Berlin. Wenn sich die militärische Lage weiterhin so entwickelt, dann wird Berlin in Kürze abgeschnitten und Deutschland geteilt sein. Es besteht kein Grund zur Hoffnung, daß es nicht so kommen wird. Die Russen befinden sich jetzt an der Oder, eine Wegstunde von Berlin entfernt. Nun erwarten wir den Tag, an dem die unheildrohende Übermacht des sowjetischen Gegners wie ein Unwetter losbricht, um alles zu vernichten. Ich bin überzeugt, daß es so kommen wird. Aber es ist nicht möglich, sich darüber mit einem anderen Menschen zu unterhalten. Dies wäre Verrat am Vaterland. Die Lage so zu sehen, wie sie ist, gilt als frevlerischer Defaitismus. Darauf steht die Todesstrafe! Es ist geradezu albern, wenn die Menschen jetzt noch so tun, als könnten wir den Feind auf die Knie zwingen.

»Wir werden siegen, denn wir haben ja den Führer!« sagte heute Oberst Rudel bei seinem Kurzbesuch bei mir. Allen Ernstes! Es ist zum Heulen traurig, daß diese Worte aus dem Munde eines Mannes kommen, der mit außergewöhnlicher Tapferkeit und einmaligen großen Erfolgen im Kampf gefochten hat.

Ich lasse mich dahintreiben. In den Pausen zwischen den Fieberanfällen lese ich Bücher, lese mir aus jenen fernen, verlorenen Welten Linderndes und Gutes heraus. Dies alles hat nichts mehr mit dem Heutigen gemein. Ich denke darüber nach, wie merkwürdig wenig mich im Grunde dieser ganze Zusammenbruch berührt. Vielleicht schwebt in meinem Inneren nun schon seit zwei Jahren der Gedanke, daß wir einer Katastrophe zutreiben. Im Gegensatz zu vielen Menschen bin ich jetzt weniger überrascht davon, daß es unweigerlich so kommen muß. Viele vernehmen kopfschüttelnd die ständig neu hereinkommenden Hiobsbotschaften. Sie versuchen sich einzureden, dies sei vielleicht alles nur ein Irrtum, ein vorübergehendes Übel. Sie können nicht glauben, daß nach einem mehr als fünfjährigen heldenhaften Ringen, nach unsäglichem Leid, nach allen Entbehrungen und Verlusten nun eine totale Niederlage das Endergebnis sein soll. Sie wollen nicht darüber nachdenken, daß sich diese Entwicklung schon seit langem abzuzeichnen begann. Sie haben stets daran geglaubt oder auch nur nachgeplappert, daß wir siegen werden. Niemals haben sie sich mit der Einsicht vertraut gemacht, wir könnten, wir müßten den Krieg verlieren. Sie können auch nicht ermessen, daß nun das Ende kurz bevorsteht und welche furchtbaren Konsequenzen es haben wird.

Kann ich selbst es ermessen??

Damals, vor etwa zwei Jahren, erschrak ich bis hinab in die Tiefen des

Herzens, als mir erstmals klar vor Augen trat, daß alle unsere Hoffnungen auf den »Endsieg« trügerisch waren, daß alles militärische Bemühen doch nur noch ein Kampf um hinhaltenden Zeitgewinn sein konnte. Auch ich gewann Zeit, mich an den Gedanken zu gewöhnen, daß Deutschland in einem grandiosen Zusammenbruch enden würde. Im übrigen hatte ich meine Pflicht zu tun. Meine Pflicht als Soldat und Offizier. Nichts weiter als meine Pflicht. So war ich erzogen. So hielten es meine Kameraden und meine Vorgesetzten, und es waren viele vorbildliche Persönlichkeiten unter ihnen. Wenn ich mich auch als winziges Rädchen in der großen Maschinerie der Wehrmacht empfand, so war doch auch in mir das Gebot wirksam, daß auch dieses Rädchen zu funktionieren hatte. Menschenleben und Material hingen davon ab, daß eben jedes Rädchen funktionierte. Zutrauen und Erfolg basierten nur auf der unbedingten Verläßlichkeit eines jeden zum namenlosen Nächsten. Ich erachtete es als mein Los, dem ich zu gehorchen hatte, daß ich nach besten Kräften und mit aufrichtiger Gesinnung mitzuwirken hatte, dem Feind die Stirn zu bieten, wo immer es nur möglich war. Und da war auch immer noch ein letzter Hoffnungsfunke, daß eine wunderbare Fügung schließlich in letzter Stunde noch eine Wendung der deutschen Situation bringen könnte − − − Gleichzeitig ergab ich mich einem mehr und mehr ausgeprägten Fatalismus. Allmählich ging mir der Gedanke an das Unabänderliche in Fleisch und Blut über. Ich gewöhnte mich daran, fast nur noch wie ein außenstehender Beobachter den Lauf der Geschehnisse zu betrachten. Diesem schicksalhaften Geschehen war freilich auch ich verhaftet. Ich hatte keinen Zweifel daran, daß ich »einst« mit in den tiefsten Zusammenbruch der deutschen Geschichte hineingestrudelt werden würde. Nur wußte ich nicht zu deuten, wann denn wohl dieses »einst« sein würde − − −

Jetzt war es soweit!

Mit großen Stößen und Püffen treibt uns jeder Tag dem Ende zu. Es gibt kein Entrinnen, kein Erbarmen − womit hätten wir's uns auch verdient?? −, keinen Trost und schon gar keine Hoffnung. Wir treiben in einem reißenden Strom, der uns alle mit sich hinwegschwemmt, und wer ein Ohr dafür hat, muß wohl schon das Getöse des Abgrunds hören.

Ich liege in dieser lähmenden, fiebrigen Apathie in meinem Lazarettbett, schlürfe Tee, um die spröden und trockenen Lippen zu benetzen, knabbere an einem Keks. Wenn ich klingle, kommt Schwester Bettina oder Schwester Franziska und fragt nach meinen Wünschen. Ärzte kommen zur Visite. Auch der »Chef«, Professor Gorband. Ich werde abgefühlt, am Rücken punktiert − man holt mehr als einen Liter eitriger Flüssigkeit heraus − man verordnet neue Medikamente. Zwischendurch gerate ich immer wieder in jenen wohltuenden Dämmerzustand, der alles auf das eigene Ich zurückführt und dem Äußeren nur einen untergeordneten Raum überläßt. Auch wenn das Fieber vorübergehend zurückgeht, vermag ich das derzeitige grauenvolle Geschehen draußen nicht mit der ihm gebührenden Bestürzung zu empfinden. Ich betrachte alles, was an

Rundfunkmeldungen, Zeitungsberichten, hastigen Erzählungen Vorbei-
kommender in meine Klause dringt, gleichsam wie ein Schauspiel. Zwischen den einzelnen Akten schließe ich die Augen, und der Geist verdäm-
mert hinüber zu den phantastischen Bildern der Erinnerung an jene
sorglosen früheren Zeiten, die weit, weit zurückliegen – – –

So gehen die Tage dahin!

Heute ist Freitag, der 13. April 1945. Man sagt Fliegern nach, sie seien
meist abergläubisch. Wenn sich drei Kameraden einer Besatzung vor dem
Feindflug noch eine Zigarette ansteckten, so war bestimmt stets einer
dabei, der darauf achtete, daß mit dem gleichen Streichholz nur zwei
Zigaretten entflammt wurden; für die dritte mußte ein neues Streichholz
verwendet werden! Man fürchtete mit einer unerklärlichen Gewißheit,
daß sonst der Dritte nicht vom Flug zurückkehren würde – – – Ich selbst
wähnte mich stets vom Aberglauben frei. Das wenige an Glaubenskraft,
über das ich verfügte, gehörte Gott und damit dem Guten in der Welt. Im
Aberglauben spürte ich stets eine ungute Ersatz-Gläubigkeit, etwas, das
mir wie Sünde erscheinen mochte. Aber natürlich gibt es Tage, da man
etwas Drohendes, etwas Unheilvolles spürt, als sei die Atmosphäre mit
bösen Ahnungen angereichert.

Freitag, der dreizehnte!

Mir liegt heute ein Unbehagen im Blut. Ich rede mir ein, daß nichts zu
befürchten sei – noch nichts! Aber mit jedem Herzschlag pulst neues
Bangen in meine Sinne hinein. Ich versuche mich zu erinnern, wie oft mir
wohl in meinem Leben die heutige Daten-Konstellation Glück oder
Unbill brachte – Freitag, der dreizehnte! Ich habe viel Zeit hier in
meinem Bett, um diesen abstrusen Gedanken nachzuhängen. Die Alten
hatten ihre Gesichte. Sie wußten der Gestirne Lauf und Verbindung
zueinander, die Zeichen der Natur zu deuten. Sie richteten oft ihr Dasein
nach diesen Erkenntnissen ein. Instinktiv. Meine gute, alte Großmutter
kommt mir in den Sinn, bei der ich meine Jugend verbrachte. Sie hätte
sich nie verwunden, eine bedeutsame Unternehmung etwa an einem
Freitag zu beginnen. Alles hatte bei ihr unter dem Gebot innerer Stimmen
und Gesichte zu geschehen. Sie war eine einfache Frau aus bäuerlichem
Geblüt des Erzgebirges. Aber sie wußte mehr, als wir heute wissen. Sie
wußte von den »weißen Nächten« zwischen Weihnachten und dem Drei-
Königs-Tag. Bei ihr war es eine Selbstverständlichkeit, zu Heiligabend
neunerlei Gemüse und Salate zu essen. Und vieles mehr. Sie richtete ihr
Leben nach den vielgearteten Zeichen der Natur ein, die sie deuten
konnte; sie blieb gesund dabei und wurde 82 Jahre alt. Ein biederes und
rechtschaffenes Leben, das sich zu keiner Zeit den Stimmen und Zeichen
verschloß, die ihm zugingen. Ich spüre noch heute den frommen Schauer
vor jenen Geheimnissen, die ich als kleiner Junge zwar niemals ergründen, wohl aber erfühlen konnte. Heute morgen, an diesem Freitag, dem
dreizehnten, würde ich viel dafür geben, könnte ich meine innere Unruhe
deuten und jene inneren Stimmen hören, die meinen Verstand nicht mehr

erreichen. Mit geschlossenen Augen liege ich in meinem Bett und spintisiere vor mich hin. Mit seltsamer Klarheit spüre ich, wie doch irgendwo zwingend geheimnisvolle Gesetze wirksam sind. Mein Verstand läßt sich aber trotz quälender Versuche nicht dazu zwingen, konkrete Vorstellungen zu entwickeln.

Mühsam schleppe ich mich zum Waschtisch in der Ecke und betrachte mein Antlitz im Spiegel. Ein gespenstiger Eindruck! Grünlichgraue Gesichtsfarbe. Ob das wohl das Neonlicht an der Decke macht?? Ich beobachte, wie das Blut in der Halsschlagader pulst. Wie dünn ist doch dort die Haut darüber!

Wie weit bin ich noch von jenem Augenblick entfernt, da dieses Leben erlischt?

Ich warte in den neuen Tag hinein.

Von Schwester Bettina höre ich das Gerücht, man wolle dieses Lazarett verlegen. Angeblich will man uns nach Kitzbühel verlagern. »Es eilt sehr!« sagt Schwester Bettina. Mir behagt diese Änderung nicht. Aber ich meine, wenn es so sein soll, wird es schon richtig sein. Plötzlich kommt mir – ein wenig wehmütig – zum Bewußtsein, wie sehr ich mich doch innerhalb dieser dicken Mauern geborgen fühlte. Wenn nachts die feindlichen Bomberverbände Tod und Brand auf diese Stadt abwarfen, dann war es hier in meiner Klause nur wie fernes Gewittergrollen, und ich drehte mich auf die andere Seite. Wie vielen Menschen in dieser verwüsteten Stadt war wohl ein solcher »Genuß« beschieden??

Um die Mittagsstunde besuchte mich mein Bruder Erich. Ich habe ein paar Kekse für den immer Hungrigen aufgehoben. Er trinkt Tee mit mir. Unsere Mutter hat Berlin verlassen. Sie folgte einer Bekannten auf ein kleines Dorf im Oldenburgischen.

Erich weiß jetzt auch nicht, was er tun soll. Auch er würde Berlin gern verlassen, aber er findet keinen Weg. Kein männliches Wesen darf Berlin verlassen. Selbst Kinder werden seit Wochen zum Bau – vollkommen unzureichender Verteidigungsanlagen! – und für andere fieberhaft errichtete Graben- und Sperrbauten eingesetzt. Ihm ist Angst davor, in die Hände der Sowjets zu fallen. Er möchte in das von den Amerikanern eroberte Gebiet fliehen. Aber er möchte lebend dorthin gelangen. Er spürt, daß ihm sein bisheriges Leben noch sehr viel vorenthalten hat. Ich begreife, daß er sehr an seinem Leben hängt, weitaus mehr, als ich.

Als Erich gegangen ist, bleibe ich allein. Ich weiß nicht, ob ich ihn wiedersehen werde. Alle Bande lösen sich auf. Ich überlege mir, daß mich eigentlich jetzt auch nichts mehr an diesen Platz bindet. Aber gleichzeitig muß ich mich des Gedankens zu erwehren suchen, daß es doch nun auch vollkommen gleichgültig ist, was mit mir geschieht. Warum soll ich eigentlich nicht auf alle Fälle hier bleiben? Ich habe mich doch schon an die Vorstellung gewöhnt, hier das Ende zu erleben. Es paßt mir nicht, meine Vorstellung umstoßen zu sollen. Ich grübele über dem Problem, *wie* man uns denn hier herausbringen will? Meiner Meinung nach ist doch

15

alles schon viel zu spät. Will man uns vielleicht in einem Lazarettzug friedlich durch die Lande nach Süden fahren? Ich fühle mich fast ein wenig amüsiert bei dem Gedanken, wie man immer noch glaubt, in aller Ruhe für solche Unternehmungen disponieren zu können. Fast interessiert es mich schon mitzuerleben, wie man das Vorhaben durchführen wird. Vielleicht ist wirklich noch ein paar Tage Zeit bis zum Ende!??

Es wird Abend. Ich erkenne es an meiner Uhr. Ich fühle mich nicht müde, aber doch sehr zerschlagen. Ich freue mich auf die Nacht. Es wird nicht mehr viele leidlich friedliche Nächte für mich geben.

Plötzlich geht die Tür auf, und Generaloberst v. Greim kommt zu mir herein. Er ist in Eile. Kaum nimmt er Platz. Ich merke, daß er mich heute nicht direkt anschaut.

»Sind Sie verlegefähig?« »Ja, ich glaube schon.« »Sie müssen unbedingt Berlin verlassen! Am besten morgen früh. Sie werden mit meiner Reisemaschine von Jüterbog nach Eger fliegen. Der Stab der Luftflotte ist ebenfalls dorthin in Verlegung begriffen. Dort kommen Sie ins Lazarett. − Lassen Sie gleich noch Ihre Papiere fertigmachen. Näheres erfahren Sie morgen früh durch Flugkapitän Hanna Reitsch!«

Ich sage zwei-, dreimal »Jawohl!«, dann ist v. Greim schon wieder weg.

Selten habe ich den alten Herrn derart gehetzt gesehen. Es muß wohl doch schon sehr schlecht mit der allgemeinen Lage stehen. Seine Anordnungen waren im Befehlston gegeben worden, und doch fühle ich ein gewisses väterliches Wohlwollen aus seinen Worten.

Nun ist plötzlich eine ganz neue Situation entstanden. Ich habe einen Befehl bekommen und muß jetzt handeln, sei es auch nur, daß ich meine wenigen Habseligkeiten zusammenpacke. Das Ende, das schon so lange Zeit fast greifbar vor mir stand, ist plötzlich wieder etwas weiter in die Ferne gerückt. Etwas Neues hat sich zwischen den Augenblick und das Ende der Dinge eingeschoben. Ich bin schon herausgerissen aus der einschläfernden Monotonie dieses eng begrenzten Krankenraumes. Von außen her geschieht etwas mit mir, dem ich mich nicht entziehen kann. Morgen werde ich wieder den Himmel sehen, ich werde sehen, wie weit der Frühling schon fortgeschritten ist, ich werde frische Luft atmen. Eine Spur von Freude beginnt mich zu beleben.

Der Arzt wiegt bedächtig den Kopf. »Ich glaube, daß ich Ihnen nichts in den Weg legen kann«, sagt er. »Es ist vielleicht besser für Sie!« »Freuen Sie sich!« sagt Schwester Bettina, »Sie haben es gut, Sie können fort!« Ich bin aufgeregt. Mein Blick fällt immer wieder auf das Kalenderblatt an der Wand: Freitag, der 13. April 1945. Es erscheint mir töricht, dieses Gefühl des Unbehagens nicht bannen zu können, da ich doch erkennen muß, daß das Beschlossene aus guter und fürsorglicher Meinung für mich entstanden ist.

Nach wirren Träumen und einer unruhigen Nacht stehe ich am Morgen seit fast zwei Monaten erstmals wieder in Uniform auf den Beinen. Mir ist nicht sehr gut dabei, und unter meinem Pelzmantel quillt mir vor Schwäche der Schweiß aus allen Poren. Ich habe Fieber und halte mich mit aller Kraft aufrecht.

Hanna Reitsch nimmt mich in ihrem Wagen mit zum »Haus der Flieger«. Es sei so verabredet, sagt sie.

Ich verlasse den mächtigen Betonklotz des Flak-Turmes, und der blaue Frühlingshimmel blendet meine Augen, die seit Wochen nur an künstliches Licht gewöhnt sind. Die Zweige der Büsche und Bäume tragen die ersten hellgrünen Blattspitzen. Alles ist von einem lichtgoldenen Schein überhaucht. So habe ich es mir hundertmal vorgestellt. Nun kann ich es mit eigenen Augen registrieren. Aber diese erfreulichen Bilder irrlichtern während der schnellen Fahrt mit dem Wagen nur schemenhaft vorüber. Andere Eindrücke sind stärker, Eindrücke, die ich mir nicht vorgestellt hatte. Wir fahren durch einige Straßen dieser aus allen Wunden blutenden Stadt. Ruinen von Häusern stehen schwarz und bizarr zu beiden Seiten unserer Straßen, Rauch schwelt aus den Trümmern, die Luft riecht nach Brand und Qualm. Menschen hasten mit fahlen, grauen Gesichtern ihres Wegs.

Ich habe diese Bilder während des Krieges unzählige Male gesehen, in Ost und West. Sie haben mich immer wieder erschüttert. Aber nun sehe ich diese Bilder in unserer eigenen Stadt, in unserem einst so lebenslustigen, lebenshungrigen Berlin.

Auch das »Haus der Flieger«, dieses pompöse Gebäude, ist eine Ruine. Bei der Auffahrt überqueren wir frische Bombentrichter, über die man Bretter gelegt hat. Der Wagen schwankt und hält dann vor dem zerborstenen Portal. Hier bin ich im Frieden oft in festfreudiger Stimmung zu den großen Bällen der Saison hineingeschritten. In der Vorhalle sind große Haufen von Schutt zusammengekehrt. Über der großen Garderobe wölbt sich hoch oben zwischen zerrissenen Mauern und verkohlten Balken der Himmel.

Ein Anbau des Gebäudes ist noch einigermaßen erhalten. Dort hat Hanna Reitsch ein Zimmer. Sie führt mich behutsam die Treppe hinauf. Ich betrete eine stille Oase. Wie zum Trotz gegen die Gewalten der umfassenden Zerstörungen ringsum ist hier inmitten von Staub und Brandgeruch ein Wohnraum erhalten geblieben, den diese bezaubernde, tapfere Frau zu einem Idyll von Behaglichkeit und Kultur gestaltet hat. Überall stehen Blumen und blühende Zweige in großen Vasen. Wandleuchten und Stehlampen spenden gedämpftes Licht. Vor den zerborstenen Fenstern hängen Vorhänge in modischen Farben. Die Möbel zeigen einen schlichten, sachlichen Stil und sind mit Geschmack verteilt. Ein Samowar singt auf dem kleinen, runden Tisch neben der Couch, auf die ich mich gleich niederlegen muß. Die anmutige Hausfrau schiebt mir Kissen unter den Kopf und breitet eine Decke über mich, richtet mir eine Schale Tee auf dem Tisch, bietet kleines Gebäck an. Ich fühle ihr

17

Bestreben, mir Gutes zu tun, und lasse mich von ihrer unaufdringlichen Kameradschaftlichkeit bezaubern. Als ich für einige Augenblicke die Augen schließe, geht Hanna Reitsch nur noch auf Zehenspitzen über den weichen Teppich. Ich muß mich wirklich zum Wachsein zwingen, um nicht noch mehr Ungelegenheiten zu machen. Hanna Reitsch kramt in Papieren und Dokumenten. Sie ist offensichtlich nervös. Der Boden bedeckt sich mit Papieren. Aber wenn sie zu mir herüberschaut, lächelt sie und erkundigt sich nach meinem Befinden.

Ach, ich möchte hier bleiben, hier inmitten der Blumen und Blüten, hier einschlafen und beim Erwachen feststellen, daß nun alles wieder gut ist: kein Krieg mehr, kein Kranksein, kein grauenvolles Schicksal für alle armseligen Geschöpfe, keine Todesangst!

Ich habe eine Weile vor mich hingeträumt. Ich fühle mich wirklich sehr matt. Es ist mir auch nicht recht, daß ich gezwungen bin, hier so untätig zu liegen.

Da erscheint gegen Mittag der Generaloberst. Nervös und abgehetzt begrüßt er Hanna Reitsch und mich. Seine Stimme ist rauh. Er flüstert mit Hanna etwas, was ich nicht verstehen kann. Dann wendet er sich plötzlich an mich.

»Nehmen Sie meinen Wagen! Er wartet unten. Fahren Sie sofort nach Jüterbog! Dort steht meine Maschine für Sie bereit.«

Ich erhebe mich, so schnell und straff ich kann. Der Generaloberst spricht schon wieder hastig und leise mit Frau Reitsch. Er nickt nur kurz mit dem Kopf, als ich mich abmelde.

Ich habe einen Auftrag und brause los. Der große Wagen rast durch die zerstörte Stadt. An den Straßensperren grüßen die Posten, als sie das Zeichen des Oberbefelshabers der Luftflotte am Wagen erkennen. Dann sind wir schon auf der Straße nach Luckenwalde.

Goldene Frühlingshelle liegt über dem Land. Kaum sind Menschen zu sehen. Ein paar Kinder spielen irgendwo an einem Zaun. Der Himmel ist wolkenlos und blau. Wir jagen dahin. Ich sitze vorn neben dem Fahrer. Wir sprechen kaum ein paar Sätze. Der Mann hat wohl auch seine Sorgen. Ich denke darüber nach, ob er den Sinn dieser Fahrt versteht. Er ist deutscher Soldat und hat den Befehl, diesen ihm unbekannten Major nach Jüterbog zum Flugplatz zu bringen. Weiter wird ihn nichts kümmern. Ich fühle mich nicht in der Lage, ein Gespräch mit ihm anzufangen. Wenn es dem Ende zugeht, bleibt jeder Mensch mit seinen Gedanken am besten allein.

Wir sind viel schneller in Jüterbog, als ich dachte. Die kleine Kreisstadt macht den alten, provinzlerischen Eindruck, den ich immer von ihr hatte. Hier ist nichts verändert. Nur die Straßen kommen mir leer vor. Ein paar Frauen mit Einkaufstaschen und in Kopftüchern stehen an einer Ecke beisammen. Schon sind wir auf der Straße, die hinaus zum »Alten Lager« und zum Fliegerhorst führt. Wie oft bin ich diese Straße gefahren! Hier im Waldlager hatte ich vor dem Krieg meine Heimat gefunden. Drei Jahre war ich hier in Garnison. Hier kenne ich jeden Baum und jeden Strauch, und mein Herz schlägt höher, als ich jetzt die vertraute Umgebung mit meinen Blicken liebkose. Gleich werde ich das kleine Haus sehen, in dem ich damals lebte, dort hinten muß es liegen, hinter der Baumgruppe. Ich würde gern wenigstens vorbeifahren; nur im Vorbeifahren möchte ich es noch einmal betrachten, den Garten, die Terrasse hinter der großen Glastür. Ob die Fensterläden gut verschlossen sind?

Der Fahrer biegt schon vorher nach links zum Fliegerhorst ab. Hier haben sie also eine neue Straße gebaut. Ich könnte jetzt dem Fahrer befehlen, daß er umkehrt und durch das »Alte Lager« fährt, aber ich habe Hemmungen, das zu tun. Es hat ja auch keinen Sinn. Schließlich drängt die Zeit. Der Wagen muß zurück nach Berlin. Es muß jetzt alles seinen Gang gehen; für Sentiments ist kein Platz. Da ist schon die Wache des Fliegerhorstes, dort das Rollfeld. Der Flugzeugführer, ein Feldwebel mit Ritterkreuz, meldet sich. An einer Baumgruppe steht die Maschine, eine He 111.

»Vor Abend können wir nicht starten, Herr Major; feindliche Maschinen beherrschen den Luftraum.«

Die Fahrt hat mich angestrengt. Vor meinen Augen kreisen schwarze Punkte wie ein Mückenschwarm. Im nahen Krankenrevier lege ich mich auf ein Feldbett, um zu ruhen, bis der Start möglich ist. Aber ich finde keine Ruhe. Vom Fieber geschüttelt, ziehe ich es vor, wieder zu der Maschine zu gehen. Die Besatzung sitzt im Gras, rauchend, schweigsam. Von der Flugwache werden die neuesten Meldungen durch ein Feldtelephon durchgegeben. Feindliche Jagdflugzeuge befinden sich dauernd auf unserer Flugstrecke. Das Warten macht mich unruhig und nervös. Ich laufe auf dem Rasen auf und ab. Dann setze ich mich auf eines der großen, dicken Laufräder der Maschine. Die Sonne steht nur noch einige Handbreit über dem Horizont. Der ganze Himmel im Westen ist rot. Irgendwo hört man im Süden das Motorengebrummel der Feindjäger hoch oben. Ich kaue an einem Grashalm. Dieses Rollfeld hier ist für mich auch zu einem Stück Geschichte meines fliegerischen Lebens geworden. Hier habe ich meine ersten Flugversuche unternommen, von hier meinen ersten Alleinflug gestartet. Hunderte von Starts und Landungen habe ich hier bei Tag und Nacht, im Sommer und Winter durchgeführt. Dort drüben steht die große Flugzeughalle mit dem gläsernen Anbau, wo ich mehr als ein Jahr als Gruppenadjutant tätig war. Das liegt alles weit zurück. Es ist gar nicht mehr wesentlich. Es gehört nicht mehr zu mir. Aber ich sehe es noch einmal, von außen, wie durch eine Fensterscheibe. Ich will nicht soviel daran denken. Die Wirklichkeit sieht jetzt ganz anders aus. Alle Minuten sehe ich auf die Uhr. Es wäre gut, wenn wir endlich starten könnten. Dieses stumpfsinnige Warten macht mich ganz kribblig.

Da kommt eine Ordonnanz von der Flugleitung. Er rennt über den Rasen.

»Starterlaubnis!« ruft er. Jetzt muß es schnell gehen.

Ein Wagen jagt heran. Zwei Unteroffiziere steigen aus. Sie fragen mich, ob sie mit nach Eger fliegen können. Als ob ich etwas zu sagen hätte. Mir ist das ganz gleich. Ich nicke mit dem Kopf. Die Motoren werden angeworfen. Durch die Bodenluke klettern wir in den Rumpf der Maschine.

Da kommt noch eine Ordonnanz angerannt, winkend, einen Zettel in der Hand. »Halt! Einen Moment!« Ich reiße dem Mann den Zettel aus den Fingern.

»Meldung von 17.15 Uhr: Englische Truppen mittags über Plauen bis Chemnitz vorgestoßen. Flug nur über Raum Dresden möglich.«

Die Maschine rollt an. Ich gebe den Zettel vor zur Führerkanzel. Die Motoren brüllen auf. Wir jagen über das Rollfeld. Wir heben vom Boden ab und rasen im Tiefflug über die Felder und Wiesen. Der Tag geht zur Neige. Vom Boden steigt Dunst auf. Wir fliegen in südlicher Richtung, etwas nach Osten ausholend. Zwanzig, dreißig Meter über dem Boden rasen wir dahin; das ist am sichersten, um nicht von feindlichen Jägern gesehen zu werden. Der Luftraum scheint jetzt aber frei zu sein. Vorn links erscheint Dresden. Ich erkenne im Dunst die Häuserblocks und das matte Lichtband der Elbe. An verschiedenen Stellen schwelt Rauch aus Häuserruinen. Das ist jetzt nicht wichtig. Für uns ist diese Stadt jetzt nur ein Orientierungspunkt. Wir liegen mit unserer Flugroute also richtig.

Immer in Höhe der Baumwipfel fliegend, schwingen wir uns in einer leichten Biege über das Erzgebirge hinein in die Täler des Ostsudetenlandes, nehmen dann wieder Kurs nach Westsüdwest, der sinkenden Sonne nach, die wie ein dunkelroter Feuerball, nur noch zur Hälfte sichtbar, über dem Dunst des Horizontes steht. In wenigen Minuten ist die Nacht herabgesunken. Wir ziehen etwas höher, weil man den Boden kaum mehr erkennen kann.

Da geschieht plötzlich etwas. Der Schreck, der mich durchzuckt, kommt schneller, als mein Bewußtsein aufnehmen könnte, welche Ursache zum Erschrecken besteht.

Ein Geräusch ist plötzlich vernehmbar geworden, das so klingt, als würden Erbsen auf ein Blech geschüttet. Es ist oben am Kabinendach des Flugzeugrumpfes. Man kann nichts sehen. Ich bemerke nur, wie der Bordfunker vorn rechts am Schott zur Führerkanzel an seinem Funkgerät hantiert, an den Knöpfen dreht, schließlich den Apparat öffnet, den Kopf schüttelt und dann die Hörer von den Ohren abstreift.

»Die Festantenne ist gerissen!« schreit er mir zu, »Der Fahrtwind schlägt und peitscht sie gegen das Kabinendach!«

Das ist nicht weiter schlimm, denke ich. Aber dann durchfährt mich ein neuer Schreck. Wir haben jetzt keine Funkverbindung mehr zum Flugplatz Eger! Das ist in unserer Lage verhängnisvoll. Wir müssen jetzt versuchen, den Platz ohne Funkpeilung zu finden. Wenn die Flugrichtung genau stimmt, muß das gelingen. Und wenn die Bodenorganisation in Eger aufpaßt und die Landebeleuchtung einschaltet, sollte alles gut gehen. Wenn – – – !

Unter uns liegt milchiger Dunst. Es ist nichts zu erkennen. Die Nacht ist vollkommen schwarz, vor uns und über uns. Manchmal taucht vorab ein Lichtpunkt auf, aber das nützt uns nichts. Vielleicht ist es ein Gehöft, die Lampe eines Wagens, sichtbar für einen Moment durch eine dünnere Stelle des Bodendunstes.

Wir finden den Platz Eger nicht! Der Flugzeugführer legt die Maschine in eine Kurve. Ich weiß nicht, wozu er es tut. Wir befinden uns sicherlich im Raum Pilsen – Eger, aber wir sehen nichts, keine Stadt, keinen Flugplatz. Wir gehen wieder auf Gegenkurs. Die Situation ist kritisch. Mit dem Bordscheinwerfer blinken wir Morsezeichen in die Nacht hinein, aber nirgends erscheint eine Antwort. Wir schießen Leuchtkugeln ab, sehnsüchtige Hilferufe – sie verlöschen in der Dunkelheit. Nichts erfolgt.

Dunkel und drohend die Erde unter uns, als habe sie uns ausgespien und wolle uns nicht wieder haben. Wolkenfetzen, Dunstschleier huschen an den Tragflächen vorbei. Schwarz in schwarz ist alles.

Wir ziehen noch etwas höher. Irgendwo in diesem Raume lauern Berge; wir wissen jetzt nicht mehr, wo wir eigentlich sind. Wenn wir Kurs Nord steuern, kann es sein, daß wir uns bedrohlich dem Kamm des Erzgebirges nähern.

Da – – ein Licht! Es ist nur ein Stern in einer Wolkenlücke.

Die Maschine rast mit 300 Kilometer Geschwindigkeit in der Stunde durch die Nacht, jedem Hebeldruck des Steuerknüppels gehorsam und doch hilflos in dem dunklen Raum.

Ich starre durch das runde Bullauge links neben mir. Wenn mich nicht alles täuscht, fliegen wir jetzt richtig im Nebel. Weder Erde noch Sterne sind auszumachen. Die Motoren dröhnen ihr brüllendes Lied. An den Auspuffstutzen fluoreszieren bläuliche Flammen. Ich überlege, wie lange das noch so gehen wird. Wenn wir nicht durch Zufall einen beleuchteten Flugplatz finden, dann – – –

Ja, was dann eigentlich? Wir haben jetzt Kurs Südost. Vielleicht kommen wir in die Nähe von Prag!? Mein Gott, wenn wir doch wenigstens Funkverbindung zur Erde hätten! Aber wir haben keine Verbindung, die Antenne ist ja gerissen.

Der Bordmonteur reicht mir aus der Führerkanzel einen Zettel. »Soll ich versuchen, Nürnberg anzufliegen?«

Ich fahre mir mit dem Handrücken an die schweißnasse Stirn. Jetzt soll ich also einen richtigen Befehl geben. Mit aller Kraft versuche ich, klar zu denken. Mir dröhnt der Schädel zum Zerspringen. Nürnberg anfliegen!?

Meiner Schätzung nach reicht dazu der Betriebsstoff nicht mehr aus. Außerdem steht der Feind doch seit vorgestern vor den Toren dieser Stadt. Wird der Flugplatz noch in deutscher Hand sein? Zurück nach

Jüterbog? Zu weit! Würden wir Nürnberg überhaupt finden? Wenn wir daran vorbeijagen, geraten wir unweigerlich in das vom Feind besetzte Gebiet. Also, versuchen, Prag zu finden? Und wenn wir es nicht finden?

Ich kritzele auf den Zettel: »Versuchen Sie, Prag zu bekommen!«

Gestern um diese Zeit lag ich noch wohlgeborgen und ahnungslos vom Heutigen in meinem Krankenbett im trutzhaften Flak-Turm am Zoo in Berlin, gestern – am Freitag, dem 13. April! Und jetzt rase ich in 2000 m Höhe zwischen Nacht und Nebel in einer Geistermaschine dahin, ohne Hoffnung, nochmals mit heilen Knochen Verbindung zu unserer lieben Mutter Erde zu bekommen.

Ich habe bitteren Geschmack in der Kehle. Meine Zunge ist trocken.

Was hat mich gezwungen, diesen unseligen Flug anzutreten? Der Befehl meines Vorgesetzten – und mein Geschick! Es ist unabwendbar, was auch geschehen mag.

Wenn wir Prag nicht finden, dann geht der Betriebsstoff zur Neige. Wenn der Betriebsstoff zur Neige geht, dann müssen wir runter zur Erde, so oder so. Wenn wir in Nacht und Nebel eine Notlandung in unbekanntem Gebiet versuchen, werden wir mit ziemlicher Sicherheit irgendwo zerschellen. Wenn wir nicht notlanden wollen, müssen wir mit dem Fallschirm abspringen.

Mit dem Fallschirm abspringen, in die dunkle Nacht hinein, hinein in das tschechische Land??! Aber was bleibt uns denn??

Von Minute zu Minute werden die Nerven noch mehr zum Zerreißen gespannt. Ich will mich erheben, will versuchen, ob ich durch die Luke im Schott zur Führerkanzel gelangen kann. Aber meine Kraft reicht nicht aus. Bei dem Versuch, meinen Liegesitz zu verlassen, falle ich auf die Knie. Der eine Unteroffizier hilft mir hoch. Die Maschine geht in eine Kurve, ich werde durch die Zentrifugalkraft auf den Boden gepreßt. Dann gelingt es mir wieder, auf meinen Sitz zu kommen.

Ich soll auch abspringen?

Wogegen lehne ich mich eigentlich auf? Ist *das* vielleicht das für mich bestimmte Ende, daß ich mit dieser Maschine bald, gleich, dem Erdboden zurase? Vielleicht würde ich kaum noch den Krach des Aufpralls hören – – –

Ich versuche mir klar zu werden, was ich eigentlich in diesen Minuten denke. Auf einmal bin ich ganz klar und von einem tiefen Ernst erfüllt. Irgendwo habe ich einmal gelesen, daß man in den letzten Minuten vor dem Tode das ganze Leben in einem bunten Kaleidoskop Revue passieren läßt. Ich finde, daß das nicht stimmt. Ich habe auch nicht mal richtig Angst. Ich habe gar keine Zeit dazu, Angst zu haben. Ich sitze hier gegen die Bordwand gekauert und presse die Stirn gegen das Glas des Bullauges. Was ich spüre, ist eine ungeheure Traurigkeit, das ist eigentlich alles. Ich bin traurig, weil das ganze Vorhaben so gut gedacht war und nun völlig mißlingt. Das Leben hätte weitergehen können, aber es war nicht so bestimmt. Ich forme eine Art Stoßgebet, daß es schnell gehen möge, schmerzlos schnell − − −

Da!! Da unten sind Lichter! Schräg links vor uns! Ist es wieder eine Halluzination?? Ich zähle: vier − sechs − acht Lichter. In einer Reihe aufgestellt.

Und dort!? Rote Lampen, einen Halbkreis bezeichnend! Das ist − − − das muß ein Flugplatz sein. Prag?? Ein Flugplatz jedenfalls! Du lieber, guter Gott! Das ist ein Flugplatz!

Das Blut schießt auf einmal heiß durch die Adern. Ich möchte lachen, schreiend auflachen, vielleicht tue ich es sogar, aber das Gebrüll der Motoren übertönt den Laut.

Es ist ja nicht zu glauben! Es ist ein Wunder geschehen! Ich bin plötzlich ganz hellwach.

Die Maschine schwebt auf den Platz zu. Die Räder rollen auf der Zementbahn dahin, eine musterhafte Landung.

Plötzliche Stille. Wir sprechen alle kein Wort.

Welch wunderbares Gefühl, jetzt auf der Grasnarbe der Rollbahn zu stehen! Wir geben uns die Hände. Der Flugzeugführer wischt sich mit einem Taschentuch das Gesicht ab. Sagen können wir noch immer nichts. Wir sind in Prag.

Monteure kommen herbei, grüßen stramm, nehmen die Maschine in Obhut. Ich lasse mich zum Krankenrevier des Flugplatzes führen. Jetzt kommt die Reaktion. In den Schläfen hämmert das Blut. Mir wird schlecht. Meine rechte Seite ist von Schmerzen wie gelähmt. Ein junger Oberarzt gibt mir eine Morphium-Injektion. In Sekunden löse ich mich von der Erdenschwere und schwebe über Zeiten und Fernen in Traumland hinein. Ich kann keinen Schlaf finden. Aber in mir klingt eine unbändige Freude am Leben auf. Ich spüre sie in mir, und doch empfinde ich sie wie etwas Fremdes, Schönes, etwas zu Anschauen. Und ich gehe ganz behutsam mit diesem Gefühl um, weil ich es nicht anrühren möchte, um es nicht zu zerstören.

Ich weiß, daß ich diese Nacht nie vergessen werde, diese Nacht, die ich als ein Geschenk des wiedergewonnenen Lebens betrachten darf. Nun kann ja doch nichts mehr geschehen, was schlimmer wäre als das eben Durchlebte. Was kümmert es mich, daß das Lager hart ist, daß Ströme von Schweiß an meinem Leib herabrinnen. Ich lebe! − Irgendwo in einem Winkel kratzt und knistert eine Maus. Ich höre das Geräusch und lächle dabei. Eine Maus! Ich versuche sie mir vorzustellen, die kleine, spitze Schnauze, das eifrige Nagen und Raspeln, das immer wache, geduckte Auf-der-Hut-sein. Sie soll sich durch mich hier nicht stören lassen. Mein ganzes Leben lang will ich nie mehr einer Kreatur etwas zuleide tun.

Eigentlich wollen wir heute ganz früh am Morgen starten. Es ist zwar nicht weit für einen Flug von Prag nach Eger, aber in der Morgendämmerung ist es für uns in der Luft am sichersten, weil die feindlichen Maschinen noch nicht auf dem Plan sind. Als wir uns an der Maschine treffen, liegt noch weißer Reif wie ein dünnes Schneetuch auf dem Rasen des Rollfeldes. Funkwarte und Monteure sind mit der He 111 beschäftigt, um die gerissene Antenne in Ordnung zu bringen und Betriebsstoff aufzutanken. Der Start verzögert sich von Viertelstunde zu Viertelstunde.

Ich rauche eine Zigarette nach der anderen und betrachte den Sonnenaufgang. Dunstschwaden ziehen über die Felder und Wiesen und werden von den ersten Strahlen der Sonne aufgesogen.

Da! Tatsächlich! Eine Lerche tiriliert über dem Rollfeld im lichten Himmelsblau.

Der Morgen zeigt sich blitzblank in seiner festlichen, friedlichen Helligkeit. Ich fühle mich erholt und frisch. Das gestrige Erlebnis ist wie ein Traum versunken. Jetzt in der Frische und Helle des neuen Tages erscheint es nur noch als ein ferner Albdruck.

Endlich ist die Maschine startklar. Wir nehmen unsere Plätze ein und donnern los, hinein in den Frühlingsmorgen, nach Westen. Ich sitze wieder in der Kabine links am Fenster, schaue in die lichte, frühlingsbunte Helligkeit des jungen Tages hinaus und freue mich auf mein Bett im Egerer Lazarett. Ich sehne mich wieder nach Ruhe und Ordnung. Leider habe ich keine Landkarte bei mir. Nach dem Gedächtnis rechne ich aus, daß wir nach etwa zwanzig Minuten Flugzeit in Eger landen müßten. Es ist ja nur ein kleiner Luftsprung dorthin. Ich hätte gern eine Tasse heißen Kaffee getrunken, aber in Prag war das so früh nicht möglich. Das lange Warten auf den Start hat mich etwas frösteln gemacht. Nun, in Eger werde ich frühstücken können − − −

Die beiden Unteroffiziere sitzen mir gegenüber. Sie haben irgendeinen Ulk miteinander, lachen, stoßen sich an. Der Bordschütze zwängt sich an den leeren Bombenschächten vorbei und nimmt seinen Platz oben im Schützenstand am Kabinendach ein. Der Funker hantiert mit der Morsetaste und meldet die Maschine am Platz Prag ab. Zusammen mit der Besatzung sind wir sieben Menschen an Bord. Zwischen uns dreien in der engen Kabine ist das Gepäck verstaut, Koffer, Rucksäcke, Mäntel. An der rechten Bordwand ist sogar ein Fahrrad verzurrt; zwei Säcke mit Kurierpost sind dagegengelehnt.

Im Tiefflug geht es dahin. Nach allen Seiten spähen wir den Himmel ab. Im Norden sind hoch oben zwei Kondensstreifen in das Blau gezeichnet, aber das ist weit weg. Einmal sehe ich links drüben über den Wäldern ein einzelnes Flugzeug auf Gegenkurs, aber es wird wohl ein deutsches sein, das gleich uns seinen Hafen sucht, bevor der Tag voll erwacht ist.

Die Minuten rinnen dahin. Ich bin der Meinung, daß wir bald in Eger sein müssen. Die Hälfte der errechneten Zeit ist schon vorbei.

Aus den Kaminen kleiner Bauernhäuser kräuselt dünner Rauch. Man bereitet da unten wohl jetzt den Morgenkaffee. Das silberhelle Band eines Flüßchens schlängelt sich durch Wiesen und Felder. Auf dem schwarzen Doppelstrich einer Eisenbahnlinie müht sich ein Güterzug dahin. Die weißen Dampfwolken der Lokomotive stehen wie Wattebäusche über dem schwarzen Wurm.

Friedlich liegt das Land unter uns. Friedenssehnsucht erfüllt auch meine Seele. Ach, diese schöne Welt!

Ein Blick auf die Uhr: Es muß gleich so weit sein! Die Maschine legt sich in eine Kurve, nimmt Kurs nach Norden. Na also! Ich spähe zum Fenster hinaus, presse meine Wange ganz fest an die kalte Glasscheibe, suche die Stadt Eger, den Flugplatz.

Nanu? Wir drehen in einer großen Schleife nach Süden. Warum? Was sucht der Flugzeugführer denn?

Es ist doch wohl kaum möglich, daß er die Orientierung verloren hat! Es kann nichts von Bedeutung sein. Immerhin ist Eger eine Stadt, die man am hellichten Tag nicht übersehen kann. Also müssen wir noch ein paar Minuten zugeben.

Die Unteroffiziere spähen aus dem rechten Kabinenfenster. Dort! Sie winken mir zu. »Eine Stadt!« schreit einer. Wir drehen darauf zu. Brausen heran in zehn Meter Höhe.

Nein − es ist keine Stadt; es ist eine große Fabrik im freien Gelände, eine große, tote, leblose Fabrikanlage.

Wieder Steilkurve, Gegenkurs, nach Norden. Die Minuten vergehen. Zu dumm ist das! Jetzt fliegen wir Westkurs.

Dieses Umherkurven macht mich unruhig. Man spürt instinktiv, ob eine Besatzung den richtigen Kurs hat oder unsicher ist. Ich will es nicht glauben, daß wir uns »verfranzt« haben; aber es ist mir unbehaglich, daß wir noch nicht über Eger sind. Ich beobachte durch den Schott, wie der Flugzeugführer ruhig und sicher den Steuerknüppel hält, die Landkarte auf seinen Knien. Ich rede mir, wenn auch mit etwas Bangigkeit, ein, daß er ja wissen muß, wo wir uns befinden.

Unter uns dehnt sich ein endloses, hügeliges Waldgebiet aus. Was ist das für ein Waldgebiet? Gibt es ein solches ostwärts von Eger? Meines Wissens ist die böhmische Senke ziemlich waldfrei und eben. Was ist das für ein bergiges Waldgebiet?

Was hindert mich eigentlich, vorzukriechen und der Besatzung mein Bedenken zu sagen? Es ist doch Unsinn, immer weiter nach Westen zu fliegen!

Aber die beiden Männer vorn auf den Führersitzen haben doch die Landkarten und Kursrechner zur Hand; sie müssen's doch besser wissen. Sicherlich täusche ich mich.

Die Flugzeit ist freilich schon längst überschritten. Jetzt müssen wir wirklich gleich am Ziel sein. Von Prag nach Eger kann man sich doch wahrhaftig nicht verfliegen. Das ist ja lächerlich! Gleich stehe ich auf und zwänge mich vor zur Führerkanzel. Womöglich lachen sie mich aus, wenn ich ihnen jetzt in ihr Handwerk hineinrede!?? Immerhin ist es eine vielfach bewährte Besatzung, und ich bin nichts weiter als ein Fluggast.

Wir fliegen immer weiter nach Westen. Schon sind wir mehr als eine halbe Stunde in der Luft. Das Waldmassiv unter uns lichtet sich, Wiesen treten hervor, Siedlungen, Felder. Und dort! − Eine Stadt!! Natürlich, das muß Eger sein. Da liegt auch ein Flugplatz. Na, endlich! War also doch alle Aufregung umsonst.

Mit gedrosselten Motoren schweben wir auf den Platz zu, umfliegen ihn in einer großen Schleife. Seltsam! Am Platzrand stehen zerschossene, ausgebrannte deutsche Flugzeuge. Kein Mensch, kein Fahrzeug ist zu sehen. Kein Landekreuz liegt aus.

Noch einmal kurven wir mißtrauisch um den Platz. Hier stimmt etwas nicht! Anstatt Flugbetrieb − regungslose Stille!?? Um diese Tageszeit?? Wir holen etwas nach Süden aus. Ob wir landen?

Ich sehe, wie der erste und der zweite Flugzeugführer ihre Meinungen austauschen. Sie machen einen nervösen Eindruck.

Verdammt nochmal, nimmt denn diese Odyssee kein Ende!? Ich schaue rückwärts. Platz und Stadt sind im Dunst verschwunden. Unter uns dunkler Wald und grüne Wiesen. Die Maschine rast über die Baumwipfel dahin.

Da!! Plötzlich knallt es knirschend in unsere Kabine hinein. Ein blauer Rauchschleier zieht sich um uns zusammen.

Was war das??? Verdutzt schauen wir uns an. Da!! Tack−tack−tack− tack−tack−tack − das Maschinengewehr des Bordschützen bellt los.

Im Dröhnen der Motore klingt es nur wie ein Rattern. Wieso denn das jetzt?!? Der Verstand vermag so schnell nicht zu erfassen, was geschieht.

Da knallt es schon wieder in der Kabine. Ganz nahe. Du guter Gott!

Dem Unteroffizier mir gegenüber rinnt ein Bächlein Blut von der Schläfe herab!! Er starrt mich ganz erstaunt an, verwundert, daß man ihm das antut. Dann wischt er sich mit dem Ärmel über das Gesicht, schmiert sich das Blut über Wange und Nase.

Ich zwinge mich mit aller Kraft, aus meinem Fenster nach rückwärts zu schauen. Was ich erblicke, läßt mir das Blut in den Adern erstarren. In steiler Kurve zieht ein feindlicher Jäger hinter uns her! Ich bin wie gelähmt. Langsam und mit Bedacht schiebt sich der silberne Vogel in günstige Schußposition. Seine glutrote Propellernase leuchtet. Jetzt!! Kaum kann ich den Anblick ertragen.

Jetzt lösen sich rotglühende Feuerbälle aus der Feindmaschine, schwirren lautlos hinter uns her, schlagen in unsere Tragflächen ein. Es prasselt in der Kabine. Eine ganze Serie von Geschossen frißt sich in das Metall, reißt die Beplankung auf, verbreitet ätzenden Rauch und Qualm.

Unser Bordschütze schießt wie wild. Ich sehe, wie seine Hand nach einer neuen Munitionstrommel tastet. Tack−tack−tack−tack−tack− tack−tack−

Die winzigen hellgelben Lichtpünktchen aus unserer Waffe umschwirren den Jäger. Aber er läßt nicht ab. Schon kracht es wieder bei uns. Oh, soviel Qualm! Brennt es irgendwo??

Schon wieder kracht es! Mein Gott, mein Gott, ist nun gleich alles aus?? Kommt jetzt, jetzt, jetzt die Kugel, die für mich bestimmt ist?? Kann ich überhaupt noch denken? Ich weiß nicht mehr, was ich noch denken könnte. Ich weiß überhaupt nichts mehr.

Das Ende kommt. Kommt es??? Ist noch eine Möglichkeit zur Rettung? Ist es eine abgemachte Sache, daß wir alle jetzt verderben? Tack—tack—tack—tack—tack—tack —

Durch den Schott sehe ich den Bordmechaniker auf seinem Sitz knien. Aufgeregt deutet er nach rechts, nach rechts.

Aaaaach, auch von dort fliegen Feindjäger an. Zwei — drei — vier — fünf — sechs — — Sechs silberhelle Vögel mit roten Propellernaben. Elegant und überlegen setzen sie sich hintereinander und jagen auf uns zu. Tack—tack—tack—tack—tack —

Ich möchte die Hände vor dem Gesicht zusammenschlagen, mir die Ohren zuhalten, nichts mehr sehen und hören. Und ich zwinge mich doch, zum Fenster hinauszuschauen. Da sind sie! Die Sonne glitzert auf ihren Tragflächen. Sie kleben sich an uns und schießen, schießen — — —

Einer nach dem anderen dreht ab, läßt den nächsten vor. Die roten Feuerbälle jagen an uns vorbei, schlagen in unsere Tragdecks.

Himmlischer Vater! So soll das nun hier enden, alles, Hoffnung, Zukunft!?

Das Gestrige war ja nur ein Spiel gegen das Jetzige! Warum? Warum? Rechts lodern Flammen! Der rechte Motor brennt!

Was geschieht jetzt? Stürzen wir jetzt ab? Mit jedem Nerv spüre ich schon den Aufschlag.

Nein?? Noch nicht? Noch immer nicht??

Wieder schlagen Geschosse in die Kabine. Man sieht sie nicht, hört nur den berstenden, heiseren, knirschenden Schlag, atmet Rauch, Pulver, Brandgeruch.

Tack—tack—tack—tack—tack— Immer noch schießt unser Bordschütze. Aber warum schießt er jetzt nicht weiter?? Er soll doch schießen!!! Wir sind ja längst, längst waidwund, aber er soll doch wenigstens schießen!!

Ein Blick nach hinten zum Schützenstand: Zusammengesackt kauert der Mann in den Gurten, der Kopf hängt nach rechts herab. Ach, ihn hat's erwischt. Ratttsch! — Krach! Da!! Nun brennt auch der linke Motor!

Immer wieder reißt der Flugzeugführer die schwere Maschine von einer Steilkurve in die andere. Wir schlagen Haken wie ein gehetzter Hase bei einer Treibjagd.

Wir sind von unseren Sitzen herabgerutscht, hocken auf dem Boden der Maschine, als ob das einen Sinn hätte.

Ein Gedanke durchzuckt mich. Ich taste nach meinem Koppel. Meine Pistole! Nicht für sofort, aber für dann, für gleich, wenn's so weit ist. — Wir hatten das früher oft besprochen. Bevor man in einer brennend abgestürzten Maschine eingeklemmt und hilflos verbrennt, sollte man sich erschießen.

Aber ich finde jetzt nicht einmal die Waffe. Ach, ich hatte ja das Koppel abgeschnallt und auf das Gepäck gelegt. Nun ist alles durcheinandergefallen. Ich finde meine Pistole nicht. Ich habe auch keine Zeit zum Suchen. Nicht mal das!

Die Maschine ächzt in allen Fugen. Eine Alarmhupe heult ununterbrochen. Der Schrei des todwunden Tieres – – – Ich halte das nicht mehr aus! Und ich halte es doch aus. Der Mensch hält viel aus, solange noch ein Atemzug in ihm ist. Aber es geht alles schon viel zu lang! Da! Wieder dieses Krachen, wieder ein Einschlag. Glas splittert.

Ein scharfer Luftzug plötzlich, ein ohrenbetäubendes Rauschen. Was jetzt? Ich werde gegen die vordere Wand geschleudert. Irgendwo klammere ich mich fest.

Der Unteroffizier rechts von mir fällt auf mich, sein Stiefel tritt mir ins Gesicht. Die ganze Maschine schüttelt und holpert. Koffer, Rucksäcke stürzen und rollen über mich hin. Irgendwo kracht und splittert es.

Und plötzlich: Stille. Nur Knistern und Knattern von Flammen links und rechts. Ich stütze mich auf die Ellenbogen, auf die Hände. Der linke Motor brennt lichterloh. Die Blätter der Luftschraube sind verbogen, stehen aber still. Wir liegen auf einem Kleefeld, den bauchigen Rumpf zu ebener Erde.

Es ist nicht zu fassen! Die Maschine liegt still und ruhig auf einem Kleefeld. Aber sie brennt. Und ich bin in der Kabine.

Taumelnd erhebe ich mich inmitten des Durcheinanders von aufgeschlissenen Fallschirmen, Rucksäcken, Gepäckstücken. Wie im Traum. Aber ich muß doch denken. Ich muß jetzt etwas denken. Ich *muß* jetzt einen klaren Gedanken fassen! Rettung??

Ach, ach – – schon wieder schlagen Geschosse in die Kabine. Jetzt hört man sie sogar heranpfeifen! Raus!!

Ich zwänge mich nach hinten zu den Bombenschächten. Hier war doch die Einstiegluke am Boden des Flugzeugrumpfes. Aber hier kann ich nicht raus! Wir liegen doch mit dem Rumpfboden auf dem Acker! Das Fahrrad liegt quer vor mir verklemmt zwischen den Spanten. Was für ein Unsinn, ein Fahrrad mitzunehmen! Das ist auch ganz gegen jede Vorschrift. Als ob es vernünftig ist, jetzt an Vorschriften zu denken!

Ich muß nach vorn zum Dach der Führerkanzel hinaus! Ich sehe den leblosen Körper des Bordschützen in den Gurten hängen. Der ist natürlich tot. Aber ich lebe noch. Ich lebe noch! Ich muß raus! Ich bin ja der letzte in der Maschine!

Wo sind nur meine Gedanken hin?? Ich krieche auf allen Vieren nach vorn, triebhaft, instinktiv. Berge von Gepäckstücken, ein Gewirr von Leinen und Gurten. Ich reiße meinen dicken Pelzmantel auf. Ich bekomme kaum Luft. Weg mit der Mütze!

Ich zwänge mich durch den schmalen Schott zum Flugzeugführerstand hindurch, steige auf den Sitz, trete in das Instrumentenbrett. Wieder Einschläge, hinter mir, vor mir! Diese Schweine beschießen noch das brennende Wrack! Nein, ich kann jetzt nicht darauf achten. Ich muß hier heraus!

Ich fühle einen leichten Schlag gegen mein rechtes Bein. Es ist nicht wichtig. Ich stehe auf dem Führersitz und rage mit dem Oberkörper schon aus dem Kabinendach heraus. Ich muß jetzt alle Kraft zusammennehmen und mich hochstemmen.

In meinem rechten Bein ist gar keine Kraft mehr. Ob ich schnell mal nachsehe? Ich schlage den Mantel zurück − − −

Wieder bin ich auf dem Führersitz zusammengesackt. Das ist ja − − − Die ganze Hose aufgerissen. Darunter nur noch blutige Fleischfetzen. Der ganze Oberschenkelmuskel ist weg. Der Knochen liegt bloß.

Was soll denn jetzt werden??? Es hat keinen Zweck mehr! Es ist abgemacht, daß ich hier verende. Es hat alles keinen Zweck mehr. Und dabei war das Wunder unserer Notlandung noch geglückt! Der da hinten ist ja auch tot. Er und jetzt ich. Gleich!

Ich kauere ratlos und ergeben auf dem Sitz. Ich bekomme auch kaum Luft. Daß ich eigentlich gar keinen großen Schmerz fühle! Rings um die Maschine brennt es. Wahrscheinlich läuft nun auch das Benzin aus. Die Flammen lodern und knistern begierig, lecken bis zum Ausstieg herauf. Wenn ich hier hocken bleibe, verbrenne ich; das ist klar!

Plötzlich: Ich *muß* raus!!! Ich verbrenne ja sonst!! Auf einmal habe ich viel Kraft. Ich stemme mich mit dem linken Bein und mit den Armen hoch. Schon bin ich wieder halb aus der Luke im Kanzeldach heraus. Außenbords lasse ich mich herunterfallen, überschlage mich, rolle aus den Flammen heraus. So! Das ging leidlich! Nur weg von der brennenden Maschine!

Ich komme hoch, taumle ein paar Schritte in das Kleefeld hinein, falle wieder hin.

Drüben ist eine Straße. Bäume stehen dort. Dorthin will ich. Ich sehe, daß einer von uns schon dort ist. Er lehnt an einem Baum, zieht sich das durchblutete Hemd über den Kopf. Ein zweiter steht bei ihm, hilft. Ich sehe alles ganz klar.

Auch die anderen Kameraden sehe ich jetzt. Sie liegen verstreut im Klee. Einer liegt auf dem Rücken, den einen Arm mit verkrampfter Hand in die Höhe haltend.

Da fliegen die feindlichen Jäger noch einmal an, stürzen tief herunter, einer nach dem anderen, schießen auf die lodernde Maschine hinter mir, streuen das Kleefeld ab, wo die Kameraden liegen. Ein roter Feuerball greift nahe vor mir ins Erdreich. Ach, das tut mir nichts.

Ich beginne vorwärts zu kriechen. Weg von der Maschine!

Es geht verdammt mühsam voran. Die Finger krallen sich in die feuchte Erde ein, reißen Büschel von Klee heraus. Nur Zentimeter um Zentimeter komme ich vorwärts. Das rechte Bein schleift leblos hinter mir her.

Nur weiter, weiter! »Mein Bein, ach, mein Bein!!« jammert einer, der sich nur wenige Schritte seitwärts von mir hinschleppt. Er hat ein ganz weißes Gesicht.

»Weg von der Maschine!! Wenn die Munition hochgeht!!« ruft es von der Straße her.

Ich schaue zurück. Ach, ich bin dem flammenlodernden, prasselnden Ungetüm ja noch ganz nahe! Eine rote Blutspur schmiert hinter mir her durch den grünen Klee.

Wenn ich doch nur Kraft hätte! Mir ist so flau im Magen. Vor meinen Augen verblassen die Farben; wie ist das nur? Des Himmels Bläue, das Grün des Klees, alles wird auf einmal milchig weiß. Ich stemme mich auf die Hände. Werde ich jetzt ohnmächtig?? Ich darf jetzt nicht schlapp werden!! Es ist entscheidend, daß ich jetzt durchhalte! Es hat auch keinen Zweck, Hilfe zu rufen. Es ist niemand da, der helfen könnte. Jeder Atemzug sticht mir in der Lunge. Was ich jetzt erlebe, werde ich nie vergessen – falls ich durchkomme.

Über mir singt und trillert eine Lerche. Es ist ja ein Morgen im Frühling! Die feindlichen Jäger ziehen jetzt hoch über unseren Köpfen hinweg nach Westen. Ihre Motoren heulen Triumph. Ich versuche wieder zu kriechen. Das Feuer prasselt jetzt stärker hinter mir. Ich *muß* einfach weiterkommen!

Wenn ich doch knien könnte – – – es gelingt! Auf Händen und Knien rutsche ich weiter. Der blutdurchtränkte Mantel klatscht gegen die Stiefel. Nein, es geht nicht. Ich falle wieder um.

Da explodiert hinter mir die Munition. Querschläger singen knapp über mich hinweg. Jetzt gilt's! So wie ich liege, rolle ich mich einfach um die Längsachse weg. Daß ich nicht gleich auf diese Idee kam! Als Kind rollte ich auf diese Art übermütig die kleinen Wiesenhänge hinab. Auch dieser Kleeschlag schrägt sich von hier aus der Straße zu. Ich rolle weiter. Die Hände, das Gesicht schlagen dabei in das nasse Erdreich. Im Straßengraben bleibe ich liegen. Jetzt kann ich verschnaufen.

Obwohl ich bei Bewußtsein bin, kann ich doch nichts mehr sehen. Vor meinen Augen hängt ein milchiger, matter Schleier.

Aber jetzt höre ich die Stimmen von Menschen. Es scheinen auch Kinder dabei zu sein. Eine Frau ruft immerzu: »O Gott, o Gott, o Gott!« Ich liege ganz still. Sie werden ja auch mich finden.

Da ist schon jemand. Man macht sich an meinem Bein zu schaffen. Eine Männerstimme sagt: »Gib mir doch den Bindfaden her! Das Bein muß abgebunden werden!«

Ich lasse es geschehen. Ich weiß von allem nichts mehr. Hier in diesem Straßengraben bin ich in Sicherheit. Es hat jetzt keinen Sinn mehr nachzudenken, wie alles gekommen ist. Es wäre mir recht, wenn ich jetzt hier liegenbleiben könnte. Ich höre, wie ein Mann immerfort von eins bis sechs zählt. Ja, der siebente ist doch in der Maschine verbrannt.

Menschen laufen hin und her. Wenn ich jetzt die Augen öffne, sehe ich die schemenhaften Gestalten vorübereilen. Man beratschlagt, wohin man uns schaffen soll. Eine Frau sagt, daß ringsum in den Nachbardörfern bereits die Amerikaner sind. Man sei hier völlig eingekesselt.

Nun sind wir also auch Gefangene. Mir ist das alles recht. Mir ist jetzt alles ganz gleichgültig. Ich liege in meinem Straßengraben und schaue geradewegs in den Himmel. Allmählich nimmt er wieder eine bläuliche Färbung an. Wenn jetzt sanft und still der Tod käme, so würde ich mich kaum wehren. Das Schlimmste ist überstanden. Jetzt gebe ich mich dem Schicksal ganz und gar frei.

Eine Kinderstimme meint, im Dorf Birk hänge bei der Schule eine Rotkreuzfahne heraus. Dort sei auch ein Arzt. Eine Frau sagt: »Bringt sie doch dorthin!« Aber der Bauer, der seinen Wagen holen soll, will nicht. »Die beschießen doch alles, was sich nur auf der Straße bewegt!« sagt er. Mich geht das nichts an. Sollen sie uns doch liegen lassen!

Ich bin ein paar Minuten eingeschlafen gewesen. Jetzt ist der Himmel ganz blau. Was für ein leuchtender Frühlingshimmel! Auf der Straße steht ein ratternder Traktor. Man hebt mich hoch und legt mich in das Stroh auf dem Anhänger zu den anderen. Wie still sie alle sind! »Es sind nur fünf!« sage ich zu meinem Nebenmann. »Der Flugzeugführer ist schon fort«, ächzt er, »er will sehen, daß er nach Eger durchkommt, dort Bescheid sagen. Ihn hat's nicht so schwer erwischt.«

Der Traktor zieht an, und wir rumpeln einen Feldweg entlang. Ich halte die Augen geschlossen. Ich kann noch nicht begreifen, daß ich hier, noch immer lebend, wenn auch verwundet und durchaus erschöpft, abgefahren werde. Ich bin auch viel zu müde, um zu denken.

Ich weiß nicht, wie lange wir fahren. Aber als wir anhalten, befinden wir uns in einem Dorf vor einem Schulhaus. Eine Schwester reicht mir einen Becher Milch. Ich trinke so hastig und ungeschickt, daß mir fast alles über das Gesicht in den Kragen läuft. Meine Hand zittert wie Espenlaub.

Wir werden in das Haus und eine Treppe hinaufgetragen. In einem größeren Zimmer legt man uns neben andere Schwerverwundete auf Stroh. Es gibt weder Betten noch Decken. Ein weißhaariger Stabsarzt kniet sich völlig übermüdet und apathisch neben mich hin und verbindet die Beinwunde.

»Das sieht bös' aus!« sagt er.

Er legt ein Stück Hemdenstoff auf die Wunde und wickelt eine Papierbinde darum. Ich frage ihn, was das hier für ein Ort ist und woher er kommt.

»Ja, wir sind eigentlich ein Bayreuther Lazarett«, sagt er. »Wir wurden vor drei Tagen ausgebombt, ehe die Amerikaner kamen, und sind hierher geflüchtet. Aber wir haben nichts weiter hier, keine Medikamente, keinen Verbandsstoff, kaum Verpflegung. Der zweite Transport ist verlorengegangen. Es muß eben so gehen.«

Er sagt es müde und mit einer tonlosen Stimme, die fast gleichgültig klingt. Er ist offenbar vollkommen erschöpft. Ich bitte um eine Tetanus-Spritze, weil die Wunde doch stark verschmutzt ist. Aber der Arzt zuckt die Achseln. Er hat nichts zur Hand.

»Alles Schwerstversehrte und nichts, um zu helfen!« sagt er. Zwei Schwestern sind mit hier. Sie ziehen mich aus und breiten meinen Mantel über mich. Ich möchte gern schlafen, sei es auch nur, um nichts mehr zu hören.

Aber der Bordfunker, der neben mir liegt, hat arge Schmerzen und stöhnt andauernd. Sein Bein ist grauenvoll zerschmettert. Er windet sich vor Schmerz, und wir liegen sehr eng zusammen, weil ja kein Platz in diesem Raum ist. Das Bein muß eigentlich amputiert werden. Die Schwester spricht mit dem Stabsarzt.

»Wie soll ich das machen?« höre ich ihn sagen.

Aber er versucht es doch. Man stellt einen Tisch auf den schmalen Gang vor das Zimmer und legt etwas Stroh darauf. Das ist der Operationstisch. Wir müssen alle zuhören, wie der arme Kerl vor Schmerzen brüllt. Zu einer Vollnarkose wird es nicht gereicht haben. – Bevor der Tag sich neigt, ist der arme Mensch aber von seinen Leiden erlöst – –
–

Die Nacht wird furchtbar.

In den Nachbardörfern toben Kämpfe. Artilleriefeuer grollt fern und nah. Die Fensterscheiben klirren im Donner der Abschüsse und Einschläge. Immer wieder blitzt der Lichtschein der Detonationen in diesen Raum. Die beiden Schwestern sitzen zwischen den Verwundeten auf Stühlen und helfen, wo sie können.

»Ach, Schwester, einen Schluck Wasser bitte!« »Schwester, haben Sie nicht noch eine Tablette?« »Verzeihung, bei mir ist alles naß geworden, Schwester.«

Ich habe Durst und Hunger, aber ich mag hier keinen Wunsch äußern. Durst und Hunger sind auch nicht weiter wichtig. Von Minute zu Minute spüre ich aber etwas ganz Neues in mir lebendig werden: Angst! Eine ganz niederträchtige, gemeine Angst!

Bislang hatte ich noch niemals das gespürt, was man gemeinhin Angst nennt. Ich hatte vielmehr stets das Empfinden, hierfür gar keine Zeit zu haben. Als Flieger war ich schon häufig in mißliche Situationen geraten, war auch schon im Luftkampf abgeschossen worden, damals in Griechenland von einer englischen Hurricane, später im Osten durch fünf Ratas über Wjasma. Aber in der Anspannung aller Kräfte, um heil aus einer solchen Sache herauszukommen, war kein Platz für Angst.

Jetzt hatte ich auf einmal richtiggehend Angst! Es war ein zwiespältiges Gefühl, ein Gemisch aus Hilflosigkeit und Todesfurcht, und es fraß sich immer tiefer in das Herz hinein. Ich sah mit geschlossenen Augen phantastische Bilder und mußte mir immerfort vorstellen, wie es sein würde, wenn die Granaten hier nachts in das Dorf einschlagen und das Schulhaus treffen würden. Ich fühlte, daß hier niemand heil herausgelangen konnte. Wenn es Keller gegeben hätte, dann wären wir ja nicht hier oben im ersten Stock dieses alten Gemäuers untergebracht worden.

Zuweilen reiße ich meine Augen weit auf, um den marternden Bildern der Phantasie zu entgehen. Dann starre ich gegen die Zimmerdecke. Der Raum ist nicht ganz dunkel. Irgendwo scheint etwas zu brennen. Der Schein des Feuers hellt diesen Raum so weit auf, daß man Gegenstände erkennen kann.

Diese armseligen Menschen hier! Mir gegenüber, an die Wand gelehnt, hockt ein armer Krüppel, dem beide Arme und ein Bein fehlen. Ein anderer hat zwar noch beide Arme, aber keine Beine mehr. Einer ist blind und hat beide Hände verloren.

Und doch jammert keiner. Darüber sind sie wohl schon hinaus.

Wer kann, raucht Zigaretten. Während der ganzen Nacht geistern diese Glühstümpfchen durch das Dunkel. Im Hintergrund rechts phantasiert einer im Schlaf.

Die Artillerieeinschläge kommen wieder näher. Die Schwester neben meinem Lager stöhnt auf. »Furchtbar ist das, furchtbar!« flüstert sie.

Sie fühlt sich ebenso hilflos wie wir. Sie kann ja auch nicht einfach weglaufen. Sie ist diesen vier Wänden ebenso verhaftet wie wir, die wir stumm dahindämmern, gepeinigt von dem Gefühl, daß ein noch größeres Unheil auf uns lauert.

Der Feind schießt Trommelfeuer. Oder sind es eigene Truppen?

Einer links hinten am Fenster steht schon längere Zeit aufrecht hinter der Glasscheibe und späht in die Nacht hinaus. Ich höre, wie er seinem Nachbarn leise berichtet, was er sieht. An der Autobahn Bayreuth–Nürnberg wird gekämpft. Sie ist wenige Kilometer von uns entfernt. Im Nachbardorf schlagen Granaten ein. Dort soll eine SS-Abteilung liegen.

Das Feuer wird schwächer. Plötzlich dröhnen von Süden Detonationen zu uns her. Das Feuer verlagert sich, grollt wieder heran. Es klingt wie ein schweres Ungewitter in einem Talkessel im Gebirge. Die Granateinschläge in der Nähe haben einen gemeinen, bellenden Klang. Der am Fenster duckt sich jetzt.

»Es kommt näher!« flüstert er. Ich zittere vor Angst. »Schwester, bitte, bitte, eine Zigarette!« sagt einer. Sie steigt vorsichtig über die Liegenden, ein Zündholz flammt auf.

»Macht das Licht aus!« ruft es hinten. Es ist so hart auf der dünnen Strohschicht. Ich möchte mich zur Seite umwenden, aber es geht nicht. Die Beinwunde schmerzt jetzt stark. Das ist jetzt auch gleichgültig. Es kann ja doch nicht mehr lange dauern.

Jetzt!! Wieder Einschläge ganz in der Nähe. Der Motor eines Lastwagens heult durch das Dorf.

Wenn sie jetzt dieses Dorf besetzen, dann geht's uns schlecht. Man meint immer wieder, der Höhepunkt des Grauenhaften sei erreicht, aber dann sieht man, daß es noch schrecklicher werden kann. – Die Stunden gehen dahin.

Der Bordmechaniker zu meiner Rechten wird unruhig. Er hat kaum ein Wort gesprochen, seitdem wir gestern hier eingeliefert worden sind. Jetzt fragt er mich immer wieder leise, wo denn der Karli sei, der Bordfunker. Soll ich ihm sagen, daß er bei der Beinamputation entschlafen ist?? Die Schwester schaut zu mir her und schüttelt, unmerklich für den Fragenden, den Kopf. »Er ist rausgeschafft worden,« sage ich, »wahrscheinlich haben sie ihn verlegt. Ich weiß auch nicht.« »Schwester, wo ist der Karli?« »Ihm geht's gut.« »Schwester, sagen Sie mir doch bitte, wo ist der Karli?« Sie gibt ihm noch eine Schlaftablette. Wie endlos lang doch diese Nacht ist!

Endlich, endlich beginnt der neue Tag mit seinem fahlen Dämmerlicht! Die Artillerieduelle flauen ab. Mit dem neuen Tag erwachen neue Hoffnungen auf das Leben. Die Schwestern bringen Wasser, waschen uns, kehren das herumliegende Stroh zusammen. Es gibt für jeden zwei Scheiben Knäckebrot und einen Becher Kaffee.

Ich habe keinen Appetit. Der Gestank nach Eiter und Schweiß ist unerträglich. Auch das Fieber ist wieder stärker geworden.

Die Patienten unterhalten sich und lärmen. Das Wummern der Geschütze tritt hinter dem Lärm zurück. Das ist gut so.

Ich liege fast die ganze Zeit mit geschlossenen Augen da, mache mir keine Gedanken jetzt, wie die Sache weitergehen soll. Ich ruhe mich von der Angst der Nacht aus.

Da rüttelt mich jemand an der Schulter. Es ist der Stabsarzt. Er hat seinen Mantel an, den Kragen hochgeschlagen. Seine Augen sind rot umrändert. »Ein Sanitätskraftwagen ist eben angekommen, um Sie zu holen,« sagt er.

Träume ich? Ein Obergefreiter tritt herein, macht eine zackige Meldung. Er sei von Generaloberst v. Greim geschickt, aus Eger, »um Herrn Major abzuholen«. »Ja, Menschenskind, wie sind Sie denn durchgekommen?« »Es ging! Überall sind die Amis ja auch nicht!«

Schnell wird das Bein notdürftig geschient. Dann verlädt man uns, den Bordmechaniker und mich.

»Warum kommt denn der Karli nicht mit?« fragt er immer wieder. Wir sagen ihm, daß der Karli tot ist. Da stöhnt er nur auf.

Die Fahrt mit dem Sanka auf Feldwegen und durch Schlaglöcher ist qualvoll. Am strahlend blauen Himmel ziehen feindliche Jagdbomber die Straßen entlang und spähen nach jedem beweglichen Ziel aus. Brennende Wracks von Lastwagen und anderen Militärfahrzeugen säumen unseren Weg. Immer wieder müssen wir mit dem Sanka unter Baumkronen flüchten, damit man uns nicht sieht. Meine Beinwunde brennt sehr stark, und ich beiße mir in die Lippen, um nicht ebenso aufzuschreien wie der Bordmechaniker. Ihm geht es sehr schlecht. Sein Bein ist mehrfach gebrochen. Unter dem Knie ist ihm der Schienbeinknochen zentimeterlang aus der Haut herausgedrungen.

Wir müssen weiter, wenn wir Hilfe und Rettung haben wollen. »Ich halt's nicht mehr aus, ich halte es einfach nicht mehr aus!« schreit der Mann. Wenn der Wagen anhalten muß, kommt der Fahrer und gibt dem Kameraden zu trinken. Was soll man tun?

Manchmal müssen wir umwenden und schlechte Wegstrecken zurückfahren, wenn wir von Einwohnern der Dörfer erfahren, daß weiter vorn feindliche Truppen lauern. Die Aufenthalte werden immer häufiger. Dann schaukelt der Wagen weiter.

Schließlich kommen wir nach Tirschenreuth. Die Stadt wimmelt von Versprengten. Der Bordmechaniker ist ganz still geworden. Sein Antlitz sieht grünlichfahl aus. Ich sage dem Fahrer, daß er hier zu einem Lazarett fahren soll. Wir können nicht weiter. Unsere Kraft ist zu Ende.

Das Kreiskrankenhaus nimmt uns auf. Ordensschwestern in mächtigen, weißen Flatterhauben empfangen uns in ihrer kühlen, unaufdringlichen Geschäftigkeit. Ich bekomme ein Bett und warmes Essen. Ein junger Stabsarzt besieht sich die Wunde.

»Wenn Sie das Bein ganz ruhig halten, können wir's vielleicht erhalten!« sagt er. So schlimm ist es also doch!? Ich will es schon ruhig halten, ganz gewiß. Ich möchte überhaupt nichts anderes als Ruhe. Schlafen, schlafen − − −

Das Krankenhaus ist vollgestopft mit Verwundeten. Die ganze Stadt ist voll von Soldaten. Das lärmt und schreit fortwährend in den Straßen, die ganze Nacht hindurch. Am Morgen kommen ein paar verwahrloste Landser bis in unser Krankenzimmer; sie sind betrunken und bringen einen Kübel voll Wein. Überall gibt es hier Wein. Man hat ein größeres Marketenderlager gefunden. Ich trinke auch zwei Becher Wein aus, was liegt schon daran!? Die Amerikaner sind von Norden her im Anmarsch. Eine hektische Freude und Lebenslust bemächtigt sich aller. Was kann schon geschehen, wenn wir hier gefangengenommen werden? Der Krieg ist sowieso bald aus. Zwei gehfähige Patienten gehen in die Stadt, um noch mehr Wein zu holen.

Dem Bordmechaniker muß das zerschossene Bein heute doch amputiert werden. Er war die ganze Nacht vor Schmerzen nicht mehr recht bei Sinnen und wollte immerzu aufstehen. Sie haben ihn eben aus dem Operationssaal wieder hergebracht. Er liegt mit offenen Augen in dem Bett drüben an der anderen Wand und spricht kein Wort. Ich spüre, wie er sich innerlich quält. Ich würde ihm gern helfen, aber welche Trostworte nützen in einer solchen Lage?

Ich diskutiere mit ihm unseren Flug von Prag nach Eger. Es ist klar, daß wir uns richtiggehend verflogen haben. Anstatt nach Eger kamen wir nach Bayreuth, das am Tag vorher in amerikanische Hand gefallen war.

Am Himmel draußen surren den ganzen Tag lang die Jagdbomber umher. Sie jagen die Straßen auf und ab und schießen auf alles, was sich bewegt. Ein zwölfjähriger Junge wird gebracht; man muß ihm ein Bein abnehmen. Eine Frau hat einen Kopfschuß bekommen. Immer neue

Verwundete kommen in dieses Haus. Man hört es, wenn sie unten am Tor angefahren werden. Die Patienten, die zum Fenster hinausschauen, sagen uns, was sie beobachten. Dazwischen tönt das Gegröhle lärmender, singender, betrunkener Soldaten.

Mir geht es leidlich. Ich habe Fieber und starke Schmerzen im Bein, aber ich fühle mich doch gut aufgehoben hier. Der Arzt schaut sich meine Wunde an. Er wiegt bedenklich den Kopf. »Es gefällt mir nicht!« sagt er. »Der Fuß ist schon verdächtig blau. Ich denke, wir werden noch bis morgen warten, ehe wir es abnehmen.« So ist es also!

Aber das will ich nicht! Ich will mein Bein behalten!! Himmeldonnerwetternochmal! Ich lasse es nicht zu, daß man mir hier das Bein abschneidet. Aber wie???

In der Abenddämmerung vernehme ich das vertraute Motorengeräusch eines Fieseler-Storch. Das Flugzeug kreist über der Stadt. Dann fliegt es wieder weg. Was wollte dieser Fieseler-Storch?

Es ist gegen Mitternacht. Irgendwer leuchtet mich mit dem Lichtstrahl einer Taschenlampe an. Ich erkenne die Uniform eines Unteroffiziers der Luftwaffe. »Was wollen Sie denn?« »Herr Generaloberst v. Greim hat befohlen, daß ich Sie mit einem Sanitäts-Storch abhole. Ich habe Herrn Major erst jetzt gefunden!«

Es dauert eine Weile, ehe ich richtig wach werde. Ich starre den jungen Mann an. Soll also diese Flucht noch kein Ende haben? Hier war ich in der Obhut der Schwestern so gut aufgehoben. Weshalb schreckt mich dieser Mensch aus dem Schlaf? Ich will hier bleiben! Ich will meine Ruhe haben! Aber ich denke auch an den Generalobersten. Er hat doch wahrlich seinen Kopf jetzt mit wichtigeren Dingen voll als mit der Sorge um mein Befinden!? Freilich, das Empfinden seines väterlichen Wohlwollens über diesen weiten Raum hin wärmt mir das Herz und erfüllt mich mit einem Glücksgefühl. Er kann ja nicht ahnen, daß ich hier bleiben möchte. Morgen wären die Amis vielleicht schon hier gewesen, und die Flucht hätte ein Ende gehabt.

Morgen? Was war doch noch morgen? Will man mir morgen nicht das Bein abnehmen? Ich drücke dem Unteroffizier die Hand.

»Wann können wir starten?« »Die Maschine steht in einer Wiesensenke vor der Stadt. Wir müßten im ersten Morgengrauen los, Herr Major.«

»Gut! Ich muß hier heraus, ohne daß jemand etwas merkt. Rufen Sie bitte die Schwester; ich kann nur sie einweihen!«

Das äußere Geschehen ist wieder einmal stärker als mein eigener Wille. Wäre es nur nach mir gegangen, so wäre ich hiergeblieben. Aber jetzt will ich auch weg. Es ist so beschlossen. Die Schwester hat Bedenken.

»Was wird der Herr Stabsarzt sagen?« »Der darf überhaupt nichts erfahren, Schwester!«

Noch ist es Nacht, als ich auf einer Trage aus dem wohligwarmen Lazarettzimmer hinunter in die kalte Finsternis getragen werde. Schwarz und dunkel liegen die Häuser da, nicht im friedlichen Schlaf allerdings, denn in diesem Augenblick brummelt über uns ein großer Strom feindlicher Kampfmaschinen hinweg nach Süden. Nichts ist zu sehen, aber das Gedröhne der unzähligen Motoren, ihr gieriges Aufheulen peinigt die Sinne. Es ist die »wilde Jagd«, die unsichtbar am Nachthimmel dahinzieht, das Heer der Verderben tragenden Riesenvögel. Wen wird es diesmal treffen?

Ein Mietauto hält vor dem Tor des Krankenhauses. Der nicht eben freundliche Fahrer und Besitzer des Wagens will die Fahrt verweigern, weil mein geschientes Bein nicht Platz im Wagen hat. Der Unteroffizier muß sich auf den rechten Kotflügel setzen und mein Bein halten, das zur halb geöffneten Wagentür herausragt. Der dicke, asthmatische Mann sagt, so könne er nicht fahren. Aber seine Frau, die auch mitfährt, beschwichtigt ihn. Ich höre es am Klang ihrer Stimme, daß sie zur Kategorie jener blassen, verkümmerten Wesen gehören mag, die das Leben an der Seite eines brutalen Mannes zeichnet. – Endlich rumpeln wir los.

Der neue Tag schickt sein erstes fahles Licht über die vom Dunst der Nacht verhangenen Wiesen und Wälder. Unten in einer Bachsenke steht der Fieseler-Storch. Ich werde mit meiner Trage in die Glaskabine hineingeschoben und festgeschnallt. Wir müssen uns beeilen, um zum Ziel zu kommen. Wenn es heller wird, ist es zu spät. Der Luftraum gehört uns nicht mehr – – –

Mir ist nicht sehr wohl bei diesem Flug. Nicht nur die Beinwunde schmerzt verteufelt infolge der Vibration der Maschine, auch das Herz flattert in wilden Schlägen – vor Angst. Ich bin allmählich nur mehr ein Nervenbündel; das ganze Reservoir an innerer Kraft, an Mut und Optimismus ist verbraucht. Ich kann dieser schlotternden Angst nicht mehr wehren. Ach, schon zünden die ersten Strahlen der Sonne über die Bergrücken im Osten. Wenn wir noch gut ankommen wollen, muß es ganz schnell gehen. Kleine Wolkenfetzen am Himmel, Föhnschleier, halte ich für Kondensstreifen feindlicher Jäger. Ich brülle dem Flugzeugführer zu, er soll landen. Sie erwischen uns ja doch wieder!

Ich zittere am ganzen Leib, vor Angst und vor Kälte. Aber da ist auf einmal Straubing unter uns, unser Ziel. Die Stadt brennt an mehreren Stellen. Ich sehe ein großes Gebäude, es ist teilweise zerbombt, obwohl auf den vom Brand angekohlten Mauern noch ein großes rotes Kreuz auf weißem Grund sichtbar ist. Sie haben das Lazarett getroffen, vielleicht eben in dieser Nacht, die diesem Morgen zu weichen im Begriff ist. In *dieses* Lazarett werde ich also nicht kommen können.

Warum bin ich aus Tirschenreuth weggeflogen? Ach ja, das Bein! Aber ein Bein ist eher zu verschmerzen als diese rasende Todesangst.

Warum landet er denn nicht? Jeden Augenblick müssen sie doch wieder hinter uns her sein, diese grellweißen Jäger mit den roten Schnauzen!

Wir landen ja schon, ach, wir rollen ja schon auf dem großen Rasenrund aus.

Ich bin nichts weiter als ein schwaches, unnützes Menschenwrack.

Warum gibt man sich noch solche Mühe mit mir? Jede Nacht, jede Stunde gehen Tausende Menschen zugrunde, und mit mir stellt man alles an, um mich in Sicherheit zu bringen. Es ist doch alles nur ein Hinauszögern. Das Ende steht greifbar vor mir. Weshalb kann ich den einen, letzten Schritt hinüber nicht in Ruhe tun?

Ein Sanka schwankt über das Rollfeld zu unserer Maschine heran. Ich werde umgeladen und etwa eine Wegstunde weit zu einem Dorf an der Donau gefahren, wo in einem Gasthaus provisorisch ein Krankenrevier des Fliegerhorstes untergebracht ist.

Nun liege ich wieder in einem großen Zimmer, das zugleich Krankenstube, Behandlungsraum, Geschäftszimmer und Küche ist. Ein älterer, ernster Oberstabsarzt nimmt sich meiner sogleich nett an, aber auch ihm fehlt es an allem, besonders an Medikamenten und sterilem Verbandsmaterial. Die Beinwunde kann nur mit Papierbinden neu umwickelt werden. Sie eitert jetzt stark.

Trotz der Enge des Raumes und der Beschränktheit der Mittel ist es nicht unbehaglich hier. Mein Bett steht in der Nähe des Ofens, und ein langes, schwarzes Ofenrohr führt darüber hinweg zur Wand. Die Wärme tut mir wohl; ich habe immer wieder Schüttelfrost.

Das Schönste aber sind die kleinen Fenster drüben an der Längswand. Hohe Kastanienbäume stehen davor, und die Sonnenstrahlen spielen unentwegt auf den breiten grünen Blättern, die sich im Wind bewegen. Hühnergackern und Entenschnattern dringt an mein Ohr.

Ein älterer, schnauzbärtiger Sanitäter bemüht sich, mich fürsorglich zu pflegen. Er bringt mir von der Gastwirtschaft unten ein großes Glas köstliches bayrisches Bier für meinen Fieberdurst. Außer mir sind nur noch zwei Patienten hier, und mein Erscheinen wirkt offenbar in dieser dörflichen Idylle sensationell. Die dienstliche Beflissenheit des Sanitäters zeigt, daß er offensichtlich bisher wenig in seinen dienstlichen Obliegenheiten ausgefüllt war. Am Ofen sitzt ein alter Mann, dem eine Kugel die Hand zerschmettert hat. Er trägt es mit Fassung. Für das leibliche Wohl sorgt Elfriede, ein etwa sechzehnjähriges, ausgehungertes Mädchen aus dem Böhmischen. Sie bringt mir Bratkartoffeln und Spiegelei; dann schlägt sie Eiweiß zu Schnee, vermengt es mit Zucker und Marmelade, und ich esse und esse, ihr und ihrem Eifer zuliebe.

In der Nacht schlafe ich tief und fest. Durch die offenstehenden Fenster dringt das Rauschen der Blätter der Kastanien herein und singt mich in den Traum.

Aber schon am Morgen ist zu spüren, daß der Krieg näher an diesen dörflichen Frieden heranrückt. Jagdbomber grasen die hier vorbeiführende Hauptstraße ab. Ich beginne jedesmal zu zittern, wenn die Bomben irgendwo im Gelände mit ihrem heiseren Knall zerbersten und die Maschinengewehrgarben auf die Straße knattern. Das Gasthaus liegt ausgerechnet an einer Straßengabel.

Die Patienten, der Arzt, der Sanitäter drücken sich einer nach dem anderen aus dem Zimmer. Sie suchen sich im freien Gelände einen besseren Schutz, als ihn dieses alte Gebäude zu bieten vermag. Zuletzt bin ich mit dem alten Großpapa allein; aber als ganz in der Nähe eine Bombe krepiert, treibt auch ihn die Angst aus dem Bett, und er schlurft hinaus und die Treppe hinab.

Schon sitzt mir wieder diese würgende Angst in der Kehle, wenn die Motoren der feindlichen Jäger über den Dächern aufheulen. Ich rede mir ein, daß es für sie doch keinen Sinn haben dürfte, in dieses Haus hineinzuschießen. Aber ich weiß, daß es müßig ist, im Krieg nur etwas Sinnvolles zu sehen. Es geht nicht mehr um Sinn oder Widersinn, sondern nur noch um Vernichtung, um totale Vernichtung alles lebenden und toten Gutes. Warum soll nicht auch dieses alte Gasthaus unter den Kastanien daran glauben? Ein Zug am Auslösungshebel, und ein paar Zehn-Kilo-Bomben rauschen in leichtem Bogenwurf herab, schlagen vom Dach bis zum Keller durch, und − heiße! − stürzen die Mauern zusammen, ein Trümmerhaufen mehr, was gilt's?

Da kommt Elfriede herein. Sie tritt an mein Bett. »Die Amis sind schon hinter Regensburg«, sagt sie. Ich sehe ihre rotglühenden Wangen.

»Was willst Du hier?« sage ich, »Geh' doch auch hinaus!« »Sie sind doch auch hier!« sagt sie. »Ich muß hier liegen bleiben.« »Haben Sie keine Angst?« Ich versuche ein Lächeln. »Man muß geduldig sein«, sage ich. »Wenn es Ihnen recht ist, bleibe ich bei Ihnen«, sagt sie, »und leiste Ihnen Gesellschaft.«

Sie legt ihre Hand auf meine Stirn. Diese Unbekümmertheit tut mir wohl.

Auch der neue Tag erwacht durch den Donner feindlicher Flugmotoren. Die Lage hier wird brenzlig. Aus Straubing ist ein Sanka gekommen, um uns nach München zu verbringen. Ich werde in das Fahrzeug verladen. Der Arzt und die anderen beiden Patienten setzen sich auf die Klappstühle. Wir können uns aber bei Tageslicht nicht auf die Straße wagen. Die Fahrt geht zunächst nur bis zur Scheuer eines nahegelegenen Gutshofes. Dort warten wir auf den Abend. Elfriede hat mir zum Abschied ein kleines Sträußchen Primeln und Narzissen an den Uniformrock gesteckt. Dieses rührende Zeichen einer schüchternen Zuneigung beglückt mich, und ich halte schützend die Hände über diesen Talisman, als der Wagen in der Dämmerung holpernd und schwankend den Feldweg entlang fährt. Ein Gewitter kommt auf mit tiefziehenden Wolken und anhaltendem Regen. Wie herrlich befreiend klingt der himmlische Donner gegenüber dem Dröhnen der von den Menschen geführten Kriegsmaschinen.

Wir fahren durch die Nacht. Viele Fahrzeuge fahren auf der gleichen Straße durch die Nacht gen Süden. Zuweilen gibt es einen Aufenthalt, weil die Straßen verstopft sind. Der Regen trommelt auf das Dach des Wagens. Die ganze Nacht fahren wir in den Kolonnen mit, die nach Süden ausweichen. Einmal reißt das Gewölk auf, und ich vernehme das Surren der feindlichen Nachtjäger. Aber es geht alles gut. Im Morgengrauen treffen wir im Luftwaffenlazarett München-Oberföhring ein.

Auch hier herrscht bereits eine hektische Nervosität. Ich erhalte zwar ein Einzelzimmer, aber die Freude darüber ist nicht von langer Dauer. Ich habe eine Weile die Augen geschlossen und versuche von den Strapazen der Fahrt auszuruhen, da kommt schon ein Arzt in weißem Kittel, untersucht die Beinwunde, schüttelt den Kopf, tastet mir den Leib ab, verordnet Diät und läßt eine Blutprobe entnehmen. Es dauert alles nur wenige Minuten lang, und mir ist es recht, weil ich dann meine Ruhe wieder habe.

Aber dann tönen die Alarmsirenen auf, weil ein neuer Luftangriff auf München bevorsteht. Jetzt weiß ich auch, weshalb die Betten an ihren vier Füßen kleine Räder haben. Ein Krankenwärter kommt herein, faßt das Bett und schiebt es hinaus auf den Gang und von dort eine schiefe Ebene hinab in den Bunkerkeller. Hier sammeln sich Bett an Bett die Verwundeten und Kranken in langen Reihen. Ich liege neben einem amerikanischen Fliegerleutnant, der kürzlich bei einem Angriff auf München abgeschossen wurde. Er hat sein Bein in einem Streckverband, und auf dem Bauch hält er ein ansehnliches Paket vom amerikanischen Roten Kreuz, einen Karton voll Schokolade, Keks, Candys. Er ißt unentwegt und würdigt mich keines Blickes, während ich an einer halben Scheibe Knäckebrot knabbere.

Der Amerikaner sieht nicht schlecht aus: kantiges, scharfgeschnittenes Gesicht, ausgeprägtes, männliches Kinn. Ich versuche mir vorzustellen, was er sich denken mag. Ich habe dabei ein sentimentales Empfinden. Ich sage mir: er wurde abgeschossen von uns; ich wurde abgeschossen von ihnen. Nun liegen wir beide mit kaputtem Bein hier unter der Erde in dem Bunker, und dieser Tatbestand müßte uns eigentlich auf eine gewisse Art verbinden. Er ist ein Boy aus dem fernen Arizona; ich stamme aus Mitteldeutschland, und gewiß haben wir beiden den Krieg nicht gewollt. Beide haben wir für unser Vaterland gekämpft, beide sind wir nun verwundet und außer Gefecht gesetzt: zwei Menschen im großen Kriegsgeschehen, deren Schicksal es war, noch einmal für eine gewisse Zeitspanne davongekommen zu sein. Ich habe diesem amerikanischen Leutnant gegenüber keinerlei Gefühl von Feindseligkeit, und ich möchte ihm unterstellen, daß er es mir gegenüber auch nicht hat.

Natürlich sind das kindische Überlegungen. Es sind sentimentale Phantastereien, aufgebaut auf der irrigen Grundlage, daß der andere Mensch das gleiche empfinden müßte wie ich selbst. Ganz besonders albern ist es aber, daß ich jetzt sogar einen Versuch anstelle, mit dem Amerikaner in ein Gespräch zu kommen. Ich frage ihn, ob er sehr schwer verwundet sei. Er jedoch brummt nur etwas, das wie ein Fluch klingt, und wendet sich auf die andere Seite. Er hat es nicht nötig, sich mit einem damned German abzugeben.

Nur den Schwestern, die sich sehr um ihn kümmern, schenkt er hin und wieder ein geringschätziges Lächeln. Ich beobachte das sehr genau. Sie kommen immer wieder an sein Bett und erkundigen sich nach seinem Befinden, richten ihm die Kissen, bringen ihm Milch, lesen ihm jeden Wunsch von den Augen ab. Er läßt es teilnahmslos mit sich geschehen. Seine Miene drückt Verachtung aus. Eine der Schwestern, eine blonde, hübsche Person, tätschelt ihm die Hand, in der er eben ein Stück Schokolade hält. Er hält es ihr einen Augenblick hin und steckt es sich dann selbst in den Mund. Sie aber strahlt ihn mit glänzenden Augen wegen dieses Scherzes an.

Die Nacht ist lang. Feindliche Bomberverbände greifen wiederholt das Zentrum von München an. Man hört in diesem Lazarettbunker das Grollen und Wummern der Detonationen wie ein fernes Gewitter.

Am Morgen werde ich mit hundert anderen Verwundeten weiterverlegt. Es heißt, daß die Amerikaner von allen Seiten auf München vorrücken; es werde hier sehr unruhig werden. Man vermutet, daß die Kämpfe zur Verteidigung der Stadt sehr viele Lazarettzugänge bringen werden und deshalb die Betten freigemacht werden müssen. Wer in der Lage ist, transportiert zu werden, soll nach Schloß Possenhofen am Starnberger See verbracht werden.

Ich habe etwas übrig für Schlösser! Ich habe viele Schlösser gesehen, in Polen und in Frankreich. Ich habe sie besucht und besichtigt, und manchmal habe ich sogar in ihnen gewohnt. Auch von Schloß Possenhofen habe ich eine romantische Vorstellung: Elisabeth, die Tochter von Herzog Maximilian von Bayern, »Sissi«, die spätere Gemahlin von Kaiser Franz von Österreich, verbrachte dort ihre Jugend. Ein Schloß am See – – –

Aber nach mühsamer Fahrt durch das zerstörte München empfängt uns in Possenhofen nur ein graues Geviert von Holzbaracken, die mit Verwundeten bereits überbelegt sind. Übermüdete Schwestern wirken unfreundlich und uninteressiert. Auf den Fluren und Gängen der Baracken werden wir in langen Reihen nebeneinander auf das Stroh gelegt und sind uns selbst überlassen. Immer neue Transporte kommen an. Schließlich läßt man die Verwundeten einfach in den Sanitätskraftwagen liegen, weil kein Platz mehr aufzutreiben ist. Vom Schloß ist nichts zu sehen. Auch nichts vom See. Es ist auch nicht wichtig. Ich möchte nichts weiter als in Ruhe gelassen werden. Die Beinwunde schmerzt stark. Die verschiedenen Lagen von Papierverbänden sind durchgeeitert. Ich wünschte, daß ein Arzt käme und nachschaute. Aber es kommt kein Arzt. Und ich bin auch viel zu müde, die Schwestern um einen Arzt zu bitten.

Am nächsten Vormittag geht es schon wieder weiter. Mein Freund Mako Kendel, der damals im Spanischen Bürgerkrieg gefallen ist, erzählte oft von der Schönheit und Lieblichkeit seiner Heimat, des Tegernsees. Immer habe ich mir gewünscht, einmal an diesen See fahren zu können. Nun ist es soweit!

Wieder liege ich in einem »Sanka«, wieder klammere ich mich an das

Gestänge im Wagen und an die von der Decke herabhängenden Leder-
schlaufen, um den stechenden Schmerz in der Beinwunde zu lindern,
den das Aufschlagen und Schwanken des Wagens verursacht. Gegen die
Milchglasfenster peitscht der Regen. Stunde um Stunde verrinnt. Ich
hörte, daß man uns an den Tegernsee verbringt.

Dieses Gerücht hat mich belebt. Ich liebe die Berge. Erinnerungen an
alpine Touren und Skiwanderungen werden wach. Bei einem Halt bitte
ich, daß man das Wagenfenster ein wenig öffnet. Bleiern grauer Regenhimmel. Aber ich sehe die Berge undeutlich im Regen und Dunst. Und
auf einem nahen Wiesenhang sehe ich Primeln und Krokusse blühen! Es
ist ein überwältigender Eindruck!

Es gibt also noch etwas anderes als zusammengeschossene Menschen,
als gehetzte Menschen in Todesangst; ich atme plötzlich eine andere Luft
als die der Lazaretträume, diesen Gestank nach Schweiß und Eiter und
Jodoform. Ich habe das Gefühl, in einer Kirche zu sein. Ein wenig
getröstet und zugleich demütig schaue ich nach den Wiesen und Blumen,
nach den Wäldern, die sich die Berghänge hinaufziehen. Mir ist, als
sollte ich dies alles noch einmal sehen dürfen, einmal noch, bevor das
Ende kommt.

Ich muß mich plötzlich gegen den Gedanken wehren, daß das Schicksal mir noch meinen letzten Wunsch erfüllen möchte, den Tegernsee zu
sehen, um mir das Ende und den Übergang ins Nichts tröstlicher zu
gestalten. Und ich erkenne daran, daß ich in der tiefsten Seele schon
ganz ohne Hoffnung bin.

Ich bekomme im »Haus Lilie«, dem Erholungsheim der Jagdflieger,
ein Zimmer für mich allein. Vor dem Fenster breitet sich der See aus.
Rechter Hand stehen einige einzelne Fichten. Es ist ein sehr friedliches
Bild.

Überhaupt atmet hier alles Ruhe und Frieden. Der Arzt nimmt mir
den Verband ab, spült mit Rivanol, versorgt die Wunde. Ich bilde mir
ein, Linderung zu spüren, als der neue Verband angelegt ist.

»Nun ruhen Sie sich erst mal aus!« sagt er. »Hier gibt es keine
Alarme, keine Jagdbomber, keine Bombenwürfe. Bad Wiessee ist Lazarettstadt!« Diese Worte wirken balsamisch! Himmlischer Friede! Ich
schlafe, träume, schlafe, träume. Draußen fällt Schnee und überzuckert
die Fichtenzweige.

Hier ist es schön! Hier möchte ich bleiben, mag nun kommen, was
wolle. Ich löse meinen Willen und meine Gedanken auf in dem großen
Meer der Wunschlosigkeit. Ich habe mein Ziel erreicht und bin mit jeder
Faser meines Herzens und meines Seins bereit, hinabzugleiten in die
Gefilde des ewigen Friedens.

Es regt mich auch nicht mehr auf, daß ich zwei Tage später nochmals
verlegt werde, nunmehr in ein wenig entfernt liegendes ehemaliges Kur-
heim. Ich will weder den Grund hierfür wissen noch überhaupt darüber

nachdenken, wie sich wohl die nächste Zeit zeigen wird. Es berührt mich überhaupt nicht mehr, daß der Arzt mich wegen meiner Beinwunde in der Nähe der Operationsräume haben will. Es geht mich nichts mehr an.

In dem neuen Krankenzimmer finde ich das zweite Bett mit einem Verwundeten belegt vor. Die Schwester übernimmt die Vorstellung. Leutnant Linck ist Jagdflieger; er wurde vor kurzem abgeschossen, wobei ihm ein Geschoß den rechten Arm zerschmetterte. Ein schmächtiger junger Mann mit eingefallenen Wangen und ganz großen, braunen Augen. Eine Weile fürchte ich, er könnte die von mir so sehnlichst gewünschte Ruhe mit Erzählungen und Berichten stören, aber ich vermerke dankbar, daß er nur still in seinem Bett liegt, den Arm dick eingegipst auf der Decke, und vor sich hinschaut. Zwischen uns besteht von Anbeginn an eine stille Übereinkunft, uns gegenseitig nicht zu stören. Erst am nächsten Tag wechseln wir die ersten Sätze miteinander, ein paar kärgliche Fragen und Antworten, gleichsam im Telegrammstil. Leutnant Linck stammt aus Berlin. Er wurde bei Nürnberg abgeschossen, am gleichen Tag wie ich. Es ist nicht viel dazu zu sagen.

Ich habe ziemlich starkes Fieber, und der Puls flattert. Die Schwester meint, es komme vom Bein, weil die Wunde sehr eitert. Leutnant Linck hat auch starkes Fieber. Manchmal stöhnt er vor Schmerzen. Der Arzt sagt, er möchte gern noch abwarten. Ich ahne, worauf er wartet. Er sagt, die Amerikaner seien jetzt in Bad Tölz eingedrungen und sie würden bald auch hier auftauchen. Ich sehe nichts Schlimmes dabei. Ich bin verwundet und liege hier und darf annehmen, daß die Amerikaner glimpflich mit uns umgehen werden. Mich regt das nicht auf. Es ist sowieso alles verloren, und ich will jetzt nicht nachdenken.

Einmal kommt die Schwester ins Zimmer und sagt: »Wissen Sie's schon? Der Führer ist gefallen! Im Radio ist es eben gesagt worden.«

Ich registriere diese Neuigkeit wie etwas völlig Belangloses. Leutnant Linck sagt: »So, so!« Nichts weiter.

Die Schwester geht zur Wand vorn am Kleiderschrank und nimmt das Bild Hitlers ab, welches dort hängt. Ich hatte gar nicht gemerkt, daß dort seine Photographie im üblichen Großformat hing. In allen Zimmern sahen wir seit Jahr und Tag sein Bild hängen. Die Schwester nimmt das Bild unter den Arm und geht damit hinaus, als sei es das Selbstverständlichste von der Welt. Nun ist ein heller, viereckiger Fleck an der Wand zu sehen, wo erst das Bild hing.

»Darf sie denn das?« fragt Leutnant Linck. »Nun, er wird nichts mehr dagegen haben«, sage ich.

Gefallen ist er, sagte die Schwester. Ich versuche mir eine Weile vorzustellen, *wie* er gefallen sein mag. Vielleicht hat er sich hinter ein Maschinengewehr geklemmt und seine Reichskanzlei verteidigt. Es ist mir nicht möglich, mir ein überzeugendes Bild zu machen. Immerhin scheint es mir beruhigend zu wissen, daß Hitler tot ist. Es gehört zum totalen Krieg, daß auch der Führer fällt, der uns in die totale Niederlage geführt hat. Ich denke auch darüber nach, was nun Oberst Rudel sagen wird, wenn er noch lebt. Und der Generaloberst von Greim. Und Hanna Reitsch. Berlin ist nun wohl in sowjetischer Hand.

Ich aber lebe. Noch lebe ich. In Berlin wäre jetzt auch für mich das Ende gekommen, so oder so, irgendwie.

Nun liege ich hier und starre an die Zimmerdecke und an den hellen Fleck an der Wand. Mir ist es demnach bestimmt, das Ende richtig auszukosten. Sogar den Führer habe ich überlebt. Eigentlich ist es zum Lachen! Tatsächlich, man müßte einmal richtig lachen!

Aber ich glaube, ich kann es gar nicht mehr. Ich versuche mich zu entsinnen, wann ich eigentlich zum letzten Mal gelacht habe. Es fällt mir nicht ein. Ob ich überhaupt noch jemals lachen werde? Wenn ich einen Spiegel hätte, würde ich gern einmal mein Gesicht anschauen. Ich möchte versuchen, ob ich noch ein Lachen zustande bringe. Ich öffne den Mund und ziehe die Lippen breit. Nein, das ist nichts als eine Grimasse. Nein, es ist wirklich kein Grund zu solchen Faxen.

Am dritten Tag meines Hierseins geht das Fieber zurück. Ich habe keine rechte Erinnerung mehr an die Zeit, die ich hier in einer Art Traumwachen dahindämmerte. Ich wurde gefüttert, gewaschen, einmal sogar rasiert, und im übrigen habe ich wohl viel geschlafen.

Jetzt fühle ich meine Sinne klarer werden. Ich finde ein nettes Wort für die Schwester, die sich so fürsorglich um uns bemüht. Ich frage sie, was sie tun möchte, wenn der Krieg vorbei ist. »Ich bleibe hier, bis alle wieder gesund sind!« sagt sie. Es ist gut, einen solchen Menschen hier in der Nähe zu wissen.

Gegen Abend hören wir plötzlich in der Nähe Artillerie feuern. Ich schaue hinüber zum Bett von Leutnant Linck. Seine großen, dunklen Augen sind mir zugewandt. »Nanu!?« sagt er.

Die Wolken hängen tief ins Tal herein. Von feindlichen Fliegern sind wir also verschont. Aber weshalb wird denn überhaupt noch geschossen? Ist Bad Wiessee nicht Lazarettstadt? »Nun, was meinen Sie?« fragt Leutnant Linck. »Wir werden ja sehen, was kommt«, sage ich etwas albern. »Hm!« »Jedenfalls kommen die Amis jetzt auch hierher!« »Und wenn's nicht so harmlos abgeht, wie gedacht?« »Haben Sie Angst?« »Nee, aber ich habe den ganzen Mist so satt!«

Wir liegen in unseren Betten und warten, warten auf das, was zu hören ist. Ein paar Schüsse fallen irgendwo, dann ist es längere Zeit ruhig.

Die Schwester kommt und sagt: »Meinen Sie nicht auch, daß sie uns nichts weiter tun werden?« – Heute in einer Woche werden wir gescheiter sein.

Der neue Tag beginnt schon mit einer Alarmnachricht. »Eine SS-Brigade hat Wiessee besetzt und will den Ort bis zum Letzten verteidigen, du lieber Himmel!« Die Schwestern laufen mit rot umränderten Augen durch die Zimmer.

»In den Gärten stehen Geschütze und Pak. Sogar neben dem Lazarett haben sie Maschinengewehre eingebaut!« berichtet der Arzt. »Wir gehören jetzt zur Alpen-Festung!«

Schon seit dem frühen Morgen bellte hier und da ein Gewehrschuß auf.

In meinem Inneren ist alles in Abwehr gegen diese Hiobsbotschaften gepanzert. Es kann ja doch nicht wirklich wahr sein! Man weiß ja, wie solche Gerüchte entstehen und aufgebauscht werden! In Wiessee liegen mehr als zweitausend Verwundete, es gibt mehrere Heime mit schwangeren Frauen, ein Kinder-Landverschickungslager. Niemand kann doch diese hilflosen Menschen noch in allerletzter Stunde der Kriegsfurie preisgeben! Ich sage den Schwestern, sie sollen vernünftig sein und den Patienten Mut zusprechen.

Aber da fängt schon das Belfern der Geschütze an. Jeder Abschußknall schneidet uns durch und durch. »Möge sie doch der Teufel holen!« sagt Leutnant Linck.

Vor den Fenstern rieseln Schneeflocken lautlos herab. Die Zweige der Bäume sind schon dick besetzt.

Die Amerikaner schießen jetzt Granatwerferfeuer. Die Granaten schlagen im Ort ein. Einmal kracht es ganz in der Nähe auf, und der Luftsog der Detonation fegt plötzlich den Schneebelag aufstiebend von den Zweigen. Das ganze Haus bebt, und die Türen fliegen auf. Von den Bergwänden hallt das Echo der Explosionen wider.

Wir können nicht mehr in den Zimmern bleiben. Alles rennt durcheinander. Verwundete humpeln auf Krücken die Treppen hinab, andere kriechen in panischer Angst aus ihren Betten und über den Flur zur Treppe hin. Die Schwerstversehrten werden in fieberhafter Eile auf Tragbahren in den Keller geschafft. Dicht an dicht, immer zwei Patienten auf einer Bettmatratze, liegen wir auf den Steinfliesen. Ich komme in die Küche zu liegen; auch hier ist alles eng belegt. Die Schwestern steigen über uns hinweg, wenn die Kranken rufen. Und es ist ein unaufhörliches Wimmern und Klagen.

Draußen bellen die Geschütze und bersten die Granaten. »Mein Gott, wenn es dieses Haus trifft!« ruft einer. Rrrrrrammmms!

»Dort!!!« schreit einer und weist mit der Hand nach dem Kellerfenster. Gleich hinter dem Strauchwerk steigt eine Fontaine aus Erde und Rauch empor.

»Alles hinlegen! Auch die Schwestern!!« schreit der Arzt. Rrrrrrammmms! – – – Rrrrrrammms! – – – Rrrrrrrammmms! Drei Einschläge rechts. Ein Fenster splittert. Man hört das Sirren der Granatsplitter.

Ich liege wie versteinert. Jeder Pulsschlag schwemmt eine neue Welle Todesangst in meine vom Übermaß gereizten Sinne. Ich habe einmal

Dantes »Divina Commedia« gelesen. Wie konnte er das Grauen der tiefsten Hölle beschreiben, wenn er dies hier nie erlebte!?

In einer Feuerpause springen die Schwestern zu ihren Patienten, richten einen Verband, reichen einen Becher Wasser, tragen Urinflaschen fort. Eine steht am Herd und rührt den Haferbrei, als ob jemand jetzt an Essen denken könnte.

Ab und zu dringt von irgendwoher eine Nachricht zu uns in den Keller. »Die Amerikaner greifen den Ort von Norden an!« »Die SS hat vier Panzer abgeschossen!« »Zwei Angriffe wurden schon abgeschlagen!« – Niemand freut sich.

Immer neue Verwundete werden gebracht. In einem Nebenraum des Kellers operiert der Arzt bei Kerzenschein. Das elektrische Licht ist ausgefallen. Ein junges Mädchen mit einem Bauchschuß wird gebracht und an uns vorbeigetragen. Ich sehe den zitternden Körper, zusammenge-krümmt unter der Wolldecke; ihr Wimmern schneidet mir ins Herz. Es dauert nicht lang, da wird sie wieder fortgetragen, wie ein Bündel eingehüllt in die gleiche karierte Wolldecke, tot. Eine andere Frau wird hereingetragen. Sie hat einen Oberschenkelschuß. Ich sehe ihren hoch aufgeblähten Leib. In wenigen Tagen soll sie entbinden.

»Los! Sofort alle Behälter mit Wasser füllen!« schreit eine Stimme von der Treppe her. Die Schwestern rennen mit Eimern und Flaschen, Töpfen und Terrinen umher. Draußen knallen Gewehrschüsse. Maschinenge-wehre rattern. Kämpft man schon im Ort?

Die Nacht wird fürchterlich. Niemand findet eine Minute Schlaf. Das Jammern der Schwerverwundeten reißt nicht ab. Fiebernde phantasieren. Die Schwestern huschen mit brennenden Kerzen hierhin und dorthin.

Im Morgengrauen kommt ein junger SS-Führer und bringt einen schwerverwundeten Kameraden, der einen Kopfschuß hat. Der Mann hat seinen Stahlhelm am Ärmel hängen. Das blonde Haar ist schweißver-klebt. Eine Zigarette hängt ihm im Mundwinkel. Hoch aufgerichtet steht er mitten im Keller. »Es ist alles in Ordnung, was hier geschieht!« sagt er.

Mir schlägt das Herz in ohnmächtiger Wut. Ich brülle etwas, ich weiß nicht, was; wir alle brüllen. Der SS-Mann schnippt seine Zigarettenkippe in den Raum und geht gelassen wieder die Kellertreppe hinauf. Schließ-lich tut er nur seine Pflicht.

Das Artillerieduell reißt nicht ab. Immer wieder greifen die Amerika-ner vergeblich an.

Und doch noch ein winziges Flämmchen der Hoffnung! O Gott, wenn's wahr wäre!! Wenn's Erfolg hätte!! Was wie ein Lauffeuer von einem zum anderen springt. Wen kümmert es, wie diese Nachricht kam, von wem! Woher?

Ein bekannter Arzt aus dem Ort, ein Stabsarzt des Heeres, will sich mit zwei Sanitätsdienstgraden unter weißer Fahne als Parlamentär zu den Amerikanern begeben und die kampflose Übergabe von Wiessee an-bieten.

Was werden die Amerikaner tun??? »Sie müssen die Delegation annehmen!« behauptet einer mit glucksender Stimme, als wolle er lachen. »Auch das gehört zum Kriegsrecht – – –«

Sie müssen einfach, die Amerikaner! Es sind doch auch Menschen. Menschen der freien Welt – – –

Tatsächlich, die Artillerie schweigt seit einer Weile. Ob unser Parlamentär die fremden Linien erreicht hat – –?? Unsere fiebernden Augen sehen ihn im grauen, verdreckten Uniformmantel, ein Unteroffizier mit der weißen Flagge neben ihm, ein dritter vielleicht – –

Und die Amerikaner? Fernglas vorm Auge – – Sie müssen – – Da! Wieder ein Einschlag! Noch einer! Nahebei!!! Die Erde zittert. Wir spüren es in den Knochen. Geht wohl nicht so schnell, das mit der Übergabe, mit der Kapitulation.

Vielleicht müssen die feindlichen Truppen erst bei einer vorgesetzten Stelle anfragen – – – Rrrrrrammmmms! – – Rrrrrrrrammmmms! – – – Fenster klirren – – Glas scheppert – – ein Zittern in der Luft – –

Ein paar undefinierbare Gestalten drängen in den Keller. Landser?? Einwohner des Ortes?? »Was ist?? Was ist los?« Angsterfüllte Rufe, Fragen.

»Die Parlamentäre – – Die Amerikaner haben sie beschossen – – – – nicht vorgelassen – – die Schweine!!! – – Einer ist gefallen – – –« Oooooh!!

Alles umsonst! Alles vorbei! Maschinengewehr–Tack–tack–tack–tack– – – – Draußen ein Poltern und Hasten. Truppen?? Welche?? Und wieder Einschläge – – weiter weg – – wo??

Wie unendlich langsam die Zeit dahinschleicht! Wir wünschen uns, daß die Amerikaner schneller vorankämen und den Ort besetzen würden. Dann wäre diese Qual vorbei. Aber es wird wieder Abend, ohne daß der Kampf entschieden ist. Es gibt kein Erbarmen.

Als es dunkel wird, verdrücken sich die gehfähigen Patienten aus dem Keller, flüchten hinauf in die Berge auf Almen und Hütten. So, wie sie sind, in ihren gestreiften Lazarettanzügen, in Hausschuhen und Pantoffeln, schlurfen sie hinaus, nur weg, nur fort. Auch ein paar Schwestern verlieren die Nerven und gehen weg. Neiderfüllte Blicke folgen ihnen. Sie haben ja das Glück, gehen, sich bewegen zu können. Wir müssen hier liegenbleiben, zur Untätigkeit verdammt.

Drüben an der Wand liegt einer mit einem schweren Bauchschuß. Er stirbt langsam und ich muß immer wieder zu ihm hinschauen. Mit großen, angsterfüllten Augen schaut er immerzu in der Runde umher, fassungslos. Er kann nicht begreifen, daß er nun sterben soll. Sein stummer Blick scheint uns alle zu fragen, was seine Schuld wohl sei, daß es gerade mit ihm jetzt zu Ende geht. Er ist zu einem lebenden Skelett abgemagert; aber was die Schwester ihm auch zu essen reicht, er würgt und bricht es wieder heraus. Einmal sehe ich, wie er die Hand der Schwester ergreift und fest umklammert hält. Mit seinem todtraurigen Blick fleht er sie wortlos an, ihm doch zu helfen, daß er nicht sterben müsse. Aber es gibt ja keine Hilfe mehr.

Ich würde mich gern herumdrehen, um nicht mehr dorthin sehen zu müssen. Aber ich habe keine Kraft mehr, mich zu rühren. Dabei ist das Lager auf den Steinfliesen des Kellerbodens so hart, und alle Knochen schmerzen.

Es ist schon dunkle Nacht; da kommt nach einer schier endlosen Zeit der Hoffnungslosigkeit und Todesangst eine erlösende Botschaft. Ich kann nicht entscheiden, ob es ein Gerücht ist oder Wahrheit. Ich weiß auch nicht, woher die Meldung kommt, aber wie ein Funke zündet sie von einem zum anderen: »Die SS setzt sich ab!«

Sollen wir es glauben? Dürfen wir es glauben? Wer hat dieses Gerücht in Umlauf gesetzt? Will man uns nur narren?

Ein Unteroffizier kommt die Kellertreppe herunter. Wir bestürmen ihn mit Fragen. »Ja, die Geschütze werden draußen schon wegge- schafft!« sagt er.

Eine nervöse Unruhe bemächtigt sich plötzlich unser. Wir würden uns vor Freude umarmen, wenn wir uns bewegen könnten. Mein Neben- mann fragt mich: »Sollen wir wirklich noch mal aus diesem Keller herauskommen? In ein richtiges Bett?« Ach, es scheint so! Noch wissen wir es nicht.

Die Schwestern drücken sich in einer Ecke der Küche zusammen, sie halten Kerzen in den Händen und stimmen ein Marienlied an. Es sieht gespenstisch aus, wie die Schatten an den Wänden flattern, und doch ist es so beruhigend, als sie jetzt gemeinsam den Rosenkranz beten.

»Heilige Mutter Gottes, bitt' für uns − − bitt' für uns!« Mir laufen Tränen über die Wangen. Niemand kann es in der Dunkelheit sehen; aber ich würde mich auch nicht schämen. In meinem Inneren steigt ein umfassendes Gefühl der Dankbarkeit auf. »− − bitt' für uns − − − − bitt' für uns! − −«

In der Ferne grollt das Donnern der Kanonen. »Die SS setzt sich ab!« In dieser Nacht schlafe ich vor Erschöpfung wieder ein paar Stunden.

Im Morgendämmern kommt der Arzt und verkündet mit strahlenden Augen: »Die ersten Amerikaner sind im Ort!«

Das ist die Rettung! Nun können wir wieder hinaufgetragen werden in unsere sauberen, hellen Zimmer, können in unsere Betten zurücksinken, aufatmend vor Glück über das noch einmal wiedergeschenkte Leben. Welche Freude ist das doch!

Wir alle standen an der Schwelle zum Jenseits. Wir alle sahen eine endlose Zeit lang in den Abgrund und krallten uns mit allen Kräften an diesem kümmerlichen Leben fest, an dem jeder hängt. Nun spüren wir, daß alles doch noch irgendwie gut werden könnte.

Leutnant Linck hat es sehr mitgenommen. Sein Gesicht ist aschfahl und zeigt einen grünlich-blassen Schimmer. »Das war fürchterlich, ganz fürchterlich!« flüstert er. »Nun ist es vorüber!« sage ich. »Und was kommt jetzt?« »Wir wollen uns jetzt mal ruhig einreden, daß das Allerschlimmste überstanden ist!« sage ich.

Wir liegen in unseren Betten und warten. Allmählich weicht der krampfartige Angstzustand, der uns gepackt hielt. Im ganzen Haus ist es ruhig. Niemand schaut nach uns. Im Zimmer ist es kalt. Die Schwester hat mir meinen Uniformrock um die Schultern gelegt, als ich wieder heraufgetragen wurde. Ich würde ihn gern abstreifen, weil es unbequem ist, so zu liegen, aber ich habe keine Kraft dazu. Ich denke, es wird schon jemand kommen.

Da wird plötzlich die Tür aufgerissen. Ein amerikanischer Soldat mit Stahlhelm und Gewehr poltert ins Zimmer. Der erste Amerikaner, den wir sehen. Sein plötzliches Erscheinen erschreckt uns.

Er steht mitten im Zimmer und starrt uns aus rotunterlaufenen Augen an. Ich merke, wie er ein wenig schwankt, und habe den Eindruck, daß er betrunken ist. Wie ein böses Tier steht er da, gleichsam auf dem Sprung. Es ist ein kleiner Kerl mit einer gelblichen Hautfarbe. Am linken Arm hat er sich fünf Herrenarmbanduhren angeschnallt. Aus der Brusttasche seines Uniformkittels hängt eine goldene Kette heraus und das Ende eines Armbandes. Er sagt kein Wort. Dann tritt er an mein Bett und reißt mir mein »Deutsches Kreuz« vom Uniformrock. Ich kann nichts dagegen tun. Nun lehnt er sein Gewehr gegen die Wand und öffnet den Kleiderschrank. Mein Pelzmantel scheint ihn zu interessieren. Er wendet ihn um und um, befühlt den Pelz, sieht dann die Schußlöcher und die blutverkrusteten Flecken, wirft den Mantel in den Schrank zurück. Er stößt einen ärgerlichen Laut hervor, holt dann den Koffer von Leutnant Linck hervor, beginnt ihn zu durchwühlen und findet – o Schreck! – Lincks Pistole, die dieser arglos dort verpackt hatte, als er damals hier eingeliefert wurde.

»What makes this in a hospital???« brüllt der Amerikaner mit heiserer Stimme, »Oh, what makes this in a hospital!??«

Er versucht die Waffe durchzuladen, aber er scheint den Mechanismus nicht zu begreifen. Schließlich steckt er die Pistole ein und geht zu Leutnant Lincks Bett, bindet ihm die Armbanduhr ab, wortlos, selbstverständlich, hebt sein Gewehr auf, welches inzwischen polternd umgefallen war, und geht geräuschvoll ab.

Diese erste Begegnung mit einem Amerikaner hat uns beide erschüttert. Sein Auftreten war eine gemeine Demütigung des besiegten, verwundeten Gegners. Wir machen uns auf Schlimmeres gefaßt.

In den nächsten Tagen geschieht fast nichts. Man läßt uns in Ruhe.

Es ist wie ein Segen um diese friedliche Ruhe. Das Morden hat ein Ende, das Donnern der Kanonen und Bomben ist vorüber. Das Leben beginnt zaghaft auf sein Recht zu pochen.

Die Tage haben wieder einen normalen Ablauf. Die Wunden werden gepflegt, ja, es gibt auch etwas zu essen. Nachdem mein Fieber nachgelassen hat, beginne ich einen gesegneten Appetit zu entwickeln. Mittags bringt man uns meistens eine Suppe, früh und abends Brot und Limburger

Käse. Leutnant Linck kann ihn nicht essen. Seine eiternde Armwunde stinkt so stark, daß es ihm übel wird, wenn die Schwester ihm dazu noch den Käse vorsetzt. Er tritt ihn an mich ab, und ich bin dankbar für diese Zukost. Ich gebe ihm dafür mein Brot und nähre mich einige Tage nur von Käse.

Allmählich beruhigt sich auch das so lange Zeit in Furcht und Angst flatternde Herz. Unsere Welt ist jetzt das Krankenzimmer hier, vielleicht noch der Ort Wiessee, an dem auch die Amerikaner Gefallen zu finden scheinen. Es heißt, daß immer neue Dienststellen der amerikanischen Armee hierher verlegt werden. Sie bringen auch ihre eigenen Lazarette hier unter, und es müssen immer neue Häuser, die von deutschen Verwundeten belegt sind, freigemacht werden. Wer einigermaßen gesund ist, wird entlassen oder in Gefangenenlager verbracht.

Wir erfahren wenig Neues, und was wir erfahren, kann uns nicht überraschen. Es gibt keine Zeitungen, keinen Rundfunk. Admiral Dönitz hatte eine provisorische deutsche Regierung gebildet und kapituliert. Berlin ist in sowjetischer Hand. Das ganze Land ist besetzt. Dies alles ist nicht weiter aufregend. Der Krieg ist vorbei; das ist wichtig.

Um unser Haus herum, das in oberbayrischem Stil gebaut ist, läuft ein großer balkonartiger Umbau, auf den die einzelnen Zimmer münden. Jeden Tag fährt mich die Schwester in einem Rollstuhl auf den Balkon hinaus. Hier darf ich jetzt sitzen und die kräftige, saubere Luft atmen, darf über die Gartenlandschaft des Ortes hinwegschauen, die hübschen, bunten Häuser sehen, den Tegernsee drüben, die Berge. Die Augen trinken sich satt an diesem langentbehrten Anblick und können doch nicht genug bekommen. Ich bin immer mehr angefüllt von friedlichen Gedanken, denen ich im Wachen und Träumen freien Lauf lasse. Die Vorstellung belebt mich, ich könnte eines Tages selbst mithelfen, daß sich alle Menschen lieben und verstehen lernen. Ich kann mir zwar noch keine klaren Begriffe dafür bilden, wie das geschehen könnte, aber ich bin sicher, daß es nur des guten Willens bedürfe, um einen neuen, besseren Aufbau der Dinge zu vollbringen. Jetzt kommt es darauf an, dem Frieden, dem wirklichen Frieden zu dienen.

Ich lausche dem Zwitschern der Vögel, dem Singen des Windes in den Bäumen, ich schaue den kleinen Wellen des Sees zu, dem immerzu in einem zarten Flimmern befindlichen Silberspiegel, ich sehe den Wolken nach, die am Himmelblau dahinsegeln, und die Berge mit ihren weißen Schneeflecken erfüllen mich mit tiefer, innerer Freude.

Es ist wunderbar, hier so still und ungestört im Rollstuhl zu sitzen und nichts weiter zu tun, als den Gedanken und Träumen nachzuhängen und dem Bergfrühling zuzuschauen. Ich habe Zweifel, daß der »Feind« diese Bilder mit ähnlichen Augen sieht.

Auf der Straße sammeln sich deutsche Soldaten und Offiziere, teils in bunt zusammengewürfelten Uniformstücken, und warten neben ihren Habseligkeiten auf den Abtransport in ein Gefangenenlager. Amerikanische Neger bewachen die Gruppe, deren Männer der Reihe nach aufgerufen werden. Dann steigen sie auf amerikanische Lastkraftwagen und brausen los. Das also ist das Ende der deutschen Wehrmacht; aus ist alles, vorbei, verspielt, verloren – – –

Jeder neue Tag, jede neue friedliche Nacht wird von uns als ein gnädiges Geschenk empfunden. Es gibt so viele Kleinigkeiten, deren man sich entwöhnt hat und die nun wieder eine Rolle spielen und dankbar empfunden werden, so zum Beispiel, daß man abends die Fenster geöffnet halten kann, obwohl im Zimmer das elektrische Licht brennt. Ja, man sieht auch die hell erleuchteten Fenster der anderen Häuser durch die Nacht blinken, eine ganze Lichterkette drüben jenseits des Sees. Es werden keine feindlichen Bomberverbände mehr kommen und Tod und Verderben verbreiten. Jede Nacht ist wieder ein Zeitabschnitt, der der Ruhe und Erholung dient. Und am Tag sieht man Menschen, die zum Baden an den See gehen, sieht Boote, die auf dem Wasser dahinziehen. Jeder Tag ist wie ein Ferientag.

Aber allmählich gewöhnt man sich an dieses friedliche Dasein. Die Menschen befinden sich jetzt nach den überstandenen Qualen und Strapazen in einem Stadium der Ermattung. Die ganze Gemütsverfassung bei den meisten von ihnen ist labil, flau, eine Folge der Erschöpfung. Die Schwestern machen einen lustlosen Eindruck. Sie wollen heimkehren; einige haben sich schon davongemacht. Auch die Ärzte kommen nur noch selten zur Visite. Es mangelt an Verbandzeug, und die Verbände können nur noch jeden dritten Tag erneuert werden. In unserem Haus hier haben wir zum Glück noch unsere unermüdliche, still-bescheidene Schwester Babette, die ihre Erfüllung in der Krankenpflege gefunden hat und uns nicht im Stich lassen wird.

Leider müssen auch die Verpflegungsrationen immer mehr herabgesetzt werden. Morgens gibt es zwei Scheiben Brot und etwas Marmelade, mittags und abends je einen Teller Suppe. Ich habe ständig Hunger, obwohl mir Leutnant Linck noch von seinen Rationen abgibt. Er hat jetzt eine abscheuliche Wund-Diphterie, hohes Fieber und mag nichts essen. Ich aber schlinge alles in mich hinein, was ich nur bekommen kann.

Der fortwährende Hunger ist quälend. Ich träume des Nachts vom Essen, von Aufschnittplatten riesenhaften Ausmaßes, die mir gereicht werden, aber solche Träume sind nicht sättigend. Ich wache dann oft auf und schlucke die Spucke hinunter, die sich bei diesen Traumbildern gebildet hat.

Die Amerikaner beanspruchen jeden Tag mehr Platz, und wir müssen zusammenrücken. Das ist das Recht des Siegers. Bad Wiessee wimmelt von amerikanischem Militär. Unaufhörlich rasen amerikanische Autos die Straßen entlang; es scheint, daß fast jeder amerikanische Soldat seinen motorisierten Untersatz hat. Im Haus gegenüber ist auch ein amerikanisches Lazarett eingezogen. Viele hübsche, sportlich aussehende, schlanke

Menschen gibt es unter den amerikanischen Soldaten. Sie räkeln sich drüben auf den Balkonen, legen ihre Beine auf das Geländer, scherzen, lachen, langweilen sich. Und sie erlassen eine Anordnung, die uns recht demütigt: Die Deutschen müssen von den Balkonen ihrer Häuser verschwinden; die amerikanischen Soldaten wünschen nicht, Deutsche auf den Balkonen sitzen zu sehen.

Der Arzt erzählt bei der Visite, daß die Westmächte jetzt sämtliche höheren Parteileute, SS-Führer und Stabsoffiziere zu »Kriegsverbrechern« erklärt haben. Er sagt es ganz beiläufig und hat gewiß keine Ahnung davon, welchen Schrecken er mir damit einjagt.

Jetzt bin ich also ein Kriegsverbrecher??? Ich − − −??? Ich habe sehr viel Zeit jetzt, darüber nachzudenken, was das bedeuten wird. Meine Phantasie malt mir recht trübsinnige Bilder vor Augen. Ich versuche logisch zu denken, aber ich komme nicht von der Vorstellung frei, daß ein »Verbrecher« doch wohl vor ein Kriegsgericht gestellt werden muß, daß er Verhören unterzogen wird, daß ihm Bestrafung bevorsteht, vielleicht Verschickung, Straflager. Ich male mir aus, ob ich Chancen habe, meine Heimat wiederzusehen, das Vogtland, meine Mutter, meine Geschwister. Ich hatte es mir alle Jahre sehnlichst gewünscht. Ich mache mir keine Illusionen.

Hier in Wiessee habe ich es gut. Ich habe Ruhe, ein weiches, sauberes Bett. Aber eines Tages werde ich vielleicht wieder soweit hergestellt sein, daß auch ich dieses Lazarett verlassen muß. Und was folgt dann??

Nach einer neuen Anordnung gelten sämtliche Patienten, Ärzte, Schwestern, Lazarettangestellte als Kriegsgefangene. Niemand darf das Haus verlassen. Vor dem Eingang stehen amerikanische Doppelposten; das heißt: sie stehen nicht, sie haben sich Stühle geholt, sitzen im Schatten, die Gewehre an die Wand gelehnt, Koppel und Stahlhelm auf den Boden gelegt. So geht es auch!

Amerikanische Kommissionen gehen durch die Häuser und zählen die Patienten. Immer wieder werden Patienten, die laufen können, ausgesondert und in Gefangenenlager verbracht.

Der Arzt meint, meine Beinwunde heile jetzt ganz gut. Ich sage ihm, daß mich das sehr freut. »Na, passen Sie mal auf, es geht jetzt schneller, als Ihnen lieb ist!« sagt er. Ich begreife, was er meint.

Ich frage ihn, was er davon hält, wenn mein Leberabszeß jetzt doch noch operiert würde. »Ich habe wenig Lust dazu«, sagt er. »Es ist keine leichte Operation, das wissen Sie selbst. Es kann leicht schiefgehen. Wir haben ja heute auch nicht mehr die Mittel wie früher. Warten Sie mal lieber ab, wie sich die Sache entwickelt! Auch muß Ihr Bein erst wieder in Ordnung sein. Bis dahin bin ich wahrscheinlich selbst nicht mehr hier. Nicht wahr, Sie verstehen mich schon; ich habe halt auch Frau und Kinder und möchte sehen, daß ich nach Hause komme.«

Ich verstehe ihn. Er denkt an seine eigenen Probleme wie ich an meine. Ich habe keine Eile, hier wegzukommen, aber ich weiß, daß die Operation lebensgefährlich ist. Und ich bin ängstlich geworden − − −

Ein Patient ist, entlassen aus einem Gefangenenlager bei Regensburg, hierher zurückgekommen. Er war nur zwei Tage dort. Man hat ihm den Kopf kahlgeschoren, hat ihn geschlagen und mißhandelt, hat ihm seine paar Habseligkeiten abgenommen. Mit Rippenquetschungen ist er nun wieder hier. Die Aufseher und Posten im Lager Regensburg sind Juden, sagt er, sie schlagen jeden neuen Ankömmling erst einmal zu Boden.

Ich kann nicht beurteilen, ob es wahr ist, was der Mann erzählt. Aber solche Erzählungen und Gerüchte geben meinen angsterfüllten Vorstellungen immer neue giftige Nahrung.

Die Tage der Erschöpfung, der Ruhe und Entspannung werden jetzt abgelöst von Tagen und Nächten der Unruhe und Nervosität. Die Gedanken beginnen wieder, sich unaufhörlich im Kreise zu drehen. Immer mächtiger wird die Sehnsucht nach der Heimat. Ich möchte arbeiten, möchte mithelfen, kärgliches Land zu bebauen, auch wenn es mühsam und hart ist. Ich habe keine großen Wünsche mehr; es wäre wohl auch vermessen. Ich will mich in jede Arbeit hineinfinden. Nur leben, leben!

»Unser täglich' Brot gib uns heute!« Wie oft wurde dieser Satz aus dem Gebet achtlos hingemurmelt. Jetzt hat dieses Wort eine entscheidende Bedeutung. Der Hunger ist groß und wird es lange Zeit bleiben. Es heißt, daß die Ernährungslage sehr kritisch sei. Der Anschluß an die kommende Ernte ist kaum zu finden.

Das Fenster steht offen. Ich höre durch den fallenden Regen von ferne ein leises Pfeifen, erst höher, dann tiefer. Eine Lokomotive? Ein Zug? Vielleicht der erste Eisenbahnzug, der von München herauf wieder zum Tegernsee kommt?

Ach, es ist nur ein Traumgespinst! Das Geräusch kommt durch die Wand von der Wasserleitung aus dem Nebenzimmer. Es ist schon wieder verstummt, als jetzt jemand den Wasserhahn zudreht. Es gibt keine Eisenbahn mehr, niemand, der sich um die Wiederherstellung der zerstörten Gleisanlagen, der Bahnhöfe, der gesprengten Brücken kümmern könnte. Es gibt auch keine deutsche Regierung mehr. Es gibt nur noch eine Menge Menschen, die zusehen muß, wie sie irgendwie zurechtkommt, und die mit dem Makel behaftet ist, alles selbst verschuldet zu haben. Deutschland ist aufgeteilt in ein Stück Rußland (das größte und fruchtbarste!), ein Stück Amerika, ein Stück England und ein Stück Frankreich. Bayern soll angeblich ein Freistaat werden. Alles ist zerrissen, zerstört, vertan. Wir haben mehr verloren als nur den Krieg. Auch das Glück der beschränktesten Handlungsfreiheit ist uns genommen. Und nun trifft es den Unschuldigen wie den Schuldigen.

Zwei Rote-Kreuz-Schwestern sind heute aus dem Gefangenenlager Regensburg zurückgekehrt, wo sie als Kriegsgefangene die Entlassungsformalitäten durchmachen mußten. Auch diesen beiden Mädchen hat man das Haupthaar abgeschoren. Sie machen einen verstörten, gehetzten Eindruck und schämen sich, ihre Kopftücher abzunehmen.

»Machen Sie sich doch um Himmels willen nichts draus!« rate ich ihnen, »Sie sind gesund und jung und können jetzt heimkehren. Und das Haar wird wieder nachwachsen!«

Aber ich bin nicht sicher, daß auch die Wunde in ihrem Herzen wieder heilen wird, dieses Unfaßbare, daß die Angehörigen einer Kulturnation diese beiden Krankenschwestern hier geschändet haben aus kleinlichem Rachegefühl heraus und im gleichen Augenblick, da man den Deutschen die begangenen Untaten vorwirft.

Wir hören jetzt häufig und erstmalig Berichte über grauenvolle Vorkommnisse in den Konzentrationslagern, wo Deutsche gegen Deutsche immer wieder neue Foltern ersonnen haben sollen, die jeden anständigen Menschen mit Abscheu erfüllen müssen. Der »Feind« von gestern sinnt jetzt auf Rache und Vergeltung. Ich bemühe mich vergeblich, darin eine Logik zu erkennen. Ich höre, daß der Menschheit nunmehr der Frieden geschenkt werden soll, und ich bin mit jeder Faser meines Seins begierig, an der Festigung des Friedens mitzuwirken. Aber es erscheint mir so sinnlos, ja grausam und zynisch, wenn nur in schönen Worten die menschlichen Freiheiten gepriesen werden, während die Ausführenden, die »Erzieher«, selbst fortwährend neue Quälereien ersinnen.

Ich fühle mich in der Seele krank und von einer tiefen Traurigkeit befallen, weil ich erkennen muß, wie all diese menschlichen Unzulänglichkeiten aus bösen Taten nur wieder fortzeugend Böses erschaffen.

Auch bei uns werden die Daumenschrauben wieder und wieder angezogen. Die Posten vor dem Haus werden durch strenge und martialisch wirkende Militärpolizisten ersetzt. Die Ausweise zum Verlassen des Hauses für das Sanitätspersonal werden eingezogen. Die Patienten haben sich ausschließlich in ihren Betten aufzuhalten. Die Aufbesserung der Krankenverpflegung wird abgelehnt. Es ist verboten, Nachrichten an Angehörige auf irgendeinem Weg hinauszugeben.

Neue Nachrichten sickern zu uns herein. »In Mitteldeutschland wurde eine Korrektur der einzelnen Interessengebiete durchgeführt. Demnach gehören jetzt ganz Sachsen und Thüringen zur Sowjetunion.« »Die verbündete Sowjetunion hat sich entschlossen, deutsche Stabsoffiziere zur Zwangsarbeit nach Sibirien zu deportieren.«

Nun hat mir dieser unselige Krieg auch noch meine Heimat genommen! Vorbei ist es mit den Träumen einer Rückkehr, unsinnig die Hoffnung auf ein Wiedersehen mit meinen Angehörigen. Ich möchte jetzt so gern einmal weinen können, aber ich habe keine Tränen, die zu lindern und zu lösen vermöchten.

Drüben am Nachbarhaus lümmeln sich die Amerikaner auf den Balkonen in der Sonne, schlürfen ihren Kaffee, lachen, schwatzen. Nicht einer von ihnen kann das Weh nachfühlen, nicht mehr heimkehren zu können. Könnte man es einem von ihnen sagen, so würde er mit den Achseln zucken, uninteressiert, verständnislos für die Nöte eines damned German.

»Feldmarschall v. Greim, der letzte Oberbefehlshaber der Luftwaffe, hat sich in einem Salzburger Lazarett vergiftet.« Mich trifft die Nachricht von dem Schicksal dieses grundgütigen, anständigen Edelmannes ins Herz. Er hat den Untergang Deutschlands nicht verwinden können. Es war zuviel für sein schlohweißes Haupt. Für mich war er ein väterlicher Freund. Es schmerzt mich, daß ich ihm seine herzliche Fürsorge nun im Leben nicht mehr entgelten kann. Wer »Vater Greim« gekannt hat, mußte ihn verehren.

»Mussolini ist in Oberitalien von Terroristen ergriffen und aufgehängt worden!«

So schnell vergehen Ruhm, Glanz und Macht. Die Schicksale von Völkern wandeln sich in wenigen Wochen, und die Welt verändert ihr Gesicht.

Ich lese ein Buch aus der Lazarettbücherei, das das Leben und Leiden der Verbannten auf der »Teufels-Insel«, der französischen Strafkolonie Guayana, beschreibt. Diese Lektüre ist nicht eben dazu angetan, meine Niedergeschlagenheit zu heben. Überall und zu allen Zeiten begehen Menschen Grausamkeiten und Verbrechen gegen ihre Mitmenschen. Und doch sind es immer einzelne, die die Jahre des Leidens und der Verzweiflung überstehen. Und ich lese einen Satz, der mich tief berührt: »Wo Leben ist, ist Hoffnung!«

Ich sage diesen Satz immer wieder in Gedanken vor mich hin, als Schwester Babette hereinkommt und uns einen Strauß Wiesenblumen bringt, den sie im Lazarettgarten gepflückt hat. Da steht er in dem Steinkrug auf dem blankgescheuerten Tisch: das lichte Blau der Kornblumen, das Gelb der Schlüsselblumen, das Weiß des wilden Kümmels, die Sterne der Margeriten, das Violett der Glockenblümchen, das vielerlei Grün der saftigen Gräser; ein Anblick zum Aquarellieren!

Ich möchte mich an diesem Frühlingsstrauß noch viel mehr freuen können, aber das Herz ist zusammengeschnürt. Zuweilen kommt es mir vor, als sei ich schon gar nicht mehr hier anwesend. Der seelische Druck banger Zukunftsahnungen treibt mich hinweg in die Gaukelwelt furcht-erregender Phantasievorstellungen. Ich liege in meinem Bett, stunden-lang, und tue nichts als vor mich hinstarren. Aber ich sehe dabei nichts Gegenständliches, sondern nur diese inneren Gesichte. »Wo Leben ist, ist Hoffnung!«

Auch der Feind kämpft unter den Befehlen seiner Obrigkeit. Er hat gesiegt und vermag es, seine Übeltaten zu vertuschen. Ich habe verloren und muß hinnehmen, was kommt. Aber ich habe schon manchen harten Schlag verwunden. »Wo Leben ist, ist Hoffnung!«

Ich fasse den Entschluß, die Hoffnung nicht mehr zu verlieren. Dieser Entschluß ist nicht ganz einfach, denn er erfordert Kraft. Und ich bin es seit langem gewöhnt, mich treiben zu lassen. Jetzt sage ich mir, daß es wichtig wäre, wenn ich wieder einen eigenen Willen geltend machen würde, den Willen zum Leben, zum Gesunden. Ich möchte gern diesen Willen nähren und kräftigen und suche nach dem Wie.

Ich bin jetzt bestrebt, mich leidenschaftslos auf die Zukunft einzustellen. Hierzu ist zunächst ganz klar, daß ich eines Tages körperbehindert, mittellos, vor dem Nichts stehen werde.

Der Krieg hat mir absolut alles genommen. Ich bin nicht einmal im Besitz der nötigsten Kleidungsstücke. Dieser Gedanke alarmiert mich. Ich habe noch meinen pelzgefütterten Ledermantel, der durchschossen und blutverkrustet im Schrank hängt. Und ich habe noch meinen Uniformrock. Aber ich habe nicht einmal mehr eine Hose! Ich bilde mir ein, daß es vielleicht möglich sein könnte, irgendwo ein Paar Kommißschuhe auftreiben zu können, aber es macht mich plötzlich ganz nervös, keine Hose zu besitzen.

Daß ich jetzt zur Kategorie der »Kriegsverbrecher« gehöre, ist sehr belastend. Ich weiß noch nicht, wie sich das auswirken wird. Aber ich weiß, daß es meiner inneren Sicherheit außerordentlich dienlich wäre, wenn ich eine Hose hätte. Ich könnte sie im gegenwärtigen Zustand noch nicht verwenden, solange ich mit meinem geschienten und gegipsten Bein im Bett liege, aber ich würde sie im Schrank wohlverwahrt wissen für den Tag, da ich sie wieder anziehen könnte.

Es ist seltsam, wie ich mich in den Wunsch verbohre, eine Hose zu besitzen. Dieser Wunsch hat ganz und gar Besitz von mir ergriffen und läßt mich nicht mehr los. Ich habe das Gefühl, daß ich meinem Herz gebieten könnte, sich zu bescheiden. Ich hatte früher stets den Vorzug, über ein heiteres Gemüt zu verfügen. Es erscheint mir nicht von vornherein unmöglich, diesem Gemüt wieder zu gebieten, daß es gelassen erträgt, was ihm beschieden ist. Das Unrecht der Macht bleibt eben doch immer das größte Recht auf dieser Erde. Ich will es erkennen und mich dreinfinden. Aber es gibt Dinge, die müssen einfach erledigt werden. Dazu gehört die Beschaffung einer Hose. Ich möchte allen Amerikanern, Engländern und Franzosen sagen, wie wenig ich ihnen grolle und wie wenig ich ihnen gefährlich werden möchte, aber ich würde von ihnen wenigstens das rein menschliche Verständnis erwarten, wie verzweifelt die Situation ist, wenn man kein Hose anzuziehen hat.

Ich habe schon Schwester Babette gefragt, die doch immer noch einen Rat weiß, aber sie kann mir keine Hoffnung auf Beschaffung einer Hose machen. Alles, was an Bekleidung im Lazarett war, hat man den Entlassenen mitgegeben, die in Gefangenenlager verbracht worden sind. Das ist verständlich.

Auch der Arzt hat mir schon vor Tagen versprochen, daß er sich um eine Hose für mich kümmern würde, aber ich merke schon, daß er meine Sorge nicht richtig versteht. Ich frage ihn häufig danach, ob seine Bemühungen Erfolg hatten, aber er hat noch nichts gefunden.

Heute kommt Schwester Babette herein zu uns und erzählt, daß es unten im Erdgeschoß einem Patienten sehr schlecht gehe, dem noch kurz vor Kriegsschluß eine Granate die Brust aufgerissen hat. Sie sagt, er werde wohl kaum mehr die Nacht überleben.

Der Himmel mag mir meinen verruchten Gedanken vergeben, aber ich muß im Augenblick daran denken, daß der Mann doch sicherlich eine Hose hat, die er nicht mehr braucht, wenn er stirbt. Und ich bin in meiner Gier so haltlos, daß ich die Schwester frage. Hinterher ist es mir selbst unverständlich, daß ich das getan habe. Sie sieht mich erstaunt und mit einem merkwürdig schiefen Blick an. »Warten Sie doch bitte erst mal ab, bis er gestorben ist!« sagt sie. Ich schäme mich sehr.

Nein, so geht es nicht. Auf diese Chance, eine Hose zu bekommen, will ich verzichten. Es wäre eine Möglichkeit gewesen, aber ich sehe ein, daß es gemein ist. So haben die Kriegsknechte unter dem Kreuz bereits um das Gewand Jesu gewürfelt, bevor er verschieden war. »Du sollst nicht begehren deines Nächsten Gut!«

Es gibt auch noch andere Wünsche, die mich beschäftigen. Ich möchte mich sehr gern wieder einmal rasieren. Die Versuche hierzu sind kläglich. Ich besitze zwar eine Glasscherbe, und manchmal schmiere ich mir etwas Seife ins Gesicht und schabe mir mühsam die Bartstoppeln ab. Aber ich würde gern einen Rasierpinsel haben und mir den Bart einschäumen. Da kommt mir eine Idee!

Jeden Tag fährt ein zweirädriger Karren die Straße herauf, der von einem struppigen, kleinen Pferd gezogen wird. Ein alter Mann holt mit dem Karren den Müll und Unrat von den Häusern ab. Immer, wenn ich das Klappern der Hufe des Pferdchens auf dem Asphalt höre, muß ich daran denken, daß das Pferd doch einen schönen langen Schweif hat. Neulich wurden Zigaretten ausgegeben; pro Kopf zehn Stück. Wenn ich fünf Zigaretten gäbe, würde der alte Mann vielleicht bereit sein, seinem Pferd von der Mähne oder dem Schwanz ein Büschel Haare herauszuschneiden, und ich könnte versuchen, einen Rasierpinsel daraus zu machen.

Schwester Babette vermittelt den Handel und kommt mit einem dicken Büschel Pferdehaar zurück. Ich gehe sofort an die Arbeit. Ich schneide das Haar in die richtige Länge, knebele das Ende mit Bindfaden fest zusammen, fertige aus einem Stück Pappe einen Griff, und als der Tag sich neigt, besitze ich einen prachtvollen Rasierpinsel! Dieser Besitz macht mich irgendwie glücklich.

Der neue Rasierversuch wird ein voller Erfolg! Zwar gibt der kleine Rest RIF-Seife nicht mehr viel Schaum, aber es ist unverkennbar ein Fortschritt, als ich mich jetzt eingeschäumt rasiere. Ich habe aber auch eine Reihe von weiteren Erkenntnissen gesammelt. So habe ich nie gewußt, daß Pferdehaar wundervoll duftet. Es will mir auch niemand glauben. Als ich Schwester Babette den Rasierpinsel unter die Nase halte und sie auffordere, einmal daran zu riechen, fährt sie erschrocken zurück. Sie hätte jedoch ruhig einmal daran riechen sollen. Das Haar riecht nach einem unaufdringlichen, sehr feinen Parfum, tatsächlich! Zum anderen habe ich jetzt aber auch die Gewißheit gewonnen, daß man sich sicherlich eine Reihe von Dingen, die man zum Leben benötigt, selbst anfertigen kann. Robinson Crusoe hat es ja auf seiner einsamen Insel auch so gemacht! Ich habe Lust, zu versuchen, ob ich mir nicht auch einige andere Dinge basteln könnte, die ich benötige. Schwester Babette schenkt mir ein Stück Wachstuch, eine Nähnadel und etwas Zwirn. Am nächsten Tag entsteht ein Beutel zur Aufnahme der Waschutensilien, eine Art Necessaire, mit einzelnen, kleinen Taschen. Hier hinein tue ich meine Seife, den Rasierpinsel und die Glasscherbe, und ich denke darüber nach, wie ich aus Holz für die Glasscherbe einen Griff basteln könnte, damit ich mich beim Rasieren leichter tue.

Mit dem Besitz dieser Dinge wächst die eigene innere Sicherheit. Ich komme mir fast schon wieder ein wenig wie ein Mensch vor, der das Recht hat mitzureden. Es ist kindisch, darüber Vergnügen zu spüren, aber ich bin schon nicht mehr der Habenichts wie vor einer Woche. Ich beginne meine Zeit mit derartigen Basteleien auszufüllen. Als ich bei der restlichen Verteilung der letzten Bestände aus der Lazarettkammer ein Paar Socken und ein Unterhemd geschenkt bekomme, ergibt sich die Notwendigkeit, einen Rucksack herzustellen. Wieder verfolgt Schwester Babette meinen Eifer mit Interesse, und eines Abends erscheint sie mit einem weiteren großen Stück Wachstuch an meinem Bett. Es mag eine Bettunterlage für ein Krankenbett gewesen sein. Sie bringt mir auch aus dem Verbandsbesteck eine Schere, und nun entsteht in den nächsten Tagen tatsächlich ein ganz passabler Rucksack, die Krönung meiner bisherigen »Werke«. Er ist etwas großräumig geraten, scheint mir. Es würde noch mancherlei in ihn hineinpassen. Zum Beispiel: eine Hose – – –

Glühend und unbeweglich hängt die sommerheiße Luft zwischen den Bergen. Der See liegt unberührt wie geschmolzenes Blei grau und glänzend zwischen den Gestaden. Müde von der Hitze des Tages lassen die Bäume ihre Zweige hängen.

Gegen Abend wird es plötzlich kühl, und ein Gewitterregen rauscht in köstlicher Frische hernieder. Aber das Unwetter geht rasch vorbei, und die Sonne schaut eben noch einmal mit ihren letzten, goldenen Strahlen in das Krankenzimmer herein, bevor sie hinter dem bergigen, bewaldeten Hang versinkt. Über den Wipfeln der Bäume kriechen Nebelschwaden dahin, hinüber zum Wallberg, dessen Gipfel sich unter einer weißen Wolkenmütze verbirgt.

Ich liege andächtig lauschend in meinem Bett. Von fern tönt der Ruf einer Wildtaube; ihr Gurren erinnert mich an manchen Abend im heimatlichen Triebtal – – – Mit müden Bewegungen fächelt der Wind jetzt die nassen Zweige der Birke draußen vor meinem Fenster durcheinander; ein verspieltes Kind, das sich ausgetollt hat. Schwer und glitzernd fallen die Tropfen von den Blättern hinunter in das niedere Gebüsch. Allmählich wird es dunkel. Es ist die Stimmung eines vollkommenen friedlichen Abends.

Plötzlich hebe ich den Kopf aus dem Kissen und lausche verzückt.

Irgendwo hat jemand ein Rundfunkgerät eingeschaltet. Durch die offenstehende Balkontür dringen die Klänge von Schuberts h-moll-Sinfonie herein, die »Unvollendete«.

Ach, ich kann es nicht so deutlich hören, wie ich möchte. Es ist zu weit entfernt, und doch ergreifen mich diese Klänge bis ins Innerste. Diii – da – – – di – dam – – da – da – – – – – Wie der verlöschende Pulsschlag eines zu baldigem Tode Bestimmten klingt des Piccicato unerbittlicher Rhythmus auf: Tam – – tam – – tam – – tam – – – – da – da – diiiiii – – – daaa – – Aber wieder und wieder bäumt sich der Lebenswille in wuchtigen, choralartigen Akkorden auf und zerfließt doch in die zeitlose Demut vor dem Unabänderlichen. Jedem neuen Aufflackern setzt sich die Begrenzung eines höheren Zwanges entgegen: Die Sanduhr des Lebens läuft unerbittlich ab. Schon klingt die wehmütige und geheimnisvolle Süße aus anderen Welten herüber, den selig sich Dreinschickenden zu grüßen.

Ich liege und lausche. Und im Anhören dieser Klänge wandern meine Gedanken zurück zu jenen Stunden, da ich eben diese Sinfonie früher bei der einen und anderen Gelegenheit hörte. In meiner Jugend war es damals mein Freund Hermann Wagner, der mir Teile von ihr auf dem Klavier vorspielte und mir in seiner stillen und doch von einem inneren Feuer ergriffenen Art diese Musik deutete. Mir aber sanken gerade diese Klänge ins Herz, daß ich nicht mehr von ihnen loskam.

Dann folgten die hastigen Jahre des Aufstiegs, des Dahintreibens im Strudel großer Geschehnisse, die Zeit der Unruhe, die reich an äußerem Fortschritt, arm jedoch an innerem Erleben und Reif-Werden war. Ich weiß nicht mehr, ob ich in jener Zeit große Musik mit Bewußtsein hörte; geblieben ist davon jedenfalls nichts. – Aber später dann, als ich nach einer sehr schweren Operation wieder zu genesen begann, da hörte ich die h-moll-Sinfonie in Jüterbog wieder einmal in einem hervorragenden Konzert. Es war ein denkwürdiger Abend.

Später genoß ich die »Unvollendete« während des Krieges in dem festlichen Konzertsaal der Krakauer Philharmonie unter Clemens Krauß. Wie mit glühenden Nadeln stach diese Musik in mein Herz, brannte sich tief und tiefer ein. So sicher und kraftvoll fluteten die Klänge der Hoffnungsfreude über uns nahezu zweitausend Zuhörer dahin, so, als ob noch alles gut werden könnte. Und es war doch wenige Tage, bevor das große Chaos begann: die wuchtige Offensive der Roten Armee, die unsere arg dezimierten Verbände bis tief ins eigene Land zurückschwemmte. Ich höre es heute wieder, dieses Piccicato auf den Saiten der Celli und Bässe, diesen dumpfen, ahnungsvollen Herzschlag: dum – – dum – – dum – – dumm, langsam und unerbittlich das majestätische Nahen des Todes kündend.

Jetzt dringen die gleichen Klänge durch die Nacht in dieses Krankenzimmer herein. Alles Damalige ist vergangen, von der Zeit und der Kriegsgewalt vernichtet. Hermann Wagner ist verschollen, sein Elternhaus den feindlichen Bomben zum Opfer gefallen, der Konzertsaal im

Jüterboger Waldlager vom Feuer zerstört, mein Heim dort von fremden Truppen besetzt, Krakau längst verloren. Vorbei ist alles, verweht, ausgelöscht.

Aber diese Musik ist geblieben. Und geblieben ist der tiefe Eindruck, den sie auf meine Seele ausübt.

Wir haben eine Zeitung ergattern können, ein einfaches Blatt, herausgegeben von der Militärregierung. Wir verschlingen sie vom ersten bis zum letzten Wort, Leutnant Linck und ich, wenngleich nur Unerfreuliches zu lesen ist.

Es heißt, deutsche Stabsoffiziere vom Major aufwärts sollen deportiert werden. Auch der Arzt hat es gesagt.

Ich verbringe viele Stunden in tiefer Niedergeschlagenheit. Sechs Jahre stehe ich nun unter dem Gesetz des Todes. Und jetzt will ich auch wieder freigegeben werden. Für Tausende, die gleich mir noch einmal davongekommen sind, bedeutet der Stillstand der Waffen doch wenigstens die persönliche Freiheit. Ich kann es nicht begreifen, daß nicht zumindest auch ich diese Chance haben darf.

Die Tage vergehen in einem Wechsel von Hoffnungsfreude und Niedergeschlagenheit. Die unsinnigsten Gerüchte machen sich breit und hinterlassen doch jedesmal eine Spur von Glaubwürdigkeit. Einmal sagt der Arzt, die Amerikaner würden jetzt dazu übergehen, die Patienten bis zum Dienstgrad eines Majors direkt vom Lazarett aus zu entlassen, falls Wehruntauglichkeit besteht. Er meint, daß ich wegen meines Beines und besonders auch wegen der Rezidivgefahr meines Leberabszesses bestimmt wehruntauglich sei. Sofort werde ich ob dieser Nachricht in einen Strudel hastiger Pläne, frohlockender Wunschträume, überstürzter gedanklicher Entschlüsse hineingezogen. Dann heißt es wieder, Offiziere würden überhaupt nicht entlassen, sondern nach Genesung zum Minenräumen oder im Untertagebergbau eingesetzt. Auch sei auf Verlangen der Sowjets an Deportation in die Sowjetunion gedacht.

Ich zwinge mich, diese Nachrichten gelassen hinzunehmen. Aber im stillen zermürben sie doch meine schon so nicht besonders starke seelische Widerstandskraft. Es gibt Nächte, in denen ich jetzt immer wieder aufwache und − ob ich will oder nicht − darüber nachgrüble, wie sich die Zukunft auch in rein persönlicher Hinsicht gestalten wird. Ich zermartere mir das Hirn über der Frage, was ich tun könnte, um meine künftige Lage zu bessern, aber ich komme immer wieder zu der Gewißheit, daß ich überhaupt nichts tun kann, nichts als warten, warten, warten.

Erst muß ich einmal darauf warten, daß ich wieder laufen kann. Dann könnte ich vielleicht versuchen zu fliehen. Das wird nicht leicht sein, und die Gefahr, daß ich an der nächsten Straßenecke wieder aufgegriffen werde, ist groß. Ich müßte inzwischen versuchen, zivile Kleidung zu bekommen, aber woher? Von wem? Es ist bisher noch nicht mal möglich gewesen, eine alte Kommißhose zu ergattern.

Meine Beinwunde heilt sehr langsam. Sie eitert immer noch stark und riecht abscheulich. Leutnant Linck, dem armen Kerl, geht es auch nicht besser. Er hat immerzu hohes Fieber, und sein Körper, von der Wunddiphterie geschwächt, bringt nicht mehr soviel Kraft auf, um der Vermehrung der Eiterbakterien Widerstand entgegenzusetzen. Der Arzt macht ein besorgtes Gesicht und versucht immer neue Medikamente an ihm. Linck nimmt's geduldig hin; er erscheint mir zu schwach, um zu widersprechen oder einer irgendwie gearteten Hoffnungsfreude Ausdruck zu geben. Dadurch ist er ein sehr stiller Zimmergefährte. Der Arzt sagt, daß die Amerikaner ein wunderbares Mittel namens Penicillin gegen derartige Infektionskrankheiten hätten. Aber als ich ihn frage, ob es denn keine Möglichkeit gebe, davon etwas für einen schwerkranken Menschen zu beschaffen, zuckt er nur mit den Schultern. Er sagt, er habe das bereits bei verschiedenen Stellen vergeblich versucht. Leutnant Linck ist sehr niedergeschlagen. Er hat noch etwas Geld bei sich, etwas mehr als 1000,– Mark, und er bietet es dem Arzt an. Aber dieser sagt, es habe keinen Zweck; er habe selbst schon Geld angeboten, jedoch ohne Erfolg. Die Amerikaner sind uninteressiert. Sie haben alles, was sie brauchen. Gegen Zigaretten oder Kaffee können sie sich sowieso alles beschaffen, was sie wollen, Uhren, Schmuck, Kunstgegenstände, Mädchen, und im übrigen fragen sie nicht lange, sondern nehmen sich einfach, was sie möchten. Leutnant Linck kann es nicht begreifen, daß es ein Mittel gibt, das ihm helfen könnte, das ihm aber verweigert wird, weil es uninteressant ist, ob ein Deutscher am Leben bleibt oder kaputtgeht.

Ich merke wieder einmal, daß es Menschen gibt, denen es noch viel schlimmer ergeht als mir selbst.

Die amerikanische Lazarettverwaltung hat jetzt wieder gestattet, daß auch deutsche Verwundete die Balkons der Lazarette benutzen. Mir ist es gelungen, von einem anderen Patienten für meine letzten Zigaretten wieder einen Rollstuhl zu leihen, so fliehe ich bei jedem Wetter hinaus auf den Balkon.

Gegenüber steht ein Haus, ein hübsches Landhaus im oberbayrischen Stil. Der Garten macht einen sehr gepflegten Eindruck mit seinen sauberen Kieswegen und dem kurzgeschnittenen englischen Rasen unter den hohen Bäumen. In diesem friedlichen Idyll spielt ein kleines Mädchen von etwa fünf Jahren, ein Engel mit einem weißblonden Haarschopf und ganz dunklen Augen. Verträumt läuft es mit seinen sonnengebräunten Beinchen über den Rasen, die kleinen Finger fassen behutsam nach einer Blüte, und die großen Kinderaugen schauen erstaunt all die Wunder dieser sommerbunten Welt. Ein Mann in kurzen bayrischen Lederhosen und eine Frau in einem buntfarbigen Dirndlkleid sitzen auf der Terrasse des Hauses neben dem Kirschbaum, an dem viele rote Früchte hängen. Es ist ein Bild des absoluten Friedens und der glückseligen Eintracht. Ich schaue lange Zeit mit Wehmut über den Lazarettzaun hinüber in das – – verlorene Paradies.

Allmählich beginnt der ständige Anblick dieser friedlichen Sommerlandschaft das Herz zu bedrücken. Es verstärkt sich der Eindruck einer inneren Entfremdung von diesen heiteren Bildern. Die gepflegten Häuser in den Gärten, die Rosenbeete, die hübschen, alten Bäume, die hohen Berge ringsum, von denen noch einzelne Schneeflecken aus Spalten und Gruben herunter auf den grünsilbernen See blinken, dies alles stellt eine andere Welt dar, von der ich eigentlich unbewußt längst Abschied genommen habe. Der Anblick der Bergwälder, die sich, von hellgrünen Almen durchbrochen, hinaufziehen bis zu den Regionen der Felsen, erzeugt in meinem Inneren nichts als Wehmut und Melancholie. Das Himmelsblau und der Schein der Sonne, der sich im See widerspiegelt und ihn in ein großes Gefäß voll von flüssigem, geschmolzenem Gold verwandelt, kann das Grauen und die Bangigkeit vor dem Zukünftigen nicht mehr verdrängen. Ich zwinge mich zu einer ergebenen Demut in die Dinge, aber ich erreiche dadurch nichts weiter als einen Zustand umfassender Traurigkeit.

Ich lese viel. Es lenkt die immerzu um denselben Kern kreisenden Gedanken ab. Eine Augenärztin, die zu Leutnant Linck kam, hat mir ein paar Bücher geschickt: einen Band Novalis, der mir zu unzeitgemäß romantisch ist, dann einige Bände Schiller, einen Gedichtband Rilke. Aber zwischen die Zeilen schleichen sich meine ureigensten Gedanken, meine Ängste und Befürchtungen, verwirren den Eindruck der Lektüre, und die Augen folgen leer den Zeilen, ohne dem Bewußtsein den Inhalt des Geschriebenen zu übermitteln. Ich beginne dann halblaut vor mich hin zu lesen, um das Gelesene auch zu hören und die anderen Gedanken wegzudrängen. Ich frage Leutnant Linck, ob ich ihm etwas vorlesen soll, und er ist zu höflich, um abzulehnen. Er bittet mich, laut zu lesen, weil er meint, daß es mir wohltut, und ich lese ihm vor, weil ich meine, daß es auch ihn beschäftigt und ablenkt. Und es gelingt zuweilen, daß ich wirklich bei dieser Deklamation die Schönheit der kraftvollen Sprache mitgenieße und die Personen als lebendig erlebe, als bewegten sie sich auf einer Bühne. In dieser Weise erleben wir »Maria Stuart« und »Die Jungfrau von Orleans«, »Wallenstein« und »Die Braut von Messina« wieder.

Schließlich kommt der Tag, da ich erstmals versuche, mich an zwei Krücken humpelnd fortzubewegen. Es gelingt leidlich, wenn auch die Beinwunde stark schmerzt. Das Blut staut sich im Knie und in der Wade; es hat keinen Durchlaß, da bei der Verwundung allerlei große Gefäße durchgerissen wurden. Ich humple einmal durchs Zimmer, dann einmal hinaus auf den Gang. Es ist sehr belebend, nach diesen langen Wochen des Liegens einmal wieder aufrecht zu stehen. Eine aufreizende Ungeduld befällt mich, eine heiße Sehnsucht nach körperlicher Arbeit in Feld und Wald. Ich möchte die erschlafften Muskeln stärken, möchte das Gefühl der Frische und Straffheit wiedergewinnen.

Aber das erste Aufstehen bekommt meinem Bein schlecht. Die Wunde hat sich entzündet. Ich darf nur wieder liegen oder höchstens im Rollstuhl sitzen. Geduld, Geduld!

Der Sommer steht nun in voller Pracht. Schwer duftet die vom Winde bewegte warme Luft nach Reife. In den Gärten wird das Gras gemäht, die Menschen schichten Heustapel auf.

Ich verbringe wieder einen Tag in meiner Ecke auf dem Balkon, schaue über den hellschimmernden See hinüber zu den Bergen und denke — — an Sibirien!

Ein neues Gerücht besagt, daß die Sowjetunion sämtliche Menschen, die vor Kriegsbeginn in den jetzt von den Sowjets besetzten Gebieten lebten, dorthin zurückfordert. Einen Teil Ostpreußens haben sie an Polen übergeben. Die Sowjetunion braucht Arbeitstiere. Dieses gottverlassene Land frißt sie auf. Jetzt gibt es ja genügend Deutsche, Besiegte, »Kriegsverbrecher«. Der rote Vampir hält reiche Ernte. Ich bin nicht überzeugt, daß man dem westlichen Verbündeten gestatten wird nachzusehen, was aus den angeforderten Sklaven wird. Ich habe eine entsetzliche Furcht davor, auch einer dieser Sklaven sein zu sollen. Ich erinnere mich, mit welchem tiefen Seufzer der Erleichterung ich damals dieses riesenweite russische Land verließ. Niemand ergründete je sein wahres Gesicht, niemand fand ein gerechtes Urteil: Fluch stand neben Lobeshymnen, beides maßlos im Ausmaß wie das Land selbst. Ich selbst vermochte es nie, in eine eindeutig definierbare Beziehung zu den Völkern des Ostens zu kommen, zu diesen Menschen, deren Temperament und deren Reaktionen nie vorauszuberechnen waren, die von Idealen widersprechendster Art hin- und hergerissen wurden und die doch immer in ihrer Sehnsucht verlassen und geknechtet blieben. Inzwischen aber trank die Erde ihres Vaterlandes, diese fruchtbare und doch des Segens bare Erde, Ströme von Blut. Welcher Rachedurst mag in diesen Menschen lebendig sein, denen man jetzt deutsche Arbeitssklaven zu übergeben bereit zu sein scheint!

Die Sommerschwüle lastet in den Gliedern. Um die Gipfel der Berge ziehen sich feine, durchsichtige Dunstschleier. Es sieht harmlos und friedlich aus, aber ich bin versucht, ein ungewisses, hinterhältiges Lauern in dieser Erscheinung zu spüren.

Ganz allmählich macht sich ein leichter Wind auf, spielt verträumt mit den Blättern der Birken, kräuselt den Spiegel des Sees.

Ich sehe alles wie von außen her. Etwas Ungutes liegt in der Luft. Es entspricht der Verfassung meines Gemütes. Die Nerven sind gespannt und warten auf unbestimmbares kommendes Unheil. Es gibt solche Stunden, in denen man fortwährend das Gefühl hat, als müsse jede Sekunde eine Katastrophe hereinbrechen.

Auf einmal schiebt sich von Westen her eine scharf abgegrenzte, dunkle Wolkenwand über den Himmel, langsam, ganz still, unerbittlich. Ein zweiter, ähnlicher Wolkenberg, nur in strahlendem, blendendem Weiß, schiebt sich jetzt drüben hinter dem Wallberg empor. Nun ist nicht mehr zu übersehen, daß die Natur mit einem gewaltigen Unwetter in die

Lieblichkeit dieses sommerstillen Tales hereinbrechen möchte. Schwefelgelbe kleine Wolkenfetzen jagen an der dunkelvioletten Wand dahin, giftig-grüne Schleier weben sich über den Baumwipfeln zusammen. Das Licht des Tages verwandelt sich in eine bedrohliche Dämmerung. Schon wird die grellgrün verschleierte Sonne von der Finsternis verschluckt, weiße Wolkenschleier streicheln die Waldkämme, Dunst kocht aus den Niederungen empor.

Da faucht es über die Berge ins Tal und auf den See herab! Kinder rennen die Straße entlang, von ängstlichen Müttern gerufen, Frauen raffen Bettzeug und Wäsche von den Balkonen, Staub wirbelt in phantastischen Windungen zwischen den Häusern und Gärten haushoch auf.

Jetzt legt sich der Sturm mit ganzer Kraft auf den Ort, biegt die Bäume, heult in den Ästen und Stangen, zerschlägt Fensterläden an den Hauswänden. Ganz dunkel ist es geworden. Regentropfen werden gleich Hagelkörnern gegen die Fenster gepeitscht, das Heu auf den Wiesen fliegt in Flausen durch die Luft.

Der erste Donnerschlag setzt ein. Nun lichtert Blitz auf Blitz in grellgelb-violettem Schein auf, sogleich gefolgt vom Aufbellen des Donners, dessen dumpf folgendem Grollen schon ein neuer Schlag folgt. Wütend zerzaust der Sturm das Blattwerk der Bäume, schüttet Sturzbäche von Regen zwischen die Zweige, gießt das Wasser wie mit Eimern gegen die Fenster.

Ich bin in meiner Ecke auf dem Balkon leidlich geschützt durch das weit vorspringende Dach des Hauses und beobachte das wilde Schauspiel mit Entzücken. Dieses gewaltige Geschehen erlöst mich aus der Dumpfheit des Dahinbrütens. Hei, wie auf der Straße ein Strom gelblichen, lehmigen Wassers hinunter zum See strudelt! Sogar der amerikanische Doppelposten vor dem Haus hat sich ins Trockene geflüchtet.

Aber, so schnell, wie gekommen, geht der Spuk vorbei. Noch reißt hier und dort ein Blitzstrahl sein gelbliches Licht zwischen Baum und Haus in den Boden, aber schon leuchtet von Westen her ein Saum Himmelsblau über dem Berggrat auf. Bald sendet die Sonne wieder ihren letzten friedlichen Lichtstrahl zum Abschied des Tages in das Tal herein.

Eine gelbschnäbelige Amsel sitzt auf dem Dachfirst und jubiliert ihr Abendlied gegen den sich beruhigenden Himmel empor.

Schön ist die Welt, frisch und blank, und voller Wunder! Nur der Mensch ist ihr übelstes Geschöpf, dieses grausame, eitle Gebilde, frohlockend, zumindest uninteressiert, wenn es dem Mitmenschen schlecht geht, grausam, egozentrisch. Noch vermögen es alle Gewaltmittel nicht, sich gegenseitig vollkommen auszurotten, aber es kümmert schon längst nicht mehr, was rechtens ist, der Schwache ist verworfen, Gewalt triumphiert über das Gute, und das Edle wird vom Verkommenen brutal zertreten.

Gelöst und völlig unbeeindruckt von diesen Empfindungen tiriliert die Amsel ihr Lied dem scheidenden Tageslicht nach. Ich schließe die Augen, um dieses Lied ganz und gar in mich aufzunehmen.

Meine Beinwunde macht infolge des Rückfalls neulich nur sehr geringe Fortschritte. Vier Wochen werde ich noch hier im Lazarett bleiben müssen, meint der Arzt.

Es kommt mir jetzt sehr darauf an, nicht müßig zu sein. Es ist schwer, etwas zu finden, was diese Depression verscheucht, was die Gedanken fesselt. Aus leeren Konservendosen richte ich mir eine Art Essensträger oder Kochgeschirr zu, versehe es mit Drahthenkeln und mache mich an die Herstellung einer Art Sportmütze aus einem Wachstuchrest. Von Schwester Babette bekomme ich ein Stück grünen Wollfilz und mache mich nun spornstreichs daran, meinem Uniformrock einen grünen Kragen zu geben und grüne Tascheneinfassungen. Die Amerikaner haben verboten, daß Deutsche in ehemaligen Uniformstücken umherlaufen, die noch als solche erkennbar sind. Ich weiß nicht, ob sie bei dieser Anordnung an mich gedacht haben, der ich überhaupt nichts anderes mehr besitze als diesen Uniformrock und der ich noch nicht einmal − − eine Hose habe.

Ich weiß nicht mehr, wie viele Tage es schon regnet. Schwer hängt das Gewölk über die Berge herein. Schon die nächstliegenden Waldhänge sind in graue Schleier eingewoben. Manchmal hört es für eine kurze Zeitspanne auf zu schütten, dann atmet die Natur gleichsam auf, um sich von den Wasserfluten zu erholen, die sie trinken muß. An jedem Blatt, jedem Zweig hängen Perlenschnüre silbriger Wassertropfen, aber dann beginnt es wieder zu regnen, und das düstere Grau des Himmels legt sich beklemmend auf die Gemüter.

Die Menschen sind verstimmt und mißmutig. Die Patienten empfinden die nüchterne Sachlichkeit ihrer Krankenzimmer ärgerlich, die Schwestern sind launisch und gereizt, die Ärzte von einer fast unfreundlichen Einsilbigkeit. Die Putzfrau poltert aufdringlicher als sonst ins Zimmer und verrichtet widerwillig ihre Arbeit.

Fast täglich finden Entlassungen von Patienten statt, die einigermaßen gesundet sind. Sie kommen auch in unser Zimmer und verabschieden sich von Leutnant Linck und mir. Man hat sich doch in den langen Wochen hier kennengelernt. »Ich fahre jetzt heim!« sagt der eine. »Morgen bin ich zu Hause!« der andere.

Uns, die wir zurückbleiben müssen, die wir noch längst nicht gesund sind, die wir unsere Heimat verloren haben, klingen diese wohlgemeinten Abschiedsgrüße schmerzlich in den Ohren. An solchen Tagen bringen Leutnant Linck und ich kaum mehr ein Wort über die Lippen, weil das Herzeleid nagt.

Draußen versammeln sich die Entlassenen im strömenden Regen vor dem Haus und warten auf die amerikanischen Wagen, die sie in ein Entlassungslager fahren. Manche machen ernstere Gesichter, als es dieser Stunde gebührt; sie scheinen sich vorzustellen, wie sie wohl ihr Heim, ihre Lieben wiederfinden werden.

Ich weiß zuweilen nichts mehr mit mir anzufangen. Ich bin unlustig und gereizt. Ich habe so viel gelesen all die Tage, daß es mir keine Freude mehr macht. Ich nehme nichts mehr auf; es ist nur mehr ein leeres Blättern in den Büchern. Die Gedanken laufen während des Lesens aus den Zeilen davon und verstricken sich in den bedrohlichen Vorstellungen der Phantasie.

Wenn wir Zeitungen bekommen, werden sie von Zimmer zu Zimmer gereicht, aber man hämmert uns nur immer wieder unsere Schuld am Krieg, unsere Schuld an den Zerstörungen, Schuld an den begangenen Grausamkeiten ein. Als wenn nicht jeder von uns zur Genüge den Wahnsinn des Krieges zu sühnen hätte! Wer hat denn nicht sein Hab und Gut, Familie, Vermögen, leiseste Zukunftshoffnungen verloren!? Wir können ehrlichen Herzens vor der Frage bestehen, wer etwa von uns, den Geschlagenen, Verkrüppelten, Gedemütigten, den Krieg gewollt habe. Wir mußten uns, ob wir wollten oder nicht, unter sein Joch beugen, wie das Gesetz es befahl. Wohl kaum hat ein Volk mehr gelitten und erduldet, geopfert und verloren als das unsrige. Es muß irrsinnig anmuten, nun immer wieder von weiteren Strafen und Wiedergutmachungen zu sprechen.

Man erlöse uns doch endlich von dem entsetzlichen Zwang des Todes und der Furcht!

Würde man es genug damit sein lassen, daß wir am Boden liegen, wie es noch niemals im Leben der Völker ein ähnliches Beispiel gab, würde man aufhören zu hassen, würde man uns in Frieden schaffen lassen, ganz von einem neuen Anbeginn an, so diente dies ohne Zweifel dem Wohle aller. Aber immer erneut werden uns glühende Stacheln ins Herz gebrannt, daß wir noch viel mehr sühnen, daß wir noch viel tiefer hinab müssen in den Staub. Die niedrigsten Leidenschaften toben sich aus. Plünderungen sind an der Tagesordnung. Im nahegelegenen Miesbach haben Negersoldaten die zwölfjährige Nichte unserer Putzfrau vergewaltigt. Einem entlassenen Kriegsgefangenen haben amerikanische Soldaten in München am hellen Tag sein Fahrrad, Uhr und Gepäck geraubt. Das sind nur einzelne belanglose Nachrichten, die uns hier erreichen. Das große, allgemeine Elend ist fürchterlich. Die Menschen stehen vor den Lebensmittelgeschäften Schlange, um am Ende nicht einmal ihre spärliche Zuteilung auf Marken zu erhalten. In einem Kinderheim, das einige Häuser weiter untergebracht ist, leben 46 Kinder, Flüchtlingskinder aus dem Schlesischen, von denen man nicht einmal Namen und Alter, geschweige denn den Aufenthaltsort der Eltern kennt.

Alle diese Erscheinungen bedrücken uns stark. Wir haben hier sehr viel Zeit, um über diese Probleme nachzudenken. Es ist auch nicht zu umgehen, daß sich jeder einzelne mit seiner persönlichen Schuldfrage auseinandersetzt. Alle Überlegungen aber münden in dem einen Wunsch, daß man uns doch die Freiheit und den wirklichen Frieden geben möge, von dem soviel geredet und geschrieben wird, weil doch ein jeder mit ganzer Kraft mitwirken will, um die Wunden zu heilen, die geschlagenen Wunden, aber auch − − die empfangenen!

Ich nehme mir vor, die Dinge leidenschaftslos zu betrachten. Ich möchte unter Beweis stellen, daß ich innere Kraft und eine gute Portion frohes Gemüt besitze, um mich auch in der Not zu behaupten. Ich habe den »Faust« wieder gelesen, auch den zweiten Teil, und ich habe ihn vielleicht erstmals mit wirklicher Erkenntnis gelesen und neue Kraft gewonnen. Ich weiß, daß ich von lichten, sorglosen Höhen herabgestürzt bin, aber ich hadere gewiß nicht, denn es sollte so sein. Ich kann es verschmerzen, daß ich heute nichts mehr besitze und noch nicht weiß, wie ich meine Zukunft gestalten soll. Ich habe einfältig gelebt und mich nicht gegen das Gesetz aufgelehnt. Es war mir nicht gegeben, etwas gegen das zu tun, was man mir als meine Pflicht hinstellte. Da ich nicht zum Rebellen tauge, habe ich nicht versucht, mit dem Flitzbogen gegen Kanonen anzurennen. Ich liebte das Leben, und ich will nicht, daß man mir fortwährend meine Schuld an den Ereignissen predigt. Es ist durchaus unwahr, daß ich weitere Strafen verdiene, die nur vom Haß ersonnen sind. Ich bin aufrichtig gesonnen, meine ganze Kraft dem friedlichen Schaffen zu widmen, ich reiche sogar dem Gegner die Hand, der mich geschlagen und geschunden hat, aber ich fürchte, daß er die Hand ausschlägt, meine Hand und die Hände von Tausenden, Abertausenden. Ich fürchte mich davor, daß dieses große Kapital des guten Willens und der ehrlichen Friedfertigkeit sinnlos vertan wird.

An manchen Tagen besucht mich die zivile Ärztin, die zu Leutnant Linck kommt, um seine entzündeten Augen zu behandeln. Immer bringt sie mir etwas mit, eine Schachtel halb voll Streichhölzer, einen Taschenspiegel, zwei Nähnadeln; Kostbarkeiten, die mich sehr glücklich machen. Ich biete ihr immer eine Zigarette an, die sie sogleich in ihrer Handtasche verschwinden läßt. »Für nach dem Abendbrot, wenn Sie gestatten«, sagt sie.

Ich biete ihr dann noch eine zweite Zigarette an, die sie erst nach längerem Zögern annimmt und mit Genuß bis zum letzten Stümpfchen aufraucht. Immer ist es der gleiche Vorgang, immer ist die alte Dame angeblich in höchster Eile, aber dann bleibt sie doch eine Viertelstunde an meinem Bett sitzen, und ich genieße die Unterhaltung mit dieser hochgebildeten Frau.

Ihre zierliche, vornübergeneigte Gestalt droht zu zerbrechen, wenn sie über die Schwelle ins Zimmer hereintrippelt. Mit ihrem abgetragenen Regenmantel, der stets nur halb zugeknöpft ist, mit dem nie besonders ordentlich frisierten Haar macht sie den Eindruck einer alten Dame, die jenseits von Gut und Böse nichts mehr auf Äußerlichkeiten gibt. Aber ihr Geist ist rege, und sie mag viel erlebt haben, kennt Gott und die Welt, hat tausend verstaubte Beziehungen und ist auf allen Gebieten beschlagen.

Das Ausdrucksvollste an ihr aber sind ihre warmen, lebhaften, großen, grauen Augen, die sehr viel Menschengüte ausstrahlen.

Mittlerweile steht ihre ganze Goethe- und Schiller-Ausgabe auf meinem

Nachtschränkchen. Ich empfinde dankbar das Geschenk dieser Bekanntschaft mit einem Menschen, der es selbstlos gut meint. In dieser Zeit mag es nicht viel dergleichen geben.

Ich erlebe Tage, in denen mich ein tiefes, dankbares Glücksempfinden beseelt. Da ich sehr viel Zeit zum Nachdenken habe, gewinnen in meinem Inneren die Erinnerungen an Gewesenes einen breiten Raum. Wenn man sich so vergangene Zeiten zurückruft, durchlebt man sie neuerlich, die Vorstellungen von längst vergangenen Begebenheiten und Ereignissen werden plastisch und farbig. Ich erkenne, wie durchaus gedankenlos ich damals an der Oberfläche der Dinge dahingetrieben bin ohne jede kritische Einstellung, ohne rechte eigene Meinung, aber auch ohne eine wesentliche innere Freude. Mir ging es viele Jahre unverdient sehr gut, und ich nahm sie hin als etwas absolut Selbstverständliches, übersättigt, fast freudlos. Und doch lebte ich stets in der seltsamen Furcht, daß eines Tages einmal alles ganz anders sein würde. In jenen köstlichen Tagen reicher Erlebnisse erstand das Bild vor mir, daß eines Tages das vollkommene Gegenteil eintreten würde. Ich sah mich selbst ein Leben fristen, dessen einziger Wert nur noch in Erinnerungen bestand. Ich hatte dabei allerdings niemals das Empfinden von etwas Schrecklichem, Niederdrükkendem, sondern ich empfand zuweilen eine unbegreifliche und sicherlich törichte Sehnsucht danach, eines Tages ganz auf mich selbst gestellt und dem einfachen, schlichten Wesen verhaftet zu sein.

Nun ist es so! Jetzt ist es an mir zu beweisen, ob ich über ausreichend Kraft verfüge, um mich zu behaupten. Jetzt gilt es, die Seelenheiterkeit zurückzugewinnen, die erforderlich ist, um die innere Not zu überwinden.

Ich bin ehrlich bestrebt, die Kunst zu erlernen, in dieser schwierigen Zeit mit dem Leben fertigzuwerden. Zur Zeit begreife ich dankbar, daß mir diese Zeit hier in Wiessee den Schock über das jüngst Geschehene gemildert hat: dieses friedliche Bild des heranreifenden Sommers, die munteren Farben der Landschaft, die Wohlgeborgenheit dieses Lazarettes. Die ganze Wucht und das Grauenvolle unseres vollkommenen Zusammenbruchs zeigte sich mir hier doch im allmählichen Hinübergleiten, und dieses Behutsame, dieses Schonende ist gepaart mit der Hoffnung des Genesenden. Ich erkenne mit tiefer Dankbarkeit das göttliche Wirken des Guten in der Welt, und ich gewinne allmählich wieder Kraft, um mir vor die Augen zu führen, daß es einmal wieder gute Tage geben könnte. Ich weiß nicht, wie sich alles fügen wird, aber so, wie ich von den lichten Höhen der Sorglosigkeit herabgestürzt bin, so nähre ich der Hoffnung reiches Empfinden in meiner Brust, daß es wieder aufwärts gehen wird.

Und es geschieht etwas, das mich zutiefst beglückt! Ein Patient bringt mir heute eine alte Hose! Sie ist alt, beschmutzt und an einigen Stellen zerrissen; eine Luftwaffenkommißhose. Ich probiere ihre Länge und stelle etwas traurig fest, daß sie mir nur etwa bis zu den Knöcheln reicht. Aber es ist doch eine Hose, und ich werde auf jeden Fall sehen, wie ich mit ihr zurechtkomme. Ich gebe mir alle Mühe, um sie zärtlich zu säubern und zusammenzuflicken. Es ist kein Zweifel, daß mich der Besitz dieser Hose wesentlich sicherer macht. Ich habe einen großen Schritt zurück in die menschliche Gesellschaft getan!

Ach, die Sonne scheint wieder so hell! Der Jubelsang von Rotkehlchen, Finken und gelbschnäbeligen Amseln tönt vielstimmig aus allem Gezweig. Ich sitze viel in meinem Rollstuhl auf dem Balkon und grüße die Berge und den See mit verliebten Blicken. Ich bemühe mich, dieses Glück festzuhalten, jeden Tag dieses Daseins. Ich fürchte, daß ich wieder verlieren könnte, was ich hier habe.

Die Frauen und Mädchen auf der Straße tragen buntfarbige, duftige Sommerkleider oder farbfrohe Dirndl, die Burschen Shorts oder die »kurze Wichs«. Die Kleidung ist nicht immer sehr einheitlich oder aufeinander abgestimmt. Man trägt, was man hat, aber man bemüht sich, eine irgendwie fröhliche Note zu zeigen. Zuweilen tritt sogar eine weibliche Erscheinung mit einem Anflug von Eleganz auf den Plan, die Frisuren sind modern, sehr dünnbestrumpfte Beine stecken in schicken Schuhen oder Korksandaletten. Gut angezogene Männer sind allerdings selten.

Die amerikanischen Soldaten und die Posten vor dem Lazaretteingang schauen den farbenfrohen, duftig-sauberen Mädeln gern nach und rufen ihnen hin und wieder ein Wort zu. Die Mädels lächeln dann gern zurück und rufen: »Nix versteh'n!« Einige wenden sich auch kühl und unnahbar ab. Die Amerikaner sitzen mit angezogenem Bein auf den Bänken im Schatten, kauen unaufhörlich Kaugummi, speien ungeniert von sich und langweilen sich. Ihr Sprachschatz erschöpft sich in der Frage »Uas ist los?«. Mit »Uas ist los?« fordern sie jeden Besucher des Lazarettes zum Vorzeigen seines Ausweises auf, und »Uas ist los?« rufen sie den Mädels nach, die ihnen gefallen. Oft kommen Kinder und betteln bei den Posten nach »Tschocklät«. Es erscheint mir nicht sehr würdig, aber einem Kind, das viele Jahre Schokolade kaum mehr dem Wort nach kannte, ist der Begriff der Würde wohl kaum geläufig. Die amerikanischen Soldaten geben den Kindern gern Schokolade. Es besteht das Verbot, mit den Deutschen zu »fraternisieren«, aber bei den Kindern macht man wohl eine Ausnahme. Deutsche Schwestern vom Roten Kreuz kommen und gehen, auffallend sauber und adrett gekleidet. Mit keinem Blick würdigen sie ihre amerikanischen Kolleginnen, die in Männerhosen, mit olivgrünem Hemd, den Stahlhelm aus Pappe am Gürtel, daherkommen und auch ihrerseits jede Berührung mit den deutschen Schwestern vermeiden. Man nimmt voneinander überhaupt nicht Notiz.

Die Amerikaner gehen mit selbstsicheren, weitausgreifenden Schritten über die Straße, rauchen ihre würzigen Chesterfield-Zigaretten, deren Duft verführerisch bis zu mir heraufdringt, lesen unbekümmert im Dahinschreiten Zeitungen und Briefe, oder sie werfen ihre leichten Stahlhelme wie einen Ball in die Luft und fangen sie wieder auf. Beliebt ist es auch, sie auf dem Zeigefinger tanzen zu lassen, und das hohle Gebumse der aufs Straßenpflaster fallenden Helme klingt den ganzen Tag und bis spät in die Nacht von den Straßen herauf.

Die deutsche Art, auf der Straße zu gehen, ist grundverschieden von der der Amerikaner. Die Deutschen gehen aufrecht, sehr gerade in der Haltung, korrekt, oft mit schweren Schritten, unter einem gewissen Zwang der Erziehung. Die Amerikaner hingegen schreiten aus. Schon in ihrem Gang zeigt sich ihr Begriff von Freiheit. Ihnen gehört die Welt. Weit holen die Arme aus und begleiten die großen Schritte. Oft sind die Oberkörper beim Dahinschreiten nach vorn geneigt; es kommt ihnen darauf an, Raum zu gewinnen, sich durchzusetzen.

Ich verbringe die Tage nahezu ausschließlich auf dem Balkon in meinem Rollstuhl und beobachte, was ich nur beobachten kann, und dann mache ich mir meine Gedanken. Leider ist die Verpflegung wieder sehr knapp. Seit einer Woche bin ich nicht mehr satt geworden. Der Arzt erzählt, daß er alles versucht habe, um von den Amerikanern wenigstens deren Abfälle für das Lazarett zu bekommen, aber sie hätten es abgelehnt. Lieber werfen sie tagtäglich Mengen von gebratenen Hühnchen fort und schütten Omeletteig in ganzen Kübeln auf den Kompost.

Als es wieder anfängt zu regnen, ziehe ich mich in das Zimmer und in mein Bett zurück. Ich versuche etwas zu schreiben, eine Novelle, aber es befriedigt mich nicht. Ich kann nicht schaffen, wenn ich will, sondern ich muß warten, bis mir der zündende Funke zufliegt. Ich liege in meinem Bett und lausche der Melodie des Regens. Diese Melodie liebe ich besonders nachts. Leider habe ich nichts mehr zu lesen. Die Augenärztin ist nach Frankfurt aufgebrochen; wer weiß, ob und wann sie wiederkommen wird. Sie gab mir zum Abschied noch eine Biographie über einen Heerführer des Krieges von 1870/71, aber die Lektüre macht mich gähnen. Mich ärgert schon die Beschreibung der lukullischen Genüsse, denen man seinerzeit frönte. Es ist unpassend, eben jetzt lesen zu müssen, wie man mit größtem Genuß Hummer und gebratenes Huhn aß, wenn der eigene Magen vor Hunger nach der zu Mittag genossenen Kohlsuppe knurrt.

Ich träume jetzt häufig nachts vom Essen. Vergangene Nacht sah ich mich durch eine weite Wiese wandern und immerfort die gelben Blüten des Löwenzahns pflücken und essen; sie schmeckten herrlich süß. – Regentage sind entsetzlich langweilig.

Die Kammerverwalterin hat mir einen alten, zerrissenen Wehrmachtpullover geschenkt, den irgend jemand liegengelassen hat. Nun habe ich etwas zu tun. Da die Ärmel am schlimmsten aussehen, trenne ich sie vorsichtig ab und trage den Pullover ärmellos und sportlich. Die Ärmel driesele ich auf und gewinne Wolle, mit der ich nunmehr auch mein einziges Paar Socken stopfen kann. Aus einem Stück Ärmelrest habe ich mir für kalte Tage einen Ohren- und Gesichtswärmer zusammengenäht.

Als die Arbeiten beendet sind, nimmt diese quälende Langeweile wieder von mir Besitz. Diese sinnlose Untätigkeit frißt sich wie ein Gift in die Gedanken hinein und macht sie bereit für sich völlig widersprechende Gerüchte, an denen es keinen Tag fehlt. Jetzt heißt es, daß Sowjetrußland ganz Deutschland besetzen möchte und daß die Westmächte bereits ihr Einverständnis hierzu durchblicken lassen sollen. Die Russen haben sich angeboten, Deutschland zu erziehen, und die Westmächte zeigen wenig Interesse, dies zu verhindern. Es heißt, daß sie z. Zt. nur noch die wenig erhaltenen deutschen Industriegebiete evakuieren, um dann der Roten Armee das Feld zu überlassen.

Ich weiß nicht, was an diesem Gerücht wahr ist, aber wenn ich solche Parolen höre, dann erscheint mir alles sinnlos. Wenn uns das primitivste Gefühl für Lebenssicherheit genommen wird, dann hat natürlich das Leben keinen Zweck mehr. Alles kann man ertragen, auch Armut und Not, aber unerträglich ist es, fortwährend den Würgegriff der Rache und des Hasses im Nacken spüren zu müssen.

In dieser meiner Furcht vor den möglicherweise kommenden Dingen« kann ich mich beim besten Willen nicht auf Goethes »Wilhelm Meister« konzentrieren oder mich an seinen Gedichten erfreuen.

Tage der aufkeimenden Lebenshoffnung wechseln ab mit Tagen, da mir meine Gedanken an die Zukunft wie plötzliche Schreckträume in die noch eben behagliche Stunde mit einem grellen Licht hineinzucken. Ich glaube nicht, daß ich von Haus aus feige bin, aber ich habe manchmal einfach Angst, eine nagende, bohrende Angst, die am Herzen frißt und jeden frohen Atemzug hemmt. Trotz dieser trostlosen Stimmungen beginne ich aber doch wieder an meinen Krücken umherzuhumpeln. Die Beinwunde heilt sehr langsam. Es ist recht aufregend, nun wieder einmal mit eigener Kraft hinaus auf den Gang und zur Toilette zu gelangen. Auch im Treppensteigen versuche ich mich, erst bis zum ersten Stock hinab, dann bis zum Erdgeschoß.

Dort werde ich mit einer Lazarettangestellten bekannt, die mir nach ein paar Tagen freundlicherweise ihre Schreibmaschine allabendlich nach Dienstschluß zur Verfügung stellt.

Ich mache mich an einen Romanentwurf. Drei Abende schreibe ich Seite um Seite, aber alles will nicht so recht in Gang kommen. Ich muß unten im Souterrain in einem kleinen, sehr kalten Zimmerchen neben dem Hauseingang sitzen. Laufend kommen Patienten und schauen mir über die Schulter, wollen mitbekommen, was ich da schreibe, verwickeln mich in Gespräche und zerreißen so immer wieder das Gespinst der Gedanken. Da ich nichts anzuziehen habe außer der üblichen blau-weiß-gestreiften Lazarettkleidung, sehen die Kumpels in mir nicht »einen Offizier«, sondern einen ihresgleichen, und so kommt's dann: »Hast'n Streichholz, Kamerad?« »Was schreibst'n da??« Ich duze zurück und höre gern, was sie mir zu erzählen haben, aber mein »Werk« schreitet dabei nur recht mühsam fort.

Zunächst muß ich mich zwingen, allabendlich das Begonnene fortzusetzen, um das zu texten, worüber ich in der Erinnerung den ganzen Tag lang nachgeforscht habe. Oh, es ist alles noch so frisch; es blutet noch – – –

Und es dauert mir alles schon wieder viel zu lang, obwohl ich Zeit in Hülle und Fülle habe. Meine Ungeduld greift weit über die jetzigen äußeren Umstände, über die handwerklichen Unzulänglichkeiten hinaus und führt die Unlust der konzentrierten Gedankenarbeit wie im Schlepptau hinter sich her. Ich bin schon selbst fast neugierig, ob ich im jetzt Begonnenen durchhalte – – –

Überall wird hier zur Zeit geschrieben. Ich bin in andere Krankenzimmer gehumpelt, wo auch noch Offiziere liegen. Überall rascheln Federn übers Papier oder klappern Schreibmaschinen. Romane, Zeitungsartikel, fachliche Beiträge entstehen, werden verworfen, diskutiert, umgearbeitet; allenthalben steigert sich der peinvolle Drang, die beladene Brust von der Last der Erlebnisse und Erfahrungen, der Gedanken und Probleme zu befreien, die der Krieg und der totale Zusammenbruch dem Nachdenklichen aufgeladen haben. Es hat ein allgemeines gedankliches, seelisches Ringen eingesetzt, welches der zukünftigen Gestaltung in der Gesellschaft dienen soll, und überall ist von geschichtlicher Entwicklung, Schuld, Sühne, Hoffnung, Demut die Rede. Dabei aber sind die einzelnen Standpunkte noch verworren, schwankend, unreif, und alles Streben nach der »neuen Form«, nach der besseren geistigen, ethischen Basis ist noch durchaus in einem Prozeß der Gärung.

Hinzu kommt, daß unzählige Gerüchte, neue Befürchtungen, logische Folgerungen die Geister verwirren. Diese allgemeine Unsicherheit wird vom mangelhaften Nachrichtenaustausch begünstigt.

Es heißt, die Amerikaner gingen allmählich wieder in die Staaten zurück und schickten sich an, ihren Platz den Sowjets einzuräumen. Ein Plan, die Familien der verheirateten Amerikaner nach Europa kommen zu lassen, sei bereits wieder fallengelassen worden. Vielmehr sei das amerikanische Interesse an der »Besatzung« im Schwinden.

Ein anderes Gerücht will wissen, daß die Amerikaner deutsche Flugplätze ausbauen und mit ihren großen Kampfmaschinen belegen.

Dann heißt es, daß die Sowjets ihre Streitkräfte nicht nur nicht demobilisieren, sondern durch forcierte Wiederherstellung von Straßen und Bahnen in den von ihnen besetzten Gebieten einen neuen Aufmarsch vorbereiten.

Die Engländer seien andererseits dabei, in ihrem Besatzungsbereich die deutsche Industrie wieder aufzubauen.

Man kann sich kein klares Bild machen. Etwas Drohendes schwebt über dem Ganzen, als hebe das grausige Spiel mit den Völkerschicksalen wieder an, als seien die letzten Würfel bei weitem noch nicht gefallen.

Ich möchte mich gern dazu zwingen, nicht nachzudenken, und peinige mich doch Tag und Nacht mit fruchtlosen Grübeleien.

Ich habe einen Kameraden getroffen, mit dem ich damals im Polenkrieg im Stab des Kommandeurs der Luftwaffe (KOLUFT) der Armee Reichenau bei General Lohmann war. Er meint, die europäische Zukunft gehöre den Sowjets, und man sollte am besten zu ihnen übergehen. Rußland sei eine junge, urkräftige Nation; das habe der Krieg bewiesen. Nur sei es eben fraglich, ob die Sowjets »einen gleich oder erst später totschlagen«. Fürchte man dies, so müsse man ins überseeische Ausland gehen; dort gebe es vielleicht noch Chancen.

Letzteres erscheint mir − für mich! − ebenso undurchführbar wie ersteres fürchterlich.

Wohin wohl hetzt uns das Schicksal noch???

Im Rundfunk wurde verkündet, daß der in Gefangenschaft befindliche deutsche Generalstab entweder auf gewisse Inseln im Stillen Ozean oder auf die Falklandinseln im Südatlantik verbracht werden solle; diesbezügliche amerikanische Pläne seien inzwischen perfekt. Auch zugehörige Familien sollen mit deportiert werden. Dies deutet auf eine lange, lange Verbannung hin − − − −

Ein anderes Gerücht sagt, Sowjetrußland habe die Auslieferung des deutschen Generalstabs gefordert, um ihn nach Sibirien zu verbringen; das käme wohl einer Art Ausrottung gleich − −

Grausam ist das alles. Und doch verdientes Schicksal? Freilich, das Volk wie der einzelne sind schuldlos daran.

Wir stehen nun mitten im Juli. Das morgendliche Frühstück auf dem Balkon, gelegentlich mit einem Ei, ausreichend Butter, einem Klecks Kunsthonig und leider nur sehr, sehr wenig Brot − dafür aber der Anblick der bewaldeten Berge und der im Morgensonnenschein leuchtenden schmucken Pracht der Häuser und gepflegten Gärten − ist der große Genuß des Tages.

Vom Balkon über mir tönt das Klappern von Eimern und das kräftige Schrubben von Scheuerbesen. Luise, die Putzfrau, ist am Werk; sie singt dabei ein Lied von »Abschied«, »Heimweh« und »Liebe«. In den Zweigen der Birke, die sich über den Dachfirst hinaus emporreckt, atzt ein Star sein Junges, bringt im Hin- und Rückflug Würmer und rote Beeren, und das Rascheln der Blätter im Morgenwind macht ihm und mir köstliche Musik zur Mahlzeit. Die Wipfel hoher Bäume biegen und wiegen sich im Glitzerschein des Sonnenlichtes; der blaue Himmel verspricht wieder einen heißen Tag.

Ich beschäftige mich mit allem in meiner engen Umgebung, versuche die geisttötende Langweile zu bannen. Allmählich wird es schwer, die friedliche Ruhe und malerische Schönheit dieser Tage zu ertragen. Das Herz ist zu unruhig und zudem von schlimmen Ahnungen bedrängt. Ich spüre das »Schwert des Damokles« an einem seidenen Faden über mir, ohne allerdings recht zu wissen, weshalb. Die Nerven sind wohl noch nicht wieder ganz in Ordnung. Es bedarf nur des einen und anderen belanglosen Stichwortes, um sie sogleich grausig zu alarmieren. Manchmal möchte ich heulen vor innerer Angst. Daran mag es auch liegen, daß es eigentlich nichts gibt, was mich geistig fesseln könnte, daß auch ein zündend angeschlagener Funke des Geistes stets und sogleich wieder in der trostlosen Leere meines Inneren verlischt.

Nachmittags bekomme ich Fieber: 38,6. In meinem Leib zieht und drückt es. Gestern – natürlich an einem »Freitag, dem 13.!« –hat es begonnen. Es war kein eigentlicher Schmerz, sondern ein immer wiederkehrendes Wühlen und Kneten im Leib, ein dumpfes Etwas, das da nicht hingehört. Es meldete sich durch alles, was ich tat, hindurch, nicht eben quälend, aber doch ängstigend. Sollte der Abszeß in meinem Inneren – dieser unheimliche, lauernde Zudringling – sich wieder regen!? Hat er sich doch noch nicht für immer verkapselt, wie ich oft gehofft hatte!? Hat er nur geruht und darauf gelauert, bis ich mich in der Sicherheit einer wohligen Genesung wiegte!??

Der Arzt fühlte mir den Leib mit sorgsamen Händen ab. Die Leber sei stark geschwollen, auch die Milz. Er verordnet strenge Bettruhe und Wärme. Man müsse sehen, wie es sich weiter entwickele – – –

Nun bin ich wieder an das Bett, an die vier nüchternen, hellen Wände dieser Krankenstube gefesselt. Das Essen schmeckt nicht mehr, auch die Zigarette nicht. Ich fühle mich krank. Schweiß klebt auf der Haut.

Der Tag ist heiß. Unbarmherzig sengt die Glut vom leblos lichtblauen Himmel herab, drängt sich in das Zimmer herein, lastet selbst auf mir. Ich kann nicht entfliehen, kann das erhoffte, wiedergewonnene Leben noch nicht halten, muß alles dulden und fühle mich wieder müde wie damals, als mich die gleichen Symptome aufs Krankenlager geworfen hatten. Und doch bin ich nicht bestürzt oder enttäuscht. Was mir beschieden ist, nehme ich ruhig und in Demut an. Allzuoft habe ich schon beseligend gespürt, daß ein höheres Walten freundlich und wohlwollend meinen Schicksalsweg lenkt, und das, was oft übel aussah, letztlich zum besten wandelte. So ergebe ich mich auch diesmal ohne auffällige Gemütsregung in das »Vorausbestimmte« und träume mich im Gaukelspiel halbwacher Phantasiegesichte in eine ruhelose Nacht hinein.

So gehen Tage dahin. Und dann ist wieder Sonntag. Ich fühle mich schwach und ausgelaugt, obwohl das Fieber zurückgegangen ist. Die dumpfen, nagenden Schmerzen haben anscheinend nachgelassen, oder ich habe mich an sie gewöhnt. Um mich zu erheben, fehlt die Kraft.

Leider kommt heute kein Arzt zur Visite; es ist ja Sonntag! Da liegen die beiden jungen Mediziner lieber unten am See in der Sonne und flirten mit ihren Freundinnen. Wer sollte es ihnen verdenken?

Die Schwestern, die heute hier Dienst machen müssen, sind launisch und gereizt. Die Unlust am Beruf wächst mehr und mehr. Auch bescheidene, kleine Bitten werden nur widerwillig erfüllt, sobald sie ein Geringes an Mehrarbeit erfordern.

Draußen glutet der Sommertag. Die Hitze ist unausstehlich. Kein Blatt rührt sich an den Bäumen; alles erwartet dürstend die Kühle der Nacht.

Ein Patient leiht mir einen Band Novellen von Stefan Zweig. Ich verschlinge sie wie im Rausch! Mögen auch die Sujets phantastisch, sensationell – und darum meiner eigenen Art fremd! – sein, so sind doch Stil und Sprache und die Farbigkeit der hervorgezauberten Bilder menschlicher Seelenzustände von solcher Lebendigkeit, daß mir mein eigener Schreibkram wie unwürdiges Gestammele vorkommt, des Papierkorbs mehr wert als der verwahrenden Sorgsamkeit. Ach, ich muß wohl noch viel mehr lesen, viel mehr lernen und vor allem der inneren Unrast viel strengere Zügel anlegen, wenn jemals etwas Erwähnenswertes zustande gebracht werden soll.

Wieder einmal geht eine amerikanische Kommisssion von Bett zu Bett, um auszusortieren, welche Patienten entlassen oder einem Gefangenenlager zugeführt werden können. Man will dieses Lazarett bald ganz auflösen.

Meine Beinwunde heilt jetzt allmählich zu, aber ich fühle mich im Allgemeinbefinden noch nicht auf dem Posten. Mein weiteres Verbleiben hier wird »abgehakt«. Ich höre, daß man bei mir mit Massagen beginnen will, um die vollkommen erschlafften Muskeln wieder zu kräftigen und die Schienen am Bein zu entfernen.

Leider habe ich mich mit der Stationsschwester überworfen. Anlaß war, daß kein Arzt mehr zu einem Krankenbesuch kommt. Auch bat ich sie, in der Küche dafür zu sorgen, daß die tägliche Brotration nicht mit Wasser beträufelt oder mit Kunsthonig verschmiert und stockig gebracht wird. Sie verließ das Zimmer, ohne mich eines weiteren Blickes zu würdigen. Beleidigt! Wir haben jetzt eine Zeit, in der ein Patient gefälligst den Mund zu halten hat.

Die Ärzte, der Chirurg, die Schwestern wollen heim. Es paßt ihnen nicht, wenn da etwa noch jemand besondere Wünsche hat.

Ich habe eine Aussprache mit dem jungen Dr. Hartung. Er befühlt meinen Leib und meint, es sei alles in Ordnung. Er tut es hastig, und ich spüre, daß er froh ist, eine Besserung bei mir konstatieren zu können. Ich stelle ein paar Fragen. Dr. Hartung meint, es sei natürlich das beste, wenn mein Abszeß operiert werde, anstatt weiter zu schwelen. Aber hier? Und jetzt? Nein, das könne er nicht raten. Tja, und später? Wenn ich erst mal entlassen bin? Er zuckt die Achseln. Man müsse es eben abwarten – – – Ein billiger Trost!

Ich stehe auf und humple lustlos an meinen Holzkrücken umher. Der Tag glutet mit Schwüle und Flimmern durch die offenen Fenster herein. Die Berge sind vom Dunst verhangen. Kein Lüftlein regt sich.

Was soll, was könnte ich tun???

Ich entsinne mich eines alten, flüchtigen Bekannten. Nach meiner Erinnerung muß er einen Bauernhof hier in der Nähe haben. Ich schreibe ihm auf alle Fälle einen Brief. Irgendwer wird sich finden, der den Brief nach Gmund befördert; vielleicht kommt er an. Vielleicht könnte ich dort Obdach finden, später, wenn – – – Ein Dach über dem Kopf und einen Kanten Brot; mehr will ich ja nicht für den Lohn der Arbeit, die er mir zuweisen könnte. Vielleicht bekomme ich eine Antwort. Vielleicht auch nicht. Das heutige Dasein basiert ja doch nur auf Zufall und Beziehung.

Nachts wieder Fieber und Schmerzen im Leib. Ich weiß nicht, was das ist. Immer wieder fühle ich mich wie einer, dem man mit grausamer Hand von neuem den eben wiedererlangten Bissen Leben vom Mund wegnimmt. Ach, was für ein Sehnen nach Gesundheit!

Die Tage schleichen dahin. Und die langen, schlaflosen Nächte.

Aber auch das gibt es noch: Da ist jener Abend, der mit dem inneren Jubel endet: das Leben ist doch schön!!

Im Nebenhaus, dem »Quellenhof«, findet ein Konzert statt. In einem hübschen Salon zu ebener Erde – grün gemusterte Seidentapete – finden sich etwa hundert Menschen ein, ein paar Patienten, Ärzte, Schwestern, dann, freilich in der Mehrzahl, Wiesseer Einwohner, elegante, hübsche Frauen, sympathische Männer mit von der Sonne gebräunten Gesichtern; unter den buntblumigen, hellen und luftigen Sommerkleidern sogar hier und da eine ernst-prunkende Tegernseer Tracht.

Wo der Raum den halbrunden, von hohen Fenstern ausgeschalten Vorbau in den Park hinaus hat, steht der Flügel. Ein Herr Knieper begleitet seine Frau, die, groß und schlank, mit einem feinen, edlen, rassisch-strengen Antlitz unter dem schwarzen, straff und modisch nach oben frisierten Haar gegen das Grün des Parkes steht und Violine spielt. Beethovens »Frühlings-Sonate« erklingt, dann der 1. Satz aus Mozarts Violinkonzert As-dur, später Chopin und Brahms. Durch die weit geöffneten Fenster über grellrote Rosenbuketts reicht der Klang zu den Bergen, über die sich in einem feinen blauen Dunst der Abend hereinsenkt. Von fern klingen Kirchenglocken zur Abendmesse, aber sie stören das Nokturne nicht, das unter den Händen des Pianisten aufträumt. Die mächtige Trauerweide im Park zur Linken bewegt wie mit traumsüßem Lächeln ihre hängenden Zweige im leichten Wehen des Abendwindes. Ich trinke die Musik und den wunderschönen Ausblick dürstend in mich ein und bin voll seliger Empfindungen. Nur der Applaus nach den einzelnen Stücken reißt mich in den Kreis der Menschen zurück, aus dem ich mich unter den süßen Klängen entrückt fühle, allein mit dem Schöpfer und meiner Nichtigkeit, die hier so reich beschenkt wird.

Und ich treffe auch einen alten Bekannten wieder, Oberleutnant von Arnim vom Oberkommando der Heeresgruppe Süd, der hier in der Nähe mit seiner Frau und den beiden Kindern ein kleines Haus bewohnt. Er erzählt von der Flucht zu Fuß aus der Tschechei über Plauen, Weimar, Bamberg hierher – nach Hause. Es ist zu spüren, daß ich ihn in meiner Armseligkeit jammere; er verspricht mir, mich mit Seife, Rasierzeug usw. zu versorgen.

Und nochmals treffe ich – hinten am Zaun, plötzlich und wie zufällig – einen alten Bekannten: Willibald Juppe, den ehemaligen Kammerdiener, meinen alten und letzten Offiziersburschen. Er wollte mich besuchen. Er hat sich nach Wiessee entlassen lassen und durch Zufall erfahren, daß ich hier liege. Da steht er gleich neben dem hinteren Hauseingang, hager, wie immer, ausgemergelt, leicht nach vorn geneigt, als wolle er Befehle entgegennehmen. Seine blauen Kinderaugen blinken mich aus dem alten Gesicht unter tadellos gepflegtem graumeliertem Haar in der Freude des Wiedersehens an. Aber wir können uns nur eben schnell die Hand geben; dann jagt ihn der amerikanische Posten weg. Kriegsgefangenen ist es verboten, sich mit Zivilisten zu unterhalten. Und Juppe wirkte immer wie ein Zivilist! Und er ist es ja auch wieder.

Welches Glück, einen Freund wiederzufinden!! Und Juppe war mir ein wirklicher Freund. Als es dunkelt, treffen wir uns noch einmal wieder, auf der Wiese hinter dem Lazarett, und erzählen uns, wie's uns ergangen ist. Juppe war bei einem Bauern auf einer Alm mit Viehhüten und Heuernte beschäftigt.

Beim Abschied drängt er mir ein Päckchen amerikanische Zigaretten auf – – –

Von amerikanischen Sanitätskraftwagen werden SS-Angehörige unter Bewachung abgefahren. Sie kommen in Lager oder in andere Lazarette, die für die SS bestimmt sind. Eine Schwester reicht den scheidenden SS-Soldaten kleine Sträuße blauer Blumen auf die Tragen, ein letzter Händedruck mit den beiden jungen Ärzten, dann heulen die Motoren der Sankas auf. Es wird erzählt, daß SS-Angehörige 20 Jahre lang in besonderen Lagern abgeschlossen werden. Aus diesen jungen Männern, diesen bleichen, verwundeten, kranken Burschen werden also Greise, bevor sie wieder frei sein dürfen (falls sie es überhaupt erleben).

Ich fühle mich niedergeschlagen. Es paßt alles nicht recht zusammen.

Ich könnte versuchen, meine Entlassung zu erzwingen. – Im Grunde scheint man froh zu sein um jeden, der geht. Aber ich fühle mich zu hundeelend, schwach und krank, um hinauszutreten ins erbarmungslos harte Leben. Bleibe ich aber im Lazarett, so bleibt mir später das Gefangenenlager nicht erspart. Es heißt schon jetzt, daß Offiziere nun doch nicht mehr in der bisherigen großzügigen Form entlassen werden sollen, sondern in Lager kommen, wo es strenge Verhöre und allerlei Widrigkeiten gibt.

Was tun? – Ich ordne meine Habseligkeiten, packe schon mal meinen Rucksack. Morgen, morgen vielleicht könnte ich gehen, hinaus in die »Freiheit«; die Formalitäten könnten hier im Lazarett einfach sein, ein Verwundeter, der auf eigenen Wunsch – – – Was tun?

Ich kann nicht entscheiden, was für mich zweckmäßig sein könnte. Und dann: wohin?? Wohin denn??

So treibe ich mit meinen düsteren Überlegungen dahin, gelte als Fatalist und ärgere mich, wenn andere mich darum beneiden – – –

Am nächsten Morgen, ganz in der Frühe schon, gibt es einen plötzlichen und eiligen Aufbruch. Das Lazarett muß noch heute geräumt werden! Sanitätskraftwagen fahren auf, Schwestern und gehfähige Patienten schleppen die Schwerverwundeten auf Tragen über die engen Stiegen hinab, ein hastiges Verpacken setzt ein. Um die Mittagsstunde nehme auch ich Abschied vom »Haus Lilie«. Die Fahrt im überfüllten und stickig-heißen Sanka geht weiter in die Berge hinein, vorbei an hübschen bayerischen Landhäusern, durch Wälder und über sonnengoldene Matten. Dieser Landstrich hier hat kaum unter dem Krieg gelitten; er ist ein Paradies.

Oberhalb des Dörfchens Kreuth liegt das Sanatorium Dr. May, in dessen breit und behäbig dahingelagertem Hauptgebäude ein Reservelazarett untergebracht ist. Ich bekomme wieder zusammen mit Leutnant Linck ein kleines Zimmer im 3. Stock. Der Blick aus dem Fenster geht hier nicht weit: bewaldete Berghänge rücken nahe an das Gebäude heran. Mächtige Tannen stehen im engen Rund und bewegen bedächtig ihre dunklen Zweige im sommerheißen Wind.

Soweit wir sehen können, macht das Haus einen leidlich gepflegten, allerdings auch stark ramponierten Eindruck. Man spürt die Hand einer geordneten Lazarettführung, die sich sowohl in einer Vielzahl von Verbotsschildern als auch in straffer Organisation des Tagesablaufs, geregelter Essenszeiten, Arztvisiten etc. ausdrückt. Massenbetrieb, etwa 300 Patienten liegen hier.

Dr. May, der Sohn des Sanitätsrates, kommt zur Visite. Er hinterläßt einen guten, sicheren, erfahrenen Eindruck. Alt sieht er allerdings aus und ist doch noch nicht vierzig. Morgen will er mich genauer wegen meines subphrenischen Abszesses untersuchen. Er war 15 Jahre lang an der Charité in Berlin bei Professor Dr. Sauerbruch. Sein Vater, der Sanitätsrat, wurde vor wenigen Tagen verhaftet; er soll hiesiger NS-Kreisleiter gewesen sein − − −

Hinter dem großen Sanatoriumsgebäude kann man ein wenig spazierengehen. Der Weg zieht sich neben einer breiten Wiese auf halber Höhe des Tales zu einer Waldschlucht hin, ein paar hundert Meter etwa, aber für meine ersten und noch recht kläglichen Gehversuche reicht's. Mächtige Tannen stehen in Gruppen zusammen, dazwischen auch mal eine Buche. Ich habe eine Bank gefunden, von der man ins Tal hinabsehen kann. Die Häuser des Dorfes Kreuth liegen verstreut zwischen Baumgruppen und Gärten. Es ist sehr still hier. Nur in den Wäldern rauscht es in urewigem Klingen, in das sich der Gesang der Vögel mischt und das Murmeln des Wildbachs. Die Luft duftet nach Moos und Pilzen.

Und doch fühle ich mich unsagbar elend. Das Bild all dieser armen Menschen hier, viele, viele Patienten ohne Arme und Beine, armselige Wracks und bejammernswerte Krüppel an Krücken und Stöcken mit ihren spinnengleichen, hastigen und unsicheren Bewegungen, die Kranken in ihren blau-weiß-gestreiften (Sträflings-)Anzügen, verhärmt, fahle Gesichter, fragende, todtraurige Augen, dies alles nimmt mich mit hinein in dieses fraglose Elend.

Ich mag mich gar nicht ansprechen lassen, möchte mit niemandem reden, nur allein sein, aber wie soll man den vielen Patienten auf diesem kleinen Raum entgehen?? Überall schlurfen sie dahin, kommen und gehen, staken sich auf ihren Krückhölzern über die Stiegen, die langen Flure entlang, liegen draußen auf der Wiese oder stehen bei den amerikanischen Posten, waschen ihnen für eine Zigarette das Eßgeschirr sauber – – – Es ist nicht mehr sehr weit her mit dem »deutschen Stolz«!

Mein Bein wird täglich massiert, was außerordentlich schmerzhaft ist. Ich schreie vor Schmerzen unter der Behandlung des bärenstarken Masseurs, eines Riesen von Kerl, gefühllos genug, um mir anzudeuten, ich solle ruhig schreien, wenn's gar zu hart kommt, hier hätten schon andere geschrien – – Das rechte Knie ist durch das lange Liegen in Gips und Schiene steif geworden; man will es wieder zum Durchbiegen bringen. Das wird noch manche schmerzhafte Übung erfordern.

Dr. May hat mich untersucht. Auch er zeigt wenig Neigung zu einer Operation. »Wenn's wieder losgeht, müssen Sie eben sehen, einen guten Arzt zu finden – – –« Das ist nicht übermäßig trostreich. Aber ich kann nichts tun; er muß als Arzt wissen, was not tut. Also werde ich noch mein Bein ausheilen, und dann – –??

Auch ein Plauener ist hier, ein Leutnant Schellhorn. Er spricht mich auf der Treppe an, erzählt von unserer Vaterstadt. Plauen ist nicht mehr vorhanden. Die schweren Luftangriffe haben die Stadt völlig zerstört. Nun ja! Die Nachricht berührt mich eigenartig wenig.

Wir müssen überall neu anfangen. Aber wie? Und wo? Und was? Wo finde ich Arbeit? Falls ich entlassen werde?

Alles hängt irgendwie von irgend etwas ab. Zuweilen staune ich, weil mir meine nächste Zukunft weniger Sorgen bereitet, als sie es eigentlich müßte. Noch habe ich ja etwa drei Wochen »Ferien« hier. Und dann? Ich fühle, daß mein Leben von vielen Zufälligkeiten abhängig ist, und lasse mich treiben.

Am Abend poltert wieder ein Gewitter über die Berge herein. Regen rauscht hernieder, und auf den Wegen bilden sich reißende Bäche. Wie köstlich die Luft schmeckt! Vom Tal her tönt das Schlagen der Uhr von der Dorfkirche in Kreuth. Man geht hier frühzeitig schlafen, kaum daß die Sonne hinter den bewaldeten Höhen versinkt. Ich atme würzige Frische und denke an meine Heimat. Das wehmütige Lied der Sehnsucht – – –

Wenn ich doch mein Bein schon gebrauchen könnte! Warten, warten – – – Oh, ihr Berge und Felsen, ihr Bäume und Wiesen, die ihr allesamt so ernst und feierlich still auf mich herabschaut; euch frage ich: Darf ich mich freuen, eines Tages wieder frei zu sein? Darf ich dann jauchzen, wenn sich mir eine Freundeshand entgegenstreckt?? Ihr seid stumm und still. Pan rührt sich nicht. Nur Grillen zirpen ihren Silbersang, und des Waldbachs Murmeln klingt voller Geheimnis und Rätsel. Ihr Wolken, die ihr am gewitterschweren Himmel dahinjagt, könnt ihr mir ein Zeichen geben, wohin mein Weg mich führen soll? Stumm, unheimlich zieht ihr eure Bahn, vom Sturmwind geweht. Ihr blinkenden Sterne über den Wipfeln der Bäume: gebt ihr mir doch eine Antwort auf meine bebende Frage, ob auch ich noch einmal ein glücklicher Mensch sein darf! Euer Blinklicht kommt aus der Unermeßlichkeit. Warten, warten − − −

Sowjetrußland erhebt Anspruch auf Bayern und Württemberg, sagt ein neues Gerücht. Nach den Wahlen in England tagt wieder eine Konferenz: Truman, Attlee und Stalin, der Große, der Starke, der Mächtige unter den Dreien, würfeln um Deutschlands Reste.

Last einer dumpfen Bedrückung im Lazarett. Unten im Lesezimmer stehen sie zu Dutzenden und hören schweigend den Nachrichtenfunk. Wenig Neues. Haßtiraden und Vergeltungsschwüre gegen die »Nazis«. Immer neue Verhaftungen, immer neue Gerichtsurteile. »Was soll man tun, wenn die Russen kommen??« fragt einer. Der Befragte zuckt die Achseln. »Tun? Was denn? Dann hat eben alles ein Ende − − −« Ein anderer sagt: »Wenn die Russen kommen, dann wird es ganz schlimm. Dann bleibt uns nur noch der Strick zum Aufhängen. Die Pistolen haben sie uns ja weggenommen − − −« Allenthalben tiefe Niedergeschlagenheit.

»Was soll man denn machen? Ich habe eine Frau und drei Kinder und soll 52,− Mark Rente bekommen!« sagt einer, dem beide Beine fehlen. »Die Wohnung allein kostet doch schon 75,−Mark!« Er ist zu allem Unglück noch Österreicher und darf nicht heim. »Ich bin ja sonst ganz gesund, nur − − ich kann halt nicht mehr laufen. Und Prothesen bekommt man ja auch nicht; das ist ja aussichtslos!«

Vor der Eingangstür sitzen die amerikanischen Wachtposten und würfeln. Sie werfen die Würfel einfach auf den Boden. Ein alter Patient, etwa sechzig, mit geschientem Bein, bückt sich nach jedem Wurf und hebt den Amerikanern die Würfel wieder auf. Er erhofft sich als Belohnung eine Zigarette − − −

»Ich bin Ostpreuße. Aus der Gegend von Tilsit. Wo meine Frau ist, mein Sohn, ich weiß es nicht. − Ob ich mal wieder nach Hause komme???« Sein trauriges, altes, faltiges Gesicht rührt mich an. Ein anderer älterer Patient auf Krücken stakt herbei. »Ich bin Schlesier aus der Schweidnitzer Gegend. Wenn man nur wüßte, wie's daheim steht! Mein Vater war Bürgermeister. Ob sie uns den Hof gelassen haben??« Auch er kann nicht heim; Schlesien ist russisch oder polnisch. Man weiß es hier nicht genau.

Auch die Einreise in das von Engländern besetzte Gebiet ist gesperrt. Man muß warten, was kommt. Warten, warten − − −

Abends nach dem Nachtmahl − (es besteht heute aus Pellkartoffeln, Quark, einem Spiegelei, Gurke, und 10 g Butter; ganz herrlich!) − finden sich etwa hundert Patienten im Lesezimmer ein. Einer steht in der Mitte und spielt auf einer Harmonika lustige Walzer und singt Schnaderhüpfel. Die Zuhörer sitzen auf Stühlen und Sesseln, auf Stuhllehnen und Fensterbänken dicht gedrängt beieinander, alle ausnahmslos in den häßlich blau-weiß-gestreiften Krankenanzügen, und schauen dem Spieler mit ernsten oder traurigen Gesichtern unverwandt zu. Still und stumm. Bekannte Melodien klingen auf, aber niemand summt sie mit, und wenn ein Lied zu Ende geht, rührt sich kein Applaus. Kummer senkt sich auf die unfrohe Schar dieser Männer, und niemand dankt dem unermüdlichen Musikan-ten. Sie haben alle das Lachen verlernt, diese armen Krüppel, diese bein- und armlosen Kreaturen, diese Blinden und Gelähmten. Sie stehen vor dem Nichts, sie haben keine Hoffnung mehr.

Im Rundfunk kommt die Nachricht, daß Frankreich zum beschleunig-ten Wiederaufbau 320 000 Kriegsgefangene aus dem amerikanischen Gebiet bekommen soll. Wer von uns wird dabei sein?? Die Unsicherheit nimmt kein Ende.

Gottesdienst im Speisesaal. Etwa 50 Patienten und Schwestern finden sich ein. Der Pfarrer spricht gut. Es tut wohl, eine Stimme zu hören, die von Liebe spricht. Heute, wo nur von Haß und Vergeltung zu hören sind. Er spricht leise und in bescheidener Naivität, aber offen und vernünftig. »Wir haben an vielem Schuld«, sagt er, »Und Gott läßt sich nicht spotten! Aber das gilt nicht allein für unser Volk und unsere Taten − − −«

Heute ist Mutters Geburtstag. Auf dem Tischchen am Fenster steht ihre Fotografie. Ich habe ein paar wilde Rosen dazugestellt. Möchte sie doch spüren, wie meine Gedanken zu ihr fliegen! Ich schreibe ihr wieder eine Karte. Die dritte Nachricht. Ein Kamerad will sie besorgen. Ob sie diese Nachricht je bekommt??

Zwei Wochen lang tagten in Potsdam »die großen Drei«. Sie faßten die Beschlüsse über das besiegte Deutschland. Heute bringt der Rundfunk die Verlautbarungen und Kommentare.

Da stehen sie wieder im Lesezimmer, die Patienten auf ihren Krücken, die Lahmen und Blinden und Amputierten, schweigend, unsagbar be-drückt.

»Ausrottung des Nationalsozialismus und Militarismus!« »Vernichtung der Kriegsindustrie und aller jener Industrien, die sich auf Kriegsindustrie umstellen lassen«, »Abtretung von Gebieten an die Sowjetunion und Polen«, »Nichtgenehmigung einer deutschen Zentralregierung«, »Vorerst keine Friedensverhandlungen«, »Internierung aller nat.-soz. und militäri-schen Führer«. − Rache, Rache, Rache!

Schweigend hören es die Männer im Raum, die Gesichter bleiben starr, kein Wort wird laut. Dann gehen sie wieder stumm auseinander, einige zum Essen, andere humpeln hinaus ins Freie, um einen Platz an der Sonne zu ergattern. Über allem lastet Niedergeschlagenheit wie ein furchtbarer Alb.

Ich spüre zunehmend, daß es nicht in meiner Macht liegt, mein Schick-sal zu lenken; andere Einflüsse, andere Menschen und deren Entscheidungen sind stärker als mein guter Wille. Der »Zufall« wird meinen Weg führen. Seelischen Halt finde ich nur mehr in dem festen Bewußtsein, daß alles Gottes Wille und deshalb gut und richtig ist.

Unüberhörbar meldet sich aber mit der fortschreitenden Genesung auch ein sich verstärkender Lebenswille! Die Gedanken werden ruhiger, klarer, bewußter.

Unter amerikanischer Bewachung formiert sich ein Zug gehfähiger Patienten, um dem katholischen Morgengottesdienst unten in Kreuth beizuwohnen. Ich schließe mich an.

Oh, welche Lust, wieder auf eigenen Füßen durch den taufrischen Morgen wandern zu können, knirschenden Kies unter den Sohlen, die reine Luft der Waldberge zu trinken!

Das Dorf Kreuth wirkt klein und bescheiden, wenn man näher kommt; die Höfe und Häuser machen einen sauberen und gepflegten Eindruck: weiß getünchte Mauern, dunkelbraune Dächer, sattes und kräftiges Sommergrün ringsum.

Das Kirchlein auf einem Hügel sieht allerliebst aus. Der spitze Turm steht neben dem Schiff, der Friedhof ringsum ist von einer dicken Mauer umgeben. Männer und Frauen in ihren derben Tegernseer Trachten ziehen mit uns des gleichen Weges; sie überholen die Kolonne der siechen und geschundenen Landser, aber sie beachten uns kaum. Ihre Blicke sind verschlossen. Mit uns möchte man sich nicht mehr identifizieren – – –

Auch die Messe läßt mich kalt; zuviel Verwirrendes, Theatralisches im Ritus. Die ersehnte stille Versunkenheit in Andacht will sich nicht einstellen: Klingeln, Hinknien, Aufstehen, Hinsetzen, Aufstehen. Und die Bewegungen am Altar wie auf einer Bühne im Theater. Der Priester verliest einen »Hirtenbrief« des Papstes unüberhörbar politischen Inhalts, was mich ärgerlich werden läßt. Ich bin enttäuscht, genieße nur das äußere Schauspiel, an dem ich endlich wieder teilhaben darf, muß aber Gott doch wohl in der Einsamkeit meiner Kammer und im stillen Schauen seiner Schöpfung suchen – – –

Gegen Abend kommt Dr. Hartung aus Wiessee herauf. Schwester Christel, die blonde Ostpreußin, seit einigen Tagen meine Beinmasseuse, lädt ihn und mich zu einer Tasse Tee und Kuchen zu sich ein. Es wird eine fidele Stunde im Gespräch über Dinge, die nichts mit den ständig lastenden Sorgen gemein haben.

Aber am nächsten Tag verfinstert sich der Himmel gleich wieder: Eine amerikanische Kommission wird avisiert, die wieder einmal Entlassungspapiere vorbereiten will; die damals in Wiessee aufgenommenen Protokolle seien in Verlust geraten. Wer's glaubt, wird selig – – – Nun hebt das Bangen und Zweifeln wieder an, ob Entlassung oder Internierung, ob Freiheit oder jahrelange Gefangenschaft.

Mein Herz ist schwer und voller Sorge. Ich denke über meine »Schuld« nach. Was habe ich persönlich Böses getan? Welche meiner pflichtgemäßen Handlungen als Soldat und Offizier könnte sich verderblich für Mitmenschen ausgewirkt haben?? Weshalb geschieht dies alles hier mit mir??? Ist es etwa ein Trost, wenn andere Menschen heute die Werte umwerten und Schuldverhältnisse konstruieren????

Meine Beinwunde näßt noch immer. Granatsplitterchen eitern unter der frischen Haut heraus. Ich kann laufen, aber nur mit einer Krücke. Das Knie ist noch recht steif.

Abends besuche ich den evangelischen Gottesdienst. Der Pfarrer spricht eindringlich und voller Glaubenskraft. Ich empfange Trost aus seiner Rede. Mein Gewissen ist sauber. Damit kann ich auf mich nehmen, was Gott für mich bestimmt hat.

Die amerikanische Kommission ist nicht gekommen. Vielleicht kommt sie überhaupt nicht? – Es ist ja meist alles nur Gerücht, was verlautbart wird. Immerhin hält sich aber hartnäckig die letzte Verfügung der Militärregierung, wonach Entlassungen von Lazaretten aus nicht mehr durchgeführt werden dürfen. Alle Kriegsgefangenen müssen zwecks Entlassung in ein Durchgangslager nach Bad Aibling gebracht werden. Ich bin voll banger Sorge, daß sich dort auch mein Schicksal erfüllt – – –

Die Bestimmungen in der Behandlung kriegsgefangener Patienten wurden erneut verschärft. Das Tragen der blau-weiß gestreiften Lazarettkleidung wird einheitlich zur Pflicht gemacht. Jeglicher Besuch, jede Unterhaltung der »PW« (prisoner of war) mit Zivilisten ist verboten. Das Überschreiten der Lazarettgrenze wird unter Strafe gestellt, die Anzahl der Wachtposten vergrößert.

Hinter der Wiese im Begrenzungsgebüsch des Lazarettbereichs ist eine enge Lücke im Zaun. Ich laufe ruhelos draußen auf und ab. Kein Lüftchen regt sich. Um diese Mittagszeit liegen die Posten im Gras unter dem Schatten der Bäume, träge, interesselos, Gummi kauend. Ich suche den Waldpfad, der zum Leonhardstein hinaufführt. Von der Almwiese jenseits der hohen Tannen tönt das Zirpen der Grillen. Der Wildbach, an dem entlang der Weg bergan führt, ist noch immer von den Regengüssen der letzten Tage angeschwollen; er rauscht; sein kalkig-trübes Wasser braust zu Tale. Meine Gedanken irrlichtern in die weite Welt hinaus. Ich steige behutsam, das steife rechte Bein hinter mir herziehend, bergan; wohin – – wohin – – ??? Im schrägen Strahlenschein der Sonne, deren Tagesbahn sich hinter dem Kamm der Berge schon zu Ende neigt, spielen Mücken ihr goldenes Schwebespiel.

Bevor es ins Gebiet der niederen Latschenflora hineingeht, muß ich den Wildbach überqueren. Hier ist der Bach eng. Es müßte gehen! Das Wasser schießt über bemooste Steine. Sie sind fest im Geröll verkeilt. Vorsichtig setze ich den Fuß auf. Er findet guten Halt. Noch ein Schritt. Die Krücke gibt mir Halt. Dann geht alles blitzschnell. Ich rutsche ab, stürze. Ein Aufschrei! Schrill, über das ganze Tal hinweg – – – Ich winde mich aus dem Wasser heraus. Stehe zitternd auf.

Mein Bein, mein rechtes Bein! Es läßt sich durchbiegen!! Ganz einfach, als wär's nie anders gewesen, tatsächlich, das Knie – die Versteifung scheint beim Sturz durchgerissen zu sein – läßt sich biegen, tief hinunter. Oh Gott, Dank, Dank – – –! Es schmerzt im Knie, nun ja. Aber was ist das schon gegen dieses befreiende Bewußtsein: Das Bein ist nicht mehr steif!! Ich kann wieder richtig gehen!!! Frieden des verlöschenden Tages.

Ich humple, laufe, strauchle den Pfad zurück ins Tal, die Krücke unterm Arm. Glockenläuten von der Kreuther Kirche. Kyrie eleison – – Kyrie eleison – –

Der August geht zur Neige. Schwer liegt des Hochsommers Reifeduft über dem Tal. Die Luft ist warm, gesättigt vom Duft nach Heu und Fichtenharz. Ich liege am Rand der jetzt durch Verbotsschilder gekennzeichneten Grenze des Lazarettbereichs im Gras und schaue ins Tal hinab. Unten am Dorf sind Burschen und Mädchen dabei, Heu zu rechen und einen Leiterwagen hoch mit dem grau-gedörrten Futter zu beladen. Sehnsüchtig schaue ich ihnen zu. Wie gern würde ich teilhaben an dieser ländlichen Arbeit, wie sehr würde ich meine ausgeruhten Glieder zur segensreichen Ernte regen, möchte ich doch frei sein wie sie! Aber ich bin ein Gefangener. Alle Gedanken kreisen um diesen Zustand.

Freilich: noch ist meine Gefangenschaft ein sorgloses Dahinträumen von einem Tag zum anderen, in der Obhut der Ärzte und Schwestern, hinreichend verpflegt, leidlich gekleidet. Ein friedlicher Aufenthalt im Waldsanatorium. Und doch sehnt sich der unbändige Wille zum Leben danach, frei zu sein. Die Seele drängt zur Befreiung jenes anderen Zwanges, der bereits all die vergangenen Jahre auf mir lastet und der durch die jetzige Gefangenschaft nur einen Wechsel erfuhr.

Erst war es der Soldateneid und das Gesetz des Krieges, in dessen Bann ich zu leben gezwungen war, als winziges Rädchen eingespannt in das große Uhrwerk des Orlogs; nun ist es der Wille des Feindes, menschliche Willkür, die auf Vergeltung sinnt.

Als sich der Abend über die Berge in unseren Waldwinkel hereinsenkt, erhebe ich mich aus dem feucht werdenden Gras und schlendere über die Wiese dem Lazarettgebäude zu, um noch ein paar Blumen für unsere Krankenstube zu pflücken. Aber viel ist nicht mehr zu holen. Wo der Rasen sumpfig wird, wachsen einzelne gelbe Butterblumen. Ich finde noch zwei, drei Margeriten dazu, ein paar Stengel des hohen Wiesenenzians, etwas rotvioletten Klee, eine weiße Sternendolde Thymian und zuletzt vom Beet des Lazarettgartens ein paar Wildrosen.

Leutnant Linck freut sich über das bescheidene Sträußchen, das ich in ein leeres Marmeladeglas ordne und ihm neben den Abendbrotteller stelle. Nur zu den Mahlzeiten kann Linck aufstehen; sein zerschundener Arm will sich nicht bessern.

Vom Dorf herauf klingt das Abendläuten der Dorfkirche und schwingt durch den Frieden des Abends. Achtmal schlägt die Uhr. Gleich wird der Gong des Lazaretts mit seinem grellen Schlag die letzten Patienten ins

Haus rufen; die amerikanische Wache legt Wert darauf, daß die Gefangenen mit dem sinkenden Tageslicht aus dem Freien verschwinden. Wie eine kleine Herde Vieh trotten sie willenlos zum Stall zurück – – –

Am Morgen werden alle gehfähigen Patienten in den Speisesaal gerufen. Wir sitzen und stehen eine Stunde lang dicht gedrängt in Erwartung einer amerikanischen Kommission; es geht mal wieder um die Entlassungspapiere. Mir gegenüber sitzt ein junger, schmächtiger, blasser Mensch mit einem Kopfverband. Auf einmal fängt er an zu röcheln und zu zittern, er schlägt plötzlich um sich. Der übliche Krampfanfall eines Hirnverletzten. Man trägt ihn hinaus.

Bewegung an der Tür. Die dumpf harrende Menge reckt sich auf. Namen werden verlesen, eine alphabetische Ordnung wird hergestellt. Später werden etwa 70 Patienten zurück in ihre Zimmer geschickt; jene, bei denen die Entlassungspapiere bereits früher einmal vorbereitet wurden. Ich bin auch dabei! Also doch???

Ein Angestellter des Lazaretts hat zwei Zeitungen aus München mitgebracht; kostbarer Lesestoff, der gierig verschlungen wird: »Die I.G.Farben-Industrie vollkommen unter alliierte Kontrolle gestellt!«, »70 000 Nazis in Bayern verhaftet!«, »Säuberung der Verwaltung von Nazis fast vollendet!«, »Eine Reihe guter und erfreulicher Nachrichten!« heißt es im dazugehörigen Leitartikel.

»Für die Beheizung von Wohnhäusern wird in diesem Winter keine Kohle zur Verfügung stehen!« sagt General Eisenhower in einer Botschaft an das deutsche Volk.

»Deutschland ist für den Krieg verantwortlich und muß alle Forderungen der Alliierten erfüllen!« fordern die Sowjets.

»Todesurteile in Darmstadt!«

»Fliegermord bei München gesühnt!«

»Alliierte retten Kunstschätze, nachdem Museen und Archive in Krakau von den Deutschen geplündert worden waren!«

Dann ein Gedicht von Bert Brecht: »Lied der Besatzung des Panzerkarrens«, nach der Melodie des Horst-Wessel-Liedes zu singen – – –

Gehässigkeiten, kränkender Zynismus, besorgniserregende Tatsachenschilderungen.

Ich suche nach positiven Äußerungen. Ich suche vergeblich. Freilich: Die Militärregierung hat genehmigt, Gewerkschaften zu bilden. Auch politische Versammlungen auf demokratischer Grundlage dürfen abgehalten werden. Sogar Synagogen sind wieder in Betrieb. Eine Spendensammlung für KZ-Insassen wurde durchgeführt.

Aber wo zeigt sich Vorsorge gegen die Härten des kommenden Winters? Wie will man verhindern, daß alte Leute und Kinder in Gefahr kommen? Wann kommen Post und Bahn wieder in Gang? Wann kann man versuchen, endlich die auseinandergerissene eigene Familie wieder zu finden?

Wie ein amputierter Schwerkriegsbeschädigter liegt Deutschland hilflos am Boden. Aber anstatt ihm wenigstens Krücken zu geben, damit er wieder lerne, sich zu bewegen und daraus Hoffnung zu schöpfen, verlangt man von ihm, daß er andauernd bekennt und dahinleiert: Meine Schuld! Meine große Schuld!

Ich ducke mich in der lastenden Erkenntnis, daß die günstige Zeit, wirklich eine reine Palme des Friedens zu pflanzen, nutzlos vertan wird. Statt dessen düngen Feind und «Freund» den nach Frieden und Ruhe dürstenden Boden mit Vergeltungswut, Argwohn und offenem Haß.

»Weißt du«, spricht mich ein Patient an, »ich habe den Jupp Goebbels niemals gemocht, und seine theatralisch geölte Stimme war mir schon immer zuwider. Aber wenn man jetzt so erlebt, was mit Deutschland geschieht, so muß man sich fragen: hat er nicht doch recht gehabt mit seinen Prophezeiungen?«

Ein anderer humpelt auf seinen Krücken heran. Jeden Tag richtet er die gleiche Frage an mich und andere: »Du, hast du noch nichts gehört, ob wir endlich aufs russische Gebiet können??« Er will heim auf seinen kleinen Hof in einem schlesischen Dorf. Diese Sehnsucht brennt in ihm und füllt ihn ganz aus. Als ich wieder verneinen muß, humpelt er zum nächsten. Das Warten in die Ungewißheit hinein ist lähmend. Die Stunden, die Tage und Wochen schleichen dahin, farblos, ohne Freude, mehr und mehr aber auch ohne Ziel, ohne Hoffnung. Die Stimmung verschlechtert sich bis zum Nullpunkt. Mit Leutnant Linck, meinem Zimmergenossen, weiß ich auch nichts mehr zu sprechen. Wir haben uns alles, alles gesagt. Allmählich fallen wir uns zur Last. Noch nie hat mich der ätzende Eitergestank seines zerschmetterten Armes so sehr gestört wie jetzt. Nur das Bewußtsein, daß der arme Kerl ja nichts dafür kann und dies als besonders kränkend empfinden müßte, hält mich davon ab, ein anderes Zimmer zu suchen.

Am Nachmittag werden auf amerikanischen Armeelastwagen mehr als einhundert neue Patienten aus Frankreich und Italien gebracht, verwilderte Gestalten in kunterbunten Uniformzusammenstellungen, einige in Zivil. Alle tragen auf den Knien und auf den Rücken in grellen Farben die Buchstaben »P W«.

Fünfzehn Mann sind dabei, die an offener TBC leiden. Ich höre einen Arzt zu einer Schwester sagen: »Hoffentlich kriegen wir die bald wieder los!«

In Eile werden Bettstellen, Matratzen, Wäsche herbeigeschleppt. Im Lesezimmer werden 24 Betten doppelstöckig aufgestellt. Auf den Treppen und in den Fluren tappen die neuen Kameraden umher und informieren sich. Einige Matrosen sind dabei; sie tragen grellrote Halstücher zu ihren blauen Uniformen. Manche haben abgelegte Uniformstücke der Amerikaner an. Allen steht eine gewisse Enttäuschung über ihren Empfang bei uns in Deutschland auf dem Gesicht geschrieben. Aber niemand wußte ja, daß sie kommen. Nun geht alles geschäftig einher. Alles ist eng belegt und ungemütlich. Die Mahlzeiten müssen in vier Raten eingenommen werden; die Küche kann nur noch Eintopfgerichte ausgeben, um die Massenverpflegung auf dem einen Herd zu bewältigen.

Ich schaue dem Treiben von meinem Fenster aus zu. Die Kommission rüstet zur Abfahrt. Ich war nicht drangekommen; man hatte mich wieder in mein Zimmer geschickt. Also sind meine Papiere in Ordnung??

Unten am Jeep ist der gut deutsch sprechende amerikanische Offizier. Ich gehe schnell hinunter und frage ihn, ob ich noch ins Durchgangslager nach Bad Aibling müsse. »Nein!«, sagt er, »deshalb sind wir ja hierher gekommen. Sie werden vom Lazarett aus entlassen!«

Ich bin sprachlos! ? – ? – ? Darf ich jubeln?? Ich kann es nicht. Zu groß ist die Angst vor der Freude, vor neuer Enttäuschung. Lieber in Bangigkeit weiter warten, warten, warten – – –

Schwester Christel kommt über den Hof. Ob ich eine Tasse Kaffee bei ihr trinken möchte? »Sie machen ja ein so bedeppertes Gesicht!« sagt sie. Auf dem kleinen runden Tisch in ihrem Zimmer stehen Blumen. Sie bringt einen Teller mit belegten Broten. Das Gespräch wird gezwungen harmlos geführt. Immer liegt ja zwischen zwei Menschen eine ganze Welt – – –

Nicht deshalb liege ich die halbe Nacht wach. Der ungewohnte Bohnenkaffee – – –? Das Rauschen der Weißach, der strömende Regen? Oder vielmehr doch das: »Der Lebensstandard des deutschen Volkes darf jeden der anderen europäischen Völker nicht übersteigen!« fordern die Alliierten. Und welcher Maßstab soll dabei gelten?? Etwa der Vergleich mit dem europäischen Teil Rußlands?

Der Sowjetmarschall Schukow hat angeordnet, daß die Deutschen in der russischen Besatzungszone Gold, Silber, Platin, Münzen »und sonstige Wertgegenstände« (!) abzuliefern hätten. Dem einzelnen dürfe nur noch ein Anzug, ein Paar Schuhe und ein Eßbesteck bleiben. Aller übrige Besitz – alle »sonstigen Wertgegenstände« – werden als Reparationsleistung abgefahren. Hat es jemals in der Weltgeschichte ein ähnlich grausames Verfahren der Plünderung gegeben?

»Mariä Himmelfahrt«; Feiertag in Bayern. Von den Nazis abgeschafft. Kirchenglocken läuten.

Schwester Christel walkt bei der Massage am Morgen mein Bein kräftig durch. Es schmerzt noch immer, aber sie will mir nicht wehtun. Es brennt im Knie, wenn sie den Schenkel über den Arm nimmt und das Bein immer wieder rhythmisch durchbiegt. Ich beobachte sie (ob sie meine gerunzelte Stirn bemerkt??). Da ist etwas ohne mein Zutun entstanden, etwas, als spiele ich eine winzige Rolle in ihrem Herzen. Aber mir ist nach allem anderen zumute, nur nicht nach Flirt oder Liebelei.

Der Lazarettgong tönt zu ungewohnter Stunde. Man ruft uns wieder einmal zusammen. Wieder ist eine amerikanische Kommission junger Ärzte unter Führung eines jugendlichen, arroganten, kraushaarigen Cptn. David Saltman gekommen, um festzustellen, wer entlassen werden kann. Man sondert eine ganze Anzahl von Entlassungsfähigen aus. Dafür treffen aber gleich wieder neue Patienten ein; es fehlt schon an Betten und Wäsche. Das Haus ist wie ein Taubenschlag.

Ich werde zurückgestellt; mein Bein sei noch nicht okay! Überall trappelt es auf Stiegen und Gängen. Nirgendwo ist ein Platz, wo man noch mal allein sein könnte. Selbst die Toiletten reichen nicht mehr aus; man muß anstehen.

Abends evangelischer Gottesdienst im Speisesaal. Der Pfarrer spricht über die Kraft des Glaubens. Als die Andacht kaum begonnen hat, kommt noch Schwester Christel und setzt sich auf einen freien Stuhl neben mich – – –

Morgens vor dem allgemeinen Wecken mache ich mich auf und pirsche mich wieder einmal ungesehen auf meinem Bergpfad vom Lazarett weg und durch den Wald hangaufwärts. Ich kann das ewige Warten nicht mehr aushalten. Der muntere Bergbach ist wie der Rubikon; ihn zu überschreiten heißt: »Alea jacta sunt!« »Die Würfel sind gefallen; Leben, Freiheit – oder Gefangenschaft. Es ist ein erregender Gedanke, hier zu wandern, unbemerkt, eigentlich schon auf der Flucht. Wohin?? – – – Welches Ungemach: ich ohne Papiere!!??

Schon stehe ich jenseits am Waldrand. Vor mir dehnt sich eine weite Almwiese, steil sich hinaufziehend zum Fels. In der Hast verbotenen Tuns, häufig mich umblickend, ob mir auch niemand folge, voller brausender Melodien sieghafter Freude im Inneren, steige ich auf dem samtweichen, moosigen Rasen bergan. Immer weiter und freier wird der Blick in die Runde. Ganz unten im Tal die Häuser des Dorfes, Rauch kräuselt aus Schornsteinen, das Auge ist trunken, die Seele aufgeschlossen wie selten. Als ich hoch oben in den Niederwald eintrete, erst einem Holzfällerpfad, dann einem Wildwechsel folgend, ist es so still und großartig um mich her, daß ich beten möchte. Keines Menschen Fußspur weit und breit, nur der Abdruck von Schalen des Rotwildes. Wald im Urzustand erhalten. Vom Sturm gestürzte Bäume liegen quer. Ihre bemoosten Stämme versperren den Pfad. Wildwasser sind zu überqueren. Ich bahne mir den Weg durch Brombeergestrüpp.

Welch ein Duft! Thymian und Minze, Laub, Pilze, Moos und Erde, so wogt es heran, feucht und warm und betäubend. Ich bleibe hin und wieder stehen, wische mir die Schweißperlen von der Stirn. Ich liebkose den stacheligen Zweig des Latschengestrüpps, streiche über das samtene Moos; wie gut das alles ist! Ich fühle mich jung und voller Kraft, gleichsam wieder wie in der Kindheit, im Vogtland, im Triebtalwald, am Eisenberg – – – und ich bin wieder allein!

Ich steige hierhin und dorthin. Mein Bein hält gut durch. Ich finde Walderdbeeren und Brombeeren, sitze dann auf einem von der Sonne beschienenen Rasenflecken, verzehre meinen Fund und schaue ins Himmelblau hinauf. Wie weich man hier im dichten Berggras liegt – – – –

Als ich aufwache, ist die Sonne im Sinken. Da unten im Tal liegt das Lazarettgebäude, so klein. Die Patienten auf dem Wiesenweg sind kaum zu erkennen. Ich aber hier oben bin frei, königlich beschenkt, meinem Gott dankbar. Und ich füge mich. Ich möchte kein Experiment wagen. Das Aufbegehren in meiner Brust ist einer besänftigenden Demut gewichen. »Mach' jetzt in letzter Minute keinen Unsinn!« rede ich mir gut zu. »Du hast dich doch eben jetzt auf die Vormerkliste setzen lassen, nach der in Kürze Entlassungen aus dem Lazarett durchgeführt werden sollen!«

Noch einmal: Geduld für kurze Zeit! Wird es gut gehen? Darf ich dann wirklich frei sein?

Für Sonntag haben die Amerikaner die Teilnahme der gefangenen Patienten am Gottesdienst in der katholischen Dorfkirche von Kreuth verboten; es genüge, wenn man im Lazarett gestatte, Bibelstunde abzuhalten, sagen sie.

Mich berühren derartige Schikanen wenig. Es kann mich nicht mehr schmerzen, wenn Menschen aus Gehässigkeit bemüht sind, ihren Mitmenschen wehtun zu wollen. Auch zwinge ich mich aus einem Instinkt heraus, solch kleinlicher Gehässigkeit einfach durch Nichtbeachtung keine »Ehre anzutun«. Es gibt Kameraden, die sich über derlei Feindseligkeiten rechtschaffen aufregen; ich aber will es nicht. Es gibt größere und wichtigere Dinge als Gehässigkeit.

Um dem Sonntag eine bescheidene Weihe zu geben, ziehe ich nicht die besonders häßliche blau-weiß gestreifte Lazarettkleidung an, sondern wähle Hemd und Krawatte, meine hohen Stiefel, über die ich die alte graue Mannschaftshose − das Geschenk von Doktor Kleiber − ziehe, und streife meinen alten, geflickten Uniformrock über, (natürlich ohne Rangabzeichen und Auszeichnungen). Immerhin fühle ich mich »angezogen« und damit festlich gestimmt.

Und am Nachmittag bereite ich für Leutnant Linck und für mich eine kleine Kanne Bohnenkaffee; Schwester Christel besorgt das heiße Wasser aus der Küche. Sie fragt, ob sie an unserer Kaffeestunde teilnehmen dürfe. Sie hat ein paar kleine, köstliche Omelettes gebacken, auf die wir ein Restchen Marmelade streichen. Für den Kaffee habe ich bei einem Patienten einen Eßlöffel Zucker gegen drei Zigaretten eintauschen können. Linck stiftet einen Zigarillo für mich und seine letzten Zigaretten für unseren Gast. Alles ist bescheiden und doch voll von freudigem Empfinden über allseits liebevolles Bemühen. So erhält auch in dieser Zeit der Umwertung aller Werte die bescheidenste Gabe Gewicht, und die Relativität allen Wesens wird offenbar.

Die Möglichkeiten meiner Entlassung beschäftigen mich jetzt auch häufig nachts im Traum. Heute nacht träumte mir, ich sei plötzlich entlassen worden und so schnell weggelaufen, daß ich mich weder von einem Arzt noch von meinen Mitpatienten und Schwestern verabschiedet hatte. Es tat mir schrecklich leid, und ich focht einen schweren Kampf mit mir aus, ob ich meine Angst vor der freiwilligen Rückkehr in das Lazarett und damit in Gefangenschaft besiegen oder die Last meiner peinlichsten Gefühle wegen meines Versäumnisses ertragen solle. Schließlich wachte ich auf und fand alles beim alten – – –

Wir bekommen einen weiteren Patienten in unser Zimmer, Herrn von der Weppen, einen blonden, hageren Hauptmann, der ein Auge verloren hat. Er mustert erstaunt seine neue Umgebung. »Wissen Sie«, beginnt er seine Erzählung, »ich habe jetzt drei Monate im berüchtigten Lager 13 bei Karlsruhe gelegen. 120 000 Gefangene waren wir dort auf freiem Acker bei Regen und Sturm, Tag und Nacht ohne jede Möglichkeit, sich zu wärmen. Kein Dach überm Kopf, kein Zelt. Und die Verpflegung, ach, Du lieber Himmel! In den drei Monaten habe ich 62 Pfund abgenommen. Alle, die um die sechzig herum waren, starben wie die Fliegen. Sie hielten es einfach nicht aus. – Und weggenommen hat man uns auch alles. Ich habe nichts mehr als das, was ich am Leibe trage. Sechsmal wurde ich ›kontrolliert‹, und immer haben die Posten noch etwas gefunden und behalten: Uhr, Füllhalter, Zigarettenetui, Drehbleistift, selbst meine Manschettenknöpfe – – –«

Linck und ich schweigen. So etwas haben wir nun doch noch nicht erlebt. Noch nicht – – –??

Es ist gewiß nicht schlecht, sich an Bescheidung zu gewöhnen. Aber diese typischen Träume des Nachts: Da sitze ich bei meiner Mutter und meinem Bruder Erich am Tisch; vor uns eine riesige runde Platte mit köstlichem Wurstaufschnitt. Eben noch bin ich dabei, mir mit Heißhunger einige Scheiben auf den Teller zu nehmen, auf mein dick mit goldgelber Butter bestrichenes Brot, da verwandelt sich in einer schrecklichen Metamorphose die Wurstplatte zur Schüssel, zur Terrine, und ihr Inhalt wird zu jenem sattsam bekannten fett- und fleischlosen, grauen Kohlrabi-Eintopf – – – Wir bekommen ihn hier jetzt jeden zweiten Tag.

Ich sitze mit den Patienten unten vor dem Haus in den wärmenden Sonnenstrahlen. Es wird wenig gesprochen zu dieser Mittagsstunde. Ich verfolge schläfrig den Sumseflug von Fliegen und anderen Insekten, die sich mir immerzu auf meine Handrücken, auf die Arme und auf meine nackten Beine setzen. Es duftet nach Kräutern und nach Holzfeuer, nach Heu und Kuhdung.

Am nächsten Morgen, ganz in der Frühe: *Alarm!* Niemand darf das Haus velassen! Grund? Niemand weiß es. Anordnung der amerikanischen Militärregierung. Später fahren zwei Kraftwagen vor. Amerikanische Militär-Polizisten umstellen den Lazarettkomplex. Eine Razzia??

Tatsächlich! Man holt fünf Lazarettangehörige ab, die hastig auf den bereitstehenden Lastwagen verladen werden: Den Stabsarzt Dr. med. Dieter (weil er vor Beginn des Krieges Mitglied der allgemeinen SS war), den alten weißhaarigen Intendanten Hansen, Leiter der Verwaltung des Lazarettes (weil er in seinem Buchverlag politisch umstrittenes Schrifttum hergestellt hatte), einen Sanitätsdienstgrad (weil er früher der Österreichischen SS angehört hatte), eine Krankenschwester des Roten Kreuzes (weil sie in einem SS-Lazarett zum Dienst verpflichtet war), und den alten Bauern aus dem Schlesierland mit seinem Gipsbein (weil seine Papiere angeblich nicht ganz in Ordnung waren)!

Lähmende Stille, als die kleine Wagenkolonne wieder abgefahren war. Jeder hängt seinen schweren Gedanken nach – – –

Gegen Mittag besucht mich ein alter Bekannter von der ehemaligen Heeresgruppe Süd, Oberst Schlutius aus Rottach; der sehr feinsinnige alte Kavalier war Artillerieführer. Später kam er auf den italienischen Kriegsschauplatz und führte gegen Kriegsende eine Division im Raum Wien. Dort wurde er gefangengenommen und auf drei Monate in das Lager Heilbronn gesperrt.

Der amerikanische Posten genehmigt 30 Minuten Redezeit. Wir sitzen auf der Bank vor dem Lazaretteingang und erzählen uns schnell das Wichtigste. »Ja, das war fürchterlich im Heilbronner Lager! Täglich bekamen wir Schläge von den Posten. Zu essen gab es nur ein paar Löffel Suppe pro Tag. Wir waren derart abgemagert und schwach, daß wir nicht mehr laufen konnten. Andere hatten ganz dicke, aufgedunsene Bäuche bekommen. 4900 Offiziere waren wir und lagen auf der nackten Erde von etwa 15 Morgen Kartoffelacker. Und diese Sonnenglut! Da gab es ja kein Zelt, keinen Baum, nichts, nichts! Mit den Fingern und mit Konservendosen haben wir uns flache Mulden ins Erdreich gegraben, um uns ein wenig vor der Sonne zu schützen.« Seine Hände zittern. Seine Wangen sind eingefallen. Er sah nie besonders stabil aus mit seinem Herzfehler.

Und dann schaue ich ihm nach, als er mit seinem Damenfahrrad wieder davonradelt und mit seinem grünen Filzhütchen nochmals zu mir zurückwinkt.

Noch im Weggehen – der Posten drängt uns auseinander – hatte er mir gesagt, ich sollte wegen meiner Entlassung keine Befürchtungen hegen. In Heilbronn habe man sogar sämtliche Generalstabsoffiziere entlassen, dabei auch den Oberst i. G. Christ, Chef eines Fliegerkorps und später einer Luftflotte unter von Richthofen.

Darf ich mich schon freuen?? Ist es bald so weit – – ?? Allmorgendlich führt mich mein erster Gang zum Lazarettgeschäftszimmer, um Fräulein Meyer zu fragen, ob wegen der Entlassung schon etwas bekannt sei. »Nein, es ist noch nichts bekannt!« So beginnt auch diese Woche wieder in banger Ungewißheit.

Mein Bein ist nun wieder gut gebrauchsfähig. Ich kann es fast ohne Schmerzen biegen, nur die Muskulatur ist stark geschwächt und bedarf der Bewegungsübung, wozu aber hier der Raum fehlt.

Nach einem Visitationsbesuch durch den amerikanischen Cptn. David Saltman wurde neuerdings die Lazarettbegrenzung weiter verengt. Die Patienten dürfen sich nur noch im unmittelbaren Blickfeld der Wachtposten aufhalten; das bedeutet, daß rund 400 Patienten bei gutem Wetter auf eine Fläche von ca. 150 m Durchmesser angewiesen sind. Bei Regen bleibt man sowieso besser im Bett, da es im Lazarettbau keinen Raum mehr gibt, wo man sich aufhalten könnte. In den Krankenstuben ist jedes Fleckchen Raum mit einfachen und doppelstöckigen Betten verstellt. In einem Raum liegen jetzt bis zu 27 Patienten zusammen.

Ich sehne mich mit Inbrunst danach, meine Fesseln zu sprengen, die mich hier zum Gefangenen machen. Auf die Berge möchte ich steigen, deren erhabene Schönheit ringsum mich nur noch deutlicher den Gram meiner Gefangenschaft gewahr werden läßt. In die freie Gesellschaft der Menschen meines Volkes möchte ich zurückkehren, an ihren Sorgen und Nöten, aber auch an ihrer Arbeit am Aufbau teilnehmen und eines Tages mit ihnen fröhlich sein. Die Hoffnung auf die Erfüllung dieses Sehnens ist der Inhalt meiner Tage und Nächte.

Ich lese ein amerikanisches Magazin, »The Reader's Digest«. Schwester Christel hat es mir gebracht, und sie hat mir ihre Sonnenbrille geliehen und ihr englisch/deutsches Wörterbuch, hinter dessen Umschlagdeckel sie eine Zigarette für mich gesteckt hat.

Es gibt wenig Lektüre hier im Lazarett. Die Auswahl der ›Bücherei‹ – aus einer ehemaligen ›Rosenberg-Spende‹ – ist dürftig: ein paar zerlesene Abenteuer- oder Detektivromane und dann noch altes, zu Spendenzwecken ausgesondertes Gesellschaftsschrifttum der Jahrhundertwende, flach, schwülstig.

Also bleiben nur ein paar amerikanische Illustrierte und Tageszeitungen, die man von den Posten erbettelt, und dann allwöchentlich die »Münchener Zeitung«, die von der amerikanischen Armee herausgegeben wird und von Zynismus strotzt. Hier schreiben offensichtlich amerikanische Journalisten oder Menschen, die sich dafür halten und denen die deutsche Denkungs- und Sinnesart unbekannt ist. Sie meinen offenbar, wenn sie hilflosen, unkritischen Kindern Märchen erzählen, dann sei schon alles gut. Anstatt Situationen zu verbessern oder durch Argumente zu überzeugen: Haß, Vergeltungssucht. Nichts Neues, nur Umwertung und Entwertung aller Werte!

Es ist bedrückend, die vor Monaten noch aufkeimende Hoffnung auf Freiheit, Erlösung allenthalben schmählich betrogen zu sehen!

Die Wogen der Verfolgungen und Verhaftungen schlagen immer höher und werden in der Presse mit zynischer Freude kommentiert. Und im gleichen Atemzug wird voller Entrüstung geschildert, wie die Nazis im Jahre 1933 *ihre* politischen Gegner aus führenden Stellungen »grundlos« vertrieben.

Alle noch irgendwie bestehende Ordnung aus dem Regime des »Dritten Reichs« wird voller Haß beseitigt, auch wenn man jetzt rat- und hilflos vor den großen Problemen des nahenden Winters steht: der Heizungs- und Ernährungsfrage des deutschen Volkes. Aber daran trägt natürlich nicht die anormale gebietliche Aufteilung Rumpf-Deutschlands die Schuld, nicht der Wegfall der ostdeutschen Nahrungsquellen für die hungernde westdeutsche Bevölkerung, nicht die mangelhafte Kohleförderung, nicht das fehlende Transportmaterial, sondern – – aha!: »das Chaos des Nazi-Regimes!«

Nebenbei schildern die Zeitungsschreiber den Nationalsozialismus lediglich unter der Vorstellung wilder und brutaler SS- und SA-Männer, die Peitschen und Pistolen schwingend täglich Hunderte von Juden oder unschuldigen Demokraten töteten.

In meinem »The Readers Digest« lese ich wieder sogenannte ›Erlebnisberichte‹ amerikanischer Soldaten in deutscher Kriegsgefangenschaft: sie seien von SS-Leuten zusammengeschossen worden, und den Sterbenden habe man die Augen ausgestochen und die Schädel eingeschlagen. Zumindest habe man sie verhungern lassen − − −

Man fragt sich, wo denn noch Anfang oder Ende menschlicher Vernunft zu finden seien.

Und was erzählte uns Hauptmann v. d. Weppen von seinen Erlebnissen aus dem Karlsruher PW-Camp? »Täglich starben bei uns durchschnittlich 50−60 Offiziere vor Hunger und Erschöpfung. An einem Tag waren es 123 Gefangene. Man fuhr sie täglich mit Lastwagen weg und setzte sie irgendwo im stillen bei.«

Der Monat August neigt sich dem Ende zu. Ich liege auf der Wiese, alle Viere von mir gestreckt, und träume in das weite Himmelblau über mir hinein. Ich fühle mich verbunden mit der Erde und ihren geheimen Kräften und Säften, bin nichts als ein Kind dieser herrlichen Welt, still und bescheiden, naiv im Glauben und mit allem versöhnt.

Was für ein Tag heute! − Mitten auf der großen Wiese vor dem Lazarettgebäude liege ich im duftenden Gras, Grillen zirpen, und von fern klingt das Geläute von Kuhglocken zu mir her. Friede auf Erden! Alles ist gut und schön. Die Stille der Berge, in strahlend klares Licht getaucht, alle Grüns in kräftigen Tönen: ein Geschenk des Himmels, das man nicht nur als alltäglich hinnehmen oder gar gering achten darf.

Ach, ich möchte auch gut sein und nie mehr einen Menschen traurig machen. Ich möchte allein bleiben und nur das Natürliche tun.

Im Dorf schlägt die Kirchturmuhr bedächtig viermal, und der Klang schwingt durch den Sonnenschein zu mir herauf. − Ich träume mit offenen Augen oder lasse sie ein Weilchen zufallen, wie sie's gerade mögen. Dann wieder lese ich ein paar Seiten in einem liebenswerten heiteren Büchlein »Ein Mensch wie Du«, das so großartig und einfältig zugleich, so lebendig und tief empfunden geschrieben ist wie das ganze bißchen Leben selbst.

»Hier! Etwas für harmlose, anspruchslose Gemüter!« rief Rittmeister Düring, als er mir das Buch von seinem Fenster im 1. Stockwerk in den Garten herunterwarf. Ein harmloses Buch, jawohl, aber was drinnen steht, kommt aus einer fröhlichen Feder. Und solche Art liebe ich, denn es ist meine Welt in ihren Höher und Tiefen des Alltags, mit den Regungen eines törichten Menschenherzens, mit seinen ruhelosen Gedanken, die so frei und reich umhervagabundieren und das Blümlein am Rande selbst des steinigsten Weges nicht mißachten.

Dann setzt sich der hagere Oberstleutnant Ogilvie zu mir, dessen wie in

Stein gemeißeltes Asketen-Gesicht mich immer wieder zum stillen Betrachten zwingt. Er versucht mich wieder mit zweifellos klugen Gedanken an sein Thema religiöser Forschungen zu fesseln. Ich muß mich zwingen, ihm zuzuhören. In mir springt Abwehr hoch und baut Barrikaden.

Und ich merke, daß ich nicht gemacht bin für wissenschaftliches Grübeln. Ich will nichts sein als ein einfacher, schlichter Mensch, gläubig aus Erlebnis, gefühlsbetont, instinktsicher. Die Bildung des Geistes achte ich geringer als Herzenstakt und Güte. Und ›Religion‹ ist in meinem Innersten eingeschlossen; sie sucht die Erhebung vom Irdischen im naiven Kinderglauben. Alles andere erscheint mir ohne rechten Sinn.

Drüben auf der Fensterbank des Massageraumes sitzt Schwester Christel und lächelt zu mir her. Ihr blondes Haar unter der weißen Haube leuchtet im Licht der Sonne. Sie springt von der Fensterbank herab ins Gras und kommt zu mir, der ich mich im weichen Rasen räkele. »Kommen Sie nicht mit zum Gottesdienst?« fragt sie, »er fängt gleich an – – – «

Ich schaue sie an und spüre eine Art Mitleid mit ihr. Nun hat sie wieder den ganzen Tag ihre Patienten massiert, so, wie sie kommen, alle diese gelähmten, versteiften Arme und Beine und Rümpfe, einen nach dem anderen. Vielleicht möchte sie auch ein wenig vom Tag haben, vom Feierabend. Aber ich kann ihr auch nicht helfen, das muß sie richtig erkennen. Ich will es auch nicht! Das ist es. Was man nicht will, soll man nicht tun.

Christel hat gefragt, ob ich ihr zum Abendbrot Gesellschaft leisten möchte. Sie hat sich ein hübsches Dirndl angezogen. Auf dem Tisch steht eine Schüssel Kartoffelsalat. Dazu essen wir Knäckebrot, mit Schmalz bestrichen. Zwischen unseren Tellern auf dem kleinen Tisch brennt eine Kerze. Nach dem Mahl, welches reichlich schweigend vollzogen wird, versuchen wir zur Radiomusik ein Tänzchen. Ich war nie ein leidlich guter Tänzer und bin jetzt ganz aus der Übung. Es wird ein armseliges Geholpere. Wie müssen beide lachen. Beim zweiten Male geht es ein wenig besser. Ich spüre, wie die Reife dieses jungen Weibes mit knisternden Funken gegen mich anspringt. Ich spüre deutlich, daß dieses Mädchen mehr von mir erwartet, als daß ich neben ihr sitze und meine Pfeife rauche, ihr von diesem und jenem erzähle. Sie will mehr. Ihre Reife provoziert mich. Sie sehnt sich nach ihrer Erfüllung als Frau. Ich sollte sie in die Arme nehmen, sollte sie küssen; das ist es wohl. Aber ich will es nicht. Ich sitze stur auf meinem Stuhl und tue, als merke ich gar nichts. Dabei bin ich so vermessen, in meinen geheimsten Herzensregungen nur an ein anderes Mädchen zu denken, das irgendwo »draußen« auf mich warten mag; ich weiß es nicht, aber ich rede mir ganz fest ein, es zu fühlen. Es ist Rosemaria, eine nur aus stets tatkräftiger und selbstloser Güte bestehende sächsische Landsmännin; unsere Wege kreuzten sich am großen Dnjepr-Strom in Rußland vor zwei Jahren, wo sie in Chortiza als eine von der Reichsführung der Hitlerjugend eingesetzte ›Außenstab-Führerin‹ des BDM etwa 28 000 volksdeutsche Kinder zwischen 7–21 Jahren zu betreuen hatte. Seitdem haben sich unsere Wege immer wieder schicksalhaft berührt, und ich spüre deutlich, daß dies noch kein Ende bedeutet, nur deshalb, weil uns nun das Zeitgeschehen völlig auseinandergeweht hat. – Aber davon jetzt Christel zu erzählen, bringe ich einfach nicht über die Lippen. Ich bringe es nicht fertig, ihr jetzt diesen für sie bitteren Trank zu reichen; ich bringe es nicht übers Herz. Ich mag diese für sie vielleicht beglückende Episode, die sich jetzt sowieso dem Ende zuneigt, nicht zerstören. Also hüte ich mein Geheimnis, und meine persönliche Freiheit wie einen kostbaren Schatz, aber es ist fast eine Qual, das dumme Herz festhalten zu müssen, das aufbegehrt im Lebenshunger – – –

Als ich später von ihr fortgehe, hält Christel mir die Hände fest. Es ist eine flehentliche Geste.

Ich husche unbemerkt ins Haupthaus, sitze in unserem Krankenstübchen am offenen Fenster und warte auf die Geburt eines neuen Tages – – –

Das Frühstück wird rasch verzehrt, hier in unserem allzu engen und unbehaglichen Krankenzimmer, wo der bleiche Leutnant Linck immer noch mit seinem kaputten Arm im Fieber in seinem Bett liegen muß und Wolken von Eitergestank um sich verbreitet. Unser gemeinsames Frühstück soll – so möchte ich es – dem armen Linck aber doch allmorgendlich einen kleinen frohen Tagesauftakt vermitteln. Deshalb praktiziere ich unseren kleinen Tisch immer erst einmal ans Fenster zwischen Bett und Heizkörper, decke ein sauberes Handtuch auf, stelle einen Strauß Wiesenblumen hin und lege mehr Geschirr zurecht, als es das Frühstück erfordern würde: zwei Scheiben Brot, 10 g Butter, etwas Streusalz und eine Tasse durchsichtigen Ersatzkaffee. Das ist schnell verzehrt und bedarf keines Aufwands. Aber auch eine geringe Mühewaltung zum Ästhetischen verschönt den kärglichsten leiblichen Genuß. Man kann aus allem immer noch etwas machen. Der Hunger ist eine Stunde später doch schon wieder da – – –

Ich gehe dann schnell hinaus zu einem alten hölzernen und leidlich bequemen Lehnstuhl – dem einzigen übrigens –, der in einer Mauernische unter dem breiten Balkon des ersten Stockwerks hinter einem Tisch steht. Hierhin blendet allmorgendlich der erste Strahl der Sonne, wenn sie sich hinter dem spitzen Waldkegel jenseits der Weißach heraufgeschoben hat und anfängt, über die grünen Wipfel herüber in unser Tal hereinzuschauen.

Hier sitze ich gern, aber man muß frühzeitig kommen, sonst sind Sessel und Sonnenstrahl schon von anderen beschlagnahmt, die an diesem Gartentisch Skat oder »Siebzehn und vier« spielen wollen. Heute ist der Himmel gleich am Morgen strahlend blau, und mein Platz ist noch leer. Hier kann ich erst einmal sitzen und lesen. Die anderen Patienten haben die Zeit verschlafen.

Auf dem Weg zum Massageraum kommt Schwester Christel kurz vorbei.

Ein paar Worte her und hin. Nein, ich komme heute nicht zur Massage. Mein Bein läßt sich kaum noch mehr bessern. Sie verbirgt ihre Enttäuschung hinter einem leise lächelnden, gütigen Spott, gibt sich heiter und sicher. Merke ich denn nicht, daß ihre Augen feucht werden? Ich zwinge mich, nicht zu wollen, daß mir etwas leid tut – – –

Dann kommt die Skatgesellschaft und holt mir den Tisch weg. Mit der besinnlichen Stille ist es aus, obwohl ich auf meinem Sessel sitzenbleiben darf. Die Vier nehmen am Tisch Platz, so gut es geht; zwei von ihnen sind beinamputiert, einer trägt den Arm in Gips, der vierte hat einen Hüftverband. Sie nehmen das Spiel sehr ernst; da wird kein Wort gesprochen. Nur die bunten Kartenblätter klatschen reihum auf die Tischplatte. Aber nach jeder Spielrunde erheben sich leidenschaftliche und kritische Diskussionen um falsch gezogene Karten, voreilig ausgespielte Farben, als hingen schwerwiegende Existenzfragen davon ab.

»Mensch, das ist ja paradox! Einfach paradox ist das! – Wie kannst du denn die Zehn spielen, wo der doch noch zwei Kreuze hat!?!? Das ist – – Mensch, da ist doch dein Bube im Arsch, das ist doch klar!«

»Ja, wenn der das As nicht nachzieht, der Depp!« verteidigt sich der Angesprochene, »wo ich doch mit der niedrigen Karte rauskomme; der Trottel!«

Sie streiten laut und mit männlicher Erregung, bis das Spiel neu verteilt ist und die Karten wieder unter stummer Verbissenheit der Spieler auf den Tisch niedersausen.

Mir ist dieser Eifer fremd; ich habe mir nie etwas aus Kartenspiel gemacht. Ich verkenne nicht, daß dieses Spiel Menschen in seinen Bann zu ziehen vermag, so, daß sie die Umwelt für die Dauer des Spieles vergessen können. Und das ist gewiß gut so – – –

Ich greife lieber zu einem Buch oder schaue nur so in die Ferne und träume. Das ist für mich keine Langeweile, weil ich angefüllt bin mit den Stimmen und Farben, den Bewegungen und Formen ringsumher in der Natur. Und die Sonne bescheint die Bösen wie die Guten; das ist ihre helle Gerechtigkeit – – –

Schließlich gehe ich fort von meinem geliebten Platz hier; es ist mir doch zu laut. Der strahlende, sonnige Morgen verlangt Ergebenheit und einsames Schauen. Hinter der Lazarettgärtnerei stehen drei mächtige, hohe Tannen, zu ihren Füßen eine Bank. Von hier aus kann man nicht weit sehen, denn ringsum sind Büsche. Deshalb sitzt hier nur selten jemand. Aber auch in dieser kleinen Welt ereignet sich allerlei: da krabbeln schillernde Käfer, Ameisen huschen geschäftig über meine Schuhspitzen, sogar eine Libelle gaukelt vorüber und streift mir die Stirn. Schließlich trippelt eine alte, weißhaarige Frau am Stock zu mir her; sie kommt aus dem alten, efeu-umsponnenen Haus am Hang, in dem sonst Lazarettangestellte wohnen. Wir kommen ein wenig ins Gespräch. Voller Stolz erzählt sie, daß sie zwölffache Urgroßmutter sei; ich möge doch ihr Alter schätzen. Als ich vorsichtig auf »etwa 75« tippe, lächelt sie ein wenig eitel; nein, sie sei jetzt 89 geworden! Ein kleines Mädelchen von etwa 3–4 Jahren patschert heran, eines ihrer Urenkel, und die Alte spielt mit dem Kind, so gut sie es vermag. Sie zeigt ihm ein paar bunte Spielkarten und versucht der Kleinen den Unterschied zwischen Grün, Blau und Rot beizubringen. Es ist ergreifend zuzuschauen. Drüben am Haus plätschert ein kleiner Spingbrunnen. Am Rande des Bassins stehen gelbe Blumen. So friedlich ist es hier, daß sich die Seele wie mit Flügeln ausbreitet und der Unendlichkeit zufliegt. –

Zur Frage der ›Entlassung‹ ist noch immer nichts bekannt geworden. Wieder geht eine Woche dahin. Meine Gedanken flattern immerzu draußen »in der Freiheit« umher; hier sind sie schon eine ganze Weile nicht mehr.

Sie spinnen fort und fort, kreuz und quer.

Es herbstet nun spürbar. Ringsumher ist es in der Natur eigentümlich still geworden. Längst ist der vielstimmige Chor der Vögel verklungen. Nur das Zirpen der Grillen klingt noch, wird aber auch schwächer. Die Luft schmeckt nach Reife und Ernte. Die Natur hält den Atem an vor dem Wunder der Geburt ihrer Früchte. Alles bisher Lebendige, bewegt Gärende wird zum bleibenden Bild in satten klaren Farben. Der Aufruhr des Werdens ist dem friedlichen Abschnitt des Seins gewichen. Auch Blicke in die Ferne werden klar und seltsam plastisch in den satten Schleiern des Sonnendunstes, die der Herbst über die Fernen webt.

So verklingt der Sonntag in warmen Farben. Eine ruhige Nacht folgt als Geschenk.

Am Morgen ruft mich das hochgekämmte Fräulein Meyer vom Sekretariat ans Fenster und winkt mit einem Zettel.

»Wissen Sie schon, daß Sie morgen entlassen werden?? Nein?? Ja, also morgen früh geht's los!«

So ist es also so weit! Jubelnde Chöre pulsen durch meine Gedanken, reißen mich hoch hinauf. Alles in mir ist gestrafft, unheimlich konzentriert, als ich gleich beginne, meine Sachen zu ordnen und meine wenigen Habseligkeiten zu packen.

Gegen Mittag kreuzt der Chefarzt meinen Weg. Er faßt mich bei den Schultern: »Die Entlassung ist verschoben worden. Der amerikanische Entlassungsoffizier ist krank geworden – – –«

Zurück in den Zustand des dumpfen Wartens und Dahinbrütens. Zwei Tage vergehen in Hoffnung und Bangen. In meinem Inneren gärt Aufruhr.

Dann heißt es, die Entlassung sei auf Freitag, 9.00 Uhr, festgesetzt. Ich bin entsetzlich nervös. Noch eine Nacht. Noch ein Tag. Mit fiebernden Händen ordne ich immer wieder meine paar Sachen. Die Würfel rollen im Becher: Freiheit oder Gefangenenlager stehen auf dem Spiel, Leben oder Tod.

Dieser letzte Tag hier quält mich. Was bringt der neue Tag, der neue

Anfang? Oder wird es ein qualvolles Dahinsiechen?? Draußen beginnt es zu regnen. Das Geräusch der fallenden Tropfen ertränkt den letzten Funken Lebensmut in mir. Ich rauche schon die dritte Zigarette an diesem Morgen, schwere duftende »Ami-Zigaretten«, Rest des Erlöses aus meinem Uhrentausch. Aber es kommt mir heute nicht darauf an. Wenn man vor derart wichtigen Entscheidungen steht wie über Tod und Leben, dann spielt selbst eine solche Kostbarkeit, wie es heute eine Zigarette darstellt, keine Rolle.

»Sie Glücklicher! Morgen sind Sie frei!« ruft mir jemand zu. Ich möchte diesem Frevler ins Gesicht schlagen. »Frei!« Mein Gott! »Frei!« Wie schön wäre das − − −!!!

Weißliche Wolken schieben sich über die Bergwälder herein und tupfen das Dunkel mit Wattebäuschen. Von irgendwoher schrillt der Ruf eines Hähers zu mir her. Mich fröstelt in der dünnen Lazarettkleidung, die ich heute letztmalig trage.

Der Rosenstrauß auf dem Tisch in unserer Krankenstube ist welk geworden. Ich werde ihn morgen wegwerfen, bevor ich das Zimmer verlasse, das mir in seiner kärglichen Nüchternheit doch lieb geworden ist. Merkwürdig, daß mir das heute einfällt.

Leutnant Linck liegt in seinem Bett und schläft. Man hat ihn vor einigen Tagen noch einmal operiert. Sein zerschundener Arm will und will nicht besser werden. Er ist recht verzweifelt. Wie ein armer, geschlagener Hund schaut er in diesen Tagen aus seinen dunklen, braunen Augen, die in den tiefliegenden Höhlungen dieses bleichen und ausgemergelten Gesichtes brennen, zu mir herüber, der ich auf meinen gepackten Sachen sitze.

»Ich wünsche Ihnen wirklich alles Gute!« hatte er neulich geflüstert, als er von meiner Entlassung erfuhr. Er war mir ein guter Kamerad in den langen Wochen der Genesung; nun werde ich ihn verlieren.

Ich verlasse leise das Zimmer, bummle ruhelos durch die Gänge des Lazaretts. Ich kann meine Gedanken nicht bändigen; sie fliegen auf den Fittichen der Phantasie von mir fort und irren in den kunterbunten Gefilden der Vermutung umher.

Ich versuche mir vorzustellen, wie es sein wird, wenn ich jetzt wieder draußen im Leben stehen soll. Ich möchte nichts weiter als namenlos frei und mit mir im reinen in den Tag hineinleben. Ich möchte wirklich *leben,* das gesunde, ursprüngliche und unverfälschte Dasein der Freiheit vom Zwang leben. Ich möchte endlich, endlich frei sein von Überkommenem, von Rang, Stand und Beruf, aber erlöst vom Gesetz des Todes, ein freier Bürger in dieser Welt!

Ich ahne, daß alles ganz anders − und weniger romantisch! − sein wird. Aber mein Wunschtraum ist so stark, farbig, unverrückbar − und von Trotz erfüllt − − −

Noch einmal gehe ich am Abend zu Schwester Christel; Feldwebel Gottwald, ein Patient, der in Bad Wiessee im Zimmer neben mir lag, und

Schwester Lore Mender nehmen mich mit. (Morgen ist ja sowieso alles vorbei − − −). Es wird eine fröhliche Stunde. Wir erzählen Anekdoten aus unserem Leben, wir lachen und vergessen alles Bedrückende − − − Christel hat Plätzchen gebacken und Kaffee gekocht. Zum Abschied gibt sie mir ein kleines Päckchen in weißem Papier mit roter Schleife. Es enthält eine kleine Tabakspfeife.

Nachts schlafe ich schlecht. Die Spannung wächst noch im Hinblick auf den nächsten Morgen. Und dann der ungewohnte Kaffeegenuß am Abend. Ich halte mich still in meinem Bett, um Leutnant Linck nicht zu stören. Er phantasiert in seinen Fieberträumen. Gegen Morgen falle auch ich in einen unruhigen Schlaf, aus dem ich mit dem Gefühl erwache, als hätte ich Blei in den Gliedern.

Regenwolken hängen düster und grau in das Tal herein. Es will gar nicht recht Licht werden.

Ich stehe bald auf und packe meine letzten Sachen zusammen. Dann nehme ich von Kameraden, Ärzten und Schwestern Abschied. Es geht alles rasch und mechanisch. »Na, Sie kommen ja bald mal wieder zu Besuch, nicht?« »Ja, ja!« »Alles Gute − − !« »Ja, danke! Auch alles Gute!« Viele beneiden mich spürbar, daß ich nun frei sein darf. »Sie werden's gut haben!« »Ja, es wird schon werden!« Dann tönt der Lazarettgong: »Entlassene raustreten!!« Wir sind neunzehn. Vor dem Lazarettgebäude werden wir in zwei Reihen aufgestellt.

Wir müssen warten; der Entlassungsoffizier der amerikanischen Armee ist nicht pünktlich. Ich setze mich auf meinen Rucksack, rauche eine Zigarette. Der Himmel ist bleiern grau und bedrückend. Es kann jeden Augenblick wieder anfangen zu regnen.

Die amerikanischen Posten albern gelangweilt vor uns herum, bewerfen sich mit Kieselsteinen, lassen ihre Plastik-»Stahl«-Helme auf den Spitzen der hochgereckten Zeigefinger tanzen.

Die Zeit rinnt dahin.

Dann kommt ein amerikanischer Lastkraftwagen den Berg herauf, gefolgt von einem kleinen Jeep. Lässig grüßen die Soldaten einen Sergeanten, der an einem kleinen Tisch Platz nimmt. Er hat einen Packen Papiere in der Hand. Die Entlassungspapiere! Uns pulst das Blut im Hals. Wir werden namentlich aufgerufen und müssen einzeln an den Tisch treten. Ich komme ziemlich am Schluß dran. Der amerikanische Sergeant hört meinen Namen, sieht kurz zu mir auf und weist mich dann zu dem Lastwagen.

Mein Gott! Was ist denn???? »Ihre Papiere sind nicht dabei!« Meine Papiere sind nicht dabei − − − Ein lähmender, fürchterlicher Schreck fährt durch mich hindurch und macht mich ganz leer. Meine Papiere sind nicht dabei − − − Ausgerechnet meine Papiere fehlen.

Ich steige auf den Lastwagen, benommen, wie vor den Kopf geschlagen. Ein Sanitäter reicht meine Sachen herauf. Ich senke den Blick zu Boden und schaue nicht mehr auf. Nun weiß ich schon, was kommen wird. Das Schicksal hat mir die Freiheit versagt. Jetzt ist jede Hoffnung vergebens. Wenn ich heulen könnte, ich würde es tun, aber ich kann es nicht. Es hätte auch keinen Sinn, obwohl es wenigstens beruhigen könnte.

Zum Glück geht die Fahrt bald los. Ich mag auch niemanden mehr sehen. Irgendjemand ruft nochmals: »Alles Gute!«

Es klingt wie Hohn. Ich spüre, wie mir das Blut aus den Adern gewichen ist. Ich muß mich richtig am Geländer des Lastwagens festhalten, weil mir schwach in den Beinen wird.

In rascher Fahrt geht es nach Kreuth hinein. Ich sehe die Häuser, die Kirche zum letzten Mal und sehe sie doch auch wieder nicht. Ein Schock raubt mir jede Fähigkeit, zu denken, zu empfinden. Nur traurig bin ich, unsagbar und tiefinnerlich traurig. Ich weiß nicht, ob und wann ich jemals in meinem Leben derart traurig war.

Der Lastwagen fährt in irrem Tempo durch die Dörfer zum Weißachtal hinaus. Schon geht's am grünen, stillen Wasser des Tegernsees entlang. In Rottach nehmen wir noch weitere Patienten auf. Auch sie hofften auf Entlassung und machen betroffene Gesichter. Nun stehen auch sie mit ihren Kartons und primitiven Rucksäcken auf dem Wagen, stumm und voller Mißtrauen.

Die Fahrt geht weiter am See entlang. Hier ist der Himmel heller. Das tiefe und leuchtend-festliche Grün des Sees schmerzt mich. Drüben liegt Bad Wiessee. Ich erkenne die Zwiebelform des Kirchturms. Nahebei liegt das ›Haus Lilie‹, wo ich in langen Wochen gesunden durfte. Ich wende den Blick ab. Es soll alles an mir vorübergleiten, von mir abfallen, wenn ich schon nicht mehr an all dieser Schönheit der Landschaft, an der Freiheit teilnehmen darf. Es berührt mich überhaupt nicht mehr. In mir ist alles leer. Leere, entsetzliche Ahnung! Aber der Schock in mir tötet alles Empfinden.

Hinter dem Ort Tegernsee geht es nach rechts ab. Wie grün hier die Wiesen sind! Die Sonne kommt jetzt aus dem Gewölk hervor, da wir uns von den Bergen entfernen. Sie versinken hinter uns in grauen Wolkenballen.

In Fischbachau wechseln wir den Fahrer. Bevor er vorn ins Fahrerhaus einsteigt, kommt er an die Ladefläche hinten heran und ruft meinen Namen. Ich melde mich. Er schaut mich einen Augenblick lang an, befriedigt, daß ich noch vorhanden bin, dann steigt er ein, und die Fahrt geht weiter.

Weshalb wohl rief er meinen Namen?? Soll dieser Amerikaner ein besonderes Augenmerk auf mich haben? Wenn das so ist, dann hat man wohl auch etwas Besonderes mit mir vor. Nein, ich habe keine Hoffnung mehr. Wir kommen durch Hausham, wo einige Kohlegruben liegen. Es riecht nach Rauch und Kohlenstaub. Dann geht es weiter durch Wälder, wo die Luft nach Erde und Harz schmeckt. Ich nehme von allem Abschied, wehmütigen Abschied. Ich bin nun nichts als ein passives

Häuflein Mensch. Was geschieht, geschieht jetzt ohne mich. Ich bin ausgeschaltet von allem.

Ein Wegweiser: Bad Aibling! Ich hatte es befürchtet. Alles geht also seinen Gang. Es ist so vorausbestimmt. Mag nun kommen, was will. Wir fahren durch das Städtchen Aibling. Menschen stehen vor Läden in Schlangen, andere fahren auf Rädern, schieben Kinderwagen.

Plötzlich schlägt mir etwas gegen die Stirn. Jemand hat zwei Brötchen auf den Wagen geworfen; eins hat mich getroffen. Es ist ein freundlich gemeinter Gruß. Das Brötchen fällt in den Wagen zu Boden, liegt unter den Füßen der Stehenden. Ein Ungar hebt es auf, steckt es in die Tasche. Eine Weile noch fahren wir jenseits der Stadt durch eine grüne Ebene, dann sieht man zwischen Bäumen hindurch das berühmt-berüchtigte Lager.

»Aahh!« rufen wir alle, »Da! Da ist es!« Zelte. Baracken. So weit das Auge reicht. Grell und gelb in der Sonne leuchtend. Stacheldrahtzäune.

Wir fahren durch eine Toreinfahrt. Ich seufze tief auf. Wann werde ich hier wieder herauskommen?? Oh, welche Bitternis – – –

Wir fahren durch breite, staubige Straßen, an denen links und rechts drahtumfriedete Cages (=»Käfige«) liegen. Hinter den Drahtzäunen lagern die Kriegsgefangenen zu Hunderten und Tausenden. Allenthalben hängen Kochgeschirre über kleinen Holzfeuern. Aus fahlgrauen, unrasierten Gesichtern schauen uns stumpfe, uninteressierte Blicke nach.

Wie groß dieses Lager auf dem ehemaligen Flugplatzgelände eigentlich ist, kann man nicht überschauen. Wir fahren eine Weile kreuz und quer an den Käfigen vorbei. An den Ecken der Stacheldrahtzäune stehen hohe hölzerne Wachttürme. Dort oben sitzen amerikanische Posten hinter Maschinengewehren.

Schließlich hält der Lastwagen an; wir müssen absitzen. Wir stehen bis zu den Knöcheln im lehmigen Morast. Ein deutsch sprechender Mensch in einer Art Halbuniform führt uns in ein verhältnismäßig leeres Cage, wo wir in der Nähe des Zauns unser Gepäck ablegen und uns draufsetzen dürfen.

Die Sonne brennt heiß hernieder; sie sticht wie vor einem Gewitter. Ich ziehe Mantel und Rock aus und beginne ein wenig Brot zu essen. Irgendwo in der Nähe steht ein Großlautsprecher, aus dem Musik schrillt: alte deutsche Schlager. Hinter dem Zaun patroullieren amerikanische Posten auf und ab. Lastwagen mit farbigen GI's fahren vorbei, viel zu schnell natürlich; sie entwickeln Unmengen von gelbem, lehmigem Staub.

Wir sitzen und warten. Keiner hat Lust, sich zu unterhalten. Jeder von uns hängt wohl jetzt seinen bangen Ahnungen nach.

Nach einer Weile kommt ein hagerer, großer, blonder Mensch in Hose und Hemd, und wir müssen aufstehen. Er zählt auf, was wir sofort abzugeben hätten: Dienstuhren, Photoapparate, Füllhalter, amerikanische Wäsche, Eßbestecke, Filme. Ich habe nichts von alledem.

Nach wiederum einer Weile führt man uns zum Entlausen. Wir müssen dazu in vier Reihen nebeneinander antreten und bekommen ein weißes Pulver in Hose und Hemd und unter die Mütze geblasen. Es geht sehr schnell. Dann dürfen wir uns wieder zu unseren Sachen setzen.

Ich rauche eine Zigarette und schaue mir das trübsinnige Dasein ringsum an, soweit ich etwas sehen kann. Überall werden Baracken gebaut: hohe, dünnwandige Gebilde von je einem Raum. Arbeitskommandos mit Werkzeug trotten draußen vorbei, begleitet von Posten mit Maschinenpistolen. Rechts hinter unserem Zaun säubern SS-Männer die Lagerstraße. Wenn ein Wagen vorbeifährt − und es fahren viele in schnellem Tempo vorbei! −, werden sie von Wogen gelben Staubes überpudert. Sie treten jeweils müde zur Seite und kratzen anschließend wieder mit Blechstücken, die offenbar aus größeren Konservenbehältern herausgeschnitten wurden, den Schmutz zusammen. Die Sonne brennt unbarmherzig.

Ohne hungrig zu sein, esse ich einen Rest Butter auf, bevor er völlig schmilzt. Ich fühle, daß alles ohne Sinn ist, was ich hier beginne oder tue.

Als ich ein wenig in meinem Rucksack krame, kommt ein Jeep angefahren, und ein baumlanger farbiger Sergeant ruft meinen Namen. Mit amerikanischem Slang; es klingt wie »Njumänn«.

Ich nehme hastig meine Sachen auf, schlüpfe in Rock und Mantel. Schweiß perlt auf der Haut. Der Amerikaner läßt mich in den Jeep steigen und fährt mit mir davon. Wolken von Staub hinter uns.

Vor der ehemaligen Schlosserwerkstatt des Flughafengebäudes hält er an. »Wait a moment!« Er geht weg. Dann holt er mich in die Halle. Einige Gefangene in schwarzgefärbten Drillichsachen sägen hier Holz und hämmern Bretter zusammen. Einer kommt zu mir herüber. »Sind Sie Generalstabsoffizier?« »Ja.« − Ich stelle mich vor. Da erscheint aus der Menge − in Badehose und nacktem Oberkörper − Oberst von Blumröder, der alte I c der Heeresgruppe Süd. Ein Funken Wiedersehensfreude, trotz aller äußeren Umstände, glimmt auf; wir fallen uns beide fast um den Hals. »Mensch, Naumann, wo kommen Sie denn her??«

Mit ein paar Wortfetzen ist alles schnell erzählt. Er führt mich in das Innere des großräumigen Hallenbaues. Hier sind mannshohe Holzverschläge aufgerichtet, hinter denen die gefangenen Generale und Generalstabsoffiziere hausen. Von Blumröder führt mich in einen Verschlag. Ich bekomme eine Holzpritsche angewiesen. Die Pritschen sind zu dreien übereinander aufgebaut; ich bekomme die unterste. Es ist eng in unserem Verschlag. Hier leben 30 Offiziere in einem Raum, der etwa 20 Schritte lang und 4 m breit ist. Ich treffe alte Bekannte: Fritz Schürmeyer aus Jüterbog, Oberstleutnant Beetz, Oberstleutnant Bellmann, Oberst Berg, Oberstleutnant Mahlke.

Die Begrüßung ist knapp, leidlich freundlich, aber nicht ohne Kühle. Mich umweht die Lagerluft, dieses Unbestimmbare an Hoffnungslosigkeit, Langweile, Ungewißheit, Sorge − − und Spannung.

Ich setze mich eine Weile zu Fritz Schürmeyer. Auch er ist verändert;

seine gespielte Flapsigkeit, früher von unbekümmerter Sorglosigkeit getragen, wirkt verkrampft. Wir haben uns schnell unsere hauptsächlichsten Erlebnisse erzählt.

Ich besuche Generaloberst Deßloch. Er hat einen kleinen Raum für sich, mit Drahtbett, Holztisch, einem Stuhl. Neben ihm wohnt Generaloberst Frießner. Deßloch macht einen frischen Eindruck. Er erzählt von seiner Familie, die in Garmisch lebt. Von Oberleutnant Martin Adolff, meinem alten treuen Freund, »Flak-Verbindungs-Offizier« in meinem Kommando beim Oberkommando der Heeresgruppe Süd, weiß er nichts; Adolff sei wohl noch nicht nach Hause gekommen.

Von 19−20 Uhr dürfen wir auf dem schmalen Asphaltplatz vor der Schlosserei spazierengehen, immer im Kreis herum und von Posten unter Gewehr bewacht. Hier treffe ich noch andere alte Kameraden: General Baier aus Jüterbog, Oberst Hübner von KOLUFT 6, General Nehring, General Schulz, der hier unsere Gemeinschaft leitet. Auch der »Reichsarbeitsführer« Konstantin Hierl ist hier, ein gebeugter alter Mann in schlohweißem Haar, von auffällig schmächtiger Statur. Dann Oberst Schmidt von der Luftflotte 6, ein ungarischer General und noch andere, die ich nicht kenne. Und wieder andere, deren Namen mir nicht einfallen. Insgesamt mögen es hier etwa einhundert Generale und Generalstabsoffiziere sein. − Und nun bin auch ich zu ihnen gestoßen.

Ringsumher eine unüberschaubare Menge gefangener »Landser« aller drei Wehrmachtsteile, ihre Führer und Chefs und hier die Stabsoffiziere. Muß ich nicht hinnehmen, daß ich gerechterweise meinen Platz jetzt unter ihnen habe − − −??

Von fern grüßen die silbergrauen Silhouetten der Alpenkette in die Ebene herab. Blutrot versinkt die Sonne im Westen. Über dem Lager flammen die großen elektrischen Scheinwerfer auf. Es ist Freitagabend, am 7. September 1945.

Ich bin Gefangener.

II. Kapitel

Gefangenschaft

Die erste Nacht im Lager Aibling. Sie ist scheußlich, psychisch und physisch. Die Holzpritsche ist verdammt hart. Ich habe meinen Ledermantel untergelegt und eine meiner beiden Decken. Aber es nützt nicht viel. Ich weiß nicht, wie ich liegen soll; alle Knochen − ans Lazarettbett gewöhnt − schmerzen.

Mit der zweiten, recht dünnen Wolldecke versuche ich mich gegen die Kälte zu schützen, die nach Mitternacht in diese offene Werkshalle hereinzieht. Erst gegen Morgen finde ich jeweils für ein paar Minuten leichten Schlaf. Die Operationswunde in der rechten Hüfte schmerzt auf diesem harten Lager besonders stark.

Der Vormittag ist für das Säubern unserer Halle bestimmt; es ist ja Samstag. Oberste schleppen Wassereimer, Majore schrubben den Betonboden, der Generaloberst säubert sein Kochgeschirr am Ausguß in einer Ecke der Halle. Alles geschieht mit ordentlicher deutscher Gründlichkeit, ohne Murren oder Sich-Zieren, gleichsam selbstverständlich und mit ernstem Bemühen, als müsse es eben so sein und sei niemals anders gewesen.

Ich hämmere mir zwei Wandbretter an meine Pritsche, um meine paar Habseligkeiten aufzustellen. Man leiht mir sogar noch zwei Wolldecken, damit ich weicher liegen kann. Aber dieses Glück währt nicht lang; am Nachmittag befehlen die Amerikaner, daß jeder, der mehr als zwei Decken hat, diese sofort abgeben muß. Ich fürchte mich vor der kommenden Nacht und werde versuchen, angekleidet zu schlafen.

Die Schlossereihalle dürfen wir nicht verlassen. Die Wachtposten treiben jeden zurück. Hier ist es ohne Zweifel mit der Bewachung viel strenger als im Lazarett in Kreuth!

Im Halbdunkel unseres Verschlags sitzen wir an den fünf Tischen aus grobem Fichtenholz; manche spielen Skat, andere Bridge, einer stopft seine Socken, einer schreibt, zwei lernen Englisch, einer schnitzt an einem kleinen Holzkästchen, ein anderer bereitet sich Käse aus einem Trockenpulver, andere essen stumm irgendeinen aufgesparten Brei.

Die Verpflegung ist minimal, wird aber von den Anwesenden als erheblich besser gegenüber früher bezeichnet. Frühmorgens gibt es einen Kochgeschirrdeckel voll Grießsuppe und ein Brot für drei Mann, dazu manchmal einen Riegel Schokolade; nachmittags eine Kelle Erbsensuppe. Das ist alles. Ich habe noch etwas Brot und Käse aus Kreuth dabei, kostbarer kleiner Vorrat!

Draußen heulen die Motoren vorbeifahrender Lastkraftwagen auf.

Unsere Halle liegt unmittelbar an der Hauptstraße des Lagers. Die amerikanischen Kraftfahrer – meistens sind es Farbige – haben offenbar Spaß daran, durch überschnelles Fahren Wolken gelben Sandes in unsere Halle zu wirbeln. Es ist alles recht schmutzig hier, auch in unserem Verschlag.

Ich selbst bin noch nicht »richtig« hier. Ich weiß nicht, was ich tun soll. Diese neue Situation hat mich in einen Zustand der Apathie und Hilflosigkeit versetzt. Am liebsten möchte ich mich wie ein wundgeschossenes Tier in einen dunklen Winkel verkriechen und schlafen. Aber es gibt hier keinen solchen Winkel. Wir leben auf engstem Raum zusammen. Es ist schon schwierig, ein Eckchen auf der Holzbank am Tisch zu finden. Jeder hat hier gewissermaßen seinen angestammten Platz, und – – ich bin neu! Ich muß zusehen, daß ich mal hier, mal dort sitzen kann.

Abends trolle ich mich hinüber zu Fritz Schürmeyer, der am anderen Ende unseres langen, schmalen Wohnverschlags seine Pritsche hat. Ich biete ihm eine Zigarette an. Er nimmt sie schweigend und steckt sie sich hinters Ohr. »Für später!«

Wir sprechen eine Weile von Mutmaßungen über unsere Zukunft. Mein alter, früher stets unbekümmert fröhlicher Fliegerkamerad, mein Flugzeugführer vom »Deutschlandflug 1938«, Zechkumpan vieler Kasinoabende im Fliegerhorst »Altes Lager«, charmanter Tänzer beim »Ball der Flieger« in Berlin, mein Vorgänger als Gruppenadjutant der »Aufklärungs-Lehrgruppe Jüterbog« sitzt auf seinem kleinen Holzschemel und starrt vor sich hin. Er wirkt nervös, unstet. »Vielleicht werden wir nächstes Jahr entlassen!« meint er achselzuckend. Ich habe nicht den Eindruck, daß er selbst daran zu glauben vermag. Niemand weiß etwas.

Ich trolle mich zurück in meine Ecke. Die Kameraden am Tisch spielen Skat und Bridge; ich liege auf meiner Pritsche und versuche zu schlafen.

Sonntag! Trostlos und grau im Halbdunkel unserer Werkshalle. Heute wird etwas weniger gehämmert und getischlert. Jeder möchte sich den engen Bereich seiner Schlafpritsche noch ein wenig ausgestalten: ein Bücherbrett, auch für die Kochgeschirre, eine Kiste mit Fächern als Nachtschränkchen; es läßt sich allerlei mit bescheidenen Mitteln herstellen.

Nur darf man nicht viel Platz für seine Bedürfnisse beanspruchen. Keiner will den Nachbarn stören, und zwischen den dreistöckigen Schlafpritschen ist es eng. Den ganzen Tag über wird gesägt und gehämmert, um auch das kleinste Eckchen auszunutzen.

Am Morgen gibt es für jeden eine Schöpfkelle Nudelsuppe mit einzelnen Rosinen. Ich hole die Verpflegung auch für Major Schäfer, der über mir liegt, und für Major Zander-Walz, der die oberste dritte Pritsche innehat. Wir drei bilden ein sogenanntes »Nest«.

Jeder sitzt auf seiner Pritsche und löffelt schnell sein Kochgeschirr leer, solange die Suppe noch warm ist. Erst anschließend geht es zum Waschen. Es ist noch nicht 7.00 Uhr früh. Für uns 110 Offiziere gibt es fünf

Waschbecken mit fließendem Wasser und eine Dusche mit kaltem Wasser. Sie befindet sich im Abort neben der Pissoirwand. Einige Offiziere benutzen eigene Blechschüsseln zum Waschen, soweit von irgendwoher noch vorhanden.

Schäfer sagt, daß er mir möglicherweise einen Strohsack verschaffen könne. Er hatte – über meiner Pritsche – gemerkt, daß ich wieder eine miserable Nacht hatte, obwohl Oberst von Blumröder mir noch eine Decke geliehen hatte. Ich legte noch meine Hose unter; dennoch fingen auf dem harten Lager die Hüftknochen an zu schmerzen. Ich wachte immer wieder aus dem Halbschlaf auf und wußte nicht mehr, wie ich mich drehen und wenden sollte. Die Unterwäsche hatte ich anbehalten; es war nun nicht mehr so kalt.

Tatsächlich gelingt es Major Schäfer, einen Stohsack für mich zu »organisieren«. Ich bin ihm von Herzen dankbar! Nun wird es mit dem Liegen bessergehen! Seit gestern verspüre ich in der Lebergegend ein sich verstärkendes Druckgefühl. Gebe Gott, daß sich nicht hier im Lager ein neuer Abszeß bildet. Das fehlt mir noch!

Zu Mittag bekommen wir eine Schöpfkelle Kartoffelschalensuppe. Gegen 15.00 Uhr gibt es für jeden nochmals eine halbe Kelle von der gleichen Suppe; später ein Eckchen Schokolade und zwei winzige Keks. Das ist für heute alles.

Neben unserer Werkstatthalle liegen in einem ehemaligen Flugzeughangar Rotkreuzschwestern, Stabs- und Nachrichtenhelferinnen, vorwiegend aus dem Oberkommando der Wehrmacht und des Heeres. Ab 16.00 Uhr dürfen sie auf dem kleinen Betonplatz vor unserer Schlosserei für eine Stunde unter Bewachung spazierengehen. Wir stehen an den Fenstern und schauen den Mädchen zu, wie sie im Kreis herumlaufen. Wir dürfen zur gleichen Zeit nicht ins Freie, und die Posten achten scharf darauf, daß wir auch nicht aus der Entfernung mit den Mädchen sprechen.

Einer von uns erkennt plötzlich eine Krankenschwester, die ihn einst in einem Lazarett betreut hatte. Er ruft: »Hallo, Schwester Erika!!« und winkt ihr vom Hallentor aus zu. Da nimmt der Posten schon das Gewehr in Anschlag und brüllt den Offizier an: »Shut up, you fucking Nazi!« Nicht zur Kenntnis nehmen, nicht nachdenken, das ist das Gescheiteste; falls man kann – – –

»Es ist wie in einem Irrenhaus!« sagt Fritz Schürmeyer im Vorbeigehen, »Jeder hat so seinen Turnus für sich!« Er trägt Eimer um Eimer Wasser vor die Halle und gießt es aufs Pflaster, damit es nicht so staubt, wenn die Amerikaner mit ihren Lastern oder Jeeps vorbeirasen. Schürmeyer lacht spöttisch auf; ich kenne dieses Lachen an ihm von Jüterbog her, wenn ihn irgend etwas mit Abscheu erfüllt hatte. Und er schleppt seine Eimer herbei.

»Jeder sucht sich ein wenig nützlich zu machen!« ruft er mir zu. Aber ich kann noch nicht so frei zufassen, wie ich gern möchte. In meinem

Inneren ist alles verkrampft. Ich muß erst einmal zuschauen, in mich aufnehmen. Mit jeder Stunde fühle ich mich aber weiter entfernt von jener Zeit des Hoffens und Sehnens nach Freiheit und diesem plötzlichen Absturz in die tiefsten Tiefen der Gefangenschaft ohne Maß und Sinn.

Nachts schlafe ich dank meines Strohsacks besser. Leider ist aber kein Stroh drin, sondern Heu. Das staubt arg und bildet Klumpen, und wenn ich versuche, das Lager wieder etwas aufzuschütteln und in die rechte Form zu drücken, dann verursacht dies Staub und Schmutz. In der gedrückten Enge unseres Zusammenlebens ist aber Schmutz besonders lästig.

Es gibt nur einen Besen; der geht von Hand zu Hand. Jeder kehrt vor seinem Bett und gibt den Besen weiter.

Ich fühle mich heute morgen vom Nachtschlaf erfrischt und ausgeruht.

Zum Frühstück gibt es einen Schöpfer schwarzen Kaffees, aber leider kein Brot. Ich habe noch einen Kanten aus Kreuth. Als ich ihn aufschneide, ist er inwendig verschimmelt. Ich gehe hinter die Halle, wo aus Lehm und Zement eine Art Ofen gedrechselt ist, mit einer eisernen Platte drauf; hier röste ich mein Brot, damit man den Schimmel nicht so durchschmeckt. Es geht alles – – –

Am Vormittag nehme ich an einem Anfängerkursus in Englisch teil. Lehrer ist ein Hauptmann aus dem OKH, ein hagerer, großer Mann mit einem kleinen Bärtchen im ernsten Gesicht. In seinem hochgeschlossenen Pullover, den langen schlaksigen Gliedern verkörpert er den Eindruck eines typischen Engländers.

Er macht seine Sache gut. Tadellose Aussprache. Er lehrt uns Worte und kurze Sätze nur nach der Aussprache, ohne Grammatik oder Schreibweise. Das soll später kommen. Wir sind zehn Kursusteilnehmer. Auch Generaloberst Deßloch ist dabei; rührend, wie er sich befleißigt, alles richtig zu machen. »The window is open. The door is shut«, wiederholt er wie ein gelehriger Schüler, »The door is shut and the window is open.« Dann kommt General Kapuste an die Reihe: »The window is open – – –«

Um die Mittagsstunde gibt es eine Kelle Suppe. Anschließend: Ruhezeit. Gegen 16.00 Uhr gibt es wieder eine Kelle Suppe, gut mit Curry gewürzt, schmackhaft, aber dünn, reichlich wenig und eben recht unregelmäßig. Eine Stunde später gibt es einen Kanten feuchtes Kommißbrot und ein winziges Eckchen Käse; später noch mal zwei kleine Keks und einen Becher Kaffee.

So bekommt der Magen immer dann ein wenig Nahrung, wenn der »Kohldampf« anfängt, lästig zu werden.

Mit den Kameraden komme ich recht langsam in ein näheres Verhältnis. Da ich weder Skat noch Bridge spiele, legen sie wenig Wert auf mich. Auch bin ich ihnen noch zu sehr »Neuling«, und ich selbst kann mich nur schwer anschließen. Im allgemeinen machen sie alle einen äußerlich guten Eindruck: schlanke, sehnige Gestalten, sonnengebräunt, scharf geschnittene Gesichter, alle sehr ernst, kühl und verschlossen. Jeder geht ständig irgendeiner Beschäftigung nach: einer näht an seinen Schuhen, einer schnitzt sich einen Bilderständer, ein anderer flickt sich seine Unterhosen zurecht, zwei gehen Brot rösten, einer liest, einer rührt sich aus Brotkrumen und geriebener Schokolade eine Art Pudding an, einer hämmert an seinem Bett.

Langsam rinnen die Stunden eines Tages im Lager dahin. Jeder hat seine persönlichen Sorgen, niemand weiß von seiner Familie, über allen lastet die Ungewißheit vor der Zukunft.

Eines aber ist allen gemein: den Krieg haben sie gründlich satt!

Sie haben sich sicherlich alle den Krieg nicht gewünscht. Erst in seinem Verlauf wurden sie früher oder später in den Truppengeneralstab kommandiert. Dort haben sie ebenfalls ihre soldatische Pflicht getan, haben auch ihre bitteren, eigenen Erfahrungen gesammelt, haben die Unzulänglichkeiten erlebt, haben den Mund gehalten und versucht, alles zum Besten zu lenken. Nun müssen sie das traurige Schicksal gefangener Menschen erdulden. Sie tun es ohne Murren. Sie warten und hoffen.

»Ich rechne damit, daß wir in einem halben Jahr etwa entlassen werden«, meint Fritz Schürmeyer. »Was soll denn das alles?? Wir sind wahrlich keine Gefahr mehr für einen neuen Krieg. Mir steht das alles bis hierhin!« Er macht mit der flachen Hand eine Geste zum Kinn. »Ich möchte nichts weiter als irgendwo mal eine kleine, ruhige Beschäftigung, ein Unterkommen für meine Frau, das Kind und mich. Alles andere kann mir gestohlen bleiben!«

Ein General geht vorüber, in Uniform, mit roten Spiegeln auf dem Rock, goldbestickt, roten Streifen an den Hosen − aber in Strümpfen und Hausschuhen. In der Hand trägt er ein Eimerchen, aus einer Konservenbüchse gebastelt, mit einem Bügel aus Draht. »Das sieht schon kümmerlich aus, was?« »Dabei macht er ein Gesicht, als will er jeden Augenblick eine Schlacht gewinnen. Und dabei will er nur Wasser holen!« sagt Fritz.

Wir lachen beide. Ich bin selbst ganz überrascht; ich lache? Wenn man doch einen letzten Rest Humor aufrechthalten könnte; es wäre gut − − −

Ein baumlanger Oberstleutnant spricht mich an. Er will wissen, was ich »draußen« Neues gehört habe. »Wie wird es nun mit uns???« Ich weiß es auch nicht. Man hat so viele Gerüchte vernommen; kaum hat etwas davon gestimmt.

Diejenigen Generalstabsoffiziere, von denen Oberst Schlutius erzählte, daß sie im Lager Heilbronn entlassen worden sind, hat man zum größten Teil bereits wieder eingefangen. Ich erfahre es hier.

»Wissen Sie, ich bin optimistisch!« sagt der Oberstleutnant, »Im Grunde sind doch die Voraussetzungen unserer langjährigen Inhaftierung hinfällig. Der Vergeltungsgedanke, das müssen die amerikanischen Herren ja bald selbst merken, ist witzlos. Der Generalstab war ja schließlich in der Wehrmacht am wenigsten nazistisch. Dafür haben wir ja viel zu sehr hinter die Kulissen schauen können. − Und die Angst vor unserem

Wiedererstarken ist doch mit der Erfindung der Atombombe auch egalisiert. Wir erheben uns für Generationen nicht mehr; das ist vorbei!«

»Und wann meinen Sie, daß man uns entläßt??«

»Na, so um Weihnachten herum – – –« Ich wiege bedenklich den Kopf. Nachdem hinter mir das Tor zur Freiheit zugefallen ist, kann ich den eben vernommenen Optimismus nicht teilen.

Es beginnt zu regnen. Nun sieht es hier vollkommen trostlos aus. Wir stehen in Gruppen an den Hallentoren unserer Schlosserei herum, träge, fröstelnd, und schauen zu, wie die Regentropfen auf den Zementboden des Vorplatzes fallen, aufspritzen und Pfützen bilden. Das ist nicht sonderlich kurzweilig.

In der Ferne lassen sich im Regendunst noch die Umrisse der Berge erahnen, der Bergblock des Wendelsteins zum Beispiel. Aber das alles liegt weit, weit hinter den Stacheldrahtzäunen des Lagers und seinen hohen Wachtürmen, von denen die Maschinengewehre der Posten auf die Gefangenen in den Käfigen herunterdrohen. Nein, da draußen ist nicht mehr unsere Welt. Man schaut besser gar nicht mehr hin – – –

Die Nähe unserer Lagerwelt drängt sich viel mehr auf: das grelle Gelb der zahllosen Wohnbaracken aus Holz, die im Entstehen begriffen sind, die langen Reihen der Latrinenbaracken, die vorbeirasenden Lastwagen mit den Negern am Steuer, die verdrießlich-bösen und drohenden Mienen der uns bewachenden Amerikaner, der müde Trott der Gefangenenarbeitskommandos mit ihren Schaufeln und Hacken, die man vorbeiführt. Das ist jetzt unsere triste und wenig hoffnungsfrohe Welt!

Ich will hinter das Gebäude gehen, um mir etwas warmes Wasser aus einer Feldküche zu holen. Der amerikanische Posten vertritt mir den Weg. Wir dürfen nur eine Stunde täglich unsere Halle verlassen. Diese Zeit ist jetzt auf Mittag festgesetzt. Der Posten faucht mich an: »You are a prisoner and under my order!« Ich versuche gute Miene zu diesem Spiel zu machen; ich wisse, daß ich ihm zu gehorchen habe. Und dann frage ich, was er wohl meine, wie lange das mit uns hier noch dauern werde. »Oh, maybe a week«, sagt er, Gummi kauend, »or a month, or a year, forever. I don't know!« Er speit seinen Kaugummi aus. Ich gehe in die Halle zurück.

Gegen 16.00 Uhr gibt es einen Schlag Eintopf: weiße Bohnen. Ich löffle gemächlich und mit Appetit, rauche dann eine halbe Zigarette. Man wird bescheiden. Die Mahlzeit muß bis morgen früh vorhalten; heute gibt's nichts mehr.

Dafür erhalten wir am Vormittag Konservenverpflegung: eine Breakfastbüchse und eine Dinnerbüchse. Wir alle heben uns aber diese Konserven für Notzeiten auf, die wir sicherlich alle noch erwarten müssen, wenn der Winter kommt.

Abends dusche ich eiskalt und laufe anschließend noch ein halbe Stunde auf unserem Vorplatz im Kreis herum.

Dann versammeln wir uns mit unseren Hockern und Stühlen, Kisten

und Gestellen in einer anderen Hallenecke und hören General Oster-
kamp, der über Goethes »FAUST« spricht. Die Halle ist fast völlig
dunkel. Nur an der einen Seitenwand brennt eine Lampe über einem
provisorischen Pult. Dort steht der kleine, schlanke General und spricht
klar und fesselnd über das dramatische Gedicht. Er schält den Gedanken
heraus, in Faust und Mephisto zusammen den Menschen schlechthin in
seinen entgegengesetzten guten und bösen Prinzipien zu sehen.

Wir sitzen und lauschen und lassen uns durch das ganze Werk an einem
roten Faden führen, den der General zwei Stunden lang überzeugend, gut
durchdacht und mit hohem Verständnis zu knüpfen weiß. Wir lassen uns
hinüberführen in die Welt des reinen Geistes, fühlen uns befreit aus der
Not unseres tristen Alltags, spüren, wie unsere Seelen »am langen Zügel«
aufwärts fliegen.

Nach dem Vortrag stehe ich noch eine Weile am offenen Hallentor und
träume in den riesengroßen, glitzernden Sternenhimmel über uns hinein.
Das Dunkel der Nacht tut wohl. Jenseits der Zementbahn sitzen die
beiden amerikanischen Posten um ein Holzfeuer. Unsere Gedanken
fliegen weit über alles hinweg. Jemand reicht mir eine Zigarette. Wir
sprechen über den eben gehörten ausgezeichneten Vortrag. Groß und
stark lebt ein Gefühl der Überlegenheit in uns auf, Überlegenheit über
dieses traurige Gefangenenlos, das uns hier beschieden ist.

Auch in meinem Inneren klingt der Schock der ersten Tage allmählich
ab.

Ich habe bisher in meinem erfüllten Dasein zuviel Schönes und Bitteres
erlebt, um auf die Dauer von der jetzigen Zwangslage beeindruckt zu
bleiben.

Noch ein paar Worte mit Fritz Schürmeyer, bevor wir zu unseren
Schlafstellen gehen. Er lacht wieder sein helles Lachen: »Mensch, ist das
nicht lächerlich? Da geht man nun mit einem selbstgebastelten Topf
hinters Haus, um sich eine undefinierbare Suppe zu wärmen, und selbst
dazu muß man erst noch einen Ami um Erlaubnis fragen.«

Vor einer Woche bin ich hier angekommen: eine lange, lange Zeit!

Aus Italien stoßen heute sechs Generalstabsoffiziere zu uns, sonnengebräunte Gestalten in verblichenen und zerschlissenen Uniformen.

Wir stehen in Gruppen beisammen, tauschen Erlebnisse aus.

Die Hauptfrage ist: Wie lange wird man uns gefangenhalten? »Ein
halbes Jahr noch, rechne ich; oder was meinen Sie??«

Ich rechne überhaupt nicht, da ich mich vor wiederum enttäuschter
Hoffnung fürchte. Ich bemühe mich, Unabänderliches als etwas Gegebe-
nes hinzunehmen und mich dem Jammer ringsum zu verschließen, so gut
das eben geht.

Schon am Abend überrascht uns wieder eine böse Nachricht: Die
amerikanische Lagerführung hat entschieden, daß wir unsere Schlossereihalle räumen und in ein Cage ziehen — — in Zelte! Allenthalben begegnet

110

man langen Gesichtern. Diese Nachricht wird von dem Gerücht begleitet, daß der Plan unserer Verlegung von den Herren Generalen ausgegangen sei, die hier in der Halle wohnen bleiben und mehr Bewegungsraum haben möchten. Die Stimmung ist leicht gespannt.

Generaloberst Frießner bittet uns zu einer kurzen Besprechung und stellt mit knappen Worten dar, daß es sich nur um ein übles Gerücht handle, welches allein der kameradschaftlichen Gemeinschaft abträglich sei. Aber das Gerücht hält sich dennoch. Einige Offiziere plädieren leidenschaftlich dafür, daß aus unseren eigenen Reihen und Chargen ein geeigneter Vertreter als Mittelsmann zu den amerikanischen Stellen gewählt wird. Andere widersprechen mit dem Hinweis, wir brauchten keinen ›Soldatenrat‹; der Älteste unserer Gruppe solle uns weiterhin vorstehen.

Es wird lebhaft debattiert. Unerfreuliche Gespräche, während deren wir unsere Habseligkeiten zusammenpacken. Ich halte mich sehr zurück. Mir erscheint es völlig sinnlos, Probleme zu erörtern, die letztlich nur die Kameradschaft stören. Wir müssen doch alle das gleiche Los teilen, und wir sollten besser versuchen, gemeinsam unsere Lage zu verbessern, uns gegenseitig zu helfen und – um Himmels willen! – unseren Humor nicht zu verlieren!

Am Morgen treten wir vor der Halle mit unserem Gepäck an. Generaloberst Frießner sagt, es werde ein Lastwagen für das Gepäck kommen, aber wir glauben ihm nicht. Es kommt auch kein Lastwagen. Hingegen erscheint pünktlich und zur befohlenen Zeit ein reichlich korpulenter amerikanischer Leutnant, um uns in unseren künftigen »Käfig« zu führen. Er steht, die Hände in den Taschen, Kaugummi kauend, eine Weile bei uns, bis wir unsere Sachen aufgenommen haben. Er wirkt spürbar unwirsch, ärgerlich, gelangweilt, und macht seinem Unmut schließlich im folgenden, weithin vernehmlichen Ausspruch Luft:

»Jes, ärst man sagt, daß alle Generals und General-Staff-Offissers werden erschossen. Dann man muß sie behalten, und jetzt man hat nicht genügend Platz, God'damm!«

Der Himmel ist grau, und es beginnt wieder zu regnen. Wir setzen uns mühsam in Bewegung und schleppen unsere Sachen. Erstaunlich, wie umfangreich das Gepäck des einzelnen in kurzer Zeit geworden ist. Ich selbst habe Uniformrock und -mantel an und meinen selbstgebastelten Rucksack aufgebuckelt, vollgepfropft mit Wäsche und Kleidung, zwei Decken und zwei Kochgeschirre darüber festgeschnallt. Vor dem Bauch hängen der Brotbeutel mit Verpflegung, Feldflasche und eine Waschschüssel, die mit dem Bindfaden um den Hals befestigt ist. Auf dem Kopf balanciere ich den schweren, mit Heu gefüllten »Strohsack«.

Wir müssen einen knappen Kilometer laufen. Es ist im morastigen Boden arg beschwerlich. Mir rinnt der Schweiß aus allen Poren, er läuft mir unter der Mütze über die Stirn in die Augen, aber ich habe keinen

Finger frei, um das Naß wegzuwischen. Vor meinen Augen tanzen schwarze Punkte. Rechts von mir bricht ein jüngerer Offizier zusammen, ich weiß, er hat einen Herzfehler. Ich bleibe bei ihm stehen, obwohl der Posten das Gewehr herabnimmt und mich mit dem Kolben in die Seite stößt. »Hurry up!!« zischt der Amerikaner. Ich bleibe stur stehen. Ein Jeep kommt und nimmt den Kameraden auf.

Schließlich treiben wir alle in unser neues »Cage 17 A« ein, einen von hohen Stacheldrahtzäunen eingefriedeten lehmigen Platz mit einer Ausdehnung von etwa 80 x 100 m. In Reihen nebeneinander und hintereinander stehen ungefähr 40 kleine Zelte. In ihrer Mitte bleibt ein Platz frei, auf dem wir auf und ab gehen können. Dort stehen auch zwei Feldküchen mit heißem Wasser neben einer primitiven Wascheinrichtung: an einem Wasserrohr, das aus der Erde kommt und waagerecht gezogen ist, befinden sich zwölf Hähne, aus denen kaltes Wasser tropft.

Der Boden ist triefnaß und infolge des Nieselregens zu einem lehmigen Sumpf geworden.

Das meinen Kameraden und mir zugewiesene Zelt hat ein paar lose Bretter als Bodenbelag. Das ist günstig! Wir ziehen ein paar Verspannungsschnüre und richten uns, so gut es geht, ein. Ich habe mein Lager gleich neben der Zeltwand. Alles ist sehr schmutzig. Die Schuhe sind völlig verdreckt und lehmbeschmiert; es fehlt eine Bürste, um sie zu reinigen. Aber das hätte auch keinen Sinn, denn bei jedem Schritt vors Zelt versinkt man in den lehmigen Morast.

Am Nachmittag hört es auf zu regnen. Der Himmel leuchtet in wilden Farben: Blau, Violett, Fahlgelb und Golden. Bei der Luftwaffe nannten wir dies früher »Rückseitenwetter«. Es wird etwas wärmer. Die Luft ist seidig.

Unser Zeltkäfig entbehrt nicht einer gewissen Romantik. Es ist übrigens viel ruhiger hier als in unserer bisherigen Schlossereihalle.

Wir sitzen in kleinen Gruppen vor den Zelten an rasch gezimmerten Tischen. Die Berge in der Ferne liegen in einem zartgrauen Dunst. Ich brühe mir ein halbes Kochgeschirr voll Kaffee auf. Heute hat es Tabak gegeben, und ich benutze erstmals wieder die kleine Pfeife, Schwester Christels Abschiedsgeschenk.

Am Nachmittag stelle ich mich dem deutschen Cage-Arzt vor, der mich wegen meines subphrenischen Abszesses untersucht und mir eine Bescheinigung ausfertigt, wonach ich eine dritte Wolldecke haben darf.

Als es dunkel wird, leuchten die Scheinwerfer von den Wachtürmen in das Cage herein. Wir liegen in unsere Decken gehüllt, können aber keine Ruhe finden.

Oberst Bauer liest uns beim Schein eines selbstgefertigten Wachslichtes – abgeschabtes Wachs von amerikanischen Breakfast-Kartons! – aus dem Clausewitzschen Buch »Gedanken und Briefe« vor und erläutert den Unterschied zwischen dem deutschen und dem französischen Nationalcharakter. Klare, geistreiche Gedanken von hohem Wert, die bereits vor 150 Jahren gedacht wurden. Das Licht der Kerze wirft gespenstische Schatten durch den kleinen Raum am mittleren Zeltpfosten hinauf, wo die Mäntel, Röcke und Stiefel hängen, und an den groben Wandbrettern hin, wo Kochgeschirr, Töpfe und Waschzeug stehen. Es sieht alles ein wenig unordentlich aus, und doch hat jedes Ding seinen Platz: der Nagelkasten, die Kombizange, das Zahnputzglas, die Brotration; denn alles muß auch bei Dunkelheit gefunden werden.

An Schlaf ist auch dann nicht zu denken, als das kleine Wachslicht verlöscht.

Wenige Schritte von unserem Zelt entfernt steht ein Wachturm. Von dort geben die amerikanischen Posten in Abständen von wenigen Minuten mehrere Schüsse aus ihren Maschinenwaffen ab. Wir können nicht ergründen, weshalb sie das tun; die guards lachen und scherzen dabei, und sie haben wahrscheinlich nur ihren Spaß an dieser Schießerei, obwohl wir hörten, daß sie auch schon mal unbekümmert ins Lager hineingeschossen haben, so daß es Verletzte gab. Jedenfalls geht das Geschieße bis weit nach Mitternacht, und wir schrecken immer wieder hoch.

Dann beginnt es erst leise, dann stärker zu regnen, und die Tropfen plattern auf das Zeltdach und gegen die Wände; es klingt, als wenn man Erbsen auf ein Blech ausschüttet. Unter dieser monotonen Musik schlafen wir ein und in den Sonntag hinein.

Gegen 6.00 Uhr früh gibt es die Morgensuppe, die heute besonders dünn ausgefallen ist. Ich hole sie für unsere Zeltbesatzung und klappere dazu mit fünf Kochgeschirren in Pyjama und Mantel durch den Morast hinüber zur Ausgabestelle auf der sogenannten »Rollbahn«. Es regnet in langen Strippen. Die »Rollbahn« ist ein schmaler Zementstreifen von etwa 30 m Länge und 6 m Breite, auf dem wir jederzeit im Kreis herum spazierengehen dürfen, weil der andere gewachsene Boden grundlos verschlammt ist.

Als es am Vormittag wieder zu regnen aufhört, versammeln wir uns auf der »Rollbahn« und hören, im Halbrund auf unseren Hockern und Kisten sitzend, einen Vortrag von Professor Schneider-Jena über »Deutsche Geschichte«. Der Professor war Dozent an der Universität Jena und sitzt jetzt als kriegsgefangener Major der Luftwaffe im ›Cage 16‹. Er spricht mit hervorragender Sachkenntnis und mit der Kraft der Überzeugung aus ernster Forschungsarbeit über das Fragwürdige der Quellen jeder Geschichtsschreibung, über Fehler und richtige Erkenntnisse, über wissenschaftliche oder dilettantische Ausdeutung. Der Professor vermag uns mit seinem Thema zu begeistern.

Am Nachmittag gibt es eine dünne Kohlrübensuppe. Ich bin zum Essenholen eingeteilt. In langer Kolonne marschieren wir, die Essenholer der verschiedenen Cages, bis zur Lagerküche hinter der mittleren Flugzeughalle. Dort empfangen wir die Suppe in großen Kübeln, die von je vier Mann an Holmen getragen werden müssen. Es ist eine üble Schlepperei, und mein krankes Bein schmerzt. Aber ich kann mich mit einem

Ersatzmann abwechseln. – Das »Essenholen« ist insofern recht beliebt, als sich dabei manchmal die Möglichkeit ergibt, Bretter und andere geeignete Holzstücke mitzubringen. Überall werden wieder eifrig Tische und Bänke gezimmert, und das Sägen und Hämmern und Feilen hallt über den Platz.

Ich muß mir auch wieder ein kleines Sitzbänkchen basteln, denn die kleine Bank, die ich mir neulich mit viel Liebe gebaut hatte, mußte ich auf Befehl im Abstellraum unserer Schlossereihalle zurücklassen.

Da! Ich traue meinen Augen kaum! Vor dem Nachbarzelt sehe ich sie zufällig stehen, meine kleine Sitzbank! Kein Zweifel. Ich erkenne sie sofort wieder. Natürlich gehe ich hin. Und siehe da; mein Name ist säuberlich aus dem Holz herausgeschnitten. In meinem Inneren kocht Empörung hoch.

Aus dem Zelt kommt ein beleibter Oberst und setzt sich auf meine Bank, indem er mich fragend und leicht mißtrauisch anblickt. »Verzeihung, Herr Oberst waren so freundlich, meine Bank mitzubringen – – –«, beginne ich halb im Scherz. »Wieso Ihre Bank??« Er tut überrascht, aufbegehrend. »Mein Name stand darauf; sie war ordentlich abgestellt.« »Da stand NAUMANN darauf!« »Das bin ich!!« »Ich habe es herausge- kratzt.« »– – – !! – – –« Der Oberst macht keine Anstalten, mir die Bank zurückzugeben. »Sie haben sich ja schnell eine neue gemacht!« sagte er.

Ich wende mich wortlos um und gehe hinüber zu unserem Zelt. Aber ich bin ärgerlich. Das ist keine Art unter Kameraden. Ich bin richtigge- hend wütend, *mehr* als über alles andere hier. Diese hundsgemeine Dickfälligkeit von diesem Oberst.

Aber als sich der Abend über diese Ebene ausbreitet, bringt der Oberst von nebenan meine Bank zu unserem Zelt herüber. »Es war unfair von mir!« sagt er. Der Friede ist nach einem verärgerten Nachmittag wieder geschlossen.

Oberst Krafft von Delmensingen hat aus einem Blechkanister einen Ofen gebastelt. Abends weihen wir ihn ein. Es gibt gebratene Kartoffeln, Rüben und etwas Büchsenfleisch. Die Nacht ist klar, die Luft weich wie Seide und lau wie im Frühling. Über uns wölbt sich weit und mächtig der Sternenhimmel.

Und noch etwas ist wundersam: in der Dunkelheit erkennt man die hohen Stacheldrahtzäune nicht mehr! Und wenn es auch ein Trugschluß ist, den der Zauber der linden Nacht gnädig schenkt, so vermag das verängstigte Herz doch freier zu schlagen.

Gleichermaßen aus dem Nichts heraus entwickelt sich auch in unserem Käfig ein nicht unerheblicher Bildungsbetrieb.

Nach dem Englischunterricht am Morgen spricht Professor Schneider- Jena über »Karl der Große«. Wir sitzen in Unterhosen, mit nackten Oberkörpern im Sonnenschein, und der Himmel ist so blau, so seidig blau und fröhlich und strahlend. Im Halbkreis sitzen wir und lauschen dem dozierenden Professor. So ähnlich muß es wohl in der Antike gewesen sein, wenn sich auf der Agora von Athen oder am Forum von Rom die Schüler unter freiem Himmel zu Füßen ihres Lehrers scharten. Nur mögen die antiken Lehrer keinen Zaun aus Stacheldraht im Rücken gehabt haben – – –

Anschließend findet allgemeines großes Wäschewaschen statt. Der Sonnenschein verlockt dazu, und es ist ein emsiges Geplantsche und Geschrubbe bei den Wasserhähnen, Waschschüsseln und Blechkanistern. In humorvolle Äußerungen und fröhliches Lachen mischt sich aber auch Spott und Streit.

»Tja, es gibt eben immer Ärger, wenn wir Hausfrauen Wäsche haben«, stellt einer der Obristen unter Gelächter der Umstehenden fest.

Bei Sonnenschein ist alles leichter zu ertragen.

Die Stimmung im Cage ist ausgesprochen gut. Bei der mittäglichen Tauschbörse geht es sogar hoch her. Ich tausche Zigaretten gegen amerikanische Caramelbonbons und bin's zufrieden, weil das ein köstlicher, lang entbehrter Genuß ist.

Es wird ein heißer Tag heute. Vor den sengenden Sonnenstrahlen kann man sich hier kaum schützen. In den Zelten ist der Aufenthalt unmöglich; hier herrschen dumpffeuchte Hitzegrade einer Sauna. Und im Freien gibt es keinen schattigen Platz. Erst am Spätnachmittag wird es dann wieder kühler.

Wie weich und klar sind doch diese föhnigen Herbstabende in Bayern! Die Konturen der Berge stehen klar gegen den vergilbenden Himmelsrand.

Die Posten beginnen wieder von ihren Türmen herab zu schießen, sinnlos – – und nicht ungefährlich. Ein Abpraller zischt über unser Cage.

Wir versammeln uns noch einmal auf der »Rollbahn« und hören einen unterhaltsamen Vortrag von Professor Welkubowski über China, insbesondere über den Marschall Tschiangkaischek. Professor Welkubowski war lange Jahre Dozent für Luftfahrtfragen an der Universität in Nanking und Flugzeugführer des Marschalls. Er stellt diesen bei uns so umstrittenen Mann als eine starke Persönlichkeit heraus, und was er sagt, ist schon deshalb interessant, weil es eigenem Erlebnis entspricht. Uns kommt zum Bewußtsein, wie töricht unsere Politik auch hier verfuhr, indem sie uns das mächtige und vielfach noch unerschlossene, reiche China Tschiangkaischeks zum Feind machte und insbesondere die Deutschfreundlichkeit des Marschalls zugunsten des übervölkerten Inselstaates Japan außer acht ließ.

Die Tage gehen ohne Besonderheiten dahin. Natürlich gibt es immerzu etwas zu tun: Kaffee zu rösten, einen Sitzhocker zu reparieren, ein Hemd zu waschen, Schuhe zu putzen – mit Ruß und Spucke –, oder sich eine Mahlzeit zu bereiten. Alles im Lager geschieht nach Ordnung und Regel. Der Himmel ist blau. Ich erkenne, daß ich mich »eingelebt« habe.

Meine konservative Grundeinstellung gebietet mir, mit meinem augenblicklichen Dasein zufrieden zu sein. Ich habe viel zu denken, zu empfinden, zu erleben, zu sehen und zu hören, so daß mein Tag schon dadurch fast ausgefüllt ist.

Am Morgen habe ich den englischen Unterricht fest belegt, daran anschließend die Vortragsreihe von Professor Schneider. Nachmittags plaudert Professor Welkubowski in seiner Vortragsreihe amüsant über Land und Leute in China. Unter anderem schildert er uns ausführlich die delikate Zusammenstellung altchinesischer Mahlzeiten, ein für uns deshalb so beeindruckendes Thema, weil unsere Grundnahrung hier im Wechsel aus weißem Bohnen- oder Kohlrübeneintopf besteht. Der Vortragende schildert alles so witzig und geistreich, daß wir beim Zuhören nicht selten befreit und belustigt auflachen, was ja letztlich nicht der geringste Vorteil dieser Stunden ist – – –

Am schönsten ist die abendliche Stunde des Spaziergangs auf der »Rollbahn«, wenn der Mond in silberner Helligkeit über den Bergen steht und die promenierenden Gruppen unseres Käfigs in ein gnädiges, mildes Licht taucht.

Hier werden Kochrezepte weitergesagt und selbsterfundene Möglichkeiten besprochen, wie man die amerikanische Konservenverpflegung ergiebiger machen kann.

Hier werden Tauschgeschäfte abgeschlossen; gegen 15 Zigaretten bekomme ich einen neuen englischen Haarkamm und gebe eine Tagesration Brot gegen ein Päckchen amerikanischer Kekse. –

Und hier hört man die Ansichten über unsere Zukunft! Mögen diese auch auf gleichen brüchigen Grundlagen rein persönlicher Mutmaßungen stehen, so spiegeln sie doch den Ausdruck der allgemeinen Anschauung wider. Niemand kann in dieser Situation etwas Genaues wissen.

Da ist der stille Oberst Gröpler. Er spricht mir – wenn er schon überhaupt einmal den Mund auftut; aber dann kommt auch stets etwas Kluges heraus – aus dem Herzen, wenn er sagt: »Wissen Sie, solange noch Hunderttausende argloser Landser in Gefangenschaft gehalten werden und erst damit begonnen wird, sie als Zwangsarbeiter nach Frankreich und Belgien zu schicken, braucht der Generalstab nicht damit zu rechnen, entlassen zu werden. – Was ich mir dann später einmal persönlich als höchstes Glück des Daseins vorzustellen wage, ist, daß ich nach einer Entlassung eine kleinbürgerliche Existenz mit dem Recht auf einen friedlichen Feierabend finde.«

Dies klingt zwar nicht sonderlich optimistisch, dürfte aber nach meiner Ansicht einer sehr realistischen Einschätzung der Gegebenheiten entsprechen. Weitergehende Illusionen habe ich auch nicht – – –

Zur Abwechslung beginnt es wieder einmal zu regnen. Unser Zelt hält leider nicht dicht; allenthalben beginnt es durchzutropfen. Wir fünf sitzen ziemlich trostlos und wortkarg in der Enge des Zeltes – und warten. Und weil man aus allem das Beste machen soll, verkürzen wir das Warten, indem wir Kaffee trinken, Kekse knabbern, Pudding kochen (zerbröckelter Keks, geriebene Schokolade, etwas Mehl, amerikanisches Cereal und Wasser! Köstlich!!)

Und wir lesen Zeitung! Heute gibt es für jedes Zelt eine neue Nummer der »Münchner Zeitung«. Sie geht, in einzelne Seiten aufgeteilt, von Hand zu Hand.

In Nürnberg werden große Kriegsverbrecher-Prozesse vorbereitet. In der Zeitung ist zu lesen, wie man sich die Anklage und die Prozeß-Durchführung denkt. Wir alle fühlen uns mittelbar und unter einem gewissen Zwang der Geschehnisse mit der bevorstehenden »großen Schau« verbunden, die von den Siegermächten anberaumt wird. Fatal muß erscheinen, daß der Ablauf der Prozesse einschließlich der Urteile bereits vorher festgelegt ist.

Man schreibt von Recht und Gerechtigkeit, aber was man meint, ist: Vergeltung!

Wir haben viel Zeit, um über alles nachzudenken. Es ist kein Zweifel, daß selbst ich – ein harmloses, kleines »Würstchen«! – summarisch mit zur »Clique der Kriegsverbrecher«, zumindest der Verdächtigen, zähle. Dies äußert sich bereits jetzt darin, daß ich von der Möglichkeit, eine Antwort-Postkarte an meine Angehörigen zu schreiben, ausgeschlossen werde.

Aber was der Gegner auch immer an Grundsätzen der Vergeltung aufstellen mag, was auch immer seitens der Alliierten geschehen mag, um den Rachedurst der Öffentlichkeit zu befriedigen: ich habe ein gutes Gewissen! Daß ich keine Kriegsverbrechen beging, weiß Gott. Ich kann darob in fester Seelenruhe abwarten, was geschehen mag.

Der Regen trommelt gegen das Zeltdach. Tropfen fallen auf unsere Deckenlager, auf den Boden, auf das Papier, dem ich meine Notizen anvertraue, auf unsere Kleider.

Wir hören, daß unsere hiesigen 32 Generale nach *Dachau* bei München in das ehemalige Konzentrationslager gebracht werden. Nun, es bekümmert uns nicht sonderlich; wer weiß denn, was man auch mit uns noch vorhat??

Seit Tagen ziehen an den Stacheldrahtzäunen immer neue Kolonnen von Kriegsgefangenen aus Italien entlang und ins Lager herein. Andere Kolonnen verlassen mit Gepäck das Lager: Arbeitskommandos, die nach Frankreich verfrachtet werden, oder auch Entlassene. Einige Lastwagen mit Rotkreuz-Schwestern fahren vorbei – – der Freiheit zu. Sie winken uns, und wir winken zurück, wehmütig, sehnsüchtig. Es ist albern, wollten etwa *wir* schon jetzt an unsere Freiheitsstunde denken – – –

Plötzlich werden wir alarmiert und müssen auf unserer »Rollbahn« antreten; wir saßen eben wieder im Freien und hörten Professor Schneider zu.

Im Cage erscheint der gefürchtete Sergeant Mosler, der Lagerleiter, dessen Vater, ein Berliner jüdischer Arzt, in einem Konzentrationslager umgekommen sein soll. Mosler ist ein mittelgroßer, schwarzhaariger Typ, der uns mit stechenden und eiskalten Augen mustert. Anhand einer Kartei ruft er unsere Namen auf. Überprüfung, ob wir alle da sind?? Es geschieht nichts weiter. Unsere anfängliche bange Betroffenheit weicht allerlei Mutmaßungen, weshalb wohl dieser Appell stattfand. Sollen wir wieder einmal verlegt werden? Soll überhaupt etwas mit uns geschehen?

Ich stehe im zweiten Glied und betrachte Mosler. Kurz angebunden, klar und unpersönlich, vollzieht er korrekt und unverbindlich das Erforderliche seines Dienstes. Zu Fragen, die wir an ihn stellen, sagte er: »No comment!« Wir dürfen wieder wegtreten.

Der Tag wird wieder heiß. Ich liege in der dumpfen Hitze des Zeltes, weil das grelle Licht und die unbarmherzige Sonnenglut draußen fast unerträglich sind. Ich habe mich rasiert, ausgiebig gewaschen und »geduscht«; immer wieder eine Waschschüssel voll kalten Wassers über Kopf und Oberkörper ausgießend. Aber die Erfrischung hält nicht lange vor; jeder Wille zur Tat schmilzt unter dieser Hitze dahin; schon das logische Denken macht Mühe und läuft auf ein dumpfes Dahinbrüten hinaus.

Erst gegen Abend weht von den Bergen eine linde Kühle in die Ebene herab. Das ist dann die Stunde, wo man einen Becher Kaffee zubereitet und eine Zigarette raucht.

Draußen zieht eine Arbeitskolonne von jungen SS-Männern staubbedeckt und müden Schrittes an unserem Käfig vorbei »heim« ins Lager. Einige tragen Taschen mit Kartoffeln bei sich. Aus einem vorbeifahrenden Jeep springen mehrere Amerikaner und greifen auf Geheiß eines ziemlich korpulenten Sergeanten vier SS-Männer heraus, um sie zu verhaften. Es setzt Fußtritte und Püffe. Die vier müssen sich auf die Motorhaube des Jeep setzen und werden weggefahren. Wir stehen am Zaun und betrachten den Vorgang, aber die Posten jagen uns weg, wobei der Sergeant einen Steinbrocken auf Major Zeus wirft.

Unser Kommentar? – Nun, es ist zutiefst bedauerlich, daß sich die Amerikaner im einzelnen derart ihr Ansehen vergeben. Legen sie nicht Wert auf die Bezeichnung »christliche Soldaten«?? Weshalb also Fußtritte und Rippenstöße dafür, daß junge, hungrige Menschen ein paar Pfund Kartoffeln ins Lager hereinbringen, um sich diese abends in die alltägliche dünne Bohnensuppe zu schneiden? Weshalb Fußtritte und Rippenstöße für wehrlose Gefangene, die nicht sogleich begreifen, daß sie sich auf den Kühler eines Wagens setzen sollen, zumal ihnen diese Anweisung in einer ihnen unbekannten Sprache zugebrüllt wird??

Mich beginnen diese Fragen zu verwirren. Ich bemühe mich immer wieder um eine positive Einstellung zu den amerikanischen »Siegern«, aber ich fühle mich doch in stärkerem Maße solidarisch mit der geschundenen Kreatur. Dies ist wie der dunkle Instinkt des Gefangenen für den Mitgefangenen.

Als der Abend dunkelt, nehme ich an einem katholischen Gottesdienst im Cage teil. Man sage nicht, daß unser Leben hier nicht auch gute Eindrücke vermittelt; zumindest ist es voller Romantik, und es bedarf nur heller, klarer Augen, um schauen zu lernen. Dazu hat man ja soviel Zeit und wird zudem durch diese jetzige Form des Daseins gewissermaßen zum Ursprünglichen zurückgeführt.

Wie erhebend und großartig ist − um nur einen simplen Hinweis zu geben − die Tönung des Himmels in der Vielfalt leuchtender Farben seiner Wolken. Wann hätte man dies wohl früher mit wirklich seligem Gewinn in sich aufgenommen, der dankbar macht vor Gott!? Wie schön ist das Bild der fernen Berge hinter den zartblauen Schleiern dieses Herbstabends mit den beiden graziösen Zwiebeltürmen eines Dorfkirchleins am Horizont! Wie wunderbar der Aufgang des rotglühenden Mondes aus dem Dunstmeer der Ferne, während es dunkel und dunkler wird. Von irgendwoher aus dem Lager ein mehrstimmiges Lied, schwermütig gesungen von Männern in ihrem Heimweh.

Der noch jugendliche Jesuitenpater vollzieht die heilige Handlung mit großem Ernst. Aber auch er ist machtlos gegenüber dem »Äußerlichen«, dem gedankenlos »Störenden«.

Während er in weihevoller Versenkung vor dem rasch errichteten Feldaltar seine Gebete spricht, die hagere Gestalt von zwei flackernden Kerzen unruhig beleuchtet, deren Schein das goldhelle Metall des Kruzifixes widerspiegelt, während dies alles also − der schlanke Priester mit seinen erhobenen, segnenden Armen, der Stacheldrahtzaun hinter ihm, die fernen Berge und die ersten Sterne am Himmelsdom − ein eigenartig eindrucksvolles Bild malt, klingt aus dem Großlautsprecher des anschließenden Cages der Marsch »Die drei Musketiere«; ein Foxtrott und ein Walzer folgen. Und zwischen das »Dominus vobiscum« des Priesters tönt aus einem anderen Lautsprecher mit quäkender Stimme: »Gesucht wird der Kanonier Meliska: Martha − Emil − Ludwig − Ida − Kurfürst − Anton − − − −«

Es hat die ganze Nacht geregnet. Nun ist es in unseren Zelten doch recht trostlos. Wir warten auf eine kurze Regenpause. Dann eilt alles schnell zur Latrine oder zur Feldküche, um einen Napf heißes Wasser für den Nescafé oder den Tee zu holen.

Die übrige Zeit hocken wir in der Enge des Zeltes, dösen dahin, schlafen, lesen, stopfen Socken und schauen zu, wie das Wasser an den inneren Zeltwänden herabrinnt. Ich habe mein Lager unmittelbar an der linken Zeltwand und versuche vergeblich, meine Sachen trocken zu halten. Wir haben uns in unserem Zelt auch nichts mehr zu erzählen. Oberst Bauer − er hat das rechte Auge auf der Krim durch einen Granatsplitter verloren − liegt mit Fieber auf seinem Lager. Nein, es ist nicht eben kurzweilig bei uns. Aber in den anderen Zelten ist es genauso still. Die Wolldecken und was sonst so an Kleidern und Uniformen an den Zeltstangen herabhängt, fühlt sich klamm und feucht an.

Auch mich fröstelt. Ich fühle einen Schnupfen heranziehen. Man kann nichts dagegen tun. Wenn man jetzt einen Grog oder einen Cognac hätte! Aber wir haben keinen. Was wir haben, ist noch ein Rest schwarzen, feuchten Grobschnitt-Tabaks; den stopfen wir in unsere Pfeifen und paffen den blauen Rauch zum Zelt hinaus, vor dem in langen weißlichen Strichen der Regen auf den morastigen Boden platscht. Es regnet den ganzen Tag weiter, es regnet in der Nacht und am neuen Tag. Wir schauen stumm dem Regen zu. Das ist unsere Beschäftigung: vollkommenster Ausdruck der Langeweile und der Sinnlosigkeit!

Die Zelte sind dieser Regenflut nicht gewachsen. Es tropft jetzt überall durch, auf die Betten, in die Kleider und Schuhe, auf die Eß-Sachen, überallhin.

Auch ist es kälter geworden. Wir haben die Decken um uns gehüllt und sitzen fröstelnd und vergammelt im Zelt. Alles, was man anzieht oder anhat, ist feucht und kalt.

Wenn der Wind das Regengewölk für ein paar Augenblicke verweht, sehen wir mit gemischten Empfindungen, daß auf den Gipfeln und den Hängen der Berge ein erster Schnee gefallen ist; erster Vorbote des Winters! Wenn erst der Schnee auch in die Ebene hereinreichen wird, dann muß die Sache mit unseren Zelten hier problematisch werden. Wir leiden unter der Last unseres Bewußtseins, daß wir überhaupt nichts tun können, als zu erdulden, was die Amerikaner für uns bestimmen.

Es regnet bis zum späten Nachmittag. Ein letzter Sonnenstrahl kommt hervor, aber er wärmt nicht mehr; von den Bergen herab weht ein eiskalter Wind. Er reicht immerhin, um den dünnflüssigen Lehmbrei zwischen den Zelten zu einem zähflüssigen und knöcheltiefen Morast einzudicken.

Wir verlassen das Zelt für eine Weile, um schnell ein paar Dutzend Runden auf der »Rollbahn« im Kreise herumzulaufen und die Füße zu wärmen oder um auf die Latrine zu gehen.

Das Wenige an Papier »für hinterlistige Zwecke« ist längst verbraucht oder vom Regen durchnäßt. Die Kameraden sind dazu übergegangen, sich den Hintern mit Reichsmarknoten abzuwischen, von denen es heißt, daß sie sowieso − soweit sie Hakenkreuze und sonstige »nazistische Embleme« tragen − wertlos und außer Kurs seien. Da liegen sie nun im Kot, die blauen und grünen und braunen Hunderter, Fünfziger, Zwanziger und Zehner. Sic transit gloria mundi − − −!!

Und schnell noch ein paar Runden; neue schwarze Regenwolken kommen heran.

Ein makabres Bild, wie sie da herumhasten, immer im Kreis, gedankenverloren, mürrischen Antlitzes, die Hände in den Taschen, mit weit ausgreifenden Schritten, als eilten sie einem Ziel zu. Und es ist doch nur, um die steifen Glieder ein wenig aufzuwärmen, und es geht doch nur im Kreis herum. Ich laufe sechzig Runden, bis meine Füße warm sind und sich an den Knöcheln Blasen bilden.

Gegen Abend ziehen die OKH- und OKL-Angehörigen wieder einmal um und schleppen sich mit ihrem Gepäck durch den Schlamm an unserem Cage entlang. Es mögen etwa 300 Menschen sein, größtenteils ältere Herren, die fast unter der Last ihres Gepäcks zusammenbrechen. Es ist jämmerlich anzusehen, wie sie außer Atem und stieren Blicks durch den Morast dahinwanken.

Auch drei alte Bekannte ziehen in diesem Elendszug mit vorbei: Oberst von Bülow, der Adjutant der Heeresgruppe Süd, abgemagert und unscheinbar in der verblichenen Pracht; Kurt Hohendahl, unser alter, stets vergnügter Jüterboger Nachrichtenoffizier; und − − Werner Hallbauer, der Gespiele meiner sonnigen Jugend im Vogtland!

Durch den Stacheldraht hindurch können wir uns sogar einen Augenblick lang die Hände schütteln und ein paar Worte wechseln, nach Angehörigen fragen. Werner Hallbauer heiratete während des Krieges Erika Semmler, meine alte Jugendliebe flüchtiger erster Tändelei in der Tanzstundenzeit. Einst küßte ich sie an einem Sommerabend unter blühendem Flieder vor ihrem Haus am ›Eisenhammer‹ im Triebtal. Mein Gott, ein Märchen war es; der Mond schien dazu, und der Wildbach murmelte sein geheimnisvolles Lied − − −

Werner Hallbauer muß weiter mit seinem lehmbeschmierten Gepäck. Der amerikanische Posten duldet nicht, daß wir hier miteinander sprechen. Man treibt diese Gruppe drüben in das ›Cage 17‹, wo sie zu 18 Mann in einem Zelt liegen müssen, das wir hier in unserem Cage zu fünf Mann bewohnen. Ich ahne nicht, wie sie das zuwege bringen wollen. Aber es erweist sich wieder einmal, daß es immer wieder andere im Leben gibt, denen es *noch* schlimmer ergeht − − −

Es regnet die ganze Nacht, und es regnet auch am Tag. Aber am Nachmittag kommt für zwei Stunden der blaue Himmel hervor, während sich das Gewölk schwer und dunkel vor die Berge gelegt hat.

Wir kriechen aus unseren triefnassen Zelten und schlingern durch den Morast hinüber zur »Rollbahn«, wo Professor Schneider-Jena einen Vortrag über das Thema: »Die Beziehung der deutschen Geschichte zu Rom« hält.

Es ist für uns ein kaltes Vergnügen, die wir in Mäntel und Decken gehüllt auf unseren Kisten und Hockern im Halbkreis sitzen.

Aber es ist ein hoher Genuß, aus berufenem Munde von den Schönheiten der ›Ewigen Stadt‹ zu hören. Auch der Professor hat den Mantelkragen hochgeschlagen und die alte Militärmütze tief in die Stirn gedrückt. während er von der ›Villa Borghese‹ und von den blühenden vatikanischen Gärten berichtet. Wenn es auch kalt ist, hier zu sitzen und zu hören; dennoch: Der Geist besiegt die Materie!

Es regnet auch in dieser Nacht. Es ist derart kalt und naß, daß man nicht mehr warm wird. Ich habe mir aus einer alten Wolldecke eine Art Hose genäht und trage sie unter meinen Sachen. Aber die Füße sind fortwährend naß und kalt. Das beginnt schon frühmorgens, wenn wir etwa 1 km Schlammweg zur Küche gehen, um die Suppe zu holen. Der Morast quillt von oben in die Schuhe hinein und tränkt die Socken mit seiner stinkenden, lehmigen Brühe. Das Strümpfewechseln ist auch nicht einfach, wenn man nur zwei Paar Socken hat und nichts mehr trocknet.

Wir haben uns nun einen kleinen Ofen aus einem Blechkanister gebastelt; ein sehr seltener Artikel! Wir können ein wenig trockenes Holz ergattern; es gelingt, Feuer anzumachen, und wir kochen schnell einen Topf Wasser für den Kaffee und wärmen anschließend einen Rest der Morgen-Suppe. Aber dann ist mit dem schnell erzeugten Husch von Wärme auch das Zelt mit beißendem Qualm erfüllt, daß die Augen tränen; Oberst Gröpler flucht und schimpft, weil seine Augen diesen Rauch nicht vertragen. »Da hab' ich's leichter!« meint Oberst Bauer, »Ich habe nur noch *ein* Auge!« Wir lassen unser Öfchen wieder ausgehen, weil schwer zu entscheiden ist, ob Kälte oder beizender Qualm unangenehmer ist. Wir frieren weiter.

Das Prasseln des Regens gegen die Zeltwände ist wieder und wieder die monotone Musik unserer Stunden, die zähflüssig dahinschleichen, so, wie der Morast rings um uns in den Pfützen und Gräben verquillt.

Draußen ist im Regendunst nichts mehr zu erkennen als die dunklen Reihen der Buckel-Zelte, der Stacheldrahtzaun und der Schlammbrei des Bodens. Die Stimmung ist dem Nullpunkt nahe – – –

Auch am nächsten Tag – es hat die ganze Nacht geschüttet! – ist das Bild aus der niederen, dreieckigen Zeltöffnung hinaus unendlich trostlos. Die Pfützen sind zu Seen geworden, und wo noch Land zu sehen ist, ist es eine Kraterlandschaft von Stiefeleindrücken im Morast.

Unsere Schuhe, unsere Hosen und Mäntel sind lehmbeschmiert, denn ab und zu muß man ja doch mal raus: zum Essenholen, zum Zählappell, zum Englischunterricht, zur Latrine.

Über die Latrine haben wir eine Zeltplane gespannt. Nun sitzt man auch im Regen leidlich trocken auf dem Balken und kann sich Zeit nehmen.

Ich sitze soeben, da tönt ein Pfiff, und dann die Stimme des Lagerführers: »Alle unterernährten Offiziere sofort am Cage-Tor zur Untersuchung antreten!«

Ich bin zum Glück nicht unterernährt und kann also sitzenbleiben.

Bei gutem Wetter reichte die Verpflegung eben noch aus. Jetzt bei Nässe und Kälte müßte es mehr sein. Man friert Tag und Nacht und benötigt mehr Kalorien. Statt dessen ist die Verpflegung in letzter Zeit geringer und fettärmer geworden.

Wir werden fast nur noch »deutsch« verpflegt. Die Basis bildet hierbei die tagtäglich gleiche Suppe aus weißen Bohnen, von der wir pro Tag »einen Schlag« (= 1/2 Liter) erhalten. Morgens gibt es noch einen halben Schlag der sogenannten »süßen Suppe«; das ist ein dünner Brei aus Mehl, zuweilen auch Grieß und einer Idee Zucker.

Wir sind jetzt dazu übergegangen, die »süße Suppe« früh nicht zu essen, sondern für den Abend aufzusparen, dann – so man noch hat! – einen

Würfel Schokolade hineinzureiben, alles aufkochen zu lassen und so als Nachtmahl zu nehmen. Während des Vormittags bleiben wir dafür im »Bett«, hüllen uns in sämtliche Decken und Mäntel ein und versuchen so, der feuchten Kälte Herr zu werden und Kalorien zu sparen.

Neu ist der sogenannte »Zähl-Appell«. Wozu er da ist, weiß keiner von uns. Wir sind 76 Offiziere und bleiben 76 Offiziere, falls nicht jemand hinzukommt oder jemand weggeholt wird. Dies aber weiß der Lagerleiter auf jeden Fall und kann also leicht die »Ist-Zahl« korrigieren. Trotzdem müssen wir frühmorgens zum »Zähl-Appell« draußen auf der »Rollbahn« antreten und uns selbst (!!) durchzählen, um auf die bekannte Zahl von 76 zu kommen. Bei strömendem Regen und im grundlosen Morast ist das wahrlich kein Vergnügen.

Mancherlei gibt es, was der »PW« nicht versteht.

Zum Essen- und Kaffeeholen dürfen wir nicht mehr wie bisher auf dem langen Weg zur Küche über die asphaltierte ehemalige Flugzeugrollbahn marschieren, sondern müssen einen neuen Weg wählen, der nicht nur um fast das Doppelte länger ist, sondern durch fast knietiefen Sumpf führt. Hier schlingern wir nun zwei-, dreimal täglich mit den großen Kochkesseln voll Suppe oder Kaffee entlang, die hier von sechs Mann geschleppt werden müssen. Infolge des fortwährenden Steckenbleibens und Ausgleitens verschwappt stets ein Viertel des Kesselinhalts, und die ganze Reise geht so langsam, daß der Rest am Ziel halb kalt ist.

So deprimierend diese Prozedur an sich ist, wird sie auch noch dadurch verschärft, daß drüben auf der Asphaltstraße hin und wieder Jeeps stehen, aus denen heraus amerikanische Offiziere − manchmal in Begleitung deutscher »Fräuleins«! − dieses Drama fotografieren oder sich vor Freude auf die Schenkel schlagen, wenn ein Trupp der Gefangenen hier im Schlamm die Kraft verliert, der Kessel zur Seite kippt und der kostbare Inhalt in den Lehmbrei fließt − − −

Was sind wir?? Eine geduldige Herde Menschen im Käfig − nichts weiter. Ab und zu kommt man, um uns durch den Zaun zu besichtigen, und täglich gibt's was zu essen − Schluß! Man kann sich gar nicht genug mit Dickfelligkeit wappnen. Nur nicht weich werden!! Es geht uns ja allen so. Zähne zusammenbeißen!

Ich muß jedenfalls meine neue »Wolldecken-Trainings- und -Schlaf-Hose« ändern, da sie in den Beinen zu lang, im Gesäß zu eng und in der Taille zu weit geraten ist. Augenscheinlich habe ich mich anatomisch falsch berechnet!

Der Nachmittag ist also ausgefüllt. Und was noch getan werden soll, muß schnell getan werden, denn um 18.00 Uhr beginnt die dunkle, schier endlose Nacht ohne Licht, in der man sich auf dem feuchten Heusack Schwielen liegt. Da es keine amerikanische Paket-Verpflegung mehr gibt, demnach auch keine Wachskartons mehr, können wir uns auch keine ›Hindenburg-Lichte‹ mehr anfertigen und sitzen abends eben im Dunkeln. Da kriecht man lieber schon gegen 20.00 Uhr unter die Decken und lauscht dem Regen, der gegen die Zeltwand prasselt. Ach, einmal wieder trockene, warme Füße haben!

Ununterbrochener Regen! Wir bleiben im »Bett«. Der Englischkursus fällt aus. Ich habe ein Tuch um Kopf und Hals und döse vor mich hin. Zum Lesen ist es im Zelt zu dunkel, denn wir lassen jetzt auch den Eingang geschlossen, damit es nicht zu stark hereinregnet. Auch haben wir nichts außer einigen zerfledderten amerikanischen Zeitschriften.

Oberst Gröpler schält sich aus seinen Decken, schlingert zur Feldküche, holt eine Schüssel warmes Wasser und nimmt ein Fußbad. Dies bietet für eine Weile den Gesprächsstoff wegen des Für und Wider. Dann kriecht Gröpler wieder unter seine Decken zurück. Erneutes Schweigen. Nur der Regen, der unaufhörliche Regen pladdert gegen das Zelt.

Die amerikanische Lagerverwaltung setzt ab heute die Kalorienmenge unserer Verpflegung um 500 Kalorien täglich herab. Unsere Tagesration besteht jetzt also aus einem knappen Schlag Mehlsuppe, einem Schlag Bohnensuppe, 1/3 Kommißbrot und einem winzigen Eckchen Käse. Das ist alles. Manchmal gibt es anstatt Käse ein Flöckchen Fett oder ein paar Sardinen.

Am Nachmittag wird aus dem Dauerregen eine Abart in Form schauerartiger Wolkenbrüche. Nachts verstärkt sich das Ganze zu einem pausenlosen Dauerwolkenbruch. Dazu kommt beachtlicher Sturm auf, der an den Zeltverankerungen reißt und rüttelt, daß einem angst und bange wird. Wenn es jetzt noch die Zelte wegreißt – – –

»Rückseitenwetter!« stellt Oberst von Krafft sachlich fest, »Danach kommt die Kaltfront.«

»Wie's heißt, ist ganz wurscht! Eine Sauerei ist das Ganze!!« erwidert Oberst Gröpler, und niemand widerspricht. Man wird überhaupt nicht mehr warm. Und wenn das Zelt abreißt – – – Aber es reißt nicht ab, Gott sei Dank! Nur berechtigte bange Mutmaßungen begleiten uns in den unruhigen Schlaf hinein. Unruhig wegen der Nässe und Kälte, unruhig wegen des Sturmwindes, der durch die Zeltritzen fegt und faucht, unruhig wegen der Abermillionen fallender Regentropfen auf das Zeltdach. Und unruhig – – – wegen eines Gerüchtes, das noch am Abend von Zelt zu Zelt gesprungen war:

Nach Mitteilung eines englischen Radiosenders sei mit der Deportierung der Mitglieder des deutschen Generalstabs ins Ausland ohne Familien-Begleitung begonnen worden.

Am Morgen klingt herzhaftes Gelächter aus den Zelten. Grund dazu ist ein Artikel aus der letzten Nummer der »Münchner Zeitung«, der von einem gewissen Udo Wagner aus dem Kriegsgefangenenlager Aibling stammt. Hier heißt es: »Überall in unserem Lager ist zu merken, wie sich der Amerikaner um die Leute bemüht – – – Und immer und immer wieder sieht man ihren Versuch, das Leben der Kriegsgefangenen durch Veranstaltungen zu verschönen. Heute spielt hier eine Blaskapelle, während man morgen von einem anderen Lager die rhythmischen Weisen einer Tanzkapelle hört – – – Manch einer hat hier seine zweite Heimat gefunden. Ihr, die ihr im geregelten Zivilleben steht und Väter, Töchter, Söhne in unserem Lager habt, mögt daran erkennen, daß für euere Angehörigen alles getan wird. Darum ängstigt euch nicht um sie; es liegt kein Grund dafür vor.« – Ha, ha, ha, ha, haaa!

Die gleiche Zeitung behauptet aus einem anderen Gefangenenlager, das unweit Frankfurt/Oder liegt:

>»Friedliche Stille liegt über dem Lager. Nur hier und da geht eine Gestalt bedächtig von einer Baracke zur anderen, sieht man einen Koch oder Sanitäter in schmuckem Weiß in einer Tür verschwinden. – – – Mehr als 30 000 Mann wurden schon durch dieses Lager geschleust, erhielten ein Bad, wurden verpflegt, registriert; konnten sich eine Nacht oder auf ihren Wunsch ein paar Tage hier erholen – – –«

Man muß lachen, daß einem die Tränen kommen.

Auch wir verfassen einen Artikel, der sicherlich nie erscheinen wird. Jeder weiß ein Bonmot als Beitrag. Haben wir nicht auch täglich ein Bad? (Wenn wir zur Latrine oder zum Wasserkessel schlingern!) – Und fließendes Wasser? (Tag und Nacht rings um die Zelte fließend!) – Und die Verpflegung!

Heute ist sie in ihrer Zusammenstellung besonders witzig: Um 6.00 Uhr morgens gibt es einen Napf Kaffee, um 8.00 Uhr pro Mann sechs kalte Pellkartoffeln, um 9.00 Uhr ein Päckchen amerikanische »K-ration« (=1/3 Marschverpflegung eines amerikanischen Soldaten), und gegen 17.00 Uhr einen Schlag Bohnensuppe.

Aber noch etwas kommt »aus der Küche«: Es heißt, daß wir bald verlegt werden sollen. Ein Pfarrer habe es angedeutet. Oder jemand vom Roten Kreuz.

Einige Kameraden fangen gleich an, ihre nassen Klamotten in die Rucksäcke zu stopfen. »Wer weiß, es kann schnell gehen!« ist ihr Argument. Wann? Wohin? Weshalb? Niemand vermag es zu sagen.

Aber es kommt eine gewisse Bewegung in die Gruppen, auch deshalb, weil es für ein paar Stunden aufhört zu regnen. Der Boden ist allerdings grundlos aufgeweicht. Es gibt keine Möglichkeit mehr, irgendwohin trockenen Fußes zu gelangen. Aber es gibt ja auch keine trockenen Füße mehr. Schon seit Tagen nicht. Da hilft alles nichts. Auch nicht unsere individuell und raffiniert gebastelten Einlegesohlen aus gewachster Pappe, doppeltem Zeltbahnstoff mit Heufüllung, Fußlappen aus zerschnittenen Wolldecken und ähnliche Erfindungen.

Als Einzelmensch könnte man unter diesen Verhältnissen möglicherweise verrückt werden. Aber wir dulden gemeinsam, und in der Kameradschaft erträgt man vieles leichter. Sogar mit einem Rest Humor. »Galgenhumor« – – –

Ich nütze eine regenfreie halbe Stunde und röste an der Feldküche meinen Kanten klitschnasses Brot. Während es in der Röhre dampft, laufe ich, mir die Füße zu wärmen, Runde um Runde schnell um die Feldküche im Kreis herum. Es sieht sich gewiß absonderlich an, aber niemand unter uns mokiert sich noch über solches Verhalten. Viele von uns laufen so im Kreis herum, sich zu wärmen, wenn sie irgendwo ein leidlich trockenes Fleckchen erspähen.

Nur ein amerikanischer Neger schaut mir von jenseits des Stacheldrahtzaunes zu, wo er mit seiner Maschinenpistole als Wachtposten patrouilliert. Er schaut mit offenem Mund zu mir her und bleibt stehen.

Ich entsinne mich eines Besuches in einem zoologischen Garten. In seinem Käfig lief ein gefleckter Leopard ebenso im Kreis herum wie ich hier, so auffallend hastig, verzweifelt, monoton, in der Sturheit des Gleichmäßigen aber doch erregend, düster drohend und doch im Grunde zur Harmlosigkeit abgestumpft in seiner Gefangenschaft. Gerade so laufe ich geschwind auf dem kleinen betonierten Kochplatz herum, die Füße immer wieder in die gleichen Tritte setzend, immer im Kreis, immer im Kreis − − bis mein Brot fertig getrocknet ist. Dann schlüpfe ich wieder in unser Zelt zurück.

Wenig später werden wir zusammengerufen. Der Lagerführer muß einige Anordnungen der Lagerverwaltung bekanntgeben:
1. Außer bei der Feldküche darf im Cage oder in den Zelten kein Feuer mehr gemacht werden. Zuwiderhandlung kostet acht Tage Einzelhaft bei Wasser und Brot.
2. Das Cage ist stets mit Sonderschloß abgesperrt zu halten. Ein etwaiges Verlassen des Cages ohne Begleitung durch einen amerikanischen Posten wird streng bestraft.
3. Morgen erfolgt Verlegung in eine unfertige Baracke ohne Dach. Es ist nicht gestattet, den Umzugsweg zweimal zu machen. Wer seine Sachen nicht mitschleppen kann, hat sie liegenzulassen.

Wir hören die Verlautbarung schweigend an, kriechen achselzuckend wieder in unsere Zelte. Wir meinen, so sehr viel schlimmer als hier könne es ja nicht mehr werden. Wir schlafen nicht unruhiger als sonst.

Am Morgen − es ist Sonntag! − bin ich zum Essenholen eingeteilt. Wir stapfen den einen Kilometer Schlammweg zur Küche; sein Zustand ist unbeschreiblich. Ein Versuch, den etwas kürzeren Weg auf der betonierten Straße zu gehen, scheitert; der amerikanische Posten läßt es nicht zu. Also läuft uns der hellgelbe Brei aus Lehm von der Kondensität dünnen Apfelmuses bei jedem Schritt oben in die Stiefel und Schuhe hinein. Bei der Küche müssen wir warten. Ich habe Glück und kann einen gewachsten Karton ergattern. Nun werde ich das Wachs für ein Licht in unserem Zelt abschaben können. Und noch etwas! Aus einem großen Haufen Kartoffelschalen scharre ich mir ein Kochgeschirr voll kleiner Abfallkartoffeln heraus. In meinem Eifer merke ich erst später, daß mir ein polnischer Offizier mit unverhohlener Genugtuung zuschaut, hämisch grinsend. Ich schäme mich. Aber die Aussicht auf eine zusätzliche Abendmahlzeit ist stärker, denn ich habe Hunger. Und heute gibt es nur einmal Suppe.

126

Als ich zu unserem Cage zurückkomme, beginnt dort gerade der morgendliche »Zähl-Appell«, diesmal durch einen amerikanischen Leutnant. Ich werfe meinen Wachskarton fort und schütte mein Kochgeschirr aus; die kleinen Kartoffeln versinken im Schlamm. Einen Augenblick lang ist mir zum Heulen zumute. Aber ich habe Angst. Ich mag nichts riskieren − − − Ich trete zu den Kameraden ins Glied. Der Leutnant läßt sich vom Lagerführer melden, daß wir 76 Offiziere angetreten sind. Heute zählt uns der Amerikaner selbst noch einmal nach. Wir sind 76. Vergangene Nacht seien 38 Gefangene entwichen − − − Wir können wegtreten.

Ordergemäß sind wir ab 12.00 Uhr für die Verlegung abmarschbereit. Alles fertig gepackt. Aber es geschieht nichts. Nichtstuend sitzen wir auf unseren Packen und Decken und schauen zum Zelteingang hinaus.

Plötzlich kommt Werner Hallbauer; angeblich hat er in unserem Cage beim Fourier zu tun. Er ist Fourier von ›Block D‹. Wir rauchen meine beiden letzten Zigarillos gemeinsam auf, die ich als »eiserne Reserve« noch vom Lazarett Kreuth habe. Wir erzählen uns hastig und flüsternd von der Heimat, von gemeinsamen Bekannten aus der Jugendzeit, immer mit einem Auge auf den Begleitposten, einen jungen Neger. Kennst Du noch? Was macht der? Schnell, schnell. Die meisten unserer Jugendfreunde sind tot − − −

Auf einmal heißt es im Lautsprecher: »Block D zieht um!« Werner Hallbauer schlüpft aus dem Zelt und eilt zu seinem Cage, um nicht zu spät zu kommen. 431 Offiziere von ›Block D‹ packen in Eile ihre Habseligkeiten auf, treten in drei Reihen an, wollen abmarschieren. Da kommt ein Jeep. Ein Sergeant steigt aus. Er erklärt, heute sei nichts mehr mit dem Umzug, no! 431 Offiziere packen nun in Schlamm und Dreck ihre Sachen wieder aus und wühlen sich für die Nacht erneut einen Schlafplatz im morastigen Boden ihrer Zelte zurecht.

Für uns wird die Verlegungsbereitschaft gegen 18,00 Uhr abgesagt, als es zu dunkeln beginnt. »Und morgen − −??« Achselzucken. »Voraussichtlich − − −«

Eine recht unbehagliche Nacht auf provisorischem Lager, kalt, feucht, zugig. Die Posten auf den Türmen sind heute besonders aufgekratzt; sie johlen, singen, trommeln auf Blechkanistern, schießen Salven über die Cages. Ihr Regiment soll morgen nach Amerika eingeschifft werden. Sie haben gut lachen!

Frühmorgens packen wir unsere Sachen wieder zusammen, denn: »Voraussichtlich − − −!«??

Es gießt in Strömen. Woher kommt nur derart viel Wasser − − −? Es ist auch empfindlich kalt geworden.

Herumsitzen auf den gepackten Rucksäcken und Deckenrollen, Hinausstarren in den fallenden Regen, Warten auf eine »voraussichtliche« Verlegung; sie wird für heute wieder nicht befohlen, aber auch nicht abgesagt. Wir warten und frieren. Wieder auszupacken, wagen wir auch nicht, weil es plötzlich schnell gehen kann mit dem Abrücken. Die Amerikaner sind unberechenbar. Also warten wir. Und frieren.

»Wissen Sie, was ich jetzt möchte?« fragt Oberst Gröpler und zieht an seiner Pfeife. »Ich möchte jetzt zu Hause auf meiner Couch liegen, mit einer Zeitung, im warmen Zimmer und langsam im Bewußtsein einschlafen, daß ich am Abend mit einem frischen Hemd, im sauberen Anzug in ein Restaurant gehen und nach der Speisekarte etwas Gutes zum Nachtmahl zusammenstellen lassen kann.«

»Ach, nur in einer Ecke des Cafés Kranzler in Berlin am Kudamm sitzen!« schwärmt Oberst v. Krafft, »Bei einer Tasse Kaffee und einem Stückchen Kuchen und warten, bis das Kino anfängt; weiter nichts!«

Das sind so unsere Sehnsüchte. Bescheidene Wünsche. Unwesentliche Selbstverständlichkeiten, die man früher kaum erwähnt haben dürfte. Kommen solche Erfüllungen für uns überhaupt noch einmal in Betracht?? Ich glaube es fast nicht mehr – – –

Mit einer Verlegung wird es heute auch wieder nichts. Es heißt, selbst der amerikanische Lagerarzt habe die für uns vorgesehene unfertige Baracke als unbewohnbar bezeichnet.

Was nun? Sollten wir unter diesen Umständen noch längere Zeit hier hausen müssen, dann hält das auch der robusteste Körper nicht aus. Selbst Schweine leben besser; kein Bauer hält sein Schwein im Oktober in einem Zelt. Wir sind stimmungsmäßig am Boden.

Das ewige Klatschen des Regens gegen die Zeltwände macht innerlich ganz wund. Andauernd fallen einem Tropfen auf den Kopf oder in den Nacken, aufs Lager. Auch habe ich Schmerzen in der Gegend der rechten Niere, einen glühendheißen Kopf und eiskalte Hände und Füße – – –

Der Regennacht folgt ein neuer Regentag. Der andauernd strömende Regen löscht allen Mut aus. Wir sitzen in den Zelten und frieren. Wie viele Tage geht das nun schon? Ich muß nachrechnen: elf Tage Regen, Regen, Regen, nichts als Regen. Und Schlamm.

Von einer Verlegung unseres Cages wird nicht mehr gesprochen. Wozu auch?

Als ich auf die Latrine gehe, erkenne ich hinter ihr den Oberstleutnant Eißner am Drahtverhau stehen und unbewegt nach draußen schauen. Ich schaue in die gleiche Richtung.

Jenseits einer versumpften und von Lastwagenrädern zerfahrenen Wiese sind Baumstämme gestapelt. Arbeitskommandos sind dort beschäftigt, um die Stämme zu Brennholz zu zerkleinern. Das auf- und abschwingende schrille Singen der Motorsägen ist ja die Musik, die uns seit Tagen durch den Regen begleitet.

Aber etwa hundert Schritt dahinter, ein wenig seitwärts, steht eine Frau. In einem dünnen Regenumhang steht sie frierend in der nassen Wiese unmittelbar neben der weißen Verbotstafel und schaut regungslos und unverwandt zu unserem Cage her.

»Na«, sage ich, »da sucht wohl jemand Verbindung, was?« Der Oberstleutnant wendet sich kaum zu mir um, als er flüstert: »Es ist meine Frau.«
Nichts geschieht. Beide stehen sich auf knapp 200 Schritt gegenüber,
getrennt durch den hohen Zaun aus Stacheldraht, durch einen Wiesen-
streifen, durch die spähenden Augen der Wachtposten auf dem Turm in
der Nähe. Da stehen sie, Mann und Frau, und schauen sich an. Sie
können nicht miteinander sprechen, denn die Entfernung ist zu groß. Sie
dürfen auch nicht rufen, denn der Posten würde die Frau sofort wegtrei-
ben. Sie können sich nur anschauen, aus der Ferne, und durch das Gitter
aus Stacheldraht hindurch. Sie tun es mit Blicken voller Sehnsucht und
Liebe.

Ich trete still beiseite. Ich will die beiden nicht durch meine Anwesen-
heit stören, obwohl in dieser gespenstigen Stille nichts geschieht, nur eben
diese langen, schweigenden Blicke − − − Dieses Bild ergreift mich in
seiner ungeheueren Trostlosigkeit sehr stark. Und der Regen fällt dazu in
nicht versiegenden Tränen − − −

Am nächsten Morgen − ich habe eben die Frühsuppe geholt, meine
vier Zeltgenossen schlafen noch − ertönt draußen der Ruf des Lagerlei-
ters: »Sofort fertigmachen zur Verlegung!«

Flugs wickelt sich jeder aus den Decken, ein paar saftige Flüche
erklingen, dann hebt ein emsiges Packen an. Kein Wort fällt mehr. Jeder
muß seine Gedanken beieinander halten; denn was sich da jetzt in der
Enge des Zeltes vollzieht, verlangt volle Konzentration.

»Sofort fertigmachen!« heißt, daß jederzeit der Ruf zum Antreten
erschallen kann, und was dann nicht verpackt ist, muß liegen- und
stehenbleiben. Da gibt es also keine Fragen und langen Reden, sondern es
ist geboten, die Habseligkeiten hastig, verbunden mit hellwacher Gedan-
kenakrobatik, in Rucksack, Deckenrolle, Brotbeutel, Manteltaschen und
dergleichen zu verstauen. Zwischendurch kaut und schlingt man die letzen
Reste Brot, Käse, Bohnensuppe in sich hinein, denn das läßt sich nicht
transportieren.

In knapp 25 Minuten sind wir mit allem fertig. Und nun? Wir sitzen
wieder einmal auf unserem Gepäck und warten. Es geschieht nichts. Eine
Anfrage des Lagerführers bei der Cageverwaltung, wann etwa der Umzug
stattfinden solle, bringt diesem einen geharnischten »Anpfiff« ein; er habe
gefälligst zu warten! Wir warten, warten den ganzen Vormittag, warten
und frieren, denn es regnet unablässig. Ein feiner Nieselregen.

Wir empfangen Brot, welches fast völlig zerbröckelt ist, und ein Eckchen Käse, essen beides auf, um es nicht mitnehmen zu müssen, rauchen
Zigaretten und − − warten. Gegen Mittag bekommen wir den üblichen
Schlag Bohnensuppe. Wir essen stumm und hungrig, reinigen die Kochgeschirre und − − warten.

Am Nachmittag − es geht gerade ein Wolkenbruch nieder! − kommt
der Befehl zum Abrücken. Wir hucken uns unsere prallen Rucksäcke auf,
halsen uns die vom Regenwasser schweren Zeltballen um und ziehen in

langem Zug durch den Schlamm davon. Im strömenden Regen verlassen wir ohne tiefere Empfindungen unser morastiges »CAGE 17 A« und stampfen stur, die Habseligkeiten verbissen schleppend, dem Vordermann nach.

Der traurige Zug endet vor einer Flugzeughalle. Wir bekommen hier als Unterkunft einen kleinen Anbau, eine frühere Montagehalle, zugewiesen. Hier treffen wir mit den Angehörigen des früheren OKW, OKH und OKL zusammen.

Die Halle ist durch Einbau einer Zwischendecke in zwei Stockwerke geteilt. Uns weist man zum Oberstock hinauf. Die Räume sind mit vierstöckigen Bettgestellen vollgestellt; es sieht aus wie in einem großen Lagerschuppen, der mit Tischen und Stühlen vollgefüllt ist, wobei Tisch auf Tisch und Stuhl auf Stuhl stehen.

In den beiden Räumen sind mehr als 600 Menschen untergebracht. Es ist ziemlich dunkel, da das elektrische Licht nicht brennt; die beiden großen Fensterflächen sind durch Treppen verbaut worden.

Ich bekomme das unterste Bett eines solchen vierstöckigen Bett-Turms in einer Ecke des Raumes zugeteilt und richte mich, so gut es geht, ein. Über mir liegt Major v. d. Mühlen, dann kommt Hauptmann Jakoby, und ganz oben liegt Major Bodensteiner. Die vier Obristen unserer Gruppe haben einen Bett-Turm für sich.

Erfreulich: hier regnet's nicht! Schlimm ist allerdings, daß es hier enger und dunkler als in einem Zelt ist. Die Temperatur ist erträglich. 600 Menschen auf engstem Raum wärmen das Wenige an Luft auf. Aber alsbald ist die Luft derart diesig von Staub und der Ausdünstung unserer nassen Kleider, daß man nicht mehr weit sehen kann.

Wir kriechen bald in unsere Kojen und lauschen dem Regen, der auf das Hallendach plattert; er kann uns hier nichts anhaben.

Am Morgen hebt eine emsige Geschäftigkeit an. Bald tost der Lärm wie in einer großen Metallfabrikhalle: 600 Menschen hämmern und nageln, sägen und feilen; ein jeder möchte sich seinen 1 m x 2 m großen »Lebensraum« notdürftig herrichten. Das Wichtigste sind ein paar Wandbretter, um Waschzeug, Kochgeschirr und Lebensmittel abzustellen; dann ein kleiner Hocker und, wenn's geht, noch ein schmaler Tisch als Gemeinschaftsarbeit der Bett-Turmbesatzung. Auf einmal brennt auch das elektrische Licht, aber in unserer Ecke ist es ganz finster, weil das Licht nicht bis hierher durchzudringen vermag.

Erst am Nachmittag ebbt das Hämmern und Klopfen ab. Die Nägel werden allenthalben knapp, und das Notwendigste ist wohl überall inzwischen gebastelt worden.

Nun tönt das unaufhörliche tiefe Summen von 600 Männerstimmen; es klingt wie in einem großen Bienenschwarm. Eigentlich ist unser jetziges Leben hier auch sonst einem Bienenschwarm vergleichbar: den einzigen Zu- und Ausgang bildet ein kleiner Einstieg von 1,70 m Höhe und 1,20 m

Breite. Durch dieses Loch vollzieht sich der gesamte Verkehr vom Halleninneren ins Freie, zum Waschen, zur Latrine, zum Verpflegungsempfang. Fortwährend drängen und stolpern die Männer durch dieses Pförtchen, beladen mit Kochgeschirren, Waschschüsseln, Holzbrettern, Strohbündeln, schmutzigen Kleidern, Wäsche und Stiefeln. Jeder schleppt etwas zum Bau, wie Ameisen.

Leider wird es allmählich recht feucht in der Halle. Die Atemluft und die Ausdünstung der nassen Kleider und Decken von mehr als 600 Menschen schlägt sich als Kondenswasser an den Mauern und Decken nieder und beginnt, auf uns herabzutropfen. Alles ist feucht, und in dieser stickigen Luft kann auch nichts trocknen.

Immerhin: wir haben ein Dach über dem Kopf. Draußen regnet es ins Strömen – – –

Gegen Abend versammeln wir uns bereits im unteren Stockwerk um ein provisorisches Rednerpult und hören Professor Schneider zum Thema »Das Wilhelminische Zeitalter.« Da sitzen sie zu Hunderten, dicht gedrängt auf Kisten und primitiven Hockern, unter einer trübe brennenden einsamen elektrischen Birne, sitzen gebeugt in den einzelnen Stockwerken ihrer Betttürme und lassen die Beine herabhängen, hocken auf den Stufen der beiden Holztreppen zum oberen Stockwerk, stehen dicht an dicht um die hölzernen Tragsäulen der Decke und lauschen in tiefer Anteilnahme. Eine eigenartig düstere Stimmung lastet über dieser Menge Menschen mit ihren hohlwangigen, oft unrasierten Gesichtern, den »abgerüsteten« Uniformen, den selbstgeschusterten Schuhen oder Pantoffeln. Aber es ist ein Auditorium von höchster Konzentration des Geistes, dürstend nach der Kost des Zuhörens und – für eine kurze Weile zumindest – Vergessen suchend vom Trübsinn unseres jetzigen Daseins.

Der Geist besiegt die Materie. Das ist gewiß wahr! Professor Schneider beschließt heute seinen Vortrag mit einem Wort des damaligen Altreichskanzlers Fürst Bülow: »Es kann kein neues Morgenrot kommen, wenn nicht vorher tiefe Nacht war!« Dies ist unser aller einzige Hoffnung – – –

Ich schlafe gut in dieser Nacht. Ich habe mir aus einer Decke und einer Zeltbahn einen Schlafsack genäht, und es ist damit wohlig warm im »Bett«. Nachdem nun erst einmal das Gröbste getan ist, beginnt am Morgen jeder, sich um seine kärgliche Bekleidung zu kümmern. An den Hosen und Schuhen hängt der verkrustete Schlamm in dicken Brocken und Schichten. Auch das Wäschewaschen wird dringend, aber wir stellen das noch zurück, denn es gibt hier keinen Platz, wo Wäsche trocknen könnte. Auch selbst das Waschen der eigenen Person ist recht problematisch, denn in den beiden Waschbaracken draußen vor der Halle stehen – für 600 Menschen! – nur 20 Wasserhähne zur Verfügung. Zudem ist von den Amerikanern angeordnet worden, daß wir nur zweimal täglich – von 10.00–11.00 Uhr und von 14.00–15.00 Uhr! – die Waschgelegenheiten aufsuchen dürfen.

Mittags halten wir in einer Ecke des Raumes hinter den Bett-Türmen an der Treppe eine Stunde Englischunterricht. Man muß sich sehr konzentrieren, denn dicht nebenan wird Holz gesägt, und es werden Schemel gezimmert; aber wo gäbe es wohl ein einigermaßen ruhiges Plätzchen in dieser Halle?

Am Abend beginnt Professor Schneider die erste Lesung seiner neuen Vortragsreihe über Dantes »Göttliche Kommödie«. Er stellt sich uns dabei als deutscher Dante-Herausgeber vor. Natürlich beherrscht er sein Thema meisterlich. – Was er uns von den Erstlingswerken dieses großen italienischen Dichterfürsten, seiner »Vita nova«, seinem Erlebnis der Beatrice, seinen inneren Beziehungen zu Deutschland, zu Heinrich VII. schildert, ist ungemein fesselnd, im Vortrag plastisch und wird deshalb zu einem Genuß des ausgedörrten, nach solcher Nahrung eben hungernden Geistes.

Das Erlebnis des Gehörten klingt noch eine ganze Weile in unseren Gesprächen nach, und wir erkennen fast verwundert, was uns die Kultur unserer Epoche überhaupt zu bieten hat, ja, darüber hinaus: welche Werte in diesem Zusammenhang sogar unserem derzeitigen armseligen Gefangenendasein abzugewinnen sind. Von diesem bedrückenden Los fühlen wir uns abgelenkt und hingeführt zu Fragen und Zusammenhängen, zu Erkenntnissen, die zeitlos und von tiefem Gewicht sind.

Aber dann platzt eine erregende Neuigkeit in unsere spätabendliche Gemeinschaft: Attentat auf Sowjetmarschall Schukow. Der Eroberer Berlins fand den Tod.

Ein zweites Attentat auf Stalin. Er soll verletzt worden sein. Die in London tagende Konferenz der fünf alliierten Außenminister ist aufgeflogen.

Ein Schweizer Sender habe hierzu kommentiert, daß die Sowjetunion zu weiteren kriegerischen Handlungen rüste. In ihrer Besatzungszone würden Vorbereitungen getroffen, die das Ziel haben, ganz Deutschland zu besetzen.

Diese Nachrichten bieten einen unerschöpflichen Gesprächsstoff. Wir suchen die äußeren Ereignisse mit unserem persönlichen Los in Zusammenhang zu bringen. Es kristallisieren sich dabei interessante Anschauungen heraus!

Hervorgerufen durch die Art ihrer hier von den Amerikanern erfahrenen Behandlung, äußern sich manche Offiziere dahingehend, sich lieber auf die Seite Rußlands schlagen zu wollen als in vielleicht gegebenen Entwicklungen bereit zu sein, die Sache der Amerikaner zu vertreten. Mögen dies auch emotionale Äußerungen sein, so zeigen sie doch ein besonderes Symptom: Menschen, denen man alles nimmt, Freiheit, Heimat, Hab und Gut, ja, sogar ihre Würde, werden dem Kommunismus mehr zugetrieben, als es etwa durch ideelle oder politische Überzeugungskraft möglich wäre! »Wir haben ja nichts mehr zu verlieren als unser bißchen Leben!« sagt ein junger Major verbittert, »und wenn die Russen kommen und diese letzte subjektive Katastrophe eintritt, so ist es doch wohl erklärlich, daß im letzten Aufflackern des Lebens der Vergeltungsgedanke gegenüber den westlichen Besatzern mehr Wert besitzt als etwa Liebe und Friede! Oder gar Dankbarkeit!! Wofür denn? Das hohe Kapital unserer bedingungslosen Zuneigung und Hochachtung haben die Amerikaner, zumindest bei uns doch längst verspielt! Oder??« Meinungen prallen aufeinander.

Wir liegen schon längst in unseren Kojen, und auch das Licht ist schon lange gelöscht, aber die Diskussion nimmt kein Ende. Rede und Gegenrede gehen von Bett-Turm zu Bett-Turm. Nur ganz allmählich verstummen die Meinungsäußerungen. Aber anstelle von Stille erklingt nun ein Konzert von fortwährendem Husten und Niesen. Viele Gefangene sind erkältet; kein Wunder bei Menschen, die nicht mehr aus ihren feuchten Sachen herauskommen, die nachts, in feuchtklamme Decken gehüllt, auf feuchtstockigem Strohlager liegen und andauernd frieren und frösteln. Dies gilt besonders für jene große Anzahl älterer Herren, bei denen die Erreichung des 60. Lebensjahres keine Seltenheit ist.

Es ist wie in einem großen Konzertsaal, wenn die Lichter erloschen sind und der Dirigent mit erhobenem Taktstock verharrt, um mit dem ersten Satz einer Sinfonie zu beginnen. Aus allen Ecken und Reihen tönt verhaltenes Husten und Schneuzen durch die stille Dunkelheit, nur ganz allmählich verebbend und einer erwartungsvollen Stille Platz machend.

Bei uns hier ist ein Unterschied nur insofern vorhanden, als anstelle süßer Klänge einer Sinfonie allgemach ein sich steigerndes Schnarchen von 600 Männern ertönt, in das sich nicht eben melodisch das Herabtropfen des Schwitzwassers von der Decke der Halle auf Dielen und Geräte mischt – – –

Wir halten es so, daß wir morgens möglichst lange in unseren Kojen liegenbleiben; dies spart Kalorien, dämpft das Hungergefühl und erzieht zur Muße. Letzteres ist gerade für mich dringend nötig. In meinem Inneren flattert immer noch allzuviel Unrast. Selbst bei fesselnden Vorträgen fliegen meine Gedanken – oft zu ganz nichtigen Nebensächlichkeiten – davon. So versuche ich, mich dazu zu zwingen, mein Wesen von der treibenden Hast zu befreien. Zeit ist ja in unserem jetzigen Dasein überreichlich vorhanden (Zeit ist für uns jetzt wirklich kein Geld!). Ich halte mir vor Augen, daß im Grunde niemals die Dinge allesamt gleichzeitig auf mich einstürmen. So können sie also auch nur nacheinander in den Gedankenkreis eindringen und müssen demzufolge auch nacheinander getan werden.

Am Vormittag hören wir den Germanisten Professor Lehmann über »Rainer Maria Rilke«. Sein Vortrag ist ganz große Klasse: fesselnd besonders durch ein unnachahmliches Einfühlungsvermögen und eine großartige Kraft der sprachlichen plastischen Darstellung. Wohl ein jeder fühlt sich in seiner armseligen Persönlichkeit angesprochen, gemessen an den reinen Sphären dieses sensibel empfindenden Dichtergeistes, dieses genialen Wortefinders für jene Bereicherung, für die dem sprachlichen »Normalverbraucher« kaum Worte zur Verfügung stehen. Auch dieser Vortrag wird zu einem Erlebnis, zu einem großen Geschenk.

Es gibt uns deutlich Kräfte, die uns in den Stand setzen, anschließend neue kleinliche Schikanen unserer Bewacher nur komisch zu empfinden und achselzuckend zur Kenntnis zu nehmen. So wird heute beispielsweise angeordnet, daß immer nur zehn Mann gleichzeitig zur Latrine gehen dürfen!

Ein amerikanischer Posten und ein deutscher Türschließer (Kapo) stehen unten am Ausschlupf unseres Baues, unseres Ameisenhaufens und achten darauf, daß dieses Gebot beachtet wird. Hinter dem Türloch versammeln sich nun größere Mengen derjenigen, die ein menschliches Rühren zum Besuch einer der zugigen und triefnassen Latrinenbaracken gegenüber dem Hallenvorplatz zwingt. Da stehen sie nun, trippeln von einem Bein aufs andere und warten, bis sie dran sind. Ist eine solche Maßnahme noch ernst zu nehmen?? Mit den herrlichen Worten der »Weise von Liebe und Tod des Cornets Christoph Rilke« im Ohr!

Einer sagt: »Die Amerikaner wollen uns seelisch vernichten!« Nun denn, sie werden es nicht schaffen! Alles Geschehen ist doch nur ein Übergang zu neuem Geschehen. Jedes Geschehen ist interessant in Wirkung und Folge, dient es doch zumindest der Reife eines Menschen. Ich bin dankbar für den Segen, einen klaren Blick immer für das Schöne zu haben, selbst im Sumpf dieses Lagers – – –

Am Abend hören wir wieder in Ergriffenheit Professor Schneider über »Dante«. Zuweilen ist es, als lebten wir uns in andere Welten ein – – –

Mein 33. Geburtstag! Niemand hier weiß es, niemand merkt es, und das ist gut. Ich kann mit mir allein bleiben. Niemand gratuliert demzufolge, und ich vermisse all diese gebräuchlichen Redensarten zu diesem Anlaß in keiner Weise; sie waren mir von jeher peinlich. Jenen Menschen, denen ich mich im Schwingen der Seele verbunden fühlen darf und deren gute Wünsche ich heute über Zeit und Raum hinaus spüre, gelten meine Gedanken. Und doch fühle ich mich nicht einsam, obwohl ich gerade heute mein Alleinsein genieße. Wahrhaftig, ich feiere diesen Tag! Ich feiere ihn, den Tag meiner Geburt, auch als Gefangener und unter Umständen, die manchem anderen Kameraden dieses Dasein nahezu unerträglich erscheinen lassen. Ich danke Gott, dem Herrn und Vater, daß ich selbst hier noch, in der Dunkelheit des Lebens, feiern kann.

Alles ist irgendwie relativ. Schon kleinste Annehmlichkeiten werden zum Geschenk. – So bleibe ich erst mal in meiner Koje liegen, auf meiner Lage Holzbretter mit dem Papiersack drauf, der mit etwas Heu gefüllt ist. Hier liege ich warm in meinem Schlafsack. Zum Frühstück gibt's einen Schlag heiße Mehlsuppe mit Apfelscheiben. Ich schlecke meinen Blechnapf leer, rauche dann genüßlich eine amerikanische Zigarette und träume dabei noch eine Weile – – –

Sodann halte ich draußen vor der Halle eine gründliche Wäsche von Kopf bis Fuß; ich möchte zumindest frisch gewaschen in mein neues Lebensjahr eintreten. So ganz einfach ist das mit dem Waschen hier gar nicht. Nicht nur, daß wir täglich nur zweimal für insgesamt je eine Stunde hinaus zur Waschbaracke gehen dürfen; man muß sich vielmehr zu diesem Gang nach genauer vorheriger Überlegung wie zu einer kleinen Expedition ausrüsten. Dazu gehört die blecherne Waschschüssel, dann das Wasch- und Rasierzeug, ein Holzschemel zum Aufstellen der Waschschüssel und ein Holzbrett, auf das man sich selbst stellt, damit die eben gewaschenen Füße auf dem nassen Lehmboden der Baracke nicht wieder schmutzig werden. Schließlich empfiehlt sich, auch einen Nagel mitzunehmen, den man in die Holzwand der Baracke eindrückt, um seine Sachen aufhängen zu können. Überall ist es schmutzig, lehmig, verschmiert; man kann nichts ablegen. Den Nagel nimmt man später nach der Waschung wieder aus der Wand heraus und verwahrt ihn fürs nächste Mal.

Heute leiste ich mir frische Wäsche, meine saubere Hose, geputzte Schuhe, den geflickten Uniformrock und ein weißes Halstuch. Ich fühle mich »wieder als Mensch«.

Natürlich gibt es keinen Geburtstagstisch oder gar Blumen; wo sollten sie wohl herkommen!!?

Ich krieche wieder in meine Koje und schenke mir etwas augenblicklich sehr Begehrenswertes! – Ein Paar Bettschuhe! Ich habe sie aus einem Stück Stoff einer alten Wolldecke geschneidert. – Und dann habe ich mir in einem guten Versteck, dem doppelten Boden meines selbstgenähten Rucksacks, ein amerikanisches Rationpäckchen aufgespart. Dies wird heute geöffnet!

Erst wird das Wachs vom geschlossenen Karton für das kostbare »Hindenburglicht« abgeschabt, dann die Pappe aufgeschnitten. Geburtstagsüberraschung! Freilich weiß ich, wie ein jeder, was in diesen Kartons enthalten ist – (eine eiserne Ration als Marschverpflegung für amerikanische Soldaten) –, aber nun liegt es vor mir: ein kleines Büchschen Käse, Kekse, Schokolade, etwas Konservenschinken mit Ei, Zigaretten, Cereal, Zucker, Streichhölzer, Kaugummi, Toilettenpapier, von allem natürlich nur ein klein wenig, aber doch genug für einen Tag wie heute. Ich schwelge! Einmal schwelgen erscheint mir sinnvoller als ein Aufteilen auf Tage, als tagelanges Dahinhungern. Ich knabbere Schokolade und rauche Chesterfields, brühe Nescafé auf; es ist wunderbar!

Sogar die Sonne kommt heute für ein paar Stunden hervor. Ich gehe ein Weilchen unter Hunderten vor der Halle auf und ab.

Und am Abend wieder eine fesselnde Vorlesung über »Dante«. Ich sitze mitten in der Menge der gefangenen Kameraden, rauche mein Pfeifchen und lasse mich im Zuhören verzaubern von der forschenden und wissenschaftlichen Gestaltung und Aussage zum Thema durch den Fachmann Professor Schneider. Alles Alltägliche, Kleinliche, Äußerliche verschwindet. Kaum nehme ich noch die Wäsche wahr, die zwischen den

Bettürmen an Bindfäden zum Trocknen hängt. Oder den Lastkran, der zu unseren Häupten an einem T-Träger an der Decke hängt. Früher mag er mit seinen gewaltigen Eisenklauen Flugzeugteile und schwere Waffen hochgehievt haben, jetzt hat ein Kamerad seine alte Aktentasche an den Greifer gehängt. Die hoffnungslose Armseligkeit der Umwelt rührt mich weniger als sonst; die Versunkenheit in die Urgründe schöpferischen Geistes wird zu einem befreienden Geschenk. – Und alles an diesem schönen Geburtstag.

Man sollte aber keinen Tag vor dem Abend loben. Ein neues Gerücht von irgendwoher flattert in unseren Bau herein und schreckt die Gemeinschaft auf: Wir sollen wieder verlegt werden!!! Wohin? Lager Auerbach in der Oberpfalz. Oder zum ehemaligen Truppenübungsplatz Grafenwöhr. Wieso das denn? – – Was soll da wieder werden? – – Was steht uns dort bevor! – – Niemand weiß es.

Dumpfes Summen der Männerstimmen in der Halle. Jeder spricht mit jedem, die Blechnäpfe klappern, das ständige Hämmern und Sägen aus irgendwelchen Nischen zwischen den Bettürmen des Ober- oder Unter-Stockwerks verebbt.

Es wird eine unruhige Nacht. Der »Bienenschwarm« unserer Halle summt und brummelt leise weiter. Man trägt diese Stimmen im Ohr, kann ihnen nicht entfliehen.

Am frühen Morgen schwillt das Tosen wieder an. 600 Menschen reden durcheinander, ein ewiges Rumoren und dumpfes Brausen.

Als es gegen Mittag geht, wird es plötzlich leiser und leiser; eine helle Stimme hebt sich aus dem Brausen heraus. Entferntere, die auch hören wollen, zischen und rufen »Ruhe!«.

Nun vernehmen wir alle, worum es geht: »Alles fertigmachen! In einer Stunde raustreten mit Gepäck! Wir werden verlegt!«

Eine Viertelminute der Lähmung folgt. Dann geht es wieder los! Was muß jetzt zuerst getan werden!? Nun, eine Stunde ist eine lange Zeit. Und wir haben Übung! Also: Los geht's! Das Notwendige geschieht in Eile. Es ist gut, so früh fertig zu sein, wie es nur immer geht.

Es ist still geworden in der Halle; die Stimmen sind gedämpft; jeder hat mit sich zu tun und will den Nachbarn nicht stören. Man hört das Rascheln von Strohsäcken, das Poltern umfallender Hocker und Schemel, Ausklopfen von Decken. Der Raum füllt sich mit Staub wie von Nebel, durch den von draußen die Strahlen der Sonne in schrägen Streifen durch die blinden Fensterscheiben hereinfallen.

Allmählich füllt sich der Vorplatz vor der Halle mit Gefangenen. Er ist durch hölzerne Barrieren eng eingegrenzt. Kaum faßt er die vielen Menschen mit ihrem Gepäck, den in Rucksäcke und Deckenballen gestopften Habseligkeiten. Einige haben Holzkisten und sogar Koffer. – Wir warten.

Hinter den Holzbarrieren sind zwölf Lastkraftwagen aufgefahren. Die Fahrer lassen die Motoren laufen und warten ebenfalls. Wir rufen ihnen zu, wo es denn hingehe. Sie heben die Schultern. »'don't know − − !« Sie wissen es auch nicht.

Dann kommen amerikanische Soldaten mit Maschinenpistolen im Anschlag. Einer klettert auf einen Tisch und liest Namen vor. Die Genannten müssen durch die Barriere gehen und sich anstellen. »Five men in aine Rrrraihe, let's go! Let's go!!« Ein Posten brüllt es in den Haufen der Gefangenen hinein. Er trägt eine Brille, hat ein dunkles Gesicht, hervorstehende Zähne. Er sieht aus wie ein Japaner. An seiner Pistolentasche hängt eine Art Lasso. Es heißt, daß Einheiten aus Texas dies als Abzeichen tragen. Der Amerikaner scheint wütend zu sein. Immer wieder brüllt er: »Let's go! Mach snell!! Offizierpack, mach' snell!! Let's go!« Seine Stimme klingt heiser.

Als die Gefangenen auf den ersten Lastwagen hinaufkrabbeln, geht ihm auch das nicht schnell genug. Er springt auf das Führerdach des Wagens, wo er breitbeinig steht, sein Lasso mit herumfuchtelnden Armen schwingt und in die Menge hineinschreit. Viel kann man nicht verstehen, aber das »Mach' snell!« kehrt gellend immer wieder.

Es ist nicht einfach, die Lastwagen mit der Menschenfracht zu beladen. Pro Ladefläche sind 54 Gefangene mit ihrem Gepäck vorgesehen. Sie stehen zusammengedrängt wie Sardinen in einer Büchse, aber immer noch stehen welche unten und wollen aufsteigen.

Nun beginnen auch die anderen Amiposten zu brüllen, und es gibt Püffe mit den Kolben der Maschinenpistolen. Aber die Menge ist geduldig. Wie eine Herde Schafe.

Beim nächsten Wagen das gleiche Schauspiel. Es geht alles langsamer, als die Soldaten es wollen, obwohl die ersten von uns gleich hinaufspringen und das Gepäck zu verstauen beginnen. Wagen um Wagen fährt vor und wird mit Menschen vollgestopft. Wir ehemaligen Generalstabsoffiziere kommen auf die beiden letzten Wagen.

Als wir antreten − »Five men aine Rrraihe!!« −, springt ein Amerikaner auf Oberstleutnant Bellmann zu, reißt ihm die Schulterstücke vom Mantel und wirft sie auf den Boden. Dann tritt er sie mit den Stiefelabsätzen in den Dreck. Ein anderer Amerikaner nimmt Hauptmann Jakoby die Mütze vom Kopf und reißt vorn an der bereits entfernten Kokarde den Eichenlaubkranz ab.

Es geht alles sehr schnell. Ein kalter Schauder rinnt mir über den Rücken. So ist das also! Ich hätte es nicht gedacht. Warum geben sich die Amerikaner diese Blöße!?? Fühlen sie sich von diesen letzten Äußerlichkeiten so stark provoziert??

Die Fahrt wird zu einem eindrucksvollen Erlebnis. Ich stehe am Ende der Ladefläche, eingezwängt zwischen die Kameraden und der hinteren Bordwand, so daß ich nach rückwärts und schräg nach rechts Ausschau halten kann. Ich kann mich zwar nicht rühren, aber ich atme die frische Luft des Fahrtwindes, und − vor allem! − ich sehe!

Ich sehe Menschen. Mädchen auf Fahrrädern. Winkende Frauen auf den Feldern. Bauern. Kinder. Die Kette der schneebedeckten Berge im Sonnenschein. Im Westen dunkles Gewölk; ein Wetter kommt auf. Phantastisch, dieses Bild! Als wäre alles nur für unseren Abschied in dieser vollendeten Pracht entstanden. Ein wirklich wehmütiger Abschiedsblick geht über dieses grandiose Panorama hinweg. Unvergeßlich. Als wir schon halbwegs auf der Fahrt nach München sind, muß unser Lastwagen aus der Kolonne ausscheren und auf einen Parkplatz fahren; irgend etwas am Motor ist nicht in Ordnung. Der Fahrer macht sich unter der Motorhaube zu schaffen. Unser Wachtposten, ein Neger, steht mit der Waffe im Anschlag neben dem Wagen und beobachtet mit rollenden Augen, daß niemand von uns die Pritsche verläßt. Ob er Angst hat? Es wird schnell dunkel. Und es beginnt zu regnen. Der Fahrer hat den Schaden schließlich behoben. Unsere Fahrt geht weiter.

Die Autobahnbrücke bei Weyarn ist noch nicht wieder befahrbar. Wir fahren behutsam auf kurvenreicher Nebenstraße ins Tal der Mangfall hinab, unten über eine alte Holzbrücke, dann den Berg wieder hinauf. Da beginnt der Motor unseres Lastwagens zu »stottern« und zu puffen. Wir halten an. Der Wachtposten bedeutet uns, abzusteigen und den Wagen bergauf zu schieben. Wir sitzen ab. Alle 54 Mann! Und wir schieben! Mit aller Kraft, die uns zur Verfügung steht, schieben wir den alten Lastwagen den Berg hinauf. Es regnet. Die Straße ist lehmig, glitschig. Aber wir schieben. Mit Erfolg! Wir schaffen es! Es hat uns angestrengt. Weißer Wasserdampf vor den Mündern. Aber wir sind wieder oben. Wir sitzen wieder auf. Und *keiner* fehlt − − − !!!

Wir sind alle merklich betreten auf der Weiterfahrt. Mit hochgeschlagenem Mantelkragen, die Kopfbedeckung tief ins Gesicht gezogen, um uns vor dem Regen zu schützen, sinnieren wir vor uns hin.

»Warum bist du denn nicht abgehauen??«, fragt mich Schürmeyer. »Du hattest doch die Möglichkeit hier in der Nähe − − −!??« »Und du?? Du hast doch Verwandte hier irgendwo − − ??!« »Tja, ohne Papiere − − die schnappen einen ja doch wieder − − !« Schweigen. Wir wissen noch immer nicht, wohin die Fahrt geht.

Aber dann sind wir im arg zerstörten München. Hier fahren Straßenbahnen!! Die Menschen schauen uns nach. Viele winken. Es tut uns gut. Die Stadt ist wirklich sehr stark beschädigt. Kaum kann man die Hauptstraßenzüge erkennen. Dieser verfluchte Krieg! Wir stehen stumm, zusammengepfercht auf unserem Wagen und schauen ins Dunkel dieser Stadt. Die Fahrt geht nach Nordosten hinaus. Es wird uns klar, daß man uns nach Dachau, ins ehemalige KZ-Lager, bringt.

Auf dem Hof vor einem düsteren alten Kasernengebäude halten wir. Über dem Portal ist noch das nationalsozialistische Hoheitszeichen zu sehen, aber wo das Hakenkreuz war, klebt jetzt das große buntgeränderte »A« der 3. amerikanischen Armee.

Wir fahren durch ein Tor, halten wieder, müssen absteigen und antreten. Im Hintergrund erkenne ich unzählige niedrige, lange, graugrün getünchte Baracken im Dunkel. Ein riesiges Christus-Kreuz steht mitten auf einem Platz. An einem Baum hängt ein Holzschild: »To the crematory« »Zum Krematorium«.

Wir sind im KZ-Lager! Rechterhand befindet sich ein kleines, unscheinbares Gebäude, eine Holzbaracke, niedrig, dunkel, nichtssagend. Amerikanische Soldaten kommen heraus und führen die ersten zehn Mann von uns in das Haus. Nach kurzer Zeit kommen sie wieder heraus, ein paar taumeln, wie mir scheint. Einem blutet die Nase. Die nächsten zehn!

Ich bin bei der dritten Gruppe. In der Baracke ist ein großer Raum. An den Wänden hängen in Augenhöhe Großfotos aus dem KZ, schreckliche Bilder von verhungerten KZ-Insassen, Leichenberge, gefolterte Kreaturen. Wir müssen uns ganz nahe an die Bilder hinstellen. Hinter uns geht ein amerikanischer Soldat von einem zum anderen und schlägt jedem mit der Faust von hinten in den Nacken oder auf den Schädel, daß man mit dem Antlitz gegen die Bildwand schlägt.

»Let's go!!!« Wir treten draußen ins Glied zurück. Keiner sagt ein Wort.

Wieder kommen amerikanische Soldaten und verteilen sich zwischen uns. Gepäck-Kontrolle! Diese Soldaten sind korrekt und fast höflich. Sie tun ihre Pflicht nach gegebenen Anweisungen. Was ihnen befohlen ist, uns abzunehmen, werfen sie auf der Lagerstraße auf einen Haufen: Brot, Konserven, Zigaretten, amerikanische Wäschestücke, Handwerkszeug.

Bei mir ist nichts dergleichen zu finden. Ich habe nichts. Das letzte Stückchen aufgesparte Schokolade schiebe ich noch eben schnell in den Mund. Ich kann es nicht beißen; mir schmerzt der Kiefer von dem Schlag gegen die Barackenwand.

Der mich kontrollierende Soldat interessiert sich für meine eng beschriebenen Hefte und Zettel. »What is that??« Ich sage ihm auf englisch, ich sei Schriftsteller und schreibe an einer Novelle. »Isn't it Nazi-Propaganda??« Ich kann ehrlichen Herzens verneinen. Dann sieht er mein Tagebuch. »And this???« Ich sage ihm, daß es mein Tagebuch sei. »Oh!«, macht er, »It must be controlled!« Er nimmt es an sich. Ich bitte ihn, mir dieses Buch zu belassen, denn es sei für mich, aber nur für mich von großem Wert. »No, no, no!« sagt er, »It must be controlled!« Er meint, es würde mir wahrscheinlich zurückgegeben werden.

Er nimmt meine Brieftasche auseinander. Er prüft jedes Stück Papier und nimmt mir einen kurzen schriftlichen Lebenslauf ab und — leider! — auch das letzte Lebenszeichen meiner Mutter: eine Postkarte, die sie mir am 30. März aus dem Oldenburgischen an das Berliner Lazarett schrieb, also noch vor Kriegsende.

Über diesen Verlust bin ich traurig. Diese Karte war mir lieb und teuer. Ich erkläre dies alles hastig dem Amisoldaten. Aber er läßt nicht mit sich reden. Es geht auch alles so schnell. »Let's go!!«

Ich muß meine Sachen eiligst zusammenraffen, denn wir marschieren los. Ich bin einer der letzten. Ich sehe noch, wie eine Gruppe amerikanischer Soldaten am Rande der Lagerstraße beisammensteht und neugierig in meinem Tagebuch blättert. Das habe ich nun auch los – – – Wir marschieren eine Allee entlang, zu deren Seiten, schnurgerade ausgerichtet, hohe Pappeln stehen. Rechts und links dahinter erstrecken sich, mit den Giebelseiten an die Allee stoßend, lang hingeduckte, gleichförmige Baracken. So weit sieht alles recht ordentlich hier aus.

Auffällig ist aber der Eindruck, den die hiesigen Gefangenen machen. Sie sehen alle sauber und adrett aus, und ihre Führer gehen allesamt noch mit ihren Rangabzeichen einher. Sogar die Grußdisziplin ist ordentlich. Zu beiden Seiten unseres Weges stehen sie Kopf an Kopf und rufen uns Fragen zu, woher wir kämen und wer wir seien.

Es ist ein ganz anderer Eindruck als jener der niedergedrückten, grauen, schmutzstarrenden Gestalten von Aibling. Fast mutet es an, als fühlten sich diese Dachauer Gefangenen ganz leidlich wohl – – –

Unsere kleine Marschkolonne nähert sich dem Ende der Allee, wo im Dunkel ein durch mehrere Stacheldrahtzäune besonders abgegrenzter Barackenbezirk sichtbar wird. Ein Schild am dicken Zaunpfosten: *SONDERLAGER*.

Zu diesem Bezirk gehören vier lange Baracken, die parallel nebeneinander stehen, jede gut 100 m lang. Zwischen zwei solchen Baracken halten wir an und nehmen das Gepäck ab. Von irgendwoher wird von Mann zu Mann weitergesagt, wir seien hier in der sogenannten »Schleuse«, würden hier nur übernachten, und morgen gehe es dann weiter.

Ein großer blonder SS-Obersturmbannführer (=Oberstleutnant) stellt sich uns als Führer des 5. Kriegsgefangenenregiments vor und geht mit unserem Zugführer in die Baracke. Wir stehen und warten und rauchen die letzten Zigaretten, soweit wir diese beim »Filzen« haben verbergen können. Über uns der Nachthimmel zwischen den Baracken, die weiße lange Mauer auf der einen Seite, der Stacheldrahtzaun auf der anderen. Es ist, als stünde man hier auf einem Bahnsteig und die langen Baracken links und rechts mit ihren Fenstern seien abfahrbereite Züge – – –

Dann kommt Oberst Petzold wieder und sagt, wir sollten hereinkommen, der Platz sei aber sehr eng, und wir bekämen nur einen Raum und müßten damit auskommen.

Wir kippen einige Schränke, die noch in diesem sonst unmöblierten Raum stehen, um, damit wir auf den rückwandigen Brettern liegen können. Die meisten liegen auf dem Fußboden. Ich habe mit Jakoby, zur Mühlen, Schnell und Bodensteiner einen umgekippten Schrank vorn an der Tür. Hier liegen wir also zu fünft. Wir rücken ganz dicht aneinander; dennoch hat Schnell, der am Rande liegt, nur zur Hälfte Platz. Er baut noch seine Holzkiste und seinen Rucksack unter. Früher hatten in einem solchen Raum – so erzählt man uns – 30 KZ-Häftlinge Platz; *wir* sind hier 76 Mann! Aber es ist ja nur für eine Nacht, hat man uns gesagt.

Und trotzdem ist unsere Stimmung blendend! Es ist schier unbegreiflich, aber es ist tatsächlich so. Mag sein, daß es Situationen gibt, in denen die Drangsal zum Witz wird. Es ist alles paradox. Nun sind wir im berüchtigten KZ-Lager Dachau und – – haben es offenbar besser getroffen als im amerikanischen Lager Aibling. Freilich ist es eng hier, aber – – die Baracken sind stabil gebaut und sauber, die Wege trocken, kiesbestreut, und dann die sanitären Einrichtungen: Waschraum mit großen Becken! Klosetts zum Sitzen mit Wasserspülung!! Hier ist es ja geradezu komfortabel! Alles plappert durcheinander. Witze werden gerissen, daß sich die Wände biegen. Dröhnendes Lachen! Lachen und wieder Lachen – – –

Natürlich ist es nachts verdammt eng. Wir fünf können auf unserer Schrankrückseite nur liegen, wenn wir uns alle nach der gleichen Seite drehen. Dann bleibt jedem ca. 30 cm–40 cm Platz in der Breite und ca. 1,70 m in der Länge. Aber so geht es allen. Nach bestimmten Zeitabständen müssen wir fünf uns gleichzeitig um 180 Grad drehen. Dann geht's wieder eine Weile.

Am Tag ist es noch schlimmer, weil einer dem anderen andauernd im Weg sein muß; schließlich ist man sich selbst im Wege. Aber man kann ja auch hinausgehen! Zwischen den vier Baracken dürfen wir auf- und abgehen. Schräg gegenüber breitet sich eine große, gepflegte Gärtnerei aus mit schnurgeraden breiten Beeten, Sträuchergruppen, Gewächshäusern. Und wir können die lange Pappelallee hinabschauen, wo sich Hunderte von Gefangenen frei bewegen. Obwohl wir selbst aus dem Sonderlager nicht hinaus dürfen, fühlen wir uns viel freier.

Auch die Verpflegung ist hier besser als in Aibling. Abends gibt es sogar zweimal Suppe! Wir bekommen Schokolade oder Kekse im täglichen Wechsel und mittags Brot zur Suppe. »Tadellos!« hört man den einen und anderen Ausruf.

Am Nachmittag werden wir zum Antreten auf die Barackenstraße gerufen. Ein amerikanischer Oberst wolle kommen, so heißt es. Wir warten. Wir warten eine ganze Weile in der nun schon zur Übung gewordenen »PW«-Ordnung: »Five men aine Rrraihe!« Dann wird ein Tisch gebracht. Er wird vor uns hingestellt. Wir warten weiter. Schließlich kommt ein amerikanischer Offizier. Er steigt auf den Tisch, barhäuptig, in kurzem Jackett, klein, ein italienischer Typ, ein Jude?? Er spricht uns unvermittelt in fließendem Deutsch an und stellt fest: »Von Ihnen spricht ja doch keine Sau englisch!« Dann läßt er uns nach Dienstgraden antreten und brüllt: »Das ist alles eine Sauerei hier!«, und weil es ihm nicht schnell genug mit dem An- und Umtreten geht, nennt er uns »Verdammte Dickschädel!«. Ein kleines Grüppchen von uns wird ausgesondert und weggeführt; es waren einstmals Angehörige der Waffen-SS.

Wir gehen wieder zwischen den Baracken auf und ab. Ich geselle mich zu Oberst Krafft von Delmensingen. »Wissen Sie«, sagt er, »die Amis sind im Grunde ganz gutmütige Menschen, nur eben unberechenbar. Mir ist bei einem Ami immer zumute, als sitze ich bei einem Gorilla in einem Käfig und der Gorilla hat ein Rasiermesser in der Hand. Sicherlich ist ein Gorilla an sich ein gutmütiges Tier, aber mit einem Rasiermesser weiß er eben doch nicht umzugehen!«

Wir unterhalten uns immer wieder mit SS-Männern außerhalb des doppelten Drahtzaunes unseres Sonderlagers. Wir hören, daß es hier in Dachau »ganz ordentlich« sei. Die SS-Männer werden zu Arbeitskommandos eingeteilt und außerhalb des Lagers verwendet.

Wir fragen sie, wie es denn hier im Lager zu KZ-Zeiten gewesen sei. Sie wissen es ebensowenig wie wir, da sie von der Waffen-SS stammen. Nur das Krematorium haben sie besichtigen können. Dort habe man alles so gelassen, wie es die Amerikaner beim Einmarsch vorfanden. Nur die umherliegenden Leichen seien durch Wachspuppen ersetzt worden.

Ein biederer Bayer, der im Krematorium saubermachen mußte, meint hierzu: »Ja, wissen's, hier bau'n die Amerikana ihre große Tradition auf. Früher haben S' es sogar selba ernst g'numma, aber jetzt lachen 'S sogar selberts drüber!«

Als es dunkel wird, gehe ich noch mit Werner Hallbauer draußen auf und ab. Über uns glitzert der Nachthimmel. Wir sprechen von unserer Heimat, dem Vogtland. Zuweilen gehen wir eine Runde schweigend nebeneinander her. Dann denkt er wohl an seine Frau. Jedes Wiedersehen rückt in immer weitere Ferne. Und vor wenigen Wochen war das Hoffen noch so selbstverständlich – – –

Von den Wachtürmen spielen die Scheinwerfer herab. Vor der weißen Mauer ist ein elektrisch mit Hochspannung geladener Zaun gezogen, von dem rote Warnlampen durch die Dunkelheit leuchten. Davor zieht sich ein tief ausbetonierter Graben um das ganze Lager herum. In diesem Lager haben viele Jahre lang Abertausende oft unschuldiger Menschen geschmachtet, gelitten, wurden getötet. Kann man das fassen??? Und nun sind wir hier. Und wir sind auf einmal schuldig – – –?!

Von einer Verlegung aus der drangvollen Enge unseres Barackenraumes ist anscheinend nicht mehr die Rede. Durch die Hinwegnahme der ehemaligen SS-Männer ist es ein klein wenig aufgelockerter geworden. Wir liegen jetzt nur noch zu viert auf unserer Schrankrückwand.

Frühmorgens erscheinen plötzlich wieder amerikanische Soldaten in unserer Baracke und durchsuchen nochmals unser Gepäck. Heute nehmen sie Taschenmesser ab, Briefe, Bindfaden, Draht, Schokolade; ein älterer Oberst hatte insgeheim Schokolade gesammelt, um sie seinen Kindern mitzubringen, wenn er einst entlassen wird. Aber sie wird gefunden und konfisziert. Wir sehen Tränen über sein faltiges Gesicht rinnen – – –

Nach der Mittagssuppe müssen wir wieder draußen antreten. Ein hochgewachsener, hagerer, leicht vornüber geneigter amerikanischer Offizier mit schwarzer Hornbrille hält uns eine Standpauke. »Bei Ihnen sieht es aus wie in einem Schweinestall!! Hier gibt es keine Offiziere mehr! Sie haben Ihre Aborte gefälligst selbst zu reinigen, falls noch nicht geschehen. Kein Wunder, daß Deutschland den Krieg verloren hat, wenn Offiziere solche Schweine sind − −!!« Es berührt uns wenig. Wir hatten schon heute morgen einen »Lokus-Dienst« im täglichen Wechsel eingeteilt, natürlich auf eigene Initiative. Das ist doch das Schlimmste nicht.

Als die Abenddämmerung herankommt, sammeln wir uns um unseren Professor Schneider, der am Kopfende zweier Baracken am Zaun stehend seine Vortragsreihe über »Dante« fortsetzt. Wir stehen im Halbkreis um ihn herum, in tiefer Ergriffenheit, und lauschen. Und die Welt wird weit und ohne Grenzen von Zeit und Raum − − − Dante Alighieris Geist im KZ-Lager Dachau! Ein Zeichen dieser neuen Zeit. Sei es uns ein Auftakt.

Das Wetter ist noch einmal schön geworden: Spätherbst. Wir sitzen tagsüber draußen in der Sonne, an der Barackenwand hingereiht, wie Hühner auf der Stange. Wir denken an die Regentage von Aibling zurück. Wie wohlig ist es dagegen, etwas Trockenes, Warmes auf dem Leib zu haben!

Auch die Verpflegung ist hier besser. Es gibt hier in Dachau nicht nur tagein, tagaus Bohnensuppe, sondern auch Spinatsuppe oder Sauerkrautsuppe, und sie ist immer so reichlich bemessen, daß man jeden zweiten Tag eine halbe Kelle »Nachschlag« erhält.

Und abends, wenn es ganz finster geworden ist, beginnt sich am Doppelzaun zum großen »A-Lager« ein rühriges Zaungeschäft zu entwickeln. Zum Beispiel bringen heimkehrende Außenarbeitskommandos Zigaretten mit, die sie von den amerikanischen Wachtposten gekauft haben. Diese Zigaretten werden jetzt hier an uns dürstende Seelen im Sonderlager zu 3,50 Mark pro Stück abgesetzt. Und wir zahlen dieses »Sündengeld«.

Werner Hallbauer kauft sich 20 Stück; ich wage es mit zehn. Wir laufen miteinander um die Baracke herum. Er zeigt mir Photos von seiner Frau − Erika Semmler, meine Jugendliebe! Wir lächeln über unsere damaligen Geheimnisse, und wir freuen uns, wie sich alles entwickelt hat. Wir sprechen vom Vogtland und vom Pöhler Eisenhammer, Erikas Vaterhaus. Nun hat Werner zwei pausbäckige, stramme Buben von ihr, Erika hat sich zu einer ein wenig rundlichen Mutti entwickelt, und alles macht einen glücklichen, soliden bürgerlichen Eindruck.

Später schlendere ich mit Oberst von Bülow eine Weile zwischen den langen Baracken auf und ab. Wie er bescheiden neben mir einhergeht und sich immer wieder zu Boden bückt, um alte, rostige Nägel aufzusammeln, empfinde ich Mitleid mit ihm. Viel Glanz und Herrlichkeit ist auch hier vergangen − − −

Am Abend spricht Professor Schneider in bemerkenswerter persönlicher Ergriffenheit − und fast ein wenig mit verhaltener Stimme − über »Bismarck«. Er würdigt Person und Werk dieses großen Staatsmannes nicht nur in historischer Wahrheitstreue, sondern mit einem Unterton eigener herzlicher Verehrung, die auch die Zuhörer zutiefst ergreift. Schneiders Darlegungen sind erlebte Geschichte und deshalb so ungemein lebendig. Eigenes Erlebnis bis in Details umfaßt sicherlich sehr viel besser den Wert des vollkommenen Wahrheitsgehaltes als ein späteres noch so genaues Zurückforschen mit der nüchternen Aussage wissenschaftlicher Historiker; eines können sie keinesfalls: die Atmosphäre, die ganze Stimmung zu den einzelnen Begebenheiten über viele Jahre hinweg in die Gegenwart projizieren.

Wahrhaftig: Der Geist besiegt immer wieder die Materie! Das ist die Losung unseres allseits verehrten Professors, für dessen Vortrag ihm heute ein besonders lang anhaltender Beifall dankt − − −

Am frühen Morgen werden wir ins Brausebad geführt! In einem großen, sauberen und hellen Raum neben dem Kasernentrakt sind etwa 200 Duschen angebracht, denen ein herrliches, heißes Wasser entströmt. Welch ein Genuß!

Im Vergleich zum amerikanischen Gefangenenlager Aibling ist es hier im ehemaligen KZ Dachau, was die sanitären und hygienischen Verhältnisse und die Gesamtkonzeption anbelangt, recht anständig.

Freilich darf niemand über diesen Äußerlichkeiten vergessen, was die Häftlinge hier durch Roheit ihrer Peiniger haben erdulden müssen. Wird man sich dessen bewußt, dann scheut sich fast der Fuß, diesen leidgetränkten Boden zu betreten. Dann haftet allem hier spürbar der Geruch von Verfolgung und zynischer Vernichtung der Menschenwürde, von Mord und Sadismus an. Ja, die Summierung aller von uns nur noch zu ahnenden Grausamkeiten, die sich aus den Erzählungen und Zeitungsartikeln ergeben, ist so stark, daß einige Kameraden von uns es vorziehen, sich vom Brausebad zu »drücken«, weil es heißt, früher seien KZ-Häftlinge im Duschraum vergast worden − − − Ein anderer Bericht sagt, man habe die Häftlinge anstatt zum Duschen ins Krematorium geführt − − −

Die Zurückbleibenden wollen erst abwarten, bis *wir* wohlbehalten zurückkehren − − − Man traut den Amerikanern alles zu.

Abends müssen wir Karteikarten ausfüllen. Es gibt Kameraden, die es für tunlich halten, die ihnen verliehenen Orden und Ehrenzeichen zu verschweigen. Ich kann das nicht billigen. Ein Rest »Bekennermut« muß doch bleiben! Auch ein ehrliebender Feind muß Auszeichnungen anerkennen, die man sich wegen Tapferkeit auf dem Schlachtfeld, in der Luft oder auf See erworben hat. Wir diskutieren über diese Frage, die schließlich im Raum hängenbleibt: Sind Amerikaner nach den grundsätzlichen Begriffen eines deutschen Soldaten ehrliebend??

Es erscheint müßig, sich hierüber den Kopf zu zerbrechen.

Nach dem Wecken am frühen Morgen wird hier »Zählappell« abgehalten. Wir müssen auf der Lagergasse zwischen den Baracken antreten und werden erst »in Zügen«, dann »in Kompanien« und schließlich insgesamt gezählt. So schreibt es das Reglement vor. Es dauert ziemlich lange Zeit, und inzwischen wird die Frühsuppe kalt. Einen rechten Sinn kann niemand an dieser Prozedur erkennen. Man nimmt's achselzuckend hin − − −

Viel wichtiger ist, daß wir allmählich in unserem Sonderlager einen Lehrbetrieb entwickeln. Die heutige Auswahl: Prof. Schneider: »Dantes Bild von Francesca und Paolo«, Prof. Lehmann: »Großraum-Politik«, Oberst Jakoby: »Die Entwicklung des Kraftfahrwesens«. Es gelingt mir, sämtliche Vorträge zu hören; ich werde dabei in hervorragender Weise von der Misere unseres Gefangenendaseins abgelenkt.

Natürlich sind das nur »Ausflüge in die Welt des Geistes«, die nicht sehr lange dauern.

Heute bin ich hier im »Lager der Kriegsverbrecher«, einer Art »Filiale« zum Sonderlager, zum Kesselheizen eingeteilt. In einem abgesonderten Barackenraum stehen die großen Kessel. Ich habe die Aufgabe, zusammen mit zwei anderen Offizieren Wasser zum Wäschewaschen für rund 500 Mann zu bereiten.

Hierzu werden wir von den amerikanischen Posten in diesem Barackenraum eingeschlossen, damit wir nicht mit den Insassen dieses besonders streng abgezäunten Lagerbereiches in Verbindung treten können. Es handelt sich bei ihnen in der Mehrzahl um Wachmannschaften ehemaliger Konzentrationslager und hierbei dem Aussehen nach um zum Teil ausgemachte Verbrechertypen, die seinerzeit als KZ-Häftlinge selbst zu »Wächtern« und Lager-Kapos avancierten.

Der Lohn unserer Arbeit besteht darin, daß wir einen großen Bottich heißes Wasser auch für unser Lager gewinnen. Es hebt sogleich ein emsiges »Waschfest« an. In der drängenden Enge unseres Barackenraumes hängt alsbald überall mehr oder − meist! − weniger saubere Wäsche umher; es fehlt an Seife.

Plötzlich erscheinen amerikanische Soldaten. Wir müssen eiligst die ganze Baracke ausräumen − »Mach' snell! Mach' snell!« −; ein paar Männer erscheinen mit Spritzflaschen − − Entwanzung! Nun wird gekehrt und gescheuert, Decken werden geklopft, Staubwolken quellen zu den Fenstern hinaus und durch andere Fenster im Zugwind wieder hinein. Das Ausräumen und Einräumen bringt den Schmutz tüchtig durcheinander, aber schließlich ist alles wieder in drangvoller Enge an Ort un Stelle, nur stinkt es abscheulich nach dem Wanzenmittel. An der Decke des Raumes ziehen wir Schnüre und hängen die nasse Wäsche wieder auf, von der die Wassertropfen auf uns herniederfallen.

»Ein ausgesprochenes Wohnküchenmilieu im Stil von Heinrich Zille, was?« meint Major Bodensteiner.

»Nur schwierig, dabei Spengler zu lesen!« stellt Major Zindl fest, der sich am liebsten mit philosophischen Studien befaßt.

Von einem Umzug aus unserer »Schleuse« spricht niemand mehr.
Überraschend wird nur eine Gruppe der mit uns von Aibling gekommenen Kameraden wieder zurück nach Aibling verlegt. Es handelt sich um »untere Dienstgrade« mit unbedeutenden dienstlichen Beschäftigungen in den früheren Oberkommandos. Es heißt, sie kämen in Aibling zur Entlassung; man sieht gespannte Mienen von banger, verhaltener Fröhlichkeit. Werner Hallbauer ist auch dabei. Ich freue mich mit ihm.

Wir haben durch den Abzug der Kameraden wieder etwas mehr Raum gewonnen. Nun werden einige Verlegungen in den Baracken vorgenommen, und wir erhalten dadurch einen abgesonderten Barackenraum für Vorträge. Hier sitzen wir auf unseren Hockern, Kisten und Koffern, selbstgebastelten Schemeln oder auch nur auf einer Waschschüssel mit einem Brett darüber, auf Decken oder direkt auf dem Boden. Über uns die mit Brettern vernagelte Decke, durch die ein Stück Ofenrohr beziehungslos halb in den Raum herunterhängt. Die Fensterscheiben fehlen teilweise; die Öffnungen sind mit Pappe notdürftig geschlossen. Rednerpult ist eine umgestülpte Abfallkiste, die auf einem alten Koffer steht. Darüber hängt an dünnem Draht unvermittelt eine elektrische Birne und gibt ein trübes rötliches Licht. Dies ist der äußere Rahmen, in welchem uns Dr. Baumgardt, der Schriftsteller, mit seinem Vortrag über »Richelieu und Mazarin« Zeit und Raum vergessen läßt. Abgesehen von der vollkommenen historischen Darbietung entzückt Dr. B. durch seine hervorragende Dialektik. Sein Vortrag ist vom ersten bis zum letzten Wort druckreif. – Hier führt uns Regierungsrat Kneisel in »Das Wesen der Kartographie« ein. Hier setzt Professor Schneider seinen Zyklus über Dantes »Divina Commedia« fort. Und am Abend schenkt uns Professor Lehmann noch eine unvergeßliche Stunde. Er liest aus unveröffentlichten Werken Gedichte moderner Dichter.

Da ich meinen Schlafplatz auf unserem Schrank in nächster Nähe der Tür habe, durch die ein nahezu ununterbrochenes Kommen und Gehen zur Toilette stattfindet, habe ich mich wohl in der Zugluft erkältet, habe Darmbeschwerden und Durchfall. Ich fühle mich matt und lustlos.

Aber ich zwinge mich, am Vormittag zu Professor Schneiders Dantevortrag zu gehen. Eben ist er dabei, den »Gesang des Odysseus« zu erläutern, da müssen wir abbrechen und – werden zum Duschen geführt.

Auch wird heute eine Verpflegungskürzung von der amerikanischen Lagerleitung verfügt. Abendsuppe und – hin und wieder – Schokolade fallen weg. Trotzdem ist die Verpflegung noch besser als in Aibling. Wir bekommen morgens 1/2 Liter Mehlsuppe, mittags 1/2 Liter bis 1 Liter Bohnensuppe, 1/4 Kommißbrot, 30 g Fett oder 1/10 Büchse Fleischkonserve und 1/2 Liter Ersatz-Kaffee.

Zum körperlichen Nichtstun verdammt, wie wir es sind, reicht es aus.

Der Nebel über dem Dachauer Moor will gar nicht weichen. Von den Pappeln schneien gilbende Blätter zwischen die Baracken herein. Ich

146

laufe draußen auf und ab. Wenn die Nacht kommt, hat man doch mehr das Gefühl des Alleinseindürfens.

Verdrossen beginne ich zuweilen von einem Widerwillen gegen meine Kameraden befallen zu werden. Dies macht vor allem die Enge, in der wir alle miteinander zu hausen gezwungen sind; die schält das Allzumenschliche des Nebenmannes so deutlich heraus. Da es aber keine Möglichkeit gibt, einmal allein zu sein, wirklich allein, und sei es auch nur für eine Stunde, fällt man sich gegenseitig auf die Nerven. Auch intime Dinge vollziehen sich ja zwangsläufig in der Gemeinschaft und vor aller Augen.

Und wenn man hinausgeht, weil man's im Trubel und Getöse der so stark überbelegten Stube glaubt nicht mehr aushalten zu können, stößt man an der nächsten Barackenecke wieder auf Kameraden, die sich einem an die Fersen heften.

Da ist die Gruppe der Ichbezogenen. Sie gehen »ihren eigenen Weg«, pfeifen auf jede Kameradschaft, lassen sich gehen, wenn's ihnen gefällt, greifen nie und nirgendwo helfend zu, sinnen nur allein auf ihren eigenen Vorteil und würden diesen eiskalt und auch dann ungeniert auf Kosten ihrer Kameraden erkaufen, wenn sich dazu nur eine Gelegenheit bieten würde.

Dann ist da die Gruppe der unnahbar Verschlossenen. Sie huschen unauffällig mit verkniffenen Lippen zu allen Vorträgen, notieren alles, was sie hören, lernen und streben und arbeiten, natürlich für sich selbst. Niemals sieht man sie lachen, denn unablässig müssen sie studieren und schaffen − − ohne jemals selbst etwas zu geben. Selbst bei Diskussionen im Kameradenkreis halten sie sich absolut zurück, denn sie wollen nicht auffallen, oder − was ich glaube! − weil sie gar keine eigene Meinung haben.

Am unangenehmsten aber ist die Gruppe der »in jeder Weise Gestrigen«. Wiegenden Schrittes schreiten sie − in Unterhosen! − zum Abort, haben selbstverständlich zu allen Fragen ihren unverrückbaren Standpunkt, den sie äußern und vertreten müssen, entwickeln in hämischer Freude ihre Ideen, die meist aus Verachtung und Überheblichkeit geboren sind, schaffen dabei Zwietracht, weil sie stets zu irgend etwas oder irgend jemand im Gegensatz stehen, tragen Handschuhe, wenn sie die Stube fegen, und stehen stets und immer noch irgendwie auf einem Feldherrnhügel, ein Monokel im Auge, und jeder Fetzen Zeitung wird ihnen zur »Lagekarte«.

Oh, wie abscheulich ich sie alle finde, ihre Stimmen, ihre Themen, ihre üblen Gerüche!

Sicherlich bin ich mit diesen Urteilen ungerecht. Habe ich nicht von jeder Gruppe auch ein Weniges an mir − − −??? Finden die anderen nicht auch mich lästig?? Wie im Grunde jeder jeden − −??

Ich laufe zwischen den langen Baracken hin und her. Wenn jemand um die nächste Ecke auftaucht, von dem ich fürchten müßte, angesprochen zu werden, so schlage ich einen Haken und trotte entgegengesetzt davon.

Ich kann es nicht verhindern, daß sich ein kleiner zierlicher Major zu mir gesellt. Er sieht fahl und unterernährt aus; er raucht wohl auch zuviel und zieht jeden Zug tief in die Lungen hinein. Er zeigt mir eine Portraitskizze von Professor Schneider, die er bei dessen letztem Vortrag angefertigt hat. Schell ist ungemein talentiert. Ich habe schon in Aibling vortreffliche Aquarelle von ihm gesehen. Und er leidet – wie ich – an seinen Mitkameraden, verabscheut jedes Sichgehenlassen ebenso wie alle Plumpheit in Anbiederung und im Ablehnen. Er hat es wohl viel schwerer als die meisten von uns, weil er zu feinfühlig, zu – – – zu »erstklassig« ist.

Vor dem Einschlafen diskutieren wir über die letzte Ausgabe der »Münchner Zeitung«. Dieses Blatt stellt wohl den Gipfel feindseliger Gehässigkeit gegen alles Deutsche dar. Geistlos, zumindest aber auch ohne jede Logik gießt man Kübel voll Vernichtungswillen, Haß und Vergeltung über Deutschland und seine armseligen Menschen aus, die alles verloren haben, getäuscht und betrogen sind und nun auch dies noch erdulden müssen.

Verbittert fallen wir in einen unruhigen Schlaf. Es scheint, als liege etwas Ungutes in der Luft. Ein kalter, nebeltrüber Herbsttag bricht wieder an.

Am frühen Morgen wird plötzlich Oberst Krafft von Delmensingen mit Gepäck zur amerikanischen Lagerleitung geholt. Zwei amerikanische Militätpolizisten eskortieren ihn. Weshalb? – – – Wohin?? – – – Er weiß es nicht. Ein Jeep wartet auf ihn vorn an der Kaserne. Wir stehen am doppelten Drahtzaun und winken ihm nach. Dann ist er verschwunden – – –

Nach der Morgensuppe bekommen wir einen Durchschlag der Anklageschrift gegen die 24 Nürnberger »Hauptkriegsverbrecher«. Demnach gilt der Generalstab insgesamt als eine »verbrecherische Organisation«, als eine »Verschwörergruppe« (!!), die von einem der Hauptkriegsverbrecher gegründet und geleitet worden sei. Natürlich ist das alles lächerlich und dumm. Und wir lachen über diesen Anklagetext bitter und gequält. Aber dieses Papier ist eine Realität. Und das ist nicht eben ermutigend – – – »Eigentlich kann man das alles nicht ernst nehmen«, faßt einer aus unserer Mitte den Inhalt des vor uns liegenden Schriftstücks zusammen, »aber die Gefahr liegt darin begründet, daß die Amerikaner in ihrer Denkungsweise und in ihrem Urteilsvermögen derart primitiv und oberflächlich oder auch dumm sind; und Dummheit hat schon viel Unheil in der Welt erzeugt – – –!!«

Zwischenspiel nach der Mittagssuppe: Antreten! »Five men aine Rrraihe!« Wir werden durch das große allgemeine Lager nach vorn zum Kasernenkomplex geführt – – zum Lager–Varieté »KARUSSELL!«

Ein wenig Schlager-Musik, einige gequälte Witze und Clownerien, ein wenig Eugen Roth, ein wenig Kitsch. Die Kunst des Humors ist allzu groß und schwer, um von jenen beherrscht zu werden, denen es eigentlich zum Weinen zumute ist, Spielern wie Zuschauern.

In langer Kolonne trotten wir wieder zu unserem Sonderlager zurück, leer, entmutigt.

Hier erwartet uns die Neuigkeit, daß am nächsten Tag die ehemaligen Kameraden des OKL (Oberkommando der Luftwaffe) – 32 Gefangene – in ein anderes Lager verbracht werden sollen. Leider sind auch jene dabei, mit denen ich mich ein wenig angefreundet hatte: Oberst Bauer, Oberst von Berg, Oberst Gröpler, Bodensteiner, zur Mühlen, Jakoby. Sie sollen nach Bischofswiesen bei Reichenhall gebracht werden; weshalb, weiß niemand. Leider ist auch Professor Schneider dabei. Seine Abschiedsworte werden uns unvergeßlich bleiben: »Die Kameradschaft, die Freundschaft von Männern und die Welt des reinen Geistes geben uns jene Haltung nach außen und innen, die wir jenen Gewalten entgegensetzen, die uns biegen und brechen wollen!«

Der Abschied ist herzlich. Wir hatten in vielen harten Stunden freundschaftlich zueinander gefunden. Jetzt ist es stiller geworden, nachdem die Kameraden abmarschiert sind.

Ich laufe immer wieder durch die gleichen Barackengassen von Zaun zu Zaun. Ich möchte irgend etwas tun, um gegen diese alltägliche sinnlose Zeitvergeudung anzugehen. Ich würde jetzt gern Tagebuch schreiben, aber man hat es mir ja abgenommen, als wir in dieses Lager kamen. Nun kann ich nur noch stichwortartige Notizen auf kleine Zettel machen, die ich sorgfältig im Futter meines alten, zerschlissenen Uniformrocks verstecke.

Verlassenheit hat mich ergriffen, ein Angstgefühl, auch weil es mich in der Lebergegend schmerzt und drückt. Eine eisige Kälte kriecht mir in den Adern hoch, greift zum Herzen. Dunkle Schatten wollen sich auf mich herabsenken; ich ducke mich, um ihnen zu entfliehen.

Und ich laufe an den Baracken entlang, hin und her, hin und her. Ich spreche halblaut vor mich hin, erzähle einem imaginären Zuhörer von meinem Leben, rede Stunde um Stunde, bis im Osten der Mond über dem elektrisch geladenen Zaun vor der Mauer heraufsteigt, trübrot, groß, grinsend und drohend; ein Fremdling aus einer anderen Welt.

Ich suche die kleinen positiven Seiten unseres hiesigen Daseins zu erkennen, sie richtig zu würdigen. Die Verpflegung ist ausreichend. Wir sind vor den Unbilden der Witterung geschützt. Wir leben hier unter uns in einer Art Lagerselbstverwaltung; manchmal bekommen wir tagelang keinen amerikanischen Posten zu Gesicht; diese stehen oben auf ihren Wachtürmen hinter Glas und kommen nicht ins Lager herein. In Oberst Schoch haben wir sogar eine eigene Bataillonsführung unseres »Kriegsgefangenenbataillons«; sein Vertreter ist Oberstleutnant Raithel.

Natürlich sollen wir nicht ganz vergessen, wer hier Herr im Hause ist. Ein bezeichnender, wenn auch unwesentlicher Vorfall bringt uns dies schnell ins Gedächtnis. Aber eben weil er unwesentlich ist, hätte er eine andere, eine menschlichere Lösung finden können: Ein Herr aus der Kompanie der Obersten hat heute seinen 68. Geburtstag. Wir bitten die amerikanische Lagerleitung, ob wir bei diesem Anlaß aus der gegenüberliegenden Gärtnerei ein paar übriggebliebene Astern bekommen dürfen. Diese Bitte wird abgelehnt – – –

Infolge des Weggangs der OKL-Kameraden ist etwas mehr Platz geworden. Ich bin eben dabei, mir eine Bettpritsche aus Holzbrettern mit vier Füßen zu zimmern, und habe sogar Aussicht, einen alten KZ-Schrank (30 cm x 40 cm x 1,60 m) zu bekommen; da verlangt die Lagerleitung, daß wir umziehen, und zwar innerhalb der Baracke, denn wir Majore hätten jetzt hier »ungebührlich viel Platz!« Es wird uns angewiesen, zusätzlich in den Raum zu ziehen, der von den Obersten belegt ist. Das ist nicht einfach, denn die Obersten wollen nicht zusammenrücken. Es gibt unerfreuliches Gezänk. 82 Männer sollen hier jetzt bei engster Belegung in dreistöckigen Bettpritschen unterkommen. Man kann sich nicht mehr wenden und rühren. Alles ist verstellt.

Daß es schließlich dennoch einigermaßen gelingt, verdanken wir einer guten Nachricht: Nach einer Aussage des amerikanischen Oberleutnants Paul vom CIC (Counter Intelligence Corps) sollen nach einem sogenannten »2. Teil der Nürnberger Anklageschrift« zum »verbrecherischen Generalstab« nur das Oberkommando der Wehrmacht (OKW) und die Oberbefehlshaber gerechnet werden.

Also sind die Angehörigen des Truppengeneralstabs nicht »Kriegsverbrecher«!!?? Die Nachricht löst zahllose Kombinationen aus. Sie wirkt wie ein belebendes Elixier. Optimisten meinen, daß nun doch bald die Stunde der Freiheit schlagen könnte – – –!!?? Vielleicht zu Weihnachten – – –!!??

Typisch deutsche romantische Hoffnungen schlagen Purzelbäume. Als wenn amerikanische Gemüter ähnlicher Regungen fähig wären!

Ich halte mich lieber ans Praktische. Es ist mir gelungen, einen schmalen, kleinen Tisch zu basteln, an dem wir in unserer Gruppe umschichtig essen können. Er ist zwischen die Pritschen ans Fenster gerückt, vor dem sich, zum Greifen nahe, ein Drahtzaun hinzieht; dahinter ist ein zweiter Zaun und dann noch einer quergezogen. Dann kommt wieder eine öde graue Baracke und dahinter die getünchte hohe Mauer mit dem Wachturm und dem Scheinwerfer. Es regnet.

Plötzlich wird mein Name gerufen, draußen vor der Baracke. »Naumann! Um 17.00 Uhr zur Poststelle, ein Paket abholen!« Ich??? Ein Schreck durchzuckt mich. Ein freudiger Schreck. Für *mich* ein Paket??? Ich kann es nicht begreifen. Von *wem* denn?? Wer sollte denn an *mich* gedacht haben?? Ich laufe durch den Regen, ein Jubelsturm im Herzen. Ein Paket!! Eine erstmalige, eine einmalige Sache. Ich kann es nicht fassen. Ich kann kaum die Zeit erwarten, bis es 17.00 Uhr ist. Ein Posten führt mich zur Poststelle. Hier fragt mich ein Soldat, von wem das Paket sei. Ich weiß es nicht. Da gibt er es mir auch so heraus. Es ist lose in zerknülltes Packpapier gehüllt. Aber ich kann den Absender entziffern: Es ist von Martin Adolff, meinem Freund »Matthes«!!! Ich öffne es in unserer Baracke, ein wollenes Hemd und zwei Unterhosen sind drin, keine Zeile, kein Gruß. Aber das Paket ist zweifellos zensiert und geöffnet worden. Da hat man wohl mancherlei entfernt; nach dem Volumen der Verpackung zu schließen, war es offensichtlich umfangreicher. Nun, meine Freude ist grenzenlos! Matthes, mein alter Flakverbindungsoffizier im Flivokommando der Heeresgruppe, Vorstandsvorsitzender der Adolff AG, ist also wohl doch glücklich nach Hause gekommen. Ich hatte oft Sorge um ihn, war er doch im russischen Gebiet geblieben.

Er hat an mich gedacht! Wer könnte nachfühlen, was das hier für mich bedeutet!!? Ich bin nicht mehr allein und vergessen. Dort, hinter der Mauer, hinter den hohen Zäunen aus Stacheldraht, dort lebt ein Mensch, ein fremder Mensch, der mir aus jener anderen Welt einen Gruß schickt – – –

Die Kameraden beobachten mich, als ich mein Paket auspacke. Ich spüre, in ihren Blicken schwelt auch Neid und Bitterkeit. Mein Glück über das Empfangene provoziert sie. Das ist wohl menschlich – – –

Das frühmorgendliche Wecken und Heraustreten zum »Zähl-Appell« ist jetzt auf 5.00 Uhr nachts vorverlegt worden. Es heißt, daß nachts immer wieder Gefangene entweichen. In der vergangenen Nacht haben die Posten von den Türmen unaufhörlich geschossen. Wir stehen knapp eine Stunde in der Nachtkälte auf der Barackengasse, dann dürfen wir wieder wegtreten – ohne gezählt worden zu sein!

Nach neuester amerikanischer Verfügung gibt es für uns ab sofort keinen Wehrsold mehr, wie es den Kriegsgefangenen zusteht, »da wir nicht arbeiten!« Andererseits dürfen wir als Offiziere nicht arbeiten – – –

Auch wird ab heute eine abermalige Verpflegungskürzung auf ca. 1600 Kalorien durchgeführt. Danach gibt es nur noch dreimal täglich eine dünne Suppe, 18 g Margarine und fünf Scheiben Brot. Ob dies 1600 Kalorien entspricht, muß bezweifelt werden, aber es ist offiziell so ausgezeichnet.

Oberstleutnant Raithel ist heute bis zur amerikanischen Lagerleitung durchgekommen, um eine Bitte auf Zuteilung von Marketenderwaren, Seife und Schreibmaterial für den Unterricht persönlich vorzutragen.

Ein amerikanischer Offizier namens »Smith« sagt ihm in fließendem Deutsch: »Ick will Ihnen mal wat sagen: ob ick was für Se tun kann, weeß ick noch nich. Erst kommen meine Pferde, versteh'n Se, dann kommen die Mädchen, na, und dann kommt das Sonderlager noch lange nich!«

Ob dieser verblüffenden Offenheit brauchen wir uns also wohl keinen Illusionen hinzugeben, daß sich hier jemand für uns interessiert. Immerhin bietet auch diese Äußerung Anlaß zu heftigen Diskussionen. Ich erfahre mit Erstaunen, daß die Anzahl derjenigen Offiziere nicht klein ist, die die Ansicht vertreten, alle bisherigen Ehrbegriffe, alle Anständigkeit in Haltung und Gesinnung sei nichts als wertloser Plunder. Vielmehr gelte es jetzt, wenn man überhaupt bestehen wolle, Egoist zu sein, sich Ellbogenfreiheit zu verschaffen, Gesetzesmaschen zum Durchschlüpfen zu finden und auch nicht davor zurückzuschrecken, selbst den Staat und jede sonstige Obrigkeit zu betrügen, denn von dort aus würden ja auch wir verleugnet und wolle man uns ausmerzen.

Diese neuen Gedanken zu hören, bekümmert mich stark. Mit Redlichkeit und Hilfsbereitschaft kommt man demnach nicht mehr weit. Moralische Demontage sei vonnöten.

Ich habe meinen Beruf als Soldat und Offizier in absoluter Unantastbarkeit als Pflichterfüllung gegenüber dem deutschen Volk aufgefaßt. Ich habe für dieses Volk und für meine Heimat gekämpft; ich kann nicht aufhören, sie zu lieben.

Hauptthema unserer alltäglichen Gespräche bleibt die Verpflegung. Wir warten von einer Mahlzeit zur nächsten, kombinieren und rechnen, welche »Nachschlag«-Aussichten bestehen; ein nagendes Hungergefühl verläßt uns nicht mehr. Zwischen den einzelnen Kompanien bestehen Meinungsverschiedenheiten über gerechte Suppenverteilung. Besondere »Späher« zählen die Schläge nach, die die Nachbarstube bekommt, Debatten werden hitzig ausgetragen, weil die eigenen Suppenkellen nicht exakt vollgefüllt gewesen seien. Es ist alles recht niederdrückend und häßlich.

Dazu kommt die räumliche Beengung. Einer stolpert über den anderen. Ich kann zum Glück auf meinem unteren Bett sitzen. Aber auch die über mir wollen irgendwo ein Plätzchen haben. Fritz Schürmeyer sitzt auf seinem Klappstühlchen zwischen Wand und Türe. Er muß jedesmal aufstehen, wenn jemand hinaus oder herein will. Und das geschieht natürlich häufig bei so vielen Menschen.

Es gelingt uns aber wenigstens, den Obristen noch ein paar Quadratmeter abzutrotzen. Zwar geschieht es unter flammendem Protest und galligen Widerreden, aber es gelingt, und wir ziehen innerhalb unserer Stube wieder einmal etwas um.

Am Abend beginnt Professor Jankuhn mit einer recht fesselnden Vortragsreihe über die »Wikinger und ihre Bedeutung für Europa«. Mir wird bewußt, wie wenig ich bisher über nordische Geschichte wußte.

Wir haben jetzt einen richtigen Hörsaalbetrieb eingerichtet. Auf dem Lehrplan steht:

Geographie
Philosophie
Literatur
Rechtswissenschaft
Mathematik
Wirtschaftskunde
Sprachen
Naturwissenschaften, z. B. auch Bienenzucht u. ä.

Jeder von uns hat Freude am Lernen und vergißt beim Studium das Mißliche unserer Lage.

Ich suche mir praktische Fächer aus. Sie erscheinen mir nützlicher als die alleinige Beschäftigung mit Schöngeistigem oder reiner Unterhaltung. Freilich weiß ich überhaupt nicht, *was* einmal mit mir werden soll oder wie ich mir mein späteres Dasein vorzustellen habe, wenn doch noch einmal so etwas wie Freiheit kommen sollte.

Ich gehöre auch nicht zu denen, die täglich mit Begeisterung einer neuen Idee nachhängen, aber dann wieder ständig ihre Ansicht ändern. So kommt mit leuchtenden Augen der Oberst Graf Klinkowstroem auf mich zu: »Ich hab's! Es ist *die* Idee! Ich mache eine Schneckenzucht auf. Sowas hat Zukunft!« Am nächsten Vormittag verkündet er allen ringsum: »Das einzig richtige, was ich machen werde: Obstanbau!« Einer fragt: »Herr Oberst, haben Sie eigentlich etwas Grund und Boden oder Kapital?« Fatales Schweigen.

Wir alle machen uns allzu gern etwas vor. Davon ist niemand frei. Jeder klammert sich letztendlich an einen Strohhalm der Hoffnung für die Zukunft.

Auch ich muß mir einerseits klar eingestehen, daß ich bei einer »Entlassung in die Freiheit« vor dem vollkommenen Nichts stehe. Und dennoch vertraue ich insgeheim auf Zufälligkeiten, die einen neuen Anfang bestimmen, resp. alle Dispositionen über den Haufen werfen können, falls man sich irgendwie festlegt. Das kann ich nicht und will ich auch nicht. Nur keinen Schritt zurück! Auch wenn die Tage hier in Stumpfsinn vergehen, sinnlos auch bei aller Selbstblendung durch eine künstlich forcierte Tätigkeit im Hörsaal. Stumpfsinn bis zum Überdruß! Und doch täglich von neuem die Hast nach weiterführenden Erkenntnissen, nach Wissen, Lernen − − −

Ich beginne jetzt noch mit einem Handelsschulkursus, der mich in ein völliges Neuland einführt. Dann höre ich über »Bodenrecht«, dann habe ich »Englisch« bei Oberst Graf Klinkowstroem.

Und ein großartiges, neues Studium beginnt mich stark zu fesseln und in seiner tiefen Weisheit zu ergreifen: »Das neue Testament«. Über »Faust« und die »Divina Commedia« bin ich nun zur »Bibel« hingeführt, und ich empfinde tiefe Freude und Befriedigung. Selbstbesinnung! Und in der Tat: die intensive Beschäftigung mit der Bibel vermittelt Ruhe und Sicherheit. Es ist der rechte Halt, den man in dieser Zeit der Rechtlosigkeit benötigt.

Die neue Ausgabe der »Süddeutschen Zeitung« geht von Hand zu Hand. Bei ihrer Lektüre fühlt man sich gepeinigt durch die von Gehässigkeit getragene Unlogik. Dabei ist alles derart »faustdick« aufgetragen, daß es eigentlich dem naivsten Leser auffallen müßte.

Da erklärt ein amerikanischer General: »Militarismus ist der Todfeind jeder Demokratie.« Auf der nächsten Seite aber steht ein Artikel: »Die USA führen die allgemeine Wehrpflicht ein.« In einer Kolumne heißt es:

»Vornehmste Pflicht ist es, die bedauernswerten KZ-Häftlinge zu unterstützen, die monatelang, ja, jahrelang nur aus politischen Gründen gegangengehalten wurden.« Gleich daneben befindet sich eine dicke Schlagzeile: »Gute Kunde: 700 000 Nazis in Haft!« Zwei Spalten weiter kann man lesen: »Herr Dr. S. und Dr. A. mußten gleichfalls das unfaßbare Schicksal erleiden, von den Nazis 1933 nur deshalb aus ihren Ämtern vertrieben zu werden, weil sie sich gegen Hitler stellten.« Auf der gleichen Seite rechts steht aber: »Selbstverständlich darf kein Nazi mehr zukünftig im öffentlichen Leben oder in der freien Wirtschaft eine Stelle bekleiden, es sei denn als untergeordneter Handarbeiter.«

Oder: »Max Weber, der arme, aus politischen Gründen von den Nazis verfolgte Architekt, entwirft ein künstlerisches Ehrenmal.« (Von übrigens abgründiger Geschmacklosigkeit!). Und gleich im folgenden Artikel heißt es: »Auf der schwarzen Liste derer, die sich nicht mehr künstlerisch betätigen dürfen, stehen Furtwängler, Gieseking – – –« Eine dicke Überschrift lautet: »Demokratie und Freiheit sind Deutschlands höchstes Ziel! Jeder arbeitet ohne Rücksicht auf Rasse, Stand und Parteirichtung mit am friedlichen Aufbau!« Gleich anschließend heißt es: »Nazis dürfen nicht mehr wählen!« »Nazi-Aktivisten und Generalstäbler finden nur noch als Tagelöhner Verwendung!« »Nazis müssen ihre Wohnungen räumen!« »Nazi-Vermögen beschlagnahmt!«

Und so geht es fort und fort. Es wird einem übel dabei. Es geht ja nicht um Mitleid mit wirklich Schuldigen, mit wirklichen Nutznießern des Systems. Es geht darum, daß hier Rach- und Vergeltungssucht blindwütig um sich greifen. Es geht um die Schaffung neuen Unrechtes, was fast körperlich schmerzt.

So wird neue Verbitterung ausgesät, aus der nur gar zu leicht die Ernte neuen Hasses heranreift.

Die Zeitung spricht von »einem neuen, freien Recht«. Danach wird kein Mensch mehr eingesperrt oder gefangengehalten, ohne vor Gericht gestellt zu werden und sich frei verteidigen zu können. Jawohl! Und wir hier??? *Bin ich nicht seit sechs Monaten unter teils menschenunwürdigen Umständen gefangen, ohne jegliche Vernehmung, ohne daß überhaupt jemand die leiseste Spur eines Interesses an mir und an all den vielen Kameraden bekundet??* Sicherlich, wir sind Unterlegene, Besiegte. Die Macht zu jeder Willkür liegt bei den Siegern. Das scheint wohl unabänderlich zu sein. Aber was sollen dann diese heuchlerischen, phrasenhaften Zeitungstiraden??

Das Nachdenken versetzt in einen Zustand der Verstimmung bis zu einer Art »heulenden Elends«. Man ist sich selbst lästig und im Wege. Gegenseitig fällt man sich sowieso schon zur Genüge auf die Nerven. Und diese sind oft zum Zerreißen gespannt. Es bedarf nur einer Kleinigkeit. So beispielsweise, wenn sich andere »gehen lassen«. Da gibt es welche, die sich bei Tisch mit dem Taschenmesser die Nägel reinigen und sich das Ergebnis alsdann auf die Hose schmieren; andere, die im Gespräch plötzlich in hohem Bogen ausspucken; ja, welche, die unter Anhebung eines Gesäßbackens vom Schemel ungeniert einen Wind streichen lassen.

Das reicht schon, um »die Sicherung durchbrennen zu lassen«, wie man so sagt. »Sie Schwein! Wie schön, daß Sie sich Ihre Flegeljahre bis ins hohe Alter erhalten haben!!« ist noch mäßig.

Wie sehne ich mich nach der beseelten Stille eines einsamen Waldweges, etwa den über den Eisenberg im Vogtland, vom Triebtal nach Pöhl − − − Ich krame einen alten unbeschriebenen Zettel aus der Tasche, setze mich draußen an die Barackenwand:

SEHNSUCHT

Oh, wieder einmal einen stillen Waldweg geh'n, allein, hört ihr, allein! − Und nicht mehr Menschen seh'n, nur immer Menschen − vielmehr Bäume, stark und groß! Nicht mehr tagein, tagaus der Menschen Stimmenklang im Ohre tragen, sondern der Vögel Jubelsang und Wipfelrauschen und der Grille Lied im Moos − − − Und schreitend der beseelten Stille Segen trinken! Etwa auf einem Berg dann steh'n, den Tag versinken seh'n, zu Füßen ohne Grenzen weit das Land − − − Und nicht mehr atmen müssen dumpfer Hütten Enge, hineingezwängt in stumpfes Klagelos der Menge, gequälten Blick an Zäune, Mauern hingebannt.

Oh, wieder einmal Deine Hand in meiner haltend nun bebend fühlen, wie unnennbare Gewalten unseren Seelen schenken gleichen Klang und Mut. Und nicht mehr ohne Sinn gleich Tieren weiterleben, sondern in Frieden schaffen, liebend Dich umgeben, und mit Dir jubeln dürfen: Welt, Du bist doch gut!

Ich lege das eben Geschriebene zu den anderen ins sichere Versteck, denn nachts finden Razzien in den Baracken statt; die Amerikaner suchen nach Briefschaften, nach Geschriebenem überhaupt. Es ist nicht nur streng verboten, Briefe zu schreiben und diese vielleicht einem Arbeitskommando nach draußen mitzugeben. Verboten ist auch, Briefpapier, Briefumschläge überhaupt zu besitzen oder gar Briefe von Angehörigen bei sich zu haben. Strenge Strafen werden angekündigt − − −

Es wird immer offenkundiger, wie rechtlos wir sind. Man braucht Zeit, um dies zu begreifen. Aber allmählich fallen doch immer neue und immer mehr glühende Tropfen des Hasses ins wunde Herz und schüren den alles verzehrenden Brand.

Anträge auf Entlassung sind nicht mehr statthaft. Man durfte sie bisher stellen, besondere familiäre Notlagen darlegen; es hatte zwar wenig Zweck, denn die meisten Antragsteller hörten niemals etwas von ihren Eingaben. Aber auch diese sind ab sofort unstatthaft.

Wir haben noch immer keine Nachricht von unseren Angehörigen, obwohl dies leicht möglich wäre; das Postwesen ist offenbar wieder gut in Gang gekommen. Es finden keinerlei Vernehmungen statt. Aus Thüringen ereicht uns eine Warnung, daß Offiziere keinesfalls in das von der Roten Armee besetzte Gebiet zurückkehren sollen; sie werden von den sowjetischen Behörden sogleich wieder gefangengenommen und nach dem Osten, unbekannt wohin, abtransportiert.

Eine Frau aus Weimar — die Gattin eines Obersten — ist über die »grüne Grenze« herübergekommen und hielt sich mehrere Tage in Dachau auf. Ihren Mann durfte sie jedoch nicht sprechen (wir bekamen die Information über ein Außenarbeitskommando).

Dieses Kommando ist in München eingesetzt, um Wohnungen von ehemaligen höheren Parteigenossen zu räumen; das Mobiliar wird abgefahren und — — — — in die Isar geworfen.

Alles das ist wahrlich nicht dazu angetan, die allgemeine Stimmung zu heben. Wir trotten umher wie geprügelte Hunde.

Was noch bleibt, ist der Hörsaalunterricht. Wir haben den ganzen Lehrbetrieb jetzt universitätsmäßig gegliedert in Vorlesungen und praktische Übungen. Ich selbst habe jetzt täglich 5 — 6 Stunden Vorlesung belegt; mit den anschließenden »Hausaufgaben« finde ich bewußt keine Zeit mehr, mich mit unserem Los zu beschäftigen. Es ist eine »Flucht nach vorn« auf Biegen und Brechen; nur nicht unterkriegen lassen — — —

Abends gibt es dann immer noch allgemeinbildende Vorträge: Oberst Königer: »Plauderei über eine Ostasienfahrt«, Professor Lehmann: »Die Kontinentalverschiebungstheorie Alfred Wegeners«, »Wandlungen der Erdkruste«.

Wenn der ewig nagende Hunger nicht wäre! Unsere Verpflegungsration beträgt jetzt pro Tag nur noch zwei Liter dünne Suppe mit einzelnen Sauerkrautfäden oder ein paar weißen Bohnen oder ungeschälten Kartoffelstückchen »angereichert«, fünf Scheiben Brot und zwei winzige Portionen talgiger Margarine in der Größe je eines Stückchen Würfelzuckers. Es reicht nicht mehr aus. Auch dann nicht, wenn diese Tagesverpflegung am großen Anschlagebrett des Lagers mit 2.124,6 Kalorien errechnet ist. *Wir* spüren jedenfalls, wie wir nun täglich mehr und mehr an Gewicht verlieren.

Für den nächsten Tag ist der Besuch des amerikanischen Generals Truscott im Lager angesagt. Dies macht sich sogleich im Speisezettel bemerkbar: für morgen ist Margarine und Corned beef, Tabak und lemonpowder, dreimal Suppe und 1/3 Kommißbrot vorgesehen! Wir haben gerade »Waschtag«, als die Mitteilung über den Generalsbesuch kommt. An Bindfäden, die von den Baracken zu den Zäunen gezogen sind, flattert die Wäsche lustig im Wind. Es ist zwar verboten, Wäsche im Freien aufzuhängen — »um das Bild der Ordnung nicht zu stören« (!!) —, aber irgendwie muß die Wäsche ja trocknen. Jetzt ist alles schnell zu entfernen. Überall wird der Boden gekehrt, sogar zwischen den Drahtzäunen. Ab morgen früh dürfen die Baracken nicht mehr verlassen werden.

Der Vormittag vergeht. Der General kommt nicht. Der ganze »Türke« war umsonst! Wir nehmen mit einer gewissen sarkastischen Genugtuung zur Kenntnis, daß in der amerikanischen Armee der »verwerfliche« und verschrieene preußische Kommiß-»Fitz« auch nicht unbekannt ist – – – Die Verpflegung wird sofort wieder auf das »Normal«-Maß reduziert.

Wir stehen am Zaun und schauen zu, wie ein neuer großer Zug ehemaliger Wachmannschaften von Konzentrationslagern ankommt und uns gegenüber in das Sonderlager eingesperrt wird. Alte und junge Männer, teilweise im Aussehen arg verwildert. Sie müssen vor den Baracken antreten. Amerikanische Soldaten kontrollieren ihre kümmerlichen Habseligkeiten noch einmal. Gürtel, Hosenträger, Riemen, Draht, Rasierklingen, Taschenmesser hat man ihnen bereits am großen Lagertor abgenommen. Jetzt sucht man Toilettenartikel, Handtücher, Verpflegungsreste – – und noch etwas. Alles wird auf einen großen Haufen geworfen, nachdem die Posten an den verschiedenen kleinen und größeren Fläschchen und Flakons gerochen haben. »Nix Schnaps???«, fragt einer der Amis ärgerlich. Dann treten die Posten mit ihren Stiefeln hinein in den Haufen, bis alles in Scherben zersplittert ist.

Anschließend werden wir, die wir zuschauten, von unserem Zaun weggejagt.

Novembernebel hängt zwischen den Baracken. Nun sieht alles besonders grau und trostlos aus: die graugrünen Barackenwände, die zerbrochenen Fensterscheiben, die kahlen Pappeln, die schnurgeraden lieblosen Straßen und Lagergassen.

Schließlich fällt der erste Schnee in schweren, großen, nassen Flokken. Wind kommt auf und fegt den Schnee, mit Regen vermischt, stürmisch die Gassen entlang. Es ist ungemütlich draußen. Auf den Wegen bilden sich große Pfützen.

Aber auch im Inneren der Baracken ist es jetzt recht kalt. Wir müssen die Mäntel anbehalten, und der Hörsaallehrbetrieb in den ungeheizten Räumen ist kaum mehr durchführbar. Allgemeiner Unmut breitet sich aus. Alles, was wir überhaupt tun, erscheint im Grunde völlig sinnlos. Manche bleiben den ganzen Tag im »Bett«, weil es da wenigstens warm ist, wenn man sich in sämtliche Decken hüllt. Und den Hunger spürt man auch weniger.

Soll ich jetzt Französisch lernen, nur, weil ich diese Sprache liebe?? Wozu?? Was könnte ich damit anfangen??

Soll ich mich mit Wirtschaftsgeographie beschäftigen nur, weil ich Professor Lehmann so gern sprechen höre??

Soll ich »Wechsel- und Scheckrecht« studieren?? Werde ich jemals dazu kommen, einen Scheck auszustellen??

Wozu also das alles!!?? Wir alle fühlen uns müde und ohne Hoffnung.

Wenn man wenigstens in den eisernen Rundöfen ein wenig Feuer machen könnte! Holz für Heizzwecke ist uns schon vor zwei Wochen zugesagt worden, aber wir haben nichts bekommen.

Irgendwo in der Nähe im Dachauer Moor üben amerikanische Flieger Bombenwürfe. Bei jeder Detonation schüttelt es die Baracken in allen Fugen, und die Fenster springen auf. Es ist ein neues, neckisches Spiel, sie nach jedem persönlichen Zusammenschrecken wieder zu schließen.

Dies ist die »Stimmung« und der »Hintergrund«, vor dem unser alter Oberst von Auer, unser Senior, heute mit seine Vortragsreihe über »Landwirtschaft« beginnt. Damit hat er seinen »großen Tag«; bereits seit dem Morgen ist er spürbar nervös und erregt. Ein Hüne ist er von Gestalt, wenngleich mittlerweile reichlich abgemagert. Mich rührt das Geschick dieses alten Herrn doch sehr an. Als Offizier des Ersten Weltkrieges hat er sich auch zum Weltkrieg Nr. 2 wieder stellen müssen. Seine Söhne sind gefallen, seine Besitzungen in Ostpreußen verloren. Seine Familie ist in alle Winde verweht. Mit dem, was er noch auf dem Leibe trägt, sitzt er nun in Gefangenschaft, fast 70 Jahre alt, frierend, nachdenklich in sich gekehrt, dieser »Junker«, dieser »Militarist«, dieser »Nutznießer«. Er leidet unter dem abgrundtiefen Haß, der nicht einmal vor solchen Schicksalen haltzumachen imstande ist, sondern mit geilen Grimassen die Zähne fletscht, bis die völlige Vernichtung erreicht ist.

Der alte Herr zieht heute aber seinen besseren Rock an, stellt sich breitbeinig, hoch aufgereckt hin und spricht frei über die Notwendigkeit bäuerlicher Kleinbetriebe. Wir alle hören ihm zu. Wir können ihn nicht allein lassen. Mit geröteten Wangen und blitzenden Augen unter buschigen Brauen berichtet er uns aus dem unerschöpflichen Schatz seiner Erfahrungen und der Tradition seines Geschlechts, klar und ehrlich, ein Edelmann vom Scheitel bis zur Sohle. Wir hatten ihn schon vor längerer Zeit gebeten, sich uns mit seinem Thema zur Verfügung zu stellen. Nun offenbart er uns den Inbegriff seines Lebens mit leuchtenden Augen − −, wenn auch mit gebrochenem Herzen. Auch er wird von irgendeinem dahergelaufenen Schmutzfinken verurteilt, seinen Lebensabend als Tagelöhner zu fristen.

Es fällt schwer, begreifen zu sollen, daß fortan das Minderwertige den Sieg über das Wertvolle davontragen wird − − −

Die Anträge unserer Lagerführung an die amerikanische Lagerleitung, man möge sich doch endlich einmal mit uns befassen, bleiben unbeantwortet. Noch immer stecken wir im sogenannten »Schleusen-Lager«, aber offenbar hat niemand Interesse daran, unsere Lage zu ändern, weder der CIC oder das Kommando der 3. amerikanischen Armee noch sonstwer. Wir verfassen einen neuen Antrag. Wir wollen uns vor dem Nürnberger Tribunal verteidigen, falls wir unter Anklage stehen sollten, was wir nicht genau wissen. Wenn wir aber nicht angeklagt sind, wie wir es den Zeitungen entnehmen können: weshalb hält man uns dann hier so fest?? Als Antwort kommt ein amerikanisches Arbeitskommando und macht sich daran, unsere Baracke nochmals besonders mit Stacheldraht einzuzäunen.

Über Nacht bleibt der Schnee liegen. Im hellen Sonnenschein sieht dies sogar hier ringsum schmuck und licht aus. Aber ehe der Tag noch recht begonnen hat, müssen plötzlich sämtliche ehemaligen SS-Führer antreten und werden auf Lastwagen unter scharfer Bewachung nach dem Lager Aibling »verfrachtet«. Damit sind also sämtliche SS-Angehörigen von ihren ehemaligen Führern getrennt. Leider verläßt uns damit auch Professor Jankuhn.

Da stets alles ganz und gar paradox ist, was hier bei uns geschieht, haben wir jetzt – – einen Männerchor gegründet! Da ich annehme, meinen Hunger nach Musik vielleicht hierbei ein wenig stillen zu können, bin auch ich beigetreten. Die Geburtswehen dieser Gründung waren erheblich. Zunächst wurden ziemlich wahllos Landsknechtslieder und Seemannshanties unter Leitung von Oberstleutnant Mahlke gesungen. Da wir keine Noten haben, müssen wir singen, was jeder schon so irgendwie auswendig kann. Oberstleutnant Pröhl, unser Urbayer mit Luis-Trenker-Ähnlichkeit im Aussehen, mit ewiger Tabakspfeife, genagelten Bergstiefeln und knallrotem Pullover plädiert für Schnaderhüpfel, während der trutzige Major Findelmann mehr für Heia-Safari-Gesänge ist. Man will deutsch und volkstümlich sein.

Tatsächlich bekommen wir von Tag zu Tag ein wenig mehr Niveau. Heute wagen wir es, am Nachmittag mit unserem Chor ein buntes Programm mit Liedern, Rezitationen, Couplets und viel Witz zu improvisieren. Es wird ein guter Erfolg! Anderthalb Stunden lang tosen Lachsalven durch die Baracke. Der Beifall ist erstaunlich herzlich und lang anhaltend. Er gebührt vor allem dem alten, weißhaarigen Oberst Hollidt, der jetzt unseren Chor leitet, einem alten Fuchs, der den ganzen Rummel kennt und zum Ende des Ersten Weltkrieges schon einmal einen Zusammenbruch mitgemacht hat. Er weiß, worauf es ankommt und wo der Schuh drückt; ein hervorragender Organisator und Praktiker, der über viel Mutterwitz verfügt, mit einem weichen, gemütvollen Kern unter rauher Schale; in seiner Nähe verfliegen trübe Stimmungen von allein. Köstlich sein bayerisches Lied zur Laute über den »Bauernbund«. Abends sitzen wir noch bei ihm in seiner Stubenecke, singen Lieder, hören Soli zur Gitarre, rauchen die von ihm gestifteten Zigaretten und fühlen uns vergnügt.

Auch zwei nette, bescheidene, junge SS-Männer sind mit in der Runde, die irgendwann einmal in irgendein KZ-Lager als Posten kommandiert worden waren und jetzt hier mit uns im Sonderlager gefangengehalten werden. Sie spielen Ziehharmonika und singen Heimatlieder. Ich betrachte die beiden mit dem kritischen Blick eines Menschen, der zu urteilen hätte, ob es sich bei den beiden jungen Männern um »Verbrecher« handeln soll. Und sind *wir* »Verbrecher«?

Wie wäre es wohl, könnten unsere Feinde jenseits der Grenzen – oder auch die im eigenen Volk – hier und jetzt mit uns singen und bei uns sitzen in dieser Runde, um sich einen eigenen Eindruck zu verschaffen? Um den Unsinn ihrer nachgeplapperten, nachempfundenen Gehässigkeiten einzusehen?

159

Vielleicht aber fühlen sie sich in ihren Minderwertigkeitskomplexen erst recht provoziert? Vielleicht störte sie gerade unser Frohsinn, unsere seelische Kraft; beides auf der Basis eines guten Gewissens gewachsen. Vielleicht giert ihre Gehässigkeit geradezu nach Opfern, koste es, was es wolle.

Ja, wir müssen diese Frage sogar sehr konkret stellen; denn es scheint, als habe unsere amerikanischen Bewachern unsere Fröhlichkeit, unser befreiendes Lachen bei der nachmittäglichen Veranstaltung, als habe das Singen von Liedern geärgert.

Denn am nächsten Vormittag erscheint plötzlich ein amerikanischer Soldat in der Stube und ordnet an, wir hätten sofort umzuziehen, und zwar nach nebenan in eine erst kürzlich dort von den Amerikanern erstellte Holzbaracke. Diese Baracke hatten wir schon eine ganze Weile mißtrauisch betrachtet, da sie besonders dürftig und eilig zurechtgehämmert worden war und in keiner Weise etwa einen Vergleich mit den solid gebauten ehemaligen KZ-Baracken aushielt. Eben in diese bisher unbenutzbare Baracke sollten wir jetzt sofort umziehen.

Oberst Schoch, unser Lagerleiter, bittet den Amerikaner, daß er erst einmal hinübergehen und sich diese neue Unterkunft ansehen dürfe. Dies wird gestattet. Er nimmt noch Oberst Hepp und Oberst Petzold mit. Nach wenigen Minuten kommen die drei zurück und berichten, daß diese für uns vorgesehene Baracke zur Not nur zu etwa einem Drittel des Raumes überhaupt bewohnbar sei, da es allenthalben durch das Dach regne und der Fußboden zentimeterhoch unter Wasser stehe. Außerdem sei es eisig kalt im Inneren, da die roh zusammengehauenen Bretterwände Spalten bis zu 2 cm Breite aufwiesen. Auch gebe es kein Licht; die wenigen Fenster seien winzig klein und überdies mit Rauhglas versehen, so daß man nicht durchschauen könne.

Wir alle meinen − wie dumm − zunächst, daß es sich bei dieser amerikanischen Anordnung um einen Irrtum handeln müsse; gerade jetzt bei Einbruch des Winters könne man doch selbst die Kriegsgefangenen nicht in derart unmögliche Behausungen stecken.

Dieses Gespräch mit dem amerikanischen Soldaten wird in aller Ruhe und Sachlichkeit geführt. Er zuckt mit den Schultern, zündet sich eine Zigarette an, fragt, ob wir seinen Befehl gehört hätten, und geht.

Jetzt bricht der Unmut unter uns los. Einige schneidige Kameraden, die gern das Wort führen, meinen, wir sollten uns einfach weigern. »Mehr als uns totschießen können die Amis ja auch nicht?« Andere, vernünftigere Stimmen mahnen zur Besonnenheit. Wir sind ja doch rechtlos und werden so oder so gezwungen, das zu tun, was der Gegner, der Sieger, will. Oberst Schoch schlägt vor, noch einen Versuch zu unternehmen; in seiner Eigenschaft als designierter Lagerleiter bittet er einen amerikanischen Bewachungsposten, daß doch bitte ein amerikanischer Offizier für wenige Minuten kommen und sich unsere neue Unterkunft anschauen möge.

Inzwischen beginnen wir unsere Habseligkeiten einzupacken. Es setzt sich der Eindruck durch, daß wir doch wohl oder übel umziehen müssen. Nach einigen Minuten erscheint der amerikanische Soldat wieder, diesmal in einem Jeep. Er stellt kurz fest, daß der Umzug noch nicht in Gang gekommen sei, verhaftet Oberst Schoch und nimmt ihn samt Gepäck in seinem Jeep mit.

Nun beginnen einige von uns − unter Gezänk und Protest von anderen − ihre Bettsäcke und Gepäckstücke hinüber in die neue Baracke zu schleppen. Allmählich folgen auch die Protestler; es setzt sich der Eindruck durch, daß es keinen Zweck habe, eine Weigerung zu erzwingen, die doch bereits »geplatzt« ist und die nach Ansicht der Mehrzahl von uns auf die Amerikaner auch keinen Eindruck gemacht hätte. Dazu seien diese Art Menschen viel zu indolent und stumpfsinnig.

Als es dunkelt, ist der Umzug beendet. Die Stimmung ist trostlos und gespannt. Es ist tatsächlich eiskalt in unserem neuen »Wohnraum«, dazu feucht und muffig. Wir haben nur ein paar winzige Flämmchen von selbstgedrehten »Hindenburg«-Lichten. Von der Barackendecke tropft allenthalben und unaufhörlich das Regen- und Schmelzwasser.

In einer Barackenecke haben wir ein paar alte Bretter gefunden und verfeuern sie im Ofen, um den herum wir wie ein Schwarm Bienen hocken. Jeder darf reihum mal für ein paar Minuten die Hände an den Ofen halten.

In der Barackenmitte befindet sich der »Waschraum«, ein Bretterverschlag, in dem acht Wasserhähne aus einem längs liegenden Leitungsrohr etwas Wasser spenden. Darunter befindet sich eine Blechwanne. Auf dem Fußboden stehen breite Wasserlachen, desgleichen im Abort nebenan, wo die fünf Kübel zudem völlig verstopft sind. Graf Klinkowstroem macht sich daran, sie zu reinigen. Andere helfen. Wir müssen ja doch sehen, wie wir mit allem fertig werden.

Schließlich kommt so etwas wie eine Art »Galgenhumor« auf. Da fällt ein Scherzwort, dort eine sarkastische Bemerkung, und vor dem allgemeinen Schlafengehen wird sogar in einer Stubenecke ein Lied angestimmt. Ich weiß nicht, wer anfängt, Major Rungius, der biedere Schlesier (der auch alles verloren hat), oder Oberstleutnant Mahlke mit seinem »Jesusbart«. Jedenfalls fallen immer mehr Stimmen in den Gesang ein: »Die Kneipe am Moor«, »Jonny«, »Ungarische Husaren«, das tönt mehrstimmig und wuchtig durch die dünnen Bretterwände hinaus in die Nacht.

Und es ist gut, daß wir singen, weil es verbindet und die Herzen wieder fröhlicher und freier werden − − −

Es ist kalt in der Nacht. Keiner findet recht Schlaf. Viele müssen immer wieder aufstehen und zum Abort gehen. Sie patschen in der Finsternis durch die Pfützen. Alles ist klamm und feucht.

Am Morgen erfahren wir, daß man Oberst Schoch in Einzelarrest gesperrt hat.

Wir verfassen sofort eine gemeinsame Bittschrift, in der wir den ganzen

Vorgang nochmals schildern, um die Freilassung von Oberst Schoch bitten und alternativ beantragen, kollektiv bestraft zu werden. Das ist alles, was wir vorerst tun können.

Wir suchen ein paar alte vermodernde Balken draußen zusammen, hacken sie mühsam zu Brennholz und füttern unser Stubenöfchen. Aber warm wird es doch nicht; die Wände mit ihren breiten Ritzen lassen jede Wärme sogleich wieder verfliegen. Ich esse meine letzten eisernen Reserven an Brot und Margarine auf; wie gut, daß ich noch ein paar Zigaretten habe. Sie geben ein wenig Trost.

Dann erscheint immerhin der amerikanische Regimentsführer, ein Sergeant, und geht schweigend durch unsere Baracke. Draußen regnet es gerade stark, und es tropft emsig durchs Dach. Auch der Sergeant muß auf seinem Rundgang über die breiten Pfützen in der Baracke balancieren. Ich habe den Eindruck, daß man seinem Gesichtsausdruck anmerkt, daß er sich − − schämt.

Am nächsten Morgen dürfen wir wieder umziehen! Zwei Baracken weiter. Wieder alte, baufeste KZ-Baracken mit Zwischendecke, zwei Öfen, Toiletten.

Oberst Schoch ist mit zwei Wochen Arrest bestraft worden; die erste Woche mit »verschärftem Arrest« bei Wasser und Brot. Begründung: Er habe den Befehl eines amerikanischen Soldaten nicht sofort befolgt. Eine sehr harte Strafe für einen alten Herrn, der überdies herzkrank und unterernährt ist. Was er aber tat, hatte Vernunft, und er tat es für seine Kameraden. Seine Bitte um Beurteilung unserer Verhältnisse durch einen Offizier war richtig. Nun muß er für uns büßen.

Uns allen steckt das Gefühl der Verbitterung wie ein dicker Kloß in der Kehle.

Wir sitzen in dem einen Zimmerteil alle um den einen Ofen herum, diskutieren und grübeln. Was soll denn überhaupt mit uns werden?? Sind wir nun in Nürnberg in corpore angeklagt oder nicht? Wir haben beantragt, die Anklageschrift zugestellt zu erhalten, wie es im Gerichtsstatut festgelegt ist. Wir haben beantragt, mit dem Verteidiger von Generaloberst Jodl Verbindung aufnehmen zu dürfen. Aber nichts geschieht. Wir sind hermetisch abgeschlossen.

Wir erhalten durch einen SS-Mann aus einer Nachbarbaracke des Sonderlagers davon Kenntnis, daß ein Vertreter des Internationalen Roten Kreuzes hier im Lager war. Man konnte ihn ansprechen, Sorgen und Nöte vortragen. Allerdings hatte das Sergeanten-Regime der amerikanischen Lagerleitung verabsäumt, auch uns davon zu unterrichten. Unser SS-Informant war aber persönlicher Gesprächszeuge, daß der Herr aus Genf auf seinem Lagerrundgang »auch jene Baracken dort ganz hinten« zu besuchen wünschte. Daraufhin erklärten ihm die Amerikaner, »dies sei unnötig, denn dort lägen nur vorübergehend einige Gefangene, die sowieso in den nächsten Tagen in ein anderes Lager verlegt würden«. Damit waren wir ausgeschaltet − − −

Obwohl dies alles quälend hoffnungslos stimmt, findet heute wieder eine Vorlesung über »Kaufmännische Buchführung« statt. Eine kleine Abwechslung, ja, das schon. Aber ohne rechten Sinn. Man weiß ja nicht mehr, wie man sich innerlich aufrecht erhalten soll. Meistens laufen wir draußen auf dem kleinen abgegrenzten Teil der Lagerstraße an der Stirnseite unserer vier Baracken im Kreise herum, freuen uns, wenn wir etwas Holz für unseren Ofen ergattern können, und warten − − warten auf die Suppe, warten auf den Abend, warten auf den kommenden Tag, warten auf die Zeitung, warten auf ein freies Plätzchen auf der Ofenplatte zum Brotrösten, warten, warten − − −

Abends gibt es plötzlich für jeden Gefangenen vier Päckchen Tabak! Süddeutscher Grobschnitt, vermischt mit russischem Machorka, aber wir sind schlichtweg hingerissen vor Freude und Überraschung. Ich hole die kleine Tabakspfeife von Schwester Christel hervor und paffe mit den anderen Kameraden blaue Schwaden gegen die Stubendecke. Es bedarf so wenig, um die allgemeine Stimmung zu heben!

Zum Glück ist es über Nacht etwas wärmer geworden. Unser Holzvorrat reicht sowieso − auch bei sparsamstem Einsatz − nur noch für zwei Tage. Wir bekommen kein Holz offiziell zugeteilt, weil wir nicht arbeiten. Aber wir *dürfen* ja nicht arbeiten! Die amerikanische Logik ist frappant!

In der neuesten Ausgabe der »Süddeutschen Zeitung« lesen wir den Vorschlag zu einem Gesetzentwurf, den der bayerische kommunistische Denazifizierungsminister Heinrich Schmidt vorlegen wird. Danach sollen sämtliche Generalstabsoffiziere den Nazi-Aktivisten gleichgestellt werden, sollen kaserniert bleiben und nur zu Zwangsarbeit eingesetzt werden.

Demnach ist anzunehmen, daß wir am Tag einer möglichen Entlassung durch die Amerikaner sogleich von den eigenen Volksgenossen wieder eingefangen werden. Nach dem Gesetzentwurf will man sich auch nicht erst der Mühe von Einzeleinvernahmen unterziehen; es reicht aus, wenn jemand bei Kriegsende, dem Tage der Kapitulation, zufällig dem Generalstab angehörte. Nur diesen Sachverhalt trifft es ja!

Aber wann sollten wir denn überhaupt mit unserer Entlassung rechnen, wenn beispielsweise noch folgende Menschen hier im Sonderlager einsitzen:

Der ehemalige Chefarzt des Lazarettes Oberföhring ist hier, weil er 1934 − vor elf Jahren − für die Zeit von drei Monaten SS-Anwärter war und damals auf eigenen Antrag wieder austrat.

Ein ehemaliger Herreszahlmeister, ein schlichter, fast ein wenig primitiver Typ, ist hier, weil er den gleichen Namen trägt wie ein ehemaliger Adjutant des Reichsmarschalls Göring. Der Irrtum ist zwar längst aufgeklärt, dennoch − − −

Ein Oberleutnant sitzt hier ein, dessen einziges Versehen es war, angegeben zu haben, daß er in die französische Besatzungszone entlassen werden möchte, weil er in Tübingen zu Hause sei. Da dies damals aus

militär-bürokratischen Gründen nicht möglich war, hat man ihn zurückbehalten, und nun sitzt er heute noch hier – – –

Durch einen Abendvortrag Professor Lehmanns lassen wir uns in eine
Traumwelt – nach Insulinde – führen, wo er als Forscher tätig war.
Dies bringt für eine Stunde auf andere Gedanken.

Nachts entweichen immer noch Gefangene aus dem doch so gut
bewachten Lager. Man muß Respekt vor ihnen haben.

Das Lager ist in Nebel gehüllt, als wir früh 6.00 Uhr zum Zählappell
antreten müssen. Wir wollen uns gern zählen lassen, wenn es den Entwi-
chenen nur gelingt, gut und heil wegzukommen. Es ist kalt, und wir
stehen fast eine Stunde lang auf der Lagergasse. Daran anschließend
werden wir in die naheliegende Entlausungsanstalt zum Duschen
geführt. Das große Lager, das sogenannte »Freilager«, dürfen wir nicht
mehr betreten. In der Entlausungsanstalt ist das Duschen auch möglich,
nur sehr dürftig, denn es fehlt an Wasserdruck, und aus den Brausen
tröpfelt nur eine dünne, lauwarme, milchige Brühe.

Wir nehmen's mit Humor, glücklich, daß dies immer noch gelingt!
»Irgendwie muß das alles hier ja doch mal ein Ende haben!«, philoso-
phiert einer.

Wir zwingen uns zu einem Scherz, zu einem Ulk. Es ist besser, als im
Streit zu leben. Oberste zanken sich fortwährend mit spitzen Bemerkungen, zwei Typen, die sich nicht leiden mögen, aber zwangsläufig anderthalb Meter nebeneinander leben müssen. Man ist selbst gereizt und
schlechter Laune von morgens bis abends.

Wir organisieren alte Kistenbretter und heizen unseren Ofen ein. Um
die Zeit totzuschlagen, versammeln wir uns um ihn wie Küken um die
Henne und hören über »Literaturgeschichte« und »Graphologie«.

Die Verpflegung ist wieder etwas reduziert worden; statt Margarine
oder Käse gibt es täglich einen Teelöffel voll Marmelade.

Aber abends, wenn wir alle auf unseren Pritschen liegen und das Licht
gelöscht ist, dann kann es plötzlich geschehen, daß irgendwo in einer
Ecke ein Witz erzählt wird. Herzhaft wird gelacht, und wieder kommt
ein anderer Witz von irgendwoher und noch einer, und das gröhlende
Lachen der vielen Männer tost durch den Raum, daß sich fast die Balken
biegen. Und wieder weiß einer, etwas Witziges zum besten zu geben,
und noch ein geistvoller Zwischenruf kommt aus dem Dunkel, und ein
dröhnendes Gelächter folgt. So geht es bis nach Mitternacht, bis endlich
alles erschöpft ist und das stille, langsam-tiefe Schnarchen ringsum an-
hebt.

Ab und zu bekommt der eine oder andere Kamerad ein Paket von
Angehörigen oder Freunden. Natürlich sind diese Pakete oder Päckchen
geöffnet und zensiert; jedenfalls ist jeglicher schriftliche Gruß oder gar
eine briefliche Nachricht entfernt. Und was sonst noch »entfernt« wurde,
kann man nur ahnen – – –

Heute hat Oberstleutnant Mahlke ein Paket bekommen, und er feiert dieses Ereignis, indem er Oberst Hollidt, Oberst Petzold, Major Rungius und mich zum »Nachmittagskaffee« einlädt.

Wir stellen einen kleinen, selbstgezimmerten Tisch etwas abseits in eine Ecke, darauf ein Taschentuch als Tischtuch, etwas Tannengrün aus dem Paket, in der Mitte eine kleine rote Kerze in einem rotwangigen Apfel. Kameraden, die fortwährend mit Eimern, Kisten, Wäscheschüsseln, Kochgeschirren vorbeistolpern müssen, bleiben für einen Augenblick stehen und betrachten unseren kleinen adventlichen Tisch.

Mahlke hat Brot geröstet und Käse drauf zergehen lassen. Es schmeckt köstlich. Hollidt lädt uns zu seinem letzten Päckchen italienischer Zigaretten ein. Hier wird immer geteilt und aus allem das beste gemacht.

Wir erörtern Zukunfstaussichten. Hollidt gibt aus seinen Erfahrungen aus der Zeit nach dem Ersten Weltkrieg manche gute Anregung. Es scheint, als sei alles gar nicht so schwer und doch schwierig genug. Jeder von uns denkt über seine eigene Zukunft nach. Ich möchte Landwirt werden. Oder Forstmann. Oder nötigenfalls Handwerker. Meine Vorfahren waren mütterlicherseits Bauern, väterlicherseits Leineweber. Ich habe nichts dagegen, wieder von vorn, von klein auf anzufangen. Um eine besondere Rolle zu spielen, fehlt mir jeder Ehrgeiz.

Graf Klinkowstroem tritt noch zu unserem kleinen Gesprächskreis hinzu. Er hat für die Gestaltung seiner Zukunft schon wieder eine neue Idee. Er beschäftigt sich ernsthaft und intensiv mit Entwürfen, eine Art kleinen Schleppkahn zu entwickeln, mit dem er auf der Weser Stückgüter aus Hamburg verschiffen will. Rungius möchte später einmal ein Lampenschirmgeschäft betreiben. »Und Sie, Naumann??« Mir fällt im Augenblick ein Automatenrestaurant ein. Oder wie wär's mit einer Wannenbadanstalt mit Schnellbügelei, eventuell mit Gymnastikabteilung??

Der »*NÜRNBERGER PROZESS*« beginnt. Die Spannung auf seinen Ausgang ist bei uns nicht eben sonderlich groß. Man wird noch einmal alle jene Ungeheuerlichkeiten »enthüllen«, die einige der Angeklagten als Schuld auf sich luden.

Was uns interessiert, ist die Hoffnung auf eine gewisse Klärung *unserer* Lage, so oder so.

In uns Truppengeneralstäblern hat man eine kleine Gruppe von Menschen als »Verbrecher« erklärt, die – weiß der Himmel! – nichts zu tun hat mit jenen Verbrechen, welche die uns feindlichen Sieger heute zu Recht oder zu Unrecht anzuprangern sich bemüßigt fühlen.

Sie tun dies zu Recht, wenn von nun an derartige Vorkommnisse, die man uns zur Last legt, bei ihren eigenen politischen und militärischen Führungen vermieden werden. Geschieht das nicht, gibt es also zweierlei Recht, dann wird das bereits heute vorauszusehende Nürnberger Urteil zur Farce, zur Heuchelei.

Major Nehm, ein früherer Jurist, schreibt einen Brief an den Bayerischen Ministerpräsidenten Dr. Högner, einen guten Brief, der unsere

Lage hier schildert und unsere Auffassung zu allen unlogischen Anwürfen kurz und treffend umreißt.

Aber im stillen weiß jeder von uns für sich, daß auch auf diesen Brief ebensowenig erfolgen wird wie auf alle unsere Anträge.

Nebel hängt in trostloser Stille zwischen den Baracken, über der Gärtnerei und um die Wachtürme herum. Die Wachtposten auf den Türmen sind jetzt durch Polen ersetzt worden. Sie schießen häufig in die Gegend, besonders nachts, und wir halten es für zweckmäßig, uns nach Eintritt der Dunkelheit draußen nicht mehr sehen zu lassen.

Unsere Isolierung nimmt noch mehr zu. Arbeitskommandos dürfen das Lager nicht mehr verlassen. Von ihnen haben wir ab und zu etwas »von draußen« gehört.

Meine Oberschenkelverwundung macht mir Sorge. Sie beginnt an zwei Stellen zu eitern. Ich gehe − unter Bewachung − ins Krankenrevier. Hier stehen die Gefangenen Schlange. Es dauert eine ganze Weile, bis ich in dem kleinen Barackenraum an die Reihe komme. Ein Ofen steht hier, der derart raucht und qualmt, daß einem die Augen tränen.

Ein großer, blonder SS-Arzt, ein Dresdener, macht mir einen Ichthyol-Verband. Er kann noch nicht sagen, was bei mir aus der Sache wird.

»Infolge unserer stark eiweißhaltigen Verpflegung gibt es viel Furunkulose. Möglich, daß das bei Ihnen eine Fistel wird. Da kann ich auch nichts weiter machen. Es fehlt an Medikamenten und Verbandstoff. Was meinen Sie, was für eine Kostbarkeit bereits eine Papierbinde ist!?«

Auf einem nicht besonders sauberen Laken liegen ein paar Instrumente.

Ich frage den Arzt, ob es wohl auch sein könne, daß bei mir einige Granatsplitter aus der Umgebung der Verwundung herauszueitern beginnen. Er hebt die Schultern.

»Es wäre am besten, wenn Sie ins Lazarett gingen. Aber das geht ja nicht, weil niemand das Lager verlassen darf. Erst bei höchster Lebensgefahr gibt die Lagerleitung eine Erlaubnis, aber − − −«, fügt er bedauernd hinzu, »− − − dann ist es meist zu spät − − −!«

In der Baracke setze ich mich an den Ofen und schaue in das Spiel der Flammen, die an den Holzscheiten lecken, und denke an frühere Zeiten.

Ich habe mir einen Adventskranz gebunden, ein paar Fichtenreiser aus Oberstleutnant Mahlkes Paket, mit einem grauen Wollfaden zusammengeknotet.

Ich denke an meine Mutter. An meinen Vater. An Rosemaria aus Chortiza am Dnjepr.

Ich habe noch keine Nachricht von diesen drei mir allein und einzig nahestehenden Menschen. Wüßte ich doch, daß sie leben, daß es ihnen gut geht! Ach, wenn sie mich hier sähen − − −!

Freilich, sie müßten schon ordentlich hinschauen, denn seit gestern ist es besonders düster bei uns geworden, die letzte elektrische Birne ging entzwei. Nun haben wir – für 25 Mann – noch eine rotglühende Kohlenfaden–Lampe, bei deren Schein man kaum noch lesen kann.

Wir haben heute eine neue Ausgabe der »Stars and Stripes« bekommen. Große Überschrift: »Acht Gruppen von Kriegsgefangenen werden nicht entlassen!« Erste Gruppe: »Kriegsverbrecher.« Letzte und achte Gruppe: »Generalstabsoffiziere«!

Auch die letzte Ausgabe der »Neue Zeitung« macht die Runde. Fürchterliche Enthüllungen über die Vorkommnisse in den Konzentrationslagern. Tausende von Gefangenen seien umgebracht worden. Unglaubliche Schweinereien hat man an den unschuldigen Opfern vollzogen. Ich habe ebensowenig davon geahnt wie meine Kameraden. Ebensowenig ahnen ja heute die Menschen draußen, wie es uns heute hier ergeht, natürlich ohne Vergleich mit den Leiden der früheren KZ-Häftlinge. Aber man wollte doch alles besser machen – – –!!??

Weshalb berichtet die Presse heute wieder nicht wahrheitsgetreu?? Kann sie noch immer nicht frei und gerecht schreiben und informieren?? Offenbar soll sie die Öffentlichkeit weiterhin irreführen.

Ich lese, wie gut es den Kriegsgefangenen hier im Lager Dachau gehe. Der Artikel unter der Überschrift »Altes Lager im neuen Licht« erzählt von »den behaglich eingerichteten Barackenstuben mit Sesseln, Lampen, Gardinen und Blumen« – – –« In den großen Gärtnereien wird besonderes Feingemüse für die Gefangenen gezogen – – .« Es wird nicht nur von einer »großartigen Lagerbibliothek« berichtet und von einem Lagervarieté, sondern es wird sogar ein normaler täglicher Küchenzettel abgedruckt. Danach bekommen wir: »Frühmorgens gibt es Käse und Butter, Brot, Bohnenkaffee, Milch und Zucker; mittags Kartoffelpüree, gedünstete Tomaten, Fleischhaschee, Pudding und Brot und abends Bohnensuppe, Brot, Tee und Zucker.« Weshalb diese faustdicken Lügen?

Die Verpflegung wird laufend magerer. Die Suppe wird immer dünner. Auch der Teelöffel Marmelade zum Eckchen Brot reicht nicht aus. Wir »schieben Kohldampf«, regelrecht! Wer einmal ein halbes Stündchen um die Baracke läuft, sinkt auf seine Pritsche, todmüde, als habe er schwere körperliche Arbeit geleistet.

Morgens gibt es einen dünnen Mehlbrei, mittags heißes Wasser, in dem zerschnittene Pellkartoffeln und – wenn's gut geht – ein paar einzelne Maiskörner schwimmen. Abends gibt es nochmals eine dünne Suppe mit einer Einlage aus Kohlrüben oder Roten Rüben oder alten Wehrmachtssuppenkonserven.

Auf dem Plan stehen aber nach wie vor: 2576,2 Kalorien oder 2671,6 Kalorien. Wer's glaubt – – –

Nichts davon steht in der Presse, daß wir zum Beispiel strengste Bestrafung erwarten müssen, wenn man bei einem von uns nur Briefpapier oder Briefumschläge oder einen Füllhalter findet.

So groß also ist offenbar bei den Amerikanern die Furcht – oder auch eine Art schlechtes Gewissen?? –, es könnte eine wahrheitsgemäße Nachricht nach draußen dringen.

In der Nachbarbaracke wurde ein Offizier mit zwei Wochen Arrest bestraft, weil man bei ihm einen Brief von seiner Frau fand, den diese ihm im Februar – also ein Vierteljahr vor Kriegsende!! – geschrieben hatte.

Und dann diese knalligen Zeitungsüberschriften! »Hitlers Rock und Hose wurden gefunden!« »Pg-Frauen müssen Schutt räumen!« »Nazi–Aktivisten bekommen schwarze Registrierkarten! – Sie dürfen nicht mehr wählen!« »Vermögen von Nazis beschlagnahmt!« Plattheiten, Zynismus, Gehässigkeiten.

Heute ist irgendein amerikanischer Feiertag. Wir wissen nicht, welcher; für uns ist der 22. November ein Tag wie jeder andere. Oder doch nicht?? – Wir erhalten mit der Mittagssuppe noch ein halbes Täfelchen Schokolade (dafür aber keinen Brotaufstrich!), aber die Freude ist dennoch groß. Nur verstummt sie schnell wieder: Die Schokolade ist mit Schimmelpilzen durchsetzt und völlig zerbröckelt – – –

Es ist erst 18.00 Uhr. Aber ich krieche schon auf meine Pritsche. Ich habe soeben zu Abend gegessen. Ich wollte erst meine Suppe noch etwas aufheben, aber es lohnt nicht; es verdunstet zu viel. Es ist ja nur ein halber Liter. Ich habe mein Brot hineingebrockt. Für ein bis zwei Stunden gibt das ein gewisses Gefühl der Sättigung. Und wenn man liegt, dauert dieses Gefühl noch ein Weilchen länger. Aber kurz nach 20.00 Uhr regt sich der Hunger wieder.

Ich tappe ruhelos in der Baracke umher, die Hände in den Taschen, bleibe bei dieser und jener Gruppe für einen Augenblick stehen.

Unter dem quälenden engen Zusammenleben häufen sich Reibereien zwischen den Kameraden. Plötzlich packt es auch den sonst so stillen und jovialen Oberst von Blumröder; er zankt sich mit Major Rungius wegen eines Plätzchens auf der Ofenplatte. Diese ist nur 45 x 55 cm groß und mit etwa 15 Kochgeschirren neben- und übereinander verstellt. Außerdem wollen Kameraden ihr feuchtes Brot rösten. Keiner will zurücktreten, und die älteren Obristen stellen gern ihre Vorrechte heraus. Dabei tun sie selbst so gut wie nichts für die Gemeinschaft, sondern nörgeln lediglich an allem herum. Und stoßen am ehesten mit jenen Jüngeren zusammen, die überhaupt nichts mehr von Rücksichtnahmen wissen wollen und sich auf ihren bewußten eiskalten Egoismus noch etwas zugute halten.

Ich beobachte einen Oberst, wie er seine Suppe unter Umgehung eines Löffels gleich unmittelbar aus seinem Kochnapf schlürft und wie er sich anschließend über der Ofenplatte, auf der Brot röstet und Eßgeschirre stehen, aus einem kleinen Blechnapf rasiert und dabei Seifenschaum verkleckert. Danach verwendet er dasselbe Wasser zum Aufbrühen seines Tees.

Gerade die Älteren lassen sich besonders gehen. Da ist der ehemalige Armeechef, der mit langer Zunge vor und nach den Mahlzeiten sein Kochgeschirr ableckt und sich jetzt mitten in der Stube seine Genitalien in einer kleinen Waschschüssel mit einem Rest von lauwarmem Wasser aus seiner Feldflasche säubert, die ihm nachts als Wärmeflasche unterm Hintern dient und vormittags den Kaffee warm zu halten sucht.

Und unser Senior sitzt mit hochgeschlagenem Mantelkragen am Ofen und läßt ungeniert in kleinen zeitlichen Abständen seine Winde entweichen. Bin ich hier in einem Hottentottenkral?

Freilich, es ist empfindlich kalt in unserer Baracke. Es ist ausgesprochen ungemütlich, und das erhöht die zwischenmenschlichen Spannungen.

Plötzlich zanken sich auch zwei Oberstleutnante um ein kleines Plätzchen auf der Ofenplatte, und mit erhobenen Stimmen schallt es durch den Raum: »Unverschämtheit!!« »Sie Lümmel!!« »Halten Sie den Mund!!«

Bei solchen nicht seltenen Disputen bricht die große Menge der zwangsläufigen Zuhörer in ein infernalisches Gejohle aus. Dies ist ein gutes Mittel, um die Schärfe solcher Injurien lächerlich zu machen, um wieder einen erträglichen Zustand in der Zwangsgemeinschaft zu erreichen. Aber es ist nicht zu vermeiden, daß dem und jenem in unserer jetzigen Lage auch mal die Nerven durchgehen.

Ich geselle mich zu einer anderen Tischgemeinschaft, die mich gern aufnimmt (obwohl sie mich bisher nicht sonderlich angezogen hatte!). Oberstleutnant Eggert und die Majore Besserer und Lammel, in Aibling vom italienischen Kriegsschauplatz zu uns gestoßen, gehören zu den ganz Stillen. Sie sind an allem uninteressiert, gehen zu keinem Vortrag, zu keinem Unterricht, hocken ständig in ihrer Ecke oder am Ofen, diskutieren flüsternd über ihre Beobachtungen der Eigenheiten anderer, spielen hin und wieder Skat, stumm, verhalten. Aber sie wollen – und das ist hier sehr viel wert! – auf keinen Fall jemanden stören, jemandem lästig fallen.

Ich bringe meinen Adventskranz mit. In seiner Mitte steht ein kleines Lichtchen. Eggert lädt zu einem Napf Kaffee ein, dem ein Rüchlein nach echten Bohnen anhaftet. Aber es nutzt auch nicht viel; wir lassen heute alle die Köpfe hängen – – –

Am nächsten Vormittag kommt Oberst Schoch aus dem Arrest zurück. Ich besuche ihn. Er hat ein kleines, enges Einzelkämmerchen in der »Versehrtenbaracke« – dem ehemaligen KZ-Lagerbordell – bekommen.

Ich erschrecke, als ich ihn sehe. Er ist in den 14 Tagen um Jahre gealtert. Man hat ihn weder auf Arrestfähigkeit untersucht noch ihm auf seine dringenden Vorstellungen hin einen Arzt gewährt, als er seine Herzanfälle – angina pectoris – bekam. In einer Einmannzelle lag er schließlich mit weiteren drei Häftlingen zusammen, so daß kaum mehr Platz war, um sich zu rühren oder zu wenden. In der ersten Woche erhielt er täglich nur 1/5 Kommißbrot und 1 Liter Wasser.

Aber *weshalb* man ihn eingesperrt hat, konnte er nicht erfahren; das hat er erst jetzt von uns gehört – – –

Vom Blickwinkel der Unterkunft gesehen, ist er hier im ehemaligen Lagerbordell ganz gut aufgehoben. Die kleine Kammer ist mit einem

Drahtbettgestell, Matratze, Tisch, Stuhl, Spind ausgestattet und leidlich warm. In der Baracke gibt es sogar eine abgeteilte Badestube mit Badewanne und Holzbadeofen.

»Ein paar Tage der Erholung noch, dann bin ich wieder bei Ihnen!« sagt er zum Abschied.

Es ist kalt, und der Schnee bleibt jetzt liegen. Aber viele von uns leiden an Erkältungen des Unterleibes. Wir erkälten uns des Nachts, denn die Baracken stehen unmittelbar auf dem Erdboden, und die Bretter des Fußbodens haben breite Risse und Spalten, so daß die Kälte von unten ungehindert eindringen kann. Ich habe wegen meiner Beinwunde ein Unterbett bekommen, und hier ist es besonders kalt und feucht. Auch ich habe seit drei Tagen bereits einen hartnäckigen Durchfall.

Wir alle fürchten uns davor, ernstlich krank zu werden, und sinnen immer wieder auf Hilfsmaßnahmen, um der Kälte Herr zu werden! Ich ziehe nachts alles an, was ich besitze; aber viel ist das ja auch nicht.

Ich muß zum Zahnarzt ins Lagerrevier. Wir vom Sonderlager werden geschlossen hingeführt und dürfen unterwegs mit niemandem sprechen.

Im Revier sitzen wir lange Zeit auf einer schmalen Bank an der Wand des Ganges. Neben mir sitzt ein spindeldürres kleines altes Männlein, das im KZ Buchenwald bei einer Verwaltungsstelle als Schreiber beschäftigt war. Ich versuche, ihn zum Erzählen zu bewegen. Er ist auch gern dazu bereit, aber es ist offensichtlich, daß er nicht viel weiß.

»Ja, natürlich, geschossen ist auch worden, wenn Gefangene einen Fluchtversuch unternahmen«, weiß er zu berichten. »Und sonst? Was noch? Die Zeitungen schreiben doch − − −« »Die Zeitungen! Die Zeitungen! Die werden's halt besser wissen; wir, in der Verwaltung − was da sonst noch alles gewesen sein soll − − da hatten wir doch gar keinen Zugang − −!«

Die Zahnbehandlungen werden von drei SS-Zahnärzten durchgeführt. Viel »Federlesens« macht man nicht; der Andrang ist zu groß. Ich bekomme eine Zementfüllung, und in zehn Minuten ist alles vorbei. »Das muß jetzt erst mal reichen!« sagt der junge, sympathische Zahnarzt und reicht mir die Hand. »Der Nächste!«

Wieder in unserer Lagerbaracke, treffe ich auf erregte Diskussionen. Unsere beiden Essenholer im Majorsrang haben sich über den ihnen zustehenden »Nachschlag« hinaus ab und zu noch ein paar Löffel Wassersuppe extra genommen. Man ist ihnen auf die Spur gekommen! Es gibt erregte Debatten, in denen so häßliche Ausdrücke fallen wie »Vertrauensbruch!!« Man fordert schleunigste Ablösung der beiden! Wie erniedrigend ist das alles!

Freilich, die Verpflegungsfrage ist das »Thema Nr. 1«; es ist das zentrale Thema aller Erörterungen. Jeder merkt an sich einen fast alltäglichen Gewichtsverlust. Es ist beängstigend. Nachts träumen wir vom »Essen«. Auch ich hatte heute nacht im Traum einen großen Teller herrlich duftender Hammelkoteletts vor mir − − − Dann wachte ich auf

– vor Hunger. Das macht wohl auch der Durchfall, der den Körper stark schwächt.

Am Nachmittag werden neue Verfügungen und Befehle bekanntgegeben. Wenn ein Gefangener trotz Verbots einen Brief schreiben und auf irgendeinem Wege nach draußen schmuggeln sollte, so wird der Empfänger (!) eines solchen Briefes mit Gefängnis bis zu sechs Wochen bestraft! Wer einen Brief nach draußen schreibt oder irgendwelches Werkzeug besitzt, wird mit einer Woche Bunkerarrest bei Wasser und Brot bestraft. Anschließend muß er eine Woche lang täglich acht Stunden Gepäckmarsch mit 50 Pfund Gewicht machen. Danach kommt er nochmals für eine Woche bei Wasser und Brot in den Bunker.

Es besteht kein Zweifel, daß viele von uns eine solche Tortur gar nicht mehr aushalten könnten. Aber manche haben doch Angst, es könnte ihnen so ergehen wie einem Häftling aus der Nachbarbaracke, der jetzt in der geschilderten Form bestraft wurde, weil man in München einen Brief von ihm entdeckte, den er bereits vor vier Wochen geschrieben hatte, obwohl dieser neue Befehl damals noch gar nicht bestand.

Wenn ich das zunehmend lähmende Gefühl habe, ich könne das alles nicht mehr ertragen, dann gehe ich hinaus und laufe zwischen den Baracken hin und her. Zwar ist die Möglichkeit des Auslaufs hier nicht groß, aber man muß ja in Bewegung bleiben. Der Rauhreif verzaubert sogar den Zaun aus Stacheldraht zu einem Märchenbild weißer, glitzernder Zartheit. Hinter den bereiften Tannenwipfeln am Ende der Gärtnerei flammt das Abendglühen in Gelb und Rot und drohendem Grün.

Ich frage mich, ob das Leben überhaupt noch einen Sinn hat. Freilich sträube ich mich gegen solche Gedanken – – und ihre vorstellbaren Konsequenzen. Nein, nein, so weit ist es bei mir noch nicht!!! Aber ich fühle mich rechtschaffen müde und leer.

Drüben in der Gärtnerei stehen zwischen verschneitem Gestrüpp ein paar vergessene Herbstblumen, jede hat ein Häubchen von Schnee auf. Ich möchte mir die Blumen so gern holen, niemand mag sie, aber es ist streng verboten, die Gärtnerei zu betreten. Solche Kleinigkeiten drücken mir auf der Seele.

Ich möchte so gern irgend etwas Sinnvolles tun. Ich möchte gern etwas schreiben, aber ich habe kein Papier, und der Bleistift geht zu Ende – –
–

Ich kann nur dastehen und vor mich hinstarren oder Selbstgespräche halten, wenn die Gedanken einen Ausweg suchen. Ich ertappe mich selbst bei diesen halblauten Selbstgesprächen, wenn ich zwischen den Baracken hin und her laufe, den Kopf in den hochgeschlagenen Mantelkragen gedrückt, 40 Schritte hin, 40 Schritte her.

In unserer Baracke steht ein Oberst aus der Nachbarbaracke. Er liest uns einen Brief vor, den er auf Umwegen von der Portiersfrau seines Hauses in Berlin bekommen hat.

In naivem Stil schreibt diese Frau von den Plünderungen, die mit der

Besetzung der Stadt durch die Rote Armee begannen; sie schreibt, wie ganze Häuser angezündet und niedergebrannt wurden, wenn man Waffen gefunden hatte, sie schildert, wie zwei Rotarmisten, als sie betrunken waren, ihren Mann erschossen, weil er ihnen keinen Schnaps mehr geben konnte; sie schreibt von der miserablen Verpflegungslage, vom täglichen Schlangestehen ab 6.00 Uhr früh und wie alles schon ausverkauft ist, wenn man endlich nach drei Stunden drankommt. Sie schreibt auch davon, wie die eigenen »Volksgenossen« verlassene Wohnungen plündern, und wir stehen da und sind zutiefst erschüttert. Wir gehen still auseinander, denn keiner vermag in dieser Stunde mit dem anderen zu sprechen – – –

Advent! Es ist schier wie ein Wunder, daß sich Hände zu regen beginnen, um unsere Umwelt ein wenig festlich zu gestalten. Woher kommt wohl diese Kraft? Vielleicht zutiefst aus dem Bedürfnis, daß der Feind uns wenigstens dieses deutsche vorweihnachtliche Empfinden nicht nehmen soll. Auf den Tischen brennen selbstgefertigte Kerzen. Von der Decke hängen Adventskränze herab. Alte karmesinrote Streifen, von den Generalstabshosen abgetrennt, schmücken als leuchtende Bänder das Tannengrün. Sogar eine kleine Weihnachtskrippe, aus Pappe und Stroh gebastelt, steht auf einem Tischchen. An einem Fenster hängt ein hübscher Adventskalender, von Major Schell künstlerisch gefertigt.

Als es dunkel wird, kommen auch Kameraden aus den Nachbarbarakken zu uns. Unser Chor singt ein weihnachtliches Lied von Storm. Professor Lehmann rezitiert Gedichte von Rilke. Dem gemeinsam gesungenen Weihnachtslied »Es ist ein Ros' entsprungen« folgt eine Adventsansprache des blonden, hageren Majors Schuster, eines Pfarrersohnes aus dem Rheinland. Und dann in machtvollem gemeinsamem Gesang der Choral: »Wir treten zum Beten vor Gott, den Gerechten!«

Wir alle sind von einer tiefempfundenen Ergriffenheit erfüllt. In den Augen spiegelt sich das Flackerlicht der Kerzen. Hier und dort wischt sich einer verstohlen mit dem Handrücken über die Augen. Noch einmal spricht Lehmann Rilkesche Verse, dann singen wir alle das Lied von der fröhlichen, gnadenbringenden Weihnachtszeit – – –

Und wieder hinaus in den Winterabend! Der Schnee knirscht unter den Füßen, als ich wieder an den Barackenmauern dahintrabe. Im ersten Moment habe ich es gar nicht gern, daß sich ein Kamerad zu mir gesellt. Aber wie sollte ich ihn abweisen?? So erzählen wir uns allerlei. Unsere Herzen sind aufgeschlossen und lassen dem anderen einen kurzen Blick ins Innere zu, derart, daß wir Probleme berühren, die man sonst im allgemeinen nicht ohne weiteres bekennt.

Beiden gemeinsam ist uns die Suche nach dem verlorenen guten Freund. Beide sind wir im tiefsten Wesensgrunde einsam. Trotzdem fühlen wir beide, daß allerlei Unerklärbares zwischen uns steht, Wesensverschiedenheiten vielleicht. Beide fühlen wir, daß wir niemals wieder so vertraut wie heute gemeinsam durch den Abend gehen werden, immer am Zaun hin und her. Beide spüren wir aber auch, daß uns heute das Adventserlebnis zusammengeführt hat.

Über Nacht wird es schneidend kalt. Der Schnee rieselt dünn und kalt über den gefrorenen Boden. Unsere Baracken werden wieder einmal, diesmal jede für sich, besonders hoch mit Stacheldraht eingezäunt. Weshalb wohl?? – Wir zerbrechen uns den Kopf nicht mehr – – – Aber es werden dicke Baumstämme zur Verstärkung des Zaunes in den gefrorenen Boden eingegraben. Dies erweckt unser Interesse. Das gäbe schönes Feuerholz – – – Wir beobachten genau, daß diese rohen Bohlen infolge des harten Bodens nur wenig tief im Untergrund sitzen. Eigentlich werden sie nur vom Draht des Zaunes gehalten. Das ist interessant – – –

Es kommen wieder einige Pakete an. Natürlich ohne jeden schriftlichen Gruß. Noch hat niemand eine Nachricht von den Seinen erhalten, niemand eine Antwort auf die Rote-Kreuz-Karten vom Oktober. Wer aber ein Paket bekommt, kann sich zusammenreimen, von wem, und wenn die Absenderangabe noch leserlich ist, dann weiß er's konkret. Bei uns hat Major von Keller bereits das dritte Paket erhalten. Sie freuen sich, und wir anderen schauen zu. Irgendwer hat eine verborgene Nachricht erhalten, wonach sein Bruder aus der Kriegsgefangenschaft von Moskau geschrieben habe. Sogar die Sowjets gewähren ihren Gefangenen also den Postverkehr.

Die Amerikaner hingegen kontrollieren die einlaufenden Pakete scharf, damit ja keine Nachricht eingeschmuggelt werden kann; Kuchen, Brote, auch Wurst werden zerschnitten, damit man feststellen kann, ob nicht doch etwas eingebacken wurde.

Es ist kalt, und unser Holz geht zur Neige. Mit vorgehaltener Hand wird ein »Kriegsrat« gehalten. Thema: Sollen wir zu Weihnachten frieren?? Einsparen können wir nichts. Der kleine Korb mit Holzspänen, den wir alle zwei Tage erhalten, reicht kaum für das Nötigste an Wärme.

Wir fassen einen kühnen Entschluß. Er erfordert aber einige wichtige Vorbereitungen. Wir benötigen eine große Säge, möglichst eine Waldsäge, und mindestens ein Beil. Einer hat besonders gute Beziehungen zum SS-Lager; dort befindet sich auch das Handwerkzeug der Arbeitskommandos – – – Wir müssen noch etwas Geduld haben.

Nebenbei beschäftigen uns immer wieder neue Gerüchte. Es soll ein Austausch mit Gefangenen der englischen Besatzungszone stattfinden. Das andere Gerücht spricht von Entlassungen größeren Umfanges zu Weihnachten. Natürlich glaubt niemand daran! Oder doch? Wie immer kann man den Ursprung dieses Gerüchtes nicht ergründen; alles klingt unklar, verworren. Der Lauf eines Gerüchtes ist immer derselbe. Zunächst wird es bewitzelt, belächelt, als unrealistisch abgetan. Nachdem aber jeder eine Weile über das »Unglaubliche« nachgedacht und eigene Wunschvorstellungen dazu gemischt hat, drängt es ihn, das Aufgeschnappte mit gewissen subjektiven Beigaben an den Nächsten zu bringen. So macht das Gerücht in fortwährenden zusätzlichen kleinen Veränderungen seine nicht immer segensreiche Runde. »Haben Sie schon gehört!« »Ja, was meinen Sie??« Manche Gerüchte halten sich hartnäckig. Gibt es doch für uns einen »Silberstreifen am Horizont«???

Meine Verwundung am Oberschenkel eitert immer noch und will nicht heilen. Ich gehe noch einmal zum Krankenrevier. Aber es gibt keine Salbe, kein Verbandsmaterial mehr. Zum Glück habe ich noch ein paar alte Verbandspäckchen aus dem Lazarett in Kreuth. Ich habe Fieber und Schmerzen in der Lebergegend. Nur hier nicht krank werden!!! Ich rede mir gut zu, daß das Fieber von der Typhusimpfung herrührt, der wir uns neulich alle unterziehen mußten.

Major von Keller hat wieder zwei Pakete mit Wäsche, Strümpfen, Kuchen, Kakao, Mehl, Zucker, Speck, Brot, Plätzchen, Wurst, Geschirr bekommen. Und Zeitungen und Bücher. Ich freue mich mit ihm, während ich ihm vom Bett aus beim Auspacken zuschaue. Zugleich aber regt sich ein wenig Bitterkeit und − − Neid! Zum Teufel, ich kann es nicht ändern! Ich habe quälenden Hunger und kann nur von den guten Dingen träumen, die v. Keller mit strahlender Miene auspackt.

Am späten Abend ist es soweit. Wir löschen das Licht in der Baracke. Drei Mann gehen hinaus. Wir halten den Atem an. Tatsächlich ist kaum etwas zu hören, nur leises Ächzen und dumpfes Rumpeln. Dann kommen sie, in Schweiß gebadet, wieder zurück − − − und schleppen einen dicken Fichtenstamm in die Baracke herein, einen der neuen Zaunpfosten. Sie haben den Stacheldraht mit einer Drahtschere abgezwickt und den schweren Holzstamm aus dem Boden gewuchtet. Sie huschen wieder hinaus und holen noch einen zweiten Stamm. Niemand hat sie bemerkt!

Nun geht es an das Zerlegen und Zerkleinern des Holzes. Eine große Waldsäge ist plötzlich da. Umschichtig fangen immer zwei Mann an, die Stämme zu zersägen, jede Gruppe macht 20 Schübe, dann springt die nächste Gruppe ein. Rietsch − − raatsch − − rietsch − − raatsch − − Wir werfen Decken über Säge und Holz, um das Geräusch zu dämpfen. Zwei Mann stehen draußen »Schmiere«. Wir arbeiten ohne Licht, besessen, unseren Holzschatz unter Dach und Fach zu bringen. In der Barakkenmitte werden Fußbodenbretter aus ihren Verankerungen gelöst. Das zerkleinerte Holz wird in die Bodenöffnung verstaut. Mit zwei Beilen werden vorher die abgesägten Rundholzstücke zerspalten. Es geht alles verhältnismäßig schnell. Dabei wird kaum gesprochen. Major Besserer und ich übernehmen die Säge. Mir tanzen Funken vor den Augen vor Anstrengung. 20 Schübe, dann stehen die nächsten zwei Kameraden bereit.

Kurz nach Mitternacht ist der ganze Zauber vorüber. Die Beile kommen draußen in eine bis zum Rand gefüllte Regentonne, auch die Waldsäge; sie schmiegt sich innen in der Tonne durch ihre Spannkraft an die Wandung an. Die Drahtzange kommt in eine entzwei gegangene Abortschüssel und wird dort tief in den Abfluß hineingeschoben. Dann schlafen wir mit Genugtuung den »Schlaf des Gerechten«.

Gegen Morgen beginnt es zu regnen. Der Schnee verwandelt sich in Matsch und große Pfützen. Es tropft durch die Barackendecke herein. Wir beginnen wieder mit dem alten »Spiel«, die Bettpritschengestelle zu verrücken, damit nicht alles naß wird. Ich fühle mich schlecht, habe Kopfweh und offenbar Fieber. Aber der Ofen spendet heute wohlige Wärme. Wir haben ja genügend Holz – – –

Gegen Mittag erscheint ein Durchsuchungskommando weißbehelmter amerikanischer Militärpolizisten. Es war zu erwarten. Die Spuren der nächtlichen Arbeit draußen am Zaun konnten den Posten bei Tageslicht nicht verborgen bleiben. Schweigend und ergeben stehen wir an unseren Bettpritschen, wie es befohlen ist. Schweigend suchen die Amerikaner in den Betten, unter den Betten, wühlen die Habseligkeiten um und um. Schweigend schauen wir ihnen zu. Wir wissen ja nicht, was sie suchen. Mein Tafelmesser, das auf dem Tisch liegengeblieben war, muß ich in der Mitte der Klinge abbrechen. Ein Jeep mit zwei Militärpolizisten fährt weg und kommt kurz darauf wieder, mit einem – – Minensuchgerät! Damit werden alle Winkel in der Baracke abgesucht, die Decke, der Boden. Nichts – – –! Schließlich rücken die Amis unverrichteter Dinge wieder ab. »Pst! Psssst!! – Nicht sprechen!!! – – Ruhe!« Alles bleibt unverbindlich und gelassen. Der Ofen glüht fast – – – Und das frische harzige Holz prasselt – – –

Am Nachmittag erfahren wir, daß eine neue amerikanische Lagerleitung eingesetzt wurde. Ihre erste Tat ist ein scharfer Lagerbefehl, der sehr nach preußischem Kommiß »riecht«; demnach wird großer Wert auf Disziplin, zackigen Bettenbau, Grüßen durch Frontmachen, Achtungrufen und Meldung gelegt. Nun ja, warum nicht? Wir amüsieren uns sehr.

Bis eine Radiomeldung weitergegeben wird, wonach zunächst und bis auf weiteres *nicht* zur Entlassung kommen werden: Offiziere des deutschen ehemaligen Generalstabs. Aus der Traum! Es hat keinen Zweck, darüber nachzugrübeln. Aber man muß sich innerlich wappnen, um nicht mürbe zu werden. Natürlich schmerzt es zutiefst, daß man derart haßerfüllt gegen uns vorgeht. »Fünf Jahre lang haben wir unsere Pflicht im Felde getan, eine Pflicht, die wahrlich unangenehmer war als etwa das Leben in der Emigration in der Schweiz; wir wurden verwundet, zu Krüppeln zusammengeschossen, haben alles, aber auch alles verloren und werden nun derart betrogen, sogar vom eigenen Volk!« erklärt Major Lammel mit Verbitterung. In ähnlicher Weise denken wohl fast alle – – –

Abends lasse ich mich zum evangelischen Lagergottesdienst führen. Damit man nur hier mal herauskommt! Es ist nicht die Muße zur demutsvollen Besinnung, wenn man so vollkommen ohne Hoffnung ist. Der Geistliche ist noch jung, ein Fanatiker, der die Gemeinde aus weit aufgerissenen Augen anblitzt und das Wort Gottes wie eine brennende Fackel in unsere Mitte schleudert. Mag auch seine Rede gut sein, ich wende mich ab, ich kann nicht anders – – – Meine Zuwendung auf Weihnachten ist anderer Art.

In meinem Inneren schwelt eine – trotz allem hier! – festliche Stimmung. Schon die abendlichen Chorproben in einem leeren Barackenraum machen Freude. Wir üben all die schönen alten Weihnachtslieder ein, hingebungsvoll, der Melodie von Herzen zugetan und aufgeschlossen. Freilich, Oberst Hollidt als Chorleiter hat es nicht ganz leicht. Er vertritt den Standpunkt, daß wir, wo nur möglich, auch in anderen Baracken singen sollten. Er meint, daß es für uns als Offiziere Verpflichtung sein müßte, zum Beispiel den führerlos gewordenen SS-Männern mit unseren bescheidenen Mitteln etwas Schönes darzubringen, und das könnten wir immerhin. Aber aus den eigenen Reihen kommt Protest. Wir seien schließlich kein »Gesangverein«, und das Herumziehen sei unwürdig.

Dieser Art gibt es allerlei Debatten, und es ist erstaunlich und erfreulich, daß dennoch bei unserer Singerei etwas herauskommt.

Hoher Advent! Noch sechs Tage bis Weihnachten.

Die ersten Rückantwortkarten auf die von uns im Oktober geschriebenen drei Suchkarten des Roten Kreuzes treffen ein!! Ich kann nachts kaum schlafen vor Aufregung und Erwartung. 15 Herren bekommen eine Antwortkarte. Ich bin nicht dabei. Ich war von banger Hoffnung zum Bersten angefüllt, wenigstens eine Nachricht zu erhalten. Am nächsten Tag gibt es keine Post. Nur ein paar Pakete kommen, es sind immer dieselben, die sie erhalten. Noch zwei Tage bis Weihnachten.

Wir müssen draußen vor der Baracke diesseits des Zaunes antreten. Der Himmel hängt mit tiefen, dunkelgrauen Wolken über dem Lager. Auch aus den anderen Baracken des Sonderlagers werden die Gefangenen herausgerufen. Wir stehen in drei langen Reihen hintereinander, mit kurzen Zwischenräumen von Barackenbelegschaft zu Barackenbelegschaft. Eine Weile geschieht nichts. Die beiden Wachtposten draußen auf der Lagergasse bewerfen sich mit Schneebällen. Ein friedliches Bild. Wir warten fröstelnd hinter dem Zaun. Einige von uns, denen es zu kalt wird, »verdrücken« sich wieder rückwärts in die Baracken; die Posten merken nichts.

Da kommt ein Jeep die große Lagerallee herauf. Mit einem Anhänger hinten dran! Postsäcke sind erkennbar!! Und Päckchen!! Wir recken die Hälse, drängen uns vor. Der Jeep fährt zu uns hin, hält jenseits des Zauns. Drei amerikanische Soldaten springen ab, laufen nach hinten, kippen den Anhänger um – – die Post liegt auf einem Haufen im Schnee – – ein Amerikaner geht nach vorn, holt aus dem Jeep einen Kanisten Benzin – – er schüttet das Benzin über den Posthaufen – – der andere Amerikaner hält sein Feuerzeug an den Haufen – – – Schnipp!! – – die gelbe Flamme lodert auf – – lodert, lodert – – –

Wir stehen wie erstarrt. Sind wir etwa nicht im KZ?? Der brennende Haufen wird immer kleiner. Der Wind treibt ein paar angesengte Papierfetzen fort. Alles wird zu Asche – – – »Alles wegtreten!!« Aus ist es mit der geheimen Zuversicht, vielleicht doch noch zu Weihnachten eine Nachricht von meiner Mutter zu erhalten.

Ich fühle mich ganz und gar elend und − − einsam. Man sieht viele verbitterte Mienen. Diskutiert wird der Vorgang kaum. »Diese Schweine!« ist eigentlich der einzige Kommentar. Auch am nächsten Tag kommen keine Antwortkarten auf unsere Suchkarten. Nur Major von Keller bekommt sein fünftes Paket. Auf vielen Tischen gibt's etwas Gutes; manch einer, der in der letzten Zeit eine Sendung von draußen erhalten konnte, hat sich alles für die Weihnachtstage aufgespart.

Ich kaufe mir von einem Kameraden für 35,− Mark ein halbes Pfund Burnuß-Fett. *Mein* Weihnachtsgeschenk! Etwas Tabak habe ich auch noch.

Es gilt, nach dem Röstbrot auf der Ofenplatte zu sehen, ein Eckchen Käse gerecht in drei Teile zu teilen, Decken zu lüften, Wasser zu holen, Kochnäpfe zu waschen, Holz zu zerkleinern, irgendeine Liste auszufüllen, Essen zu fassen. Und dann kommt einer und möchte den Stiefelknecht ausleihen, ein anderer benötigt eine Nähnadel, ein Stückchen Bindfaden, ein Blatt Zigarettenpapier. Und dann müssen wir den Tisch verrücken, weil das Wasser vom Dach durchtropft. Und plötzlich ist »Zählappell«.

Gleich danach gehen die Weihnachtsvorbereitungen wieder mit Hochdruck voran. Es ist wie in einer Werkstatt. Überall wird geschrieben und gebastelt, werden kleine Päckchen gepackt, die für Kameraden bestimmt sind. Aus alten Konservendosen entstehen Aschenbecher, Kannen, Tassen und nette Schalen. Major Rungius fertigt aus Glaspapier und Pappe hübsche Lampenschirme. Ein anderer gibt seinen holzgeschnitzten Figuren für eine Weihnachtskrippe den letzten Schliff. Wieder andere fertigen aus bunten Margarinekartons Schmuck für den Weihnachtsbaum oder ziehen Wachslichte aus Paraffin, welches von alten Keksschachteln abgeschabt wurde. Jeder ist voller Eifer mit irgend etwas beschäftigt.

In diesem Treiben festlicher Vorbereitung geht auch eine alarmierende Nachricht fast unter, die wir aus dem Verordnungsblatt eines bayerischen Landkreises entnehmen. Dort hat man − in aller Stille − mit dem zwangsweisen Rücktransport von Flüchtlingen ins russisch besetzte Gebiet begonnen. Es handelt sich zwar vorerst um Zivilisten, aber falls wir entlassen werden sollten, dann sind wir ja auch Zivilisten. Manch einem von uns, den dies betreffen könnte, wird klar, daß die Rückführung eines ehemaligen Offiziers in die Sowjetzone gleichbedeutend mit Verlust des Lebens ist. Wir wissen doch aus verschiedenen Nachrichten, daß die Sowjets alle ehemaligen Offiziere wieder eingefangen und mit unbekanntem Ziel nach dem Osten transportiert haben − − −

Der Abend aber schenkt uns noch ein tiefes Erlebnis. Oberst Hollidt hat es doch durchsetzen können, daß wir unser »Weihnachtsprogramm« − gewissermaßen als Generalprobe − in einer vorweihnachtlichen Feier vor den Angehörigen des »Versehrtenregiments« abrollen lassen. In einer großen Barackenstube dieses Regiments, die mit viel Liebe weihnachtlich und anheimelnd ausgestaltet wurde, sitzen vor uns etwa zweihundert von den Ärmsten der Armen: Krüppel, Einäugige, Blinde, Amputierte. Uns aber ist es vergönnt, ihnen ein wenig Freude zu bringen. Sie lauschen unseren Liedern in tiefer Andacht. Ich sehe welche, die Tränen in den Augen haben, und sie schämen sich ihrer nicht. Nach unseren Darbietungen kommen sie zu uns her mit Prothesen und auf ihren Holzkrücken, umringen uns, wollen jedem von uns die Hand drücken. Einige drängen uns von ihren Zigaretten auf, und wir müssen schließlich zugreifen, um nicht zu verletzen. Als wir endlich gehen können, rufen sie uns ihre guten Weihnachtswünsche nach, und herzlich klingt ihr: »Kommt bald wieder!!«

Dann bricht der erste »Heilige Abend im Gefangenenlager« an. Er beginnt zunächst nicht so feierlich, wie mir – wie uns allen wohl! – in einer eigentümlich hochgestimmten Art ums Herz ist: Ich habe gemeinsam mit einem Oberst – – Stubendienst! Der Herr Oberst überläßt mir gern den Löwenanteil am Ofenheizen, Stubenkehren, Feuerholz holen.

Aber als das erledigt ist, geht's an die große Feiertagswäsche, wenn auch mit kaltem Wasser im vereisten Waschraum. Es ist gesund und abhärtend. Der ganze Körper dampft beim Abschrubben und Frottieren. Sodann kommt der Genuß sauberer Wäsche, der nächtens unter dem Strohsack gebügelten Hose und blitzblanker Stiefel.

Der Nachmittagskaffee an unseren kleinen Tischchen, die mit Tannengrün und brennenden Lichtern geschmückt sind, vermittelt festliche Stimmung. Und jeder stellt – ohne daß dies verabredet wäre – die Bilder seiner Lieben mit auf den Tisch. Auch ich habe für das kleine Photo meiner Mutter, das sie mir noch in Berlin im Lazarett vor unserem Abschied gab, einen Rahmen aus Pappe geschnitten, und so steht es, von Tannengrün umrahmt, vor mir, neben dem Bild von Major Besserers Mutter, Oberstleutnant Eggerts Bildern seiner verstorbenen Frau und seiner beiden Kinder, neben Major Lammels Familie. Wir sprechen von den Unseren; die Gedanken fliegen sicherlich heute besonders inniglich zu unseren Lieben draußen, mögen sie auch unerreichbar fern in unbekannter Umwelt leben. Wir sind bei ihnen wie sie bei uns. Und wir kennen unsere wehmütigen Gefühle, unsere bangen Hoffnungen und bebenden Ängste. Jede hat sie, und jeder versucht, dem Nebenmann zu helfen, ihn zu trösten.

Wenig ist es, womit wir uns Freude bereiten könnten, aber gerade das Wenige macht besondere Freude. Von Lammel bekomme ich eine prächtige Zigarre, von Fritz v. Keller Salz und Süßstoff; Besserer schenkt mir ein Paar Manschettenknöpfe, weil er beobachtet hat, daß mir welche fehlen. Die etwas haben, geben es gern, und die nichts haben, fühlen sich hineingenommen in die Liebe der Männergemeinschaft.

Als sich die Dunkelheit herabsenkt, singen wir ein paar Lieder und spielen unsere Stücke in einer anderen Baracke des Sonderlagers, da die Leute dort heute ganz ohne Betreuung sind und nicht die Kraft dazu aufbringen konnten, etwas aus Eigenem zu gestalten. Sie danken uns in herzlichen und warmen Worten. Und für uns ist dies wieder ein eigenartiges wundersames Fühlen, diesen armen Kameraden ein wenig Weihnacht zu bringen.

Pünktlich um 19.00 Uhr beginnt unser Weihnachtsabend. Die gesamte Barackenbelegschaft hat sich in unserer Stube versammelt. Auf den Tischen und am Baum flackern die Kerzen. Den Weihnachtsbaum haben wir aus Zweigen gebastelt, und er sieht richtig »echt« aus. Vor ihm stehen wir im Chor. »Vom Himmel hoch, da komm' ich her!« Wir singen dieses alte schöne Weihnachtslied choralartig und mit großer Kraft, daß es wie Glockentönen klingt, verheißend, vekündend.

Dann spricht Professor Lehmann weihnachtliche Verse von Bodo Schütt. Hiermit ist in einer sehr feinen, sehr zarten Weise das Thema der Innigkeit angeschnitten. Es folgt als Chorquartett und unter Begleitung eines Cellos und eines Bandonions ein Lied von Oberst Hollidt: »Ich hatte einst ein Vaterland − −« Ein männliches Thema, eigenartig und fesselnd im Satz. Nach einem sehr guten »Prolog«, den Major Ruth von Collenberg vorträgt, spielt Hollidt auf dem Cello Händels »Largo«. Nun wieder der Chor. Vierstimmig aus dem »Evangelimann« das »Selig sind − −«

Danach hält Oberstleutnant Raithel eine eindrucksvolle und im besten Sinn »soldatische« Weihnachtsansprache. Ihr folgt der große Choral, in den fast alle mit einstimmen: »Wir treten zum Beten vor Gott, den Gerechten!« Dann komme ich an die Reihe und trage meine »Gedanken zu Weihnachten 1945« vor. Anschließend singt der Chor das von Hollidt herrlich gesetzte Lied: »Hohe Nacht der klaren Sterne«, worauf der alte Weißkopf eine hübsche Geschichte von einem »Weihnachtsabend in Bethlehem « erzählt, die wie ein Märchen anmutet, wie man es Kindern erzählt, und Kinder sind wir ja heute alle, die wir hier mit glänzenden Augen sitzen. Menschenkinder sind wir, Menschenkinder, die sich nach einem Vater sehnen − − − In die Erzählung Hollidts, der wie ein guter Alter neben dem Lichterbaum sitzt, ist die Weihnachtsbotschaft aus dem Johannisevangelium wunderbar und wirkungsvoll eingefügt, die Major Schell in tiefer Ergriffenheit spricht.

Die Erzählung klingt aus im schönsten aller Weihnachtslieder, das wir gemeinsam mit dem Chor singen: »Stille Nacht, heilige Nacht.« Wir geben uns alle die Hand. »O du fröhliche, o du selige − − −«

Alle haben sich erhoben. Händedrücke, Wünsche für ein gesegnetes Weihnachtsfest im aufrichtigen Bewußtsein enger und herzlicher Zusammengehörigkeit.

Oberst Hollidt meint, wir könnten jetzt schnell noch zum Lagerrevier gehen und den Kranken ein wenig vorsingen und vorspielen. Man habe ihn gebeten − − − Alle stimmen zu. Freude bringen, nur Freude bringen; das will heute ein jeder. Wir stürmen hinaus in die dunkle Nacht, lachend und scherzend, laufen die vom Schnee verwehte Lagerallee hinauf, und die kleinen Flocken prickeln auf den heißen Wangen. Aus den Schornsteinen der Baracken stieben Funken und wehen über den Weg. Überall klingen Weihnachtslieder, und durch die Fensterscheiben blinkt Kerzenschein. Weihnacht, heilige Weihnacht! Friede auf Erden und den Menschen ein Wohlgefallen!

Militärpolizisten mit ihren weißen Helmen begegnen uns in kleinen Gruppen; ob sie Weihnachten wohl auch empfinden? Man hört, daß für Amerikaner das Weihnachtsfest vornehmlich eine Sache ausgelassener Fröhlichkeit, ein Mittelding zwischen Karneval und Rummelplatz sei. Und sie sind doch auch Christen, Kinder, von Vater und Mutter im rechten Glauben erzogen. Ich möchte hingehen und einem von ihnen die Hand reichen. Aber das geht nicht; er muß mich ja bewachen. Ich bin ja nur ein namenloses Wesen in dieser großen Menschenherde.

Das Aufgebot an amerikanischen Posten ist heute besonders groß. Vielleicht fürchtet die Lagerleitung, daß sich unter dem Mantel der Christnacht irgend etwas ereignen könnte!!?? Aber die Amis halten sich zurück. Offensichtlich sind sie doch ein wenig beeindruckt von der großen, allgemeinen und gläubigen Ovation, die die Christnacht in diesem Lager erlebt. Sie wollen uns nicht stören.

Die kleine Feier im Krankenrevier ist bald vorbei. Der saubere Raum ist hübsch ausgeschmückt. An den Wänden ringsum sind Wandbrettchen mit Tannengrün angebracht, und auf jedem Brettchen brennt ein kleines Flackerlicht, das dem Raum einen warmen und hellen Schein gibt. Die Patienten in ihren Betten schauen uns ernst an, als unser Chor singt; hohlwangige Gesichter, tiefliegende Augen, fahle Gesichtsfarben. Und ein paar müde Handbewegungen zum Dank beim Abschied.

Dann sitzen wir in unserer Stube noch bis nach Mitternacht in den Tischgemeinschaften zusammen, knabbern geröstetes Brot, rauchen Zigaretten und trinken köstlichen »Mokka«; die amerikanische Lagerleitung hat zu Weihnachten vier Päckchen Tabak und 200 Gramm Kaffee pro Kopf zur Verfügung gestellt. Sehr witzig und nett macht Graf Klinkowstroem um Mitternacht noch einen Weihnachtsmann mit kleinen originellen Gedichten und einem großen Sack, der all die Geschenke enthält, welche die Kameraden füreinander bestimmt haben. Dann ist der Christabend zu Ende. Ich schlafe mit einem Lächeln ein – – –

Am ersten Weihnachtstag bekomme ich Besuch von zwei jungen und einfachen Menschen aus meiner vogtländischen Heimat, ehemalige SS-Männer, jetzt auch im »Schleusenlager«. Wir kennen uns nicht. Aber die mundartlichen Klänge im Gespräch und die Sorge um unsere Heimat verbinden uns schnell. Unsere gemeinsame Sehnsucht nach dem Vogtland ist aber eingesponnen in das Wissen, in den Tod gehen zu müssen, falls man uns zur »Heimkehr« zwingen sollte. Heimkehr in den Tod – – – Welch grauenvolle Aussicht.

Am nächsten Morgen wird unser russischer Oberst zur Vernehmung zum CIC geholt. Er kam bei der großen Kesselschlacht von Wjasma in deutsche Kriegsgefangenschaft und trat später der Wlassow-Armee bei. So kam er bei Kriegsende in amerikanische Gefangenschaft. Er ist sehr niedergeschlagen, als er abends zu uns zurückkehrt. Der deutschen Sprache ist er nicht mächtig und kann niemandem sein Herz ausschütten, von niemandem Rat und Trost empfangen. Nur ein ehemaliger Baurat aus dem Memelland versteht etwas Russisch. Ihm erzählt der Oberst, daß ein sowjetischer Major und eine Frau ihn vernommen und seine Auslieferung gemäß den Beschlüssen von Jalta gefordert hätten. Ihm sagt er: »Ich lebe nicht mehr lang – – –« Wir alle empfinden Mitleid mit ihm, Mitleid mit der geschundenen Menschenkreatur.

Es liegt etwas in der Luft, aber wir wissen es nicht zu deuten. Gerüchte züngeln von einem zum anderen, lassen sich nicht fassen, verschwinden wieder. Man munkelt von Austausch der Kriegsgefangenen zwischen den Zonen! Wird man uns Thüringer, Sachsen, Schlesier nach dem Osten abschieben – – –???

Oberstleutnant Beetz wird zum CIC geholt. Es handelt sich um eine Art »Privataudienz«. Der amerikanische Leutnant Paul war bereits früher mit Frau Beetz bekannt. Er habe zugesagt, nach ihr suchen zu lassen, weil unser Kamerad noch keine Nachricht von ihr hat. Auch habe er höflich gefragt, wie es uns ergehe und wie unsere Stimmung sei; Beetz habe ihm alles freimütig erklären können, und Leutnant Paul habe ihn ruhig angehört, aber keinen Kommentar gegeben.

Immerhin ist dies die erste Fühlungnahme, die mit einem amerikanischen Offizier geglückt ist. Föhnstimmung! Unruhe kriecht zwischen uns umher.

Über Nacht ist das Wetter umgeschlagen; es ist wärmer geworden und regnet. In unserer Baracke tropft es mal wieder heftig durchs Dach, und das Hin- und Herschieben der Bettpritschen hebt wieder an, damit nicht alles durchnäßt. Auf dem Fußboden bilden sich Pfützen; das Wasser sickert zwischen den Ritzen weg. Unter unserer Baracke scheint eine Rohrleitung durch den Frost undicht geworden zu sein. Es stinkt bestialisch nach Kloake!

Major Besserer hat zwei Pakete bekommen, richtige Weihnachtspakete von seinen Eltern. Ich beobachte ihn, wie er mit zitternden Händen auspackt: Tannengrün, Silberfäden, rote Kerzen, Äpfel, Kuchen, Wurst, ein Glas Honig, Plätzchen, Zigaretten, Wäsche, Seife, Tabak, eine Pfeife und vieles mehr. Er teilt alles, was er bekommen hat, mit der Tischgemeinschaft.

Ich aber verzehre mich nach einem Lebenszeichen zumindest von meiner Mutter. Aber auch von Rosemaria – – – Ob sie nicht mehr am Leben sind – – –??? Wenn es *so* ist, dann soll mir alles gleich sein – – –

Nachts tropft es an zahlreichen Stellen durchs Dach und pinkt – – pinkt – – pinkt – – in die aufgestellten Waschschüsseln, Konservendosen, Schalen und Becher, eine lustige, auf die Dauer aber recht abscheuliche Musik.

Es wird wieder kalt, als der letzte Tag dieses Jahres heranbricht. Rauhreif liegt dick auf allen Zäunen und Pfosten. Aus einem fast weißen Himmel fallen ein paar Sonnenstrahlen.

Mittags haben wir »Zählappell«. Das gesamte Lager tritt auf der großen Lagerallee an. Wir müssen lange stehen und warten. Auf einmal kommt eine Mitteilung die Reihen entlang bis zu uns: vorn am Tor stünden unsere alten Kameraden, die Obersten Bauer und Berg. Das ist doch wohl nicht möglich! »Warum nicht? — Bei den Amis ist alles möglich!« Tatsächlich!

Bauer und Berg sind wieder da, sind wieder in Dachau »gelandet«, das sie am 20. Oktober zusammen mit weiteren dreißig Kameraden vom ehemaligen OKL verlassen haben. Damals wurden sie nach dem Lager Bischofswiesen verbracht (wo Hauptmann Jakoby bei einem Baracken-brand schwere Gesichts-verbrennungen erlitt), dann kamen sie ins Lager Neu-Ulm, wo man die Mehrzahl — — entließ! Nur die beiden Anwärter für die englische Besatzungszone, Bauer und Berg, wurden erneut ins Lager Aibling gebracht, — um, wie es hieß, dort in einem Sammeltrans-port nach Norddeutschland gebracht und entlassen zu werden! — aber Aibling schickte sie wieder — — nach Dachau. Es hört sich wie ein Witz an. Nun stehen sie hier vor uns, reichlich betreten, und wir schütteln ihnen die Hand, schlagen ihnen auf die Schulter.

Aber schon ist die Frage wieder gestellt: Was wird denn hier aus uns??? Eine Frage, die von dem lähmenden Empfinden begleitet ist, daß wir hier auf ein Abstellgleis geschoben, daß wir vergessen sind. In anderen Lagern entläßt man, wie zu vernehmen ist, sogar unsere ehema-ligen Vorgesetzten, bei uns aber geschieht einfach gar nichts. Unsere Unterhaltung mit den beiden Ankömmlingen wird ziemlich abrupt von zwei amerikanischen Militärpolizisten unterbrochen. Die Obersten Bauer und Berg kommen nicht zurück zu uns, sondern wandern in ein besonderes Lager innerhalb des Sonderlagers ab. Fragende Blicke hin und her. Warum das denn?? Wir wissen es nicht, und *sie* wissen's auch nicht — — —

In den letzten Stunden des Jahres sitzen wir in unseren Tischgemein-schaften. Noch einmal brennen Kerzen auf den Tischen. Major Besserer spendiert jedem eine Scheibe Speck zum Röstbrot, und dann gibt es Kaffee und eine Zigarre.

Wir sind zwar nicht eben fröhlich gestimmt, denn dazu besteht kein Anlaß, aber das Beisammensein in der Gemeinschaft, die unter ein gleiches Los gestellt ist, schafft eine Art geistiges Wohlbefinden.

Um Mitternacht ist es sehr still in der großen Runde. Nur aus den beiden Öfen knistert das brennende Holz durch das Schweigen. Dann erheben sich alle und wir singen gemeinsam: »Wir treten zum Beten — — —« Und das den Choral endende »Herr, mach' uns frei!« klingt wie ein Flehen. Damit ist das neue Jahr 1946 angebrochen. Jeder gibt jedem die

Hand. »Ein glückliches neues Jahr und baldige Heimkehr!« Wünsche aus ehrlicher und aufrichtiger Gesinnung spenden Zuversicht.

Ich gehe hinaus vor die Baracke. Am Himmel wölbt sich hoch und weit das ewige Meer der Sterne. Die Nacht ist klar und frostkalt. Ich fühle mich dem Erhabenen nahe. Aus den Baracken zur Linken und zur Rechten tönen Lieder und Choräle in die Nacht hinaus. »Herr, mach' uns frei!« – – – »Herr, mach' uns frei!«

Die ersten Tage des neuen Jahres bringen das Gewohnte: viele Stunden der Gespräche in der Tischgemeinschaft. Ich habe mich mittlerweile recht gut mit diesen drei grundanständigen Menschen zusammengefunden: der Sachse mit dem Holsteiner, dem Westfalen und dem Franken. Zur Zeit bemühen sie sich, mich in die Geheimnisse des Kartenspiels, des »Doppelkopfs«, einzuweihen.

Wir erreichen es, daß wir mit den Obersten Bauer und Berg wenigstens tagsüber sprechen können. Sie müssen uns alles haarklein erzählen. Nach ihren Schilderungen war es in den anderen Lagern – außer in Aibling – erträglich und jedenfalls besser gewesen als hier. So war Postverkehr gestattet, und Spenden des Roten Kreuzes wurden laufend verteilt, und zu Weihnachten gab es für jeden ein Liebesgaben-Paket – – – Wir stecken hier vollkommen im argen, im Sonderlager für »Kriegsverbrecher«, für ehemalige KZ-Wachmannschaften und sonstige Verdächtige. Von allem abgeschlossen. Und wir sehen keine Möglichkeit, unser Los zu ändern.

Und wieder sucht uns ein amerikanisches Suchkommando heim. Aber auch dieses »Filzen« läuft erfolglos ab. Es ist schon allzu oft geübt worden, wie man »auf Tauchstation« geht. Diese Wiederholungen wirken allmählich albern. Da man nie genau weiß, worum es den Amerikanern geht, muß man immer alles verbergen, was – aus ich weiß nicht, welchen Gründen – verboten sein könnte.

Zur Zeit scheint man nach Tischmessern zu suchen – und Draht. Alles Werkzeug – selbst das des Lagerschusters! – ist bereits abgenommen worden (soweit es gefunden wurde!).

Draußen wird es wieder kälter. Und unser Holz geht zur Neige. In der Barackenstube bringen wir es tagsüber noch auf 12° Wärme. Die kalten Füße tun weh. Wenn man aber zuviel draußen umherläuft, geht auch noch das letzte Paar Socken entzwei. Besonders scheußlich ist die Feuchtigkeit in der Stube. Durch das Schwitzwasser, das von der Decke herabtropft, und die Ausdünstungen der vielen Menschen im Raum sind die Wände von grünlichem Schimmelpilz überzogen und auch Schuhe und Wäsche schimmeln. Leider gibt es keine Möglichkeit mehr, Holz »zu organisieren«. Nachts zerplatzen laufend die nassen und nun gefrorenen Bretter der Wände im strengen Frost. Das gibt schußähnliche Geräusche, von denen man immer wieder aufwacht. Und man erwacht sowieso leicht, denn infolge der Kälte ist an tiefen Schlaf nicht zu denken. Frühmorgens folgt dann die eiskalte Körperwäsche im völlig vereisten Waschraum, bis die Leiber dampfen; aber es dient der Abhärtung der Haut, und so gibt es noch immer erstaunlich wenige Erkältungskrankheiten.

Leider wird die Brotration auf täglich 250 Gramm herabgesetzt, so daß sich der Hunger gleich wieder verstärkt bemerkbar macht.

Wir bekommen die ersten Zeitungen des neuen Jahres. Der sogenannte »Kontrollrat« berät über das bayerische »Denazifizierungsgesetz«, demzufolge ehemalige Generalstabsoffiziere nur noch »als einfache Arbeiter« Verwendung finden dürfen.

Die »Neue Zürcher Zeitung« – (auf irgendeinem geheimnisvollen Weg kommt ein Exemplar zu uns herein!) – befaßt sich in einem Artikel »Das Totenland« mit den von den Polen besetzten deutschen Gebieten im Osten. Die allgemeinen Zustände in diesem einst reichen und blühenden Gebiet sind grauenvoll. Tausende sterben an Hunger. Plünderungen und Vergewaltigungen sind an der Tagesordnung. Es wird von Massenschändungen deutscher Mädchen und Frauen auf öffentlichen Plätzen berichtet. Typhus ist allgemein verbreitet, betroffene Ortschaften werden einfach hermetisch abgeschlossen. An Syphilis erkrankte Frauen werden erschossen. Es gibt keine Kinder mehr unter einem Jahr Lebensalter. Eisenbahnzüge mit Flüchtlingen werden derart ausgeplündert, daß die Menschen buchstäblich nackt weiterfahren müssen. In einem Ort gibt es für 15 000 Menschen nur 7000 Brotrationen. Leichen der durch Selbstmord verendeten Menschen liegen überall herum. – Dies schreibt eine Schweizer Zeitung.

Wir diskutieren den Artikel mit Erschütterung und Empörung. »Ist das noch Vergeltung – – –??« Sadismus niedrigster Instinkte – –!!« »Haben wir jemals derartige Zustände in den von uns besetzten Gebieten erlebt – –??« »Regt sich hier das sogenannte Weltgewissen??« »Ist dies der Beginn des Friedens – –?? Der Frieden eines Totenlandes vielleicht – –!!??«

Vom Nürnberger Prozeß hört man, daß Keitel, Jodl, Dönitz und Raeder *nicht* angeklagt sind für Dinge, die sie in Erfüllung ihrer militärischen Berufspflicht taten. Ein Hoffnungsstrahl erfüllt uns! Taten wir »einfachen« Truppengeneralstäbler denn jemals etwas anderes als unsere militärische Berufspflicht??

Es ist Dienstag, der 8. Januar. Wir müssen plötzlich auf der Lagerstraße antreten. Es ist bitter kalt. Ein Tisch und mehrere Stühle werden gebracht. Schließlich erscheint in einem Jeep jener kleine schwarzhaarige amerikanische Offizier, der sich schon einmal vor Monaten mit uns befaßt hat. Mister Patterson. Er steigt auf den Tisch und lacht uns an. »Meine Herren!« beginnt er (wahrhaftig; er sagt »Meine Herren!«!) »Wißt ihr«, fährt er fort, »mir scheint, das ist hier in Dachau ein großer Saustall. Ich bin da erst jetzt hintergekommen.« Wir grinsen. Was soll das?? »Und darum will ich die Sache jetzt mal klarstellen. Was wollt's ihr eigentlich hier − −??« Wir lachen gerade heraus. Die Sache scheint amüsant zu werden. Wir recken die Hälse, rücken näher heran, um kein Wort zu verlieren, die dieser Mister Patterson hier plötzlich so offen ausspricht. »Also, paßt's mal auf; ich werd' euch jetzt mal durchsieben. Und wenn's auch etwas länger dauert. Wir müssen das jetzt mal in Ordnung bringen!« Wir sind durchaus einverstanden, wenn's auch Stein und Bein friert. Einer versucht ihn anzusprechen: »Herr Patterson − − −« »Herrje, jetzt sagt der auch schon ›Patterson‹. Ieberall sagt a jed's ›Patterson‹. Ich heiß nicht ›Patterson›; ich heiß Max Strauß!« Schallendes Gelächter. »Haben Sie's gehört: ich heiß Max Strauß!« Mein Hintermann flüstert: »Der Walzerkönig!« Wir sind alle in fröhlichster Stimmung.

Mister Strauß beginnt uns einzuteilen: Angehörige der SS rechts raus! Beamte links raus! Obersten rechts raus und zur Seite aufstellen! Generalstäbler ganz nach links! »Dös ist ja nur ein Mißverständnis, daß ihr hier im Sonderlager untergebracht seid. Ihr gehört's ja nicht hierher!« Die »Sieberei« dauert tatsächlich lange. Es ist sehr kalt. Mister Strauß läßt uns in die Baracken zurücktreten. »Meine Herren, ihr braucht's ja net so lang hier umherstehen. Es dauert ja doch noch länger. Ich ruf' Sie später wieder zusammen; das geht ja dann schnell − − −«

Am Nachmittag geht es weiter. Mister Strauß hört uns ruhig an. Er will einen Antrag an die Armee machen und anfragen, wie es mit unserer Entlassung bestellt sei. Was die Obersten Bauer und Berg berichten, scheint Eindruck auf den »Walzerkönig« zu machen.

Wir alle sind gehobener Stimmung. Optimisten sehen bereits den Tag der Entlassung in naher Zeit heranstehen. »Haben Sie's nicht bemerkt, wie höflich, ja, geradezu liebenswürdig der Strauß war?« »Es ist doch ganz klar, daß sich die Vernunft endlich durchsetzt!«

»Wir hätten ihn zu einer Tasse Kaffee einladen müssen!« kritisieren andere etwas spät. »Er scheint doch unser Gönner zu sein. Wir hätten noch weitere vernünftige Gespräche mit ihm führen können!« Pessimisten unter uns meinen, es sei zumindest »ein Schritt vorwärts« gewesen. Nun müsse man erst einmal abwarten.

Am nächsten Tag ist »Großfilzung«. Dreimal müssen wir auf »Tauchstation« gehen. Es klappt schon fast automatisch. Jeder Handgriff ist geübt. Die amerikanischen Militärpolizisten sagen nicht, was sie suchen. Sie suchen eben! Und wenn sie ein Messer finden, nehmen sie es mit. Es scheint, als sei es ihnen selbst peinlich, uns den allerletzten Messerstumpf abnehmen zu müssen. Sie wissen wohl auch nicht, weshalb das sein muß. Wir fragen, wie wir wohl beim Verpflegungsempfang das Brot und die Margarine teilen sollen − − −?? Die Amerikaner heben die Schultern und lächeln. »Don't know!« Sie ahnen anscheinend selbst, daß nach jeder noch so gründlichen »Filzung« doch noch weitere Messer vorhanden sind − − −

Böse Nachrichten dringen zu uns herein. Major Fintelmann erhält eine

Suchkartenantwort aus dem sowjetisch-besetzten Gebiet; zwei Schwestern von ihm wurden unabhängig voneinander von Russen erschlagen.

Ein neu angekommener SS-Führer erzählt aus persönlichen Erlebnissen von seiner Flucht aus Rußland über Polen und die Tschechei und insbesondere von den viehischen Ausschreitungen der Tschechen gegen deutsche Kriegsgefangene. Diese Schilderungen reihen sich »würdig« dem Artikel über Polen in der »Neuen Zürcher Zeitung« an. Was sind diese Menschen doch für entsetzliche Bestien! Aber was hier − neun Monate nach Kriegsende! − noch immer geschieht und wozu die in diesen Monaten so oft strapazierte »Weltmeinung« merkwürdigerweise verstummt, hält doch den Vergleich zu den »Greueltaten der SS-Banditen in den KZs« durchaus aus − − −

Plötzlich tritt Tauwetter ein. Der Föhn liegt seidenweich über dem Land. Vom Dach tropft das Wasser wieder durch alle Fugen und Ritzen in die Stube.

Zwei neue Maßnahmen werden durch die Lagerleitung bekanntgegeben: Erstens dürfen wir unser »Cage« nicht mehr verlassen, zweitens müssen sämtliche Bücher abgegeben werden. Eng um unsere Baracke werden neue Zwischenzäune aus Stacheldraht gezogen − − −

Vom »Walzerkönig« ist nichts mehr zu hören und zu sehen. Ich laufe mit mir allein den etwa anderthalb Meter breiten Gang zwischen Baracke und Drahtzaun hin und her, immer hin und her, und sauge die warme, weiche Luft in tiefen Zügen in mich ein.

Ich bin aus der Baracke geflohen; denn es gibt wieder einmal Krach unter den Kameraden, und es fallen häßliche Worte. Heute liegen sich ein sonst stiller und zurückhaltender Oberst mit einem Major in den Haaren. Es ist fast unerträglich peinlich.

Langsam kommt der Vorlesungsbetrieb wieder in Gang. Ein biederer österreichischer SS-Mann, ein Bauernsohn, hat eine Unterrichtsfolge über »Die Imkerei« übernommen. Ich gehe gern hinüber zur Nachbarbaracke − zu Unterrichtszwecken haben wir dahin Ausgang − und höre ihm zu, wenn er von den Wundern der Natur spricht. Fast möchte man sich schämen, wie wenig man doch über diese Dinge weiß. Da steht nun ein ganz einfacher Mann aus einem Tiroler Gebirgsdorf und erzählt uns mit leuchtenden Augen von dem wundersam geordneten Staatsleben eines Bienenvolkes. Ich begreife, wie sehr Waldemar Bonsels hierdurch zu seiner »Die Biene Maja« angeregt worden sein muß, aber ich wundere mich, daß er nicht ganz einfach die Wahrheit schrieb, denn keine Dichtung kann wunderbarer sein.

Mich ergreift der Wunsch, selbst eines Tages einmal Bienen halten, über sie schreiben zu können, sie zu pflegen, zu beobachten. In einem kleinen »Eigenheim für Geistesarbeiter«, selbst stilvoll erbaut, oben im Vogtland auf der Herrgott'sleith' oder dem Dobris oder im Triebtal − − −

Ich komme ins Träumen − − − Träume sind schön, aber es kommt immer alles ganz anders. Immerhin: der Radiosender Beromünster soll davon gesprochen haben, daß die Sowjets sich anschicken, Sachsen und Thüringen wieder zu räumen – – – Wenn das wahr wäre!

Wir sprechen oft über ,eine Berufswahl. »Wissen Sie, wenn ich halt irgendwo eine Stelle als Hausdiener bekäme!« meint Oberst Fieger mit einem Seufzer. Insgeheim hegen wir immer noch Hoffnungen auf eine alsbaldige Entlassung – – –

Es ist wieder kalt geworden und hat geschneit. Wir haben kein Holz mehr und heizen mit Zeitungspapier, mit entbehrlichen alten Lumpen, alten Kartons. Wir wickeln uns abends zur Schlafenszeit alte Decken um den Leib, und wer hat, zieht dicke wollene Strümpfe an. Einige binden sich lange Wollschals um den Hals, setzen sich Ohrenschützer auf oder binden sich ein Tuch um den Kopf. So schlüpft man in den Schlafsack, auf dem der Mantel ausgebreitet liegt.

Der evangelische Oberkirchenrat Daumüller besucht uns, ein älterer, hagerer, grauhaariger Herr mit leuchtenden Augen in einem edlen, markanten, männlichen Antlitz. Er bleibt einige Minuten bei uns. Er möchte uns Mut zusprechen. Aber auch er bestätigt uns, daß es hier bei uns, was die Unterbringung anbelangt, im Vergleich zu den früheren Verhältnissen im KZ nicht gerade besser geworden sei! »Aber Sie können beruhigt sein: draußen sieht es besser aus, als Sie hier in Ihrer Abgeschlossenheit gemeinhin annehmen können«, sagt er. Nun ja!

Wir möchten uns gar zu gern noch ein wenig mit dem Besucher unterhalten, aber seine amerikanischen Begleiter passen scharf auf. Hatte doch ein Lagerbefehl angeordnet: »Dem Oberkirchenrat dürfen keine Klagen über Verhältnisse im Lager vorgetragen werden!« Nun, der geistliche Herr hat ja selbst Augen, um zu sehen, und wir haben schon den Eindruck, daß er sieht – – –

Es schneit und schneit. Die Schneelandschaft entzückt mich, wenn sie auch nur auf den kleinen Auslauf rund um unsere Baracke bezogen sein kann. Wäre es doch nur nicht gar so kalt! Auch innerhalb der Baracke. Man sitzt im Mantel am Ofen – und friert. Besonders schlimm ergeht es den älteren Herren mit ihren diversen Zipperlein.

Wir gehen überallhin, wo irgend etwas »los« ist, sei es auch nur, um in Bewegung zu bleiben, – – und zur Ablenkung! Wir sehen – ein Kasperltheater! Die Idee ist gut, witzige Satiren auf das Lagerleben. Viele Einfälle sind originell, und es gelingt, über das eigene Los – – zu lachen! Dann die »Bauernbühne«. Die Frauenrollen werden ausgezeichnet von Männern gespielt, eine Darbietung mit Schwung und Witz. Und der hervorragende »Bach-Chor« gibt wieder ein ganz ausgezeichnetes Konzert vorn in der Duschhalle.

Wir bekommen jetzt auch Ausgangserlaubnis ins Freilager. Ich laufe zwei Stunden lang zwischen den Baracken des großen Lagers umher, lese die Wandanschläge, beobachte die Gefangenen, in der Mehrzahl ehemalige SS-Männer. Man kennt sie aus der Menge heraus; denn sie machen im allgemeinen äußerlich einen noch leidlich guten Eindruck im Vergleich zu anderen Gefangenen, die recht ungepflegt umherlaufen, in Hauspantinen, mit Vollbärten, zumindest unrasiert, schmutzig, in abgerissenen Uniformstücken. Man merkt, daß ihnen die Führung fehlt.

Kommt ein ehemaliger Offizier, so erkennt man ihn schon von weitem aus der Masse heraus. Einen Einfluß auf ihre Männer von einst aber haben die Offiziere nicht mehr; die gesamte Verwaltung und Lageraufsicht liegt in den Händen der Männer, höchstens noch des einen und anderen Unteroffiziers.

Auch habe ich den Eindruck, daß man im allgemeinen stimmungsmäßig »den Offizier« ablehnt. Wenn einer von uns seinen alten Ledermantel trägt (gar noch mit einem Pelzbesatz am Kragen!), setzt er sich mißgünstigen Blicken aus. Auch anzügliche Bemerkungen werden laut geäußert.

Meinen Kameraden dringt das nicht allenthalben unter die Haut. Es gibt sogar welche, die sogleich zur Lagerküche, zur Schneiderei, zur Bibliothek laufen, um sich irgendeinen Vorteil zu verschaffen. Natürlich machen sie sich dabei bei den Verwaltern und Kapos unbeliebt; es kommt sogar zu idiotischen Anzeigen. Wie ungeschickt und taktlos kann doch ein Mensch in seiner Gier sein!

Andere provozieren direkt durch Arroganz. Sie umgeben sich mit einer luftleeren Schicht aus eisiger Ablehnung. Sie fühlen sich noch immer als irgendwie »Höherstehende«, ohne andererseits auch nur das Mindeste bieten oder geben zu können.

Ganz anders der armamputierte Oberst Ryll mit seinem verwegenen Gesicht unterm Schlapphut. Er spricht alle Landser an, gewinnt im Fluge das Herz seiner Umgebung und ist meist von einer Gruppe lachender Männer umringt.

Am nächsten Morgen wird die Mehrzahl unserer Obersten namentlich zum »Heraustreten mit Gepäck« aufgerufen. Entlassung! Eine Entlassungskommission aus Aibling ist am Werk. Wir sehen unsere Obristen mit Wehmut scheiden. Und wann kommen *wir* an die Reihe − − −??? Knirschender Schnee unter den Sohlen. Die Luft ist frostklar und sauber. Ein Sonnenstrahl zeichnet den Schatten des Stacheldrahtes scharf in den Schnee. Wann kommen *wir* an die Reihe − − −???

Das Gerücht von der Räumung Sachsens und Thüringens durch die Russen wird berichtigt; nichts davon ist wahr! Bin ich also wieder einmal auf einen Wunschtraum hereingefallen. Major von Keller hat sein siebentes Paket bekommen. Ich kann es heute nicht mitansehen − − −

Früh 5.00 Uhr werden wir alarmiert: »Zählappell«! Nebel schlägt uns entgegen, als wir auf der Lagergasse antreten. Es ist kalt und feucht. In der Nacht hat sich im »Lager B« eine Tragödie abgespielt. Hier wurden gestern sämtliche Gefangene sowjetischer Staatsangehörigkeit zusammengeholt, um gemäß den Jaltaer Beschlüssen an die Sowjets ausgeliefert zu werden. Es waren 31 Mann und dabei auch unser Oberst. Man legte sie gemeinsam in eine Baracke. Als sie zum Abtransport antreten sollten, weigerten sie sich, ihre Baracke zu verlassen. Die Amerikaner trieben sie schließlich mit Tränengas heraus. Halbnackt wurden sie in eine andere Baracke eingesperrt. Hier unternahmen 18 Mann einen Selbstmordversuch. 14 Mann sind bereits gestorben. Auch unser Oberst ist dabei; er hat sich erhängt – – –

Sie hatten auf der Seite Deutschlands *nicht* gegen ihr Vaterland, aber gegen den Bolschewismus gekämpft. Sie wußten, was ihnen bevorsteht, wenn sie diesem Bolschewismus ausgeliefert werden, und sie zogen es vor zu sterben.

Ich bekomme plötzlich Fieber. Mein Puls geht auf 140 Schläge. In lähmender Angst kehre ich in unsere Baracke zurück und krieche auf meine Pritsche. Schweißausbrüche. Schmerzen in der Leistengegend. Angst. Innige Gebete – – – Nur nicht krank werden, gerade jetzt! Ich bleibe im Bett. Noch eine Nacht, noch einen Tag. Die Kameraden sind rührend besorgt um mich, bringen Tee, sorgen für Stille, wenn ich schlafe. Soll ich mich ins Krankenrevier bringen lassen?? Ich sträube mich. Trotz Schüttelfrost. Ich bekomme Leibschmerzen und Durchfall. Gut, daß wir gegen Thyphus geimpft worden sind – – – Es ist keine Freude, immer wieder hinaus in den eiskalten Abort gehen zu müssen. Und kaum liege ich im Bett, geht's schon wieder los. Nachts wird das Fieber geringer. Wär's doch nicht so kalt im Bett – – –!! Ich habe mir offenbar den Unterleib stark erkältet. Bohrende Schmerzen!

Und morgens wieder »Zählappell« im Freien. Ich muß mit draußen antreten, sonst stimmt die Zahl nicht, und es gibt Ärger. Ich gelte ja nicht als »krankgeschrieben«.

Von einem Kameraden bekomme ich ein Kohlepräparat, ein anderer gibt mir von seinem Zwieback ab. Diese Hilfen tun mir wohl. Was soll ich im Revier beim Arzt, der ja doch nichts hat!

Am Nachmittag werde ich plötzlich zum CIC bestellt. Ich zwinge mich aufzustehen, mich anzuziehen. Wenn man mich vernehmen will, in Gottes Namen – – – Ein amerikanischer Posten begleitet mich durch das große Lager zum amerikanischen Verwaltungsgebäude. Ein richtiges Haus mit Treppen aus Steinstufen und Gängen, schießt es mir durch den Sinn. Wir gehen zur ersten Etage hinauf. Vor einer großen Tür bleiben wir stehen. »Wait a moment!« Der Posten meldet drinnen, daß der »PoW Naumann« da ist. Ich trete in das große Zimmer. Bleibe an der Tür stehen. Neben mir der Posten. Vorn am Fenster ein großer Schreibtisch. Dahinter ein amerikanischer Offizier in olivgrüner Uniform. Ich kann ihn kaum erkennen, denn vom Fenster dahinter blendet mich das Licht.

Aber auf dem leeren Schreibtisch liegt etwas, das mir den Blutstrom in den Halsadern zum Klopfen treibt: Mein Tagebuch! Ich erkenne es gleich an der länglichen Form, an der schwarzgrauen Farbe. Der Offizier schickt den Posten hinaus. Dann mustert er mich. Ich stehe breitbeinig da, die Hände auf dem Rücken. Zwischen uns ist eine Distanz von etwa 4 bis 5

Metern. »Ist das Ihr book?« fragt der Offizier und schnippt mit dem Finger gegen den Buchdeckel. »Jawohl!« Der Offizier mustert mich einige Sekunden. »Ich möchte dieses book kaufen!« sagt er ruhig. »Es ist nicht verkäuflich!« antworte ich ebenso ruhig. »Ich biete twenty Dollars!« »Ich sagte bereits, dieses Buch ist unverkäuflich!« Mir wird heiß. »Fifty Dollars!« zischt der Offizier. O Gott, o Gott! Fünfzig amerikanische Dollar, das ist viel Geld. »Ich verkaufe das Buch um keinen Preis!« sage ich, ein wenig heiser. »Aber Sie sind ja der Sieger, und ich bin Ihr Gefangener; Sie können sich das Buch ja auch so aneignen, wenn Sie das wünschen!« Das ist scharf. Der Offizier schaut mich mit gesenktem Kopf an.

Es ist unheimlich still im Zimmer. Mir schwimmt es vor den Augen. Ich starre den Sitzenden hinter dem Schreibtisch an. Da nimmt der Offizier das Buch, wirft es mir in hohem Bogen zu, gerade, daß ich es noch auffangen kann. »Wegtreten!!!« Meine Kehrtwendung ist »zackiger«, als ich eigentlich möchte. Dann bin ich draußen, mein Tagebuch unterm Arm. Der Posten führt mich zum Sonderlager zurück. Ich fühle mich unbeschreiblich beglückt.

In der Baracke beginne ich sogleich, aus meinen vielen Notizzetteln nachzutragen. Am 8. Oktober wurde mir das Buch bei unserem Eintreffen im Lager Dachau abgenommen; heute schreiben wir den 24. Januar 1946. Ich schreibe und schreibe, als könnte ich niemals fertig werden.

Nur zum Duschen lasse ich mich auch heute führen. Das heiße Brausebad tut mir gut. Aber es ist erschreckend, anzusehen, wie all diese Nackedeis, meine Kameraden, nur noch aus dünnen Beinen mit schlaffen Muskeln unter vorgewölbten Suppenbäuchen bestehen. Nein, mit uns ist nicht mehr viel Staat zu machen — — —

Leibschmerzen und Durchfall halten an, und besonders nachts ist es schlimm. Aber solche Magenverstimmungen aufgrund von Erkältungen sind jetzt im Kreis der Kameraden an der Tagesordnung.

Um unsere hochgestimmten Entlassungshoffnungen ist es wieder recht still geworden. Niedergeschlagenheit greift um sich. Nicht so sehr bei mir, denn ich war nie allzu optimistisch.

Gerüchte wollen wissen, daß — falls überhaupt! — bei Generalstabsoffizieren nur bis zum Rang der Oberstleutnante entlassen wird. Was Wunder, daß unsere Obersten heute die Köpfe erst recht tief hängen lassen.

Am Nachmittag händigt man uns — welch frohe Überraschung! — vorgeschriebene Briefformulare aus; wir dürfen erstmalig, wenn auch nach bestimmten Vorschriften, *einen* Brief an nächste Angehörige schreiben! Verboten ist, über Zustände im Lager zu schreiben. Aber wir dürfen jedenfalls schreiben! 19 Zeilen! Eng, im Telegrammstil. Ich schreibe an meine Mutter. Alle schreiben. Es ist auffällig still in der Baracke.

Und dann ist wieder einmal Sonntag. Ein heller, lichter Tag mit Sonnenschein und Rauhreif. Ich gehe in die Lagerkirche zum evangelischen Gottesdienst und höre unseren Kameraden, Major Schuster, bei seiner ersten Predigt als junger Diakon. Es ist eine gute Predigt, und das Bild dieses hageren, großen, blonden Rheinländers, wie er ernst und doch noch so jung in seinem schwarzen Talar vorn auf der niedrigen Kanzel steht, prägt sich mir tief ein.

Am Nachmittag aber höre ich einen ausgezeichneten Vortrag des Jesuitenpaters Roth, der selbst sechs Jahre hier im KZ zubringen mußte, aber nach der »Befreiung« durch die Amerikaner sofort in der Seelsorge der neuen Gefangenen fortfuhr. Nun spricht er über das »heiße« Thema: »Welche Kirche ist die richtige?« Pater Roth ist ein ganz hervorragender Redner, ein Eiferer und ein Zauberer – er schlägt seine Zuhörer voll und ganz in den Bann seiner Darstellungen; sie sind »hingerissen«, gleich wie »verzaubert«. Sein Vortrag löst bei uns lebhafte Diskussionen aus.

Und am Abend hören wir eine sehr interessante, in der Offenheit der Aussage verblüffende und ungemein aufschlußreiche Übersetzung eines Artikels aus der letzten Ausgebe des amerikanischen »The Reader's Digest« über das Thema »Die Russen in Bulgarien«.

Was hier aus amerikanischer Sicht über den Kampf- und Bundesgenossen Sowjetunion geschrieben ist, wirft die Frage auf, ob es denn nicht doch die Möglichkeit der Rückwirkung solcher Erkenntnisse auf die amerikanische Öffentlichkeit und auf die Meinungsbildung dort geben sollte. Und noch eine Frage stellt sich dem faszinierten Zuhörer dieses amerikanischen Artikels: War denn unsere deutsche Auffassung vom Bolschewismus und vom Sowjetstaat wirklich nur »verblendete Nazipropaganda« von »verbrecherischen Elementen« – – –???

Die Tage gehen in eintönigem Einerlei dahin. Nun ist schon der Januar, der erste Monat dieses neuen Jahres 1946, vorüber. Tauwetter hat eingesetzt und bringt uns endlich mal wieder – – warme Füße. Es regnet und es tropft wieder durchs Barackendach. Die Wege haben sich in Moraste verwandelt.

Wir sitzen in der Baracke – – und warten. Ich spiele in unserer Tischgemeinschaft »Doppelkopf«; jeden Tag zwei bis drei Stunden. Dazu kommt noch der Unterricht über »Imkerei«, »Bauwesen«, »Hühnerzucht«.

Von Mister Strauß, dem »Walzerkönig«, ist nichts mehr zu hören. Angeblich soll er jetzt in Frankfurt am Main bei der Militärregierung sein.

Ins »Freilager« zu gehen wird uns plötzlich wieder verboten. Nun gut, bleiben wir also wieder in unserer Baracke eingesperrt. Es regnet sowieso in Strömen. Aber weshalb wieder dieses Verbot?? Wir werden bei der Lagerleitung vorstellig, und hier stellt sich überraschend heraus, daß dieses Verbot von der deutschen (!) Lagerleitung veranlaßt wurde! Begründung: ein Offizier habe sich unberechtigt bei der Lagerkammer einen Mantel beschafft. Am nächsten Morgen hebt die amerikanische Lagerleitung das Verbot wieder auf oder schränkt es ein: wir dürfen, wenn auch nur auf drei Stunden täglich beschränkt, wieder ins »Lager A« gehen – – –

Hier bekommt man eben doch die eine und andere Information, die uns hinten im Sonderlager nicht erreichen würde.

Schwierigkeiten zwischen England und der Sowjetunion wegen Griechenland. Die UdSSR hat die Briten beschuldigt, eine »Gefahr für den Frieden« zu sein.

Dies sind Probleme, die weit, weit von uns entfernt liegen. Viel wichtiger scheint zu sein, daß das »Denazifizierungsgesetz«, das jetzt von der Militärregierung angenommen worden ist, nicht alle harten Maßnahmen enthält, wie sie die bayerische Landesregierung vorgeschlagen hatte. Es soll Stimmen geben, die sich in der Öffentlichkeit dafür einsetzen, daß der Haß endlich schweigen und man damit aufhören soll, die Meinungen zu vergiften.

Wir genießen die Wärme und die seidenweiche Föhnluft. Wir legen die Bettdecken in die Sonne und lüften endlich wieder einmal die Baracke aus. Graf Klinkowstroem räumt sein Bett aus. Wie unter einer Art Manie, unter einem Zwang stehend, sammelt er alles, was er findet, vom rostigen Nagel bis zum Hosenknopf, vom Stückchen Bindfaden bis zum letzten Fetzen Zeitungspapier. Alles verpackt er unter und zwischen seiner Bettpritsche. Nun häufen sich seine Schätze auf seinem Tisch! Berge von Zeitschriften, leere Kartons, elektrischer Draht, Stoffreste, alte Bücher.

Abends gibt es ein Konzert des »Bach-Chors«. In unserer Baracke werden sechs Karten verlost; »natürlich« gehe ich leer aus. Plötzlich kommt Major Lammel und gibt mir seine Karte. »Ich weiß doch, daß Sie gern hingehen – – –!« Solche Freundschaftsbeweise sind dazu angetan, das Herz zu wärmen.

Das Konzert – wieder im Duschraum – übertrifft heute alles Bisherige. Die Leistung dieses Chores kann wohl kaum noch gesteigert werden. Besonders eindrucksvoll ist der Zauber, der vom deutschen Volkslied ausgeht. Erstklassig auch Anton Bruckners »Trösterin Musik« und dann ein russisches Lied »Der Gefangene«, ein Baritonsolo mit achtstimmigem Chor. Und zum Schluß »Der Chor der Pilger« aus dem »Tannhäuser«. Diszipliniertester Gesang bis hinein in die zartesten Piani und eine Wucht der Stimmen beim Fortissimo. Ein herrlicher Abend.

Am nächsten Morgen werden wir wieder einmal »gefilzt«. Neben den amerikanischen Militärpolizisten betätigt sich ein kleiner Pole sehr aktiv. Er nimmt uns alle noch vorhandenen Taschenlampen ab – – – Wir versuchen, die Taschenlampen wieder zurückzubekommen. Der amerikanische Leutnant Levis entscheidet jedoch, es sei verboten, Taschenlampen zu besitzen.

Beim 4. Gefangenenregiment wurden Fußböden und Deckenbeplankungen aufgerissen, die Amerikaner suchen wieder mit Minensuchgeräten nach Werkzeug und Messern. Auch jede Art von Draht wird weggenommen.

Bei uns beginnt man – wenn auch reichlich spät! – einen doppelten Fußboden in die Baracke zu legen. Es soll sich um eine Anordnung von Mister Strauß, unserem »Walzerkönig«, handeln. Er sei aus Frankfurt zurückgekommen, jedoch – – – ohne Entscheidung über uns! Warten, warten – – –

Die Obersten Bauer und Berg werden mit weiteren neun Generalstabsoffizieren wieder unserer Gruppe zugeführt. Es heißt, auch dies habe »unser Gönner«, Herr Strauß, veranlaßt.

Draußen ist es warm und föhnig. Der Südwind trocknet die Fluren ab. Wir laufen unruhig durch das Lager, hierhin, dorthin. Keiner weiß so recht, wohin. Alles erscheint »verbaut«, irgendwie »verrammelt«, hoffnungslos öde. Und der Hunger nagt.

Wir sollen jede Woche einen Brief an unsere Angehörigen schreiben dürfen. Vor gut zwei Wochen hat das ja auch schon einmal geklappt, aber jetzt – – gibt es keine Brief-Formulare mehr. Und Antworten kommen auch nicht.

Nachts entsteht Aufregung. Oberstleutnant Völkel wird draußen auf dem Lokus ohnmächtig. Als er nach einer Weile wieder erwacht, schleppt er sich in die Stube zurück, verläuft sich, findet in der Dunkelheit seine Bettpritsche nicht und bricht wieder zusammen. – Major Lammel, der es als erster hört, steht rasch auf, um dem Kameraden zu helfen. Möglicherweise ist er zu aufgeregt, oder er erschrickt, als er Völkel liegen sieht, jedenfalls schlägt er ebenfalls ohnmächtig hin. Nun wachen wir alle auf und laufen durcheinander in der Dunkelheit. Lammel hat sich den Kopf an einer Bettkante aufgeschlagen. Wir schleppen ihn auf seine Pritsche zurück. Es ist bezeichnend für unseren allgemeinen Zustand, da wir alle sehr schwach geworden sind.

Als Lammel am Morgen aufstehen will, schlägt er wieder der Länge nach hin. Nun scheint er sich eine leichte Gehirnerschütterung zugezogen zu haben; er muß sich einige Male übergeben. Ich bette ihn auf meine Pritsche, weil ich einen Strohsack habe, dazu eine Art Unterbett und tausche mit ihm, denn er hatte die Oberpritsche über Oberstleutnant Eggert. Ich bin froh, ihm seine Kameradschaft auf diese Weise ein wenig entgelten zu können – – –

Die Gefangenen für die englische Besatzungszone werden am Vormittag weggebracht. Mittags kommen sie – – – wieder zurück. Sie saßen bereits im Eisenbahnzug. Es heißt plötzlich: alle Entlassungen und alle Transporte in andere Zonen seien gesperrt! Niemand weiß, weshalb.

Es regnet, und wir sitzen in der düsteren Stube. Wir sitzen einfach so umher und warten, warten auf die Suppe, warten auf den vierten Mann zum Doppelkopf, und dann spielen wir, um das Warten zu verkürzen. Die Zeit schleicht dahin wie eine Schnecke, sinnlos und ermüdend.

Ich arbeite ohne rechte Freude an meinen Aufzeichnungen über Baustoffkunde, Betonvorgang, Entenzucht. Leider bin ich mit meinem Vorrat an Schreibpapier völlig am Ende. Es bleibt nur noch eine halbe Rolle

Klosettpapier. Wir schreiben unsere Notizen schon längst auf Klosettpapier, weil anderes Papier nicht zu beschaffen ist. Oberstleutnant Mahlke hat sich hierfür einen praktischen Schreibrollenapparat gebastelt – – –

Seit einer Woche sind die Suppen wieder verdächtig dünn geworden; sie übertreffen sich an Gehalt- und Geschmacklosigkeit, Man sagt, es liege an Nachschubschwierigkeiten. Es ist aber kein Zweifel, daß wir bei diesen Wassersuppen mit ihren »Einlagen«, die aus einigen Spinatblättern oder Sauerkrautfäden oder Kartoffelschalen bestehen, mächtigen »Kohldampf schieben«. Am »Schwarzen Brett« stehen nach wie vor »2697,2 Kalorien« oder »2468,7 Kalorien« und ähnliche Phantastereien.

Am Sonntagmorgen gehe ich zum katholischen Gottesdienst in die Lagerkirche. Der »Bach-Chor« des Lagers singt wunderbar Schuberts »Deutsche Messe«, begleitet von einem nicht eben starken, aber recht warm und innig musizierenden Orchester. Diese Musik ergreift mich zutiefst! Das Hochamt vor der dicht gedrängten gläubigen Menge der Gefangenen zelebriert der Dachauer Stadtpfarrer. Der geistliche Herr ist zwar recht beleibt, und das kugelrunde Antlitz mit der roten Knubbelnase im geometrischen Mittelpunkt vermag zu amüsieren; viel stärker fühle ich mich aber doch von der naiven Frömmigkeit angesprochen, von der eindrucksvollen Glaubenskraft, die die Liturgie zu einer Feierstunde werden läßt. Durch die bescheidenen Kirchenfenster scheint die Februarsonne herein und taucht die feierliche Hochstimmung zusätzlich in ein warmes, goldenes Leuchten.

In der Baracke wartet meine Tischgemeinschaft bereits mit einem duftenden Frühstückskaffee, mit Röstbrot und Käse auf mich. Das Käseeckchen ist winzig; wir müssen die Käseration der 96 Mann für den einzelnen nach Millimetern zumessen – der heutige Satz = 7,8 mm eines Büchsenviertels – aber es schmeckt köstlich!

Ich laufe mit Major Lammel, dem es etwas besser zu gehen scheint, eine Stunde lang durch die endlosen Barackenstraßen spazieren. Sonntags dürfen wir auch ins »Lager B« gehen, was wochentags verboten ist. Weshalb wohl??

Das erst nach Kriegsende errichtete »Lager B« ist noch größer als das »Lager A«, aber die Baracken machen einen trostlosen Eindruck und sind wesentlich primitiver als »unsere« KZ-Baracken. Es sieht so aus, als habe man einen massigen Klumpen Menschen einfach mit schwarzer Dachpappe zugedeckt. Während man bei uns im ehemaligen KZ wenigstens noch die langen Reihen der Pappeln längs der Lagerstraße und die Wipfel der Tannen jenseits der Mauern sehen kann, ist hier kein grüner Halm zu bemerken, nur Schotter und Lehm und Wasserpfützen zwischen den grauschwarzen Hüttenreihen.

Die neue Woche beginnt mit Schneetreiben. Es wird wieder kälter. Der Tabak geht zur Neige. Die Sehnsucht nach Posteingang wird immer größer. Man fragt sich, weshalb noch immer keine Briefe ins Lager hereinkommen.

Von Entlassung mag niemand mehr sprechen. Alle Illusionen sind verflogen. Herr Strauß sagt, es sei noch keine Entscheidung von der Armee da. Wir hatten große Hoffnungen auf diesen quicklebendigen, quirligen Amerikaner gesetzt; aber nun macht jeder von uns bei Nennung seines Namens nur mehr eine wegwerfende Handbewegung.

Die Gemüter einzelner von uns sind gespannt und überreizt. Es gibt wieder Zänkereien über Nichtigkeiten am laufenden Band. In der Baracke wird umgezogen, um die Stuben etwas aufzulockern und die Belegschaften einander besser anzugleichen. In unserem »Zug« bleiben die stillen Geister beisammen, was sich hoffentlich wohltuend auswirken kann.

Nachts können wir vor Kälte kaum schlafen. Ein griesgrämiger, grauer Regentag dämmert herauf. Zum Frühstück wird aus der amerikanischen Zeitschrift »Life« ein Artikel verlesen, der in bemerkenswerter Offenheit von den Enttäuschungen der besiegten Völker spricht, von der Oberflächlichkeit, dem mangelnden Interesse, den willkürlichen und ungleichen Auslegungen gleicher Grundsätze seitens der amerikanischen Behörden. »Amerika ist im Begriff, den Frieden zu verlieren!« Fast ermüdet es, von den marodierenden und plündernden amerikanischen Verbündeten im Osten zu hören, von allem Leid und betrogenen Hoffnungen.

Auch eine neue Ausgabe der »Süddeutschen Zeitung« kommt in unser Sonderlager. Ein Artikel beschäftigt sich mit der Einführung eines »Haushaltsjahres« für junge Mädchen. Nun, so etwas gab es doch auch schon mal – – –!!?? Es wird auch gleich beschwichtigt: »Die Sorge, daß diese Mädchen in nazistischem oder militaristischem Geist beeinflußt werden könnten, besteht nicht, denn die Haushaltungen von Nazis und Militaristen werden von der Zuweisung einer Hausgehilfin ausgenommen!« Aha! Also wie früher die Haushalte jüdischer Familien!!??

Aber der Unsinn liegt ja viel tiefer. Stellt man sich etwa vor, daß der ehemalige Oberstleutnant Müller oder Schulze sich abends mit seiner Minna hinsetzt, um ihr Kenntnisse der Führung einer Kriegslagekarte oder der Rundumverteidigung einer ukrainischen Ortschaft beizubringen?

In einem »Leserbrief« denunziert eine »robuste, ehrliche Münchener Hausfrau« ihren Ehemann, er habe noch bis zuletzt an den Führer geglaubt, und sie nennt ihn »einen alten, vertrottelten Esel!« Auch dieser Brief wird von der Schriftleitung der »Süddeutschen Zeitung« veröffentlicht und – gefeiert! Andere Artikel zielen in immer wieder neuen Wiederholungen darauf hin, den deutschen Offizier anzupöbeln und zu verunglimpfen.

Unter der Parole des »Anti-Militarismus« wird auch alles das in den Schmutz gezogen, was allein nur mit soldatischer Haltung, Kameradschaft, Tapferkeit zu tun hat. Schizophren mutet es aber an, wenn bereits im nächsten Artikel lobend über die US-Wehrmacht, über die

Disziplin amerikanischer Soldaten, über die amerikanischen »Frauen in Uniform« gesungen wird. Schauderhaft!

Wir haben in unserer Baracke den Fußboden erneuert. Es sieht sauber aus. Jetzt werden die Aborte renoviert.

Ich habe mich ab heute – im täglichen Wechsel – zum Heranholen und Wegbringen der Suppenkübel einteilen lassen. Die Suppe wird beim »Regimentsstab« verteilt und muß von dort in großen und – leider! – sehr schweren Kübeln um das Sonderlager herum etwa 700 m weit bis zu unseren Baracken geschleppt werden. Nach Ausgabe der Suppe müssen die Kübel gereinigt und zurückgetragen werden, so daß man allein mit dieser Tätigkeit achtmal täglich den beschriebenen Weg macht. Hinzu kommt das Abholen der kalten Verpflegung: 30 Brote, Margarine, Fruchtsaft oder Marmelade. Die Vergünstigung besteht darin, daß man dreimal am Tag 1/2 Liter Suppe *mehr* bekommt und daß man beim Reinigen der Kübel die Bodenreste auslöffeln darf; besonders beim Morgenbrei setzt sich viel an den Kübelrändern fest – – –

Andererseits ist das Kübelschleppen eine arge Schinderei. Ich spüre deutlich, wie kraftlos ich geworden bin. Am Abend fühle ich mich rechtschaffen zerschlagen. – Auch beschmutzt man sich durch das ständige Überschwappen der Suppe beim Transport die Kleidung. Und bei dem jetzigen Regenwetter ist diese Aufgabe ohnehin kein reines Vergnügen. Die Lagergassen haben sich in Morast und Matsch verwandelt.

Aber die Verpflegungsaufbesserung tut gut! Schließlich bedeuten die drei Suppen-»Nachschläge« ein Mehr an Nahrung von rund 60% der Tagesration.

Wieder eine Woche später. Föhnwetter. Irgendeine undefinierbare Spannung lastet über unserer Tischgemeinschaft, über dem ganzen Lager. Irgend etwas geht vor sich – – – niemand kann sagen, was. Wir alle sind unruhig, gereizt, zum Teil aus unbestimmbarer Ursache schlecht gelaunt. Gerüchte flattern über die Drahtzäune, werden diskutiert, auf ihren Wahrscheinlichkeitsgehalt hin durchgesprochen, verworfen, – – oder geglaubt.

Oberst Ryll soll Gelegenheit gehabt haben, kurz mit Herrn Strauß, dem »Walzerkönig«, zu sprechen. Dieser sei bestrebt, uns in ein anderes Lager abzuschieben. Man will uns hier offenbar loshaben.

Der Führer unseres »4. Gefangenenregiments« hat vom CIC den Befehl erhalten, unsere – eben erst renovierte – Baracke zu räumen. Wir sind in die – unbewohnbare! – erste Baracke verlegt, wo das Dach vermodert ist und das Regenwasser in den verfallenen Stuben steht. Oberstleutnant Mahlke, der den erkrankten Barackenältesten vertritt, versucht alles, um den Umzug zu verzögern. Vielleicht besteht Aussicht, daß diese alte Baracke doch erst noch notdürftig repariert wird.

Französische Ärzte sind im Lager eingetroffen. 5000 SS-Männer werden plötzlich zu Arbeitskompanien zusammengestellt und sollen abtransportiert werden. Niemand kann erfahren, wohin. Aber alle fürchten:

Frankreich! Andere wollen von einem Katastropheneinsatz in West-deutschland wissen, da dort das Hochwasser Verheerungen angerichtet hat. Pessimisten sprechen von Rußland − − − Geheimnisvolle Spannung.

Aus unseren Reihen werden sämtliche Beamten plötzlich zusammenge-holt und ins Lager Aibling zurückgeschafft. Es blieb nicht mal so viel Zeit, um Schuhe zurückzuholen, die zur Reparatur bei einem Schuster im »B-Lager« waren. Einige Herren mußten die Reise in Hauspantinen antre-ten. Einer der Gefangenen dieser Gruppe ist bereits wieder zurückge-bracht worden, weil er früher Mitglied der SS war. Er erzählt uns, wie man sie bei ihrer Ankunft in Aibling »gefilzt« haben: die Rucksäcke und Koffer wurden einfach umgestülpt und der gesamte Inhalt in einen Morast geworfen. Schluß! Aus! Neun Monate nach Kriegsende − − −

Zwei Tage später, am frühen Morgen: »Sämtliche Generalstabsoffiziere haben sich zur Verlegung bereitzuhalten!« Das ist alles. Nichts ist weiter zu erfahren. »Wohin??«, »Ausland??«, »Lager Aibling??«, »Warum??« Nichts − − − Wir beginnen nervös und hastig, unsere paar Sachen her-zurichten. Jeder packt seinen Rucksack gründlich um. Man putzt die Schuhe, trocknet Wäsche, so gut es geht, vernichtet überflüssigen Ballast.

Die Spannung schmerzt fast körperlich. Jeder fühlt etwas Schicksalhaf-tes in der Luft liegen. Optimisten freuen sich, aus diesem Lager der SS und der »Kriegsverbrecher« herauszukommen. Pessimisten fürchten, daß wir nur wieder auf ein anderes »totes Gleis« abgeschoben werden.

Oberstleutnant Mahlke will zu Herrn Strauß gehen und ihn bitten, uns reinen Wein einzuschenken. Herr Strauß läßt sich aber nicht sprechen. Ich selbst fühle mich seltsam unbeteiligt. Ich versuche darüber nachzuden-ken und mache mir selbst Vorwürfe, weil die Gewöhnung an das Unwür-dige dieses unfreien Daseins schon so weit in mir fortgeschritten zu sein scheint, daß meine konservative Lebenseinstellung bereits über die Schmach der Gefangenschaft dominiert.

Aber ich komme mir gar nicht so sehr erbärmlich vor. Ich habe hier in diesem Lager Dachau viel gelernt: Dinge des praktischen Lebens, aber insbesondere auch innere Erkenntnisse, die dem Reifwerden dienten. Ich denke an zahlreiche Stunden inniger Gemeinschaft hier unter den Mitge-fangenen, mit den gleiches Los tragenden Kameraden. Mich halten so viele geistige Stützen über der Oberfläche aller äußerlichen Miseren fest, daß mich so unendlich viel Minderwertiges, menschlich Unzulängliches überhaupt nicht mehr berührt. Daß ich hier bin, ist nicht meine Schuld. Mein Gewissen ist sauber. Die Macht über mich haben andere; wie sie diese anwenden, kann ich nicht beeinflussen. Freilich leide auch ich unter der Unlogik und der Gehässigkeit jener Geister, die sich ihr Mütchen an uns Gefangenen kühlen wollen. Und mir die Hände knebeln.

Aber nun: diese erneute Verlegung ins Ungewisse − − − Mir hat es − trotz allem! − den Umständen entsprechend in diesem Lager leidlich behagt; fast möchte ich so etwas wie leises Abschiedsweh empfinden. Ich weiß, daß ich dies nicht laut sagen kann; selbst meine Freunde würden mich verhöhnen und könnten mich nicht – oder noch nicht? – verstehen. Vielleicht, daß sie später einmal ähnlich wie ich empfinden, nur eben: später – – –

Wir haben noch immer keine Antworten auf unsere 19-Zeilen-Briefe an die Angehörigen bekommen. Seit mehr als vier Wochen warten wir. Man sagte uns, es sei zwar schon viel Post für uns eingelaufen, aber sieben verschiedene Behörden hätten sich bisher nicht für zuständig erklärt, die Post für uns zu zensieren!

Jeder tut etwas, um das Warten, um diese allgemeine große Unruhe zu verdrängen. Nur zum Unterricht geht heute niemand mehr. Mit Ausnahme von Graf Klinkowstroem; er will noch etwas über »Imkerei« wissen. Wir anderen meinen eine wichtige Ansage vielleicht zu versäumen. Wir nähen an unseren Bekleidungssachen, stopfen Strümpfe. Ich fette meinen Ledermantel ein. Einige versuchen, sich zur Ruhe der Lektüre der neuesten Zeitung zu zwingen. »In Bayern hat eine Dienstmagd das erste Negerbaby zur Welt gebracht!« liest einer vor, es wird rührend hervorgehoben! Die Nacht wird unruhig. Was kommt nun wieder auf uns zu – – –???

Ich stehe ganz früh am Morgen leise auf und stelle ein kleines Tischchen ans Bett von Oberstleutnant Eggert. Er hat heute seinen 42. Geburtstag. Schnell werden unsere Geschenke darauf gelegt neben zwei brennenden Kerzen und einem Strauß Tannengrün. Es ist nicht viel, was wir geben können, aber es soll Freude bereiten. Lammel gibt ein Päckchen Tabak und ein Stück Rasierseife, Besserer etwas Tabak, eine Zigarre und seine letzte »Camel«-Zigarette, und ich als »Ärmster« habe ein Gedicht gemacht.

Schließlich steckt Eggert seinen Kopf aus den Decken heraus, vom Lichtschein der brennenden Kerzen irgendwie betroffen, und – seine Augen glänzen! »Das ist ja – – ist ja rührend!« sagt er leise, und wir kommen nun hinter unseren Betten hervor und gratulieren. Er freut sich auf seine stille Art. Wir sehen es ihm an.

Der Vormittag geht mit einem geruhsamen Geburtstagskaffee in unserer Tischrunde dahin, aber gegen Mittag wächst die Spannung. Oberstleutnant Mahlke ist für 14.00 Uhr zur amerikanischen Lagerleitung bestellt. Wir sind alle vor Neugierde zum Bersten angefüllt. Die Besprechung wird erst auf 16.00 Uhr, später auf 18.00 Uhr verlegt. Wieder beginnt das quälende Warten. An manchen Tischen wird Skat gespielt; es lenkt ab. Der Abend ist hereingekommen. Schnell ein paar Runden um die Baracke. Dann wieder in die Baracke. Schließlich kommt Mahlke zurück. Morgen früh müssen alle Generalstabsoffiziere ab 8.00 Uhr bereit sein zur Verlegung nach einem Lager bei Ulm!

Freudige Genugtuung breitet sich aus. Wir wissen: Oberst Bauer war schon einmal in Neu-Ulm. Dort wurden seine Kameraden entlassen!!! Unterbringung und Verpflegung sollen dort gut gewesen sein!!! »Vor allem kommen wir aus diesem SS-Lager heraus?« jubelt einer. »So oder so, es kann nur besser werden!!«

Dann beginnen wir zu packen. Wir räumen die Baracke auf, fegen sie zum letzten Mal aus. Dann werden wir von amerikanischen Posten vor zur Lagerkirche geführt. Fünf Lastkraftwagen stehen für uns bereit.

Wenige Minuten vor dem Befehl zum »Aufsitzen« wird mir durch den Drahtzaun von den dort stehenden und unserem Abtransport zuschauenden SS-Männern ein Paket zugesteckt. Wie soll ich es fassen? Ein Paket!! − − Für mich − − ?? In letzter Sekunde gewissermaßen. Es kommt von − − − Rosemaria! Mir schwimmt es vor den Augen vor Freude, als ich ihre akkurate, offene, klare Handschrift lese. Rosemaria − unser Kennenlernen in Chortiza bei Saporoschje steht plötzlich greifbar nahe vor meinen Augen − hat dieses Paket, das ich jetzt in Händen halte, persönlich hierher gebracht! Wie soll ich das alles begreifen?? Sie hat es selbst gebracht − − !! Ich bücke mich, um unbemerkt von den Posten hinter dem Rücken der Kameraden das Paket gleich aufzumachen. Ein Brief obenauf!! » − − − immer wieder dankbar − − − Dich am Leben zu wissen − − − starke Hoffnung im Herzen − − − das kleine Bildchen − − − erster Gruß der lieben Heimat − − − komm recht bald zurück − − −« Unter Tränen, halb auf dem Boden kniend, lese ich schnell ein paar Wortfetzen. Mir wird ganz schwindelig vor tiefer Dankbarkeit. Ich bin nicht mehr allein − − − Ein großes Geschenk, für das ich nur meinem Gott danken kann − − −

»Aufsitzen!!« Kameraden ziehen mich hoch, hinauf auf die Lkw-Pritsche. Ich umklammere mein Paket. Meine Finger tasten durch das Papier an köstliche Sachen: Konserven, Schokolade, Brot, Zigaretten. Wir fahren durch ebenes Land, durch Dörfer und durch Wälder gen Westen. Ich rutsche zwischen den Stehenden zu Boden, hocke mich auf meinen Rucksack, schaue wie im Traum auf die Schätze, die sich zwischen meinen Knien ausbreiten: Tabak, eine Büchse Wurst, Ölsardinen. Ich bin sicher, daß sie sich das alles vom Munde abgespart hat − − −

Ich muß an Rosemaria schreiben, daß sie das nicht tun darf − − − So ist sie ja stets gewesen: nie wollte sie etwas für sich. Immer war sie für andere da, als sie die volksdeutsche Jugend in der Ukraine zu betreuen hatte. Später in verzweifelten Situationen nahe der Front bei der Pflege von Schwerverwundeten in Feldlazaretten − − − Wie gut das tut, in dieser Zeit der Gehässigkeit und eines alles erstickenden Egoismus einen solchen Menschen sein eigen nennen zu dürfen − − −

Das Land, das wir durchfahren, sieht auffällig leer aus. Nirgendwo sieht man einen Menschen, auf den Feldern nicht und kaum in den Ortschaften.

Ich lese nochmals mit zitternden Fingern Rosemarias Brief. Sie ist von Berlin nach Dachau gekommen, um mich zu finden, zu sehen, − − um mir eine Freude zu machen.

Ein wildes Schneetreiben setzt ein. Es ist kaum mehr etwas zu sehen. Die Lastwagen fahren langsamer, weil der Schnee die Windschutzscheiben verklebt.

Ich packe mein Paket zusammen, stopfe die köstlichen Dinge teils in den Rucksack und teils in die Taschen meines Mantels. Den Brief stecke ich unter mein Hemd; das Papier schmiegt sich kühl an meine Brust. Aber meine Haut erwärmt ihn schnell − − −

Im Donautal scheint die Sonne. Wir halten, um unsere Notdurft zu verrichten. Die uns begleitenden polnischen Posten in ihren blauen Uniformen gestatten uns, eine Weile draußen stehenzubleiben. Wir schauen stumm in das weite Land hinein. Seit Monaten ein erster freier Blick ohne Drahtzäune vor den Augen. Ein Erlebnis!

In den frühen Nachmittagsstunden treffen wir in Ulm ein. Die Sonne scheint hell von einem frühlingsblauen Himmel herab. Linkerhand das Ulmer Münster, der gotische Turm unversehrt, weißgrauer Stein.

Das Lager ist in einer ehemaligen Artilleriekaserne untergebracht, deren Gebäude teilweise zerbombt und ausgebrannt sind. Zwei große steinerne Wohnblocks sind erhalten geblieben.

Wir warten einige Stunden in einer großen ehemaligen Reithalle, die als Speiseraum hergerichtet ist. Hier bekommen wir als Spende des Roten Kreuzes herrliches Brot, Milch und − − richtige Butter! Dann werden wir zu den Steinhäusern geführt. Richtige Zimmer! Zentralheizung! Saubere sanitäre Anlagen! Bettstellen mit viel Stroh! Keine Bretterhütten mehr, kein Regen durchs Dach, kein Morast, sondern asphaltierte Straßen und Wege. Sogar Schränke stehen zur Verfügung! Ich bekomme mit Oberstleutnant Eggert und den Majoren Besserer, Lammel, Rungius und Zimmermann ein helles, großes Zimmer im 1. Stock zugewiesen. Wir richten uns in aller Ruhe ein. Kein amerikanischer Posten stört uns.

Die einzelnen Wohnblocks sind mit Stacheldraht eingedrahtet, und irgendwo stehen Wachtürme, die man aber kaum sieht. Die Abendsuppe ist wohlschmeckend, und »die armen Dachauer« bekommen sogar einen »Nachschlag«.

Nur die wichtigste Frage − die nach der Entlassung − wird von den Amerikanern mit bedenklichem Kopfschütteln beantwortet. Mit Entlassung von Generalstabsoffizieren sehe es zur Zeit nicht günstig aus. Ja, okay, man habe mal solche im Dezember entlassen, aber das sei ein Irrtum gewesen − − −!! Unsere Gesichter werden wieder etwas länger. Es hilft nichts. Im Augenblick dominiert das Empfinden, daß wir vom Lager Dachau nach hier ins Paradies gekommen sind − − − Und die »Stube 32« beendet diesen Tag jedenfalls erst mal mit einem zünftigen »Doppelkopf«.

Wir schlafen tief und fest in unserem Paradies. Es ist warm und das Strohlager weich und trocken. Man braucht nicht immerzu aufzuwachen, weil jemand in der Enge der Bett-Türme durch die Finsternis zum Lokus tappt oder weil einem das Regenwasser ins Bett tropft.

Wir richten uns heute vollends ein und säubern unsere Sachen. »Daß man wieder in einer richtigen warmen Stube leben darf!« sagt Rungius und haut mir auf die Schulter. Sein Pfeifchen dampft. Auf dem Flur draußen klirren die Schritte genagelter Stiefel. Wenn etwas anzusagen ist, schrillen die Pfiffe aus der Trillerpfeife, wie einst bei der 5. Kompanie des Inf.-Rgt. 11 in Leipzig, da ich Rekrut war. Es ist sogar irgendwie lustig, wie sich der Kreis wieder geschlossen hat.

Das Lager ist nicht groß. Es beherbergt rund 1000 Gefangene, davon 248 Generale und etwa 100 Generalstabsoffiziere. Bekannte Gesichter tauchen auf. Man trifft sich auf dem Weg zum Essen oder in der Reitbahn. Es gibt viele herzliche Begrüßungen und gegenseitige Besuche. Ich treffe Major Bodensteiner wieder, Oberst Gröpler und die Generale Busse, Kless, den SS-General Hauser, auch Generaloberst Felmy ist hier, General Böhringer und General Baier von der Luftflotte, Generaloberst Reinhard und viele noch, die ich kenne, deren Namen mir aber entfallen sind.

Und ich treffe − − General Lohmann wieder, meinen alten Kommandeur der Aufklärungsflieger-Lehrgruppe Jüterbog und dann in Polen Kommandeur der Luftwaffe bei der 10. Armee. Er sieht rosig und frisch aus und ist ganz der alte. Zu Mittag sitze ich ihm bei Tisch gegenüber. Wir erzählen uns unsere Erlebnisse und gehen miteinander im Kasernenhof spazieren. Er schenkt mir einen Kanten Brot und zwei Zigarren. Ich nehme an, obwohl ich mich später darüber ärgere. Ich meine, man sollte nicht gleich so vertraut miteinander tun. Aber ich gedenke auch der Zeit, da ich ihm viel zu verdanken hatte, und ich zwinge mich, in ihm heute den mitgefangenen Kameraden zu sehen, der − gleich mir − vor einem ungewissen und wahrscheinlich nicht sehr rosigen Zukunftsschicksal steht. Aber ich bin der Jüngere!

Manche Generale sehen reichlich zerbrochen aus. Sie tragen wohl schwer an ihrem Geschick, und die Lagerpsychose mag ihnen sehr zu schaffen machen. Unrasiert, einige mit dicken Rauschebärten, schlurfen sie in Hausschuhen umher, stumpf im Ausdruck, nach einem Suppen-»Nachschlag« gierend. Es ist bitter, sie so zu sehen.

Viele Generale üben irgendeine Funktion aus. Es ist rührend zu beobachten, wie jene, die einst Schlachten lenkten, sich heute um die Beschaffung von Besen, Unterwäsche oder Toilettenpapier oder um Verbindungen zum ausgezeichnet arbeitenden Ulmer Roten Kreuz bemühen.

Die Amerikaner lassen sich im Gebäude kaum sehen. Wie wohl das tut! Wir verwalten uns selbst, und das scheint hier gut zu funktionieren. Heute gibt es Marketenderwaren: Seife, Leseheftchen, Rasierapparate, Schreibpapier, Taschenkalender.

Es ist ein Genuß, hier im warmen Zimmer zu sitzen. Es schneit seit gestern, und die Flocken treiben in schrägen Wirbeln am Haus entlang. Der Blick geht über Kasernengebäude und ausgebrannte Hausruinen hinweg zu einem kleinen Wald. Rechts steht gegen den trübgrauen Himmel die Silhouette des Münsters.

Die Verpflegung ist hier erheblich besser als in Dachau. Häufig gibt es getrennte Kost, heute am Abend: Rührei mit Pellkartoffeln! Und die Suppen sind gehaltvoller. Das Rote Kreuz schießt ab und zu noch Brot und Milch zu.

Wir können es alle noch gar nicht so recht fassen, wie gut es uns hier geht. Einzelne Symptome der Gefangenschaft verblassen.

Die amerikanischen Posten stehen lediglich auf ihren Wachtürmen, die aber zwischen den Gebäuden und an den Eckpunkten des weitläufigen Zaungeviertes kaum auffallen. Auch die Einzäunung mit Stacheldraht wirkt hier irgendwie harmlos und längst nicht so peinigend wie in Dachau. Man kann überall ungehindert über beschneite Felder hinweg ins weite Land hinausschauen. Überall stehen Bäume und schütteln ihre schneebeladenen Zweige.

Das Wetter ist unfreundlich. Der Schnee stöbert wild von Osten her, und der Wind heult um die Gebäude und rüttelt an den nicht mehr ganz intakten Fenstern. Wir bleiben in den Zimmern in der Wärme, schrubben die Fußböden mit großen Mengen von warmem Wasser, waschen Wäsche, säubern unsere »Klamotten« wie Rekruten im ersten Dienstjahr. Aber wir sind guter Dinge; es geht gar nicht anders.

Mittags gibt es Suppe, Gulasch mit Gemüse und Pellkartoffeln; abends Makkaroni mit Tomatensauce. Und Brot gibt es und Butter und sieben Päckchen Tabak, Seife und Rasierklingen. Am Nachmittag können wir lange Zeit ausgiebig duschen.

Leider ist zwischen zwei Mitbewohnern unserer Stube ein kleiner Streit ausgebrochen, aus irgendwelchen unwichtigen Gründen. Diese Mißstimmung in unserem kleinen Kreis äußert sich nicht in lauten Worten, sondern schwelt unter der Oberfläche dahin, von jedem empfunden und zwangvoll geduldet. Ich leide stets besonders stark unter dem schleichenden Gift solcher Disharmonien, und ich wünsche, morgen wäre alles wieder vorbei – – –

Der goldene leuchtende Schein der Morgensonne flutet durch die beiden großen Fenster in unser Zimmer und erfüllt den Raum mit warmem Licht, als ich erwache. Mir ist eine Weile zumute, als würde ich nicht aus tiefem Schlaf erwachen, sondern schlaftrunken in einen lichten schönen Traum hineinfallen. Ich stehe leise auf, um die Kameraden nicht zu wecken. Dann geht es unter die eiskalte Dusche im Waschraum mit anschließender ausgiebiger Morgenwäsche.

Zum Frühstück gibt es Kaffee, ein halbes Brot, Jagdwurst, Fett, Käse, Marmelade. Es ist kaum zu glauben! Wir alle haben Bedenken, weil es derart üppig doch wohl nicht auf die Dauer weitergehen kann. Und wir denken an unsere Angehörigen. Wer von ihnen wird sich ein solches Frühstück leisten können?? Was aber wir tun können, ist im Grunde nur, sich erst mal richtig satt zu essen – – –

Leider schwelt in unserer Stube noch immer der Odem der Mißstimmung. Die naiven, aber ehrlichen Schlichtungsversuche des Franken scheitern am westfälischen Dickschädel. Schon beim morgendlichen »Stubendienst« gibt es wieder Krach. Einer ist beleidigt und spricht den ganzen Tag über kein Wort mit den anderen. Das geht auf die Nerven.

General Lohmann holt mich am Morgen und am Nachmittag zu Spaziergängen im Kasernenbereich ab. Wir stapfen im Sonnenschein durch den pulvrigen Schnee an den zerfallenen Gebäuden und den ehemaligen Pferdeställen und Remisen entlang. Wir umrunden den großen offenen Reitplatz, und Lohmann erzählt von Norwegen, wo er zuletzt eine Division befehligte. Ich berichte von meiner letzten Verwendung als »Fliegerverbindungsoffizier« bei der Heeresgruppe »Süd«. Zwischen diesen frischen Schilderungen finden sich neue Wege von Mensch zu Mensch.

Die eisige Stimmung in unserer »Stube 32« hält an. Launische Frauen können einen hilflos machen; Launen bei einem Mann aber sind unerträglich. Die Kameraden, zunehmend verärgert über den einen, flüstern sich ihre Meinungen zu: »Ungezogenheit!«, »Mangelnde Beherrschung!«, »Dieses dauernde Maulen!« Dabei trifft das alles nicht den richtigen Nagel auf den Kopf. Bei dem Betreffenden sitzt es tiefer, es ist ein Gemütskomplex wie eine Krankheit.

Am Abend gibt es unerwartet Post! Neben mir liest Major Lammel seinen Brief. Plötzlich beginnt er zu schluchzen. Seine Frau teilt ihm mit, daß die Wohnung in Trier völlig geplündert sei und daß die Frau mit dem Kind buchstäblich auf der Straße sitze. Oberstleutnant Eggert erfährt, daß sein Vater schwer krank sei. Von seinen beiden Kindern fehlt jede Nachricht aus dem von den Russen besetzten Gebiet. Major Zimmermanns Haus in Passau ist beschlagnahmt. Major Rungius hat noch immer keine Nachricht von seinen Eltern aus dem polnisch besetzten Schlesien. So gibt es neben vielen frohen Gemütern auch manchen Kameraden, der still beiseite tritt, um mit seinen Sorgen und Nöten allein zu sein – – – Ihnen wird unsere behutsame Liebe zuteil.

Am nächsten Morgen lastet der graue Himmel schwer und naß auf den Dächern der Gebäude ringsum. Es regnet und schneit gleichzeitig.

Plötzlich flattert ein alarmierendes Gerücht durch das Lager. Jeder von uns hat es im stillen befürchtet. »Haben Sie's schon gehört – – –??« springt es von Mund zu Mund: »Vom Cage-office ist offiziell bekanntgegeben worden, daß dieses Lager aufgehoben wird. Ende der Woche sollen sämtliche Generale und Generalstabsoffiziere in ein Lager bei Memmingen verlegt werden!« Diese Neuigkeit trifft uns wie ein Blitz aus heiterem Himmel. »So eine Scheiße!!!«

Man erkundigt sich, was von Memmingen bekannt ist. Viel ist es nicht. Dort soll ein Barackenlager bestehen. Mehr ist nicht zu erfahren. Unsicherheit ringsum. Dieser endlich einmal menschenwürdige Aufenthalt hier soll nun so schnell wieder zu Ende sein. Unsere freudige Stimmung ist verflogen. »Wir sind ja doch nur ein Klumpen Masse-Mensch, der einmal hierhin, einmal dorthin verlegt wird, wie's gerade irgendwie paßt!« sagt einer von uns. »Zu ändern ist da nichts!« Wir warten. »Vertreibung aus dem Paradies!« Das Damoklesschwert hängt über uns an seidenem Faden. Am Nachmittag wird bekanntgegeben, daß die Ankündigung am Morgen verfrüht gewesen sei: Wir bleiben hier!! Na also!

Wir ziehen unsere Runden draußen durch den Schneematsch, einsilbig, im Inneren mit einer Spannung aufgeladen, von der wir nicht freikommen.

Lohmann, der kleine General, kommt herüber und bringt mir Brot und Schreibmaterial. Er hat einen alten Militärmantel an, der ihm viel zu lang ist. Darunter trägt er ein Paar offensichtlich selbstgefertigte Hosen.

Am Abend hören wir drüben bei den Generalen eine Rundfunkübertragung von Beethovens 9. Sinfonie. Man ist ja so ausgehungert nach Musik! »Freude, schöner Götterfunken – – –!« Ja! Freude!!!

Plötzlich wird es über Nacht warm. Der Schnee schmilzt zusehends weg. Einzelne sitzen in der Mittagszeit im Sonnenschein vor dem Haus. Die Luft ist weich und seidig. Erstes Frühlingsahnen. Die Glieder schmerzen von Schwere.

Der März beginnt mit Unruhe im Lager. Auf amerikanischen Befehl müssen die Mannschaften aus den Wohnblocks ausziehen und bekommen einen ehemaligen Pferdestall als Unterkunft zugewiesen. Die freiwerdenden Räume werden von den Generalen bezogen. Dies ist eine der vorgesehenen Auflockerungsmaßnahmen, wie sie ein Abgesandter des Genfer Roten Kreuzes vorgeschlagen hat, der kürzlich dieses Lager besuchte. Aber es gibt Ärger. Die Mannschaftsdienstgrade sind verbittert. Sie meinen, es sei Schuld der Generale, daß sie in den Pferdestall umziehen müssen. Generaloberst Reinhard versucht alles, was er kann, um den Befehl der amerikanischen Lagerleitung rückgängig zu machen. Es gelingt ihm nicht. Der amerikanische Leutnant sagt: Befehle sind dazu da, durchgeführt zu werden!

Die Mannschaften vertreten wütend die Meinung, sie würden nur deshalb gefangengehalten, um den Generalen Hilfsdienste zu leisten. Sie versorgen den Reinigungsdienst der Flure und Treppenhäuser, die Küche, die Holzzufuhr. Sie sind überzeugt, längst entlassen worden zu sein, wenn sie nicht das Arbeitskommando für das Generalslager stellen müßten. Jetzt hätten sie auch noch ihre behaglichen Unterkünfte im Wohngebäude gegen die Primitivität eines kalten Pferdestalls einzutauschen. Es herrscht eine böse Stimmung. Der Genfer Konvention gemäß sollen sie fortan auch noch den Generalen Burschendienste leisten, ihnen die Stiefel putzen und die Wäsche waschen. Durch ihren Vertrauensmann lassen sie der amerikanischen Lagerleitung mitteilen, daß sie sich weigern. »Wir wollen lieber den amerikanischen Soldaten die Schuhe putzen als diesen deutschen Generalen!« lassen sie bestellen. Die Spannungen zwischen den Mannschaftdienstgraden und den Offizieren wachsen spürbar.

Paradox ist, daß die Generale ihrerseits gar nicht umziehen wollen. Sie sagen, sie hätten sich in den verschiedenen Gruppen so gut aneinander gewöhnt. Selbst eine Gruppe von 14 Generalen in einem Zimmer will dort nicht heraus. Generaloberst Reinhard muß energische Befehle geben. Das Ergebnis sind mürrische Mienen.

Auch wir in unserer Stube räumen um und teilen durch eine Spindwand einen Wohn- und einen Schlafraum ab. Aber auch hierbei müssen Widerstände überwunden werden. Der Norddeutsche ist grundsätzlich gegen jede Veränderung. Der Westfale steht mit den Händen in den Taschen dabei und hat sein eisernes Gesicht aufgesetzt. Der Schlesier entfaltet emsige Geschäftigkeit. Ich bin ihm dabei behilflich, weil man immer danach streben sollte, Situationen zu verbessern. Der Franke weiß alles besser. Aber dann betätigt er sich als Ofensetzer zum Kochen von Kaffeewasser und zum Brotrösten. Und als am Abend nach größerer Mühe alles schließlich fertig ist, sind die anderen auch zufrieden.

Den Sonntag verbringen wir in satter Behaglichkeit. Von Verlegung des Lagers ist zur Zeit keine Rede mehr. Die Verpflegung ist gleichbleibend gut. Erste Anzeichen von Gewichtszunahmen sind festzustellen. Die ausgemergelten Körper straffen sich, die Gesichtszüge wirken belebter. Das allgemeine Wohlbefinden hat zugenommen. Hier ist man wieder Mensch!

Nachts entweichen drei Gefangene aus der Mannschaftskompanie. Sie haben Glück; es gelingt ihnen. Aber wir müssen's büßen. Es wird »Postsperre« verhängt, obwohl gerade heute viel Post angekommen ist. Die eingesammelte Schmutzwäsche, die das Rote Kreuz für uns waschen lassen wollte, darf nicht aus dem Lager heraus und wird wieder zurückverteilt. Es regt uns wenig auf.

Major Rungius und ich zimmern eine Polsterbank für unsere Wohnecke. Er ist sehr geschickt und hat bereits eine kleine Tischlampe gebastelt. Als nächstes kommen ein Bücherregal und ein Geschirrschrank an die Reihe. Unser Wohnraum wird von Tag zu Tag behaglicher.

Am frühen Morgen gehe ich, um Holzbretter für ein Wandbord zu »organisieren«; dann ist eine Stunde Unterricht über »Landwirtschaft«. Als ich anschließend meine Socken wasche, werde ich hinüber ins Nebenhaus zum »Cage-office« gerufen. Ein Zivilangestellter, ein dürres, altes Männlein, flüstert mir mit vorgehaltener Hand zu: »Ihre Braut ist draußen. Sie hat das da für Sie abgegeben.« – Ein Paket! Rosemaria! Rosemaria ist hier!!! Ich renne zurück in unsere Stube, reiße das Papier auf. Ein herrlicher Kuchen. Butter. Und da – – ein Brief! »Wieder steh' ich vor einem Lager – – – kann Dich leider nicht sehen – – – nicht sprechen – – – stehe in einer Gartenanlage und schaue zum Lager hinüber – – –kann einfach keinen langen Brief schreiben – – – bitte, verstehe mich – – –« Mir klopft das Blut im Halse. »– – in einer Gartenanlage – – –« Rosemaria, ist hier, ist irgendwo hier, in nächster Nähe vielleicht, wo, wo, – –??? Ich renne – drei Stufen auf einmal – hinunter vors Haus, laufe hinter zu den ausgebrannten Gebäuden. Dort ist der Drahtzaun nur einfach gezogen; man kann weit hinausschauen über die winterlichen Felder.

Aber kein Mensch ist hier.

Ich laufe hin und her, bis es den Posten auf den Wachtürmen auffällt.

Sie beobachten mich durch Feldstecher.

Irgendwo ist Rosemaria; ich fühle es. Major Besserer hatte mir noch zugerufen, er habe am Morgen ein junges Mädchen gesehen, das dort hinten zwischen den Schrebergärten umhergestiegen sei. Rosemaria – – ??? Ich gehe wieder vor zu den Wohngebäuden. Da! Vorn, am Kasernentor, steht ein Mädchen.

Ich sehe einen grauen Mantel, einen schmalen dunklen Pelzkragen, ein Gesicht wie einen kleinen hellen Fleck. Rosemaria – – ?? Ich kann sie nicht erkennen. Mir schwimmt alles vor den Augen. Ich stehe am hohen Stacheldrahtzaun und starre vor zum Kasernentor. Es sind gut 200 Meter bis dorthin. Nein, ich kann nichts erkennen. Aber das Mädchen steht dort und schaut unverwandt zu uns in das Lager herein. Ich nehme meine alte, zerschlissene Bergmütze ab. Ich wage nicht, zu winken, denn die Posten beobachten mich. Es wird ihnen auffallen, daß ich hier stehe und immerzu in eine Richtung schaue. Also gehe ich ein paar Schritte hinter dem Gitter nach links und dann wieder nach rechts. Das Mädchen blickt immerfort zu mir her. Ist sie es – – – ??? Mein Gott, es ist so weit zu ihr hin. Ich trete in die Haustüre zurück; hier können mich die Posten nicht sehen. Ich hebe den Arm; winke ein wenig.

Da!!! Das Mädchen zieht ein Taschentuch – – winkt zurück – –!! Sie ist's!! Rosemaria!! Ich kann es nicht verhindern, daß mir Tränen über die Wangen rinnen. Mein, Gott, sie ist's! – Wann sah ich sie zum letzten Mal?? Ein Jahr? Zwei Jahre?? Ich weiß es nicht mehr. Unendlich lang ist es her. Aber dort steht sie! Weit, weit entfernt, durch Drahtzäune, einen Kasernenhof und Straßen von mir getrennt. Dort steht sie und winkt, und ich kann nicht erkennen, ob sie weint oder lacht – – –

Da blitzt mir ein Gedanke durchs Hirn. Ich mache ihr Zeichen, nach hinten zu kommen, dorthin, wo unser Freiplatz ist. Sie scheint mich zu verstehen. Sie bleibt aber noch stehen und beobachtet mich, wie ich langsam fortgehe nach hinten zu den abgebrannten Pferdeställen. Ich drehe mich nur einmal um, weil mich die Posten beobachten. Sie ist verschwunden; sie hat's begriffen!! Ich finde ein Versteck in einer Mauernische, wo ich ungestört und ungesehen in der Nähe des Zaunes stehen kann.

Ich pfeife so laut ich kann, den Anfang des Löns-Liedes: »Ro – – se – – ma – – riiiiie – – –« Immer wieder: »Ro – – se – – ma – – riiiie – – –« Da taucht sie auf. Zwischen den Gärten – – erkennt mich – kommt näher. Ich deute zu den beiden Wachtürmen hin, mache ihr Zeichen, vorsichtig zu sein, nicht zu nahe heranzukommen. Sie merkt, was ich meine. Sie steht neben einem Busch. Ich in der Mauernische. Wir starren uns an. Wortlos. Lächelnd. Unheimliche Stille. Beglückende Nähe – – – Der Zaun steht zwischen uns, der hohe Zaun aus Stacheldraht mit Wachtürmen und Scheinwerfern. Etwa einhundert Schritte mag die Entfernung zwischen uns betragen. Wir könnten rufen, aber das würden die Posten auf den Türmen hören. Wir können uns nur anschauen.

Rosemaria führt die Finger ihrer Rechten an ihre Lippen und wirft mir einen Kuß zu! Ich erwidere ebenso. Wie kläglich ist das! Dann stehen wir wieder − − − schweigend − − −

Da macht sie mir Zeichen, zurückzugehen. Ich begreife nicht recht, was sie will, aber ich gehe. Ich spüre, sie hat eine Idee. Aber ich weiß nicht, welche. Voller Spannung schleiche ich hinter den Stallgebäuden umher. Hier stoßen jenseits des Zaunes die Schrebergärten bis an das Lager heran! Ich finde eine zerborstene Tür im Mauerwerk, in der ich mich verstecken kann. Nichts rührt sich. Ich schlendere bis zum Postenturm, gebe mich unbefangen, sammle Holz auf, verdrücke mich wieder in meine Tür.

Da sehe ich sie!! Rosemaria steht in einem der kleinen Gärten, mit Kopftuch und Handspaten, und − − gräbt an einem Beet! Jetzt ist sie nur 30 bis 40 Schritt von mir entfernt! Ich sehe sie lachen, sehe ihre leuchtenden Augen. Ich bin ganz benommen vor Freude und Aufregung. »Sei vorsichtig!!« zischle ich hinüber. Sie deutete mir zu schweigen, zeigt nach dem Turm hinter meinem Rücken. Der Posten! Ob er uns bemerkt hat − −??? Ich habe ihn übersehen und drücke mich seitwärts weg. Ich darf Rosemaria nicht gefährden. Erst kürzlich wurden hier zwei Mädchen verhaftet. Ich gehe fort. Sie wird ja ahnen, weshalb. Als ich mich umdrehe, ist sie im Buschwerk der Gärten und zwischen den Gartenlauben verschwunden − − −

Die Kameraden erwarten mich in unserer Stube voller Spannung. »Wie ging's??« − »Das ist ja allerhand − −!!« − »Toll, anständig von dem Mädchen − −!« Jubel des Glücks in der Brust.

Eine Kerze auf dem Tisch. Major Zimmermann hat eine weiße Tischdecke hervorgekramt. Unter einem kleinen Strauß frisch getriebener Zweige steht Rosemarias Foto. Ich bin stolz auf sie. Wir teilen den Kuchen. Oberstleutnant Eggert hat Kaffee gekocht. Ich biete von den guten Chesterfield-Zigaretten an.

Nun fühle ich mich gar nicht mehr gefangen. Mein Herz ist draußen, jenseits des Drahtzaunes, bei ihr. Was hier noch herumzappelt, ist nur noch ein ungeduldiges Stück Menschenleib. Die Kameraden freuen sich mit mir. Ich teile einen Apfel, den Rosemaria dem Paket beigelegt hat, in sechs Teile, teile die Butter, die frischen Eier. Alle sollen teilhaben an meinen Schätzen. Unterwäsche, Socken, einen wunderschönen selbstgestrickten Pullover behalte ich für mich. Wir sitzen bis Mitternacht in unserer behaglichen Wohnecke zusammen und erzählen, erzählen − − −

Es ist zuviel. Es ist alles schon fast zuviel − − − Ich fühle mich im Grenzbereich angelangt, wo es kaum noch gelingt, seine Gefühle und Empfindungen zu bewältigen.

Der Abend bringt einen kleinen Dämpfer. Es ist vielleicht ganz gut so; die Bäume dürfen nicht in den Himmel wachsen. Das »Denazifizierungsgesetz« wird verkündet! Nun ist es also soweit! Nach diesem Gesetz gelte ich als »Belasteter«. In der amerikanischen Zone habe ich meine Unschuld vor einer Art »Volksgericht« nachzuweisen. Wie das geschehen soll, weiß niemand. Wäre die englische Besatzungszone für mich zuständig, so würde ich erst dann als »Belasteter« gelten, wenn man mir eine Schuld nachweist. Ein fulminanter Unterschied! Manch einer läßt den Kopf hängen, besonders die Generale; sie gelten samt und sonders als »Hauptschuldige«.

Nun ist wieder Alltag. Nebel hängt am Morgen über den Dächern. Ich gehe mit General Lohmann auf dem Reitplatz spazieren. Es ist feucht und kalt.

Die verkohlten Balken der Stallruinen ringsum ragen gespenstig in das Nebelgrau hinein. Wir diskutieren über das »Denazifizierungsgesetz«. Alle Generale sind »Hauptschuldige«, desgleichen Generalstabsoffiziere, die dem Oberkommando der Wehrmacht oder den Oberkommandos der Wehrmachtteile angehörten. Sie sollen bis zu zehn Jahren ins Arbeitslager kommen! Die übrigen Generalstabsoffiziere will man als »Belastete« bis zu fünf Jahren einsperren. Das sind trübe Aussichten!

Die sogenannten »Spruchkammern« in Bayern bestehen aus bewährten Antifaschisten; vor ihnen soll man seine Unschuld beweisen. Man bezeichnet uns schon heute als »Militaristen« und »Aktivisten«, und es wird deutlich, daß die jetzige politische Szenerie leidenschaftlich nach Opfern verlangt, und wir sollen der Fraß sein, der ihnen vorgeworfen wird. Was liegt schon an uns paar hundert Männern und unserem Schicksal?? Wer interessiert sich überhaupt dafür??? »Zur Sicherungs des Friedens«, heißt es in der Zeitung, »ist es notwendig, die Generale und Generalstabsoffiziere auszuschalten!« Was ist das: »auszuschalten«? Steht es anstelle von: »liquidieren«?? Die meisten Generale sind jetzt um etwa 60 Jahre alt; wenn man sie noch zehn Jahre einsperrt, na, dann werden sie ja nicht mehr gefährlich werden können. Auch propagandistisch wird es sich sehr wirkungsvoll ausnehmen, wenn man den Siegermächten zeigen kann: seht her, der Generalstab im Arbeitslager beim Steineklopfen!

Unrecht und Unvernunft können peinigend wirken; im Extremfall kann es aber auch zur Lächerlichkeit führen. Soweit ist es jetzt.

Hilfloses Aufbegehren und Sarkasmus mischen sich in unsere Erregung, als uns nun der genaue Wortlaut des »Denazifizierungsgesetzes« aus der Presse bekannt wird. Wir stehen in Gruppen zusammen und lesen das eine Zeitungsexemplar, das von Gruppe zu Gruppe weitergegeben wird. Wieder und wieder lesen wir diese 72 Gesetzesparagraphen über Zwangsarbeit, Vermögensbeschlagnahme, Aussperrung von allen freien Berufen, Unfähigkeit zu irgendeinem aktiven oder passiven Wahlrecht, Sühnemaßnahmen, erlaubte Tätigkeit nur als Handarbeiter und so fort. Es sind die gleichen Maßnahmen, die die Nazis den Nicht-Ariern auferlegt hatten. Auch die »Wegnahme der Habe« ist vorgesehen, wobei »nur das zum Leben unbedingt notwendige Gut« belassen werden soll.

Der Eindruck von dieser Lektüre ist vernichtend. Fritz Schürmeyer sagt: »Ich Idiot! Jetzt tut es mir wirklich um jedes einzige Mal leid, wo ich mich in ein Flugzeug gesetzt habe und mich für dieses Scheißvolk in Gefahr gebracht habe, wenn dies der Dank ist!« Und ein anderer meint: »Da hat man sechs Jahre lang seine Knochen hingehalten, und nun wird man von diesem Gesindel durch einen Federstrich zum Verbrecher diffamiert!«

Wieder andere lassen den Kopf hängen und sprechen kein Wort mehr. Es gibt auch Kameraden, die lesen gar nicht, was in der Zeitung steht. »Wissen Sie, man muß wie ein Stein werden!« sagt einer, »gefühllos gegen diese Einwirkungen von außen, gefühllos gegen die Verzweiflungsschreie im Inneren − − −!« Ich will es versuchen.

Mir will scheinen, als ob in diesem neuen Gesetz grundsätzlich vertretbare Bestimmungen enthalten sind, soweit es darum geht, wirklich »Schuldige« zu bestrafen. Unfaßbar aber ist, daß hier einfach in corpore angeklagt wird und der einzelne »Betroffene« seine Unschuld beweisen muß. Wie soll denn das praktiziert werden? Wer kann mir heute beweisen, daß ich oft in die Kirche gegangen bin? Daß ich keine Juden verfolgt habe? Wer kann beweisen, daß ich keine »militärischen Programme verfaßt« habe?? Wo sind heute überhaupt jene Menschen, die in den einzelnen Abschnitten meines Lebens an meiner Seite gingen?? Wo halten sie sich auf?? Leben sie noch − − −??

Langer Spaziergang mit General Lohmann. Wir sprechen von früher. Was haben er und seine nichtarische Ehefrau in der Nazizeit nicht alles durchgemacht, was gelitten und an Demütigungen erduldet? Nun gilt er als »Hauptschuldiger«!

Am Abend wird bekanntgegeben, daß das Rote Kreuz ab morgen alle Lieferungen an Brot, Milch, Butter, Käse usw. − − − einstellt!

Als Begründung wird vermerkt, die »Öffentlichkeit« habe sich dagegen ausgesprochen, daß derartige Lieferungen in ein Gefangenenlager von »Kriegsverbrechern« gelangen.

Uns soll es recht sein. Unter der Voraussetzung freilich, daß diese Lebensmittel den armen Flüchtlingen aus dem Osten zukommen.

Auch das Thema der nächsten Tage ist das »Denazifizierungsgesetz«. Allmählich gibt es verschiedene Meinungen hierzu. Manche meinen, man müsse erst einmal abwarten, wie die »Spruchpraxis« aussieht. Und es würde sicherlich nichts so heiß gegessen, wie es gekocht ist. Man bezweifelt, daß die Mehrheit unseres Volkes hinter diesem Gesetz steht. »Hier lehnt sich doch lediglich das Element der Minderwertigkeit gegen das noch immer vorherrschend Starke auf!« formuliert einer von uns.

Über einen Punkt jedoch sind wir uns alle einig: Daß es eine Schande ist, wie hier eine deutsche Regierung ein Gesetz verfaßt, das der Selbstzerfleischung dient, indem es die Menschen in Klassen einteilt und einen Großteil aufbaufähiger und -williger Intelligenz aus rein politischen Gründen ausschaltet.

Seit drei Tagen bin ich dazu eingeteilt, allabendlich der Mannschaftskompanie im Pferdestall die neuesten Rundfunknachrichten zu übermitteln. Die Männer sind interessiert und kommen fast allesamt aus ihren Stallboxen heraus unter die große Lampe über der Stallgasse.

Hier umgibt mich ein Zuhörerkreis reichlich abenteuerlicher Typen. Die Mienen sind zumeist deutlich stumpf, und man hört alles, was ich vortrage, ohne jede Gemütsregung an. Einige tatsächlich recht verwahrlost wirkende Männer schauen mich spürbar feindselig an, als ob sie im Offizier grundsätzlich einen Feind sehen müßten. Es ist schwer, ihnen in dieser geistigen Verklemmung zu helfen. Ich muß selbst vorsichtig sein; ich spüre lauernde Ohren, die mir womöglich eine Tendenz meines Kommentars verargen möchten. So beschränke ich mich auf das reine Vorlesen der mitstenographierten Rundfunkmeldungen.

Föhnwind kommt am Morgen von den fernen Bergen herab bis hierher zu uns nach Ulm. Ich laufe durch die Wärme dieses Frühlingstages ohne Mantel und Mütze, freue mich am Aufkeimen jungen Grüns, der winzigkleinen blauen Blüten des Ehrenpreis, schaue durch den Drahtzaun in die nächste Nachbarschaft und zu einem fernen Wald. Die Sonne scheint, und alles Bildliche ist klar und leuchtet in scharfen Farben. In den Schrebergärten werken schon fleißige Hände beim Umgraben und Ordnen der Winterdürre. Von irgendwoher klingt Mädchenlachen.

Dichter Nebel am Morgen. Heute geht wieder eine amerikanische Kommission durch das Lager, dabei ein amerikanischer Oberst. Er und seine Begleitung sind offensichtlich bemüht, sich um alles zu kümmern und Mängel abzustellen. Es sollen Lehrbücher für englischen Unterricht und Zeitschriften, ja sogar ein Filmvorführgerät geliefert werden. Die Mannschaftskompanie im Pferdestall bekommt Offiziere zugeteilt, um die Disziplin zu heben. Das Lager wird gesäubert, die Hecken werden geschnitten, die Anlagen von Unkraut gejätet. Diese Initiativen erfüllen uns alle merkwürdigerweise mit einem unbestimmbaren Elan. Jeder greift irgendwo zu, um tätig zu sein − − und den Tag auszufüllen.

Ich arbeite mit Verbissenheit und Freude an einer kleinen Novelle; nachts 3.00 Uhr bin ich damit fertig. Warmer Frühlingsregen weckt ringsherum neues Leben. Eine ungewisse Sehnsucht schwingt durch die Luft, ein Ahnen, daß die Herzen unruhig macht. »Ich kann mir nicht helfen«, seufzt ein junger Major mit seiner verwegenen schwarzen Haartolle in der Stirn, »aber wenn man so den Frühling herankommen fühlt, dann empfindet man die Gefangenschaft doch ganz besonders drückend!« Uns allen geht es so.

Nach dem Mittagessen werden wir − nach wiederholtem Abzählen − durch ein Spalier amerikanischer Posten aus dem Lager hinaus zu einem Kinogebäude der Amerikaner geführt. Wir freuen uns wie Kinder, daß wir nach so langer Zeit wieder einmal einen Film sehen dürfen. Aber die Tonapparatur ist nicht in Ordnung, und nachdem wir eine Weile die Vorfilme in stummer Wiedergabe und ohne Verständnis haben abrollen

sehen, wird die Vorführung abgebrochen. Der amerikanische Bataillons-
kommandeur, ein Oberstleutnant, entschuldigt sich, und wir werden
unter schwerer militärischer Bewachung die wenigen hundert Meter zum
Lager wieder zurückgeführt. Dabei werden wir zweimal noch im Kino und
einmal nach Eintreffen im Lager abgezählt. Aber es fehlt wirklich keiner.
Ein strahlender Vorfrühlingstag in der Fülle des Lichtes, des Ahnens und
des geheimen Wissens. Ich sitze im Freien vor dem Haus im Sonnenschein
der Mittagsstunde. Die goldenen Strahlen brennen auf das Antlitz wie mit
heißen Tüchern.

Heute treffen 300 SS-Männer ein. Sie lösen unsere hiesigen Mannschaften ab, die sämtlich entlassen werden sollen. Die Ankömmlinge machen
einen guten Eindruck, kräftige junge Männer, ein Jammer nur, daß so viel
junge Kraft ein Jahr nach Kriegsende immer noch nutzlos brach liegt − −
− Uns fällt der sichere, federnde Gang dieser neuen Mannschaft auf, ihr
freundliches Benehmen, ihre klaren Antworten. In ihren Reihen herrscht
noch immer ein guter, kameradschaftlicher Geist.
    Der größte Teil der neuen SS-Kompanie stellt Arbeitskommandos, die
deshalb auch Anrecht auf zusätzliche Verpflegung haben. Diese Kommandos haben sich aber bereit erklärt, ihre Zusatzkost mit in den allgemeinen Topf zu geben, damit auch wir − die Offiziere! − Anteil daran
haben.
    In den Wohnblocks ist auf einmal in den Fluren, Waschräumen, Trep-
pen, Gemeinschaftsräumen alles blitzsauber. Jede Stubengemeinschaft
bekommt jetzt einen eigenen Burschen von der SS als Auskehrer und
Putzer! Wir halten's kaum für möglich, und im Grunde ist es uns eher
fatal. Aber es ist tatsächlich so von der Lagerleitung angeordnet. Wir
fragen einige SS-Männer, ob sie nicht lieber draußen für die Amerikaner
als hier im Lager bei uns arbeiten wollten. Sie sagen: »Wenn wir schon
arbeiten müssen, dann tun wir es lieber im Lager für Deutsche. Und wenn
wir arbeiten, so arbeiten wir zwar langsam, im »PW« (=Kriegsgefange-
nen-)Tempo«, aber ordentlich und gründlich!« Eine Geisteshaltung, die
Respekt verdient.
    Es ist erfreulich, wie diese jungen SS-Männer einen frischen Schwung
hier in dieses »Altersheim« bringen, wenn man die Mehrzahl der einsit-
zenden höheren Dienstgrade betrachtet. Bei vielen von ihnen handelt es
sich allmählich nur noch um komisch kostümierte alte Männer mit Bärten,
bei denen die Tünche »Herrentum« arg zerbröckelt ist. In ihren Reihen
gibt es laufend kleinliches Gezänk um nichtige, unerfreuliche Dinge,
Intrigen, persönliche Zusammenstöße. Mancher dieser alten Herren sieht
in seinem verblichenen Dienstgrad noch immer einen Freibrief für Vor-
ränge und wird sich der Lächerlichkeit in dieser unserer aller Situation
nicht bewußt.
    Ich halte mich von diesen Problemen fern. Wie sich überhaupt jeder
von uns unmerklich, aber doch zunehmend vor Unannehmlichkeiten von

außen verschließt. Wir sind, was das anbelangt, härter geworden. Wir quittieren mit Achselzucken, was nicht zu ändern ist. Wenn man uns in jeder Weise in die Passivität drängt, so nehmen wir eben auch das hin.

So kommen uns jetzt beispielsweise Informationen zu, daß in Bayern sämtliche ehemaligen Offiziere von einem Hochschulstudium ausgeschlossen sind. Was nützt es denjenigen unter uns, die mit diesem Gedanken spielten und für sich entsprechende Pläne entwickelten, sich dagegen aufzubäumen?? Nur von den Begriffen »Gerechtigkeit« oder »Nächstenliebe« wollen wir nichts mehr hören. »Ein Volk, das es sich leistet, in dieser katastrophalen Lage einen großen Teil seiner Intelligenz – und dazu seine aufbauwilligsten, einsatzbereitesten und selbstlosesten Kräfte – aus Gründen politischen Hasses zu unterdrücken, hat mit uns nichts mehr gemein!« Ein junger Major sagt dies am Abend und trifft damit unsere allmählich verbitterte allgemeine Meinung.

Ich denke darüber nach. Es ist einfach ein tiefer Jammer darüber, daß bereits ein so großes positives geistiges Potential durch Dummheit zerschlagen wurde – – – – Und wenn das »Volk« solches Unrecht gar nicht will – –?? Das wird man später sehen. Uns bleibt immer noch die innere Haltung und der eigene Wert.

Warmer, schwerer, duftender Frühlingsregen. Das Lied des Regenpfeifers über den Dächern und den ausgebrannten Ruinen. Erster Vogellaut! Die Tage werden immer wärmer. Wir können schon die ganze Tageszeit über im Freien verbringen. Die Generale legen hinter den Ställen einen großen Gemüsegarten an. Sie arbeiten emsig, und es ist ein guter Plan. Ihre nackten Oberkörper sind bleich und hell. Ich möchte gern ein wenig mittun, aber sie wachen argwöhnisch darüber, daß kein »Unbefugter« kommt, der dann später gar miternten will. Im übrigen halten die »Palastrevolutionen« unter ihnen an. Wie man hört, geht es um gegenseitigen Beschiß bei Bettbezügen und dergleichen Kram.

Major Lammel schnitzt an einem Holzelefanten für sein Töchterchen. Rungius und Besserer basteln ein hübsches Rauchtischchen mit einer netten Stehlampe.

Mich fasziniert eine besondere Idee. Wenn ich dies alles hier so betrachte, entwickeln sich Vorstellungen, wie man diese weitläufigen Kasernenanlagen mit ihren guterhaltenen Wohnblocks und den Stallruinen, dem Exerzierplatz und der offenen Reitbahn zu einer großen, geschlossenen Wohnsiedlung – etwa für Flüchtlinge und Heimatlose – ausbauen könnte. Je intensiver ich darüber nachdenke, desto mehr kommt mir zu Bewußtsein, wieviel hierzu Nötiges sinnlos im Gelände herumliegt: Unmengen von Ziegelsteinen, vollkommen intakte Dachstühle, Bretter, und – vor allem! – 500 kräftige Arme, die zur Zeit, anstatt sich zum Aufbau zu regen, nichts tun, apathisch brachliegen. Man könnte Grünanlagen schaffen, Gärten, Kinderspielplätze. Man könnte mit dem vorhandenen Material die großen Wohnräume in den Wohnblocks zu kleinen, abgeschlossenen Wohnungen ausbauen: Wohnzimmer, kleine Küche, Schlafnische. Man könnte − − − Aber man wird nichts tun, gar nichts − − −

General Lohmann, dem ich meine Gedanken vortrage, ist zunächst begeistert. Aber dann kommen ihm Bedenken. »Die Generale machen nicht mit. Sie haben's nicht nötig zu arbeiten. Als Kriegsgefangene brauchen sie's nicht!« Ich frage meine Kameraden. »Sinnlos!« »Es fehlt ja doch an Material − −!« »Wer weiß, ob der Aufwand lohnt!« »Mit leeren Konservenbüchsen und den bloßen Fingern können wir doch ein solches Werk nicht beginnen!« »Ohne Fachleute geht das nicht!«

Wir diskutieren hin und her. Es wird nichts geschehen. Und ich meine: Es ginge doch!!! Wenn man nur den Anfang machen wollte.

Mittags werden wir wieder hinaus zum amerikanischen Kino geführt. Groß ist die Freude − aber bitter die Enttäuschung. Der Vorführapparat funktioniert wieder nicht! Wir trotten ins Lager zurück, abgezählt und noch einmal abgezählt. Manche meinen, das sei ein abgekartetes Spiel; man *wolle* uns enttäuschen.

Jeder Tag bringt den Frühling mehr und mehr herbei. Die Büsche ringsum tragen nun schon einen grünen Hauch. Knospen brechen auf. Ich sitze in der Sonne − − müde, verträumt − − Die Forsythien blühen in hellem Gold. Die ersten Finken schlagen, und die Stare jubilieren. Der Frühling liegt schwer in den Gliedern.

Ich sehne mich wie verrückt aus dem Stacheldraht heraus. In den Schrebergärten arbeiten junge Mädchen in bunten Kleidern. Ich schaue ihnen aus meiner Ferne andächtig zu. Mädchen im Frühling. Aber sie schenken uns nicht mal einen Blick.

Der Abend ist köstlich in seiner seidigen, lauen Luft. Nur die sinkende Sonne schwimmt ganz im Dunst und hat einen heimtückischen Schein.

Seit drei Wochen haben wir keine Post ins Lager bekommen. Sehnsucht zur Ferne, Sehnsucht nach Liebe − und keine Post. Man sagt, es würde noch längere Zeit dauern. Alle Postsachen werden einer Zensurstelle nach außerhalb gegeben. In meinem Inneren klagt eine trostlose Melodie das alte Lied von der Einsamkeit − − −

Am 5. April werden zwei Generale abgeholt. Große Aufregung!! Jugoslawien fordert ihre Auslieferung. Ein Personenkraftwagen steht vor dem Lagertor. Der amerikanische Fahrer lümmelt sich auf dem Sitz, läßt die Beine zum Fenster herausbaumeln. Wir stehen am Drahtzaun und schauen stumm zu. Wir spüren wieder einmal, daß wir unter dem Gebot des Siegers und damit unter dem Gebot über Leben und Tod stehen.

Zur gleichen Stunde trifft ein Schreiben des amerikanischen Generals Truscott ein, die Antwort auf eine Anfrage der Generale. In diesem Brief heißt es, daß die Entlassung der Generale und »sonstiger Offiziere«, soweit sie nicht aus Sicherheitsgründen festgehalten werden, in naher Zukunft (in proximate future) bevorstehe! Diese Nachricht schlägt wie ein Blitzstrahl ein! Je nach Temperament beginnen die einen bereits ihre

Sachen zu packen, während die anderen lächelnd zur Ruhe gemahnen. »Proximate future« kann heißen: eine Woche, zwei Wochen, oder auch zwei Monate – – –

General Lohmann bringt mir ganz aufgeregt seinen Uniformrock und bittet mich, die goldenen Generalsknöpfe abzutrennen und zivile Knöpfe anzunähen. Er selbst könne das nicht. Ich tue es gern, und er bedankt sich voller Freude.

Wir alle sind aufgrund des Truscott-Briefes in gehobener Stimmung. Außerdem gibt es umfangreiche Sonderverpflegung: Eipulver, Wurst, Butter, Fisch, Marmelade, Zwieback, eine Dose Mais, Brot, von allem nicht viel, aber es verlockt und reicht zu umfangreichem allgemeinem Gebrate und Gebrutzle. Jeder bereitet sich nach eigenem Rezept köstliche Dinge:

Rührei mit Wursteinlage
Omelette confiture
Bauernfrühstück
Bratkartoffeln mit Maisgemüse und Sauce hollandaise.

Hemdsärmelig, denn unser kleiner eiserner Ofen pulvert die Hitze nur so ins Zimmer, sind wir alle mit roten Wangen am Werk. Hinterher gibt es Bohnenkaffee mit Zucker, Kekse mit Marmelade und eine gute »aktive« Zigarette.

Ich arbeite den ganzen Tag, bastle mir aus Teerpapier Mappen für meine Manuskripte. Alles geht gut von der Hand.

Am Abend eröffnen SS-Männer auf einer von ihnen gebauten Bühne in der Reitbahn den »Sommerspielplan« mit einer ausgezeichneten Varieté-vorstellung: viele originelle Einfälle, viel Witz, gelungene Kostüme, Dekorationen und brausender Applaus aus ehrlichem Herzen. Es ist tatsächlich erstaunlich, was hier aus dem Nichts und nur mit eigenen Mitteln und Phantasie entstanden ist. Auch der amerikanische Btl.-Kommandeur, Colonel Meichsner, und ein Oberleutnant sind erschienen und haben sichtbar Freude an der Aufführung.

In ihrer Begleitung befindet sich eine junge, rothaarige Amerikanerin, die einzige Frau unter fünfhundert Gefangenen. Auf der Bühne aber wird ein junges Mädchen von einem bildhübschen, jungen SS-Mann darge-stellt; es sieht hübscher aus – – –

Zwei Tage später kommt die städtische Bühne aus Ulm zu uns ins Lager und gibt ein Konzert. Wir hören Arien, Duette, Ouvertüren; es ist ein ganz großer Genuß, zumal wir nach guter Musik geradezu hungern. Auch diesmal nimmt der amerikanische Lagerkommandant teil: ein hagerer, großer amerikanischer Oberleutnant mit einem männlichen, offenen, aber ernsten Gesicht. Er ist erst einen Tag hier im Amt. Die Wachtruppe hat gewechselt. Das neue Bataillon kommt aus – Dachau! Wir sehen wieder unsere altbekannten Militärpolizisten mit ihren weiß angestriche-nen Stahlhelmen, die »weißen Mäuse«, und wir sehen sie mit Argwohn – – –

Allenthalben treffen Generale und Generalstabsoffiziere stille Vorbereitungen für eine eventuelle Entlassung »in the near future«. Rucksäcke werden repariert, Hosen gebügelt, Schriftsachen geordnet. Jeder hofft insgeheim, die Entlassung möge nun doch bald kommen, vielleicht »über Nacht«. Aber gesprochen wird nicht mehr davon.

Es ist kalt geworden. Aprilwetter. Zimmermann und Besserer sind stark erkältet. Zimmermann hat eine Entzündung am Kehlkopf und kann nicht mehr sprechen. Wenn die Sonne einmal kurz aus dem grauen, rasch dahinziehenden Gewölk hervorkommt, sitzen wir in Reihen vor den Wohnblocks, wartend und müde – – müde vom vielen Warten.

Seit über fünf Wochen ohne Post. Die Amerikaner sagen, sie wollen das nächste Woche nachprüfen, man müsse allerdings annehmen, daß die Post verlorengegangen sei – – –

Die neue amerikanische Wachtruppe unter ihrem recht robusten Kommandeur beginnt sich auszuwirken. Man rügt die Grußdisziplin.

Eine Gruppe sonnenbadender Kameraden vor dem Wohnblock, die einen vorbeikommenden amerikanischen Sergeanten nicht gegrüßt hatte, muß antreten und ein halbe Stunde lang in Achtungstellung verharren. Aus den Zimmern müssen alle Öfen entfernt werden, da dies unhygienisch sei. Täglich sind die Straßen und Wege im Kasernenbereich zu fegen. Verpflegungsvorräte sind abzuliefern und werden abtransportiert.

Abends kochen wir zum letzten Mal auf unserem Öfchen Kartoffeln, Maisgemüse, Rührei. Morgen muß der Ofen abgegeben werden, auch die Schüsseln, die Axt und die Säge. Eine Durchsage informiert, daß die Verpflegungsrationen ab sofort gekürzt werden.

Vor genau einem Jahr wurde ich in der Nähe von Bayreuth abgeschossen und schwer verwundet. Alles hing am berühmten »seidenen Faden«. Schwere Wochen und Monate in Bangen und Todesangst begannen – aber das Leben geht weiter.

Wir liegen auf Decken in der Sonne und schauen an den Bäumen hoch ins Himmelsblau. Zweigspitzen funkeln goldgrün im Sonnenlicht.

Plötzlich kommen in einem Transport aus Dachau etwa 20 Generale an. Es sind alles alte Bekannte aus dem Lager Aibling: der weißhaarige Generaloberst Frießner, der ehemalige Reichsarbeitsführer Konstantin Hierl, General Nehring. Gleichzeitig wird bekanntgegeben, daß morgen und übermorgen etwa 60 Generale und Generalstabsoffiziere in ein anderes Lager verlegt werden, um dort – angeblich – für die Amerikaner kriegsgeschichtliche Arbeiten zu schreiben. Ich bin nicht dabei. Es ist mir recht so.

Ich träume von Mädchenlachen im Frühlingswind, von bunten, duftigen Kleidern. Abends kommt ein Gewitter auf mit etwas Regen. Die Erde dürstet und duftet.

General Lohmann holt mich wieder zu einem »Rundgang« ab. Die »kleine Exzellenz« ist stark verärgert! Seine Familie hat Antrag auf

215

Auswanderung gestellt. Sein Sohn − er war damals Unteroffizier in meiner Fliegerstaffel − verwirft die väterlichen Ratschläge und sucht eigene Wege. Die geliebte Tochter will sich zu Ostern »mit einem 23jährigen Habenichts« verloben. Und der Vater sitzt hinter Stacheldraht und hat keinen Einfluß auf diese Entwicklungen.

»Gründonnerstag« 1946. Nachts sind 224 Generale angekommen. Als wir morgens zum Frühstück gehen, sehen wir sie drüben am Rand der Reitbahn in der Morgensonne liegen, auf Decken und Mänteln, die Köpfe gegen Rucksäcke und Koffer gelehnt. 224 deutsche Generale! Einzelne noch in voller Uniform, mit roten Streifen an den Hosen, mit Orden und Schulterstücken. Dieses morgendliche Lager ehemaliger deutscher Heerführer wirkt in seiner Armseligkeit bedrückend.

Ich treffe Generaloberst Harpe, meinen vorletzten Befehlshaber der Heeresgruppe Süd vor Schörner; er sitzt auf der Erde, mit dem Rücken gegen die Stallmauer gelehnt, und dreht sich eine Zigarette. General der Luftwaffe Kurt Kleinrath, mein vorletzter Kommandeur im Frieden bei der Aufklärungslehrgruppe Jüterbog kommt durch den Sand der Reitbahn auf mich zugestapft. Ich begrüße General Bogatsch, meinen ehemaligen obersten Heeresfliegerkommandeur, erblicke General Fangohr, noch immer tadellos in seiner Uniform aussehend, blitzblanke Reitstiefel, leuchtendes Rot an den Reithosen, Orden auf der Brust − − und ein Blecheimerchen in der Hand. Ich erkenne die Generale Kittel, Mattenklott, Rauß und viele andere. Sie alle kommen aus dem Lager Allenstadt und sind seit 24 Stunden ohne Verpflegung unterwegs. Wir treten ihnen unsere Frühsuppe ab.

Eben beginnen die Kontakte zu den Ankömmlingen in Gang zu kommen, da ruft man die 60 Offiziere auf, die heute weggebracht werden. Auch der blonde Pfarrer, Major Schuster, ist dabei, dann die Obersten Schoch, Fieger, Wielutzki und weitere zehn Generalstäbler. Unter Händeschütteln, herzlichen Wünschen und Winken brausen sie auf großen Transportlastwagen, die von Negersoldaten gefahren werden, in mächtige Staubwolken gehüllt, zum Tor hinaus.

Auch unser Major Zimmermann kommt fort: wegen seines Halsgeschwürs soll er nach Augsburg in ein Lazarett. Noch vor Tagesanbruch wird er geweckt und muß seine Sachen ganz schnell zusammenpacken. Aber dann sitzt er doch noch den ganzen Tag hier auf Abruf herum. Als wir mittags zu Tisch gehen − die Einquartierung der Generale in die Wohnblocks ist gerade beendet − wird eine Anordnung durchgesagt, wonach die neu angekommenen Generale heute − − wieder abtransportiert werden sollen! »Abrücken: 16.00 Uhr!« Tatsächlich! So ist es befohlen.

Dann gellt plötzlich ein neuer Alarmruf durch die Kaserne: »Generalstabskompanie sofort packen!! 14.30 Uhr Abmarschbereitschaft!!« Was denn? *Wir* − − −??? Wohin denn?? Es ist nichts zu erfahren. Wir haben auch gar keine Zeit. Nur eine Stunde. Wir beginnen fieberhaft zu packen. »Vertreibung aus dem Paradies!« nun doch − − − Wir hatten Aussicht auf Postempfang, endlich, gleich nach Ostern. Nichts! − − Vorbei!!

Pünktlich 15.00 Uhr besteigen 76 Generalstabsoffiziere drei alte und gebrechliche kleine deutsche Lastwagen. Es ist sehr eng auf den Pritschen; wir stehen dicht gedrängt. Wir müssen wieder absteigen und antreten, werden abgezählt, steigen wieder auf die Ladepritschen hinauf, müssen nochmals absitzen. Die Lkws fahren erst noch zum Tanken. Endlich geht gegen 18.00 Uhr die Fahrt los. Wir fragen die amerikanischen Posten die uns begleiten, wohin die Reise gehen. »Nach Aibling − − −!!« Wir alle machen lange Gesichter. Als wir Aibling vor mehr als sechs Monaten verlassen hatten, war wohl niemand unter uns, der sich nach diesem Lager zurückgesehnt hätte − − −

Wir fahren durch den Frühlingsabend, sehen blühende Bäume, Wälder und Menschen. Lange entbehrte Eindrücke. Aber sie stimmen melancholisch. Das nächtliche München. Hausruinen. Trostlosigkeit. Ein blondes Mädchen küßt auf offener Straße einen amerikanischen Soldaten, eng umschlungen, einen Neger − − −

Hinter München hat der erste der drei Lkws Reifenpanne. Es gibt einen längeren Aufenthalt. Unser Gepäck wird umgeladen. Auch wir müssen umsteigen, dann nochmals umladen. Es beginnt zu regnen. Sicherlich ist es kein Vergnügen, auf einem offenen Lastwagen bei strömendem Regen durch eine kühle Aprilnacht zu fahren, bald vollkommen durchnäßt − − und hungrig, denn wir haben seit Mittag nichts mehr bekommen.

Der Lkw hinter uns fällt wegen eines festgefressenen Motorkolbens aus. Er muß von unserem Wagen in Schlepp genommen werden. Es wird eine schier endlose Fahrt.

Zwei Stunden nach Mitternacht kommen wir, klappernd vor Kälte und Nässe, durchgerüttelt und hundemüde im Lager Aibling an. Wir stehen noch eine Weile auf dem Wagen vor dem geschlossenen Tor im Regen. Ein angetrunkener amerikanischer Soldat kommt offenbar vom Nachturlaub heim und schreit im Vorbeigehen zu uns herüber: »You damned fuckin' pigs! Ihr verdammten Schweine!! Der Teufel soll euch holen!! Go to hell − − −!!« Dies ist die Begrüßung hier.

Wir alle sind ganz still. Einige amerikanische Posten schlendern heran. »Absitzen!« Wir werden in den »Aufnahmekäfig« geführt. In einer kleinen Baracke ist es leidlich warm. Ich ergattere zusammen mit Oberstleutnant Eggert eine Holzpritsche von 2 m Länge und etwa 1 m Breite. Wir haben beide hier Platz, eng aneinander, aber in den wenigen Stunden bis zum Morgen finden wir tatsächlich ein wenig Schlaf. Die meisten von uns liegen ohne Decken in ihren nassen Kleidern auf dem Fußboden. Der Lkw mit unserem Gepäck ist nicht angekommen.

Im Einschlafen sehe ich noch einmal die traurigen Ruinen von München − − und das blonde Mädchen − − am Arm des Negersoldaten − − −

»Karfreitag«. Es regnet in Strömen. Wir stehen verdrießlich im Regen in diesem »Cage« umher. Der sattsam bekannte Aiblinger Morast und Lehm klebt an den Schuhen und Hosen. Ich treffe den Luftwaffenoberst Börner, einen ehemaligen Jüterboger; er ist seit einer Woche hier und wartet auf seine Entlassung.

Gegen Mittag kommt unser Gepäck. Nun werden wir zum »Cage 9« geführt, bekommen dort eine Holzbaracke zugewiesen. Sie ist sehr viel kleiner, als es die Dachauer Baracken waren, und es tropft durchs Dach. In den Wänden klaffen breite Risse. Kleine Fenster aus Milchglas sind nicht zu öffnen.

Wir richten uns ein, so gut es geht. Der Tag vergeht mit sägen und hämmern: die übliche, bekannte Melodie. Ich habe mit der alten Stubengemeinschaft aus Ulm eine Nische zwischen den doppelstöckigen Bettpritschen unter einem Fenster bekommen. Major Hoffmann ist zu uns gestoßen, den sie das »Eichhörnchen« nennen, weil er immer so flink umherläuft und gewandt zu seiner Bettpritsche hinaufhangelt.

Aus anderen Baracken kommen Landser herüber und versuchen von uns Lebensmittel gegen Zigaretten einzutauschen. Wir fragen, wie es hier mit der Verpflegung bestellt ist. »Minimal! Früh einen halben Liter, abends einen dreiviertel Liter Suppe, ein achtel Brot und zwei Becher Kaffee. Zum Verhungern ist es zuviel, aber richtig satt wird man nie!«

Wir sitzen zu 76 Offizieren in unserem einzigen Barackenraum. Ich versuche an Rosemaria zu schreiben. Karfreitagsstimmung. Es ist zum Lachen traurig – – –

Die Nacht ist kalt. Schon nach Mitternacht ist kein Schlaf mehr zu finden. Die Baracken stehen hier etwa einen halben Meter über dem Erdboden auf Pfosten. So kann die Kälte auch von unten her durch den dünnen Bretterbelag des Bodens eindringen. Und wir haben heute Nachtfrost. Die hölzernen Laufstege zwischen den Baracken sind dick bereift. Man muß diese Stege benutzen, denn neben ihnen versinkt man knöcheltief im Morast. Nur wenn ein amerikanischer Offizier kommt, muß man den Laufsteg verlassen und daneben in Achtungstellung still stehen. Bei Zuwiderhandlung gibt es »Einzelarrest bei Wasser und Brot«. An allen Baracken hängen Anschläge mit derartigen Anordnungen. Am Vormittag reißt das dunkle Gewölk am Himmel auf. Aus dem Nebel steigen die Berge herauf, die ganze lange Kette der bayerischen Alpen. Der »Wilde Kaiser« und der »Wendelstein« tragen noch Schnee. Wir gehen hinter den Baracken am Zaun eine Weile auf und ab und lassen uns von der Sonne wärmen.

Am Nachmittag liefert man einen ehemaligen Generalstabsoffizier in unser »Cage« ein, der im Dezember in Ulm ordnungsgemäß entlassen worden war, gestern aber in München wieder eingefangen wurde. Er weiß zu berichten, daß sämtliche in Freiheit befindlichen Generalstabsoffiziere wieder geholt werden. Man sagt, daß wir längere Zeit hier in Aibling bleiben werden – – –

Nachts behalte ich meine Sachen an und decke noch den Ledermantel über den Schlafsack. Eggert, der die Pritsche unter mir hat, klagt und stöhnt, weil sich sein Ischias infolge der Kälte schmerzhaft bemerkbar macht. Ich biete ihm meine obere Bettpritsche an. Unten zu liegen ist auch deshalb unangenehm, weil es dort besonders schmutzig ist. An Schlaf ist auch in dieser Nacht kaum zu denken. Die polnischen Wachtposten schießen dauernd von den Wachtürmen, so daß man immer wieder hochschreckt. Zuweilen steigert sich diese Knallerei zu Dauerfeuer, und es ist ein Knattern und Belfern wie im Krieg. Es ist nicht möglich, den Anlaß zu dieser Schießerei zu ergründen.

Als ich morgens übermüdet zum Waschen gehen will, wird plötzlich »Barackensperre« und »Zählappell« angeordnet. Das dauert über eine Stunde lang. Danach ist das Gedränge in der Waschbaracke besonders groß. Zwei Wasserleitungsrohre laufen längs durch die Waschbaracke. Beide Rohrleitungen sind in Abständen von 30 cm angebohrt, und aus jedem dieser kleinen Löcher kommt ein strippendünnes Strähnchen Wasser heraus und planscht in eine Blechrinne. Derzeit waschen sich hier allmorgendlich während der vorgeschriebenen Waschzeit 1200 Männer. Ich ziehe mir ein frisches Hemd an und putze meine Schuhe.

Heute ist Ostersonntag! Mir ist jämmerlich zumute. Zähflüssig schleicht die Zeit dahin. Ich laufe zwischen den Baracken umher. Viel Platz ist hierfür nicht vorgesehen. Aber man kann heute, solange es noch trocken ist, auch neben den Stegen und Lattenrosten gehen.

Unser Käfig hat eine Ausdehnung von etwa 100 m × 150 m. Auf diesem Geviert stehen 12 Baracken für je 100 Menschen, eine Waschbaracke und drei Abortbaracken. Da bleibt nicht viel Platz für einen Auslauf im Freien. Zwischen unserem Käfig und den Nachbar-»Cages« patrouillieren polnische Posten in blauen Uniformen. Mit den Angehörigen der benachbarten »Cages« darf man nicht sprechen.

Zur Linken sind die Dachauer SS-Führer eingesperrt. Ich erkenne Professor Jankuhn, der uns damals interessante Vorträge über die Wikinger-Expeditionen gehalten hat. Jetzt dürfen wir uns nicht mal begrüßen.

Auf »soldatische Disziplin« wird scharf geachtet. Es scheint so, als wollten die polnischen Milizen den Deutschen Disziplin beibringen. Es gibt ein Fülle von Anordnungen und Verboten. Sie sind an den Barackenwänden angeheftet. Jeden Morgen ist in den Baracken »Inspektion«, die ein polnischer Offizier durchführt. Wenn er die Baracke betritt, wird »Achtung!« gerufen und die Belegschaft zackig gemeldet. Jeder muß dabei regungslos an seinem Platz stehenbleiben. — Es ist genau vorgeschrieben, wie die Decken auf den Pritschen zu liegen, die Hausschuhe unter den Betten zu stehen haben, wie die Kleider hängen müssen und vieles mehr. Bei Verstößen gibt es »Arrest bei Wasser und Brot«, gewissermaßen als Einheitsstrafe.

So demütigend dies auch alles ist, man richtet sich danach aus Selbsterhaltungstrieb. Es ist wichtiger, sich bei Kräften zu halten, soweit dies bei der hiesigen Verpflegung überhaupt möglich ist. Der Hunger beginnt wieder unser ständiger Begleiter zu sein. Wir sind übereingekommen, von den guten Wochen in Ulm nicht mehr zu sprechen – – –

Ich habe mich zum Arbeitseinsatz gemeldet, weil diejenigen, die arbeiten, täglich einmal Suppe und drei Scheiben Brot zusätzlich erhalten. Aber es haben sich viele Kameraden gemeldet, und es wird eine Weile dauern, bis ich an die Reihe komme. Um Kräfte zu sparen, schlafen wir viel, laufen wenig, sind bemüht, Sonnenwärme zu speichern. Jedenfalls muß man alles tun, um dem Arrest zu entgehen, denn zwei Tage nur bei Wasser und Brot lassen sich nicht mehr aufholen.

Man hört viele fremde Sprachen hier im »Cage«: Niederländisch, Französisch, Italienisch, Polnisch, Tschechisch, Serbisch. Es sind Angehörige von Freiwilligenverbänden, die mit uns gekämpft haben, zum überwiegenden Teil Männer der Waffen-SS. Prächtige Menschen sind dabei, große, schlanke, sonnengebräunte junge Männer, aber auch andere Typen mit schiefsitzenden Feldmützen über immensen, ungepflegten Haarmähnen, mit unruhigen Augen in blassen Gesichtern. Alte Männer gibt es und Jungen, fast Kinder noch, mit ernsten, unbeweglichen Mienen – – – ehemalige Einheiten der »Hitlerjugend«. Offiziere sind in der Regel an ihrer äußeren Haltung im Auftreten und schon an der Sauberkeit des Anzugs zu erkennen.

Major Rungius mischt sich oft und gern unter die Bewohner der Mannschaftsbaracken. Er neigt dazu, sich mit einfachen Menschen zu identifizieren.

Das Extrem auf der anderen Seite: Graf X. gibt sich hier noch eine Spur aristokratischer. Er gehört zu den ganz wenigen, die sich nicht zum Arbeitseinsatz gemeldet haben. Oberst Graf Klinkowstroem wiederum gibt sich bewußt »kumpelhaft«; er sitzt meist unrasiert auf der Erde, gegen einen Wandpfosten gelehnt und liest in irgendeiner Schwarte.

Andere – durchaus »Bürgerliche« – verwenden viel Zeit und Mühe auf ihr Äußeres, kämpfen ständig gegen den Schmutz an, bürsten und nähen an ihren Sachen, spielen ab und zu eine Partie Bridge und versäumen nicht, dazu erst einen alten Bettbezug als Decke auf den Tisch zu legen.

Auch einige Schweramputierte sind hier im »Cage«, bedauernswerte Geschöpfe, die sich vorsichtig auf ihren Krücken über die glatten Lattenroste bewegen. Sie sind wohl die Ärmsten von uns allen – – –

Heute hat Major Rungius Geburtstag. Hier ist es in der Tat schwierig, etwas zu finden, womit wir ihm eine kleine Freude machen könnten. Ich stehe früh vor der Morgensuppe auf und pflücke draußen zwischen den Stacheldrahtzäunen etwas Grünes, ein paar blühende Gräser, etwas Klee; ich finde sogar einige Gänseblümchen. Damit mache ich einen kleinen Kranz auf seinem Blechteller, in dessen Mitte eine Kerze brennt. Der

Rest kommt in einen Feldbecher als Vase. Lammel und Besserer stiften je ein Päckchen Tabak, Eggert ein paar Zigarillos, Hoffmann eine kleine weiße Tischdecke. Rungius lädt uns zum Kaffee und spendiert seine letzte Packung Zigaretten. So ist doch noch eine winzige Spur Behaglichkeit unter uns.

Leider ist es wieder kalt geworden. Die Wolken hängen grau und schwer vor den Bergen. Dann beginnt es zu regnen. Wir alle sitzen in der Baracke. In einer Ecke sammelt sich eine Gruppe zum spanischen Sprachunterricht; in einer anderen unterrichtet Graf Klinkowstroem Englisch. Die Enge des Raumes, das Auf- und Übereinander, wirkt beklemmend. Man kann nichts Rechtes mit sich anfangen; es ist einfach räumlich und auch seelisch kein Platz dafür vorhanden, nicht einmal für Gedanken.

Ich versuche zu lesen. Aber ich komme nicht weiter. Unüberhörbar von links: Die Tür − − la puerta − − la puerta − − bitte, alle: la puerta − − sich erheben − − levantarse − − levantarse − − die Bank? − − Na?? − − el banco − − mit C − − el banco − − −« Dabei kann man sich nicht konzentrieren. Die Gedanken werden immer wieder von fremden Lauten zerschnitten und flattern wie ein Büschel Bänder im Wind. »− − el nombre − − der Vorname − − wie man's spricht: el nombre − − −«

»Brot empfangen!!« ruft jemand von vorn. Jeder bekommt einen winzigen Kanten. Das ist heute außer der Mittagssuppe alles. Wir werden es am Abend essen, mit etwas Salz bestreut. »Trocken Caro, mit Daumen und Zeigefinger belegt!« nennt es Besserer, und wir lachen ein wenig grimmig, ein wenig verloren − − −

Aber Rungius überrascht uns. Er hat sich irgendwo im Verborgenen eine Büchse Mais eingespart und ein kleines Glas Apfelmus. Wir teilen diesen Schatz unter uns sechsen. Das besorgt mit gewohnter Akkuratesse unser »Nischenvater« Eggert. Es ist für jeden nur ein Happen, aber es schmeckt köstlich.

Die Tage werden spürbar länger. Wenn die Sonne scheint, dann sticht sie schon sehr intensiv aus dem Himmelsblau herab. Von Westen zieht es gewittrig auf. Die Berge liegen schwer und blaugrau im Dunst. Ich habe Wäsche gewaschen und sitze vor der Baracke im Freien. Ich bin zum Lesen zu müde. Wir alle sind müde. Das macht, weil der Hunger im Gedärm nagt. Heute ist die Mittagssuppe besonders dünn. Für den Abend gibt es nur ein achtel Brot und pro Kopf sieben Backpflaumen. Der Hunger überwiegt jedes Denken. Einige haben noch Kartoffeln und braten sie; das gibt einen derart verführerischen Duft, daß mir schwach in der Magengrube wird. Ich überlege, ob ich an jemanden schreiben sollte, damit er Kartoffeln schicke!?? − − !?? − − Ich bettle so ungern. Aber Hunger tut weh − − −

Ich gehe hinter die andere Barackenseite und lese ein paar Seiten in »Martins reiches Jahr« von Thurnau. Der Inhalt spricht mich persönlich an.

Der mir das Buch lieh, hat es von seiner Frau bekommen. Zwischen den Seiten liegt ein Hauch von Parfum. Wenn es niemand sieht, beuge ich mich auf das Buch herab und atme diesen Duft. Ich bilde mir ein, mich an diesen Duft erinnern zu können, nur weiß ich nicht, wer ihn trug. Ich koste immer wieder von diesem Duft; eine Frau trug ihn, eine schöne, gepflegte Frau − − −

Nachmittags bringen amerikanische Soldaten auf einer Liege unseren Kameraden Schürmeyer ins »Cage«. Er war in Ulm zurückgeblieben, weil seine Verwundung am Fuß, die er sich in Afrika zugezogen hatte, aufgebrochen war. Sein Bein ist geschient. Er hatte eine Blutvergiftung.

»Na, wie sah's sonst in Ulm aus?« fragen wir ihn. »Schlecht! Die Antwort der amerikanischen Armee auf unseren Entlassungsantrag ist eingegangen: Entlassungen von Generalstabsoffizieren finden zur Zeit nicht statt!« Wieder einmal schwinden alle Hoffnungen. Wieder einmal − − und das stumpft ab. Wir sind alle zutiefst niedergeschlagen. Und es ist uns allen zumute, als gäbe es nie mehr ein Ende dieser Gefangenschaft − − −

Wir sitzen in der Sonne und dösen vor uns hin. Niemand wünscht, angesprochen zu werden. Jeder will seine Ruhe haben, seine stumpfe, tonlose Ruhe.

Ich komme erstmals zum Arbeitseinsatz an die Reihe. Am Vormittag darf ich mit weiteren sechs Generalstabsoffizieren − − Steine klopfen! So! Auch das will zum ersten Mal gemacht sein. Ich beiße die Zähne zusammen. Ich denke daran, daß es für diese Arbeit ein vierzehntel Brot (= 123 g) und einen dreiviertel Liter Suppe gibt. Wir sitzen hinter einer Latrinenbaracke am Boden und klopfen mit Hämmern auf faustgroße Steine, bis sie zu körnigem Kies werden. Es ist nicht sehr schwer. Aber nach zwei Stunden schmerzt das Handgelenk. Der Steinhammer hat sein Gewicht! Unser Vorarbeiter, ein biederer Landser aus dem »Cage«, fordert uns auf: »Würden die Herren ›bitte‹ die Steine noch ein wenig kleiner zerschlagen!?« Ein guter Ton, in dem man mit uns Steineklopfern verkehrt, das muß man anerkennen.

Aus Gesteinssplit und Zement werden kitschige Sockel gegossen, die als Zierde vorn an der Lagerstraße aufgestellt werden sollen. Die »Herren« bemühen sich also, die Steine richtig zu zerkleinern. Wir unterhalten uns, ob wir vielleicht in der kommenden Woche wieder an die Reihe kommen könnten. Wenn wir alles richtig machen − − −!!??

Einer bekommt ein Osterpäckchen jetzt über Ulm nachgesandt. Der Kuchen ist verschimmelt, die bunt bemalten Ostereier sind verdorben, die Blumen verdorrt. Es macht nicht sonderlich fröhlich, wenn man vor Hunger nicht ein noch aus weiß und vor verdorbenen Lebensmitteln steht. Wir trocknen die Reste des Kuchens in der Sonne, lassen sie ausdörren und teilen die Krümel zum Nachmittagskaffee unter uns sechs Kameraden. Wir teilen stets alles, wenn auch der Hunger noch so sehr dazu verführen könnte, das wenige selbst zu essen. »Eine gute Kameradschaft ist doch der letzte Schutz und Halt im Gegensatz zur Minderwertigkeit der anderen Seite!« sagt einer mit Überzeugung.

Schon am frühen Morgen setzen wir uns draußen an den Baracken entlang auf unsere Hocker und lassen uns von der Sonne bräunen. Ab heute wird unsere Verpflegung nochmals vermindert. Es heißt, es gebe keinen Roggen mehr zum Brotbacken. Wir bekommen jetzt täglich pro Kopf 275 g Weißbrot, das sind fünf Scheiben. Sie halten noch weniger nach als das Eckchen Kommißbrot.

Man spricht davon, daß im Sommer 100 000 Kriegsgefangene in zivile Internierungslager überführt werden sollen. Wir diskutieren, ob wir wohl dabei sind. Optimisten meinen, das dürfe nicht geschehen. Das sind jene, die noch immer logische und vernunftmäßige Überlegungen bei den Siegermächten voraussetzen. Es gibt aber auch andere Meinungen.

»Passen Sie auf, man buttert uns ›anrüchige‹ Generalstäbler einfach mit unter, steckt uns erst mal in irgendein ziviles Arbeitslager − − es kümmert sich ja doch niemand um uns, und so hat man uns paar hundert Menschen am einfachsten los!« − »Und die Bestie ›Öffentlichkeit‹ hat ihr Opfer! Was liegt denn an diesen paar hundert Menschen wirklich?? Sie waren doch Generalstäbler!? Das genügt doch! Oder??« »Man weiß zwar nirgendwo recht, was das ist − Generalstabsoffiziere! − Jeder stellt sich etwas anderes vor, aber das ist ja gleichgültig. Wer regt sich denn schon auf, wenn diese paar hundert Männer irgendwo verkommen??« »Irgendwo war doch neulich erst wieder zu lesen: die Generalstäbler sind schuld! Na also! Warum nicht? Weg mit ihnen!!«

Einer zitiert den Leserbrief aus einer neuesten Zeitung, der tatsächlich dort abgedruckt wurde:

»− − − und wäre es doch am besten, wenn man die Generalstäbler und alle Nazis vergasen würde; dies könnte zumindest eine Aufbesserung der Lebensmittelzuteilung für Antifaschisten bedeuten − −«

»Na bitte! so einfach ist das! − − Und dabei sind wir auch jetzt, ein Jahr nach Kriegsende, noch nicht einmal verhört oder vernommen worden!« »Wozu denn, Herr Kamerad??« »Generalstäbler gefährden die Sicherheit des Weltfriedens!« Ist das nicht Grund genug, um uns auszuschalten?? Ein paar hundert Mann?? Lächerlich!

So gehen die Gespräche an den Barackenwänden entlang. Frischer Schnee auf den Bergen leuchtet in blendendem Weiß herüber. Tiefes Himmelblau über uns. Wie aufgeschlossen waren wir alle anfangs, als die Begriffe von »Freiheit des Menschen«, »Recht für alle«, »Wahrheit« aus der freien Welt von jenseits des Ozeans zu uns drangen. Das war die neue Zeit! Und nun???

Die Berge liegen im lichten blauen Dunst des scheidenden Tages. Diese herrliche Alpenkette! Zuweilen betrachte ich sie mit Liebe, weil mich die Sehnsucht zu ihnen hinzieht, manchmal mit Haß, weil sie mich in ihrer breit und mächtig dahingelagerten Ruhe in meiner Gefangenschaft zu verhöhnen scheinen. Sie sind ohne Bewegung ewig wunderbar, still und groß. Ich aber bin ein Nichts, eine armselige Kreatur, in einen Menschenkäfig eingesperrt.　Oft komme ich mir über jedes Maß hinaus nutzlos vor. Ich kann nichts tun; alles wird mit mir getan.

Ich flüchte einen Vormittag lang zu Börries von Münchhausens »Balladen und Lieder«. Ein heißes Herz, den Freuden und Leiden ebenso aufgeschlossen wie dem Erhabenen und Tiefgründigen, aber auch dem Alltäglichen des Lebens. Manches spricht mich stark an.

Vielleicht mache ich nächsten Sonntag hier im »Cage« einen »Münchhausen-Abend«. Eine Lesung mit verteilten Rollen − −?? Es ist die verzweifelte Suche nach etwas Sinn in aller Sinnlosigkeit.

Abends fliehe ich zu einer Varietévorstellung, die von Gefangenen unseres »Cages« für die PWs gegeben wird. Ich finde mich in der dumpfen, stickigen Luft einer Baracke wieder, unter einer johlenden Menge, höre Zoten und seichte Späße und bin zutiefst angewidert. Erst als ich hernach dem Gedränge der Leiber, dem Gröhlen aus stumpfen Gesichtern, dem Geruch nach Schweiß und Schmutz entronnen bin und unter dem weiten Sternenhimmel stehe, wird das Herz ruhiger. Ich habe heute in eine andere Fratze unseres moralischen Zusammenbruchs geschaut − − −

Ich bin wieder zum Arbeitseinsatz an der Reihe und habe somit meinen »guten Tag«. Ich muß Eimer voll Sand zu einer Sprunggrube schleppen, die zwischen den Baracken angelegt wird. Später staple ich Holzbretter an der Straße zur Abfuhr. Die Arbeit strengt sehr an. Aber ich bekomme zwei Scheiben Brot und dreiviertel Liter Suppe aus roten Rüben. Nach Tisch falle ich auf meiner Pritsche in tiefen Schlaf.

Unsere Stimmung weist zur Zeit wieder einmal einen absoluten Tiefstand auf. Offenbar hält es niemand der Mühe wert, den etwas verworrenen Begriff »Generalstab« zu klären. Diese Gruppe wurde seinerzeit in der Presse als »Verschwörerclique« angeklagt, und damit basta! Der Weg zu den amerikanischen Lagerbehörden bleibt trotz aller Bemühungen verschlossen. Man hat uns darüber beschieden, daß hier in Aibling die alten Bestimmungen gelten, wonach Generalstäbler zum automatisch inhaftierten Personenkreis gehören. Punktum! Wir müssen warten, immer wieder warten.

Woher nehmen wir wohl immer wieder die Kraft zu diesem Warten? Ist dieses bißchen Leben wirklich so wertvoll, daß es noch immer Hoffnung aus den Sternen greift? Ich fühle mich leergebrannt im Hoffen, im Glauben. Ich kann auch nicht mehr beten. Die Lippen sind dünn, verschlossen, das Herz ohne Klang. Aller Trost rinnt wie Sand durch die Finger − − −

Ein Mitgefangener erzählt uns von seinen Erlebnissen im sowjetischen Offizierslager Torgau, wo er monatelang lag, bis er krankheitshalber entlassen wurde. Er befindet sich jetzt hier in unserem »Cage«, weil die Amerikaner östliche Entlassungsscheine nicht anerkennen. Nach seinen Schilderungen sei man in Torgau gegenüber deutschen Offizieren korrekt gewesen, und die Verpflegung war besser als hier. Im Lager Torgau hätten sich etwa 25 000 deutsche Offiziere befunden, um die man sich bemüht habe, um sie auf geschickte Weise zum Kommunismus umzuerziehen. Es sei gar keine Frage, habe man immer wieder gesagt, daß die Zukunft Europas und in erster Linie Deutschlands bolschewistisch sei. Eine deutsche Sowjetrepublik sei nur eine Frage der Zeit; kommen würde sie ganz bestimmt − − so oder so. Deshalb sei es auch kein Zweifel, daß die gefangenen deutschen Offiziere zum Wohle ihres Landes am besten in einer neuen deutsch-russischen Armee dienen würden, zumal Deutschland nur im Rahmen des großen Sowjetreiches wieder aufleben könne.

Ich sehe manche nachdenklichen Gesichter unter meinen Kameraden. Die Stimmung ist gereizt. Dabei schleppt jeder seinen nagenden Hunger durch diesen heißen Tag. Wer angesprochen wird, hat nur bissige, übellaunige Antworten parat. Die Gedanken kriechen zäh und verdrossen durch die Sinnlosigkeit des Wartens. Auch die Bewegungen der Glieder sind müde und von ziehender Langsamkeit. Das machen die schwarzen Kreise vor den Augen, die immer dann kommen, wenn man sich schnell bewegt.

Ich bereite den geplanten »Börries-von-Münchhausen-Abend« am Sonntag vor, schreibe das Manuskript, passe die Lieder und Balladen ein. Die Majore Rüdt und Graupe wollen mittun, damit die Sache lebendiger wird. Sie kommen mir mit einigen grundsätzlichen Erwägungen, neuen Vorschlägen, anderer Gedichteauswahl. Doch ich bin unerbitterlich! Alles soll so sein, wie ich es will. Eigensinnig beharre ich darauf (wie ein störrisches Kind). Denn − − ich habe Hunger − − −

Wir schlafen unruhig in diesen Nächten. Die heiße, verbrauchte Luft steht dumpf und stickig in der überfüllten Baracke. Leider lassen sich die Fenster nicht öffnen, nur die beiden Türen jeweils an der Stirnseite der Hütte und dann noch die drei Holzschieber an jeder Längswand. Das gibt zuwenig Frischluft für jetzt 65 Männer. Ich schrecke häufig aus verworrenen Träumen hoch und merke dann, daß sich auch die anderen Kameraden unruhig auf ihren Pritschen wälzen. Ein Gewitter lauert über den Bergen, aber es kann sich nicht entschließen loszubrechen. So lastet eine schwere Müdigkeit auf uns allen. Mir ist, als lägen eiserne Ringe um meine Stirn und quälten mir in Schauern den Schweiß auf die Haut. Auch der schmerzhafte Druck in der Lebergegend will nicht weichen. Er ist ständig da, einmal stärker, einmal schwächer, allzu peinigend, um des Daseins unbeschwert froh sein zu können. Da schwelt eine Flamme, da lauert etwas; es ist ganz inwendig. Aber wir alle leiden unter Magen- und Darmbeschwerden. Vielleicht ist es das.

Ich trage mich mit dem Gedanken, doch einmal den Lagerarzt aufzusuchen. Ich habe wenig Mut hierzu. Gestern war Major Lammel dort, weil er unterernährt ist; er hatte ein Magengeschwür, und seine Beschwerden sind tatsächlich arg. Die Ärzte entschieden, er sei noch nicht genügend unterernährt; er habe nur 24 Pfund Untergewicht, und das reiche noch nicht aus. Er bat um Pepsin-Tabletten für sein Magengeschwür. Man wies ihn ab und fragte: »Mann! Wissen Sie denn nicht, daß jetzt Untersuchungen wegen Unterernährtheit ist und keine Tablettenausgabe!!!?« Da schlich Lammel wie ein geprügelter Hund wieder weg. Er leidet unter dieser Behandlung. Er muß lernen, daß »Hilfe« und »Nächstenliebe« in diesen Zeiten klein geschrieben werden, am meisten wohl bei den eigenen ehemaligen Volksgenossen – – –

Weil die Schmerzen zunehmen, lasse ich mich nun doch einmal vor zum Krankenrevier führen. Ich muß mich nackt ausziehen. Ein Chirurg knetet ein wenig in der Operationswunde in der rechten Hüfte herum.
»Das ist nichts weiter!« stellt er fest, und fügt die geschmackvolle Bemerkung hinzu: »Tja, wissen Sie, wir erziehen hier in Aibling eben ein hartes Geschlecht!«
So ist es zwecklos.
Die Ärzte hier werden nicht helfen, weil sie gar nicht helfen wollen. Oder es nicht dürfen?

Ich schreibe an Martin Adolff als Antwort auf einen sehr freundschaftlichen Brief von ihm. Ich muß mich knapp fassen auf dem einzig zugelassenen 19-Zeilen-Formular eines Kriegsgefangenenbriefes. Es reicht nur zum Telegrammstil. Er fragte mich nach gemeinsamen Bekannten hier im Lager. Davon darf ich nichts schreiben. Es wird nach neuesten Anordnungen mit »Verpflegungsentzug« geahndet, wenn ein Gefangener nach draußen schreibt, wer noch mit im Lager ist. Es ist auch verboten, über die Verpflegung im Lager zu schreiben. Dennoch überwinde ich mich, Martin zu bitten, irgend etwas zu essen zu schicken. Es geht nicht anders. Ich habe quälenden Hunger. Ich schreibe meine Bitte stark verklausuliert; hoffentlich versteht er's. Der Hunger würgt jedem im Gedärm.

Wenn wir draußen vor den gelben Holzhütten in der Sonne sitzen, sehen wir – von weitem betrachtet – gesund, rank und schlank, sonnengebräunt wie Urlauber aus.

Heute sind die Suppen derart dünn, daß man sie aus Bechern trinken kann.
»Feldflaschen-Gericht!« kennzeichnet Besserer treffend diese sogenannten Gemüse- oder Erbsensuppen. Bei der einen besteht der Inhalt aus roten Rübenscheiben, bei der anderen aus Sauerkrautfäden. Nur in der dünnen Mehlsuppe sind ein paar Haferspelzen drin und – pro großen Kübel – eine Handvoll Trockenpflaumen.

In der Mittagshitze kriechen wir in die zwar auch sehr heiße, aber schattige Baracke auf unsere Pritschen zurück. Mich schmerzt der Schädel. 29°C im Schatten.

Ich habe »Barackendienst«. Das bedeutet heute für mich: Scheuern und Aufwischen des Fußbodens, Essenholen, danach Säubern der Kübel und

Kellen, Sauberhalten der Barackenumgebung. Es ist sehr heiß. Schon am frühen Morgen. Mit der »Inspektion« habe ich Glück. Heute kommt weder der polnische Offizier, der streng darauf achtet, daß jeder regungslos in Achtungstellung verharrt, noch der schmalbrüstige junge amerikanische Gefreite, der immer noch irgendwo unter einem Bett einen halben Strohhalm findet. Heute erscheint ein gutmütig ausschauender amerikanischer Hüne, ein Neuer, der die Mütze im Genick trägt und die befohlene übliche »Meldung der Kopfstärke der Baracke« mit einem »Okay! Okay!!« abwinkt und nur eben so mit geschwindem Schritt durch die Baracke geht.

Von Osten zieht dunkles Gewittergewölk heran.

Die Luft ist mit Spannung erfüllt. Aber nur ein paar Regentropfen fallen verloren in den Staub, knallen auf das Dach der Baracke. Dann ist wieder diese drückende Stille, welche die Gedanken stumpf macht und wie ein fast greifbares Unheil über dem Lager lastet. Gegen Abend wird es kühler. Ein Hauch süßer Frische, ein Duft nach Flieder schwebt zwischen den Baracken. Fliederduft! Ein Gang in das Blühen hinein, den Bergen entgegen – – – Träume – – – Für uns ist auch dieser Frühling vertan, verwelkt im Staub dieses Gefangenenlagers, im sinnlosen Warten.

Am Abend findet der geplante »Börries-von-Münchhausen-Abend« statt. Bei der letzten Probe wurde schon klar, daß es kritisch werden würde. Major Graupe liest seinen Part ausgezeichnet, aber viel zu leise. Ich hätte daran denken müssen, daß er keine tragende Stimme hat. – Major Rüdt liest zwar laut, aber im Ausdruck total verkehrt. Auch war das Ganze viel zu lang – ich hatte es ja so gewollt! –, und wir mußten noch drei Beiträge streichen. Und dann hatte ich aus unserem »Cage« mit einer Zuhörerzahl von etwa 50 Männern gerechnet. Aber als wir gegen 19.00 Uhr die stickig heiße, ungelüftete und fast dunkle Vortragsbaracke betreten, ist sie zum Bersten mit Menschen angefüllt. Sie sitzen auf den wenigen rohgezimmerten Bänken, drängen sich stehend in den Gängen, hocken auf Bretterstapeln längs der Wände und hängen gar noch in dunklen Trauben in den Dachsparren.

Als wir uns in die Barackentür hineindrängen, fragt hinter mir ein Landser einen Kameraden: »Gehst du mit hinein?« »Wohin – –?« »Na hier, zu Münchhausen, Kumpel. Weißte, der von dem Farbfilm! Da wer'n Lieder gesungen, Lieder und Balladen, oder wie das heißt!« »Also, geh'n m'r!« Du lieber Himmel! Nun sitzt sie hier, eine nicht greifbare, zähe, dumpf murmelnde Menschenmasse; sie erwartet Ulk und Abenteuer des »Lügenbarons Münchhausen« und soll sich jetzt Lyrik anhören.

Auf der niedrigen Bühne steht ein Tisch und darüber eine elektrische Birne, an einer Leitungslitze von der Decke herabhängend. Unmittelbar vor der Rampe sitzt einer der beiden Geistesgestörten, die wir hier im »Cage« haben; er schielt lallend zu mir herauf und lacht blöde vor sich hin.

Und nun fangen wir an, lyrische Gedichte und tiefsinnige Balladen vorzutragen. Ich spreche den verbindenden Text und suche, während Graupe oder Rüdt lesen, nach bekannten Gesichtern in der Menge. Vereinzelt ist hier und dort ein Offizier zu erkennen. Sie sind zu spät gekommen und sitzen nun weit hinten, wo ihnen die Stehenden auch noch den Blick verwehren. Graupe flüstert, so daß man ihn kaum verstehen kann. Rüdt verkorkst den Sinn seiner Vorträge durch das Unvermögen, richtig zu betonen. Er kann beim besten Willen das Dramatische des Balladenstoffs nicht richtig ausdrücken. Ich selbst bin hastig, lese viel zu schnell, will nur das Ende dieser peinigenden Stunde. Viele Männer gehen vor dem Schluß. Wer bleibt, will zuhören. Und nun gibt es noch einzelne Passagen, wo doch alles atemlos lauscht. Einiges mag jetzt noch auf fruchtbaren, aufnahmebereiten Boden fallen. Aber viel, viel Schönes geht verloren. Es ist ein Reinfall geworden. Trotz des starken und langanhaltenden Beifalls. Wir erheben, verneigen uns, und ich drücke Graupe und Rüdt, wie das so üblich ist, zum Dank die Hand.

Dann treten wir ab. Mir fallen Felsen von der Seele, als ich wieder draußen in der Kühle des Abends stehe und meinen Kameraden − − aus dem Weg gehe. Aber sie suchen mich. »Für uns war es ein Genuß, aber − − −« »Sie haben gut vorgetragen, nur − − −« »Gut zusammengestellt, das alles, jedoch − − −« Auf die »Aber«, »Nur«, »Jedoch« kommt es aber an! Ich habe mein eigenes Urteil: ein Mißerfolg!

Ich fühle mich müde und niedergeschlagen. Soll ich überhaupt noch einmal auftreten?? Die Menge amüsiert sich doch viel lieber bei seichten Witzen und den zotigen Grotesken eines »Bunten Abends«. Da können sie johlen, pfeifen und toben, und sie verstehen noch »Freiheit!« darunter − − −

Wir sitzen wieder in Reihen vor der Baracke, schläfrig, müde, eine Zigarette nach der anderen rauchend, schweigsam, übellaunig. Post gibt es schon seit Tagen nicht. Auf unsere Anfrage bekommen wir den Bescheid, es liege wohl eine Menge Post für uns bei der Lagerleitung, aber man wolle erst die Briefmarken ablösen − es gebe dort eifrige Sammler! − und deshalb dauere alles seine Zeit.

Ein schwüler, dumpfer Tag. Ich bin wieder mit Steineklopfen an der Reihe, drei Stunden am Vormittag. »Die Herren werden gebeten, rechtzeitig zum Steineklopfen anzutreten!« hieß es. Es ist grotesk! Aber unter den hiesigen Verhältnissen erträglich. »Wollen die Herren bitte nur kleine weiße Steine nehmen!« ordnet unser Vorarbeiter an.

Neben unserem Arbeitsplatz werden heute leider die Latrinen geleert. Einige von uns erbrechen sich, weil sich in diesem Gestank die vor Hunger knurrenden Mägen umdrehen − − −

Ich selbst bin von einer apathischen und mich fast erschreckenden geistigen Leere. Mir ist, als gehöre ich gar nicht zu diesem Ringsum. Es ist wie ein »Abseits vom Leben« überhaupt. Aber dann kommen auch wieder Momente, in denen ich mich nackt und bloß und quälend beschämt in all diesen Jammer hineingestellt fühle.

Neben der Baracke bilden etwa 30 Gefangene einen Kreis, in dessen Mitte der arme geistesschwache Mensch aus Baracke B2 zum Gekreische der Radiomusik − tanzt! Er hat die Arme halb angehoben und dreht sich mit blödem, stierendem Gesichtsausdruck um sich selbst, geifernd, lallend in zerschlissener Uniform, barfuß − − − Die Zuschauer lachen, johlen, pfeifen − − Wir wenden uns angewidert ab. Wir können nichts unternehmen. Sie würden es nicht dulden, daß ihnen »ein Offizier, natürlich!« den Spaß verdirbt. Die Offiziere sind überhaupt für viele hier ein rotes Tuch.

Es wird behauptet, wir bekämen bessere und größere Verpflegungszuteilungen. Jeder kann zwar sehen und prüfen, daß dieses Gerücht unsinnig ist, aber die Behauptung hält sich. Man will es so. Man verübelt uns, daß wir uns die Schuhe putzen und auf unseren Anzug achten. »Die wollen eben etwas Besseres sein − − −!« heißt es gehässig und so, daß wir's hören.

Wir verfassen einen Antrag an den amerikanischen Befehlshaber General Truscott und bitten, uns nicht eines Tages aus Unkenntnis dessen, was wir als Truppengeneralstäbler waren und sind, in die zivile Internierung zu überführen, die für schuldig gewordene Parteigenossen vorgesehen ist. Es ist ein Verzweiflungsschrei. Nichts weiter. General Truscott wird diesen Brief wahrscheinlich gar nicht erhalten. Es wird nichts in diesem Sinne geschehen. Wir sind wehrlos, rechtlos, uninteressant. Aber es gibt immer noch Kameraden, die sich an solche Anträge klammern, jene, die noch immer an Vernunft und Gerechtigkeit glauben.

Regnerisches Wetter hält uns in der Holzhütte zurück: 65 Männer mit Bettpritschen, Tischen und Hockern auf 180 Quadratmetern. Wir versuchen, auch tagsüber zu schlafen, um den Hunger zu beruhigen. Aber ich träume von frischen Brötchen, die mit Butter, Mettwurst oder italienischem Salat belegt sind, und − − wache wieder auf. Zum Glück haben wir noch Tabak. Das Rauchen hilft etwas gegen den nagenden Hunger. Aber es ist sicherlich ungesund. − Jenseits des Zaunes jubiliert eine Lerche über einer Wiese.

Unser Antrag an General Truscott ist bereits von der hiesigen amerikanischen Lagerleitung zurückgewiesen worden. Wir bekommen den Brief mit dem Hinweis zurück, wir hätten gefälligst zu warten, bis eine Regelung über uns von oben her verfügt würde. Punktum!

Als zusätzlichen Verweis erhalten wir die Meinung der Lagerleitung dahingehend, daß »es nur recht und billig sei, wenn Sie als aktive Generalstabsoffiziere gefälligst mit ihrer Entlassung abwarten, bis die einfachen Soldaten sämtlichst entlassen sind, bevor die Reihe an Sie kommt!«

Dagegen ist nichts zu sagen, nur − − − daß man offenbar unseren Antrag gar nicht gelesen hat! Es ging uns damit ja überhaupt nicht um irgendwelches Feilschen um frühere Entlassung, sondern um die Bitte einer Prüfung und Klärung, damit wir nicht aus Unkenntnis, Desinteresse oder üblicher Oberflächlichkeit der Betrachtung in zivile Internierung geraten und damit vollkommen rechtlos werden.

Von der »Cage«-Leitung kommt die Anfrage, ob ich nicht am Sonntag wieder etwas Eigenes vortragen möchte. Ich sage: »Nein!« Man bietet mir ein Eckchen Brot und einen Schlag Suppe extra, wenn ich etwas lese. Aber ich schäme mich. Ich kann meine kleinen Novellen dieser sturen Menschenmasse nicht für einen Teller Suppe preisgeben − − − Und ich bin überhaupt ganz und gar ausgelaugt.

Es ist immer wieder das gleiche Bild.

Da sitzen wir nun zu Tausenden hier und in anderen Lagern: die Blüte der aufbauwilligen Jugend! Sie hungert, stumpft ab, bastelt Gipsfiguren und Zierbeete aus bunten Steinchen, schreibt Papier voll − − verkümmert. Nachts habe ich Leibschmerzen vor Hunger. Es fängt schon schlimm an, wenn man sich abends auf die Pritsche legt. Schwarze Kreise drehen sich vor den geschlossenen Augen. Ich träume von gefüllten Pralinen. Es ist recht kalt. Ich wache auf und lege mir noch meinen Ledermantel über. Kaum bin ich wieder eingeschlafen, träume ich von einer großen Schüssel voll herrlichem, sahnigem Spinat. Ich wache wieder auf. Rauche eine Zigarette. Mir wird schwindelig davon. Nach einer Weile gelingt es mir, wieder zu schlafen. Und plötzlich geht ein Vorhang auseinander, und ich sehe mich mit den anderen Kameraden an eine lange Tafel treten, die mit einem samtenen schwarzen Tuch bedeckt ist. Weißes Porzellan steht darauf und hebt sich feierlich und verheißungsvoll vom dunklen Untergrund ab. Mir gegenüber hat Major Bubendey Platz genommen, rechts von mir der Oberstingenieur Lorenz, der uns täglich den Nachrichtendienst vom Rundfunk vorträgt. Es gibt Truthahn mit vogtländischen Klößen aus rohen Kartoffeln und eine sahnige Sause, dazu gemischten Salat: Blattsalat, Gurken und grune Bohnen. Lorenz legt mir einen Kloß auf, nimmt sich selbst zwei, wobei er einen − wie lustig! − neben den Teller auf seinen Suppenlöffel legt. Er will sich ihn in Reserve halten, natürlich! Als der Braten herumgereicht wird, ist bei mir die Platte − − leer. Ich muß noch warten. Man wird gleich neu auflegen. Es ist ja genug da. Die anderen essen schon. Und wie das duftet!! Bubendey strahlt übers ganze Gesicht. Aber ich werde auch gleich meinen Braten bekommen und mit Genuß zu speisen beginnen. Ich muß lange warten und den anderen zusehen, wie gut es ihnen schmeckt. Einer legt mir den Salat auf den Teller. Ich bin ärgerlich, denn ich möchte den Salat lieber getrennt haben.

An diesem Ärger − − wache ich auf. Nicht gleich ganz, nur eben so, um noch immer auf die neue Bratenplatte zu warten. Schon verlöscht die schwarze Tafel, verschwimmt Bubendeys rosig-rundes Gesicht zur Unkenntlichkeit, schwindet der Knödel von meinem Teller − − der Salat − − − Hätte ich doch wenigstens davon gekostet! Ein paar Happen nur!

Aber schon ersteht um mich herum die Baracke, schon tropfen die Stimmen einiger Kameraden in mein banges Traumwarten − − dann ist alles vorbei. Ich bin wieder wach und hungrig. Wir alle träumen nachts vom Essen. Der Hunger kann Charaktere verändern. Auch meinen! Ich werde mir selbst zum Ekel.

Mein Bettnachbar hat heute Geburtstag. Hasso von Zingler hat auf der anderen Nischenseite ebenfalls die unterste Pritsche. Beide Pritschen stoßen aneinander. Aber wir haben sonst kaum Berührungspunkte. Bislang ist nur eben das Nötigste an Worten zwischen uns gewechselt worden. Ich mag ihn nicht. Es sind reine Äußerlichkeiten, Nichtigkeiten, die uns trennen. Heute hat er Geburtstag. Ich merke es gleich am Morgen, als ihm die Kameraden seiner Gruppe gratulieren. Er liegt neben mir auf seiner Pritsche und weiß genau, daß ich wach bin und die Gratulationen mitgehört habe. Ich fühle, daß er auch meinen Gruß, meine guten Wünsche erwartet. Aber ich tue nicht dergleichen. Als wäre nichts. Ich übersehe alles, die weiße Tischdecke auf dem kleinen Tisch drüben, die brennende Kerze. Ich gratuliere nicht. Trotz ist in mir, unüberwindbare Gereiztheit und die Lust an dieser meiner Unhöflichkeit. Ich kenne mich selbst kaum wieder. Tatsächlich, ich freue mich, ihn, der mir nie etwas zuleide tat, zu enttäuschen. Es befriedigt mich, ihm die primitivste Äußerung der Kameradschaft zu versagen. Und dabei komme ich mir zum Heulen elend vor! Es ist eine erschütternde Erkenntnis, wie gemein ich zu sein vermag − − −

Föhn kommt über die Berge im Süden. Er trägt den Duft blühender Almen zu uns herab. Aber er legt sich auch bleischwer auf die Glieder.

Ich habe wieder Arbeitseinsatz: Steineklopfen. Wir sind zu zehnt und füllen mehrere Eimer mit weißem Kalksteinsplit. Immer neue kitschige Ziergärten werden angelegt. Und draußen weiß die Landwirtschaft nicht, wie sie die Felder bestellen soll. Draußen! Das ist dort, wo die Lerchen jubilieren − − wo die Berge im Dunst liegen − − wo es Menschen gibt − − und Mädchen mit klingenden Stimmen − −

Das sind unsere Gedanken, während die schweren Hämmer in müdem Klingklang auf die Steine fallen. Der Lohn ist heute besonders karg: ein Schlag dünne Rübensuppe.

Mir ist heiß in der Schwüle des Nachmittags. Wenn der Wind in kurzen Pausen nachläßt, bricht der Schweiß aus den Poren. Ich wehre mich verzweifelt gegen das fortschreitende und schleichende Gift der inneren Stumpfheit. Wäre doch nicht alles so aussichtslos − − −!!! Das Lästigste aber ist diese fortwährende Nähe vieler Menschen.

Nachts bricht der Sturm los. Er schüttet Kübel voll Wasser gegen die dünne Bretterwand der Baracke an meiner Seite, faucht durch alle Ritzen und wirbelt Wolken von Staub im Inneren unserer Hütte hoch. Plötzlich wird es empfindlich kühl. Aber diese Frische ist wohltuend. Sie hält den ganzen Tag über an. Über dem »Wilden Kaiser« liegen Streifen von fahlem Licht. Sonst ist der Himmel grau.

Ich versuche zu arbeiten, zu schreiben. Aber es geht nicht, es geht einfach nicht. In dieser von Menschen ständig überfüllten Hütte ist ununterbrochen Lärm, Murmeln von Stimmen, Klappern von Holzpantinen auf dem Bretterboden. Man will sich zwingen, es nicht zu hören, und hört es doch. Die Gedanken reißen immer wieder auseinander. Da klappern Kochgeschirre, da rücken Tische, da stößt und drängt es sich.

Plötzlich zieht ein Duft nach gebratener Zwiebel zu mir her. Irgendwer bereitet sich ein Gericht Bratkartoffeln. Gott weiß, wo er sich die aufgespart hat! – Es ist unerträglich, das zu riechen. Mir läuft der Speichel im Mund zusammen, daß mir fast übel wird. Der hungernde Magen stülpt sich um. Ich laufe hinaus ins Freie, setze mich auf einen Lattenrost vorn an der Lagerstraße. Lastwagen mit polnischen Wachtposten fahren vorbei. Oberstleutnant Eggert tritt zu mir. Es drängt mich, ihm meine Empfindungen auszuschütten. Er ist ein ernster, aufmerksamer Zuhörer. Am Ende überrascht er mich damit, nicht in meine Melodie der Hoffnungslosigkeit einzustimmen. »Was Ihnen im Augenblick als Daseinshindernis erscheint, ist zeitlich begrenzt. In ein paar Jahren wird alles ganz anders aussehen – – –«

Ich trotte in die Baracke zurück. Am Sonntag soll ich über »Moderne Lyrik« lesen. Ich mache mich an den verbindenden Text zu einer kleinen Auswahl von Gedichten Rainer Maria Rilkes, Antonia Pozzis, und einiger rumänischer Lyriker. Major Rungius wird mitmachen, damit der Vortrag durch Wechsel der Stimmen belebt wird. Ich hoffe, daß es gut wird.

In der Nachbarnische erhalten Kameraden Paketpost. Ich gönne sie ihnen nicht!!! Sie packen Brot aus und Teegebäck, Wurst und Konserven; ihre Gesichter röten sich vor Freude. Verdammt nochmal! Ich kann mich nicht mehr mit dem Nächsten freuen. Welch erbärmliche Leere!! Ich sehne mich halb krank nach einem Paket. Nach irgend etwas Eßbarem. Vor drei Wochen habe ich darum geschrieben, aber ich bekomme nichts.

In meinem Inneren schwelt Neid und Gemeinheit. Und ich ertappe mich, wie besonders häßlich ich heute zu Major Lammel bin. Ich lese in meinem Buch über katholische Erfolge in der Bekehrung von Heiden. Dieses Buch – »Gespenstergeschichten« – ist nicht ohne Eindruckskraft. Wir unterhalten uns am Tisch über seinen Inhalt. Lammel, der eben an einem Brief schreibt, horcht auf. Er ist überzeugter Katholik. Ich weiß es. »Dieses Buch ist ein typisch hinterlistiges Machwerk der katholischen Kirche!« sage ich. Ich sage es entgegen meiner Überzeugung. Ich sage es, um Lammel zu provozieren. Es überkommt mich, ihn zu kränken, tatsächlich! Ich weiß, wie sehr ihn meine törichten Worte empören. Ich sehe es seinem ernsten, ängstlichen Gesichtsausdruck an, dem nervösen Zukken um seine Mundwinkel. Sein Blick irrlichtert von einem zum anderen. »Nun, das ist wohl – – Auffassungssache – – mein Gott warum soll denn das ein hinterlistiges Machwerk der katholischen Kirche sein – –??« stammelt er verwirrt. Mein Hieb saß also; dieser gemeine schändliche Hieb. Für den Augenblick empfinde ich eine aus dem Ekel heraufschwelende Befriedigung. Es gibt keine Diskussion mehr. Besserer bemüht sich, etwas Verbindliches zu sagen. Lammel schreibt an seinem Brief weiter. Ich drehe mir mit bebenden Fingern eine Zigarette, lese weiter in meinem Buch. Da bringt mir Lammel eine Tasse Tee an den Tisch − − − Ich entschuldige mich bei ihm. Er reicht mir die Hand. Ich schäme mich.

Es wird empfindlich kalt und beginnt zu regnen. Regen im Zeichen der »Eisheiligen«. Die Füße werden auch tagsüber nicht mehr warm. In den Nachbarbaracken wird geheizt. Aus Gründen, die wir nicht erfahren, erhalten wir kein Feuerholz. Wir liegen, in Mäntel und Decken gehüllt, auf unseren Pritschen, des Hungers wegen. Manche Kameraden haben sich bereits wund gelegen, denn das wenige an Häckselstroh in den Papiersäcken ist hartgedrückt wie ein Brett.

Lammel kommt ins Lazarett. Die Schmerzen infolge seines Magengeschwürs sind unerträglich geworden. Er wiegt nur noch wenig mehr als 50 kg. Ich habe seit Ulm »erst« 28 Pfund abgenommen. In vier Wochen!

Eine Anzahl von Lagerinsassen trägt Boxkämpfe aus. Vorn neben der Waschbaracke ist der »Ring« aufgebaut. Holländer, Polen, Südtiroler, Österreicher, Jugoslawen, Deutsche klettern in den Ring. Es wird fair gekämpft. Aber der Kampfesmut leidet augenscheinlich stark unter dem Kalorienmangel. Bereits nach drei Runden sind die Partner bei jedem Kampf schwer erschöpft!

Am Morgen gaukelt ein weißer Falter zwischen den Baracken hin und her. Er hat sich über die Zäune aus Stacheldraht zu uns in das Gewimmel von Menschen verirrt. »Sieh' doch, ein Falter!« Einer sagt's dem anderen und schaut dem weißen verspielten Dahinflattern nach, bis das Tier über ein Barackendach hinwegweht. Ein Schmetterling nur − − und doch ein Gruß von draußen, vom beginnenden Sommer − − von grünen Wiesen − −

Ich helfe Oberstleutnant Eggert beim »Barackendienst«. Wir säubern die Unterkunft mit Bedacht und Gründlichkeit. Zur »Inspektion« kommen der polnische und zwei amerikanische Offiziere. »Achtung!!« Der Pole nimmt die Meldung entgegen. Wir stehen alle regungslos still. Drüben stehen sich zwei Kameraden gegenüber, die infolge von Verwundungen verkrüppelte und versteifte Arme haben. Es gibt ein komisches Bild, wie sie da so krumm und unbeholfen dastehen. Als die Inspektionsoffiziere die Baracke bereits fast durchschritten haben, müssen die beiden Kameraden lachen und auch ein dritter, der bei ihnen steht. Es ist kein lautes Lachen, eher ein verhaltenes Herausprusten, und es ist schon gar nicht wegen des Polen oder der Amerikaner, und es soll natürlich auch keineswegs provozieren. Und die Inspektion war ja auch schon bei ihnen vorbeigegangen. Aber einer der beiden amerikanischen Offiziere hat es bemerkt. Die drei Kameraden werden aufnotiert und später zur Lagerleitung abgeholt. Die beiden Verkrüppelten läßt man laufen; der dritte wird mit zwei Tagen »Arrest bei Wasser und Brot« bestraft. Die beiden

Zurückkommenden bringen einen schriftlichen Hinweis mit: »Falls bei der nächsten Inspektion jemand lacht, wird dem Cage 9 die Tagesverpflegung auf die Hälfte reduziert!«

Ich bekomme ein kleines Päckchen! Eine Tüte Brezeln ist drin, ein Sträußchen verwelkter Margeriten, Zigaretten, eine Wurst!!, ein Handtuch und ein Waschlappen. Ich bin ganz aufgeregt vor Freude. Nur weiß ich nicht, wer der gütige Absender ist. Sämtliche Pakete werden irgendwo geöffnet und kommen bei uns, nur in einfaches Papier gehüllt, mit dem Namen drauf an. Ich teile alles mit meinen Freunden. So bekommt jeder zwar nur wenig, aber die Freude ist groß. »Unser täglich' Brot gib uns heute!« Der wirkliche Sinn dieser Bitte, hier ein Notschrei hungriger Kreaturen, geht mir erst in dieser Gefangenschaft richtig auf.

Fritz Schürmeyer kommt zu uns zurück; er lag zwei Wochen wegen seiner Fußwunde im Lagerhospital, zusammen mit SS-Männern, die aus sowjetischer Gefangenschaft entkommen konnten. Deren Schilderungen, die er uns übermittelt, lassen uns das Herz frieren: Deutsche Frauen aus Ostpreußen mit geschorenen Haaren in Bergwerken der Ukraine. Verhungerte deutsche Offiziere in Güterwagen nach dem Osten. Von etwa 2500 hoffnungslos Erkrankten, die in die Heimat zur »Entlassung« verfrachtet wurden, unterwegs mehr als die Hälfte gestorben. So geht der Bericht immer weiter. Uns bleibt schier der Verstand stehen, und uns fröstelt physisch und psychisch.

Nach schwerer Regennacht steht das Wasser am Morgen überall fußhoch, und man läuft über die Bretterstege zwischen den Baracken wie über weite Teiche. Ich bleibe in unserer Nische am Tisch und schreibe. Erst zu Mittag lege ich die Feder aus der Hand: damit ist die Novelle »Reifetag« fertig. Nun fühle ich micht rechtschaffen müde und ausgebrannt nach dem Segen dieser Tage, die mir kurz wurden unter dem Glühen der Gedanken und nach rückwärts gerichtetem Blick. Eigentlich sollte Erinnerung nur das Vorrecht des Alters sein, das keine Zukunft mehr hat. Aber in der Düsternis unserer Gefangenschaft bleibt ja auch nichts anderes als Rückschau. Gegenwart und Zukünftiges sind grau verhangen. Ich bin dankbar für diese Tage, da ich zurück in jene anderen Welten flüchten darf, Zeiten, Erlebnisse, glutvoll und farbig, so daß die Trostlosigkeit der Gegenwart versinkt.

Heute besucht uns der uns bereits aus Ulm bekannte Herr vom Internationalen Roten Kreuz. Aber der ihn beim Rundgang begleitende deutsche Lagerleiter läßt ihn die »Cages« nicht betreten. Der Herr photographiert lediglich durch den Zaun − − unsere Zierbeete. »Schauen Sie sich lieber unsere Baracken an!!« ruft ihm einer zu. Aber der Lagerleiter drängt ihn weiter. Es gelingt dem Delegierten lediglich, einen Blick in die Kübel dünner Suppe zu werfen, die eben herangebracht werden. »Oh! Die ist aber mager!« sagt er ein wenig betreten. »Dafür geben wir zum Ausgleich mehr Brot aus«, fällt dem Lagerleiter ein. Der Herr vom Roten Kreuz geht befriedigt weiter.

Einer wird heute in unser »Cage 9« eingeliefert, dem beide Hände fehlen. Ein junger Mensch mit blassem Gesicht. Mit leblosen Augen. Dieser wahnsinnige Krieg!! Aber nun ist er mittlerweile ein volles Jahr vorüber, und dieser arme junge Mensch sitzt immer noch in Gefangenschaft. Wir fragen ihn, weshalb. Er will offenbar nicht sprechen. »Weiß nicht – – –«, sagt er nur leise, »– – Weiß nicht –«

Auch Oberstleutnant Heerdt, der Lacher bei der »Inspektion« neulich, kommt aus dem Arrest zurück. Es ist erschütternd, wie dieser große, starke Mensch in diesen zwei Tagen zusammengefallen ist. Als er uns erzählt, wie es ihm im Arrest ergangen ist, kommen ihm Tränen in die Augen, Tränen der Verbitterung.

Wo soll man nun hin mit dieser Leere und Traurigkeit im Herzen? Das stumme Umherlaufen zwischen den Baracken gibt auch wenig Trost.

Ich dusche und ziehe frische Wäsche an. Dann gehe ich vor zum Zaun, wo ein paar Holzbänke stehen, und schaue zu den Bergen hinüber. Über ihren Gipfeln braut sich wieder ein Gewitter zusammen. Der ganze Himmel droht mit der Düsternis übertriebener und giftiger Farben. Vor den Bergen weben Regenschauer hernieder, so daß nur noch die Konturen scharf sind. Halbrechts steht ein blaugoldener Himmelsfleck wie sinnlos übriggeblieben und noch unberührt inmitten des dunklen Bewegens. Aber schon verfärbt er sich vor Angst. So wild im Licht sieht manchmal der gebirgige Hintergrund auf alten Bildern aus, auf denen sich Schlachten abspielen oder Fischerboote von Sturmeswogen bedrängt werden. Ich bleibe, bis die ersten Tropfen schwer auf die Erde und die Blechdächer der Hütten fallen. Dann krieche ich zu den Kameraden in die Dumpfheit und das ständige Rumoren unserer Behausung zurück.

Es ist kein leichter Gang, als ich am Sonntagmorgen zum Gottesdienst gehe. Ich bin innerlich auseinandergeraten. In dieser Zerrissenheit sollte man nicht vor Gott treten – – wenn man's ernst meint. Und ich meine es ernst. Schließlich entscheide ich mich, doch zu gehen, weil ich es will, trotz meines seelischen Zögerns. Der Geistliche ist ein Kriegsgefangener. Er trägt ein großes »PW« auf dem Rücken. Wir alle sehen es, als er vorn am Altar seine Gebete verrichtet. Wir stehen also unter dem gleichen Los. Das Antlitz des Geistlichen ist von einem Vollbart eingerahmt. Er hat die blitzenden Augen eines Eiferers, stechend und rastlos. Der Mund ist streng und die Stimme zuweilen schneidend kalt. Ich muß dieses Gesicht immerzu anschauen und grüble darüber nach, was mir an ihm mißfällt. Ich frage mich, ob dieser Mund auch einmal lächeln kann. Ich würde diesem Antlitz mehr Güte wünschen – – –

Schließlich muß ich mich zwingen, der Predigt zu folgen, die vom Sinn, von der Gnade und rechten Art des Betens handelt. Manches ist mir aus dem Herzen gesprochen und gibt mir viel Uneingestandenes. Es erfüllt mich mit Dankbarkeit, daß ich manchmal beten kann. Und daß mich zuweilen das Göttliche anspricht. Das aber ist Reichtum.

Ich sehe Major Lammel drüben im Krankenrevier des Lagers. Wir sprechen ein paar Worte miteinander auf dem Abort, da man es sonst nicht darf. Er sieht schlecht aus und kann nichts essen, da er sofort heftige Schmerzen bekommt. Er wiegt nur noch knapp 45 kg. Angeblich weiß man nicht, was man mit ihm machen soll. Noch immer ist nicht entschieden, ob man ihn in ein Lazarett verbringen soll. Lammel ist sehr niedergeschlagen.

Er steckt mir den Ausschnitt aus einer Zeitung zu, die ein Kamerad im Revier mit einem Brief zugeschickt bekam. Ein kleiner Ausschnitt, aber hier ist – erstmalig!! – klar ausgedrückt, was unter dem Begriff »Generalstab« im Sinne der Nürnberger Anklage zu verstehen ist: nämlich die »Oberbefehlshaber« bis zu den Armeen herab und die »Chefs der Generalstäbe« sowie einige weitere Spitzenstellen. Besonders bemerkenswert ist aber der Schlußsatz: »Sämtliche übrigen Generalstabsoffiziere fallen nicht unter die Anklage dieser Organisation.« Diese Mitteilung stammt von der DANA (Deutsch-Amerikanische Nachrichtenagentur) vom 9. Mai 1946.

Ich laufe schnell zu den Kameraden zurück. Mit Genugtuung liest und diskutiert man diesen Artikel. »Endlich ein Lichtblick!« »Endlich eine Klarstellung!« Dieser kurze Artikel ist in zwei kleineren Provinzblättern erschienen; die großen Zeitungen bringen ihn nicht. Immerhin! »Das ist ein Schritt vorwärts!« Monatelang haben wir diese rechtliche Definition mit brennenden Herzen ersehnt. Sie müßte nun doch eine Rückwirkung auf unser Los als Kriegsgefangene haben, vor denen das Gespenst der Zivilinternierung steht. Wir müssen's abwarten – – –

Wir haben heute wieder eine verschärfte »Inspektion« durchzustehen. Zur Zeit steht der »Bettenbau« auf dem Programm. Der polnische Offizier – er war, wie es heißt, fünf Jahre lang im KZ! – benimmt sich korrekt. Er läßt durchblicken, daß er nur seine Pflicht tut. Es mag ihm selbst nicht ganz leicht sein, dem alten Oberst v. Auer die Wolldecken einzureißen, weil nicht ganz genau Falte auf Falte liegt. »Das ist nicht särr gutt!« sagt er und – – zeigt, wie es sein soll. Er hat seine Anweisungen von den Amerikanern. Und wir müssen uns bemühen, alles »Särr gutt« zu machen, um keinen Verpflegungsentzug zu erleiden. Diese Kollektivstrafe – (die eigentlich unzulässig ist!) – hängt dauernd wie eine drohende Wolke über uns – – –

Plötzlich große Aufregung! Ein Amerikaner kommt in unsere Baracke und ruft uns zusammen. Es ist Cpt. Lang, der frühere Kommandant dieses Lagers, jetzt im CIC tätig.

In der Zwischenzeit war er mehrere Monate in Amerika; man munkelt etwas von Strafversetzung im Zusammenhang mit seiner angeblichen Verlobung mit der Tochter eines deutschen Generals. Der kleine, unscheinbare Mann spricht fließend deutsch mit unverkennbarem sächsischem Dialekt. Es heißt, er stamme aus Leipzig und sei ehemals Feldwebel in der »Reichswehr« gewesen. Niemand weiß, was daran wahr ist oder Gerücht. Jedenfalls ist er hier plötzlich aufgetaucht, steht mitten unter uns und hält eine kurze Ansprache: »Ihre Angelegenheit kommt in naher Zukunft dran. Ich bin der Bearbeiter. Ich muß jetzt die nötigen Unterlagen sammeln und in etwa vier Wochen können die eigentlichen Arbeiten mit dem Ziel beginnen, daß Sie zum Teil entlassen werden. – Bitte, haben Sie Vertrauen zu mir, daß ich diese meine Arbeit gerecht durchführe!«

Wir fiebern vor Spannung, drängen uns um ihn, stellen Fragen und erkennen – – daß er mit den Grundproblemen nicht ganz vertraut ist. »Ich bin über Ihre Fragen genau im Bilde!« behauptet er. »In Nürnberg ist ja der gesamte Generalstab angeklagt!« Nein, Nein!!! Wir halten ihm unsere Gegenbeweise vor. Er tut sie achselzuckend ab, beruft sich auf einen Befehl vom vorigen Jahr, wonach sämtliche Generalstabsoffiziere automatisch verhaftet seien. Auch bei ihm sind also die Begriffe verworren. Wir bitten ihn, doch wenigstens unser Los hier im Lager zu verbessern. Er lächelt bedauernd. »Daran kann ich nichts ändern. Das ist in jedem Lager anders und hängt vom jeweiligen Kommandanten ab.« Diese Offenheit einer stupiden Logik ist entwaffnend. Cpt. Lang zündet sich eine CAMEL an.

Er verteilt die üblichen Fragebogen, die wir sogleich ausfüllen müssen. Es ist zur Routine geworden; denn wir haben das schon mehrfach getan. Dann packt er die beschriebenen Zettel in seine Aktentasche. Seine Aufgabe bei uns ist beendet. Er geht wieder fort. Klein. Bescheiden. Es wird alles beim alten bleiben. Zumindest werden wir erst mal weitere vier Wochen warten müssen, bis wir vielleicht wieder etwas hören.

Strahlende Frühsommertage zeichnen das Ende dieses Monats Mai aus. »Himmelfahrt«!

Wir vertrödeln diese Tage, jeder auf seine Art. Es regen sich keinerlei Initiativen. Verkniffen lustlose Gesichter ringsum. Manchmal kommt Post. Das gibt für ein paar Stunden Auftrieb. Man formuliert gleich die Antworten, gedrängte Sätze, oft nur einzelne Stichworte auf den vorgeschriebenen Formularen, deren 19-Zeilen-Enge kaum Platz für etwas Liebes und Freundliches läßt. Dabei sind so viele Gedanken, die sich mitteilen wollen, aber sie gehen wie an straffen Zügeln und haben keinen Raum, um sich zu entfalten. So geschieht auch das Schreiben nachgerade nur mit Wehmut und ohne rechte Lust.

Plötzlich kommen wieder Gerüchte über eine bevorstehende Verlegung auf. Jeder weiß etwas Neues, jedoch niemand Genaues. Wohin wohl?? »Nach – – Dachau!!« Dieses Wort schneidet schmerzhaft durch die Sinne. »Tatsächlich?? *Wieder* nach Dachau – – –??« »Es kann nur besser werden dort – –??« »Das Wehrmachtslager in Dachau soll geräumt sein; wir kommen wieder ins SS-Lager!« »In Dachau werden sämtliche Generalstäbler zusammengezogen«, »auch die ›Politischen‹ sollen alle nach Dachau kommen!!« Hoffnungen und Zweifel flattern zwischen uns umher. »Dachau wird Internierungslager!« Wir sind aus unserer Lethargie gründlich aufgescheucht. Dachau!!! Wir müssen doch hinnehmen, wie's kommt – – –

Ich schlendre hinüber zu den Zierbeeten am Zaun. Ein kleiner Springbrunnen aus bunten Steinchen rieselt sein silbrig-verträumtes Lied. Diese Steine habe auch ich zerkleinert – – – Drüben stehen die Berge. Dunkle blaue Flächen. Über ihren Gipfeln kochen Wolken ihre Wildheit aus. Nun geht es wieder ans Abschiednehmen. Dies wird mir nicht schwer, beileibe nicht! Was sollte mich an diesen »Käfig«, an dieses Hungerlager binden?? Das ist es nicht. Aber was kommen wird, ist unsicher. Sicher ist nur, daß Wochen vergehen werden, bevor wir wieder einmal Post bekommen. Sicher ist, daß Pakete nicht nachgesandt werden; daß ich also die so sehnlich erwarteten Sendungen in den Wind schreiben kann. Sicher ist, daß man uns wieder Sachen abnehmen wird, die wir in anderen Lagern rechtmäßig erhalten haben. Und meine Arbeiten, meine Gedichte, Novellen, Notizen?? Wo ist die nötige Phantasie, die mir auch diesmal ein sicheres Versteck eingibt??

Die Berge rücken immer näher an das Lager heran, wuchtig und düster und doch klar in ihren blauen Konturen gegen einen fahlen Regenhimmel. Gegen Abend lichtet sich das Gewölk ein wenig, und die Berge zeigen sich in ihrer ganzen Pracht. So herrlich habe ich den »Wilden Kaiser« noch nie gesehen. Ganz in Weiß strahlen seine Wände gleisnerisch zu uns her. Zauberhaft! Es ist ein Schauspiel, das den Blick trunken macht. Nach einer Weile haucht die scheidende Sonne einen rosigen Schleier über diese Unberührtheit, als überzöge eine feine Röte das Antlitz eines Mädchens. Es dauert nur kurze Zeit, dann wird dieses Bild blaß und von Dunstschleiern verhangen, weil wirklich Schönes stets nur kurze Weile hat – – – Nur der »Wendelstein« und die ihn umgebenden Berge treten noch einmal stahlgrau hervor. Dann beginnt es zu regnen.

Ich möchte so gern meinem Vater einen Brief schreiben und versuchen, ihn in seiner schweren Not ein wenig zu trösten. Aber es gibt keine Möglichkeit, nach Mitteldeutschland zu schreiben.

Wir packen wieder einmal unsere Siebensachen mit Bedacht. Manche von uns haben Tabak gespart; sie fürchten, daß er ihnen bei der Verlegung nach Dachau abgenommen wird, und verteilen ihn im Gepäck in Mantelfalten und Taschen, zwischen Schuhputzlappen und Buchseiten. Vielleicht findet man nicht alles. Wer Pakete mit Lebensmitteln bekommen hat, ißt heute alles auf, weil Verpflegungsvorräte meistens auch abgenommen werden. Jeder trägt seine Bangigkeit und sein Mißtrauen mit sich umher. Am Nachmittag setzen wir uns noch einmal um unseren Tisch. Major Besserer spendiert Kuchen, den er gestern bekam, und Major Hoffmann, unser »Eichhörnchen«, hat noch ein paar Bohnen echten Kaffees. Oberstleutnant Eggert, der »Nischenvater«, gibt noch eine Runde deutscher Zigaretten aus.

Auf einmal erscheint – – – Major Lammel!!

Er bekam den Befehl, das Krankenrevier zu verlassen, nachdem seine Überführung in ein Lazarett abgelehnt worden war. Und er muß auf jeden Fall mit nach Dachau! Er sieht miserabel aus, bleich und hohlwangig, wie er jetzt schweißgebadet unter seinem Rucksack daherwankt. Zum Erbarmen! Auch Major Weiß kommt mit seiner schweren Angina zurück. »Es liegen strenge Bestimmungen vor, daß wir alle ohne jede Ausnahme nach Dachau müssen!« weiß er zu berichten.

Am Morgen geht alles sehr schnell. Wir räumen die Baracke auf, treten am »Cage«-Tor an, werden gezählt und besteigen die amerikanischen Lastkraftwagen, die schon am »Cage« vorfahren. Dann geht es zum Lager hinaus, hinaus in einen blühenden Sommertag, in schneller Fahrt durch Wälder und an Wiesen hin, die so bunt sind im Grün mit ihrem roten Mohn, weißen Margeriten, gelben Sumpfdotterblumen und blauen Glokkenblumen. Zuweilen weht uns ein Duft entgegen, der einfach unbeschreiblich ist: Klee − − Gras − − süßes Blühen − −!! Die Landschaft sieht im Sonnenschein blitzsauber aus, reinweg wie ausgefegt. Die Lastwagen fahren rasend schnell durch dieses Land, und wir schauen und schauen − − schweigend − −

Dann stehen wir vor dem KZ-Lagertor von Dachau und − − warten. Ein Wagen wird abgerufen und fährt durch das Tor ins Lager hinein; er ist mit Offizieren besetzt, die nicht im Generalstab Dienst taten, aber politisch belastet erscheinen. Er verschwindet vor unseren Blicken in einer Staubwolke. Wir warten. Nach einer Weile wenden wir um. Wenden um − und fahren in den äußeren Lagerdistrikten umher. Nach einigen Minuten dieser Irrfahrt halten wir vor einem kleinen, durch hohe Drahtzäune gesicherten Nebenlager. »Absitzen!!«

Da! Am Tor stehen bereits alte Bekannte. Generalstabsoffiziere, sonnengebräunt, offensichtlich gut genährt, strahlend. Oberstleutnant Raithel, Major Schroeder, Major Völkel, und andere. Hinter den Büschen sehen wir KZ-Baracken, weiß gestrichen, davor kleine Gärten mit blühendem Buschwerk, saubere Kieswege, im Hintergrund eine Kulisse von Fichten. Nanu!?? Wir kommen in dieses sogenannte »Wehrmachtslager«. Ein Aufatmen.

Zwar werden wir »gefilzt«, aber die polnischen Soldaten benehmen sich bei aller Gründlichkeit korrekt. Sie nehmen Landkarten, Werkzeug jeder Art und elektrischen Draht weg. Ich habe nichts dergleichen.

Unsere Baracke ist innen recht dürftig. In einem großen Raum stehen nur eiserne Bettgestelle mit Holzbrettern darauf. Es gibt kein Stroh. Das ist schlimm. Es hilft nichts. Major Rungius, der Praktiker, ist schon am Werk. Er winkt mich zu sich. Wir finden Bretter auf einem Holzplatz, nageln uns einen Tisch zusammen, mit einem Stein als Hammer − (die Nägel hat Rungius!) −, dann eine Bank und Wandborde für das Waschzeug. In wenigen Stunden haben wir eine komplette Wohnungseinrichtung zusammengebastelt. Man braucht auch nicht mehr viel bei dieser Arbeit miteinander zu sprechen. Alles ist ja schon so oft gemacht worden.

Jeder weiß gleich, was er zu tun hat. Natürlich ist ein unglaublicher Lärm im Raum, aber als sich der Abend herniedersenkt, ist fürs erste alles geschafft. Damit sind wir eingezogen.

Dann heißt es plötzlich, im Küchensaal sei ein Konzert. Wir gehen hin. Natürlich gehen wir hin! Was wir hier sehen, ist kaum zu fassen. Der Saal ist nicht sehr groß, aber sauber getüncht, gut gelüftet. An der Decke hängen richtige Lampen. Und die Fenster sind hier alle heil! Auf dem Podium sitzen 15 Musiker. Alle in weißen Hemden und schwarzen Hosen. Einheitliche schwarze Krawatten. Sie spielen Tanzmusik, zündend, mitreißend – – – Zwei Stunden lang. Wir sitzen da und kneifen uns in den Arm, ob das alles wirklich wahr und kein Traum ist. Und wir schlagen uns auf die Schenkel und lachen, lachen einfach geradehinaus!

Draußen rauscht der Regen, und wir haben feste Baracken. Zum Abendbrot gibt es eine herrliche dicke gelbe Maissuppe, dazu Rote-Rüben-Salat, Tee und Brot.

Und Briefe darf man hier schreiben: richtige Briefe!!! Ohne Beschränkung. Keine Formulare. Das ist alles fast zuviel auf einmal! Ich möchte die ganze Nacht schreiben, schreiben – – –

Das Nachtlager ist sowieso verdammt hart. Da keine Aussicht besteht, Stroh zu bekommen, rupfe ich mir am Morgen Gras, das am Zaun entlang wächst, um es zu trocknen und mir als Heu unter meine Decke zu packen. Aber ein polnischer Posten beobachtet mich und jagt mich fort.

Der Tag vergeht mit weiterem Einrichten unseres Wohnraumes. Es gelingt, eine Handsäge, zwei Hämmer und ein Beil irgendwoher auszuleihen, und – da Holz genügend vorhanden ist – entstehen Bänke mit Rückenlehnen, Spinde, bequeme Stühle. Unser Tisch steht am Fenster, durch das man richtig hinaussehen kann, wenn auch der Blick nicht weit geht. In drei Schritt Entfernung befindet sich schon der Zaun aus ineinandergeflochtenem Stacheldraht, und gleich dahinter eine hohe Betonmauer. Aber es macht fast Freude, auf den Wegen zwischen den Baracken spazierenzugehen. Diese sind sauber weiß getüncht und die Fenster- und Türrahmen sind hellgrün gestrichen. Das sieht freundlich und schmuck aus. An den Wänden der Baracken entlang stehen Bäume und Büsche mit hellen Blüten, eingefaßt von Beeten, die sauber mit weißen Steinen umrahmt sind. Dadurch wird der Eindruck einer richtigen kleinen Wohnsiedlung erweckt. Dies tut dem Auge wohl, das nur die akkurate Trostlosigkeit des Aiblinger Lagers gewöhnt ist.

Ich melde mich gleich zum Arbeitseinsatz als »Gärtner«. Die Arbeitszeit beträgt 6 bis 7 Stunden täglich, aber man bekommt 80 Ct. gutgeschrieben und erhält 75 g Brot und 1/2 Liter Suppe als Zulage. Und die Suppen sind gut!

Ich treffe eine Reihe alter Bekannter: Jupp Vorderwülbecke, meinen alten Kriegsschulkameraden aus Dresden von unserer »Stube 11«, Oberstleutnant Nordenskjöld und dort drüben – – Himmel nochmal, mein Namensgedächtnis ist schwach! – – – Natürlich – – Sieber ist es, Peter Sieber, vom Stab des KOLUFT/6. Armee in Frankreich. Auch Generaloberst Deßloch ist hier; es gibt viele Fragen, Austausch alter Erinnerungen. Und General von Natzmer, der letzte Chef des Generalstabs der Heeresgruppe – – ich erkenne ihn erst wieder, nachdem ich bereits dreimal an ihm vorbeigelaufen bin; die Herren sehen so ganz anders aus in kurzen Hosen und bunten Hemden. General von Natzmer ist hier in diesem Lager als Schlosser beschäftigt. Alles geschieht hier in eigener Regie. Sogar der 1. Koch ist ein alter Generalstabsoberstleutnant.

Ich schlendere umher; hier ein Schwätzchen, dort eine Begrüßung. Man muß sich doch alles hier einmal gründlich anschauen. Und das geschieht mit sehr wachen Augen! In der Tat ist unser Blick, der nach Brauchbarem Ausschau hält, in der Gefangenschaft besonders geschult worden.

Und dann mache ich einen sehr wertvollen Fund! Hinter Büschen, linkerhand an der Mauer, ein Müllhaufen. Dort liegt ein Stück einer – – Roßhaarmatratze! Ich nehme sie mit in unsere Baracke. Die Kameraden ulken, aber ich lasse mich nicht stören. Ich walke meinen Fund, klopfe ihn aus, bürste Stelle für Stelle ab. Und ich schlafe in dieser Nacht herrlich weich!

Am frühen Morgen beginnt der Dienst als Gärtnergehilfe. Ein Oberst und ein SS-Brigadeführer sind meine Arbeitskameraden. Wir richten an einer Baracke ein Beet ein, pflanzen Blumen, setzen es mit Ziegelsteinen ab. Es ist ein Genuß, im schwarzen, fetten Erdreich zu graben und zu wühlen. Aber es ist eine arg ungewohnte Arbeit. Bald fließt der Schweiß in Strömen, und die Muskeln schmerzen. Aber ich will durchhalten und will es auch morgen und übermorgen tun; es trainiert den Körper, und das tut not. Besserer arbeitet in der Tischlerei, Rungius schlossert. Wir sind alle guter Laune. Der Tag hat wieder einen gewissen Sinn.

Gegen Abend trifft eine Gruppe von Generalen aus Neu-Ulm ein, Generale, die irgendwann auch im Generalstab oder in OKW waren; General Kleß ist dabei, General Kühl, Generaloberst Weiß, Generaloberst Hoth – – und auch unser alter Stubengefährte Major »Mazi« Zimmermann, der aus dem Lazarett wieder entlassen wurde. Offenbar sammelt man jetzt hier in Dachau den gesamten ehemaligen deutschen Generalstab. Ein Gerücht will wissen, daß morgen diejenigen Generale ausgesondert und in ein anderes Lager verlegt werden, die zu keiner Zeit Dienst im Generalstab geleistet haben; sie sollen demnächst – – entlassen werden.

Möglich ist alles. Auch dieser grimmige Witz, daß man zunächst mal unsere Vorgesetzten entläßt – – –

Auch »Kurtchen« Kleinrath ist jetzt hier, rosig, rundlich wie eh und je, ewig plappernd – – und aller Generals-»Würde« entkleidet. Wenn ich ihm in die Hände falle, wird er sofort beim Thema »Aufklärungslehrgruppe Jüterbog« und allem Drum und Dran sein. Ich denke zurück, wie ich bei ihm, dem »alten Adler« mit dem »Pour le mérite« aus dem Ersten Weltkrieg, meine Kunstflugprüfungen vor acht Jahren in Jüterbog abgelegt habe, als er Gruppenkommandeur war.

Auch der forsche Luftwaffengeneral Schulz ist angekommen. Ich habe ihn gesehen, aber noch nicht gesprochen. Vor ihm hatte ich stets mehr als Respekt; um es geradeheraus zu bekennen: Angst! Ein ungemein hart wirkender Fliegertyp, hart auch gegen sich selbst − − −

Die Generale sind in einem besonders eingezäunten Lagertrakt untergebracht, aber man kann ohne weiteres hineingehen. Einen eigentümlichen Eindruck vermittelt dieses Lagerchen im Lager: An den Seiten und im Hintergrund stehen etwa 3 m hohe, helle Holzwände. Im Mittelpunkt strecken sich ein paar saubere, helle Baracken, davor Blumenbeete unter grünen Bäumen. In den Zweigen − − Vogelgezwitscher! Sonst Stille. Jetzt hab' ich's! Dieses Lagerchen sieht aus wie eine − − Freilichtbühne! Die gefangenen Generale in selbstgeschneidertem Zivil, kurzen Hosen, offenstehenden Hemden wirken wie Statisten. »Volksmenge auf dem Markt«, »Cavalleria rusticana«, »Carmen«. Ein wohltuend friedfertiges Bild − − −

Ich mache noch einen wertvollen Fund! In einer der letzten Baracken ganz hinten, die derzeit leerstehen, wurden ehemals die Arrestanten untergebracht. Im Vorbeischlendern schaue ich mir die kleinen und engen Dunkelzellen an. In einer dieser Zellen auf einer Holzpritsche − − ein aufgeschlissener Sack voll Daunenfedern! Ein Moment der Überwindung. Dann buckele ich mir den Sack auf. Die Kameraden laufen zusammen. »Was bringt denn der Naumann wieder an − − −!!??« Gleichwohl, ich mache mich − von Federn überstäubt − an eine Bettunterlage − − eine Daunenunterlage! Ich habe noch ein Stück alte Zeltplane. Das reicht. Ich nähe mir zwar die Finger wund, aber es wird geschafft. Meine Matratze kann ich nun einem anderen geben.

Es ist sehr heiß heute. Die Sonne brütet über dem Lager. Windstille. Ich fühle mich wohl. Nur ein mordsmäßiger Schnupfen stört mich.

Wir setzen Rasenplatten zu einem Grünstreifen zusammen. Die Platten sind schwer, und bei jedem Bücken und Heben ist mir, als rolle mir inwendig eine schwere Holzkugel in den schmerzenden Schädel. Es drückt gemein in der Stirn und über den Augen. Jeden Muskel spüre ich einzeln, und der Schweiß rinnt in Strömen über den Rücken. Es ist zum Erschrecken, wie schlapp ich geworden bin. Ich beobachte die mitarbeitenden Kameraden, die schon seit Wochen hier tätig sind. Sie haben pralle Muskeln, und wenn sie die Spitzhacke in den Boden schlagen, der fest wie Beton zusammengebacken ist, dann treten ihnen die Sehnen wie Stränge aus Stahl zwischen den Gelenken hervor. Wenn ich aber eine Stunde gearbeitet habe, dann schwingen mir dunkle Kreise vor den Augen, und wenn ich mich ächzend aufrichte, stieben schwarze Punkte durch das Hirn. Ich habe Fieber. Ich könnte einfach aufhören zu arbeiten. Es ist alles freiwillig. Aber ich klammere mich trotzig an den Willen, nicht

»weich zu werden«. Mir ist es, als sei ich gar nicht selbst hier, sondern beobachte aus einem Versteck diesen »PW Naumann«, wie er hier mit schmerzenden Gliedern und zum Umfallen erschöpft hackt und schaufelt und recht große quadratische Rasenstücke schleppt, schweißverschmiert und von schwarzer, schwerer Erde verdreckt. Ich bin neugierig, ob er durchhält aber insgeheim setze ich auf ihn, daß er's schafft. Ich fühle mich hundeelend. Später, wenn ich »draußen« bin, kann ich auch nicht »feiern«, nur weil ich Schnupfen und Fieber habe – – –

Aber dann ist Feierabend! Es ist herrlich, frischgewaschen, in einem sauberen Hemd am Tisch zu sitzen, Kaffee zu trinken und Weißbrot zu kauen. Und es ist wunderbar, daß es nicht auf jede Scheibe ankommt; es gibt ja hier genügend zu essen.

Einige Generalstabsoffiziere werden zu uns ins Lager gebracht, die monatelang in den USA, in Washington, als Kriegsgefangene weilten. Sie haben es ohne Zweifel sehr viel besser gehabt als wir. Sie sind wohlgenährt, gut eingekleidet, haben sich drüben Geld verdient.

Am Abend hören wir den Bericht eines Obersten, der fünf Monate in Freiheit war und jetzt wieder eingefangen wurde. Seine Erlebnisse sind ebenso bemerkenswert wie unerfreulich:

Steigende Enttäuschung – auch der »Nazi«-Gegner! - über den völligen Mangel an Aufbauwillen der amerikanischen Besatzungsmacht. Miserable Lebensmittellage. Wachsendes Gefühl der Rechtlosigkeit infolge von ständigen Willkürmaßnahmen der Besatzungsmacht bei Beschlagnahmen, Vernichtung von Eigentum und bei Urteilen gegen Plünderer und andere Banditen. Lustlosigkeit gegenüber jeglicher politischer Betätigung; man wählt nur deshalb, damit die kommunistische Partei nicht noch stärker wird. Bespitzelungen und Briefzensuren in ungeahntem Ausmaß. Raub der Produktionsmittel, auch auf zivilem Sektor. Wegnahme aller Patente und Umdeklarierung zu » amerikanischen Erfindungen« mit der Nötigung, diese Produkte anzukaufen. Völliger Zusammenbruch auf allen Gebieten der Moral. Wirtschaftschaos, übergreifend zur Landwirtschaft, da diese infolge laufender törichter Maßnahmen der Behörden zu resignieren beginnt. Organisationsmangel und -unlust allenthalben.

Ein ganzes Volk am Bettelstab!

»Niemand weiß, welches Wunder geschehen muß, um dieses Abrutschen in die vollkommene Katastrophe noch zu stoppen!« schließt der Oberst seine Informationen. »Noch konnten wir ein volles Jahr aus der letzten Substanz zehren, die uns aus dem Dritten Reich verblieben war. Nun aber ist alles verbraucht. Und wir werden kaum mehr etwas haben, um wenigstens das Nötigste vom Ausland zu kaufen, damit wir nicht verhungern.« Wohin führt nun der Weg??

Ich verbringe eine schlechte Nacht mit Fieber, Kopfschmerzen, quälendem Husten, Schweißausbrüchen. Und Traumphantasien! Der Bericht des gestern wieder eingelieferten Oberst wirkt nach – – –

Schon am frühen Morgen ist es heiß. Die Hitze steht unbeweglich in der Baracke. Ich lege Rasenplatten, siebe Erde für neue Beete, schaffe, als gelte es, die Seligkeit zu erringen. Ich hoffe, daß die Sommerhitze meiner Erkältung guttut. Aber als die Arbeit heute zur Mittagsstunde endet, habe ich eine derartige Halsentzündung, daß ich vor Heiserkeit kein Wort mehr hervorkrächzen kann.

Pfingstsonntag! Ich gehe zum Lagergottesdienst. Ein Dekan der Münchener Universität, ein alter Herr mit einem edlen, schmalen Antlitz, weißem seidigem Haar, silbrigem Schnurrbart hält die Predigt über den »Geburtstag der Kirche«, über »das gnadenvolle Geschenk, Mitglied der großen christlichen Gemeinde sein zu dürfen«. Ja, ja! Mag schon sein. Aber es sind Worte der »Werbung«; sie passen mir nicht. Vielleicht wäre ich aufgeschlossener, wenn ich nicht so große Schmerzen im Schädel hätte. Jetzt klopft und drückt es in der linken Stirnhöhle, daß es schier zum Verzweifeln ist.

Nach dem Gottesdienst gehe ich zum Krankenrevier. Es geht einfach nicht anders. Ein junger, blonder Arzt – mit Schmissen im Gesicht – ist nett zu mir. Er stellt sich mir vor, sagt:« »Bitte, nehmen Sie doch Platz!« (Welcher Unterschied zu Aibling!) Ich bekomme gleich ein Kopflichtbad und einen EUBASIN-Stoß. Morgen soll ich wiederkommen.

Die Luft ist schwer von Feuchtigkeit und Hitze. Es ist die Schwüle eines Treibhauses.

Ich bleibe im Bett. Die Schmerzen in der Stirn kommen in Wellen. Dann ist ein Druck, als wolle das linke Auge aus der Höhle quellen. Nachts weiß ich fast nicht mehr ein noch aus. Major Lammel, der gute und stets hilfsbereite Kamerad, bringt mir eine Wärmflasche. Da wird es etwas besser.

Ein Brief kommt zur Verlesung, den ein Herr v. Dewitz aus Hamburg geschrieben hat. Er ist Redakteur der Wochenzeitschrift »Die Zeit«. Seine Schilderung über die Verhältnisse in der britischen Besatzungszone ist erschütternd und spiegelt den Eindruck wider, den wir aus der amerikanischen Zone haben.

Mangelnder Aufbauwille,

Alle Initiativen lähmende behördliche Verfügungen,

Wachsendes Mißtrauen der Bevölkerung bis zum Haß gegen die Besatzungsmacht,

Willkür und Unsicherheit,

Erschreckende Verpflegungslage,

Stillstand des Lebens überall.

»Das ist in etwa das Konterfei des Daseins nach dem großen »Dreißigjährigen Krieg«; nur die Pest fehlt noch!«

Es scheint immer mehr, als ob die Westalliierten den deutschen Volksraum abgeschrieben haben; das ist die allgemeine Ansicht unter den Kameraden. »Deutschland in seiner Not ist ja doch uninteressant, und – wie man aus vielen Stimmen hört – wird dieser Raum doch nur das Schlachtfeld sein, auf dem der kommende Konflikt mit der Sowjetunion ausgetragen wird. Was soll man sich Mühe machen mit einem Land, das nichts bringt? Das doch nur verloren ist?« Uns allen ist es schwer ums Herz, wenn wir an unser deutsches Vaterland denken.

Meine böse Erkältung klingt allmählich ab. Es hat zu regnen begonnen, und die Kühle tut mir wohl. Ich gehe wieder zur Arbeit. Unter dem Regen weicht der Moorboden des Lagers zu Morast auf. Das Erdreich ist schwer und klebt an Hacke und Schaufel. Aber ich spüre, daß ich wieder gesund werde. Viele von uns sind erkältet; sie liegen hustend und mit Fieber auf ihren Pritschen. Merkwürdig, daß wir alle den grausigen Winter überhaupt überstanden haben.

Am Vormittag werden wir alle plötzlich zusammengerufen und unter starker militärischer Bedeckung und wiederholtem Abzählen zum Lager hinaus und in einen großen Saal geführt. Auch aus anderen Sonderlagern, aus dem Arrestbunker und dem SS-Lager kommen kleinere Gruppen von Generalen und Generalstabsoffizieren hinzu. Ich sehe den Feldmarschall Sperrle, der abgemagert in seinem Lodenumhang mit altem Filzhut kaum wiederzuerkennen ist. Ich erkenne auch den Feldmarschall Milch, rosig, lächelnd, ganz der alte. Ich sehe Generaloberst Felmy und andere. Wir müssen eine Stunde lang warten. Dann werden Bleistifte verteilt. Und plötzlich erscheint vorn auf einer kleinen Bühne, schlicht und unscheinbar – – Cpt. Lang! Und wie vor drei Wochen in Aibling müssen wir noch einmal die gleichen Fragebogen ausfüllen – – –

»Dies läßt ja einen bemerkenswerten Ausblick auf das Arbeitstempo zu, das zu unserer Entlassung führen soll!« stellt einer neben mir fest.

Mit meiner Erkältung wird es wieder schlimmer. Die ganze rechte Kopfseite tut jetzt weh und ist zum Bersten gespannt. Besonders schlimm ist es beim Bücken während der Gartenarbeit. Dann hämmert das Blut in der Stirn, als wolle es die Schädeldecke zersprengen.

Am Morgen möchte ich eigentlich nicht zur Arbeit gehen. Aber auf einmal schwelt in unserer Tischgemeinschaft aus nichtigem Anlaß Zwietracht auf. Es gibt Grützsuppe. Einer sagt: »Das ist Grieß, und Grieß wird aus Mais gemacht.« Ein anderer widerspricht: »Maisgrieß ist gelb, aber dieser Grieß ist doch weiß!« Sagt der eine ärgerlich: »Bei Ihnen ist ja grundsätzlich immer alles anders als bei anderen Leuten!« Kontert der andere gekränkt: »In diesem Ton brauche ich mich ja nun deshalb von Ihnen nicht anranzen zu lassen!« Zischt der eine: »Dann sage ich eben in Zukunft überhaupt nichts mehr!!« Auf einmal schmeckt uns allen die Suppe nicht mehr. Ich ziehe vor, zur Gartenarbeit zu gehen.

Mein armer Kopf! Gegen Mittag meine ich, ich halte es nicht mehr aus. Im Krankenrevier mustert mich der freundliche junge Cagearzt besorgt mit seinen hellblauen Augen. »Da haben Sie sich aber wirklich eine hartnäckige Sache aufgehalst!« Er injiziert mir 10 ccm einer dunkelroten, öligen Flüssigkeit in die Armvene, läßt mich 20 Minuten unter dem Lichtkasten schmoren und gibt mir ein Tütchen Tabletten zum Einnehmen.

Aber am nächsten Tag ist es, als ob alle Schmerzen der Welt hinter meiner armen Stirn münden und dort zu bohren und zu rumoren, zu nagen und zu schaben beginnen. Jeder Pulsschlag trägt eine neue Welle von Schmerz herbei und schwemmt sie über die gemarterten Nerven hin. Ich liege dumpf und dieser Folter preisgegeben auf meiner Pritsche, ein Handtuch auf der Stirn, und warte, daß es vielleicht besser wird. Die Kameraden bringen mir das Essen und die Wärmflasche ans Bett und sind auf herbe, männliche Art gut zu mir. Ohne viele Worte. Aber der Schmerz sitzt ganz tief in der Stirn wie die starke Wurzel des Löwenzahns, die man auch nicht ausreißen kann, so sehr man sich auch Mühe geben mag.

Es regnet in Strömen. Ich fühle mich dabei etwas besser. Der peinigende Schmerz ist einem dumpfen quälenden Druck gewichen. Dagegen verschafft leider auch der Lichtkasten keine Linderung. Damit sind die ärztlichen Möglichkeiten hier im »Cage« erschöpft.

Ein Posten bringt mich zum Lazarett. Dieses ehemalige KZ-Lazarett besteht aus einer Reihe großer, heller Baracken, zwischen denen saubere Wege entlang führen, zu deren Seiten Büsche und Sträucher, Blumen und Kräuter in allen erdenklichen Formen und Farben blühen. Es sieht hier wie in einem botanischen Garten aus, denn alle Pflanzen tragen kleine Tafeln mit ihren lateinischen Namen und sind sauber voneinander abgesetzt.

In der »Hals-, Nasen- und Ohrenabteilung« nimmt mich ein Hüne von Gestalt in einem blütenweißen Arztkittel in Empfang. Um das rundliche Gesicht trägt er den Metallreif mit dem Stirnspiegel. Mit bayerischem Charme lädt er mich ein, Platz zu nehmen, und schon ist er über mich gebeugt, mich schier erdrückend mit seiner wuchtigen Gestalt, wie ein Preisringer, dessen Opfer ich sein soll. Er schiebt mir eine Zange in die Nasenlöcher, auf deren Druck hin sie sich weiten, so daß alles genau zu sehen ist. – »Hm!« sagt er.

Dann geht er zum Fenster, wo einer sitzt, der meine Personalien aufnimmt.
Ich muß meine Beschwerden ansagen und wie alles gekommen ist. Ich weiß das ja selbst nicht. Der Herkules hört sich alles an, was ich in meiner Bedrängnis daherstammele. Er geht vor mir auf und ab. Der Stirnspiegel wippt bei jedem Schritt. Dann bleibt er stehen und umfaßt mich am Hals, drückt auf die Nackenmuskulatur. »Tut's sehr weh??« Ich beteuere dem Arztkoloß, es sei schon alles wieder viel besser – – eigentlich schon fast gut – – seit gestern nachmittag – – Er schaut mich ernst und kopfschüttelnd an. Und entläßt mich ohne weitere Behandlung. Ich atme tief auf.

Ich gehe zwischen den blühenden Büschen und unter den Tannen und Fichten am Rande des Lazarettareals umher, erleichtert und − − wie neugeboren. In der Hand habe ich einen Zettel, auf dem steht: »Schwerer Stirnhöhlen-Katarrh! Verordnung: Täglich Kopflichtbad«. Das bedeutet, daß ich diesem herkulischen Medizinmann nicht ausgeliefert werde, daß ich vielmehr bei meinen Kameraden bleiben kann! Ich ertrage es ohne Murren, als die Schmerzen wieder über meinen Schädel herfallen. Ich bleibe noch einen Tag im Bett.

Aber als wir in der Nebenbaracke einen Raum bekommen, den wir uns zu sieben einrichten können, hält es mich auch nicht mehr auf meinem Lager. Ich kann nicht tatenlos zusehen, wie die Kameraden mit Eifer bei der Arbeit sind. Wir bespannen die rohen und fleckigen Wände mit großen, sauberen Papiersäcken, bringen Wandborde an, putzen die Fenster, verlegen Lichtleitungen und setzen einen Ofen. Es macht zwar Mühe, und der Kampf gegen den Schmutz ist gigantisch, aber am Nachmittag können wir uns doch über die Behaglichkeit unserer neuen Behausung freuen. − Nicht lange allerdings.

Der polnische »Cage«-Kommandant kommt − wer mag uns wohl bei ihm »verpfiffen« haben??? − und befiehlt, sämtliche Papiersäcke von den Wänden wieder abzumachen. Schade! Es sah so nett und sauber aus. Aber der Pole bleibt in der Stube stehen und wartet, bis sein Befehl befolgt ist und uns die nackten, zerschrammten und abgeblätterten Barakkenwände wieder angrinsen. Und dann sagt der Pole: »Es hat ja doch keinen Zweck, wenn Sie sich erst einrichten; in zwei, drei Wochen werden Sie doch alle wieder verlegt.« Da haben wir's!

Wir fragen, wohin es diesmal mit uns gehen soll.
Er hebt nur die Schultern. Wir haben den Eindruck, er will es uns nicht sagen. Wir fragen nach dem beantragten und auch avisierten Sprachenlehrgang, der immer noch nicht angelaufen ist. Da macht der polnische Offizier eine Bemerkung, die uns alle tief erschreckt: »Was wollen Sie? Am besten ist, Sie lernen Russisch. Das werden Sie am ehesten brauchen − − −!« Dabei lächelt er vielsagend, wie uns scheint. Was soll denn das bedeuten??? Wir sind alle sehr beunruhigt. Unsere behagliche Stube kann uns auch nicht »trösten«. Wir sitzen um den Tisch und schauen uns gegenseitig an. Rußland − −??? »Man sollte gar nicht darüber nachdenken!« schlägt einer vor. »Richtig!«

Wir bekommen Bettmatratzen aus einer Mannschaftsbaracke, deren Insassen abtransportiert wurden. Nun ist für alle das Problem der bretthharten Liegestätte gelöst. Wenn wir die Wände hätten bespannen lassen können, sähe es fast hübsch bei uns aus. Es ist nicht zu ändern.

Ein bemerkenswerter Freitag dämmert heran. Wir haben die Zimmernummer »13« zugewiesen erhalten; Zimmer 13 mit sieben Mann Belegschaft an einem Freitag! Ein bißchen viel für jemand, der zum Aberglauben neigt.

Für mittags 13.00 Uhr ist − völlig harmlos! − durch die Amerikaner ein

»Bekleidungsappell« angesetzt. Wir legen unsere Sachen befehlsgemäß sauber und ordentlich auf den Betten aus und halten uns bereit. Plötzlich wird die Tür aufgerissen. Ein Trupp von etwa zehn polnischen Soldaten quillt herein. Sie stürzen sich auf die Betten, werfen die Wäsche auf den Boden, reißen die Decken ein, zerren die Matratzen hervor, stülpen die Rucksäcke um, leeren Aktentaschen aus. Alles wird auf den Fußboden geworfen. Einer der Polen stochert im Ofen nach irgendwelchen versteckten Dingen herum. Alles dauert nur wenige Minuten. Dann sieht es im Zimmer aus, als hätte ein Wirbelsturm gehaust.

Mir werden eine amerikanische Wolldecke, die ich hier vor zwei Wochen ordnungsgemäß empfangen hatte, und meine Arbeitsschuhe abgenommen. Die Schuhe hatte ich vorsorglich draußen im Gang unter einem Haufen von leeren Strohsäcken versteckt. Aber die Polen krempelten alles um und um. Rungius, Lammel und Besserer büßen ihre Matratzen wieder ein, die sie vor wenigen Stunden erhalten hatten. Unser Handwerkszeug und ein Tauchsieder werden ebenfalls mitgenommen. Dann ist der Sturm verebbt.

In unseren Gemütern kocht es. Wir starren uns aus fahlen Gesichtern an. Erst beim Kaffee löst sich der Groll in ein befreiendes Gelächter auf. Es kann uns nicht mehr viel erschüttern. Wir sind ganz schön hart geworden. Wir räumen unsere Sachen wieder zusammen. Bald ist alles wieder wie vordem.

Es ist augenscheinlich, daß sich die Polen uns gegenüber auf unterschiedliche Art verhalten haben. Die einen waren vernüftig und korrekt; sie hatten sogar ein versöhnliches Lächeln zu unserer Bestürzung. Sie taten nur, was sie mußten. Sie hatten einen Befehl. − Die anderen aber wollten ihr Mütchen kühlen. Sie suchten nicht, sie wollten zerstören, niedertrampeln. Aus ihren zusammengekniffenen Augen schielte der Haß. Wir aber sind wehrlos.

Als die Luft wieder rein ist, gehen Rungius und Besserer hinüber zu unserer alten Baracke. Rungius, der schlaue, hatte seinen Holzkoffer vorsorglich drüben unter einem Bettgestell versteckt. Jetzt gehen die beiden, um den Kasten wieder zu holen. Aber sie haben Pech. Als sie eben die Kiste um die Baracke herumtragen, steht da − − der polnische Leutnant.

Der Pole: »Woher haben Sie die Kiste?«
Besserer: »Wir haben sie versteckt.«
Der Pole: »Vor der Kontrolle?«
Besserer: »Ja!«
Der Pole: »Weshalb haben Sie die Kiste versteckt?«
Besserer: »Um die Sachen, die in der Kiste sind, zu retten.«
Der Pole: »Wir nehmen Ihnen nichts ab, wenn Sie keine verbotenen Dinge haben!«
Besserer: »Wir sind in der Gefangenschaft schon mindestens fünfzehnmal ›gefilzt‹ worden, und jedesmal wurden irgendwelche

Sachen abgenommen. Wir haben nichts mehr, wenn wir einmal heimkehren.«

Der Pole: »Ich will Ihnen mal etwas sagen! Ich war drei Jahre im KZ Dachau. Hier! Meine Herren!! Als ich ankam, besaß ich drei Koffer. Als ich befreit wurde, war ich nackt und hatte nichts mehr!!«

Besserer: »Dann ist es Ihnen ebenso ergangen, wie es uns jetzt ergeht. Sie müßten also Verständnis dafür haben.« − Schweigen!

Der polnische Leutnant lächelt. Drei Männer schauen sich an: zwei deutsche Generalstabsoffiziere und ein polnischer Leutnant. Der Pole läßt sich den Inhalt des Holzkoffers zeigen, nimmt am Schluß ein Paar amerikanische Socken an sich, gibt alles andere an Rungius zurück. Dann sagt er noch einmal leise: »Ich verstehe nicht, weshalb Sie das versteckt haben. Wir stehlen doch nichts. Jeder Pole wird bestraft, der etwas stiehlt.« Besserer: »Es sind nicht alle so − − −!«
Man hat sich verstanden.

Schlimm ist, daß im Anschluß an die Barackenkontrolle alle Päckchen geprüft und zensiert werden, die wir in diesen Tagen an unsere Angehörigen absenden durften. Und *was* kommt da zum Vorschein!!?? Wie idiotisch benehmen sich doch manche Kameraden! Sie schicken Seife nach Hause, Zigaretten, Schuhe; das geht noch. Draußen herrscht bittere Not. Aber sie schicken auch noch Lagerwerkzeug weg. Sie wissen genau, daß das nicht statthaft ist. Sie gefährden damit die Allgemeinheit, und das ist wohl die größte Schuld.

Aus einem Päckchen hat man ein komplettes Türschloß mit Klinke und Schrauben zutage gefördert. Ein anders Postpaket enthielt lediglich einen alten zerschlissenen Sack, drei alte Zeitungen und zwei Briefe. Schließlich versuchte einer, ein Paar amerikanische Schuhe heimzuschikken, die er eben von der Lagerverwaltung zugeteilt erhalten hatte. Ich fühle mich beschämt − − vor den Polen.

Es ist Abend. Besserer legt Patiencen, Rungius lernt Polnisch, Eggert schreibt Briefe, Zimmermann schläft, Lammel liest, Hoffmann büffelt englische Vokabeln.

Es ist still und traulich. Draußen rauscht der Regen hernieder. Wir haben heute geheizt. Lammel hat den Ofen gesetzt. Er packt immer dort zu, wo es not tut. Dabei besteht er fast nur aus Haut und Knochen.

Ich träume meinem bisherigen Leben nach, dem in all seinem Auf und Nieder erfüllten Leben. Ich liebe die Fehler, die ich gemacht habe, und meine spärlichen guten Taten.

Vor mir liegt ein Brief von Nanette, der damals für uns arbeitenden jungen russischen Spionin. Ich denke daran, wie sie mehrmals mit einem unserer Flugzeuge nachts drüben jenseits der russischen Linie mit dem Fallschirm abgesetzt wurde. Noch während des Krieges hat ein deutscher Fliegeroberleutnant sie geheiratet. Sie hatte stets einen unwahrscheinlichen Spürsinn, der ihr bei ihren lebensgefährlichen Unternehmungen gut zustatten kam. Nun hat sie sogar meinen hiesigen Aufenthalt ausgekundschaftet, nachdem ich ihr vor einiger Zeit eine Rot-Kreuz-Karte nach Heidelberg geschrieben hatte. Ich lese ihre Zeilen wieder und wieder; Dublany bei Lemberg steigt in der Erinnerung auf, das große Hofgut, vom Oberkommando der Heeresgruppe belegt, mein kleines Häuschen am Rande des großen Gartens, der Abend, als es so schwer nach Jasmin duftete – – –

Jetzt ist sie verheiratet, die kleine dunkelblonde Nanette, wie sie als Agentin mit ihrem Codenamen hieß, und hat einen Sohn. Ein liebes Fotobild liegt ihren Zeilen bei und ein Bild von einem pauspäckigen Knaben mit dunklen Augen. »Und, mein Liber!« schreibt sie, »aber keine Rede, wenn Du wirst entlassen, Du kommst sofort zu uns, dann erst nach Oberbayern, hast Du verstanden!? Ich kochen für Dich Libblingsgericht und werde Dich verwöhnen wie Kind. Erstens mein Mann wird sich freuen, wieder mal anstendigen Abend mit Wein und Kerzen machen. Beim Kerzen tanzen und alles vergessen! Du kommst zu uns zu erholung. Wir gehen Baden und steigen Berge rauf. Bin wörcklich entteucht, wenn Du mit besuch hienaus auf lange Zeit schiebst. Wir schicken Dir Päckchen Kammenbär Käse und Brot, und wenn Du noch zehn mal böse bist – aber das ist Du auf!! – Und, bitte, sei lieb, von Deine Novellen schicke mir wenigstens paar bleter, ja, Du machst es. Du muss mich lesen lassen. Du wirs es machen. Ich will es lesen, ich will wissen, was in Deine Herzen ist – – –« Auch ihr Mann legt ein paar freundliche Zeilen bei und lädt mich zu einem Besuch ein.

Ich schreibe Briefe, schreibe, schreibe, bis mir das Herz leer ist, wie ausgelaufen von der Fülle der Gedanken, die sich angehäuft hatten. Es ist so befreiend, Briefe schreiben zu dürfen, und selbst die Müdigkeit danach ist süß, wenn sich Geist und Gedanken vollkommen ausgeben konnten.

Zum ersten Mal nach einer Reihe von Regentagen ist der Himmel am Morgen wieder blau. Ich liege in meinem Bett und blinzele verträumt zum Fenster hinaus. Vor dem Fenster steht ein grüner Busch mit vielen kleinen roten Beeren an den Zweigen. Das sieht schmuck aus.

Ich hätte heute mit meiner Gärtnerarbeit wieder beginnen können, aber es geht nicht, weil mir die polnischen Soldaten meine Arbeitsschuhe abgenommen haben. Ich habe nur noch ein Paar alte amerikanische Militärschuhe, und die will ich schonen.

Ich wasche meine Wäsche, schreibe weitere Briefe, lese ein vergnügliches Buch. Aus dem Sonderlager werden heute etwa 150 Gefangene in unser »Cage 2« eingewiesen, meist recht abenteuerliche Typen, die sogleich zwischen den Baracken umherlaufen und mit scheelen Blicken suchen und umherspähen, ob sich irgendwo etwas Brauchbares »organisieren« läßt. Wir kennen mittlerweile solche Blicke.

Am Abend tragen uns die Generale Hoth, Mellenthin, Natzmer und Meister eine Ausarbeitung über die Anklageschrift im Nürnberger »Prozeß« vor, die ihnen einer der Verteidiger, Rechtsanwalt v. Rohrscheidt, zugänglich gemacht hatte. Es geht um die Anklage gegen die Organisation »Generalstab und OKW«. Auch hier wird wiederum deutlich, daß die allermeisten von uns diese Anklage nicht betrifft, weil wir jüngeren sogenannten Truppengeneralstäbler von dieser Anklage schon als Personenkreis nicht umfaßt sind. Dennoch ist auch für uns das Anklagevolumen erdrückend, und — da sicherlich zu einem erheblichen Teil aus der Luft gegriffen! — auch unfaßbar. So zum Beispiel, wenn in den sowjetischen Anklagepunkten als Anklage gegen »Generalstab und OKW« die »Vergiftung von Schulkindern« angemerkt ist oder »die Ausrottung von 30 Millionen Slawen« und ähnliches. Die angeklagten Generale werden es schon rein technisch sehr schwer haben, den geforderten Gegenbeweis anzutreten, daß sie keine Schulkinder vergiftet haben — — —

Heiße Sommertage. Satt und reif. Ich nehme — barfuß! — die Gärtnerarbeit wieder auf, setze Salatpflanzen um, fasse Rasenbeete ein, pflastere einen Stand für die Mülltonne. Alle Pflanzen wachsen zusehends unter dem warmen Wetter. Es ist ein Genuß, die Glieder zu regen und diese schwarze Erde zu bestellen. Drei Baracken vorn am Lagertor werden besonders eingezäunt mit hohem Gespinst aus Stacheldraht über Pfosten und Balken, die in die Erde eingerammt werden müssen. In diesen Sonderkäfig sollen politische Gefangene eingesperrt werden.

Wenn »Feierabend« ist, stellen wir unseren großen Tisch vor die Baracke zwischen zwei blühende Büsche wie in eine Nische. Vom goldenblauen Himmelslicht fließt warmes Behagen auf uns herab und hängt zwischen den langhingestreckten weißen Hütten. Nur in den Wipfeln der Pappeln ist ein silbernes Rascheln, vom Südwind hineingezaubert, der schwer und müde über das Lager herkommt. Unser »Cage« füllt sich immer mehr. Kaum faßt die Lagerstraße noch die Menge der Gefangenen, wenn zum »Zählappell« gepfiffen wird. Letten, Litauer, Ungarn, Polen sind angekommen, zum Teil aus Aibling. Es heißt, das Lager dort soll aufgelöst werden. Meine Mutter schreibt: »Berlin ist eine tote Stadt; wenn ich so hindurchgehe, komme ich mir selber vor wie ein Gespenst — — —« Wir sitzen um unseren Tisch und reden von diesem und jenem. Ein jeder lauscht auf den Ton von draußen, wie er aus den Briefen — und zumeist wohl zwischen den Zeilen — aufklingt. Alle Mitteilungen stellen wir unter uns zur Diskussion.

Die abendliche süße Luft macht die Sinne ein wenig trunken. Wir sitzen im Freien, bis es dunkelt, und trinken ab und zu einen Schluck gechlortes Wasser mit einem Pulver synthetischer Zitrone. Man könnte sich einbilden, es sei Waldmeisterbowle — — — Am frühen Morgen gieße ich die kleinen Salatpflänzchen, die Petersilie und die Radieschen. Ich habe ein langes Beet zur Bearbeitung zugewiesen erhalten. Es liegt an der Hauptstraße. Wenn doch ein Gewitter käme! Der Himmel peinigt die Nerven und Sinne mit seiner fleckenlosen Bläue. Wir wurden gegen Typhus geimpft. Eine schlimme Nacht und ein schlimmer Tag folgten. Fieber, Schüttelfrost, ein dumpfer Druck im Schädel. Sonnenglut, die zwischen den Baracken hängt, stickig, heiß, den Atem raubend. Und doch sind wir ganz vergnügt. Das macht, weil das Bild hier in unserer Umwelt irgendwie lustig wirkt: die Tische längs der Baracken zwischen den grünen blühenden Büschen, die sonnengebräunten Gestalten, lesend, schreibend, Karten oder Schach spielend, die quer über die Wege gespannten Leinen mit der bunten Wäsche. Major Lammel bildet sich als Friseur aus. Viele Kameraden liefern sich ihm an die Schere. Den guten Major »Mazi« Zimmermann hat er ins Ohr geschnitten; sein bisher einziges Opfer.

Und Major Rungius hat heute erstmals seit Kriegsende Nachricht von seiner Mutter erhalten, aus einem Flüchtlingslager bei Harzburg. Wir freuen uns mit ihm. Er ist ganz aufgeregt. Wir können es verstehen. Er läßt sogar seine Mittagssuppe unberührt und schreibt Briefe − − − Wir alle verhalten uns still, schauen zuweilen zum leuchtend blauen Sommerhimmel empor, träumen ein wenig den dahintreibenden weißen Wolken nach und drehen uns eine neue Zigarette.

Es ist aber auch ein gewisses Lauern in dieser Friedlichkeit. Ein Ahnen. Ein stummes Fürchten. Es liegt etwas in dieser weichen, seidigen Luft. Die SS-Führer aus dem Lager Aibling, die dort im uns benachbarten Käfig lagen, wurden vor knapp einer Woche hierher nach Dachau gebracht, durchgeprüft, entlassen aus der amerikanischen Gefangenschaft und − − sofort nebenan in das Zivilinterniertenlager gesperrt.

Wir diskutieren erregt diese neue Nachricht vor dem Hintergrund der bangen Befürchtungen, ob etwa gar auch uns ein solches Los beschieden sein könnte. Die Mehrzahl von uns lehnt es ab, daran zu glauben. Sie meinen, es sei wirklich lächerlich, daran zu denken, daß es auch uns so ergehen könne.

»Wir sind Kriegsgefangene, basta! Daran ist doch zumindest kein Zweifel!« »Zivilinternierung, albern! Das würde ja absolut den Bestimmungen der Genfer Konvention widersprechen!« Alles das wird leidenschaftlich ins Gespräch gebracht. Aber als auch aus dem General-»Cage« verlautet, daß mit einer Entlassung für uns in diesem Jahr wohl nicht mehr zu rechnen sei, werden auch die Mienen der Optimisten wieder düsterer. Niemand mag solche Zeichen in den Wind schlagen.

Ich gehe hinüber zu meinem Beet, häufle die Rüben an, setze neue Pflanzlinge um, gieße das Erdreich. Das gibt ein wenig Ablenkung.

Dum spiro, spero! Solange ich noch atmen kann, werde ich nicht aufhören zu hoffen!

Die Stunden schleichen drückend in ihrer Schwüle dahin. Erst am Abend bricht ein Unwetter los. Blitze zucken, Donner poltert über das Lager dahin. Die hohen Pappeln biegen sich im Sturm. Das Barackendach kann diesen Wasermassen nicht standhalten; an sechs Stellen stehen Eimer, Waschschüsseln, Blechbüchsen und fangen das herabtropfende Nass auf. Klick − − − klick − − − klack − − − bing − − − beng − − − So geht es melodisch die halbe Nacht. Ein paar Regentage folgen. Das Wasser steht fußhoch um die Baracken herum, denn der moorige Grund gewährt hier keinen Durchlaß.

Der unaufhörliche, feine Nieselregen gießt Schwermut in die Herzen. Eine eintönige Melodie. Niemand weiß etwas Rechtes mit sich anzufangen.

Major Rungius sitzt neben mir und büffelt Vokabeln: Polnisch, Spanisch, Englisch. Tag für Tag büffelt er von früh bis spät Vokabeln. Uns anderen ist dieser eifrige Fleiß ärgerlich. Lammel schnitzt Kochlöffel, Quirle und Holzstampfer für seine Frau. Es ist rührend, seinem Eifer zuzuschauen. Wie oft hat er sich dabei schon in die Finger geschnitten! Aber er läßt nicht nach. Ich fühle mich durch Wolfram Geislers liebenswert heiteren Roman »Der liebe Augustin« zum Schreiben angeregt, aber es ist zuwenig, es reicht nicht. Der zündende Funke kommt nicht, wenn man darauf wartet, auch nicht aus Verzweiflung vor dem Regen.

Der Ofen qualmt. Ich habe Stubendienst. Ich kann es auch nicht ändern, daß der Ofen qualmt. Irgend etwas ist verstopft. Oder der Regen − − − Oberstleutnant Eggert legt Patiencen. Er ist in letzter Zeit besonders still und immer ganz für sich. So, als falle ihm das Sprechen schwer. Der Regen platscht aufs Dach. Zuweilen huscht draußen einer über den Kies, Mantelkragen hochgeschlagen, Hände in den Taschen, Mütze tief in der Stirn.

»Kommen Sie mit? In der Küchenbaracke spielt Georg Mickley mit seiner Band wieder zum Tanz!« »Zum Tanz!?? Hat sich was: zum Tanz − −??« Die Kapelle dieser fünfzehn jungen Männer spielt vorzüglich. Es ist die rechte Art dieser Musik, daß der Rhythmus in den Gliedern zündet und man nicht mehr still zu sitzen vermag. Überall fröhliche Gesichter auf einmal. Der Beifall nach jedem Stück donnert wie ein Sturmgetöse durch den Raum. Alte deutsche Schlager werden gespielt, modern gesetzt, dann amerikanischer Jazz, italienische Melodien von liebreizender Schwermut wie süßer Wein am Abend, Walzer, tolle Cariocas. Ich sitze mit geschlossenen Augen an der Barackenwand. Ich gebe mich diesen Klängen ganz und gar preis. »Rumba negro«!

Paris − − − Die kleine dunkelhäutige Christiane − − − im Scheinwerferlicht des kleinen intimen Nachtlokals an der Place Pigalle tanzend − − nur mit einem winzigen Höschen und einer Blumengirlande um den Nacken − − das blauschwarze Haar in Wellen auf die Schultern fallend − − »Rumba negro« − − − Christiane − − − Klarinetten, jauchzende Geigen, das Rasseln der Kalabassen. Und dann eine weiche Melodie, verdunkeltes Licht, Christiane neben mir auf dem Diwan, die nackten Beine auf den Sitz gezogen, den schlanken Leib gegen meine Schulter geschmiegt. »Oh, mon chéri, comme je t'aime − − −« Und noch eine Flasche Champagner, zwei Zigaretten, ein Kuß auf heiße, feuchte, leicht geöffnete Lippen − − so heiß − − so jung − − −. Und ein Rüchlein nach »Channel Nr. 5«. Rotlackierte Nägel, die eine Orange teilen. »Mon petit bébé, jamais oublier – – –« »Nein, petite Christiane, nie vergeß ich dich, jamais, jamais – – –!«

Und wenig später dann doch: die Flucht! Flucht vor der Unrast des eigenen jungen Blutes, das in den Adern kocht. Flucht vor dem roten düsteren Licht. Flucht vor dem »Rumba negro«. Quer über die Straße hinüber zum »Monseigneur«. Das Haar wirr in die schweißfeuchte Stirn geklebt. Flucht hinüber zum alten Grischa, zu seinem Lied von den »Schwarzen Augen« zur Balalaika. Und zu Tatjana, die den alten Russen mit ihrer glockensilbernen Stimme begleitet. Russische Musik, so echt, daß die Seele zu schluchzen beginnt. Sekt in schweren Silberpokalen.

Tatjana, die mir den Kaviar auf den Toast häuft, auf dem die Butter schmilzt. »Oči čornyje, otschi stasnje, kak ja ljubljv was – –« Zwei heiße Arme um meinen Nacken. Am Ohr hingeflüstert: »Schwarze Augen, oh – – ich libbe Dich – – oh – –« Gläser zerschellen an der Wand. Geldscheine flattern über den Tisch. Plötzlich Stille. Irgendwo raschelt ein seidenes Tuch auf das Parkett, nur eben ein Hauch, so still ist es.

Grischa singt. Der Scheinwerfer konzentriert sein Lichtbündel allein auf die Gestalt des alten Russen, der da auf einem Hocker sitzt. »Stosch – – stosch – – stosch – – stosch – – Kosaken reiten über die Steppe – –« Und die Balalaiken glirren.

Am Morgen aber, der blaß und fahl hinter dem Filigran der Türme der Notre-Dame den Mantel des Nachthimmels brüchig macht, die Fahrt am Seine-Kai entlang, in einer alten Pferdedroschke dem Quartier Latin zu. Trapp – – trapp – – trapp – – trapp – – Menschenleere Straßen im Regendunst und im diffusen Morgenlicht glänzend. Mimi, den Lockenkopf an meiner Brust, müde, und doch immer noch Melodien summend: »Parlez-moi d'amour; redites-moi des choses timbres – – –« Mimi, die drüben auf der anderen Seite der Seine ihr kleines Zimmerchen unterm Dach eines alten grauen Hauses hat, eine große Kammer mit schrägen Wänden, dem Geruch nach Parfum, Zigaretten, verstaubten Kissen. Und dem Fenster, das klein und lustig in den kommenden Tag hineinschaut, weit hinweg über die Dächer von Paris, auf denen die Schornsteine zu rauchen beginnen. »Parlez-moi d'amour – – –«

Der Regen rauscht hernieder. Georg Mikley spielt das Lied auf seinem goldenen Saxophon. »Parlez-moi d'amour – – –« Beifall heult auf, vermischt mit Pfeifen und Johlen. Ich hole mir eine selbstgedrehte Zigarette aus der Tasche. Major Besserer gibt mir Feuer. »Sparen Sie das Streichholz – – –«, sagt er. Ja, es ist besser, an Streichhölzern zu sparen, denke ich; sie verbrauchen sich gar so schnell – – – Das Konzert ist zu Ende. Wir nehmen unsere selbstgezimmerten Schemel auf, unsere wackeligen Hocker und trotten in Scharen zu unseren Baracken zurück, den großen Wasserlachen ausweichend, die weithin den Kies überspülen.

Wir haben uns freiwillig zum «Katastropheneinsatz» gemeldet. In Bayern richtete das Hochwasser allenthalben große Schäden an. Aber man wird uns nicht aus dem »Cage« herauslassen – – –

Ein paar Tage später besucht uns Rechtsanwalt Dr. von Rohrscheidt, um die 340 eidesstattlichen Erklärungen abzuholen, die wir zur Entlastung der Anklagen gegen »Generalstab und OKW« verfaßt haben. Der Anwalt erklärt uns, daß die Aussicht bestehe, die Personengruppe »Generalstab und OKW« aus der Anklage als »Verbrecherorganisation« herauszulösen. Er sagt, es bestehe keine rechtliche Grundlage, jene Offiziere als »Verbrecher« zu erklären, die sich untereinander kaum kannten und die vor allem erst sehr spät im Verlauf des Krieges in den Generalstab kommandiert wurden, die also nichts mit der Vorbereitung des Krieges oder in Einzelfällen mit seiner nicht humanen Führung zu tun hatten.

Er sagt, daß das Urteil hierüber eventuell Anfang Herbst zu erwarten sei. Ganz hervorragend hätten sich bei den persönlichen Vernehmungen in Nürnberg die Feldmarschälle v. Manstein, Liszt und v. Rundstedt geäußert. Ihren Aussagen könnte sich wohl noch nicht mal das alliierte Militärgericht der Siegermächte entziehen. Wir hören diese Meinung in Gelassenheit an. Alles Weitere müssen wir abwarten.

»Was dann später noch kommt«, sagt Herr von Rohrscheidt, »ist noch offen; ob einzelne von Ihnen vor andere alliierte Sondergerichte kommen und wer auf Kriegsverbrecherlisten steht, das ist alles noch nicht zu ergründen − − −« Aha! »Die Listen«, ergänzt Herr von Rohrscheidt, »wurden leider häufig rein schematisch und lediglich nach den Namen und dem Kriegsschauplatz aufgestellt, wo sich einzelne befanden − − −« So, so!! So willkürlich wird man also »Kriegsverbrecher«??

Wenn doch dies alles einmal ein Ende hätte! Dieses ständig lauernde Ungewisse, diese schleichende Angst, dieses »Nur-immer-warten-müssen«, dieses Hoffen und Bangen, und alles unter dem Bewußtsein: Was das Schicksal will, kann Menschenkraft nicht ändern.

Heißer Sommertag. Der Kies glüht unter den Strahlen der Sonne. Die Atmosphäre ist von Spannungen erfüllt wie vor einem Gewitter. Süß ist die Luft, schwer und reif. Wir sitzen alle im Freien an unseren Tischen zwischen den Bäumen und Büschen längs der Baracken. Die nackten, sonnengebräunten Leiber baden in dem warmen, wollüstigen Hauch von Wind, der durch die hohen Pappeln herabweht. Wir sind unruhig, unsere Dispute nervös. »Haben Sie auch schon gehört, daß wir wieder hinüber ins SS-Lager verlegt werden sollen?« fragt einer im Vorbeigehen. »Das ist doch Quatsch!« fällt ihm ein anderer ins Wort. »Das würde doch ›Internierung‹ bedeuten. Es gibt keine Grundlage, uns zu internieren!« »Richtig!!« sagt ein anderer und gesellt sich zur Gruppe. »Wir sind weder als ›Verbrecherorganisation‹ angeklagt noch sonst in einer Personengruppe, die interniert werden soll; das trifft für uns nicht zu!!«

»Mensch, die machen doch mit uns, was sie wollen!« lacht ein Hinzukommender. »Denen kommt's doch nicht darauf an! Draußen wollen sie uns nicht; als ›Kriegsgefangene‹ sollen wir entlassen werden, also − − −«.

»Aber Mann, denken Sie doch mal nach: Wenn sie jetzt sogar alle armseligen Scharführer der Waffen-SS internieren, warum sollten sie vor uns haltmachen?? − − Na?? − − Diese Waffen-SS-Männer waren ja auch ›Kriegsgefangene‹ und sind schließlich ebenso harmlos wie wir − − −«, mischt sich wieder einer ein.

»Ja! Moment mal!! Die SS ist aber angeklagt; wir nicht! Das ist der Unterschied!« »Richtig! Das ist logisch! Aber haben Sie schon jemals etwas von Logik bei Maßnahmen verspürt, die *uns* betrafen??« »Na ja, aber schließlich hat der ›Nürnberger Prozeß‹ noch gar nicht entschieden, welche Organisation ›verbrecherisch‹ ist − − −«»Und wenn! − Zugegeben! − Aber wir, unsere Gruppe, wir Jungen, der ›Truppen-Generalstab‹, wir sind doch nicht angeklagt!!« So geht es hin und her. Ich trotte mit unguten Empfindungen vor zu meinem Beet, ernte drei Eimer Radieschen für die Küche, bereite die abgeernteten Streifen wieder auf, säe Rettich und Endivien ein. Ein Weilchen schaut mir Feldmarschall Milch zu, ewig vergnügt, immer lächelnd. Er trägt ein selbstgefertigtes kurzes Höschen aus Zeltleinwand und ein Paar Holzsandalen, wie wir alle sie uns aus Brettern und ein wenig Stoff oder Leder zusammengeschustert haben. Er setzt sich auf einen kleinen Holzschemel, den er sich aus einigen Kistenbrettchen selbst gebastelt haben mag; er holt aus seiner Hosentasche eine kleine Blechbüchse hervor, die aus einer Konservendose gemacht ist, und dreht sich nach alter »PW«-Art aus dem Tabak in der Büchse eine Zigarette.
Nun muß ich doch lächeln; wir nicken uns zu.

Erhard Milch, Staatssekretär und Generalfeldmarschall der Luftwaffe! Mit Sternen und Orden geschmückt sehe ich ihn im Glanze seiner Generaluniform an einem Marmorpfeiler im »Weißen Saal« im »Haus der Flieger« in Berlin lehnen, nonchalant, rosig überhaucht, lächelnd, ein Glas Sekt in der Hand, damals − − »Ball des Aero-Clubs 1937«. Welten liegen zwischen damals und heute, Irrungen, Katastrophen, Leid für die Menschheit. Und Du, Erhard Milch, bist schuldig − − −??? Er bläst den blauen Zigarettenrauch durch die Nase in den Sonnenschein hinein, nimmt seinen Holzschemel auf und schlendert, die Zigarette im Mundwinkel hängend, zum Generals-»Kral« hinüber.

Generaloberst Hoth gelingt es heute, bis zum amerikanischen Lagerkommandanten, Colonel Fainder, vorzudringen. Was er dort erfährt, klärt den Wirrwarr der vielen Gerüchte in unseren »Cages« etwas auf. Herr Fainder habe gesagt, daß eine Internierung für uns Offiziere, soweit wir politisch unbelastet seien, nicht vorgesehen sei. Das ist schon mal eine beruhigende Nachricht! »Wenn's stimmt!« bemerkt ein Skeptiker.

Derzeit stelle man Listen zusammen, in denen wir nach bestimmten Gruppen eingeteilt würden, denn es bestehe die Möglichkeit, daß die jüngeren Offiziere unter uns, die bei Divisions- und Korpsstäben tätig waren, demnächst aus der Gefangenschaft entlassen werden. Der Zeitpunkt hierfür sei allerdings noch unbestimmt − − −

Nun haben wir wieder Diskussionsstoff. Die Nerven sind erregt, hellwach. Alle Sinne irren unentwegt irgendwo umher, lauschen auf fremde Klänge, gespannt vor Erwartung, daß irgend etwas Unvorhergesehenes eintritt. Wir holen uns ein paar leidlich gute Bücher aus der Lagerbibliothek, aber die Lektüre kann die Unruhe nur etwas eindämmen, ohne sie zu vertreiben. Im Nebenraum werden Nägel in die Wand geschlagen. Dieser Laut peinigt die wundgescheuerten Sinne mehr als das Ohr. Als es endlich ruhig ist, vernehme ich durch das offene Fenster das Zwitschern von Vogelstimmen aus dem Gezweig der Büsche. Selbst dieser Klang ist im Augenblick – – ärgerlich! Es beginnt zu regnen.

In unserer Stube schwelt Unmut. Einer ist erkältet, brummig und schlecht gelaunt. Oberstleutnant Eggert sucht sein Bett nach Wanzen ab; er wird von diesen Biestern arg geplagt. Wir haben schon vergeblich versucht, sie zu vertreiben, aber sie kommen immer wieder. Ein polnischer Posten klopft ans Fenster, ein großer, blonder Mensch. Wir nennen ihn »Bubi«, weil er so aussieht, jung, mit offenem Gesicht. Er ist nett zu uns, und wir mögen ihn gern. »Diesärr Bank muus weg!« sagt er und deutet nach unten. Wir haben sie gestern draußen stehen lassen. Ich hole die Bank herein, stelle sie an ihren Platz am Ofen.

Ich sehe draußen einen der Unsern im Regen spazierengehen. Immer hin und her. Mantelkragen hochgeschlagen, das nasse Haar in der gesenkten Stirn. Er hat sich gestern in einer Nachbarbaracke erhängen wollen. Major Rungius kam zufällig vorbei und half ihn abschneiden. Er hatte die Nachricht bekommen, daß seine Frau sich von ihm trennen wolle. Da nahm er eine Wäscheleine und knüpfte sich an der Türangel der Abortzelle auf.

Der arme Kerl tut uns leid. Aber sich gleich aus dem Leben stehlen – – –??? »Es gibt schlimmere Dinge als erloschene Liebe!« meint einer. »Daran zerbricht man nicht! Viele Illusionen lösen sich im Leben in nichts auf, zerplatzen wie Seifenblasen; warum also nicht die Liebe, unsere größte Illusion – – –??«

Zum Glück kommt wieder einmal Post ins Lager. Auch sie kann unsere Stimmung nicht heben. Natürlich schreiben die Angehörigen auch von ihren Sorgen und Problemen. Mein Vater schreibt, daß sein Gesundheitszustand immer hoffnungsloser wird.

Und Rosemaria das herzensgute Mädchen, war wieder im Vogtland und schickt zwei Ansichtskarten aus der Heimat des Triebtales, die mich wehmütig stimmen. Sie deutet an, daß sie sich aufmachen möchte, mich hier zu besuchen. Ich schreibe sofort die Antworten, schreibe, schreibe, bis alles gesagt ist, was ich auf dem Herzen habe. Dann gehe ich zu meiner Gartenarbeit, schneide und setze Stangen für die Erbsen, vereinzele den Salat, helfe einen Ziergarten an der letzten Baracke anlegen, schneide mich beim Grasmähen mit der Sichel tief in den linken Zeigefinger, rolle schwere Feuerwehrschläuche auf.

Täglich kommen neue Trupps von Gefangenen in unser »Cage«, Italiener, Juden, Letten. Arbeitskommandos rammen überall Pfähle ein. Jede einzelne Baracke wird mit hohen Stacheldrahtzäunen verdrahtet.

Es ist wieder schwül geworden. Das Licht der Sonne wird von Schleiern hauchzarter tiefer Wölkchen gefiltert; es wirkt fahl und heimtückisch. Auch der Wind weht nicht ehrlich und sanft wie sonst, sondern in böigen, jähen Stößen, die wie aus einem Hinterhalt hervorbrechen und die Barackengassen entlangschwingen.

Der polnische »Cage«-Offizier möchte, daß vor der Vortragsbaracke ein großes Rosenbeet angelegt wird. Ich bearbeite drei Stunden lang den steinharten Boden an jener Stelle mit der Spitzhacke. Dann muß noch der Rasen im Generals-»Kral« abgesichelt werden. Am Abend fühle ich mich körperlich zerschlagen. Fernes Rumoren eines Unwetters.

Am nächsten Tag kommt unser letzter Antrag auf »Überprüfung und Entlassung unseres Personenkreises«, dem Colonel Fainder, der amerikanische Lagerkommandant, eine wohlwollend sachliche Präambel beigefügt hatte, vom Hauptquartier der 3. US-Armee zurück. Die Antwort besteht aus einem einzigen Satz: »Eine Entlassung von deutschen Generalstabsoffizieren wird derzeit nicht günstig betrachtet.« – Ende. Wir nehmen diese Nachricht schweigend auf. Der kurze amerikanische Bescheid ist von demselben amerikanischen Offizier unterzeichnet, der uns damals in Ulm darüber informierte, daß Pläne für unsere Entlassung »in naher Zukunft« vorbereitet würden. Seifenblasen! »– – – wird derzeit nicht günstig betrachtet.« Eine unverbindliche Bemerkung, oberflächlich in den Raum gestellt, nichts weiter. Aber sie friert die heißesten Sehnsüchte ein, überzieht den letzten Funken hoffenden Vertrauens mit Pesthauch. Es ist alles sinnlos. Wir sitzen draußen vor der Baracke und sind mit einem Male schrecklich müde. Eggert und Besserer starren stumm vor sich hin. Nur Rungius zischelt polnische Vokabeln – – – Der Himmel ist dünn mit Dunst bedeckt. Wir trotten zum »Zählappell«, als es pfeift, schlurfen über den Kies zu den Baracken zurück, als der Appell beendet ist – – eine müde Herde Menschen-»Vieh«.

Drei amerikanische Armeehelferinnen kommen die Lagerstraße entlang, Mädchen in Uniform, mit wehenden Haaren, Sonnenbrillen, lackierten Fingernägeln, hellen Strümpfen an den langen, schlanken Beinen. Die Gefangenen starren ihnen entgegen. Seit Monaten haben wir kein weibliches Wesen mehr gesehen; dies kommt jetzt plötzlich verwunderlich zum Bewußtsein. Als die Amerikanerinnen näher herankommen, wenden wir uns ab und – – drehen ihnen den Rücken zu. »Nutten!« sagt einer. Ein sehr unsachliches und häßliches Wort, im Augenblick entstanden aus Verbitterung über unser Los. Niemand weiß, was diese drei Mädchen hier in diesem Lager wollen. Es ist uns auch gleichgültig. Als sie vorübergegangen sind, schauen wir ihnen mit einem schiefen Blick über die Schulter nach. Die eine hält einen kleinen Strauß Wicken in der Hand. Diese Blumen sind sicherlich für keinen von uns bestimmt.

Zuweilen überfällt mich die Entfremdung von allen Menschen hier wie

258

eine dunkle Wolke. Dann ertappe ich mich dabei, wie ich mich über jeden meiner mitgefangenen Kameraden ärgere, wie ich jeden mit kritischer Ablehnung betrachte, die bis zu einer Art Haßempfinden hochschwelt. Dann könnte ich auch den nächsten und besten Freund mit meinen angewiderten Blicken anspringen. Dieses endlose Zusammenleben mit Männern ringsum, diese zwangsläufige Enge, dieses qualvolle unaufhörliche Miterleben ihrer Verhaltensweisen − − das macht psychisch krank. Man möchte sich in einen dunklen Winkel verkriechen und heulen, nichts weiter als einmal richtig hemmungslos und ausgiebig heulen. Aber auch das wäre nichts wert.

»− − − und so haben Sie ein reines und gutes Herz. Erhalten Sie es sich! Es löst jeden Stacheldraht. Jetzt reift alles. In kurzer Zeit beginnt ein neuer Lebensabschnitt. Machen Sie Ordnung in Ihrem Lebenshaushalt und nehmen Sie möglichst wenig belastende Schlacke aus dem Lager mit. Und seien Sie stark im Tiefstand, denn gerade hier zeigt sich der tatsächliche Wert eines Menschen, und der ist gesegnet, der sich treu bleibt!« Ein Brief, wie er von einem sehr guten Freund formuliert sein könnte. Ich habe ihn von Frau Dr. Charlotte Eberhard aus Berlin, der Tante von Rosemaria, erhalten − − −

Also, was weiter?? Nichts! Warten, warten, warten. Warten auf Post, warten auf den Sonenschein oder auf den Regen, je nachdem, warten auf das Essen, warten auf den Abend, auf den neuen Tag. Über das Thema »Entlassung« sprechen wir nicht mehr; es hat keinen Zweck. Man reibt sich daran auf.

Ich schreibe Briefe. Und plötzlich − wie's zugeht, weiß ich nicht! − habe ich den roten Faden gefunden, der mich zu einer neuen Novelle, zu »Olitschka«, hinführt. In den Gedanken, vielmehr noch im Unterbewußtsein, wollte da schon seit einiger Zeit etwas Gestalt finden; nun geht's mir flugs von der Hand. Ich hänge die Gärtnerei an den Nagel und schreibe den ganzen Tag an dem neuen Manuskript. In einem Zug kann ich den Abschnitt ›Lemberg‹ vollenden, die Armseligkeit der kleinen polnischen Wohnung am östlichen Stadtrand schildern, als sei ich gestern dort gewesen zum »Kompottrinken« mit der jungen Ukrainerin. Ich schreibe und schreibe. Es kostet viel Arbeit. Das muß erst alles zu Papier gebracht werden, was da in mir hochsprudelt. Ein buntes Kaleidoskop von Erinnerungen! Eine Art Rausch hat mich befallen. Ich muß das alles niederschreiben, was ich da an Bildern sehe und nachempfinde.

Aber ein Pfiff aus der Trillerpfeife unseres Zugführers zwingt mich am Abend wieder in die Gegenwart zurück. Neue Verordnungen sind bekanntzugeben:

Ab sofort dürfen von den Gefangenen wöchentlich nur noch *ein* Brief auf dem bekannten 19-Zeilen-Formular und *eine* Postkarte geschrieben werden. Alle aus- und eingehende Post wird künftig streng zensiert. Die amerikanische Lagerverwaltung wird hierzu in den nächsten Tagen eine zentrale Kontrollstelle einrichten; die ausgehende Post bis dahin wird seit zwei Tagen gestoppt. Auch die eingegangene Post wird zurückgehalten. Es fällt uns schwer, den Sinn dieser neuen Postschikanen zu begreifen.

Eine weitere Information betrifft die Verpflegung. Ab heute gibt es täglich pro Kopf nur noch 200 g Brot. Die »Beikost« wird reduziert. Als ich die heißen Mittagsstunden des neuen Tages im Dämmerlicht unserer Barackenstube zu verbringen suche, kommen neue Trupps von Gefangenen in unser »Cage«. Wir sind nun schon mehr als 1500 Gefangene hier.

Ich halte mich an »Olitschka« und komme gut voran. Als ich draußen vor der Baracke zwischen dem Grün der Bäume und des Buschwerks im Sonnenschein sitze, entsteht in aller Zartheit die Szene, in der das Mädchen nackt dem verschwiegenen Bergbach entsteigt und selig über die von Blumen übersäte Waldwiese tanzt. Auf einmal habe ich Angst. Wird das kleine Werk wirklich so gelingen, wie ich es mir vorstelle?? Vermag ich mit meinen Worten die ganz bestimmten Seiten im Herzen der Leser zum Klingen zu bringen, die in mir wie in reinen, vollen Akkorden klingen?? Ich beginne zu feilen, zu verbessern, umzuschreiben. Auch der nächste Tag gehört »Olitschka«. Ich befleißige mich einer knappen, »unlyrischen« Sprache. Der Leser soll selbst herausspüren, wo die Tiefen liegen.

Die Tage sind erbarmungslos heiß. Der Himmel strahlt nur noch am frühen Morgen in leuchtendem Blau. Dann wird er weißlich in seiner dumpfen Glut und wie von Schaum bedeckt. Es gibt kaum eine Möglichkeit, dieser Hitze zu entfliehen; auch die Dusche im Waschraum hilft nur für kurze Zeit. Die Lust zum Schreiben, zu jeglicher Betätigung, zerschmilzt unter der sengenden Himmelsglut. Wir bekommen unsere Briefe zurück, die wir noch vor den neuen strengen Bestimmungen vor einigen Tagen schreiben durften. Wir müssen sie noch einmal schreiben und dürfen dazu nur das 19-Zeilen-Formular verwenden. Die letzten Tage dieses Juli 1946 rinnen dahin in ihrer sommerlichen Gluthitze wie ein Bächlein, das im Sand versickert − − − Es scheint fast, als versickerten unsere letzten Hoffnungen mit. Wir bekommen erneut unsere Briefe zurück. Adresse und Absender müssen in Blockschrift geschrieben sein. Ein Brief darf nicht mit Bleistift geschrieben werden. Abkürzungen und Unterstreichungen sind verboten. Verboten ist auch die Verwendung von Zahlen; ein Brief kommt zurück, weil der Schreiber am Schluß geschrieben hatte: 1000 Grüße!«; das ist eine Zahl und daher − − − unzulässig! Verboten ist auch, über eine andere, dritte Person zu schreiben. Das heißt − nach Auslegung der polnischen Zensoren! −, daß man sich nicht nach Kindern, Eltern usw. erkundigen darf. Verboten ist jede Schilderung über Lagerzustände. Einer hatte geschrieben: »Wir liegen zu fünft in einer Stube«; er bekam deshalb den Brief zurück. Verboten ist auch noch, das Briefdatum auf eine besondere Zeile zu schreiben, die über die zulässigen Zeilen hinausgeht.

Es sind gewiß lächerliche Schikanen. Aber sie sind wirkungsvoll. Sie zermürben die Nerven, und das sollen sie wohl. Einige zerreißen ihre erneut zurückgegebenen Briefe und verzichten, noch einmal ein Briefformular in Empfang zu nehmen.

Wichtiger erscheint, daß wir jetzt eine gewissermaßen amtliche Bestätigung darüber erhalten, daß mit unserer Entlassung nicht zu rechnen ist. Generaloberst Hoth war erneut bei dem amerikanischen Colonel Fainder. Dieser erklärte, man habe unsere Entlassung vorbereitet, aber die polnischen Stellen hätten es nicht genehmigt. Im interalliierten Rat habe man keine Einigkeit für die Entlassung von Generalstabsoffizieren erreichen können. Dies hänge auch noch mit gewissen Festlegungen anläßlich der Konferenzen von Jalta und Potsdam zusammen. Die amerikanischen Militärs seien zwar der Ansicht, daß insbesondere die jüngeren Generalstabsoffiziere keinen Einfluß auf die »Nazi«-Politik gehabt hätten, aber man sei an die Weisungen der Politiker gebunden.

Das also ist die Lage. »Verdammt trostlos, was?«, meint einer. »Klar ist also, daß auch der ›Nürnberger Prozeß‹ auf unser weiteres Los keinen Einfluß haben wird!« stellt ein anderer fest. Das ist eine neue und bittere Erkenntnis. »Wir sind zum Objekt der Politik geworden. Da scheidet jede Gerechtigkeit und Logik aus − − −« »Jetzt wird offenbar, was es heißt, schuldlos Opfer gehässiger Propaganda und der hieraus abgeleiteten politischen Schlagzeilen der Presse zu werden!« »Woran sollen wir uns denn überhaupt noch klammern − − −?« »Glauben Sie denn im Ernst, daß sich die Alliierten beeilen, unsere Existenzfrage zu lösen?? Das ist doch wohl nicht anzunehmen!« »Noch mehr: Werden die sich denn überhaupt in absehbarer Zeit in solchen Fragen einigen können, wo es ihnen doch bei nahezu allen anderen Punkten nicht gelungen ist − − −!?«

Ich fliehe in den letzten Winkel des »Cage«. Ich möchte allein sein. Aber auch dort lehnt schon einer an einem Baumstamm und dreht sich eine Zigarette. Als ich komme, macht er eine stumme Handbewegung und deutet zum Baum hinauf. Auf einem Ast sitzt ein Vogel und trillert unbekümmert sein Lied. Wir lauschen ein paar Takte, bis der Vogel davonfliegt. »Ach, wissen Sie«, sagt der Kamerad leise, »ich bin der Meinung, daß wir alles viel zu schwer nehmen. Gegen andere geht es uns immer noch ganz gut, meinen Sie nicht? Und solange ich atmen kann, werde ich die Hoffnung nicht aufgeben, Hoffnung in einer Mischung von Tragik und Humor!« »Dum spiro, spero!«

Wir gehen − aus lauter Verzweiflung − nebeneinander nach vorn zur Küchenbaracke; Georg Mickley mit seiner Mannschaft spielt heute wieder mit zündenden Rhythmen auf. Aber nach den ersten beiden Stücken wird das Konzert abgebrochen. Die Musiker packen eilends ihre Instrumente ein. Befehl: Die Kapelle muß bei den Amerikanern spielen − − −

Ich entschließe mich, das einzige zulässige Briefformular an Rosemaria zu schreiben. Bei der erforderlichen Beachtung aller Gebote, Verbote und Bestimmungen wird doch kein rechter Brief daraus. Es ist jetzt auch noch verboten worden, Klammern und Gedankenstriche zu schreiben. Auch Grüße zu bestellen, ist unstatthaft, denn hier gehe es um »dritte

Personen«, über die nicht geschrieben werden darf. Ich darf auch nicht erwähnen, die Briefe Nr. 14 und 16 erhalten zu haben, denn das sind verbotene Zahlenangaben. Oh, wenn die Menschheit gut wäre, anstatt gehässig und gefühllos – – –!

Man munkelt von neuen Beschlüssen über unser weiteres Los. Schon in Jalta sei von den Alliierten beschlossen worden, die Angehörigen des deutschen Generalstabs irgendwo im britischen Imperium anzusiedeln und damit eine Art »Internierung auf Lebensdauer« zu schaffen, über deren Art man sich im einzelnen noch nicht genau festlegen wollte.

Vor Jahresfrist sprach die Tagespresse von ›Deportation nach den Falkland-Inseln‹ zugleich mit den Frauen und Kindern der betroffenen Offiziere. Andere Stimmen nannten eine einsame und unkultivierte Insel im Stillen Ozean. Diese Gerüchte tauchen wieder auf. Ich zwinge mich, diesen endlosen Tagen der Gefangenschaft wieder einen Sinn zu geben und mich von Gerüchten jedweder Art nicht mehr als unumgänglich beunruhigen zu lassen. Wir müssen uns auf einen neuen Herbst und Winter in der Gefangenschaft einstellen. Das kostet psychisch viel Kraft und Mühe, aber es muß sein. Wir alle wollen an der Sinnlosigkeit unserer Haft nicht zerbrechen. Man will an uns Vergeltung üben – – wir können es nicht ändern. Man will nicht verzeihen – – – wir müssen es hinnehmen. Gegen menschliche Unzulänglichkeit richtet Logik nichts aus. Es ist darum besser, an praktische Dinge und Verhaltensweisen zu denken, als sich mit Grübeleien an diesen Jammer zu verschwenden. Ich entschließe mich, »Bauwesen« und »Landwirtschaft« aus dem Angebot der Lagerseminare zu belegen. Der überarbeitete Entwurf zu »Olitschka« wird heute fertig. Ich habe die Feder befriedigt aus der Hand gelegt. Gelegentlich werde ich die Kritik der Kameraden hören. Ich laufe eine Stunde lang allein durch das Labyrinth von Stacheldraht-zäunen, in das unser »Cage« in Befolgung amerikanischer Sicherheitsmaßnahmen verwandelt wurde. Es ist kein ergötzlicher Spaziergang, immerzu an Zäunen aus Stacheldrahtrollen entlangzugehen, überall auf neue Zäune zu stoßen. Die Gefangenen drängen sich in den Gassen, die von den Zäunen gebildet werden.

Man sagt, wir seien nun bereits 2000 Gefangene in diesem Käfig. Man kann ihnen nirgends entgehen. Alles ist vorhanden: Minister, so zum Beispiel die Herren Ohnesorge und Backe. Staatssekretäre wie Ganzenmüller, Lammers, Milch. Feldmarschälle und Generale, Heerführer und Kommandierende. Generalstabsoffiziere, Diplomaten, Gesandte und Botschafter, Parteileiter, Ausländergruppen, z. B. Polen, Letten, Litauer, Esten. Dann ehemalige KZ-Kapos und kriminelle Verbrecher, Funktionäre der »Kommunistischen Partei Deutschlands« (KPD) bis zu kriminellen Semiten; auch der Zionistenführer Dr. Lehmann ist hier.

Beinamputierte bis hin zu den ärmsten der armen Krüppel; sie haben im Krieg beide Arme verloren. Das ist das Bild des Menschenjammers, dem wir hier unaufhörlich gegenüberstehen. Niemand kann diese eigenartige Zusammensetzung der unterschiedlichsten Personengruppen in diesem »Cage« begreifen.

Von den KPD-Funktionären, die hier seit Monaten gefangengehalten werden, hören wir, daß sie vor anderthalb Jahren als Zeugen für einen Dachauer KZ-Prozeß im Flugzeug vom italienischen Kriegsschauplatz hierher gebracht worden sind. Man hatte sie in neue deutsche Infanterieuniformen eingekleidet, und nach dem Prozeß hat man sie – – hier gehalten. Als Grund für die Inhaftierung steht in ihren Papieren: »unknown«, »unbekannt!«; das scheint wohl das Schlimmste zu sein, was einem zustoßen kann.

Es sind auch einige Zivilisten hier, die man einfach auf der Straße draußen eingefangen hat, nämlich dann, wenn von einem Außenarbeitskommando einige Gefangene mit Erfolg fliehen konnten. Damit bei der Rückkehr ins Lager am Abend die Kopfzahl des Kommandos stimmte, holte man sich von der Straße eine entsprechende Anzahl von »Ersatzleuten«. Haftgrund: »unknown«. Sie sind dem Selbstmord nahe – – –

Wir bekommen wieder Briefe von der Zensur zurück. Einer hat anstatt der zulässigen und vorgeschriebenen Anzahl von Zeilen versehentlich eine Zeile mehr beschrieben. Er bekommt seinen Brief zugleich mit dem Verbot zurück, nochmals zu schreiben. Ein anderer hat die Zeilenlinien mit Bleistift säuberlich vorgezogen; auch sein Brief wird nicht befördert. Wir nehmen das alles hin. Unsere Verbitterung führt allmählich zu einer Verhärtung aller Gefühle. Dagegen muß man sich jedoch wehren. Ich fürchte mich direkt vor dieser geistigen Stumpfheit, die mich zuweilen wie ein schweres, schwarzes Tuch befällt. Dann suche ich mir das Herz wund nach einem Fünkchen Hoffnung, aus dem ich Kraft für das Bestehen dieser Zeit schöpfen möchte.

Jeder schleppt an seinem Kreuz, und jeder schleppt schwer. In unserer kleinen Stubengemeinschaft hat Oberstleutnant Eggert seit vielen Wochen in besonderem Maße an der Hoffnungslosigkeit der Zukunft zu leiden. Ich betrachte zuweilen im stillen sein aschgraues Antlitz, das in letzter Zeit härter und kantiger wurde. Er trägt schwerere Lasten auf seinen Schultern, als wir zu ahnen vermögen. Seine beiden Kinder leben in Mitteldeutschland. Er weiß nicht, ob er sie jemals wiedersieht. Seine Frau starb vor Jahren an einer Operation. Seine Wohnung, seine Möbel und alle sonstige Habe in Berlin sind beschlagnahmt. Man hält ihn dort bereits für »liquidiert«. Erschütternde Sachverhalte, die sich in das hundertfältige Leid unseres Elends hier einpassen.

In letzter Zeit habe ich mich etwas enger an Major Besserer angeschlossen. Er ist ein kluger Kopf und verfügt über einen ausgebildeten Geist und über – – Herzenstakt. Es hat lange Zeit gedauert, bis wir uns ein wenig näher kamen. Im Grunde mochten wir uns nicht. Fast war es noch Ablehnung, die mich immer dann erfaßte, wenn ich sein mürrisches Gesicht betrachtete und die Kälte seiner Verschlossenheit spürte. Ich hielt es für Arroganz. Ich verabscheute diese »Eigenbrötelei«. Aber dann erkannte ich, daß es nichts weiter war als Flucht vor den Menschen. Ein Schutzwall, den ich zu verstehen vermochte. Da fanden wir uns. Ich fühlte mich bald von seinem köstlichen Mutterwitz ebenso angezogen wie von seinem stets sicheren Urteil. Inzwischen verbindet uns eine Art verhaltene Freundschaft, die von Herz zu Herz spricht, ohne aufdringlich sein zu wollen. Gegen vertrauensselige Kumpanei sind wir allergisch. Es ist seltsam, aus welchen Motiven Menschen zueinander finden.

An unser »Cage« grenzt ein Streifen Wildnis an, hinter der sich dann nach etlichen Metern die das Lager umschließende hohe Betonmauer erhebt. Unter einer Gruppe von Fichten und Eichen wuchert hohes Gras, durchsetzt mit duftender Kamille. Das Buschwerk dort ist über und über von Blüten bedeckt. Hohe Disteln mit violetten Blüten stehen dort. Dieses Stückchen Wildgarten wurde uns heute durch eine kleine Pforte im Drahtzaun zugänglich gemacht.

Ich liege auf dem Rücken im Gras und träume an den hohen Stämmen empor durch das Geäst ins Himmelblau. Die Blätter der Eiche sind vom Sonnenschein grüngold durchleuchtet und fast durchsichtig. Es ist viel Frieden in diesen Träumen − − − Der Duft aus den Sträuchern, den der warme Wind so zärtlich zu mir herüberweht, ist wie Balsam. Die Wipfel rauschen und raunen ihr längst verklungen geglaubtes Lied. Ich bilde mir ein, frei und allein, einsam zu sein. Der Blick geht ganz ohne Grenzen an den Bäumen empor in den Himmel hinein und den weißen Wolken nach, so daß man die Mauern und Zäune ringsum vergessen kann. Und ich muß lächeln in der Erkenntnis, wie sehr es doch wohl stets auf den rechten Blickpunkt, die Blickrichtung ankommt − − −

Wie unbeschreiblich schön könnte diese Erde sein, wenn nicht ausgerechnet Menschen sie bevölkerten! Und wie gut, daß diese Amerikaner dieses »Cage« nicht auch noch in Höhe der Baumwipfel mit Stacheldraht einschließen!

Es ist gut, hier zu liegen, viele Stunden lang. Der Hunger rumort wieder im Gedärm. Seit Tagen schon ist die Verpflegung spürbar reduziert. Und es melden sich gleich wieder die altbekannten ärgerlichen Symptome. Da ist einer unserer Kameraden. Er hat niemanden draußen, der ihm etwas schickt. Dafür kann er nichts. Wer von uns etwas bekommt, gibt ihm seinen Teil ab. Das ist selbstverständlich. Aber er wacht auch selbst über jede »gerechte Verteilung«. Und darauf, daß er seinen Teil bekommt.

Zu Mittag bietet Oberstleutnant Eggert ihm seinen Suppen-»Nachschlag« an. Er tut es aus Freundschaft und Herzensgüte. Er weiß, daß der Jüngere besonders unter Hunger leidet. Jeder von uns würde ablehnen, denn Eggert hat schließlich seine geringe Verpflegungsration nicht mehr und nicht weniger nötig als wir anderen allesamt auch. Der junge Kamerad lehnt ab. Mit Nachdruck, fast entrüstet. »Ich werde doch unserem guten Nischenvater nicht den Nachschlag wegessen! Kommt ja gar nicht in Frage!« Aber ehe noch das letzte Wort ausgesprochen ist, schiebt er sich bereits den Suppenlöffel zwischen die Zähne. Verdammte Heuchelei!

Verdammter Hunger! Ich bin so böse, daß ich einen Tag lang nicht mit diesem Kameraden spreche. Es ist einfach albern − − und doch zwingend. Im Nürnberger ›Prozeß‹ befinden sich zur Zeit diejenigen Organisationen in der Verteidigung, die man als »verbrecherisch« angeklagt hat. Presse und Rundfunk berichten breit, gehässig und abfällig über die Plädoyers. Nur über uns, den Genralstab, schweigt man ebenso, wie man über die offenbar ausgezeichnete Verteidigungsrede von Generaloberst Jodl geschwiegen hat. Nichts! Optimisten meinen, Hoffnung schöpfen zu sollen, daß die Anklage gegen den Generalstab fallengelassen wird. »Lassen Sie sie doch!« meint Besserer, »mit uns hat das ja doch alles nichts zu tun!«

Die ersten Augusttage sind heiß und schwül. Ein neuer Schlag trifft unsere alte Stubengemeinschaft. Oberstleutnant Eggert, unser »Nischenvater«, und das »Eichhörnchen«, Major Hoffman, werden nach Österreich ins Lager Gmunden abtransportiert. Besonders Kamerad Eggert war mir sehr ans Herz gewachsen. Er wird ganz bleich, als er erfährt, daß er weggebracht werden soll. Wir alle fühlen in besonderem Maße, wie innig uns dieses Jahr gemeinsam ertragener Gefangenschaft miteinander verbunden hat. Die Lagerleitung gibt bekannt, daß in Gmunden alle jene Generalstabsoffiziere zusammengezogen werden, die auf dem italienischen Kriegsschauplatz eingesetzt waren, um für die Amerikaner Kriegsgeschichte zu schreiben. Unsere Kameraden geben eindeutig zu Protokoll, daß sie das ablehnen.

Ihre Begründung lautet: »Die Behandlung, die uns widerfuhr, war zu schlecht, um freiwillig noch etwas für jene Leute zu tun, die uns nicht als Soldaten achten, sondern uns als ›Kriegsverbrecher‹ behandeln und unsere Familien der ungerechtfertigten Willkür der Behörden preisgeben. Wir bitten um Verständnis über unsere Verbitterung in den letzten Monaten.« − Achselzucken bei den Amerikanern. Befehl ist Befehl.

Am Morgen begleiten wir unseren »Nischenvater« Eggert zum Lagertor. Stiller herzlicher Abschied. Und dann − − − Leere! Er fehlt uns sehr, und mir wird es nicht leicht, seine Nachfolge als »Stubenältester« anzutreten. Wir bekommen zwei neue Kameraden in unsere Stubengemeinschaft eingewiesen, frische junge Männer, die eine Atmosphäre von Fremdheit und dadurch Unbehagen mitbringen: Major v. Bülow und Major Herrmann-Troß.

Ich lege mich drüben zwischen die Bäume ins Gras. Ich möchte über den Verlust unseres lieben Freundes Eggert nachdenken. Hier bin ich allein, denn die Kameraden kommen ungern zu den Bäumen hierher − − wegen der Ameisen. Mich stört es nicht, wenn so ein winziges dunkelbraunes Tierlein flink-hastend über meinen Bauch läuft. Es hat sich wahrscheinlich nur verirrt. Und so bin ich nicht gänzlich allein, daß ich mir verloren vorkommen müßte. Schon stolziert ein kleiner Käfer mit grasgrünem Kleid auf hohen Beinen über mein Knie, und über die Blütendolden des Thymian und Kamillenkrauts gaukeln zwei weiße Falter verspielt im Wind dahin.

In den Wipfeln singt der Sommerwind sein silbrig perlendes Lied, wenn die Blätter der Pappeln zusammentreffen. Hoch über allem treiben Federwolken durch das Blau. Einmal kommt sogar eine braunfellige kleine Feldmaus unter den Stauden so nahe an mich heran, daß ich sie mit der Hand greifen könnte. Sie gibt sich ohne Scheu, bleibt vor mir sitzen und knabbert gemächlich einen Grastrunk auf, den sie mit beiden Vorderpfötchen festhält. Dabei blinken mich die beiden winzigen schwarzfunkelnden Augenkügelchen forschend an. Erst als ich, von ihrem Zutrauen in Sicherheit gewiegt, die Zigarette zum Munde führe – ich Tölpel – huscht sie davon. Aber nicht weit abseits setzt sie sich zu neuem Schmaus zurecht. Ich sehe es am Beben der hohen Grasstengel und höre das leise Rascheln.

Oh, Frieden der wundersamen Natur in ihrer Vielfalt! Frieden auch meiner Seele! Und Sehnsucht – – nach dem Leben!

Major Besserer hat ein Paket bekommen. Es ist geöffnet; das ist üblich. Ein Brief sagt über den Inhalt aus. Aber vom Kuchen fehlen drei Viertel. Eine Büchse Fisch und ein Stück Speck sind entwendet. – Achselzucken. Von der Nachbarbaracke, wo die Polen wohnen, dringt leise Harmonikamusik herüber, schwermütige Weisen, dann eine Polka. Die Zeit liegt in den Sielen wie ein müdes Tier. Und wir selbst zerren mühselig an den Stricken und Ketten, um den Tag voranzubringen. Wie weit führt wohl der Weg noch durch den Mahlsand der Gefangenschaft und die Nacht der Geistesstumpfheit – – –???

Wir hören einen Vortrag von General Foertsch über unsere »Aufgaben in der Zukunft«. Mir wird dabei erschreckend klar, wie nahe wir vor dem Untergang des Abendlandes stehen. Dann spricht Pater Roth über »Trennung von Staat und Kirche«; es ist ein Genuß, dem wohlgeschliffenen Stil und der trefflichen Vortragsart dieses jungen Geistlichen zu lauschen.

Aber dann geht es wieder darum, die Endlosigkeit eines ganzen Tages zu überwinden. Am Morgen hängt zum ersten Mal Nebel zwischen den Baracken. Früher Bote des Herbstes. Es ist kühl geworden. Kein Blatt regt sich an den Zweigen. An der Wand der nächsten Baracke stehen Sonnenblumen und buntes Löwenmaul. Ab und zu fällt eine Blüte ab. Tatsächlich! Die Pflanzen beginnen zu welken. Am Boden gilben Blätter. Ich muß mich zwingen zu begreifen, daß ein neuer Winter in Gefangenschaft bevorsteht.

Wir fassen den Entschluß, unsere Stube umzubauen. Wir ziehen Wände ein, setzen den Ofen um, kalken die Mauern, sägen, hobeln, nageln, eingehüllt in Wolken von Kalkstaub und Schmutz. So schaffen wir uns einen Wohnraum und einen seperaten Schlafraum und gewinnen einen kleinen Flur für Mäntel, Mülleimer, Besen, Holzvorrat. Zwei Tage sind wir voll beschäftigt. Am Schluß werden die Wände mit Rupfen bespannt. Alles ist recht hübsch geworden, behaglich. – Nun sind wir fertig.

Ich wasche meine Wäsche und stehe in der Waschbaracke neben Herrn Reichsminister Ohnesorge, dem Staatssekretär Ganzenmüller, einem Gesandten, dem Oberbürgermeister von München, Fiehler, und zwei

Obersten im Generalstab – – lauter armselige Typen, mir gleich, und insgesamt grotesk im Äußeren. Minister Ohnesorge hat sich ein Nachthemd über den Bauch geknotet und wäscht sich die Beine, an denen sich violette Krampfadern ringeln. Ganzenmüller hat sich einen undefinierbaren grauen Wollschal um den Hals geschlungen; er ist offenbar stark erkältet. Ich sehe den Oberst, der sich seine Zahnprothese putzt, und den Gesandten, wie er sich mit Inbrunst seine Genitalien wäscht. »Und vor uns hat einst die Welt gezittert – – –!« zischt mir Lammel zu, der mit einer Schüssel schmutziger Strümpfe hinter mich tritt. »Man müßte die Großen dieser Erde alle einmal bei ihrer Morgentoilette betrachten können!«

Ich flüchte mich zu meinem stillen Platz hinter dem »Cage« unter den weit ausladenden Bäumen. In der Lagerbibliothek habe ich einen Band Gedichte von Rilke bekommen. »Herr, es ist Zeit. Der Sommer war sehr groß – – –« Ich lese langsam und halblaut, Gedicht für Gedicht. Nur ein Vogelruf weht zuweilen durchs Geäst.

Auf dem Weg zurück zur Baracke fragt mich ein General, wie mir's geht. »Ausgezeichnet, Herr General!« sage ich. »Was??? Ausgezeichnet???« Er brüllt mich fast an, erstaunt und beinahe verärgert. Die Menschen sind seltsam. Fast wünschen sie, daß der liebe Nächste Mitleid erheischt, um ihre eigene Bedrückung daran zu mildern. Aber mir liegt es nicht, Mitleid zu erwecken. Helfen kann ja doch kein Mensch. Und jeder trägt an seinem Sorgenbündel. Der General geht wortlos weiter. Ich lese Rilkesche Gedichte und fühle mich ergriffen wie kaum jemals in meinem Leben.

Am Abend, bevor das Gewitter heranzieht, erlebe ich wieder einen hervorragenden Vortrag von Pater Roth über »Christus als Menschheitserlebnis«. Ich fühle mich aufgewühlt und in seltener Weise gepackt. Es gibt wohl viele Handwerker unter dem geistlichen Stand; wahre Künstler trifft man selten. Pater Roth ist einer. Gottesdienst und künstlerisches Schöpfertum sind nahe verwandt. Wenn ich den geistigen Durchschnitt unserer Sonntagsandachten und Bibelstunden betrachte, so erfaßt mich zuweilen das Verlangen, selbst hinzutreten und den Menschen bewußt zu machen, was sie im Herzen bewegt. Aber ich fühle mich dazu noch nicht reif; es wäre nur ein Spiel mit Gedanken und Empfindungen, und alles taugt nicht. Solange es Probleme gibt, zu deren Lösung mir der Glaube fehlt, kann ich nicht Theologe sein. Das ist der Berg, vor dem alles Bemühen scheitert.

Es wird wirklich Herbst, und die Blätter an den Bäumen beginnen zu gilben. An manchen Tagen hängen graue Nebelschleier bis zur Mittagszeit zwischen den Baracken. Und wenn die Sonne hervorkommt, hat sie einen fahlen Schein. Zuweilen überrasche ich mich, daß ich nicht mal mehr Mitleid mit der geschundenen Kreatur an meiner Seite habe. Dann sind sie alle hier, die »Großen« und die »Kleinen«, nur noch Lebewesen, mit einem Maul, um Nahrung aufzunehmen, einem Darm, um sie zu verdauen, einem After, um sie auszustoßen und hin und wieder üble Düfte zu verbreiten. Dann spüre ich keinen Geist mehr, keine Köpfe mit hohen Gedankenflügen, Sorgen und Sehnsüchten. Dann fällt alles Gemeinsame, alles Liebenswerte ab, und es bleibt nur das Menschentier, das mühselig und beladen durch die Endlosigkeit der Gefangenschaft dahinvegetiert. Die beiden Neuen sind gut in unseren Kreis hineingewachsen; sie haben ihre Vorzüge und Nachteile wie jeder von uns. »Von Grund auf ist der Mensch schlecht!« sagt Major Herrmann-Troß, als wir miteinander spazierengehen. »Wohl trifft man ab und an mal einen einzelnen, in dem eine Spur von Güte oder Größe zu stecken scheint; aber auch das ist selten und vielleicht nur zeitlich bedingt. Schauen Sie: Was unsere Gemeinschaft hier erträglich macht, ist letzten Endes doch nur das gemeinsame Tragen der gleichen Not. Stellen Sie sich vor, es würfe jemand einen Ball in unseren Käfig, von dessen Besitz Vorteil und Begünstigung abhinge. Sogleich gäbe es Mord und Totschlag − − −!! Oder??« − Ich gebe ihm − schweren Herzens - recht. »Es ist aber auch eine Sache der eigenen Anschauung«, füge ich hinzu, »ich bin geneigt, in jedem Menschen, dem ich neu begegne, zunächst das Gute zu sehen, das Idealbild des Menschen schlechthin. Bei jeder mir noch fremden Person habe ich zunächst den Eindruck, als stünde sie im Wert turmhoch über mir. Ein Minderwertigkeitskomplex sicherlich. Aber beim näheren Kennenlernen beginnt der neue Mensch, Stufe um Stufe vom hohen Podest der Untadeligkeit herabzusteigen, bis das Allzumenschliche auch bei ihm zum Vorschein kommt. Dann ist die Gleichheit erreicht, und das Emporblicken wandelt sich zum bloßen Dulden, ja, bis zur inneren Kritik und Verachtung und damit zur Ungerechtigkeit − − −.« Wir philosophieren stundenlang über Menschenart und Humanität, über Vorurteile und Urteile, über Christentum und Heuchelei. − Am Ende ist alles − − zerredet.

Ich gehe zur Morgenandacht, die von Major Schulze-Cassens gehalten wird. Aber der Wunsch, andächtig sein zu dürfen, wird mir versagt. Die Ansprache in störendem sächsischem Dialekt, das unüberhörbare Pathos der Stimme, das Murmeln der Gebete in anderen Worten, als es die meinen wären, die kümmerlichen Singversuche, dies alles ist ärgerlich. Im Grunde möchte ich es nicht wahrhaben, aber es ist schon so, daß die ganze wundersame geistige Erscheinung der Gottnähe nur dann auf mich herabgleitet, wenn ich allein bin.

Als ich in der müden, satten Mittagsstunde durchs Lager schlendere, vernehme ich aus der Vortragsbaracke Klaviermusik: Beethoven! Ich bleibe wie angewurzelt stehen, verzaubert von dieser Musik, schaue hier draußen im Sonnenschein einer Biene zu, die in einer Wiesenblume zu meinen Füßen Nektar sammelt. Hier fühle ich mich zur Andacht hinaufgehoben, zur Erkenntnis, daß die Welt, von Gott geschaffen, doch so schön ist, so gut, so stark, so wundersam, befreiend und feierlich. Trotz alledem − − −! Die Sonnenblumen drüben an der Barackenwand leuchten wie feurige Scheiben über den mannshohen grünen Schäften. Sie stehen regungslos, dem Tageslicht zugewandt, und harren der äußersten Reife.

Wir haben in der Vortragsbaracke eine Ausstellung von Bildern, Bastelarbeiten und Handwerklichem zusammengestellt, Gegenstände, die von den Offizieren in der Gefangenschaft hergestellt worden sind. Diese Ausstellung wird am Nachmittag durch den amerikanischen Col. Fainder eröffnet, der sich recht interessiert zeigt. Kinderspielzeug gibt es da, Haushaltsgegenstände, Schreibmappen, Schachspiele, Lampen, Bekleidungsstücke. Und viele Aquarelle. Es ist in der Tat sehenswert, was hier in den letzten Monaten aus Holz, Blech, Stoffresten und Farbe entstanden ist. Alle Arbeiten stammen von Laien und zeigen ein bemerkenswertes handwerkliches wie auch künstlerisches Können.

Besonders beachtenswert scheint aber doch zu sein, daß alle diese Werke trotz aller geistigen und materiellen Bedrängnis in der Gefangenschaft, trotz aller Schikanen wie Werkzeugverbot, Materialwegnahmen oder wiederholte Beschlagnahmungen entstehen konnten. Das ist die Lebenskraft, die sich doch noch und trotz allem behaupten will.

Mir haben's besonders die Bilder angetan. Einige sind absolut ein − − Erlebnis. Ein Temperabild von Oberstleutnant Wichmann ruft mich immer wieder zur Betrachtung: »Heilige Familie«. Eigenartig in der Wahl der Farben, von einem märchenhaften dunklen Ernst, dabei von großer Zartheit in den Linien und doch modern in der Auffassung; ein sehr männliches Bild. Die Eltern Jesu als zwei junge Menschen unserer Zeit, gefaßt, stark, gläubig und vor allem Menschen, echt und zeitlos. Hervorragend auch die Aquarelle von Major Schell, ganz sparsam in den Farben, intensiv in Stimmung und Aussage, von tiefer Eindringlichkeit.

Es beginnt zu regnen. Auch im Inneren der Baracken wird die Luft feucht und kühl. Wir möchten gern ein wenig Feuer im Ofen machen, aber der polnische »Cage«-Kommandant hat es verboten. Ehe der Tag sich neigt, wird bekanntgegeben, der alliierte Kontrollrat habe durch Gesetz beschlossen, daß die ›Deutsche Wehrmacht‹ in jeder Hinsicht als aufgelöst gilt. Damit sind sämtliche Dienstgrade abgeschafft, irgendwelche Organisationen, Veteranenvereine, kurzum alles irgendwie Militärische ausgelöscht. Mit Ablauf des Monats September wird es − so schreibt die Presse − folgerichtig in der amerikanischen Zone keine ›Kriegsgefangenen‹ mehr geben. In Haft bleiben nur noch ›Kriegsverbrecher‹, Lazarettkranke und Arrestanten − − −

So! Und wir − −?? Was wird mit uns − −??

Ich laufe bedrückt durch diesen schwülfeuchten Abend. Jupp Vorderwülbecke, mein alter Kriegsschulkamerad, begegnet mir. Er schenkt mir drei Äpfel, die er heute in einem Paket bekommen hat. Major Schulze-Cassens gesellt sich zu uns. Er will am Sonntagabend eine kleine Feierstunde halten und bittet mich, ein paar meiner Gedichte zu lesen. »Oberst Fieger wird Beethoven spielen!« sagt er, »und ich möchte nur ein paar Schubert-Lieder singen.« »Schu-Ca« drückt mir ein kleines

Heftchen in die Hand. »Sie können's ja mal durchfliegen − − −«, meint er.

Sieh' einer an: der kleine blonde und oft so nervös wirkende Schulz! Das ganze Heftchen hat er vollgeschrieben: lauter innige, verträumte, tiefempfundene Sachen, aus denen eine ungemein zarte Lyrik spricht. Zwei Sätze von ihm, als »Gedankensplitter« bezeichnet:

»Die Menschheit ist so stolz auf ihr Vorhandensein − wie stolz dürfte erst die Natur sein, sie wieder zum Verschwinden gebracht zu haben!«

Und:

»Die Liebe ist das letzte Geschenk des Schöpfers, welches die Zivilisation noch nicht völlig vernichten konnte, doch sie ist auch hier auf gutem Wege − − −«

Die sonntägliche Feierstunde wird ein guter Erfolg. Die kleine Gemeinde hört gern zu und scheint aufrichtig ergriffen zu sein. Wir tragen unsere Sachen nach bestem Können vor. Die klare, saubere und fast geschulte Stimme von Schulze-Cassens besticht. Das Lied von den beiden Grenadieren von Heine und R. Schumann ist tatsächlich ein Genuß. Oberst Fieger begleitet feinfühlend. Pfarrer Beltinger bläst auf der Blockflöte. Auch meine Gedichte scheinen zu beeindrucken. Noch am Abend kommen Kameraden und wollen sie abschreiben, Generaloberst Hoth, Oberst Pomptow, Müller und andere. Es beglückt, wenn man anderen Freude machen kann − − − General Kleinrath hat meine »Olitschka« gelesen. »Ich bin angetan davon,« sagt er bei der Rückgabe meines Manuskriptes, »nur den Schluß hätte ich gern etwas handfester gehabt!« Ich glaube es ihm.

Später schickt er mir als Geschenk ein kleines Büchlein herüber, Hölderlins »Hyperion«. Am meisten freue ich mich über eine von General Kleinrath angestrichene Stelle auf einer der ersten Seiten: »Was ist alles, was in Jahrtausenden die Menschen taten und dachten, gegen einen Augenblick der Liebe? Er ist aber auch das Gelungenste, Göttlichschönste in der Natur! Dahin führen alle Stufen auf der Schwelle des Lebens. Daher kommen wir, dahin gehen wir.«

Am nächsten Morgen gehe ich gern zum Gottesdienst, den Oberkirchenrat Daumüller hält. Von seiner Predigt bin ich tief ergriffen. Zwei Gedanken daraus prägen sich mir tief ein. »Wir alle sühnen vor Gott. Wenn seine Güte uns freispricht, dann kann kein menschliches Gericht uns etwas anhaben!« Und zum anderen: »In dieser Zeit der tiefsten Not und Sorge finden wir zurück zu jenen großen Werten des Glaubens und der Religion, an denen wir lange Zeit achtlos vorbeigingen!« Das ist wirklich wahr!

Ist mir doch selbst zuweilen, als lebte ich in einem tiefen Brunnenschacht, umschlossen von den dunklen, engen Wänden der Hoffnungslosigkeit. Nichts mehr ist zu sehen von der bunten, fröhlichen Welt, von ihrem beglückenden Licht. Der Blick des Gedemütigten, der irgendwo einen Anhalt findet, geht hoch hinauf zum Eingang des Schachtes. Und dort sehe ich − − ein Stück Himmel. Nichts sonst. Sehe die Sterne in der Nacht, die so hell strahlen, je dunkler die Nacht ist. Und ich versenke mich ganz in ihre Größe und Weite. Wann aber hätte ich sie wohl früher so beachtet − − −??

64 Generale werden nach Garmisch in ein anderes Lager abtransportiert. Viele Bekannte gehen damit weg: Hoth, Kleinrath, Foertsch, dessen vorzügliche historische Vorträge uns unvergessen bleiben werden, Schulz, Goedecke, dessen ›Presseschau‹ uns allwöchentlich viel Neues brachte, Kleß, Deßloch. Man trennt diese Gruppe der Generale offensichtlich mit Absicht von jener anderen − Blaskowitz zum Beispiel −, die politisch »belastet« ist oder auf »Kriegsverbrecherlisten« steht. Die »Belasteten« bleiben hier − − bei uns! Wir müssen leider unsere behaglich eingerichtete Baracke räumen und bekommen einen kleinen Raum in einer Nachbarbaracke zugewiesen. Alle Arbeit war also umsonst. Drei Wochen dauerte unser bescheidenes Glück − − − Wenigstens dürfen wir in unserer alten Stubengemeinschaft zusammenbleiben. Wir richten uns wieder einmal ein, so gut es geht. Und es geht ganz gut. Vieles wird allmählich auch in der ständigen Wiederholung gleichgültig.

Endlich bekommen wir wieder einmal Briefpost. Man hat sie längere Zeit zurückgehalten. Für unsere Gruppe war eine besondere Briefüberwachung eingerichtet worden. Niemand konnte erfahren, weshalb.

In der Enge unserer neuen Stube sitzt links von mir einer und » büffelt« Vokabeln, Stunde um Stunde, Tag um Tag. Zwischendurch benagt er einen Kanten Brot. Oh, dieses widerwärtige Geräusch des Mahlens seiner Kiefer im speicheldurchtränkten Brotbrei. Und ich muß es hören, immerzu hören.

Und dann fängt das Hinmurmeln der Vokabeln wieder an. Es sticht mir in die Sinne wie mit glühenden Nadeln. Es peinigt, wie das Schmatzen und Ächzen, unter dem mir gegenüber ein anderer seine Mahlzeit zu sich nimmt, oder wie das Prusten und Schlucken, wenn er seine Pfeife raucht. Selbst Major Besserer zu meiner Rechten geht mir auf die Nerven, weil er beim Trinken stets den Schluck erst eine Weile im Mund behält, bevor er ihn schließlich mit einem deutlich wahrnehmbaren Glucksen in die Kehle fallen läßt. Immer wiederholt sich das, schier bis zur Unerträglichkeit. Ich kann dem nicht entrinnen. Und doch will ich einen Brief schreiben, einen zärtlichen, innigen Brief. Auf 19 vorgeschriebenen Zeilen. Wie soll ich das erzwingen, wenn Besserer ständig diskret spuckt, weil ihm Fädchen von Zigarettentabak zwischen den Lippen hängenbleiben; wenn Herrmann-Troß leise vor sich hin rülpst; wenn Rungius an seiner Pfeife zutschelt und nuggelt.

Ich kann es nicht mehr ertragen. Abneigung quillt in mir hoch, Abneigung gegen diese meine Kameraden, mehr noch − − Haß. Ich könnte ihnen an die Gurgel gehen – – – Meine kranken Sinne sehnen sich halbtot nach Einsamkeit.

Einer der Kameraden hat von irgendeiner angeblich maßgebenden Persönlichkeit aus München erfahren, daß wir Generalstabsoffiziere nun doch zivilinterniert werden sollen. Wir diskutieren stundenlang über diese Information. Viel spricht dafür, manches dagegen. Wie stets halten sich die Optimisten und die Pessimisten die Waage. »Die Amerikaner haben doch kein Interesse mehr an uns!« meint einer. »Um so schlimmer!«, konterte ein anderer. »Na, dann können sie uns doch auch entlassen!« äußert sich einer, der logisch denken will. »Die deutschen, speziell die bayerischen Stellen wollen uns doch keinesfalls in Freiheit sehen!« »Na also! Und wer, ich frage: wer sollte es ihnen denn abschlagen, wenn sie darum ersuchen, uns in Internierung festzuhalten??«

Gegen Abend kommen wieder Briefe. Briefe von Rosemaria. Aus Dachau!!! Vorgestern ist sie angekommen. Ich aber finde einfach keinen Weg, um ihr eine Nachricht zukommen zu lassen. Jammer meiner gebundenen Hände.

Dabei hängt die Furcht vor einer Internierung wie ein drohendes Gewölk über unseren Gemütern. Am meisten bedrückt uns die Rechtlosigkeit einer solchen Maßnahme. Daß wir als Offiziere kriegsgefangen gehalten werden, nun gut; das mag noch hingehen, obwohl der Krieg ja bereits vor anderthalb Jahren zu Ende ging – – – Daß man uns aber jetzt in eine politische Sphäre hineinbringen will, entbehrt jeder Logik.

Dabei ist alles Aufbäumen gegen die Bedrückung durch unsere völlige Hilflosigkeit doch nichts als Rauch, der im Sonnenglast verweht – – – Und wie die Presse geifert! In der letzten Ausgabe der »Süddeutsche Zeitung« werden wir Generalstabsoffiziere mit folgenden Ausdrücken belegt:

»Verbrecher«

»Sklaven-Naturen«

»Hohlköpfe«

»Drohnen am Volk«

»Schinder«

»Nutznießer«

»Unreife Buben«

»Drückeberger«

»Feiglinge«

»Marionetten und Operettenfiguren«

»Landsknechte übelster Prägung«

»Plünderer«

»Prasser und Unholde«

Das fließt über das Volk hin wie eine giftige, stinkende Brühe, bis ein jeder vor Abscheu erstarrt vor dieser »Verbrecher-Clique«. So will man's wohl.

Am Nachmittag höre ich in der Nachbarstube am Radiogerät Tschaikowskis 5. Sinfonie. Eine majestätische, erregende, wilde Musik. Ein Genuß, aber kein Trost für eine wunde Seele − − − Diese Musik reißt das Herz aus der Resignation heraus, aber als sie verklungen ist, bleibt nur − − − Leere. Womit soll ich sie füllen − − −??

Ich laufe eine Stunde lang allein durch den dunsttrüben Abend, immer an Mauern, an Zäunen, an Baracken entlang. Dann vergrabe ich mich in die Düsternis eines Buches von Frank Thieß: »Der Tod von Falern«. Die Sprache dieses Mannes packt mich, daß ich nicht aufhören kann zu lesen. Am Morgen liegt mir der Föhn bleischwer in den Gliedern. Der Körper glüht wie im Fieber und findet keine Rast. Das Blut springt mit Wildheit durch die Adern, aber der Geist und die Sinne wissen nichts damit anzufangen.

Nachts gewittert es. Gegen Morgen fallen wir alle in tiefen Schlaf. Als wir erwachen, regnet es, und der Himmel ist bleiern grau. Wir machen uns müde an den neuen Tag. Eine amtliche Bekanntgabe durch den Zugführer:

> Die Verpflegungsration wird ab sofort auf 1900 Kalorien pro Tag und Kopf gekürzt. − Die Frühsuppe fällt weg. − Mittags und abends gibt es je 3/4 Liter Krautsuppe und etwas Brot.

Der Hunger führt schon seit einer Weile wieder sein scheußliches Regiment. Wir kommen zusammen und beraten, was wir wohl unternehmen könnten. Einige sind für Niederlegung jedweder Arbeit. Dieser Vorschlag führt zu nichts, denn die Zivilinternierten im Nachbarlager gieren danach, jede freie Arbeitsstelle zu besetzen. Wir würden unsere Lage nur verschlechtern, würden die Schlüsselstellungen wie Küche und deutsche Lagerleitung aus der Hand geben.

Andere sind für Hungerstreik. Die Meinungen sind geteilt. Erfahrungen aus anderen Lagern sprechen dagegen. Man hält einen Hungerstreik wohl eine Weile durch, aber am Ende lachen sich nur die Amerikaner ins Fäustchen. »Also was − − −???« »Nichts!« »Einfach nichts!« Noch sind wir ja nicht ganz am Ende!« sagt ein Besonnener. »Noch leben wir, wenn auch hungernd. Wenn es dann ernsthaft ans Verhungern geht, müssen wir sehen, was man dann noch tun kann − − −«

Einer schlägt vor, wir sollten uns alle wiegen lassen, um dem amerikanischen Kommandanten anhand der allgemein erschreckenden Gewichtsverluste das Unhaltbare unserer Lage vor Augen zu führen. Aber auch das geht nicht. Der amerikanische Lagerarzt hat jegliches Wiegen untersagt. Es ist ein ernstes Problem. Zur Sorge um die Zukunft tritt nun wieder der quälende Hunger.

Freilich, hin und wieder kommt ein Paket herein. Aber der Inhalt geht sogleich in sieben, acht, zehn oder mehr hungrige Mägen. Wir hungern, und es ist nicht zu leugnen, daß Hunger weh tut.

Wer aber glaubt wohl »draußen« überhaupt daran, daß wir hungern?? In den Zeitungen steht doch, wie gut es uns im Lager geht. Und schreiben dürfen wir nichts − − − Regen. Hunger. Keine Post.

Major Schulze-Cassens fordert mich auf, zur Feierabendstunde am Abend mein »Sommerlied« zu lesen. Ich sage ab. Soll man von Liebe sprechen, wenn die Mägen vor Hunger knurren – – –??? Ich bin unzufrieden mit mir.

Ich beobachte die anderen, wie sie alle irgendeinen Plan verfolgen, wie sie studieren, fremde Sprachen erlernen, Hausgeräte herstellen, Holzkästchen tischlern und bemalen, Löffel und Quirle schnitzen, Handtaschen nähen, Lampen basteln, schneidern, schustern, Handelskunde lernen, Stenographie und ich weiß nicht, was noch. Dann ärgert mich meine Planlosigkeit.

Was habe ich denn getan in diesen langen Monaten des Wartens? Ein paar Novellen geschrieben, ein paar Gedichte. Ein wenig über Landwirtschaft gehört, ein paar Grundbegriffe über Bauwesen, eine Spur Buchführung. Nichts Festes, Solides, nichts, was Sinn hat. Aber was hat denn Sinn!!?? Ich lese Gerhart Hauptmanns »Wanda«; was ein Wunder, daß mich diese Lektüre nicht eben aufmuntert – – –

Das »Eichhörnchen«, unser Major Hoffmann, kommt von einem Kurzurlaub zurück, der ihm wegen besonders dringender familiärer Anliegen eingeräumt worden war. Stundenlang gibt es nun zu erzählen. Er hat interessante Eindrücke »draußen« gesammelt und ein paar Tage in Freiheit zubringen dürfen; wir gönnen es ihm, aber keiner ist ganz frei von einem leisen Gefühl des Neides. Er bringt einen großen Korb herrlicher Trauben mit, Brot, Eier, zwei Flaschen Milch. Aber das »Eichhörnchen« bringt auch eine neue Anordnung von Colonel Fainder mit, wonach es ab 1. Oktober auch in Ausnahmefällen keinen Urlaub mehr gibt.

»Was hat man mit uns vor??« Es liegt wieder einmal etwas in der Luft. Im Rundfunk wird ein Bericht über das Lager Dachau gesendet:

»– – – auch befinden sich dort 50 Generale und mehr als 200 Generalstabsoffiziere. Sie sollen vor ein Kriegsgericht gestellt oder entlassen werden – – –«

Gerüchte überschlagen sich.

»Hier! Ich hab' eben einen Brief bekommen! Wir sollen doch in Zivilinternierung kommen – – –!!« läuft einer mit einem Blatt Papier in der erhobenen Rechten durch die Baracken. »Wissen Sie schon – – –??« »Nein, was – –??« »In der Küche erzählt man, wir kommen in das berüchtigte Lager Moosburg – – –« »Nein doch! Nach Garmisch kommen wir. Ein Kasernengebäude wird dort bereits für uns freigemacht – – –« Überall Ungewißheit. Von Rosemaria keine Nachricht. Ich bin voller Unruhe.

Am Sonntag werden wir nach dem Mittagessen in den Küchensaal gerufen. Ein Orchester unter Musikdirektor Wiedemann vom Altenburger Stadttheater will Ausschnitte aus deutschen und italienischen Opern spielen. Das ganze Lager ist versammelt. Freudige Erwartung. Das Orchester hat Platz genommen. Die A-Saite erklingt. Die Instrumente werden eingestimmt. Der Dirigent betritt das Pult. Da kommt ein Zivilangestellter von der Lagerleitung. »Bitte Ruhe! Herhören!! − − Das Konzert darf nicht durchgeführt werden. Verbot vom amerikanischen Special-Service!« Alle gehen stumm auseinander. Solche Enttäuschungen − so unwesentlich ihr Inhalt auch immer sein mag − brennen unser Gefangenenlos tief in die Gemüter ein. Da hilft auch kein Sonnenschein mehr. Wir tragen Bitterkeit im Herzen.

In den nächsten Tagen muß etwas geschehen. Wir wissen nicht, was. Am 30. September soll in Nürnberg das Urteil verkündet werden. Gibt es dabei einen Zusammenhang mit unserem Los hier?

Wir versammeln uns in der Vortragsbaracke. Anstelle einer aus der gereizten Spannung heraus vorstellbaren allgemeinen Diskussion setzt sich Oberst Fieger ans Klavier und spielt die Sonate Nr. 1 von Haydn. Alle lauschen ergriffen. Andere kommen hinzu. Die Baracke füllt sich immer mehr. Major Schulze-Cassens singt zwei Schumann-Lieder: »Mondnacht« und »Der Nußbaum«. Ich laufe hinüber zu unserer Baracke, hole mein »Sommerlied«, lese einige Auszüge, Skizzen, die der Stimmung entsprechen. Dann hören wir von einem Pianisten im Rundfunkorchester Berlin, Herrn Gottschalk, das »Scherzo« aus der Sonate Nr. 13 von Beethoven. Wir haben eine gute Stunde. Eine Stunde der Besinnung auf uns selbst. Wir können die Hoffnung nicht aufgeben − − −

Nachts träumen wir vom Essen, immer und immer wieder, und dann wachen wir mit knurrenden Mägen auf. Die Verpflegungsrationen werden erneut gekürzt. Heute erhalten wir nur 1620 Kalorien, ab morgen aber lediglich 1450 Kalorien täglich. Es bleiben pro Tag und Kopf nur mehr zweimal Wassersuppe und ein Kanten Brot. Die kalte Beikost wurde gestrichen. Die Stimmung ist allerseits gereizt. Jeder fühlt sich schlapp und müde. Aber es werden schriftliche Beschwerden vorbereitet, von denen jeder weiß, daß sie nichts nützen − − − Die Gewichtsverluste der meisten Kameraden sind erheblich.

Es regen sich ernsthaft die Meinungen, daß man uns hier allmählich verhungern lassen möchte. Wer weiß es genau?? Einzelne propagieren Gewaltmaßnahmen. Liegestreik. Hungerstreik. »Was soll das nützen!??« geben andere zu bedenken, »es beschleunigt doch nur den Verfallsprozeß!« »Aber niemand kann doch im Ernst glauben, daß ein Mensch mit 1400 Kalorien, die zudem nur auf dem Papier stehen, lebensfähig bleibt!? Man will uns doch einfach ausmerzen!!!« Und die Sonne scheint so warm.

Die Kameraden beginnen Eicheln aufzusammeln, die hinten im »Cage« von den hohen, alten Eichen herabfallen. Die Eicheln werden erst gekocht, dann geröstet. Die Dinger schmecken verteufelt bitter. Man sagt, sie enthalten Gerbsäure, und diese sei schädlich. Mal sehen. »Früher nahm man Eicheln zur Schweinemast. Warum soll's nicht auch für den ›PW‹ gut sein?« lächelt ein General, der sich auch einen Blechnapf voll Eicheln aufsammelt.

Nach unserer dünnen Mittagssuppe hat unser »Eichhörnchen« Hoffman für jeden noch einen Apfel. Wir kauen eine Scheibe Brot dazu. Dann legen wir uns aufs Ohr. Bald wird sich der Hunger wieder regen. Im Liegen läßt er sich leichter ertragen.

Um die zweite Mittagsstunde kommt jemand von der Lagerleitung an unser Fenster. »Ist Major Naumann hier!?« Ich schrecke hoch. »Ja!« »Sie sollen sofort zur Vernehmung kommen. Sie werden vorn am Lagertor schon erwartet!« Himmel, was ist das − − −??? Vernehmung − −?? Mir stockt das Blut in den Adern. Weshalb will man mich, mich!!!, vernehmen − −?? Ich gehe zum Tor.

Ein Militärpolizist nimmt mich in Empfang. Er läßt mich vor sich hergehen. »Let's go! To the headquarters!!« Sonne auf dem weiten, staubigen Hof des Lagers. Mir zittern die Knie. Hunger?? Angst?? Dann das zweistöckige große Verwaltungsgebäude. Posten mit weißen Helmen. Ordonnanzen. Ein Korridor. Unter der letzten Tür rechts ein amerikanischer Oberstleutnant. »Your name?« »Naumann, Sir!« Zurück auf den Gang. Gegen das Licht. Türenschlagen. Ein paar amerikanische Soldaten.

Rosemaria − − −!!! Mitten auf dem Korridor. Strahlende Augen! Zwei Arme um meinen Nacken. Heiße Lippen auf meinem Mund. Mein Gott!! »Du − − −!!« »Du − − −!!«

Der Oberstleutnant geht voran, winkt uns, ihm zu folgen. Er führt uns in den Keller hinab. Gefangene sind hier an der Arbeit, um eine Art Bierkeller einzurichten. Der amerikanische Offizier drückt uns in einen kleinen Nebenraum. Wir sind allein. »Rosemaria − −!! Du Liebes − −!! Wie hast du das geschafft − −??« »Ein Jude − − ein ehemaliger KZ-Häftling − − er wohnt jetzt mit seinem Bruder und seiner Schwester in Dachau − er hat's vermittelt − − der Leiser Glassmann − und seine Schwester Rose − − und Harry − − −« »Und sie wissen von dir − − −??« »Sie sind gut zu mir − − − toll anständig − − sie wissen alles, daß ich im BDM − − Reichsjugendführung − − und daß du − − − sie sagen, wenn du anständig bist, wollen sie dir helfen − − ihre Eltern und Verwandten sind alle im KZ umgekommen − − −«

Welche Worte könnten mein Glücksempfinden beschreiben!? Rosemaria sitzt neben mir auf einer Holzbank an der Wand. Wir haben eine Stunde bewilligt bekommen. Ach, die Herzen sind so voll! Eine ganze Stunde − − − »Aber wie bist du denn hier hereingekommen − − −??« »Ein amerikanischer Offizier − − der Leiser kennt ihn − hat meine Platinarmbanduhr mit 22 kleinen Brillanten dafür genommen − − − lassen wir's − − ich bin bei dir − − −!!«

Erzählen. Bruchstücke von Sätzen. Küsse. Wieder erzählen. Wieviel und wie wenig ist eine Stunde! Rosemaria mit purpurroten Wangen strahlt vor Glück. Sie hat's geschafft! Ihre Stimme. Wie silbernes Klingen. Ich taste mit bebenden Fingern über ihr Antlitz. Ist es denn wirklich wahr − − −!?? »Duuuu − − −!!« »Daß du da bist!« »Bald bist du frei!« »Du − − −!!!« Törichte Worte. Und wieder die Hast neuer Berichte. Wir sprechen gleichzeitig über ein Dutzend Dinge, wie sie uns eben einfallen. Von

meiner Mutter in Berlin − − − Vom Vogtland − − − Vergangenes − −
− Zukunftspläne − − −

»Wie spät − − −??« »Noch zwanzig Minuten!« Köstliche zwanzig
Minuten. Liebe Worte. Küsse. »Paß auf, alles wird gut!« »Daß ich doch
dich habe!« »Welche Kraft − − −!!« »Duuu − − −!« Ich spüre den Duft
ihrer Haare, fühle ihre heißen Hände, ziehe sie an mich. »Und die
wertvolle Uhr − −??«

Rosemaria legt mir den Finger auf die Lippen. »'s ist mir wert um dieses
Wiedersehen − − der Ami sagte, er wolle sehen, ob er dich zur Entlassung bringen könnte − − −« »Der Schuft! − − Er weiß doch ganz genau
− − −« »Laß! − − Ich durfte dich wiedersehen − − sprechen − −« Zwei
Tränen rollen über die heißen Wangen. »Wie spät − −??« Ängstlich
flüsternd. »Gleich − − −« »Ach − − −« Die Zeit ist abgelaufen. Wir
müssen hinaufgehen. Oben wartet bereits der Militärpolizist, Gummi
kauend, geringschätzig lächelnd.

»Let's go!!« Schneller Abschied. Ein Kuß noch. Ein Winken − − −

Und wieder im »Cage«. Allein. Die Kameraden warten eine Weile,
bevor sie mich umringen. »Wie war's?« »Wie ging's?« Immer neue
kommen hinzu. Ich muß alles erzählen. »Sie strahlen ja förmlich!« sagt
einer. »Soll ich nicht − −??« Nun ist alles nur noch wie ein Traum.

Manches fällt mir ein, was ich mit Rosemaria noch hätte besprechen
sollen. Wie kurz war doch diese Stunde! Wie kurz für eine Platinarmbanduhr mit 22 Brillanten! Ich laufe in einem Rausch glückseligster Emfpin-
dungen umher, die ich kaum zu bewältigen vermag. Dankbarkeit vor
allem.

Und dann ein Sonntag, der sich kaum erheben kann unter der Last
dichten Nebels. Ich verrichte meinen Stubendienst, hole Kaffee, fege aus,
richte die Tische her, tue alles wie im Traum. Ich weiß gar nicht mehr, ob
es Wirklichkeit war, was gestern geschah. Aber dann kommt von Rosemaria ein jubelnder Brief, ganz noch unter dem Eindruck ihres Besuches.
Und ein Päckchen schickt sie: Brot, Äpfel, Zigaretten.

Ich gehe zum Lagergottesdienst und zum heiligen Abendmahl − seit
nahezu 20 Jahren zum ersten Male wieder! Und ein ganz eigenartiges
Gefühl beglückt mich dabei: Es ist noch nicht zu spät!! Es ist alles ein
neues Beginnen. Mit der Gläubigkeit eines Kindes erlebe ich die feierliche
Handlung. Ich empfinde mit innerer Freude, daß ich voller Andacht bin,
ja, daß in meiner Brust tatsächlich etwas mitschwingt, etwas von jenem
göttlichen Wesen, das von unserem christlichen Glauben herkommt und
in das einzudringen ich in der Oberflächlichkeit vergangener Jahre nicht
der Mühe wert fand.

Kamerad Besserer lächelte, als ich ihm später beim Frühstück davon
erzähle. Er selbst ist noch nicht wieder »soweit«. »Hat der verlorene Sohn
wieder zum Vater gefunden?« fragt er mich verschmitzt. »Diesen Weg
einzuschlagen, vermag man sicherlich nicht leicht, aber mich dünkt, es ist
schon viel gewonnen, wenn man's tut!« Ich weiß heute mit einer kraftvol-

len inneren Gewißheit, daß der Anfang gut ist, an dem ich in meiner »neuen« Gläubigkeit stehe; das ist wenig genug und doch so viel für einen, der allzu oft in die Irre ging.

Am Nachmittag wird der Himmel wieder heller.

Pfarrer Beltinger kommt und will mich sprechen. Ich hatte ihm meinen »Reifetag« zur kritischen Lektüre gegeben. Ich bangte ein wenig davor, was er wohl sagen würde, aber ich weiß, daß es ehrlich ist, was er sagt, und daß er mir nicht schmeicheln mag. Wir gehen hinter den Baracken auf und ab. »Ich kann Ihnen nur sagen, daß ich den Eindruck habe, als könnten Sie eines Tages in der Lage sein, ein Kunstwerk zu schaffen«, sagt der Pfarrer. »Aber auch nur ein wahres Kunstwerk ist wert zu bestehen. Bücher, lediglich des Geldverdienens wegen, sind genug geschrieben worden. Lassen Sie sich darum nicht drängen, lassen Sie sich nicht zu vorzeitigen Veröffentlichungen verleiten, ehe alles wirklich reif ist. Genie sein heißt fleißig sein, sagte Liebermann einmal. Seien Sie fleißig!« Ich will es gut auffassen, was er sagte.

Wir schreiben heute den 30. September 1946. Erster Tag der Urteilsverkündungen im Nürnberger »Prozeß«. Gestern abend wurde uns die vorzügliche Verteidigungsrede als Schlußplädoyer des Rechtsanwaltes Dr. Laternser verlesen, die er reinweg als Glanzleistung für »OKW und Generalstab« gehalten hat. Ein Werk von hohem Geist und zwingender Logik. Heute lauschen wir vor den Rundfunkgeräten. Man spricht die angeklagten Organisationen durch. Die letzten 12 Jahre deutscher Geschichte rollen noch einmal ab: »Verbrechen, Morde, Vertragsbrüche«. Haß. Vernichtungswille.

Als »verbrecherisch« und damit als »schuldig« befunden werden: »Die SS, die GESTAPO, der SD, die Politischen Leiter.« Mildernd werden behandelt: »Die SA und die Reichsregierung«. Freigesprochen werden: »Oberkommando der Wehrmacht und Generalstab«. »Aus formalen Gründen« heißt es. »Mangels letzter Beweise«. So ist es also entschieden! Eine gewisse innere Erleichterung glimmt in uns auf, die wir gespannt an den Radioempfängern lauschen.

Keine laute Freude. Dazu ist alles viel zu ernst. Aber wenn wir auch von vornherein nicht zur angeklagten Personengruppe gehören, so ist es doch auch irgendwie *unsere* Sache, die hier entschieden wird. »Das *muß* einfach eine Rückwirkung auf unsere Lage haben!« sagen viele. Paßt auf! Die Entlassung kommt jetzt bald!« meinen die unverbesserlichen Optimisten. »Haben Sie schon gehört? Es soll bereits ein Telegramm der 3. U.S. Army vorliegen, wonach unsere baldige Entlassung angeordnet ist!« Gerüchte schwirren umher, logische und widersinnige. Im »Cage« entwickelt sich allmählich eine allgemeine Hochstimmung, die sogar den nagenden Hunger übertönt.

Am nächsten Tag wird die »Urteils«verkündung aus Nürnberg fortgesetzt. Der Reichsmarschall Hermann Göring: »Schuldig in allen Punkten der Anklage«! Der Reichsaußenminister von Ribbentropp: »Schuldig!«

Generalfeldmarschall Keitel: »Schuldig!« Hess: »Schuldig in zwei Punkten!« Kaltenbrunner: »Schuldig!« »Schuldig!« − − »Schuldig!« − − »Schuldig!« − −

Wir umlagern das Rundfunkgerät, das im Küchenvorraum steht, lauschen mit ernsten Mienen.

»Schuldig!« − − »Schuldig!« − − »Schuldig!« − − So gellt es in einem fort.

Der allgemeine Eindruck bei uns ist weniger das Mitleid mit dem einzelnen Verurteilten als die Last dieser schrecklichen Beschuldigungen, die auch uns beim Zuhören niederdrückt.

»In Nürnberg werden Männer verurteilt, die Gott den Rücken kehrten!« höre ich einen sagen. Darüber gilt es nachzudenken. Minister Speer: »Schuldig!« Reichsjugendführer Baldur v. Schirach: »Schuldig!« Nebel hängt zwischen den Baracken und taucht alles in ein verdrießliches, graues Licht. Ein trüber Tag.

Wir hören im Rundfunk den letzten Teil der Nürnberger »Urteils«verkündung. Auch Generaloberst Jodl wird zu dem für einen Soldaten und Offizier schimpflichsten »Tod durch den Strang« verurteilt.

Hjalmar Schacht und der Freiherr von Papen werden freigesprochen. Jodl aber hat sich für den Generalstab geopfert. Man wollte die Organisation als solche wohl nicht mit ihm als Chef freisprechen. Also mußte er fallen.

Gerüchte über unsere Entlassung mehren sich. Jeder klammert sich an Verheißungen, die er irgendwo von irgend jemandem aufgeschnappt hat. Und jeder weiß etwas Neues. Optimismus bei diesen, Pessimismus bei jenen wechseln miteinander ab. Alles ist wie in einem Taumel der Meinungen befangen. »Haben Sie schon das Neueste gehört? Nein!!?? Die 3. U.S. Army hat verlautbart, daß noch 10 000 Kriegsgefangene bis nächsten Juli zurückbehalten werden!« »Oje, ob wir dabei sind???«

»Morgen sollen die restlichen Generale weggebracht werden, ins »Cage« 1 zur Zivilinternierung. Ein Teil kommt in den Arrestbunker − − −« »Ist doch Unsinn! Ich habe eben erfahren, daß wir alle Ende der Woche ›gescreent‹ werden!« widerspricht jemand. Wir alle wollen einfach nichts anderes mehr glauben, als daß die Entlassung nahe bevorsteht. Das »Nürnberger Urteil« hat uns in eine innere Spannung versetzt, die einer Faszination gleicht.

Am 3. Oktober kommen die Generale weg. Wir schauen ihrem Abtransport zu. Ein Bild tiefer Demütigung. Feldmarschall Sperrle steht mit Lodenmantel, fleckig-grauem Hut, Spazierstock, mit verzweifeltem Gesichtsausdruck, offenem Mund, eingefallenen Wangen vor einem Bündel seiner letzten armseligen Habe: ein gebrochener alter Herr. Er muß von den Kameraden auf die hohe Pritsche des Lastwagens hinaufgehoben werden, sinkt dort auf den Boden nieder, physisch und psychisch vernichtet, vom Schicksal liquidiert − − −

Der Verwaltungsrat Peukert, ehemaliger Landesbauernführer aus Thüringen, der heute auch mit fortgeschafft werden sollte, hat sich noch am Vormittag in einer leerstehenden Baracke − − erhängt.

Als die traurige Fuhre losgeht, wagen wir kaum noch zu winken. Hier wird unser totaler Zusammenbruch allzu augenscheinlich.

Wir sind alle erneut sehr belastet worden. Vielleicht deshalb, weil sich in den nächsten Tagen nichts mehr ereignet. Kein neues Gerücht. Überhaupt nichts.

Es regnet, und der Sturm reißt die Blätter von den Bäumen. Wir sitzen wieder einmal umher und − − warten. Das sattsam bekannte lähmende Warten. Warten auf eine Entscheidung. In dieses Warten mischt sich eine quälende Bangigkeit, es könnte eine Entscheidung fallen, die uns wiederum aus unseren letzten Hoffnungen herausreißt. Wir fürchten alle, daß uns dies vernichtend treffen müßte − − − »Und wenn die Sowjetunion ein Veto gegen unsere Entlassung eingelegt hat − − −??«, unkt einer. »Sie sind und bleiben nun mal ein Pessimist!« zischt Major Besserer ihn an. Dabei ist er selbst auf einem seelischen Tiefpunkt angelangt. Er spricht kaum ein Wort. Reagiert auf keine Fragen mehr. Legt nur noch Patiencen. Ich stelle ihn vorsichtig zur Rede. »Ach, laßt mich doch in Ruhe!« brummelt er. »Es gibt eben so Tage, da ist einem wahrhaftig alles zuwider, selbst das Reden, unser ganzes dummes Geschwätz, das wir von uns geben. Da hat man alles mehr als satt!«

In derartigen Stimmungen kann nichts helfen. Niemand ist ganz frei davon. Hoffman zupft mich zart am Ärmel: »Lassen Sie ihn, es wird wieder vergehen − − −«, sagt er leise.

Zur ›Feierabend-Stunde‹ spielen Oberst Fieger und Herr Gottschalk wieder Beethoven und Schumann. Ich komme zu spät. Der kleine Vortragssaal ist angefüllt mit Gefangenen. Ich finde keinen Einlaß mehr und bleibe draußen am Fenster stehen. Der Herbstwind kommt kalt um die Barackenecke. Ich schlage den Rockkragen hoch und vergrabe die Hände in den Hosentaschen. Eine Klaviersonate von Beethoven. Die »Appassionata«! Durchs Fenster über die Köpfe der Männer weg sehe ich den Pianisten, einen kleinen, grauen Mann mit dicken Augengläsern. Er spielt wundervoll, reif, leidenschaftlich bewegt, sicher, und wieder zart und beseelt. Ich spüre die Kälte nicht mehr, daß es mich fröstelt, nicht, daß die Füße eisig werden. Ich lausche nur noch und stelle mich auf die Zehen, um dem Spiel der schmalen, edlen Künstlerhände zuzuschauen. So endet dieser Tag mit der »Appassionata«. So endet dieses mein Lebensjahr mit Beethovens unvergänglichen Melodien. Ein Lebensjahr hinter Stacheldraht. Morgen habe ich meinen 33. Geburtstag.

Ich bleibe noch eine Weile auf meiner Pritsche liegen, mit geschlossenen Augen, während ich bemerke, daß meine Stubenkameraden schon wach und aufgestanden sind und leise irgend etwas richten. Ich erinnere mich an manche Geburtstage in meinem Leben, fröhliche, festliche, übermütig lärmende. Aber ich habe den tiefen Eindruck, daß keiner von mehr Liebe getragen war als dieser hier in der kameradschaftlichen Gemeinschaft von Männern. Und plötzlich habe ich einen Sinnspruch vor mir. Wie mit goldenen Lettern ist er vor mein geistiges Auge geschrieben: »Meine Zukunft liegt tief versenkt im Schoß der göttlichen Barmherzigkeit!«

Die Kameraden haben mir einen hübschen Tisch hergerichtet: aus lila Herbstastern, den herbstlichen Freunden und altbekannten Begleitern aller meiner Geburtstage, ist eine große »33« ausgelegt. Davor brennen drei Kerzen. Unter einem Strauß von Sonnenblumenblüten steht das Bild meiner Mutter; Major Lammel hat es mit einem hübschen, selbstgebastelten Rahmen versehen. Rechts davon liegen köstliche Dinge: eine Büchse Schmalz, ein Stück Butter, zwei Brote, Wurst, Käse, Haferflocken, alles − − von Rosemaria!! Die Kameraden haben das Paket für mich »konfisziert«, um es mir auf dem Geburtstagstisch auszubreiten.

Wir bereiten gemeinsam ein köstliches Frühstück. Als erster gratuliert − − Pfarrer Beltinger. Er schenkt mir eine hübsche Zeichnung. Aus anderen Stuben kommen Kameraden, bringen Blumen, Obst, bleiben auf eine Zigarettenlänge, erzählen.

Der Pfarrer nimmt mich zur Seite. Er hat noch etwas für mich. Es soll aber niemand sehen. Aus seinem schwarzen Talar zieht er eine Fleischkonserve, eine Büchse Ölsardinen und eine − Thermosflasche! Herrlicher, echter, duftender Milchkaffee! »Von Ihrer Braut − − Rosemaria − − −!« flüstert er mir zu. Dies ist das köstlichste Geschenk dieses Tages.

Wir haben einen geruhsamen, harmonischen, in sich geschlossenen Tag. Ein Tag der Erinnerungen, ein Tag guter Gespräche, ein Tag der Hoffnung − − − Morgen beginnt das neue Lebensjahr.

Es beginnt mit einem Paukenschlag. »Antreten zur Entlassung!!!« Pfiffe gellen durch die Barackengassen. »Alles antreten!! − − Entlassung!!« Wir fassen uns an den Händen, an den Schultern. »Entlassung − − −???« »Ja! − Gleichzeitig erfolgt die Überführung in den Stand ziviler Internierung! − − Alles heraustreten!!«

Die Zeremonie ist ein Durcheinander mangelhafter Organisation. Nach einer Stunde ist alles vorbei. Als wir in unser »Cage« zurückgetrieben werden − eine müde Herde Menschenvieh −, sind wir also »Zivilinternierte«. Aus ist es mit allen Hoffnungen. Aus und vorbei mit jeder Erwartungsfreude. Aus! Aus! Alles aus!! Manche brechen förmlich zusammen, sprechen kein Wort mehr, lassen nur noch den Kopf hängen. Aus!

»Morgen früh erfolgt Verlegung ins Zivilinterniertenlager Ludwigsburg bei Stuttgart! Alles fertigmachen. Wecken ist 5.30 Uhr!«

Der letzte Rest des Vertrauens auf Logik und Recht ist verloren − − −

III. Kapitel

Übergang und Neubeginn

Der neue, harte Weg, von dem niemand weiß, wann und wo er endet, beginnt 5.30 Uhr mit dem »Wecken«. Eine Stunde später treten wir in Dreierreihen auf der Lagerstraße an. Gegen 8.00 Uhr kommen amerikanische und polnische Soldaten zur »Gepäck-Kontrolle«. »Aha! Die Abschieds-›Filzung‹!« spöttelt einer leise. Decken werden abgenommen, Waschschüsseln, Scheren, sogar Rasierklingen, jede Art von Werkzeug. Zum Glück darf ich meinen Schlafsack behalten. Ich habe ihn mir als fest zusammengedrehten Ballen auf den Rucksack geschnallt.

Dann geht es in langer Kolonne hinaus zur Eisenbahnrampe. Hier steht ein Güterzug bereit. Zu je 25 Mann werden wir in einen Güterwagen getrieben. Die Tür rollt zu, wird von außen – – vernagelt. Im Dunklen packen wir unsere Sachen zurecht, hocken uns an den Wänden hin. Warten stumm. Gegen 14.00 Uhr fährt der Zug ab. Sehen kann man nichts.

Auf irgendeinem Verschiebebahnhof werden wir später für einige Stunden abgestellt. Dann geht die Fahrt weiter in die Nacht hinein. Im Wagen ist es kalt und schmutzig. Einer stellt eine brennende Kerze auf. Wir hüllen uns in Decken, starren stumpfsinnig vor uns hin. Hin und wieder hält der Zug auf offener Strecke. Durch einen Spalt zur Tür hinaus können wir unsere Notdurft verrichten.

Alles Denken ist wie abgeschaltet. Ich stecke in meinem Schlafsack, den Kopf auf meinem Rucksack. Ein paar Augenblicke denke ich an Rosemaria. Sie mag jetzt in ihrem Bett liegen und von meiner Entlassung träumen. Und ich werde in einem Viehwagen von ihr fortgefahren, einem unbekannten Ziel zu. Ohne Möglichkeit, ihr eine Nachricht zu geben, ihr zu danken. Zivilinternierung! Dieser Begriff höhnt durch die Sinne. Niemand weiß, was jetzt auf uns zukommt. Niemand hat Illusionen. Unter uns rollen die stählernen Räder hart auf den Gleisen.

»Nun, es könnte noch schlimmer sein«, meint einer in der Dunkelheit, »wenn wir zum Beispiel in solch einem Transport nach Rußland führen – – –!!??« Stille. Auch zu solchem »Galgen-Humor« vermag sich niemand jetzt aufzuraffen.

Nachts gegen 2.00 Uhr kommen wir in Ludwigsburg an. Amerikanische Lastkraftwagen holen uns am Güterbahnhof ab und bringen uns in rasender Fahrt durch die schlafende Stadt ins Lager. Kaserne eines ehemaligen Flakregiments. Wir müssen antreten und werden in Listen erfaßt. Es gibt eine dünne Kartoffelsuppe, aber auch Kaffee und ein Stück Brot. Die Organisation des Einschleusens liegt hier in deutschen Händen.

Leider werden wir in willkürlicher Reihenfolge in die Häuser verteilt und dadurch unsere bisherigen Stubengemeinschaften getrennt.

Ich finde mich mit Lammel, Rungius, Zimmermann und neun weiteren Herren in einem kleinen Zimmer wieder, das mit 18 Mann belegt werden soll. Die Einrichtung ist kärglich: zwei Tische, 5 bis 6 Stühle, eine elektrische Birne an der Decke, für jeden ein Schrankfach. Das ist alles. Das Einrichten ist schnell beendet. Im Keller finde ich in einem Winkel einen Arm voll Stroh. Ich lege es auf die Bretter meiner Bettpritsche, decke einen alten Woilach drüber.

Eine neue Umgebung. Trostlos. Hohe Drahtzäune um jedes Haus, Wachtürme, doppelter Stacheldraht ringsum, Posten, überall: Käfige. Das alte Bild.

Ein Herr Wertheimer vom amerikanischen CIC gibt erste Anweisungen: Schreiben dürfen wir monatlich einen Brief; erstmals im November. Einen Brief zu 19 Zeilen! »Und falls es Sie interessiert: Mit Entlassungen ist hier nicht zu rechnen! Falls Sie überhaupt einmal entlassen werden sollten, müssen Sie erst in ein anderes Lager, wo sich Spruchkammern befinden!« Er sagt es mit zynischem Lächeln.

Einer von uns stöhnt verzweifelt auf. »Wie soll meine Frau das ertragen?? Sie erträgt's nicht!!« Diesen Satz wiederholt er immer wieder. Ihn hat es arg erwischt. Er hatte so sicher mit seiner Entlassung in die Heimat gerechnet. Nun ist er ganz durcheinander.

Wir unterhalten uns mit alteinsitzenden Inhaftierten, die bereits seit vielen Monaten darauf warten, daß sich bei ihnen etwas tut. »Machen Sie sich keine Hoffnungen!« sagen sie.

Am nächsten Tag hole ich mir eine Genehmigung, Besserer und Hoffmann zu besuchen. Sie liegen im Nachbarhaus und damit in einem anderen Käfig, durch Doppelzäune von uns getrennt. Besserer ist sehr niedergeschlagen. Ich deute auf das offenstehende Fenster. Man kann ins Neckartal hinabschauen, auf Weinberge, weithin über sanftwellige Felder und bunte Laubwälder. Zur Linken hebt sich der ›Hohenasperg‹ aus der Lieblichkeit dieses strahlend blauen, leuchtenden Herbsttages empor. Zarte bläuliche Schleier weben über der Ferne.

»Wenn ich das alles sehe«, knirscht Besserer aus dünnen Lippen hervor, »dann könnte ich das heulende Elend kriegen! Da schaue ich mir lieber nur den Stacheldraht an — — —!!«

Überall sieht man ernste Gesichter, verzweifelte Mienen. So tief war die Hoffnungslosigkeit noch nie.

»Man hat uns hierher in die Internierung abgeschoben und sperrt uns von der Außenwelt ab. Wir müssen begreifen, daß man uns hier gegen alles Recht festhalten will, ›bis auf weiteres‹, wie es so schön heißt!«

»Aber das ist doch völlige Willkür!?! Die Genfer Konvention für Kriegsgefangene, deren Beachtung die Amerikaner vor der Öffentlichkeit nicht genug versichern können, schützt uns als Soldaten doch gerade vor der Internierung!!«

»Ach, Mensch, darüber setzten sich doch die Amis und auch die Öffentlichkeit kaltlächelnd hinweg. Denken Sie doch daran: alle Beteuerungen, daß wir als Soldaten und Offiziere ganz sicherlich nicht interniert würden, waren doch erstunken und erlogen!«

»Solange wir Kriegsgefangene waren, konnten wir hoffen, daß man uns wenigstens nach einem Friedensschluß entläßt . .!«

»Das ist jetzt vorbei, mein Lieber! Als Internierte haben wir jedes Recht verloren – – –!!«

Dies ist der Inhalt stundenlanger Dispute.

Ich stopfe mir den letzten Rest Tabak, aus alten Zigaretten-»Kippen« gewonnen, in meine Pfeife. Nichts mehr zu rauchen zu haben, ist schlimm! Der Hunger macht sich um so deutlicher bemerkbar. Früh gibt es 1/2 Liter Ersatzkaffee und einen kleinen Kanten Brot; mittags und abends knapp bemessene 3/4 Liter Suppe, meist aus Kartoffeln und Erbsmehl zubereitet. Das ist alles. Wir träumen bereits wieder vom Essen – – – Rungius hat noch ein paar Kartoffeln, die er auf der Herfahrt von einem polnischen Posten geschenkt bekam. Wir kochen sie am Abend und essen sie mit Salz. Ich habe noch einen Rest Nudeln. Das wird für morgen reichen.

Täglich von 14 bis 17 Uhr dürfen wir die Käfige verlassen und durch das Lager gehen. Ich geselle mich zu Besserer, und wir gehen gemeinsam in einer endlosen Kolonne von Gefangenen an den hohen Stacheldrahtzäunen entlang.

Die Männer unterhalten sich und reden alle durcheinander; aber alle Stimmen, die man vernimmt, klingen irgendwie brüchig, heiser vor Erbitterung. Sie wollen uns Neuen von ihren Erfahrungen, von den Demütigungen berichten, von der mannigfachen Drangsal, die bisher zu erleiden war. Sie erzählen von den »Boxstuben«, wo sie geprügelt wurden, von den absoluten Hungerzeiten, von den Appellen, bei denen man ihnen ziemlich alles abnahm, was sie überhaupt noch besaßen. Ich möchte es fast nicht glauben, daß dies alles wirklich geschehen sei. Aber die, mit denen ich spreche, haben es am eigenen Leibe erlebt. Einer zeigt mir als Beweis eine frisch verheilte Platzwunde an der Stirn, ein anderer abklingende blutunterlaufene Stoßstellen in der Hüfte.

»Das müssen Sie erst mal mitmachen«, sagt einer mit trockener Stimme, wie bellend, »was hier alles unter den Begriffen Freiheit des Individuums, Menschenwürde und Gerechtigkeit geschieht!«

Wir bekommen die »Bedingungen für den Briefverkehr« ausgehändigt. Es ist eine lange Gebrauchsanweisung zur strengen Beachtung des einmal im Monat gestatteten Briefes, den wir schreiben dürfen. Hier heißt es in

Ziff. 4) In den Briefen dürfen die tatsächlichen oder vermutlichen Gründe der Internierung nicht erwähnt werden.

Ziff. 6) An die Angehörigen oder Freunde darf keine Aufforderung gerichtet werden, Schritte zur Entlassung des Internierten zu unternehmen.

Ziff. 9) Über Lagerwaltung, Bewachung, sonstige Einzelheiten und Daten, das Lager betreffend, darf nichts erwähnt werden.

Ziff. 10) Die Internierten müssen ihre Angehörigen unterrichten, daß Besuche in der Umgebung des Lagers nicht geduldet werden.

Und als Begründung, weshalb monatlich nur ein Brief pro Häfling gestattet wird, heißt es:

»Entsprechend den Möglichkeiten des Postdienstes in der amerikanischen Zone – – –«

Es ist lachhaft. Wenn's nicht zum Heulen wäre – – –

Nachts ist es verteufelt hart auf den Holzpritschen. Die Hüft- und Beckenknochen schmerzen. Die Haut an diesen Stellen ist vom Durchliegen wund. Man muß darauf verzichten, sich auch tagsüber langzulegen, was wegen des Hungers angezeigt wäre. In einer alten Blechdose habe ich noch ein wenig Kakao, den ich mit Zucker vermische. Wenn der Hunger gar zu quälend ist, verstecke ich mich hinter die Schranktür und nehme einen Teelöffel voll in den Mund. Ich schäme mich, daß ich dies so verborgen tue, damit es die anderen Kameraden nicht sehen. Ich müßte ihnen abgeben, freilich, aber es ist doch nur so wenig, was ich da noch habe. Und der Hunger peinigt so stark. Wir alle sind gereizter, nervöser Stimmung.

Auf dem Dachboden unseres Wohnblocks findet am Abend eine eigenartige Veranstaltung statt, zu der ein gewisser »Kamerad Poeschl« im Rundsprechverfahren einlädt. Es ist recht kalt und zugig dort oben direkt unterm Dach; wir sitzen in Mäntel und Decken gehüllt. Mitten im Raum steht – – ein Konzertflügel. Und dann schält sich ein kleiner, blonder Mann aus der Menge, begrüßt uns in Tiroler Dialekt, Kamerad Poeschl, Professor der Musik. Er spricht über Richard Wagners »Tannhäuser«, erklärt die Leitmotive und zeigt die musikalischen Zusammenhänge am Flügel auf. Es ist wahrlich erstaunlich, mit welcher Sicherheit dieser Mann den ganzen »Tannhäuser« ohne ein Notenblatt vorpräludiert; ein glänzender Vortrag.

Und dies ist die erste Stunde in diesem Ludwigsburger Lager, da wir die Trostlosigkeit unseres Loses vergessen. Eine Stunde lang – – –

Nachts ist der Hunger am schlimmsten. Immer wieder wache ich auf und suche die Traumbilder zu verscheuchen. Es geht um gebackenen Karpfen, Schmalzbrote und Wurstkonserven; schon bei den Gedanken daran läuft das Wasser im Mund zusammen.

Einer merkt, daß ich wach bin. Er wälzt sich von seiner Pritsche herab, kommt leise zu mir. »Kamerad, hast du noch 'ne Zigarette??«»Bedaure, nein!« antwortete ich leise, »hätte selbst gern was zu rauchen – – der Hunger, nicht wahr – –?«»Scheiße! Selbst die Dachauer Internierten, die sogar unter ›war-criminal-suspect‹ stehen, bekommen Tabak wie die Kriegsgefangenen. Und wir – –?? Eine Scheiße ist das!« Er schlurft wieder zu seiner Pritsche.

Am Morgen wird ein Herr Beck aus unserer Stube entlassen. Um 7.00 Uhr erfährt er es; um 8.00 Uhr muß er bereits am Tor sein. Er war Amtsleiter in einem kleinen Ort irgendwo in Hessen. Seine Familie wurde zweimal ausgebombt, sein einziger Sohn fiel in Rußland. Er hat alles verloren. Genau 13 Monate sitzt er wechselnd in Internierungslagern oder Gefängnissen. Weshalb eigentlich? Er war Amtsleiter. Wir gratulieren ihm mit süßsauren Mienen zur Entlassung. Er muß schnell seine paar Habseligkeiten zusammenpacken, um die rechte Zeit nicht zu versäumen. Was für ein Gefühl muß das wohl sein: tatsächlich durch das Tor in die Freiheit hinauszutreten!!!

Der Himmel hat eine schmutzig-graue Färbung. Es ist herbstlich kalt geworden. Eine freudlose, trübe Stimmung.

Einer bekommt heute einen Job als Dolmetscher bei den Polen. Er ist vollkommen aus dem Häuschen vor Freude. Jeden hält er an und erzählt's ihm. Wir betrachten sein Verhalten mit Mißmut. Natürlich können wir verstehen, daß dieser Job für ihn von Vorteil sein kann. Das ist richtig. Aber wenn er nicht genug rühmen kann, was der polnische »Capitan« für ein ordentlicher, ernst und sachlich denkender Mann sei, dann empfinden wir dies nach all den Fußtritten, die wir erhalten haben, als geschmacklos.

»Und denken Sie«, jubelt er mit glänzenden Augen, »er hat mir sogar eine Zigarette angeboten!« »Pfui Teufel!«

In dieser Nacht werden die Todesurteile gegen die Angeklagten von Nürnberg vollstreckt. Am Morgen hören wir, Reichsmarschall Göring habe vorher Gift genommen und sich so der letzten Schmach entzogen, durch den Strang zu sterben. Man spricht hier allgemein mit Genugtuung davon. Gnadengesuche hatte man abgelehnt. Auch das von Generaloberst Jodl, der um den »Tod durch Erschießen« gebeten hatte − − −

»Die haben's wenigstens hinter sich!« stellt einer sachlich fest, »und was wird mit uns???« »Nach uns kräht doch kein Hahn!« meint einer. »Wer soll sich denn für uns interessieren? Man will uns draußen nicht haben. Punktum!« »Man hat zuviel über uns zusammengelogen und sträubt sich nun, den allerübelster Taten bezichtigten Generalstab freizulassen!« »Richtig! Wer nimmt sich denn noch Mühe, zwischen den genau 129 Mann der in Nürnberg angeklagten kleinen Gruppe ›OKW und Generalstab‹ und uns zu unterscheiden? Vielleicht sind alle Diffamierungen über uns bewußt geschehen, um uns willkürlich irgendwo einzusperren!?«

Wir verfassen gemeinsam eine Protestschrift an die amerikanische Militärregierung wegen der Willkürmaßnahmen unserer Internierung. Jetzt müssen wir mindestens zwei Wochen warten, ob eine Antwort kommt und wie sie lautet. »Gut, und dann?« fragt einer. »Dann bleiben nur noch Verzweiflungsmaßnahmen, in der Gruppe − − oder jeder für sich allein − −« So ernst ist es geworden.

Ich besuche Besserer im Nachbarhaus. Er hat im Augenblick einen Job als Torhüter bekommen. »Hören Sie, da fehlt noch ein Mann! Schnell, melden Sie sich doch!« drängt er mich. Ich tue es, ohne mich lang zu besinnen. Nun bin ich also einer der 45 »Guards« im Lager und habe alle sechs Stunden auf Wache zu ziehen, jeweils zwei Stunden lang. Dazu muß ich an einem der zahlreichen Käfigtore in einem kleinen Holzhäuschen sitzen und aufpassen, daß jeder Ein- und Ausgehende einen Ausweis hat. Dies ist dann jeweils in englischer Sprache an das »Guard-Office« durchzutelefonieren. Die Vorteile bestehen darin, daß ich wieder mit Besserer zusammensein kann. Wir ziehen in eine andere Baracke. Hier liegen wir nur zu zwölft in einer Stube; außer uns beiden ehemaligen Offizieren lauter ältere Herren, zwei Diplom-Ingenieure, ein Betriebsführer, ein Oberregierungsrat. Sie sitzen seit anderthalb Jahren ein, weil sie »Politische Leiter« waren. Einer soll angeblich ausländische Arbeiter schlecht behandelt haben.

Ich bekomme wieder einen Strohsack auf meine Bettpritsche. Und alle »Guards« erhalten täglich einen Liter Suppe und einen Kanten Brot zusätzlich. Das ist derzeit das Entscheidende.

Der Postendienst ist nicht sonderlich aufreibend. Nachts stehe ich zwei Stunden am Hospital. In den kleinen hölzernen Wachbuden gibt es winzige eiserne Öfchen, und die Hauptaufmerksamkeit gilt dem Feuer in diesem Öfchen, damit es nicht ausgeht. Sonst wird der nachfolgende »Guard« böse. Holz gibt's genug. Der Türverkehr ist gering. Die meisten haben Sonderausweise. Der »Bürokratismus« blüht. Die interne Lagerorganisation liegt in deutschen Händen. Und da klappt alles bestens. Auf den Geschäftszimmern und bei den Funktionsstellen ist man höflich zueinander, hilfsbereit, kühl sachlich; alles ist perfekt geordnet und geregelt.

Am Himmel stehen die Sterne. Der Rauch aus meinem Öfchen schwelt in trägen Schwaden die Lagerstraße entlang. Unter dem Schein der Bogenlampe sieht es aus wie Nebeldunst.

Während der Zeit meiner Wache habe ich Muße, nachzudenken. Ein merkwürdiges Empfinden ist das schon, dieses Alleinsein auf einmal. Einsam in der Nacht. Ich habe es mir oft gewünscht.

Aber nun kriechen sie heran, diese vielen grauen Gedanken kommen aus der Dunkelheit, stellen quälende Fragen. Warum darf ich nur einen Brief pro Monat schreiben? Der Novemberbrief soll an meinen Vater gehen. Den Dezemberbrief will ich an meine Mutter schreiben. Rosemaria kann also erst im Januar wieder mit einem 19-Zeilen-Brief an die Reihe kommen. Eine grausame Regelung! Warum muß ich das erdulden? Warum tut man das? Was habe ich denn verschuldet, daß man das tut? Warum behandelt man mich wie einen Verbrecher? Weil ich im vorletzten Kriegsjahr vom Kapitän einer Fliegerstaffel in den Generalstab der Luftwaffe kommandiert wurde? Darum!?? Wirklich darum − − −??? Ich finde keine Zusammenhänge.

Den neuen Tag erlebe ich als Torposten am »Cage 2«. Die Einsatzstelle wird von Wache zu Wache gewechselt. Zwischen den dunklen, schlafenden Kasernengebäuden geht der Blick hinaus über die sanften Hänge mit den Weingärten hinab ins Neckartal. Vom Fluß herauf steigt der Nebel wie der Vorhang vor der bunten Bühne eines Theaters. Als irgendwo hinter mir das erste Morgenlicht aufzuleuchten beginnt, haucht es die Weinberge rosenrot an, bis sie wie von innen heraus zu glühen beginnen und immer satter in ihren herbstlichen Farben werden. Das Herz klopft gegen die Rippen vor übergroßer Sehnsucht.

Ich hole mir meinen Suppennachschlag als »Guard«. Ein Liter dünne Suppe mehr im Bauch hilft, daß sich das ganztägige Hungergefühl nicht mehr allzu peinigend bemerkbar macht. Auf dem Rückweg zur Baracke treffe ich Major Lammel und − − erschrecke. Sein blasses Gesicht mit den eingefallenen Wangen wirkt grünlich-weiß. »Ich habe schon wieder 3 Kilo abgenommen!« sagt er und hebt die Schultern, »glaube nicht, daß ich es noch sehr lang mache − − −!« Ich gebe ihm mein Brot.

Als »Guard« habe ich Zutritt zu sämtlichen »Cages«. In einem weiter entfernt liegenden hält Professor Schorer einen Vortrag über das Thema »Kulturwende um 1500«. Besserer macht mich darauf aufmerksam. Wir gehen beide hin. »Zumindest lenkt's vom Hunger ab!« sagt er.

Nachts stehe ich wieder als Torposten vor dem Hospital. Zu später Stunde bringt man einen Patienten an. Es ist der älteste Internierte dieses Lagers: General v. Mauer − − 84 Jahre alt! Der Reigen meiner Gedanken kreist immerzu um die eine zentrale Frage: Warum geschieht dies alles? Wenn ich wirklich etwas verbrochen hätte, weswegen man mich gefangenhält und immerzu aufs neue demütigt, es erschiene mir fast wie eine Erlösung. Dann hätte dieser ganze Jammer doch wenigstens einen Sinn.

18 Monate hinter Stacheldraht! Das ist eben doch eine solche Fülle typischer Erscheinungen und Erlebnisse, daß es am Ende auch Gefangene mit der allergrößten Dickfelligkeit »umformt«. Dies läßt sich kaum beschreiben oder später etwa gar reproduzieren. Die Seele trägt das Leid und neigt sich unter der Last. Selbst die Gedanken werden stumpf in solcher Zeit; denn es fehlt ihnen die Möglichkeit der Entfaltung, wie sie uns nur die beseelte Stille der Einsamkeit schenken kann.

Herzen, die alle gleich schwere Last und Not tragen, können sich gegenseitig nicht erlösen. Dazu bedarf es einer freien und unbeschwerten Aufgeschlossenheit, die des Nächsten Pein willig und liebevoll aufnehmen kann. Aber wer von uns hier vermöchte dies in der Mühsal des Loses von uns allen??

Unschuldig dulden müssen macht zwar die Seele stark, verbittert aber das Herz.

Mein »Guard«-Posten verschafft mir auch einen Überblick über die große Anzahl ehemals »Prominenter«, die hier im Lager versammelt sind. Manche alte Bekannte aus anderen Lagern sind dabei:

Die ehemaligen Reichsminister Ohnesorge, Darré, Schwerin-Krosigk, dann Reichsleiter Amann, der 78 Jahre alte General v. Pechmann, Professor Jankuhn mit weiteren 20 Hochschulprofessoren, Beamte, Wirtschaftler, Künstler. Viele von ihnen sind »Verbrecher«, weil sie irgendwann einmal bei der SS waren.

In meiner Stube liegt auch ein Bremer Großkaufmann, der von 1934 bis 1936 pro forma einem SS-Motorsturm angehörte. Das ist alles! Im August 1945 wurde er denunziert. Seitdem sitzt er ein. Seine Frau ist Engländerin. Sie lebt mit den Kindern in England, verfügt über gute Beziehungen − − es nützt alles nichts.

Am Vormittag bringt man einige hundert Auslandsdeutsche aus China und Mexiko ins Lager. Sie kommen mit auffallend viel Gepäck an, mit Schrankkoffern, Betten und Ballen. Sie sind im Vergleich zu uns abgerissenen Gestalten gut gekleidet. In Bremen sonderte man die Männer von ihren Familien ab. Aus »Gründen der Transportschwierigkeiten«, wie man ihnen sagte, kamen Frauen und Kinder in andere Lager, die man aber den Männern nicht bekanntgab. Sie sind nun alle sehr bedrückt, weil sie nicht wissen, ob und wann sie etwas von ihren Familien erfahren können und wie sie diese jemals wiederfinden sollen − − −

Am Abend erhalte ich ein Päckchen mit Gemüse und Wurst und Teigwaren − − von Rosemaria über das Lager Dachau hierher nachgesandt. Aber es ist in einem Zustand, als wäre ein Panzerwagen darüber hingewalzt. Zwei Mohrrüben sind noch genießbar; eine gebe ich Besserer. Er schenkt mir eine Zigarette dafür − − −

Aus unserer Gruppe kommen die Obersten v. Blumröder und Voelkel sowie Oberstleutnant v. Brauchitsch plötzlich nach Nürnberg − − ins Gefängnis. Sie sollen als Zeugen für oder gegen irgendwen bereitgehalten werden. Sie sind sichtlich niedergeschlagen.

Nebel hängt schwer zwischen den Häusern. Mir will scheinen, als lasse auch die Trauerweide vor unserem Fenster jenseits der Straße noch mehr als sonst ihre Zweige zu Boden hängen. Ich mag sie gar nicht anschauen; es wird mir weh ums Herz. Zuweilen erscheine ich mir selbst wie ein Grashalm, den der Herbstwind beugt und zaust, aber er kann ihn − den halb verdorrten − doch nicht aus der Wurzel reißen − − −

Wir erhalten den großen »Fragebogen der Militärregierung« zum ausfüllen. 131 Fragen in doppelter Ausführung in Druckschrift zu beantworten. Wir haben den ganzen Tag damit zu tun.

Schlimme Gerüchte kommen vom Lager Nr. 72, das hier in der Nähe liegt. Es wurde von der württembergischen Landesregierung übernommen und steht vollkommen unter deutscher Verwaltung. Dies bedeutet zweifellos noch einen weiteren Schritt nach unten in die Hoffnungslosigkeit. Es heißt, auch unser Lager komme wahrscheinlich ganz unter deutsche Verwaltung.

Wir verfassen noch einmal eine Protestschrift an die 3. U.S. Army und legen den Widersinn und die Rechtlosigkeit dar, wie man uns hier behandelt. Es ist ein letzter Notschrei. Aber wir sind der Meinung, daß auch er ungehört verhallen wird − − −

Nachts habe ich Wachdienst am Tor unseres eigenen Käfigs. Niemand kommt, niemand stört, kein Mensch ist zu sehen. So fließen die Stunden gleichförmig und ruhig in die Dunkelheit der Nacht hinein. Als ich abgelöst werde und in unsere Stube zurückkehre, ist es noch dunkel. Ich lege mich nicht nochmals zum Schlafen hin, bleibe am Fenster stehen, um die Stille des Alleinseins ganz auszukosten.

Allmählich wacht hinter den Kasernengebäuden und den kahlen Baumkronen ein rosiges Dämmern auf. Ich bleibe ganz still an meinem Fenster stehen, umschwommen von den tiefen Atemzügen und leisem Schnarchen der Kameraden. Die Luft im Raum ist verbraucht, dumpfig schlecht durch die Ausdünstungen der elf Schlafenden. Der Oberregierungsrat, der Älteste in unserer Stube, legt zuweilen im Schnarchen an Lautstärke etwas zu; ich muß lächeln, aber ich gönne allen ihren Tiefschlaf und mag die elektrische Lampe nicht anschalten, weil ich die Kameraden nicht stören möchte.

In den anderen Gebäuden gehen hier und dort hinter den Fenstern die Lichter an. Als es hell genug ist, beginne ich mich auf der Fensterbank zu rasieren. Ich stelle mir vor, wie es wohl sei, wenn ich jetzt frei wäre, wenn ich mich jetzt hier für den Weg zu meiner Arbeit fertigmachen würde. Ich höre Schritte auf dem Pflaster verschlafener Straßen, treffe mit Bekannten zusammen, wechsle den ersten Morgengruß − − vielleicht mit einem Mädchen, um dessentwillen ich mir in der Dämmerung meines Zimmers meinen Scheitel sorgfältiger gezogen haben könnte, als nötig ist − − − Ganz so, wie jetzt − − wo alles ohne Sinn ist!

Törichte Träumereien. Aber sie kehren unaufhörlich und in immer neuen Gewändern wieder. Und stets mit der gleichen seelischen Pein, dieser Bitterkeit aus hoffnungsloser Sehnsucht.

Zum Frühstück erhalten wir den Wortlaut des neuen interalliierten »Denazifizierungsgesetzes«, den wir mit Erschrecken und Beunruhigung lesen. Jetzt wird manches klar! Alles, was uns seit dem 8. Oktober an empörender Willkür widerfahren ist, wird durch dieses Gesetz sanktioniert. Danach kann jemand, der zu irgendeiner Zeit im Generalstab tätig war oder auch nur für den Generalstab ausgebildet (!) wurde, als Internierter festgehalten werden, falls der jeweilige Zonenbefehlshaber der Ansicht ist (!), daß der Betroffene den alliierten Zwecken gefährlich werden könnte. Damit ist alles, was mit uns geschieht, legalisiert. Es braucht nicht einmal jemand ein schlechtes Gewissen zu haben.

Wir diskutieren die Frage, weshalb eigentlich unter dem Naziregime so viele politische Häftlinge in den KZs gehalten wurden. War es denn nicht ein Merkmal dieses Systems, daß man die Leute einfach deshalb gefangenhielt, weil sie der nationalsozialistischen Regierung gefährlich werden konnten − − −???

»Nein, nein, nein«, sagt einer, »wir dürfen hierzu keine Parallelen sehen! Das ist doch alles nur furchtbar dumm!!« »Aber ist es denn nicht denkbar«, fragt ein anderer, »daß es eben doch Parallelen gibt − − −??!!«

Auf dem Dachspeicher der »Baracke 2« spielt ein Kamerad auf einem Klavier aus Max Regers »Träume am Kamin« und »Nocturnes« von Chopin. Dann singt ein anderer mit einer sehr männlichen und doch je nach dem Genre auch zarten, innig verhaltenen Stimme Lieder von Richard Strauss und Robert Pohl. Zum Schluß folgt eine Sonate von Beethoven. Es ist eine gute, eindrucksvolle Stunde, die dazu beiträgt, die verbitterten Herzen der Zuhörer trotz des miserablen äußeren Rahmens für kurze Zeit zu jenen Welten hinüberzuführen, um derentwillen sich das Dasein lohnt.

In den Baumkronen glüht noch ein letztes Feuer in rotem und gelbem Laub, wenn sich das Sonnenlicht auf dieses Verlöschende wirft. Auf dem Boden häufen sich raschelnde Hügel. Gefangene mit Harken sind dabei, die Rasenbezirke von herabgefallenen Blättern zu säubern. So wird die ganze einstige Pracht in Karren fortgefahren wie Konfetti nach einem Fasching, und der lange grautönige Aschermittwoch des Spätherbstes beginnt.

Als ich nachts in meinem Postenhäuschen vor dem »Käfig IV« sitze, dem ehemaligen Offizierskasino des Flakregiments, in dem jetzt mehr als 300 Häftlinge untergebracht sind, beschließe ich, mich an einem Lehrgang für Bautechniker zu beteiligen, der hier im Lager mit viel ernsthaftem Wollen und entsprechender Gründlichkeit aufgezogen worden ist. Nach etwa fünf Monaten soll dieser Kursus mit einer Prüfung abschließen und dem Absolventen das Testat geben, in einem Baubüro Anstellung finden zu können. Als Lehrer haben sich zur Verfügung gestellt: Professor Meyer von der Technischen Hochschule in Breslau, ein Architekt und ein Diplomingenieur.

Ich erzähle Besserer und den anderen Kameraden unserer Gruppe von meinem Entschluß. »Was denn?? In fünf Monaten ist die Prüfung?? Ja, sind Sie denn meschugge, auf solche Zeiten hinaus zu disponieren?« fragt einer. »Wollen Sie denn in fünf Monaten immer noch hinter Stacheldraht sitzen?« fragt ein anderer. »Na, hören Sie mal, die können uns doch schließlich nicht ewig sitzen lassen!« Da sind wir wieder beim Thema!

»Was heißt hier ›die‹ ?? ›Die‹ können alles!! Die Macht, die dieses sogenannte interalliierte Denazifizierungsgesetz erdacht hat, beugt jedes bisher übliche Rechtsempfinden!« ruft einer in die Debatte.

Wir haben neue Zeitungen bekommen; sie werden von einem zum anderen weitergegeben. Jemand hat sie in einem Paket hereinbekommen, denn offiziell dürfen wir keine Zeitungen erhalten. Ich stecke mir die Blätter unter meine Joppe und nehme sie mit auf Wache, wo ich sie alle der Reihe nach vom ersten bis zum letzten Wort durchlese.

Der englische Außenminister hat in einer Rede mit gewundenen Worten die jetzige deutsche Ostgrenze ziemlich sicher als endgültig bezeichnet. Mit Erschütterung betrachte ich die in einer Zeitung abgedruckte Landkarte des nun noch übriggebliebenen Stückchens Deutschlands. Ich lese von der Not an allen Ecken und Enden, von Hunger und Flüchtlingselend, aber auch von Haß und Zwietracht, von Unbarmherzigkeit und Denunzinationen.

Unsere Tragödie ist wahrscheinlich allumfassend − − und leider noch längst nicht abgeschlossen.

Die Lektüre der Zeitungen ist sicherlich keine Freude. Ein Goethe-Wort fällt mir ein: »Die Deutschen der neuern Zeit haben nichts andres für Denk- und Pressefreiheit gehalten, als daß sie einander öffentlich mißachten dürfen!« Mir scheint, sie haben seither auch verdammt wenig dazugelernt.

Der »Bautechnikerlehrgang« ist eine harte Nuß! Neben sechs Stunden Wachdienst als »Guard« sind täglich noch 3 bis 4 Stunden Unterricht in Mathematik, Statik, Algebra zu absolvieren. Es gibt viel Neues und nicht immer »Leichtverdauliches«, was in den Schädel hinein soll. Auch hierzu fällt mir ein Wort von Goethe ein: »Die Deutschen besitzen die Gabe, die Wissenschaften unzugänglich zu machen!« Hätte der Altmeister erst die Statiklehre unseres hiesigen Lehrganges gekannt − − −!

Aber ich lerne gern. Die Zeit vergeht dabei. Sie erhält auch einen gewissen Sinn. Aber es ist doch nur eine Beschäftigung mit Scheuklappen vor den Augen. Man läuft geistig dabei nur immerzu im Kreis herum. Nur eben, damit das Herz stumm bleibt und nicht aufschreit vor Not und Qual. Es muß still sein unter einer harten Schale. Wie gefrorenes Licht. Wie die Sonnenscheibe am Winterhimmel: ein Spiegel, aber kein Flammenquell − − − Überraschend findet ein Schub Entlassungen statt. Entlassungen!!! 350 Mann!!!

In unserer Stube trifft es den langen Balten, den Sportlehrer, ehemaligen HJ-Führer und Lehrer auf einer NAPOLA und den ehemaligen Ortsgruppenleiter der NSDAP einer kleinen schwäbischen Gemeinde. Mit strahlenden Mienen laufen sie aufgeregt umher, sprechen nur noch von ihrem »Zuhause«, von ihren Kindern, die sie nun wiedersehen werden und daß alle Not jetzt ein Ende habe.

Als sie ihre Sachen zusammenpacken, gehe ich weg, um nicht zusehen zu müssen. Besserer kommt mir nach. Er hat die rechte Art eines »guten Kameraden«, verständig und zuverlässig, hilfsbereit. »Man sollte die beiden beglückwünschen, daß sie wieder freikommen«, sagt er, als er neben mich an den Drahtzaun tritt. »Es sind ordentliche und brave Leute, die sich nichts zuschulden kommen ließen.« »Nun gut«, sage ich mit Bitterkeit, »und was hat dann dazu berechtigt, sie eineinhalb Jahre lang hinter Gitter zu sperren?? Na?? Und wir?? Lieber Herr Besserer, was haben wir getan, daß man uns nicht nur unsere Freiheit, sondern auch alle Hoffnung nimmt??«

Ich ärgere mich im gleichen Augenblick über diese meine törichten Fragen, die ich in meiner Herzensqual herausschreie. »Nur ruhig Blut, alter Junge!« sagt Besserer zuversichtlich. »Es wird kommen der Tag, da die Zeit erfüllet ward. So ähnlich steht's schon in der Bibel − − −!«

Wir gehen in unsere Baracke zurück. Die Kameraden stehen in Gruppen beisammen und diskutieren lebhaft. Unser »Sprecher«, Oberst Thilo, hatte die heutigen Entlassungen zum Anlaß genommen, um beim CIC-Chef des Lagers vorzusprechen und nach unseren Entlassungsaussichten zu fragen. Dieser sagte ihm, daß unsere Gruppe von Generalstäblern hier in diesem Lager überhaupt nicht einzugliedern sei; weder gehörten wir zu den »automatisch Festgehaltenen«, noch zu denen, die in »Sicherheitsgewahrsam« sind, weder zu den »Kriegsverbrechern« noch zu den »Verdächtigen«, weder zur »Zeugengruppe«, noch zu den »politisch Belasteten«. Warum wir eigentlich noch hier seien, wisse er auch nicht. »Sie müssen eben in Geduld abwarten, was von seiten der Militärregierung über Sie bestimmt wird«, meint er achselzuckend.

Einer der Kameraden schwenkt einen Brief in der erhobenen Rechten! »Hier!! Alles mal herhören!!« ruft er, »meine Familie ist auf die Straße gesetzt worden, weil ich interniert worden bin und weil nur Bösewichte interniert werden!!« Er ist ganz fahl im Gesicht vor Hilflosigkeit. »Beruhigen Sie sich doch!« sagt Oberst Eberhard, »mir hat man die Wohnung für meine Frau und meine Kinder weggenommen, nur weil ich Offizier gewesen bin!«

Ich denke, was für Farben dieser Herbst doch noch hat. Für Stunden ist der Himmel von tiefem, sommerlichem Blau wie an einem Mittag im Juli. Dabei ist's nur Heuchelei. Schon pfeift der Novemberwind um die Hausecken, kalt, gebieterisch und zaust die letzten Blätter von den Bäumen. Nur die Trauerweide gegenüber läßt ungerührt ihre staubgrauen Wedel zu Boden hängen. Sinnbild hoffnungsloser Melancholie. Man kann gar nicht lange hinschauen – – –

Am Abend bin ich Torposten vor »Baracke 7«. Ein kleiner, vierschrötiger Kerl verläßt die Umzäunung ohne Passierschein. »Wohin soll's denn gehen?« frage ich kameradschaftlich. »I geh' spazier'n!« »Du, hör' mal«, sage ich, »jetzt am Abend in der Dunkelheit kannst du nicht ohne Ausweis im Lager spazierengehen; das weißt du doch!« »Dös geht di a'n Dreck an!« sagt er böse. »Sei doch vernünftig, Mann«, versuche ich es noch einmal. »Du kriegst doch nur Schwierigkeiten, wenn sie dich schnappen. Wohin willst du denn?« »Leckst mi am Arsch!« ist seine Antwort, mit der er im Dunkel verschwindet. Aber dort bleibt er noch einmal stehen und ruft zurück: »Du verfluchter Saukriepel, du Mistviech, damisches. Ihr seid's nur do, um uns zu schikanier'n. Pfui Deifi, Saubande, miserable – – –!« So geht es eine Weile.

Es ist klar, daß sich die »Guards« bei aller Nachgiebigkeit und Hilfsbereitschaft, bei allem »Beide-Augen-zudrücken« keines guten Ansehens erfreuen. Man möchte in ihnen gern eine Art KZ-Kapo sehen, der im fremden Sold eigene Kameraden bewachen hilft. Lieber hat man dann schon Polen oder Amerikaner am Käfigtor.

Ich beratschlage mit Besserer wieder einmal, ob wir diesen »Guard«-Job nicht lieber wieder aufgeben sollten. »Und was machen wir dann ohne den Becher Suppe und den zusätzlichen Kanten Brot? – – Hm??«

Zähflüssig dahintreibende Tage. Unterricht – – Wache – – Essen –
– Schlafen – – Hin und wieder mal ein interessanter Vortrag: Graf
Schwerin-Krosigk über »Die letzten Tage der Reichsregierung«, Graf von
der Goltz über »Generaloberst Fritsch«; er war sein Verteidiger damals
im Naziprozeß.

Briefe kommen. Briefe unter dem Motto: »Kopf hoch!« »Nur den Mut
nicht verlieren; es kann nicht mehr lange dauern – – –« »Es heißt, ihr
könnt jetzt öfter schreiben – – –« »Man erzählt, bis Weihnachten seid
ihr frei – – –« »Wir wollen ans Gute glauben und fest hoffen – – –«
»Wenn du erst bald bei mir bist – – –«

Oh, wie überdrüssig bin ich dieser lieben, tröstenden Worte! Ich
möchte diese Briefe in der Faust zerknüllen und in den Ofen werfen – –
–

Das einzige Briefformular für diesen Monat November wird noch
immer nicht ausgegeben. Ich kann also nicht schreiben, nicht antworten. Dieses Erbärmliche ergießt sich wie ein kalter, zäher Brei in meine
Brust, daß ich kaum mehr frei zu atmen vermag. Jeder von uns weiß
doch, daß diese Formulare längst bereitliegen, aber man will uns die
einzige dünne Verbindungsmöglichkeit nach »draußen« so weit wie
möglich erschweren. Menschen quälen Menschen. Es geschieht wirkungsvoll auf diese Weise.

Was mich hier umgibt, stößt mich immer stärker vom Mitmenschen ab.
Ganz allgemein. Sicherlich oft zu Unrecht. Freilich, es ist ein Querschnitt
durch unser ganzes Volk.

Es geht da vom Arbeiter und einfachen ehemaligen »Blockleiter«, vom
SS-Scharführer und »Jugendwalter« über den Ingenieur, Kaufmann, Ortsgruppenleiter, Kreisleiter hinauf zu den Schichten der Intelligenz, zu den
Rechtsanwälten, Malern, Schriftstellern, Sängern, Hochschulprofessoren
und weiter bis zu den Staatssekretären und Ministern. Das alles wimmelt
hier umher.

Ein Menschengemengsel, in dem sich fast jeder irgendwie zu bereichern
trachtet, um bestehen zu können. Es fängt bei der deutschen Lagerleitung
an, die sich bessere Wohnungsverhältnisse schaffen konnte, bessere Verpflegung, bessere Bekleidung. Und bei der Barackenküche hört es auf mit
Unterschlagungen, dafür verminderter Verpflegungsausgabe; beim Fourier mit der Verschiebung zustehender Seifenrationen. Korruption überall
oder doch weithin. Fast jeder denkt nur an sich, schafft für sich. Es ist
wenig mehr zu spüren vom Empfinden der Zusammengehörigkeit durch
das gemeinsam zu tragende Los. Als Kriegsgefangener empfand man
noch ›soldatisch‹. Da war man noch Kamerad unter Kameraden. Hier
wird man nur noch so tituliert – – – Diese moralische Demontage ist
erschütternd.

Während meines nächtlichen Weges zum Torposten am Hospital fallen
die ersten schüchternen Schneeflocken dieses Winters aus dem Nachthimmel. Sie prickeln auf Stirn und Wangen, zaghaft, so, als dürften sie es

noch gar nicht und müßten um Verzeihung bitten, daß ihre Zeit gekommen ist. Sie wollen nicht stören, diese winzigen, stummen, verspielten Schmeichler. Wo sie am Boden auftreten, zerschmelzen sie sogleich. Aber auf dem Stacheldraht der Zäune, den Bretterkanten der hohen Holztore, den Zweigen der Bäume bilden sie eine dünne weiße Schicht.

Ich sitze in meinem Postenhäuschen neben dem glühheißen eisernen Öfchen und denke nach. Drüben, jenseits des Zaunes, erhebt sich der Wachturm, auf dem der polnische Posten unentwegt eine Melodie vor sich hinträllert. Es ist eine noch jugendliche Stimme, ein wenig heiser, und so, als fürchte sich ein junger Bursch in der Dunkelheit vor seinem Alleinsein. Man sagt, daß Kinder aus Angst singen, wenn sie nachts allein sind. Diese jungen Polen sind im Grunde nicht viel besser dran als wir: heimatlos, ohne solide Zukunftsaussichten, Söldner einer fremden Macht, die recht von oben auf sie herab schaut.

Nur – – – sie stehen auf der anderen Seite des Zaunes. Wieder geht eine Woche dahin. Die Tage kommen und gehen wie Fäden, die von einem großen grauen Knäuel abgewickelt werden. Es hat den Anschein, als nehme dies alles gar kein Ende mehr.

Dabei habe ich unmerklich gegenüber früher einen anderen Standpunkt zum Zeitablauf gewonnen. Damals erwartete ich zu Beginn unserer Gefangenschaft von jeder neuen Woche, daß etwas geschehe, etwas Entscheidendes zur Klärung unserer Lage. Da war alles ein großes Aufbegehren. Jetzt weiß ich, daß nichts mehr geschieht. Es gibt auch keinen Widerhall mehr, wenn wir Vernunft und Rechtlichkeit anrufen. Man schweigt uns tot. Eigentlich sind wir schon gar nicht mehr vorhanden – – –

Der Himmel hängt voll Schnee. Das Neckartal ist ganz in grauen Dunst gehüllt. »Kein Flugwetter heute, was?« meint Besserer sarkastisch.

Wir hören einen interessanten Vortrag von Dr. Hesse, dem letzten Vertreter des »Deutsches Nachrichten-Büro« (DNB) bei der deutschen Botschaft in London über »Die außenpolitischen Beziehungen Deutschland/Großbritannien von 1943 bis Kriegsende«.

Der »Bautechnikerlehrgang« nimmt mich in Anspruch. Wir müssen viel lernen. Ich pauke wie ein Gymnasiast statische Formeln und Berechnungen. Zuweilen zischelt mir mein zweites, schlechteres Ich zu: »Gib's auf! Es hat ja doch keinen Zweck! Wozu? Du läßt es ja doch wieder fallen, bevor du alles begriffen hast. Schlafe lieber statt dessen! Lies gute Bücher!« Das ist die Stimme der Anfechtung, der Verführung. Aber im Streit mit mir hat sich mein besseres Ich bislang noch mannhaft behaupten können. Und so wate ich weiterhin bis zu den Knien durch die mathematischen Wissenschaften.

Gewissermaßen als »Belohnung« oder auch zur geistigen »Erholung« hören wir einen hochinteressanten Vortrag von Baron v. Lersner über seine »Außenpolitischen Erlebnisse von Versailles bis Ludwigsburg«. v.

Lersner, ein alter kaiserlicher Diplomat, selbst fast schon eine historische Persönlichkeit, war unter anderem auch Präsident der Versailler Friedensdelegation, Mitarbeiter von Graf Brockdorf-Rantzau, gut bekannt mit Clemenceau, Marschall Foch, Tardieux, Léon Blum, Verfechter der deutsch-französischen Verständigung, schließlich unter Hitler, der ihn beargwöhnte, nach Konstantinopel emigriert. Eine Persönlichkeit von hohem Geist und einem enormen Fundus interessantester persönlicher Erlebnisse. Wieder einmal wird klar, wie katastrophal unsere innen- und außenpolitischen Torheiten waren.

Wir fragen den Baron, weshalb denn um Himmels willen auch er in diesem Lager einsitze. Er weiß es nicht – – –

Wieder ist eine Woche zu Ende, ein Partikelchen nur in der Unendlichkeit und doch ein Glied in der Zeitenkette des Menschenlebens. Und wieder so sinnlos vertan.

Novembertage mit Regendunst und Nebel. Windstöße, die gleich durch die Kleidung dringen. Die Bäume stehen starr und nackt gegen den trüben Himmel und sehen aus, als frören sie.

Zwei China-Deutsche, ein Repräsentant der Rheinmetall in Tschungking und ein Beamter des Auswärtigen Amtes, berichten über das Wesen dieses fernen Landes, über den Bürgerkrieg dort, über die Staatsform und über die Person des Generals Tschiangkaischek.

Wir laufen überallhin, wo etwas geboten wird. So finden wir uns anschließend im Saal des ehemaligen Kasinos wieder zu einer »Besinnlichen Stunde«. Musik von Bach und Händel umrahmt Rilkes »Die Weise von Liebe und Tod des Cornets Christoph Rilke« und zwei Hölderlinsche Gedichte. Ein inhaftierter Schauspieler trägt vortrefflich vor, und das Rilkesche Werk packt mich stark.

Der nächste Tag bringt eine schillernde neue Sensation! Unserem Gruppensprecher, Oberst Thilo, ist es gelungen, zum württembergischen »Säuberungs«-Minister Kamm vorzudringen. Er gibt uns eine ermutigende Erklärung. Der Herr Minister habe mit Oberst Thilo abgesprochen, daß wir bald in ein deutsches Internierungslager verlegt und von dort tatsächlich entlassen werden! Jubel bricht los! Ein Aufschrei der Freude! »Leute, paßt auf! Zu Weihnachten sind wir zu Hause!!!«

Wir müssen sofort Verpflichtungserklärungen unterschreiben, daß wir nach der Entlassung unverzüglich den Entlassungsort aufsuchen und den Wohnsitz nicht ohne Genehmigung der deutschen Behörden wechseln. »Hört mal, diesmal hat's Hand und Fuß!« meinen viele. »Abwarten!« sagen andere. Wir sind hin und her gerissen. Es heißt, wir würden noch in dieser Woche verlegt. Als die Woche um ist, heißt es von Tag zu Tag: Morgen!! Oder vielleicht übermorgen!?«

Wir hören viel Übles aus den deutschen Lagern. Die Verpflegung soll absolut unzureichend sein. Unterbringung in Pferdeställen auf blankem Boden, ohne Bettgestelle, ohne Stroh. »Nun, wenn schon!« meinen die meisten. »Es ist doch nur für kurze Zeit. Wir werden bald entlassen!« Wir haben Mühe, jetzt in gewissermaßen letzter Minute nicht seelisch auseinanderzufallen. Die innere Spannung ist ungeheuer.

Ich träume in Bilderfetzen, die mich umgaukeln – – ich laufe durch einen nebelnassen Wald – – über herbstschwere Felder – – ich küsse ein Mädchen – – liebe Menschen bereiten herzlichen Empfang – – Alles im Lager hier ist mir jetzt ekelhaft gleichgültig.

Der »Bautechnikerlehrgang« hat sich stillschweigend auflösen müssen. Architekt Maul, der Berliner Städtebauer (Ufa-Palast am Zoo u.a.), und Dipl.-Ing. Hoffmann, ehemals leitender Ingenieur der »Donau-Werft«, wurden plötzlich in ein anderes Lager verlegt.

Es interessiert nicht. Wir werden ja bald folgen – – – Die Tage vergehen.

Wir erfahren, daß Rechtsanwalt Dr. Laternser, der brillante Verteidiger im Nürnberger »Prozeß«, hier im Lager ist. Wir bitten die Lagerverwaltung, daß mir mit ihm sprechen dürfen. Wir wünschen nichts Unbilliges. Wir möchten den Anwalt lediglich bitten mitzuhelfen zur Klarstellung in der Öffentlichkeit, daß unsere Gruppe des Truppengeneralstabs in Nürnberg *nicht* angeklagt war. Die amerikanische Lagerverwaltung gibt uns keine Genehmigung zu dieser Besprechung.

Totensonntag! Beim Gottesdienst denke ich an die alten Kameraden meiner Fliegerstaffel, die vor dem Feind geblieben sind, alle diese jugendfrohen Gefährten einer schönen und männlichen Zeit, da uns die Sonne nicht unterging. Und ich gedenke des wertvollsten Menschen, den ich verlor: meines Jugendfreundes Günter aus dem Vogtland unserer Kindheit.

Aber ich denke nicht mehr in Trauer an ihn und sein Nimmerwiederkehren. Ihm blieb dieser Jammer erspart, den wir heute zu erdulden gezwungen sind. Dieser schlichte und doch so edle Mensch mit seiner Fülle an Seelenheiterkeit; lebte er heute noch, man würde auch ihn hinter Stacheldraht gesperrt haben, denn er war Idealist, nationaler Sozialist, dem nichts höher stand als sein Volk und seine Heimat. Ein ewiger Sucher und ein unermüdlicher Kämpfer für eine bessere Gestaltung seines geliebten Deutschlands. Mein Freund Günter.

Wann kommen wir hier weg? Es heißt, das Lager 72 sei ebenfalls überfüllt. Man wolle das Zuchthaus auf der Festung Hohenasperg wieder als Gefangenenlager einrichten. Es ist nicht zu beschreiben, wie leid uns dieses ewige Warten ist!

Heute kommen hier wieder über 450 »Reichsdeutsche« an, die bisher in österreichischen Internierungslagern festgehalten worden waren. Die meisten sind Angehörige der 6. SS-Armee von Sepp Dietrich. Sie sehen schrecklich verhungert aus. Eingefallene Wangen. Gelblich-fahle Gesichtsfarben. Müde Bewegungen. Monatelang bekamen sie täglich nur einmal Suppe und 200 Gramm Brot.

Nun ist unser Lager wieder voll belegt. Selbst die Kellerräume sind mit Menschen vollgestopft.

Oberst Thilo, unser »Sprecher«, hat sich leider mit dem amerikanischen CIC-Direktor überworfen. Nun ist alles wieder abgestoppt. Niemand glaubt mehr an baldige Verlegung, an Entlassung. Der CIC-Chef läßt einen anderen Kameraden unserer Gruppe zu sich kommen. Ihm teilt er mit, der »Automatische Arrest« sei für uns noch gar nicht aufgehoben – – – Nun kennt sich überhaupt niemand mehr aus.

Im Lager Dachau hatte man uns gesagt, der »Automatische Arrest« sei für uns aufgehoben; wir kämen jetzt ins Lager Ludwigsburg zur baldigen Entlassung. Hier hat man das bestätigt. Man gestattete uns, Verbindung mit dem württembergischen »Säuberungsminister« Kamm aufzunehmen. Und nun das!!! Wieder ist eine Hoffnung zunichte. Diesmal war sie begründet. Aber es war nichts damit! Die Kameraden sind sehr niedergeschlagen. Manche sahen sich zu Weihnachten schon zu Hause, bei ihren Frauen, ihren Kindern. Manche Kinder haben ja ihren Vater noch nie gesehen – – – Nun ist alles wieder vorbei. Überall lange Gesichter, dünne Lippen, harte, glanzlose Augen.

Mich trifft es weniger. Ich habe gleich nicht recht an die neue Verheißung glauben wollen. Ich erwarte noch viel Niedertracht von denen, die anderthalb Jahre Unrecht an uns begangen haben. In ihren Augen sind wir Unterworfene, Besiegte, Rechtlose, ein verschwommener politischer Begriff von »Doch-wohl-Verbrecher«. Aber keine Menschen, keine normalen Bürger. Was wollen wir erwarten? Jene haben die Macht zur Willkür. Die Macht zumindest zur Gedankenlosigkeit. Und sie genießen sie in dieser bitteren, verfluchten Zeit.

Der November ist ein trübseliger Monat. Da steht alles still, und es ist ein großes Einschlafen ringsumher. Graues Erstarren und Warten unter weißlichem Nebelhimmel. Am Nachmittag kommt noch einmal die Sonne, reißt die Schleier entzwei, die vor dem Neckartal hängen, und rückt es näher heran: staubbraune Hänge, eingestreute weißliche Felsen, erloschene Farben. Nur in den Umrissen ist das Land noch lieblich, aber doch so einsam schon. Es friert.

Major Besserer – ich bin ihm dankbar dafür – überredet mich, am Abend mit ihm zu einem Vortrag des Professors v. Mandelsloh von der Hochschule für Kunstgeschichte in Wien zu gehen: »Die Kunst des 19. Jahrhunderts«. Es ist Anregung und Abwechslung zugleich.

Als wir zurückkommen, ist in unsere Stube ein »Gast« eingewiesen worden: ein Musiker a. D. aus einem Dorf bei Stuttgart. Er ist Klavierstimmer und hat ein paar Tage hier im Lager zu tun. Und es ist eine Stimme von »draußen«! Wir fragen den Mann gründlich aus. Was er erzählt, erschüttert uns stark.

»Wiederaufbau? Mein Gott, es ist alles wie vor zwei Jahren. Es kann ja nichts geschehen. Wer eine Baugenehmigung hat, der hat kein Material. Wer Material hat, dem fehlen die Handwerker. Wer Handwerker findet, hat keine Tauschwaren, um sie zu halten. Für Geld bekommt man nichts! Die größte Sorge?? Der kommende Winter! Wenig zu essen, Kälte, kein

Heizmaterial! – Ich habe für meine Familie – das sind sechs Personen! –
zwei Meter Holz bekommen. Was soll man da machen?? Habe ein kleines
Kind von sieben Wochen – – –

Denazifizierung?? Nun, man arbeitet mit Hochdruck. Ist eine reine
Geldsache. Man muß genau angeben, was man hat. Das meiste wird
abgenommen. Politisches Leben?? Oje! Man stänkert sich gegenseitig an,
denunziert sich, wo man kann. Jeder denkt nur an sich; der Nachbar kann
verrecken – – –«

Das also ist jetzt Deutschland!

Draußen rauscht ein schnittiger großer amerikanischer Wagen vorbei,
ein »Packard«, silbergrau mit verchromten Beschlägen. Zwei Amerikanerinnen sitzen drin. Sie werden von Professor Schoger gemalt, der auch
hier inhaftiert ist. Hübsch sind sie nicht, diese beiden Frauen. Zurechtge-
machte Masken. Leere und unbeschreiblich hochmütige Mienen. Sie
entblöden sich nicht, mit ihrem Monsterwagen hier durch dieses Lagere-
lend zu brausen. Ich sehe Kameraden, die sich umdrehen und ausspuk-
ken. Mir krampft sich das Herz.

Es sind doch alles *Menschen* unter einer Sonne. Menschen auf *einer*
Erde. Und doch soviel Unverstand, soviel Haß, so unendlich weit
getrennte Welten von Herz zu Herz!

Und wieder ein 1. Advent! Nun ist es also doch wahr geworden, daß wir
auch diesen Tag wieder hinter Stacheldraht verbringen müssen. Als wir
vor einem Jahr darüber sprachen, wollte es keiner glauben. Auch die
ausgesprochenen Pessimisten nicht. Nun »feiern« wir die Wiederkehr des
1. Advents. Mit flackerndem Kerzenlicht und rotem Band um grünen
Tannenzweig. Es geht auf das zweite Weihnachten in Gefangenschaft zu.
Materiell ist vieles besser als im vergangenen Jahr. Und ist doch vieles
auch schlimmer. Wir wissen von unseren Lieben. Unser Alltag ist erträglich. Aber die Hoffnung verlischt immer mehr. Wir alle sind reifer
geworden, gefestigter, klarer in unserem Standpunkt. Aber die Zukunft
ist grau verhangen, grauer denn je und trostlos.

Am nächsten Morgen werden rund 400 Gefangene in deutsche Lager
abtransportiert. Aus unserer Stube ist Polizeimajor Steffens dabei. Bei
uns Generalstäblern rührt sich nichts.

Das ehemalige Offizierskasino hier im Kasernenbereich, jetzt »Baracke
VI«, wird heute mit internierten Mädchen und Frauen belegt: SS-Helfe-
rinnen, Sekretärinnen der Gestapo, Leiterinnen der NS-Frauenschaft und
andere. Der erste Transport mit zwei Dutzend Frauen kommt am Nachmittag an. Obwohl der Kasinobereich hermetisch abgeschlossen ist, sammeln sich die Gefangenen des Lagers in größeren Trupps am Lagertor, an
den Zäunen, bilden Spalier an den vorbeiführenden Straßen. Seit Monaten und Jahren wollen sie wohl nichts weiter als einmal wieder ein
weibliches Wesen sehen, den Klang einer Frauenstimme hören. »Wie ein
Rudel Dorfköter, wenn eine Hündin läufig ist!« stellt Ernst Besserer
verächtlich fest.

Nun ja, so einfach ist das nicht. Gewiß steht uns hier der Sinn nach anderen Dingen als dem Anblick irgendwelcher Mädchen, die wir nur bedauern und bemitleiden können. Mädchen hinter Stacheldraht! Das hat mich am KZ-System, von dem wir während der Gefangenschaft und damit nach dem Ende des »Dritten Reichs« soviel, – soviel Grauenvolles! – hörten, am stärksten empört: daß es sogar Frauenkonzentrationslager gab!! – Und hier!?

Wer sich gegen gültige Gesetze vergangen hat, gehört vor einen Richter und dann, wenn ihm Schuld nachgewiesen ist, ins Gefängnis oder Zuchthaus. Wer aber nichts Schuldhaftes begangen hat, gehört in die Freiheit. Besonders ein Mädchen! Oder eine Frau! Mädchen und Frauen wie Tiere einfangen und jahrelang in Käfige sperren ist unmenschlich!

Es gibt neue Gerüchte. Eine ganz neu erstellte Liste derjenigen Personen, die noch immer zur Gruppe der »automatisch arrestierten« Personen gehören, soll bei der Lagerleitung eingegangen sein. Wir ehemaligen Generalstäbler seien *nicht* dabei! Na also!

Aus irgendeiner Quelle erfahren wir, daß der CIC-Chef, der amerikanische Leutnant Vogel, am 15. Dezember auf Urlaub in die Schweiz fahren will. Wird er unseren Fall bis dahin noch erledigen!?? Werden wir wohl jemals erfahren, weshalb man uns eigentlich noch festhält??

Der Himmel ist, obwohl wolkenlos, von gelblichem Frostglanz überzogen. Das macht, weil es nicht mehr warm genug ist, damit er blau scheinen könnte. Die Luft schmeckt winterlich. Die Sinne ahnen schon den kommenden Schneefall. Drüben am Verwaltungsgebäude der Lagerleitung wird ein großer Tannenbaum von einem Lastkraftwagen abgeladen. Man rüstet sich auf das »Fest«.

Am frühen Morgen des 6. Dezember werden wieder 172 Gefangene, die neulich aus Österreich kamen, in die Freiheit entlassen. Und wir – – –??

Im Lager herrscht große Aufregung! Es ist erstmals zwei Gefangenen gelungen, an irgendeiner Stelle über Mauer und Drahtzaun unbemerkt ins Frauen-Cage zu gelangen. Nachts 2.00 Uhr kamen die beiden Sünder zum Vorschein und wurden von der Wache aufgegriffen. Sie haben schwere Arreststrafen zu gewärtigen. Aber es wird nichts nutzen. Man kann nicht zwei Jahre lang Männer von Frauen trennen und dann meinen, es genügten ein Drahtzaun aus Stacheldraht und eine Mauer, um »Unheil« zu vermeiden. Vernunft, ein Gefühl innerer Haltung, nüchterne Überlegung müssen das Geschehene ablehnen. Und doch ist man im Lager allenthalben eher geneigt, die beiden Sünder zu beneiden als zu verdammen – – – Stilles Schmunzeln überall – – –

Abends Kammermusik auf dem Dachboden einer Nachbarbaracke mit Werken von Haydn, brillant gespielt. Obwohl mir Haydn nicht besonders liegt – (zu »höfisch«, zu verspielt, zu wenig Tiefe) – habe ich meine Freude an der Musik und lausche jedem Ton mit geschlossenen Augen nach. »Sie haben ein Gesicht gemacht wie eine etwas verunglückte

Inconnue de la Seine!« sagt Major Besserer, als wir gemeinsam zu unserer Baracke zurückkehren. »Mich hat's tödlich gelangweilt; ich muß es offen eingestehen! Diese Art Musik sagt mir nichts. Ich kann es nicht ändern.« Mich besticht immer wieder seine Offenheit.

Vollmondzeit. Glitzernde Frosttage. Die Luft ist hart vor Kälte. Wenn in der kommenden Woche nichts mit uns geschieht, dann geschieht in diesem Jahr überhaupt nichts mehr. Ich fühle mich total erschöpft vor lauter Hoffnungslosigkeit. Im Inneren bin ich schon fast wie tot.

Im Kirchenraum, der auf dem Dachboden unserer Baracke mit einfachen Mitteln, aber doch recht stilvoll hergerichtet ist, findet eine musikalische Adventsfeier statt. Trotz Adventskranz und flackernder Kerzen entbehrt diese Feier der Innigkeit, der Wärme. Oder will zu mir auf meinen einsamen, nebelverhangenen Herzensgipfel nichts Liebliches mehr vordringen?? Die saubere, klare Stimme von Schulze-Cassens tut mir wohl. Er singt einen mittelalterlichen Choral, mannhaft, bescheiden; man muß die Augen schließen und für Minuten traurig sein, traurig, weil man nicht fromm sein kann − − −

Nachts sind wieder ein paar Gefangene ins Frauen-Cage eingebrochen! Trotz verschärfter Kontrollen, neuer und höherer Zäune, trotz Androhung strengster Strafen. Es nützt nichts. Diesmal nahmen sie den Weg durch ein unterirdisches System von Kabelgängen und Abwasserkanälen. Vielleicht wäre es auch gar nicht herausgekommen, wenn nicht eines der Mädchen die Männer beim Torposten verpfiffen hätte − − − aus Neid, weil gerade *sie* nicht besucht wurde − −?? Wir mußten eine Razzia durchführen, an der ich zum Glück nicht teilzunehmen brauchte. Man fand drei Kavaliere im Keller, wo sie sich versteckt hatten. Zwei entwischten. Es gibt 14 Tage Einzelhaft bei Wasser und Brot. Das kann sich wie ein Todesurteil auswirken bei denen, die sowieso ausgehungert und in den körperlichen Kräften ausgemergelt sind. Aber es wird nichts nützen. Das ist schon jetzt klar!

Nebeltag. Nebel auch am Abend. Die graue Nässe sitzt träge auf den Gliedern. Ich habe nachts Torposten als »Guard«. Aus dem Frauen-Cage kommen weit nach Mitternacht 12 Herren der deutschen Lagerleitung. Sie nahmen dort an einem Vortrag von Kapitän a. D. Spiegel teil. Nach ihren Mienen zu urteilen, muß es ein recht vergnügter Vortrag gewesen sein. Die dürfen's also! Der einfache Durchschnittsinternierte wird gemeldet und mit Arrest bestraft.

Ich bespreche mich mit Major Besserer. Wir entschließen uns, aus dem Guard-Dienst auszuscheiden. Lieber wieder Kohldampf schieben! Wir haben nun zur Genüge Erfahrung gesammelt, mit welch schmutziger Gesinnung man es hier zu tun hat. Und unser guard-leader, Typ des Nazibonzen der unteren Garnitur, tut nichts zu unserer Interessenvertretung. Ablehnung überall. Selbst im Kreis der eigenen Kameraden.

Am nächsten Tag schreiben wir wieder einmal: Freitag, der dreizehnte!

301

Siehe da! Und gleich am Morgen geht es mit Ärger los. Der guard-leader schmeißt uns raus! Nicht etwa, weil wir den Dienst versäumten oder unsere Pflicht nicht getan hätten, keineswegs; Besserer und ich wurden ihm unbequem! Großer Krach! Harte Worte von beiden Seiten. »Korrupte Gesellschaft!« ist unsererseits noch das Mildeste. Verhandlung vor dem deutschen Lagerleiter. Ich spiele ein wenig »Michael Kohlhaas«, lasse Dampf ab, rede mir den Groll vom Herzen, zeige all die Unredlichkeit auf, die hier betrieben wird. Major Schaeder und Major Huber assistieren mir.

Der Lagerleiter, Dr. Vogt, ehemaliger Offizier der Waffen-SS und der »Leibstandarte Adolf Hitler«, hört uns an. Er macht einen guten Eindruck. Wir haben das Empfinden, daß es nur zweckmäßig sein kann, wenn er hier Dinge erfährt, die er nicht kennen kann. Der guard-leader kommt dabei schlecht weg. Das ist nicht zu vermeiden. Jetzt muß einmal alles aufgerollt werden. Konsequenzen zieht der ja doch nicht; dafür ist ihm sein Schlag Extrasuppe und sein zusätzlicher Kanten Brot viel zu wichtig. Viel Zweck hat also alles nicht.

Aber als wir zurück zu unserer Baracke gehen, tragen wir − unmerklich − den Kopf wieder etwas höher. »Das hätten wir also auch hinter uns!« bemerkt Major Besserer ein wenig sarkastisch, nachdem er zweimal vernehmlich gerülpst hatte.

Abends gehen wir wieder zu einem kleinen Kammerkonzert. Auf dem Programm steht heute: Mozart. Klaviertrios und eine Fantasie.

Wir wollten erst nicht hingehen, aber dann hörten wir, daß auch die weiblichen Internierten heute aus dem Frauen-Cage zu diesem Konzert kommen würden. Ich dachte, daß ich mich, wenn wir frühzeitig hingingen, ganz in ihre Nähe setzen könnte. Daß ich zuhören könnte, wenn sie sich unterhalten. Daß ich sie betrachten könnte, ihre Haare, ihre Hände. Ihr Lachen hören! Im Konzertraum ist es bereits brechend voll, als wir kommen. Erstmals sehe ich den Damenflor aus der Nähe. Sie sitzen unter den Männern, die die Mädchen und Frauen begaffen, als seien es exotische Wesen aus einer anderen Welt. Selbstgefällig huschen die Blicke der Damen über die Männer hin, die spürbar unruhig werden in dieser spannungsgeladenen Nähe. Dazu tänzelt Mozarts Musik durch den von brennenden Kerzen erhellten Raum. Man spielt nicht besonders gut, aber es reicht, um sich durch die vertrauten Klänge den Unmut aus der Brust spülen zu lassen. Zwei Reihen vor mir sitzt eine Dunkelhaarige. Die Locken kräuseln sich im Nacken. Ich schaue immerzu dorthin. Ich denke an Rosemaria − − − Eigenartiges Kräftespiel von Gedanken, Sehnsüchten und Empfindungen. Und doch ein so untaugliches Objekt − − −

Draußen versucht es in der Nacht ein wenig zu schneien. Mit Erfolg. Der Frost klirrt. Noch in der kommenden Woche sollen 1300 Gefangene nach dem «Lager Hohenasperg», dem ehemaligen Staatsgefängnis, das man wieder aufgemacht hat, verlegt werden. Mit Windeseile macht dieses Gerücht die Runde.

Aus dem Lager Darmstadt erwarter man hier bei uns einen Zugang von 1500 Gefangenen. Hunderte sollen entlassen werden. Nun sind alle Möglichkeiten wieder einmal offen! Auch für uns! Niemand weiß natürlich etwas Genaues. Jede Meinung, jede Kombination findet ihre Begründung. Unsere Phantasien ufern aus. Optimismus hier, Pessimismus da.

Vielleicht läßt man uns noch vor Weihnachten ins Gefängnis Hohenasperg umziehen?? »Man kann uns doch nicht − − −!« sagen die einen. »Und so kurz vor Weihnachten − −!« ergänzen die anderen. »Die Leute müssen doch wissen, daß sie nur Haß säen − −!« meinen die dritten. Es ist unbegreiflich und zutiefst rührend zugleich, wie immer wieder ein Funke Hoffnung aufkeimt. Und doch sind wir nur Nummern! Nichts als Nummern! Gert Naumann: Nr. 21187

Ernst Besserer: Nr. 20756

Graf Helldorf: Nr. 21325

Der Herzog von Coburg: Nr. 18710

Der Reichsminister, der Staatspreisträger, General, Arzt, Schriftsteller, Bildhauer, Jurist, Handwerker, Landwirt, Offizier, Ingenieur, Kaufmann, Diplomat, Attaché, Maler, Sänger, Erfinder, Wissenschaftler, Historiker − − − Nummern, nichts als Nummern − − −

Dritter Advent. Adventsfeier im Kirchenraum. Weihnachtslieder für Männerstimmen, Orgel und Flöte. Gedichte von Claudius und Storm. Eine Bibelstelle. Zum Schluß: eine Variation über »Stille Nacht, heilige Nacht«, für Orgel allein. Die Kerzen flackern am Altar, am großen schmiedeeisernen Leuchter, am Adventskranz. Die Zuhörer schweigen in Ergriffenheit. Vielleicht ist es auch mehr als das. Die Zeit scheint gekommen zu sein, wo uns bei solchen Gelegenheiten die Nerven versagen. Glücklicherweise ist es dunkel im Raum, und niemand kann sehen, wie uns die Tränen über die Wangen rinnen. Unaufhaltsam.

Major Besserer hat inzwischen in unserer Stube den Tee zubereitet. Oberregierungsrat Badjani, ein alter, netter Herr, der auch nicht weiß, weshalb er seit eineinhalb Jahren hier einsitzt, gesellt sich zu uns.

Ein wenig Schnee ist von der Nacht her übriggeblieben. Bescheiden liegt er dort, wo niemand ihn stört: in Winkeln, auf Zäunen, im dürren Geäst. Nur wo Menschen gehen, zertrampeln sie alle Pracht − − − Ich träume von früheren Wintertagen, von einsamen Skiwanderungen im Vogtland, vom Erzgebirge, vom Wendelstein, vom Nebelhorn im Allgäu. Vom Sudelfeld bei Bayrischzell. Cortina d'Ampezzo. Zuweilen denke ich derart intensiv zurück, daß ich unbewußt den Atem eine Weile anhalte, wie erstarrt im Banne jener Bilder, die ich in der Erinnerung so zauberhaft wieder erblicke. Dann erschrecke ich plötzlich und muß ganz schnell und tief viel Atem nachholen, um nicht zu ersticken. So stark kann das Verwundern darüber sein, daß auch eine versunkene Welt noch in der Erinnerung in derart bunten Farben leben kann.

Heute verlassen die ersten 250 Gefangenen unser Lager, um zum

Hohenasperg zu ziehen. Es sind fast ausnahmslos ehemalige SS-Männer. Übermorgen kommen weitere an die Reihe. Und wir − −??

Wieder wird es Abend. Irgendwo im Haus spielt man Weihnachtslieder. Eine Violine begleitet mehrere Männerstimmen. »Stille Nacht − − −« »Es ist ein Ros' entsprungen − − −« Es klingt wunderschön. Ganz von fern her. Zart und süß. Leise öffnen sich überall die Stubentüren. Ein großes, gemeinsames Lauschen in den dunklen, steinernen Kasernenfluren. »Hohe Nacht der klaren Sterne − − −« Überall in der Dunkelheit Männer und junge Burschen, die sich hier in ihrem jammervollen Los nach etwas Weihnachtlichem sehnen. Als die letzten Akkorde verklingen, schließt sich behutsam Tür um Tür, und es ist nur wieder Nacht, frostglitzernd in tausend Sternen, die im Fensterglas von draußen her im Lampenschein zu funkeln beginnen. Ich träume mit weit offenen Augen in die Nacht hinaus.

Wenn es doch schneite! Bei einem gläsern licht-blauen Himmel ist es schon den vierten Tag eiskalt draußen. Dabei peinigt das lachende Blau und die Grelle des Sonnengestirns unsere wunden Herzen, die sich von etwas Weichem, Warmen einhüllen, nicht aber von gläsernen Strahlen anfunkeln lassen möchten. Uns frommt ein grauer Himmel voll Schnee. In drei Tagen ist Heiligabend. Wäre doch alles schon vorüber − − −

Vor einem Jahr konnte ich noch ab und zu ein kleines Gedicht verfassen, in dem ich vom Glauben und vom neuen Beginn sprach. Nun ist alles leer. Stumpfes Dahindämmern.

Auch mit Ernst Besserer ist der Born unserer wechselseitigen Gespräche oft am Versiegen. Was soll man sich durch all diese Wochen und Monate immer wieder Neues erzählen?? Und greifen wir ein Wort wie einen Faden auf, so endet doch das Gespräch ganz schnell wieder auf dem toten Geleis der Hoffnungslosigkeit. Man hört, daß der Rest unserer Industrie stillgelegt sei. Kohle- und Energiemangel. Hunger. Kälte. Unterernährung der Bevölkerung. Zügelloses Freiwerden niedriger Instinkte. Herzeleid, Rechtlosigkeit überall. Ein zerfallendes Volk, schwach, krank, im zerrissenen Land. Das ist vom einst so blühenden Reich geblieben! Menschen in Ruinen, schutzlos jeder Willkür preisgegeben, von Haß und Gier ums nackte Leben getrieben.

Und doch *liebe* ich diese Menschen, *liebe* das Land, meine Heimat, *liebe* alles wegen seiner Wunden und Gebresten, wie man die kranke Geliebte liebt und nicht mehr von ihrem Lager weichen mag.

Nun haben wir auch noch einen Neuzugang in unsere Stube zugewiesen bekommen und dieser arme Mensch ist offenbar »plem-plem«. Dr., Schiffsarzt, später Arzt auf einem Fliegerhorst, soll dann Lagerarzt im KZ Buchenwald gewesen sein. Ein hagerer Mann mit gelblichem Gesicht, Vollbart, melancholischen Hundeaugen. Er ist knapp eine Stunde bei uns und hat soeben sein Lager eingerichtet, da bricht »es« aus. Unaufhörlich doziert er mit dem Stimmenaufwand eines Volksredners, daß das kopernikanische Weltbild barer Unsinn sei. Nach seiner Überzeugung leben wir auf dieser Erde nicht auf einer Kugel, sondern auf der Innenseite einer Hohlkugel! Kopernikus, Galilei, Newton seien ausgemachte Idioten! Er aber könne schlüssig beweisen, daß sich die Sonne innerhalb der Erdhohlkugel drehe, daß die Sterne im Grunde ganz nahe unserem Blickfeld stünden und verhältnismäßig kleine Gebilde seien.

Er ereifert sich derart, daß seine Stimme schrill wird. Dabei läuft er immerzu rund um den Tisch herum, fuchtelt mit den Armen, schreit uns seine Erkenntnisse bis in die Schlafkojen hinein, als wir uns zurückziehen möchten. Fordert unseren Widerspruch heraus. Immer wieder. Und als wir uns weit nach Mitternacht einfach schlafend stellen, weil er nicht aufhören will zu reden, seufzt er weinerlich: »Tja, da rede ich nun, und alles ist so einfach, so hochinteressant, und dabei schlafen die Herren ein! *Das* ist so der Zustand unseres ganzen Volkes − −!«

Ich sehe, wie sich einige von uns vor Lachen auf die Lippen beißen. Und doch rührt mich seine Klage an. Dieser arme Mensch ist wirklich tief enttäuscht von uns. Morgen will er weiter vortragen − − −

Festlich und hell strahlt draußen die Wintersonne vom blauen Himmel. Aber die Luft ist von Eiseskälte erfüllt. In zwei Tagen ist Weihnachten. Von Freude keine Spur. Woher sollte sie auch kommen? Hier, wo man uns Böses will, Böses ohne Ende − − ohne Schuld.

Ich treffe Herrn Badjani draußen auf dem Flur. Er denkt nur noch an seine Familie, die Not leidet. Er grämt sich unaufhörlich wegen seiner Inhaftierung; er gehört zur nicht kleinen Schar derjenigen, die nicht weiß − und auch nicht erfährt! −, weshalb sie festgehalten wird. Badjani war weder Parteigenosse der NSDAP, noch ist er sonstwie belastet. Er war lediglich Vorsteher eines Finanzamtes. Oberregierungsrat. Ich frage ihn, ob man ihn vielleicht als Zeugen benötige. »Mag sein«, sagt er gütig, zustimmend, »mag ja sein, aber: Zeuge für wen? Für was? Wogegen?«

Da ist Dr. Gontart, der wegen Namensgleichheit festgehalten wird, obwohl der gesuchte, »richtige« Dr. Gonthart bereits vor einem Jahr gefunden wurde. Was soll − − −?? Nein, nicht wieder fragen! Nicht wieder mit der Reihe endloser Fragen beginnen! Fragen, auf die es doch keine Antwort gibt. Vielmehr ein wenig Frieden in die Seele hineinzwingen! Weihnachten steht vor der Tür! Das Fest der Christenheit! Verdammt nochmal! »Friede auf Erden und den Menschen ein Wohlgefallen − −!«

Wir alle sind − stimmungsmäßig − erneut am Nullpunkt angelangt. Alles ist sinnlos. Alles!

Heiligabend! Am Morgen laufe ich durch den im Sonnenschein glitzernden Rauhreif an Bäumen und Zäunen. Darüber ein gläserner blauer Himmel. Frostwetter. Ich denke inständig an alle meine Lieben, sende ihnen in Gedanken meine Grüße, spreche halblaut mit ihnen vor mich hin, mit meiner Mutter, mit Rosemaria − − mein Gott, irgendwo hier ist sie doch, in der Nähe, oh, oh − − − Dann ist das auch getan. Und ich bin wieder allein, einsam, ein verlorenes Wesen, erkältet, fiebrig, müde.

Die evangelische Christfeier bemüht sich, wenigstens die äußeren Hüllen unserer verbitterten Verschlossenheit zum Schmelzen zu bringen. Kerzen flackern. Viele, viele Kerzen an zwei großen grünen Tannenbäumen. Und aus einem eisernen Leuchterkreis oben an der Decke. Und beiderseits der Marienkrippe, die von Graf Castell am Altar aufgebaut wurde. Schulze-Cassens singt alte Weihnachtslieder zur Orgel. Wunderbar immer wieder. Der Pfarrer spricht mit innerer Ergriffenheit. Als wir alle das Lied singen »O du fröhliche − −«, möchte ich am liebsten losheulen. »Freue dich, freue dich, o Christenheit − −« Mir ersticken die Worte in der Kehle, bevor sie über die Lippen kommen. So elend war mir lange nicht − − −

Wenn es heute eine Freude gab, dann war es Rosemarias Weihnachtspaket. Es kam noch am Abend herein. Und ich heulte wieder los, Himmel nochmal, wie ein altes Weib!

Ein Gabentisch, der sich immer mehr füllt. Ernst Besserer steht neben mir, freut sich offensichtlich mit mir über den Überschwang an Glück und unausdrückbarer Dankbarkeit. Ich habe Mühe, mit Besserer das eine und andere zu teilen. Es ist so schön, teilen zu können, und wir halten es immer so, aber heute muß ich ihm das Stückchen Wurst, das halbe Brot, die Zigaretten aufdrängen. Er hat kein Paket zu Weihnachten bekommen. Nicht mal einen Gruß von seinen Eltern (er weiß, es liegt nicht an ihnen!). Schließlich speisen wir gemeinsam zur Nacht. Mit einem sauberen Tischtuch und bei Kerzenschein. Und doch so schweigsam − − − Unsere Gedanken sind ganz woanders.

Der ehemalige Polizeioberst bekam auch ein Paket. Schnell schleppte er es auf sein Bett; es ist das oberste des dreistöckigen Bettengestells. Dort vergrub er seine Schätze unter den Decken. »Wie ein Eichhörnchen seine Beute in den Wipfel einer Fichte!« flüstere ich Besserer zu. Der lächelt müde. »Erbärmlich!« Wir kosten vom vorzüglichen Rosinenstollen Rosemarias. Der Polizeimann entert immer wieder flink hinauf zu seinem Bett, knabbert und schmaust in seinem Versteck. Niemand soll sehen, was er bekommen hat, niemand teilhaben − − −

Nach den Weihnachtsfeiertagen schlägt das Wetter um. Es wird merklich wärmer, und es beginnt zu regnen. Ein Segen für die frierende Bevölkerung. Die Stacheldrahtzäune, die der Winter für einige Tage mit glitzerndem Reif übersponnen hatte, hängen nun wieder rostrot und trostlos an den Pfählen.

In der Nacht zum 27. Dezember stirbt Oberstleutnant Henneberg. Lungenentzündung und Rippenfellentzündung. Man munkelt etwas von Tumor − − − Am Abend halten wir eine Trauerfeier für ihn ab. Mich berührt dieser Tod weniger als der Umstand, daß der Mann hier in diesem Internierungslager, abgesperrt von seiner Frau, von seinen Eltern, dahinsiechen und schließlich so einsam sterben mußte. Das alles ist so unsäglich sinnlos.

Oberst von Blumröder wird aus Nürnberg zurückgebracht! Wir umringen ihn, wollen hören, wie es ihm ergangen ist. Drei Monate lang saß er im Nürnberger Gefängnis. In Einzelhaft! Als Zeuge! »Sicherlich für Herrn Feldmarschall von Manstein!??« fragt einer. Herr von Blumröder war I c beim Oberkommando der Heeresgruppe SÜD. »Denkste!« sagte er, »Das dachte ich wohl auch! Aber nein − − man suchte die befehlführenden Personen, die damals die Niederwerfung des nationalen Aufstands in Warschau verantwortlich leiteten − − Damit hatte ich allerdings überhaupt nichts zu tun − − gar nichts! − − Ich war damals noch gar nicht beim VIII. Korps − − Man hat mich in Nürnberg in der ganzen, langen Zeit auch nur einmal − − etwa zehn Minuten lang − − vernommen − − na ja, und da stellte man den »mistake« auch gleich fest − −aber − −« der Oberst zuckt die Achseln, »− − Einzelhaft − − nur alle drei Tage einmal für eine halbe Stunde an die frische Luft − −« Die Verpflegung war wohl absolut unzureichend. Der Oberst sieht aus wie eine Zaunlatte; er war schon immer groß und sportlich-schlank. Reiterfigur. Er wird hier dem sogen. Ghandi-Sturm zugewiesen. Das bedeutet täglich 1/2 Liter Milch − − −

Nebeltage, bleiern grau und lastend. Ich versuche etwas zu schreiben. Damit die viele Zeit nicht gar so nutzlos dahinrinnt. Aber ich vermag einfach nichts zu vollbringen. Die innere Leere drückt mir die Feder aus den Fingern.

Lustlos besuche ich einen Nachmittagsgottesdienst, den der Landesbischof Wurm abhält. Ein sehr alter Mann spricht zu allen und sagt für jeden etwas. Die Männer drängen sich um ihn, Gläubige und Nurinteressenten, und laufen wieder auseinander. Nicht ärmer. Aber auch nur wenig reicher. Wie ich.

Wir sitzen umher und − − warten. Jeder ist sich selbst lästig. Wir warten, daß der Tag herumgeht, daß das Jahr zu Ende geht. Und dann werden wir weiter warten. Daß etwas geschehen möchte, irgend etwas, das unser Los klärt.

Ich sitze mit Major Besserer an unserem kleinen Tisch. Wortlos sitzen wir uns gegenüber. Es gelingt mir nicht, das Eis zu brechen. Besserer erscheint, als sei er innerlich völlig in sich verkrampft. Heute kam endlich sein lang erwartetes Weihnachtspaket. Ich dachte, es würde seine Stimmung aufheitern. Aber der Kuchen war ausgetrocknet und zerbröckelt, das Marmeladeglas zerbrochen, die Wurst angeschimmelt. Da hat er alles auf dem Tisch liegenlassen und ist ohne ein Wort in den Abend hinausgelaufen − − − Auch ich habe keinen Trost mehr für ihn. Alles muß laufen, wie es läuft − − −

Silvester! Wir verbringen den letzten Tag dieses trostlosen Jahres, von dem wir uns leicht trennen, so gut es geht. Eine Rückschau lohnt nicht. Lohnt nicht einmal das Wenden des Kopfes. Vorbei alles. Gut so!

Major Besserer und ich essen gemeinsam zu Abend. Wir decken unseren kleinen Tisch mit einem frischen Tuch und Tannengrün. Zwischen unseren Tellern brennen rote und weiße Kerzen. Wir verspeisen die Reste aus unseren Weihnachtspaketen, von allem nur wenig, aber doch – – von allem!

Unausgesprochen war es uns beiden ein wenig bang vor dem langen, einsamen Abend. Aber dann geht es besser als gedacht. Wir kommen ins Erzählen. Die Stimmung flammt bei Kaffee und Zigaretten noch einmal auf. Später kommt der alte Oberst Parisius hinzu, der das »Verbrechen« beging, einige Monate vor Kriegsende in den Generalstab kommandiert zu werden. Auch unser Hohlraumtheoretiker, gesellt sich zu uns, den man 1944 von der Luftwaffe zur Waffen-SS überführte, weil in der Luftwaffe das Ärztekorps abgebaut wurde. Auch Herr Dr. Schnell, der Forstmeister aus Thüringen, kommt an unseren Tisch; auch er weiß nicht, weshalb er hier einsitzt; seine Vorgesetzten sind sämtlich entlassen. Dann Herr Hoffmann, ehemaliger technischer Direktor bei KRUPP, ein schmächtiger, kleiner Mensch; er soll ausländische Arbeiter geohrfeigt haben – – –

Und dann Herr Thiel, ein Berliner Schutzpolizeiwachtmeister, den man irgendwann im Zuge der allgemeinen Übernahme der Polizei in die SS überführte und der darum heute als »Verbrecher« eingestuft wird. – Oder der stille, bescheidene Herr Schwarz, den man festhält, weil er »Schwarz« heißt, obwohl man auch in diesem Fall den richtigen »Schwarz« bereits vor vielen Monaten ausfindig gemacht hat. Jeder erzählt seine Geschichte. Und es ist fast ein wenig makabrer Humor dabei. Es ist zum Kotzen! Oder zum Lachen!

»Wenn es dieses Jahr überhaupt einen, wenn auch grimmigen Silvesterscherz gibt, dann ist das wohl unser Los!« sagt Herr Badjani, der Finanzamts-leiter, der überhaupt nicht weiß, weshalb er hier ist.   Zuletzt, als es schon spät geworden ist, spricht Oberst Parisius noch ein paar Worte: »– – – und so lassen Sie's bitte an uns allen zur bedeutsamen Stunde einer Jahreswende erkennen: Viele Deutsche taten Unrecht! Das Unrecht, das man uns tut, wiegt viel Unrecht auf, das andere Deutsche taten. So stehen wir fest auf diesem Boden der Heimat. Und wir beugen uns nicht unter der Schmach unverdienter Passion. Irgendwo beginnt der neue Anstieg!«

Das neue Jahr 1947 präsentiert sich mit weißer Schneepracht unter blauem Himmel. Die blütenlichte Reinheit ringsum stimmt fröhlich, wie es sich für den Beginn eines neuen Jahres geziemt. Die Luft ist klar und köstlich frisch. Von irgendwoher zieht ein Hauch von Holzfeuer durch den Abend. Der Schnee singt unter den Schritten. Ich möchte einmal wieder richtig wandern, durch Wälder zum Beispiel – – –

Zum Ende der ersten Woche dieses neuen Jahres bekomme ich durch Zufall – der betreffende Kamerad erkrankte – einen neuen Arbeitsposten: Schreiber in der Entlassungsstelle der amerikanischen Lageradministration! Ich entscheide mich ganz schnell. Greife zu! Nun bekomme ich wieder einen Suppennachschlag täglich und einen Kanten Brot. Es gibt gleich viel zu tun. 500 Verlegungen in andere, deutsche Lager. Wir − das sind zwei andere Kameraden und ich − arbeiten bis tief in die Nacht. Herr Schwarz aus unserer Stube, der »doppelte Schwarz«, ist unter denen, die verlegt werden. Dann der kleine Hoffmann, dem niemand eine Träne nachweint, und Dr. G., der Welthohlkugeltheoretiker. Man spricht von weiteren Verlegungen.

In der »NEUE ZEITUNG« steht: »Für die Interniertenlager sind ab sofort alle Beschränkungen im Post- und Briefverkehr aufgehoben − − −«

Im Rundfunk wird verkündet: »Mit Genehmigung der Militärregierung erhielten die noch im Gewahrsam der Besatzungsmacht befindlichen Generale und Generalstabsoffiziere zu Weihnachten zwei Wochen Urlaub und konnten so das Christfest bei ihren Familien verbringen − − −«

Die »STUTTGARTER ZEITUNG« schreibt: »Nach einer neuen Regelung dürfen Zivilinternierte in den Lagern Besuch ihrer Angehörigen empfangen − − «

Der SÜDDEUTSCHE RUNDFUNK erklärt: »Die Angehörigen der in Nürnberg freigesprochenen Organisationen werden nunmehr von der Liste des automatischen Arrestes gestrichen und damit in Kürze freigelassen − − −«

Und alles, alles ist erlogen!!

Wie nüchtern und leidenschaftslos muß doch ein Herz sein, um nicht in Bitternis zu verenden! Woher die Kraft nehmen, um sich zu zwingen, diese neue Art infamer Heuchelei lediglich zur Kenntnis zu nehmen und doch guten Willens zu bleiben − − ??!

Am Nachmittag führen Frauen und Mädchen aus dem benachbarten »Lager 75« ein Märchentanzspiel auf. Die Turnhalle in unserer Kaserne ist bereits eine Stunde vor Beginn zum Bersten gefüllt. Alle, die irgend können, selbst die ältesten Semester und die Hospitalkranken, drängen herbei. Sie alle wollen »die Weiber« sehen. Als der Vorhang sich öffnet, Gejohle!! Beifall. Pfeifen. Gröhlen. Das Stück wirkt naiv, wird aber mit gutem Willen gespielt. Besser ist natürlich, die Augen zu schließen und dem Singen und Sprechen der Mädchen und Frauen, dieser so lange entbehrten wundersamen, lieblich-feinen Musik, nur zu lauschen.

Aber wenn man doch einmal auf die Bühne schaut − − o jeh! Elfen und Feen mit den typischen aufgeschlabberten Gefangenensuppenbäuchen. Johlen und brünstiges Röhren der Menge, als sich der Vorhang schließt. Das letzte Bild wird nochmals wiederholt.

Maßlos traurig!« stellt einer fest. Er hat recht.

Es wird wieder schneidend kalt. Die Lagerverwaltung sperrt für die Wohnblocks die Zentralheizung ab, weil kein Heizöl mehr vorhanden ist. Die Kameraden frieren sehr. Hier und da kann man beobachten, wie aus kunstvoll gebrochenen Fensterscheiben einzelner Stuben kurze Ofenrohrstummel herauswachsen. Bald folgt der erste blaue oder schwarze Rauch. Ich sitze tagsüber in meinem geheizten Büro. Von meinem Schreibtisch aus kann ich durchs Fenster dem Spiel der Schneeflocken zuschauen. Es schneit schon den ganzen Tag in schrägen, weißen Strichen. Major Besserer hat einen Job als Holzhacker gefunden. Es ist eine gesunde Tätigkeit in frischer Luft, und es gibt Schwerarbeiterverpflegung! Besserer fühlt sich ganz wohl dabei. Überall im Lager sind jetzt ehemalige Generalstabsoffiziere tätig: als Schreiber und Dolmetscher, als Fernsprechvermittler, als Köche und Verpflegungsfouriere, als Krankenpfleger und medizinische Assistenten, als Gärtner, Tischler, Autoschlosser im amerikanischen »motor-pool«, als Radiomechaniker, Elektriker, Maler, Schauspieler bei der Lagerbühne, als Ansager im Lagervarieté, als Pfarrer, Musiker, Keramiker, Lagerpolizist, Aufwäscher in der Polenküche, als Sprachlehrer, Architekten, Bildhauer. Und alle treibt der Hunger. Wer es noch mit der Normalverpflegung schafft, besucht die Lageruniversität. Das Problem besteht darin, daß nur 10 % der gesamten Lagerbelegschaft arbeiten und damit Zusatzverpflegung empfangen dürfen.

Ich muß hier im Büro Karteikarten ausfüllen. Gerade jetzt liegt mir diese sture und schematische Arbeit, bei der ich nicht zu denken genötigt bin. Am Nebentisch spielen vier amerikanische Soldaten Rommé. Zu ihren Häuptern schreit der Rundfunklautsprecher amerikanische Rhythmen ins Zimmer, schrill und sehr laut. Diese Musik reißt an den Nerven. Man versteht kaum sein eigenes Wort. Die Amerikaner fühlen sich anscheinend wohl bei diesem Krach; sie spucken ins Zimmer, fluchen, legen die Beine auf den Tisch, ziehen die Nasen hoch, unterhalten sich grob mit quäkenden Stimmen. Draußen fällt der Schnee. Welche Sehnsüchte weckt dieses Schneien, dem ich zuzuschauen nicht müde werde!

Es ist so wenig, was das Dasein lebenswert macht. Dieses Wenige will ich wieder erringen. Das soll mir gelingen. In Ermangelung von Größerem wird ja auch das Winzige groß.

Der eine Amerikaner speit seinen Kaugummi gegen die Wand. Er ruft mir über den Tisch etwas zu. Es klingt nicht freundlich; und ich ignoriere es, indem ich einfach blöd vor mich hingrinse. Er ruft noch etwas – es klingt wie »damned« oder so ähnlich – dann läßt er's wieder. – Müde schleicht die Zeit.

Wir haben jetzt Mitte Januar, und es finden wieder Entlassungen statt: Ukrainer, die in einer SS-Legion Dienst taten. Dann Frauen aus dem Frauen-Cage. Dann einige Auslandsdeutsche. Auf Lastwagen fahren sie vergnügt durch das Kasernentor hinaus. In die Freiheit! Sie winken zurück. Wir stehen am Fenster und sehen noch ihre lachenden, vom Frost geröteten Gesichter. Vor unseren Augen tänzeln fallende Schneeflocken. Plötzlich gibt es wieder einen großen Schub Arbeit auf der Administration. Es müssen Dollarkreditbescheinigungen für Internierte errechnet werden, die morgen verlegt werden sollen.

Zwischendurch wird eine alte Frau ins Lager eingeliefert; sie ist schon 77 Jahre alt und kann nicht mehr allein laufen. Man hat sie verhaftet, als sie aus Amerika zurückkam, wo sie all die Jahre des Krieges friedlich bei ihren Kindern lebte. Jetzt hatte sie Sehnsucht nach Deutschland. Wir fragen das Begleitpersonal, was sie wohl verbrochen hat!!?? Niemand weiß es. Zwei Männer haken sie unter und führen sie durch das Schneetreiben hinunter zum Frauen-Cage.

Und noch einen »Zugang« haben wir: Kammersänger Komorek aus Stuttgart. Er wurde erst vor wenigen Tagen verhaftet, er hatte als Mitglied der NSDAP irgendeine leitende Funktion im Kulturbund. Ein großer, schlanker Herr mit langen silbergrauen Haaren über einem sehr sympathischen Antlitz. Am Klavier von Oberst Fieger begleitet, singt er – als wenn es gar nichts sei! – am Abend Lieder, Balladen und Arien. Eine wunderbar volle Stimme! Ein ganz großer, seltener und langentbehrter Genuß! Das Konzert ist freilich improvisiert. Zwischen den Gesangsvorträgen hämmert Oberst Fieger die Ungarische Rhapsodie Nr. 2 und ein Schubertsches Impromptu in die Tasten; wie mir scheint, hart gespielt, kalt, »eitel« vielleicht. Kunst ist mehr als handwerkliches Können. Am wenigsten verträgt sie sich mit Eitelkeit.   In der amerikanischen Soldatenzeitung »Stars and Stripes« steht, daß noch in dieser Woche »400 Offiziere des Hohen Deutschen Militärkommandos, des sogenannten OKW, die jedoch von niederem Rang und nicht belastet seien, zur Entlassung kommen«. »– – – and sent home this week!« Unter dieser Gruppe, fügt die Zeitung hinzu, befindet sich auch der Oberst im Generalstab v. Brauchitsch. Siehe da! Unser v. Brauchitsch!! Wie ein Lauffeuer springt die Nachricht von Wohnblock zu Wohnblock. So ist es, wenn man mit einem Stecken in einem Ameisenhaufen rührt. »Und wer sind diese 400 Offiziere – –??« »Sollten das nicht auch *wir* sein – –??« »Was meinen Sie dazu – – –??« »Schon gehört – – –??« Sogleich sind unsere Optimisten überzeugt, daß für uns die Entlassung bevorstehe. »Na, hören Sie mal! Die ›Stars and Stripes‹ können doch wohl nicht derart lügen!!« wird entrüstet gerufen. »Und wenn diese Meldung *uns* nicht betrifft – –??« »Na, *wen* denn sonst – –!!??« »Vielleicht die Nürnberger Zeugen – –??« »Bitte, wo steht etwas *davon?*« »Nochmal lesen – – –!!« Ich gehöre zu den Skeptikern. »Und wenn auch diese Meldung frei erfunden ist – – –??« Man wird schon wieder etwas finden, um uns festzuhalten und dies auch noch zu rechtfertigen. – Dabei wär's nun wirklich Zeit – – –!!!

Draußen scheint die Sonne. Unsere Freiluftfanatiker sitzen schon, in Mäntel und Decken gehüllt, im Freien vor dem Haus. Schon mitten im Januar spürt man so etwas wie »Frühlingsmüdigkeit« in den Gliedern. Wenn so ein unbestimmbares Ziehen von den Fußspitzen herauf über den ganzen Leib, über den Rücken hinauf zu den Haarwurzeln läuft, dann möchte man rein närrisch werden vor Sehnsucht nach dem Leben.

Abends singt Kammersänger Komorek auf der Bühne in der großen

Turnhalle. Arien aus »Tannhäuser«, »Don Juan«, »Bajazzo«, »Eugen Onegin«. Wieder ein ganz großer Genuß! Auch das beseelte Antlitz des Sängers schaue ich gern an: kantig ist es, männlich, ebenmäßig, hohe Stirn, buschige Brauen, stahlgraue Augen. So muß ein Siegfried aussehen! Herrlich, wie die warme, klare Stimme durch den hohen Raum tönt! Manchmal wie ein Hornruf! Dann wieder fast flüsternd und so pianissimo, daß es ganz still ist und man irgendwo im Hintergrund ein Blatt Papier zu Boden rascheln hört. In der Halle lauschen mehr als tausend Gefangene mit Ergriffenheit. Kammersänger Komorek soll irgendwann einmal Scharführer in der SS gewesen sein – – –

Das Erlebnis dieses Konzerts hat mich um und um gewühlt. Ich laufe noch lange durch die Nacht, immer rings um die Wohnblocks herum. Ich muß mich einfach mal ausheulen. Ich will niemanden sehen. Und niemand soll kommen. Ich bin kein Tier, das man in seinem Käfig und damit in seinem Elend beobachtet. Allein trägt sich eine solche Stunde leichter. Allmählich kann ich mich beruhigen.

Es ist kälter geworden und beginnt wieder zu schneien. So habe ich's gern: lauter feinwinzige Brillanten, die im Licht der Lampen glitzern. Märchenhaft! Ich wische mir die Augen aus und gehe hinauf in unsere Stube. Die Kameraden schlafen längst.

Von seiten der Lagerleitung heißt es, in unserer Angelegenheit sei ein neuer Befehl von der 3. U.S. Army eingegangen. Demnach sollen wir demnächst ge»screent« werden. Die »Kriegsverbrecher« unter uns sollen nach Dachau kommen, die für die Amerikaner kriegsgeschichtlich interessanten Offiziere nach Allendorf. Desgleichen die für den Ic-Dienst wichtigen Leute.

Diejenigen von uns, welche nach amerikanischer Auffassung die Sicherheit gefährden (!!), will man hier in Ludwigsburg belassen.

Wer dann noch übrigbleibt, könnte eigentlich entlassen werden, aber man sei sich noch nicht schlüssig, ob man den Rest von uns nicht besser in ein deutsches Lager abschieben solle, damit dieser Rest dort durch »Spruchkammern« geschleust werde. Solche »Spruchkammern« seien allerdings bislang noch nicht eingerichtet worden.

Wir sind alle rechtschaffen niedergeschlagen. Ob der zahllosen Gerüchte in der letzten Zeit hatten wir im stillen doch auf eine günstigere Entscheidung gehofft. Ich bin gar nicht glücklich, daß mein Pessimismus wieder recht behalten hat. Die Stimmung auch auf unserer Stube ist eisig.

Ernst Besserer ist wieder im Höchstmaß wütend. Als er nach Tisch die Stube ausfegt – er ist heute mit »Stubendienst« dran – merken wir anderen sofort, was die Uhr geschlagen hat. Beim Abtrocknen des Geschirrs knallt er die Löffel auf den Tisch, schlägt die Spindtür, poltert beim Kehren mit den Stühlen, stößt an Tisch und Spinde.

Endlich Oberst Parisius: »Muß das denn jetzt sein!? Das ist ja ein ekelhafter Krach!«

Das hat noch gefehlt! Als wenn Ernst Besserer nur darauf gewartet hätte. Der Funke zündet in seinen tiefen Groll hinein, bringt den Zorn zum Auflodern: »Ich kann ja auch den Saustall so lassen, wie er ist! Das ist ja kein Wohnraum, sondern ein Saustall! Wenn's den Herren besser gefällt so. Mir ist es ja wurscht! Nächstes Mal laß ich eben alles liegen!«

Es ist immer dasselbe. Da kann niemand helfen. Ich habe selbst kein Mittel gegen meine Depression. Ich verstehe den anderen zu gut, und darum komme ich nicht zu mir selbst. Dies ist ein Fehler der Verzichtenden − − und der Weisen. Aber ich sollte ihn bekämpfen.

Im Wohnblock II ist eine Art Ruhr ausgebrochen. Das fehlt uns noch! Einer der Kameraden dort ist bereits gestorben. Weitere 40 Mann liegen im Hospital, ein Dutzend davon schwer erkrankt. Auch unseren alten Oberst v. Auer hat es schwer erwischt.

Die Betroffenen haben starken Durchfall bekommen, ganz plötzlich; dazu Fieber und ziehende Schmerzen in allen Gliedern. Manche fallen vor Schwäche plötzlich um. Schon seit einer Woche gibt es einzelne derartige Krankheitsfälle, aber jetzt flackert die Sache richtig. auf.

Einiges wird getan: Verbot, Wasser zu trinken. Desinfektion der Aborte. Hinweise auf peinliche Sauberkeit. Verschärfte Absperrung der Wohnbaracke II. Ausfall gemeinsamer kultureller Veranstaltungen. Ein jeder hofft, daß er verschont bleibe − − −

Aber schon bald decken neue aufregende Neuigkeiten dieses Problem zu. Am Morgen des 29. Januar sickert durch, daß jetzt unsere Gruppe verlegt werde. Morgen soll es schon losgehen! Das Ziel?? Ein Lager bei Karlsruhe, ein ehemaliges Interniertenhospital. Einige Stunden später heißt es, wir kommen nicht nach Karlsruhe, sondern hier in die Nähe, in das berüchtigte »Lager 75« nach Kornwestheim. Dann treffen vom amerikanischen CI-staff die Verlegungslisten ein. Einige von uns sind nicht verzeichnet. Ich auch nicht. Weshalb? Einige Gerüchte erst, dann eine neue Bekanntgabe: »Die Zurückbleibenden werden von einer besonderen Kommission geprüft, ob man noch einzelne davon für kriegsgeschichtliche Arbeiten benötigt.«

Wenig später: Unsere Kameraden kommen doch nach Karlsruhe! Und dann geht es ganz schnell. Lammel geht mit weg. Auch »Mazi« Zimmermann. Das »Eichhörnchen«. Wir drücken uns die Hände. »Also dann! Alles, alles Gute!!«

Ernst Besserer bleibt hier! Auch Major Rungius. Aber vor allem Ernst Besserer. Das ist gut so!

Im Büro stehen die Männer Schlange. Sie wollen ihren rückständigen Wehrsold aus dem Jahre 1945 haben. Ich zahle an ungefähr 200 Menschen aus.

Ich gehe vor zur Administration. Die Nacht war wieder sehr kalt. Es sind nur ein paar Schritte zum Administrationsbau. Gerade soviel, daß man einmal Luft holt. Sie schmeckt nach Schnee. Nach Holzrauch. Die Kameraden, Schicksalsgefährten langer Monate der Gefangenschaft, stehen vermummt und frierend zwischen ihren Gepäckstücken auf dem Hof der Polenkaserne. Noch einmal schütteln wir uns die Hände, sagen uns die immer gleichlautenden guten Wünsche. – »Und sehen Sie zu, daß Sie bald rauskommen!!« »Ja, danke, und Sie auch – –!!«

Dann werden sie einzeln aufgerufen. Kurze Gepäckrevision. Lastwagen. »Aufsitzen!!« Die Motoren heulen auf. Wenig später schließen sich die dreifachen Tore wieder. Seltsam! Ist es plötzlich kälter geworden – –??

Gegen Mittag heißt es, daß die Zurückgebliebenen bereits morgen nach Garmisch verlegt werden. Dort wird uns eine Kommission der »Historical Division« prüfen. Garmisch! Wäre vielleicht nicht schlecht – –!!?? »Ob's stimmt?« frage ich Ernst Besserer. »Die sollen mich doch mit ihrer Geschichtsschreibung – –« knurrt er, ohne den Satz zu vollenden.

Am Nachmittag werden wir restlich verbliebenen Generalstabsoffiziere in die eiskalte Turnhalle gerufen. Ein amerikanischer Oberst, ein rundlicher Herr in Schirmmütze und Trenchcoat, knautscht seine Zigarette zwischen dicken Lippen. Er sieht wenig imponierend aus.

Ein Dolmetscher übersetzt seine Ansprache an uns:

»Die Historical Division beschäftigt derzeit einige hundert Generale und Stabsoffiziere mit der Geschichtsschreibung über diesen Krieg.

Seit 14 Monaten ist dieses Werk im Gange, das vom US-Kriegs-Departement hohe Anerkennung gefunden hat. Jetzt soll diese Arbeit, die in den Lagern Allendorf bei Marburg, Garmisch und Frankfurt durchgeführt wird, erweitert werden.

Ich bin gesandt, Sie zur Mitarbeit aufzufordern. Ihre Arbeit geschieht auf freiwilliger Grundlage. (»Hört, hört!« flüstert Besserer mir zu.) Sie werden in eins dieser genannten Lager verlegt und gut untergebracht und verpflegt werden. Wer meldet sich freiwillig?«

Schweigen. Dann fragt einer bescheiden an, ob wir bei einer freiwilligen Meldung als Kriegsgefangene – wie unsere dort bereits arbeitenden Kameraden – oder als Internierte behandelt würden. Dem Amerikaner ist diese Frage nicht angenehm. Er kaut auf seiner Zigarette. »Als Internierte!«

Ein anderer hebt den Finger zu einer Frage. Ob der Herr Oberst uns Zusicherung geben könne, daß wir bei einer freiwilligen Meldung wenigstens unseren Familien, die bitterste Not leiden, helfen können? Gegebenenfalls durch Kurzurlaube?? »Ich kann Ihnen in diesen Punkten keine Zusicherung geben!« So geht es eine Weile hin und her.

Ein Oberst von uns meldet sich und möchte etwas über den Begriff der »Offiziersehre« sagen. Es paßt jetzt und hier nicht so recht – – – Ein anderer fordert eine Zusicherung bezüglich geldlicher Abfindung. Schließlich redet alles durcheinander. Einige stimmen zu. Andere weisen den amerikanischen Vorschlag zurück. Ein paar kriegen sich fast in die

Haare. Es ist ein bitteres Bild völliger Uneinigkeit in der Auffassung zum Thema.

Major Besserer und ich verlassen die Turnhalle. »Da die Sache freiwillig ist, können wir ja gehen!« meint er schlicht. Einige folgen uns. Einer sagt laut: »Ich bin doch nicht blöd, für die Amis Geschichtsschreibung zu machen!« Aber an der Tür kehrt er um und – – meldet sich doch. »Sieht ihm ähnlich!« sagt einer, »es ist kein weiter Schritt mehr zum Kippensammeln – – –«

Die ersten Nachrichten von unseren Kameraden aus dem Lager Karlsruhe treffen ein: 30 Mann liegen in *einem* Zimmer. Es gibt weder Tische noch Stühle. Nur Bettgestelle. Auf und in den Betten spielt sich der Tag ab. Wöchentlich darf nur *ein* Brief an Angehörige geschrieben werden. Die Verpflegung enthält pro Tag nur 1700 Kalorien und weniger.

In etwa sechs Wochen sollen die ersten Verfahren vor »Sonderspruchkammern« stattfinden, die das württembergische »Säuberungs«-Ministerium für Generalstabsoffiziere einrichten will. Über die Durchführung der Verfahren selbst sollen aber jetzt erst Richtlinien erörtert werden.

Das bedeutet, daß noch lange Zeit vergehen wird, bis sich etwas tut. Aber was nun?? Wir möchten hier weg. Wieder zu den Kameraden, zum »großen Haufen«. Hier geschieht offenbar doch nichts mit uns. In den Stuben wird lebhaft debattiert.

Im Wohnblock II hält die Ruhr immer noch an. Nachts ist wieder ein Kamerad gestorben. Nur nicht krank werden – – –!!! Ich habe plötzlich Durchfall bekommen und bin in Sorge – – – Aber zu meinem Dienst ins Büro gehe ich am nächsten Morgen doch.

Die Luft knistert winterlich kalt. Köstliche Frische brennt auf der Haut.

Es gibt viel Arbeit im Büro. Morgen früh werden wieder rund 100 Gefangene entlassen. Alles alte Herren, gebrechlich, von Unterernährung und altersbedingten Krankheiten gezeichnet. Viele wissen nicht, weshalb man sie hier eingesperrt hat. Manche waren noch nicht mal Parteigenossen der NSDAP.

Plötzlich platzt eine Alarmnachricht herein! Am 15. Februar – also in sieben Tagen! – soll dieses Lager offiziell den deutschen Behörden übergeben werden. Die Amerikaner sind die ersten, die ganz rasch hier ihren Kram zusammenpacken. Sie bereiten die Inventur in den einzelnen Vorratslagern vor und schließen ihre Tätigkeit mit unverhohlener Eile ab. Wer entlassen werden kann, wird schnell noch verständigt. Auch unser lieber alter Herr Badjani ist morgen dabei. Und die anderen?? Ausländer und die Zeugen für das Internationale Militärtribunal in Nürnberg, aber auch »der Generalstab« – also wir!! – sollen Anfang kommender Woche ins Lager Dachau verlegt werden. Nach Dachau! Erschrecken zuckt uns durch die Glieder.

Dachau!!?? Wir fragen, wo immer wir können, an: bei den Amerikanern, bei der deutschen Lagerleitung, beim polnischen Verbindungsstab.

Man zuckt überall die Achseln. Wir sind uninteressant. »These damned fucking German generalstaff-officers!« Es ist schier zum Verzweifeln. Überall stehen welche von uns in Gruppen zusammen.

»Es muß etwas geschehen!« ruft einer. »Wir weigern uns einfach, nach Dachau zu gehen!« »Aber, Mensch, wie denn – – –??« Alle vergessen, daß wir gar keine Rolle mehr spielen, nicht die mindeste. Jeder von uns ist nichts weiter als eine Nummer, eine fünfstellige Zahl. Mehrere von uns zusammengenommen, ergibt höchstens eine Zahlenliste, mehr auch nicht – – –

Über Nacht wird es plötzlich wieder warm. Von den Dächern rinnt Schmelzwasser, und das Erdreich gluckst vor Feuchtigkeit. Das schmutziggraue Wetter paßt zu unserer Niedergeschlagenheit.

Gerüchte und Parolen schleichen von Baracke zu Baracke; werden wie immer mit Kommentaren versehen, entstellt oder ausgeschmückt, phantasievoll ergänzt; jedenfalls entstellt weitergetragen. Niemand weiß, was mit uns wird – – – bis unser »Sprecher« vom amerikanischen CI-staff eine Nachricht mitbringt, die uns augenblicklich etwas beruhigt: Wir sollen vorerst im Lager bleiben.

Tatsächlich kommen bei mir im Büro die Listen für die Verlegung nach Dachau am nächsten Tag herein. Fieberhaft suche ich nach unseren Namen.

Wir sind nicht dabei! 500 Gefangene kommen fort. Das Lager hier leert sich.

Die nächsten Tage vergehen mit – – Warten. – Dann erscheinen am Morgen des 11. Februar, Männer in Zivil mit schwarzen Hüten auf den Köpfen. Ein Herr Rosenberg von der Militärregierung ist dabei, in einem weitfaltigen Sommeranzug, mit wiegendem Gang trotz ansehnlicher Korpulenz. Das Lager wird den deutschen Behörden übergeben. Die polnischen Wachtposten auf den Wachtürmen, in blauen Stahlhelmen und blauen Uniformen, verlassen ihre Stellungen. Zivilisten ziehen dort auf, in Mänteln zivilen Schnittes, mit Sportmützen oder Hüten auf dem Kopf, die Gewehre umgehängt wie Sonntagsjäger. Das deutsche Wachpersonal. Man nennt sie: die »Antifa«! Viel Trubel auf der Administration.

Die Amerikaner ziehen aus. Sie nehmen alles mit, was nicht niet- und nagelfest ist. Sei's auch nur als Souvenirs – – –

Am Tag darauf wird das Lager offiziell von den Deutschen übernommen.

Es geht ganz schnell. In der Turnhalle hindet ein »Zählappell« des gesamten Lagers statt. Damit ist die Übernahme vollzogen.

Diejenigen, die sich für kriegsgeschichtliche Arbeiten bei den Amerikanern gemeldet haben, werden am nächsten Tag nach dem amerikanischen Sonderlager Allendorf verbracht. – Es sind allerdings auch einige Herren dabei, die sich für diese Arbeit *nicht* gemeldet hatten; dafür bleiben andere zurück, die sich bewarben.

Major Besserer und ich bleiben jedenfalls hier in Ludwigsburg.

Unser Sprecher hier hatte letztmalig Gelegenheit, sich bei der abrükkenden amerikanischen Stabsstelle zu erkundigen, was aus unserer Restgruppe hier werden solle. Die Amerikaner erwiderten, sie hätten an uns kein weiteres Interesse.

Es gelingt, sogleich bei den Herren der neuen deutschen Lagerleitung anzufragen. Hier zuckt man die Achseln. Ohne amerikanischen Befehl könne man uns nicht nach Karlsruhe verbringen − − −

Für den Abend beraumen wir eine Aussprache im Keller der Wohnbaracke II an. Es kommt zu erregten Debatten. Wie immer gehen die Meinungen weit auseinander. Dadurch wird die allgemeine Ratlosigkeit evident.

Ich komme mir verraten und verkauft vor und maßlos allein.

Spät abends werden noch 65 Gefangene entlassen; dabei auch ein früherer SA-Standartenführer.

Ich bin allein im Büro und habe alle Hände voll zu tun. Dies lenkt für einige Stunden von unserer ureigenen Misere ab.

Als am nächsten Morgen die ersten Strahlen der Sonne fahl und milchig über die Dächer hereinscheinen, sammeln wir uns wieder zu einer gemeinsamen Besprechung. Nach der vergangenen Nacht sind die Diskussionen heute ein wenig sachlicher. Wir sind jetzt hier noch 47 ehemalige Generalstabsoffiziere. Noch einmal wird unsere sattsam bekannte Situation erläutert.

Dann folgt eine Abstimmung. 35 Herren erklären sich *für* die Verlegung nach Karlsruhe, 12 Kameraden wollen lieber hier bleiben. Es soll ein schriftlicher Antrag an das württembergische Säuberungsministerium verfaßt werden. Man meint, es werde wohl eine Woche dauern, bis dieser Antrag versandbereit sei.

»Wir *müssen* einfach nach Karlsruhe!« faßt einer nochmals unsere Lage zusammen. »Wenn wir hierbleiben, werden wir absolut vergessen! Und dann werden die Kameraden in Karlsruhe von der Spruchkammer freigesprochen und entlassen, und wir? *Wir??* Wir sitzen dann immer noch brav hier in Ludwigsburg auf dem toten Gleis und warten − − −«

Und dann sagt einer allen Ernstes: »Meine Herren, wir wollen's nochmals beschlafen!« Jetzt errege auch ich mich! Als ob man vom vielen Beschlafen schlauer würde! Auch deshalb haben wir den Krieg verloren, weil zu viele Dinge und Probleme erst »beschlafen« wurden. Und wenn alles keinen Zweck hat! Und wenn tatsächlich keine Reaktion eintritt!! Es *muß* jetzt unsererseits einfach etwas geschehen.

Aber in den nächsten Tagen ist schon spürbar, daß nichts geschieht. Der Antrag ans Ministerium wird und wird nicht fertig. Die damit befaßten Kameraden erschöpfen sich in Formulierungsfragen, tragen ihre Meinungen in geschliffener Rede vor, gehen befriedigt auseinander, kommen erneut zusammen, da ihnen noch etwas zum Thema eingefallen ist.

Es hat wieder angefangen zu schneien. Ich sitze im Büro wie alle Tage und schaue zwischen den Arbeiten zum Fenster hinaus. Wir alle fühlen uns unsagbar müde. Vielleicht ist es das. Das Wort »Es hat ja alles keinen Zweck!« wird jetzt gar zu häufig gebraucht. Sind wir jetzt seelisch, moralisch ganz am Boden − − −?? Mir drängt sich das Gefühl auf, daß man eines Tages einfach verrückt wird, wenn man nur lange genug schuldlos in Gefangenschaft gehalten wird. Es bedarf dann noch eines kleinen Anstoßes. Ich ertappe mich dabei, wie ich schon eine ganze Weile hinauf zum grauen Schieferdach des gegenüberliegenden Kasernengebäudes starre. Und zu den kleinen Dachfenstern dort oben.

Ohne ihn über die Schwelle ins Bewußtsein zu bringen, habe ich bei diesem Anblick einen Gedanken entwickelt. Jetzt aber denke ich ihn − bewußt! − noch einmal. Von dort oben bis hinunter auf die Straße ist es schätzungsweise 18 bis 20 Meter. Das Haus hat vier Stockwerke. Man könnte sicherlich unschwer oben auf den Dachboden gelangen, wo die kleinen Fenster sind. Vielleicht am Abend. Bei diesem Wetter würde es wahrscheinlich niemand merken, wenn draußen für einen Moment etwas Dunkles an den Fenstern vorbei nach unten fällt − − − Ein dumpfer Aufschlag − − fast lautlos − − Ich erschrecke! *Das* ist doch nicht die Lösung − −!!! Oh Gott! »− − − und führe mich nicht in Versuchung − −!«

Der Tag ist so grau. Feinkrümeliger Schnee rieselt wie Regen. Der Ofen raucht seinen Qualm heimtückisch in die Stube herein, weil sich draußen am Rauchrohr, daß zum Fenster hinausgesteckt ist, der Wind fängt. Er kommt heute von Norden her, das Neckartal herauf. Das ist das bekannte Wetter, da man nicht gern einen Hund vor die Tür jagt. Die Zivilisten mit ihren Gewehren auf den zugigen Wachtürmen machen mißmutige Gesichter. Nun, das freut einen denn auch − − −

Ich liege auf meiner Bettpritsche, eine brennende Kerze hinter meinem Kopf auf einem Brett, und lese die liebenswürdig-moderne, witzige, lebenswirkliche Sommergeschichte von Kurt Tucholsky: »Schloß Gripsholm«. Eine köstliche Darstellung! Und doch war Tucholsky seit 1933 »unerwünscht«. Es ist eigentlich nicht zu begreifen! Ebensowenig ist allerdings zu begreifen, daß seit 1945 wieder andere »unerwünscht« sind, wie in der Presse nachzulesen war; so zum Beispiel Hermann Löns unter anderem mit seinem wundervollen Gedichtband »Mein goldenes Buch«. Aber die Menschen lernen wohl niemals etwas dazu.

Ernst Besserer liegt ebenfalls auf seinem Bett und liest. Manchmal schmunzelt er kaum merklich vor sich hin. Wir genießen die Pause am Feierabend, wenn der Atem ganz ruhig geht. Tucholsky sagt irgendwo einmal: »Freundschaft, das ist soviel wie Heimat.«

Jetzt sind die Majore Schaeder, Herrmann-Tross und v. Lüdinghaus zu uns in die Stube gezogen; Oberstleutnant Weberstädt kam zur Geschichtsschreibung weg. Die drei neuen Kameraden sind ruhig und verträglich. Herrmann-Tross kennen wir schon von Dachau her.

Am nächsten Tag kommen wieder Gefangene zum Transport nach Dachau. Auch Dr. Vogt ist dabei, der bisherige Lagerleiter hier. Ein ordentlicher Mann, der seinen Posten verantwortlich und fair versah und sich auch augenscheinlich gut mit den »Amis« verstand. Nun bekommt auch er von ihnen seinen Fußtritt – – –

Auch Wisliceny kommt nach Dachau, der große blonde ehemalige SS-Führer, den man an die Franzosen ausliefern will. Er hat vier Schwestern und drei Brüder; sie alle sitzen in Gefangenenlagern. Bei den Nazis hieß das »Sippenhaft« – – –

Unser Kamerad Claus Obermayr kommt schwer erkrankt ins Lagerhospital. Mittelohreiterung. Blutvergiftung. Tromboseverdacht. Wir spenden alle Blut. Schaeder gestern nacht noch einen ganzen Liter. Vielleicht können die Ärzte ihn noch durchbringen. Seine Mutter durfte ihn heute besuchen. Sie machte einen hervorragenden Eindruck, sehr ernst, sehr gefaßt, eine Persönlichkeit.

In Nürnberg haben irgendwelche Idioten – (man spricht sogar von »bezahlter Arbeit«!) – eine Bombe vor ein Spruchkammergebäude geworfen. Der Sachschaden blieb gering; zwei Fensterscheiben gingen entzwei. Eine zweite Bombe explodierte vor einem Gewerkschaftshaus. Hier wurden die Täter gleich gefaßt, und es stellte sich heraus, daß es eine bestellte Sache war.

Die Aufregung in Rundfunk und Presse ist gewaltig. Man fordert sofortige Repressalien gegen die – völlig unbeteiligten – Internierten in den bayerischen Lagern. Erste Reaktion: Postsperre und Besuchssperre in den deutschen Interniertenlagern in Bayern. Verhaftung aller Leute, die von Spruchkammern als »Aktivisten« eingestuft worden waren. Antrag auf Verlängerung der Strafzeiten in den Arbeitslagern auf »lebenslänglich«.

Nirgendwo ein Fünkchen Licht, das dem ehrlichen Willen zum neuen Anfang verhelfen könnte.

Die persönliche Unsicherheit wächst draußen. Raubüberfälle sind in den Stunden der Dunkelheit nicht mehr selten, wie aus Mannheim berichtet wird. Das Volk hungert und friert; über 150 Erfrierungen in Hamburg. Die Arbeitslosigkeit ist gewaltig.

Und das Wetter ist schauderhaft. Erst schneit es stundenlang, daß die Flocken nur so stieben und wirbeln; dann beginnt es plötzlich zu regnen. Draußen ist alles triefnaß und grau. Die Straßen im Lager, die Bäume, die Häuser, alles sieht aus wie aus dem Wasser gezogen.

Mit der Übenahme dieses Lagers durch die deutschen Stellen hat auch unsere Verpflegung noch einmal spürbar nachgelassen. Jetzt gibt es jeden Tag Rübensuppe: Kohlrüben, in Wasser gar gekocht, ohne Fett, ohne Fleisch. Manchmal auch – am Sonntag! – Kartoffelbrei mit Sauerkraut. Sonst nur noch einen Kanten trockenes Brot und am Morgen sogenannten Kaffee, eine bräunlich-trübe Flüssigkeit, die recht übel riecht. Ich bin zum Glück noch in Arbeit und erhalte mittags drei Scheiben trockenes Brot und 1/2 Liter Rübensuppe extra.

Heute am 20. Februar ist Claus Obermayr um die Mittagsstunde gestorben. Er war ein guter Mensch. Das empfand jeder von uns, auch wer ihn weniger kannte. Wir alle sind von diesem Tod stark beeindruckt. Claus Obermayr war ein Stück von uns. Sechs Jahre Krieg, dann zwei Jahre Gefangenschaft, und nun hier – in Deutschland – hinter Stacheldraht zugrunde gegangen. Das ist in unseren Augen der größte Jammer neben der bitteren Erkenntnis, daß oft gerade die guten und reinen Menschen so früh sterben müssen.

Am Abend findet im Keller unserer Wohnbaracke III eine Trauerfeier für Claus Obermayr statt. Beiderseits des schwarzen Sarges stehen je drei Offiziere in feldgrauen Mänteln, umgeschnallt, mit harten Gesichtern. Kerzen brennen. Der Raum ist mit ein wenig Tannengrün und Weidenkätzchen geschmückt. Die Mutter, hochgewachsen, stolz, zeigt bewunderungswürdige Haltung. Ein junger katholischer Priester spricht ein paar Worte. Dann der alte, eisgraue Oberst Hoeffner, unser »Sprecher«.

»Wir trauern nicht um diesen Tod, wir leiden nicht an dem beendeten Leben, aber daß dieser saubere und einwandfreie Charakter und Mensch Claus Obermayr nach sechs Jahren Krieg, an dessen Entstehen seine Lauterkeit keinen Anteil hatte, hinter dem Stacheldraht eines deutschen Konzentrationslagers 21 Monate nach Beendigung der Feindseligkeiten sterben mußte, das allerdings erfüllt unsere Herzen mit tiefster Erbitterung. Seinen Tod aber beneiden wir; es erscheint uns besser als das Leben in dieser furchtbarsten Katastrophe unseres Volkes – – –«

Wir stehen im Halbkreis, zutiefst ergriffen, und schämen uns unserer Tränen nicht – – –»– – heute stehen wir hier. Wir dürfen dir nicht die Fahne deines Landes auf deinen Sarg legen, dürfen nicht die Salven über deinem offenen Grab abfeuern, aber das sind letzten Endes doch nur Äußerlichkeiten. Wir stehen hier, um dir zu geloben, daß du und deine Art uns Vorbild sind! – –«

Wir alle drücken Frau Obermayr stumm die Hände. Dann tragen wir den Sarg zum Lagertor vor, wo ein alter Kleinlaster steht – –

Über Nacht kommt föhniger Wind auf. Am Morgen ist aller Schnee draußen auf den Wiesen und den angrenzenden Feldern verschwunden.

Im Büro ist es ruhig mit der Arbeit. Ich sortiere Karteikarten. Die Fenster beschlagen. Es scheint wieder kälter zu werden.

Ein hochgewachsener, etwas ausgemergelter Mann kommt für einen Sprung herein. Bevor er wieder geht, kann ich ein paar belanglose Worte mit ihm sprechen. Ein ehemaliger Hauptmann d. R. der Luftwaffe, jetzt »Öffentlicher Kläger« einer Spruchkammer. Ein nicht ganz durchschaubarer Typ. Flackernde Augen, die ständig nervös hierhin und dorthin huschen.

Das Lager füllt sich wieder. Vom Zuchthaus Hohenasperg kommen die Schicksalsgenossen von der Waffen-SS zurück, die man vor Weihnachten dorthin verlegt hatte. Auch aus anderen Lagern bringt man Häftlingstransporte zu uns.

In unserer kleinen Stube wird es jetzt auch wieder voll. Ein SS-Arzt kommt zu uns, ein ostfriesischer SS-Unterführer und noch ein ehemaliger Generalstabsoffizier, der Sohn des berühmten Chirurgen Professor Dr. Sauerbruch. Wir sind jetzt zu neunt im Zimmer.

Draußen heult der Schneesturm um die Gebäude. Immer neue Lastwagen, vollgestopft mit Menschenfracht, rollen ins Lager herein. Internierte aus den Lagern 72 und 75. Viele bekannte Gesichter. Natürlich bringt der Zugang Probleme. Die Verpflegung wird von Tag zu Tag schlechter.

Mein Vorteil ist, daß ich noch immer hier »in Arbeit« stehe. Der normale Internierte hat in der letzten Woche pro Tag im Durchschnitt 1200 Kalorien bekommen; angeblich seien 1550 Kalorien vorgeschrieben, und auch das ist für einen normalgesunden Mann selbst ohne Arbeit zuwenig. Die Empörung unter den Gefangenen wächst. Man wirft den Lagerküchen Schiebereien vor.

Neue Wachmannschaften bringen das Gerücht mit, daß in der kommenden Woche eine Spruchkammer hier im Lager ihre Tätigkeit aufnehmen werde.

Zufällig bekomme ich die Verteidigungsschrift des Rechtsanwalts Dr. Laternser in die Hand, die er in der Sache der ehemaligen Generalstabsoffiziere unserer Kategorie an die »Säuberungs«-Minister der Länder und an die amerikanische Militärregierung richtete. Sie bezweckt, unsere Einstufung in das »Gesetz zur Befreiung von Nationalsozialismus und Militarismus« neu zu regeln, und führt unsere derzeitigen Behandlungsgründe ad absurdum. Wer diese Schrift liest, die klar und logisch auf reiner Wahrheit aufbaut, kann sich ihrer zwingenden Beweisschlüssigkeit nicht verschließen. So meint man. Auch wird in dieser Schrift offenkundig, in welch hohem Maße infolge unseres grundlosen Festhaltens neues Unrecht geschieht. Das ist alles richtig und überzeugend. Aber mit Bitterkeit fühlt jeder von uns, daß es eben in unserer Frage gar nicht um Recht oder Unrecht, Schuld oder Unschuld geht. Man will uns ausmerzen. Diejenigen, die heute »oben dran« sind, wollen uns nicht; sie reden sich und anderen ein, wir könnten − wer weiß es denn? Und besser ist besser! − irgendwie doch eine »Gefahr« sein. Und wen kümmert es dann schon, wenn eben ein paar hundert Männer und ihre Familien geopfert werden!??

»Was wollen Sie denn?« sagt gestern der junge Oberstleutnant Sauerbruch zu mir. »Machen Sie sich lieber darauf gefaßt, daß man uns nicht vor etlichen weiteren Jahren freiläßt − − −«

Und der körperlich riesige, vierschrötige Major Eisenschenk ergänzt: »Die fragen doch nicht nach Schuld oder Unschuld! Die wissen doch seit den Nürnberger Prozessen selbst ganz genau, daß *wir* hier, daß unsere Gruppe nur ganz kleine, armselige Würstchen sind. Aber darum geht es ja gar nicht! Die wollen uns eben festhalten, und da finden sie immer wieder einen Grund, um ihre Willkür zu rechtfertigen − −«

Ein Optimist wagt hierzu noch den Einwurf: »Paßt auf! Vielleicht gibt es mal einen großen Knall! Unter den jetzt sogenannten Alliierten. Etwa bei der bevorstehenden Moskauer Konferenz − − oder sonstwie − − Könnte es nicht sein, daß das dann Rückwirkungen auf uns hat? − −? − − − Freilich − −«, schwächt er selbst gleich seinen Hoffnungsschimmer wieder ab, »− − wenn dieser große Knall nicht kommt − − dann müssen wir wohl noch lange warten − − −« − So ist jetzt die Meinung vieler.

Aus dem »Frauenlager Nr. 77« kommt ein Chor zu uns und singt in der Turnhalle volkstümliche Lieder aus verschiedenen Jahrhunderten und Ländern. Die Lieder sind im Vortrag von beachtlichem gesanglichem Niveau. Alles, wie sie da auf der Bühne stehen, wie sie diszipliniert singen, in allen Nuancen sauber, klar, »anständig«, das macht Freude.

Ich sitze in einer der ersten Reihen und betrachte die Gesichter: junge Mädchen, Frauen, ältere Damen mit weißem Haar. Und alles − −Gefangene! Man kann sich dieser tiefen Ergriffenheit nicht entziehen, die einen überkommt, wenn man die Mienen dieser internierten Frauen und Mädchen sieht: junge Gesichter und auch hier und da ein gereiftes und edelgeformtes Antlitz. Und doch so ernst und herb. Und unsagbar müde an aller Bitternis. Frauen und Mädchen. Wir Zuhörer sind schließlich Männer. Wenn wir heute hier sitzen müssen, nun, vielleicht hält man uns tatsächlich für gefährlich, was weiß ich. Sei es auch unsinnig − − es wird einen Grund geben. Aber diese Frauen und Mädchen!?? Führerinnen im BDM, Leiterinnen von Ortsgruppen der »NS-Frauenschaft«, Oberschwestern des Roten Kreuzes, die den Dienst in einem SS-Lazarett taten, SS-Stabshelferinnen am Funkgerät oder am Fernsprechklappenschrank.

Und nun sind sie »Verbrecherinnen«. 21 Monate hinter Stacheldraht! Mütter. Töchter. Bräute.

Da stehen sie im Halbrund und singen. Singen so lieblich, so zart. Und unten im weiten Dunkel der Halle sitzen die Männer und lauschen. Man könnte ein Stecknadel zu Boden fallen hören.

Als ich zu unserem Wohnblock zurückgehe, klingt mir noch ein »Liebeslied« aus Finnland im Ohr. Das war so zart und rein, daß man die Augen schließen mußte − − −

Bei der Lagerleitung hat man nicht gern, daß dieser Frauenchor einen derart spontanen künstlerischen Anklang fand. Man hört es aus verschiedenen Andeutungen. Im Zuge der Interniertenerziehung zu neuen Menschen, zu Demokraten, zur späteren vorsichtigen Wiedereingliederung in die Gesellschaft sollte man uns wohl etwas Geeigneteres vorsetzen.

Weg von der BDM- und Frauenschaftsromantik der Naziverbrecher! Hin zur amerikanischen Lebensart, zur »Show«!

Und schon am nächsten Nachmittag werden wir durch bunte Plakate wieder in die Turnhalle eingeladen: Gastspiel eines REVUE-Ensembles von »draußen«!

Nun also der Gegensatz. Absolut gelungen!

Acht Mädchen mit ordinär ungeschickt geschminkten Gesichtern tanzen eine Art Wiener Walzer. Erbärmlich dürre, verhungerte Gestalten. Dann versucht sich ein kleiner, unglücklicher, verwachsener Mensch mit Komik. Er sagt zwei Jünglinge mit ebenfalls geschminkten Gesichtern an; sie krähen Stimmungslieder und fordern die Zuschauenden – vergeblich – zum Schunkeln auf. In den Kulissen hämmert ein rothaariger junger Mensch auf die Tasten eines Klaviers, sehr laut, sehr falsch.

Ich beuge mich zu Ernst Besserer, der neben mir sitzt: »Was machen Sie denn??« frage ich. »Ich halt' mir die Schuhe fest!« flüsterte er zurück. »Der da oben spielt ja derart falsch, daß es einem die Stiefel von den Füßen reißt!« Wir gehen vorzeitig, mißgelaunt. – Vergleiche ziehen – – Unsinn!

Morgen beginnt eine neue Woche. Ein kurzer Spaziergang um die Wohnblocks. Die Sonne tut schon so, als könne sie wer weiß wieviel ausrichten, aber es ist doch noch kalt.

Stahlmann, mein Büro-»Chef«, ist vom Urlaub zurückgekommen. Wir fragen ihn nach seinen Erlebnissen aus. Aber er ist merkwürdig still.

»Alles ist draußen irgendwie schwarz und weiß«, sagt er schließlich, »Gelichter auf der einen Seite und Deutsche auf der anderen. Verlogenheit, Denunziantentum und auch wieder Hilfsbereitschaft. – Vor allem aber: Wir sollten uns nicht der Illusion hingeben, als wenn wir und unsere Lage etwa draußen Interesse erwecken. Die Leute sind froh, wenn *sie* nicht sitzen; alles andere interessiert nicht!«

Nachts heult der Wind ums Haus wie ein Schwarm wilder Geister. Das rüttelt an den Fensterläden und peitscht die Zweige der Bäume, daß ich voller Spannung auf meiner Pritsche liege. Was wird noch kommen? Irgendwo in der Nachtdunkelheit zerschellt eine Fensterscheibe. Als der Morgen graut, regnet es in Strömen.

Drei Kameraden von uns werden entlassen. Drei Amputierte. Ich freue mich mit ihnen. Arme Kerle, die *mehr* hergaben als ich.

Oberstleutnant Sauerbruch und Professor Brachmann, der Philosoph, haben die Gelegenheit erhalten, mit dem »Öffentlichen Kläger« der Lagerspruchkammer, Herrn Stelmaczyk, zu sprechen. Dieser eröffnet das Gespräch mit der Feststellung: »Meine Herren, ich bin überzeugt, daß Sie zu Recht hier sitzen. Schließlich sind *Sie* doch an allem Unglück schuld. Nun müssen Sie eben auch auslöffeln, was Sie sich eingebrockt haben!«

Vielleicht weiß er es wirklich nicht besser. Vielleicht ist es auch seine Aufgabe, so zu sprechen. Es fällt schwer, ihm klarzumachen, daß das alles albern sei, was er da sagt. So vereinfacht, so pauschal, so gedankenlos kann man doch nicht urteilen! »Was wollen Sie denn?« sagt er, »seien Sie doch froh, daß Sie hier sind! – Was wollen Sie denn draußen? Sie haben ja doch nichts gelernt! Und auf ein paar Monate kommt es doch gar nicht an. Daran gewöhnt man sich.«

Gegen eine solche Einstellung ist man freilich machtlos. Professor Brachmann fragt, weshalb denn die sogenannte »Denazifizierung« nicht endlich in Gang komme? Warum denn unsere Gruppe nicht an die Reihe komme?

Herr Stelmaczyk macht eine Geste des Bedauerns. »Ja, wissen Sie, es fehlt an Bleistiften, Papier und Farbbändern für die Scheibmaschinen − − −« »Ich kann doch nicht glauben«, antwortete Brachmann, »daß Sie später einmal vor der Geschichte das Versagen der Denazifizierung mit dem Fehlen von Bleistiften entschuldigen wollen!« − Damit ist das Gespräch beendet.

Ich laufe im Zimmer hin und her. Wie ein Tier im Käfig.

Bald ist Ostern.

Ein Transport mit 400 Häftlingen aus dem Lager Dachau trifft ein; ältere Herren meist, ehemalige Kreisleiter, Ortsgruppenleiter und ähnliche »Verdächtige«. Viele von ihnen wurden erst vor wenigen Wochen von diesem Lager hier nach Dachau verlegt. Nun bringt man sie wieder her. Ein alter Herr − wie sich dann herausstellt: der ehemalige Kreisleiter der NSDAP von Ulm − bricht draußen beim Antreten zusammen. Man schleppt ihn zu uns ins Büro herein, legt ihn auf den Fußboden, eine Decke unter den Kopf. Mantel auf, Jacke auf, Kragen auf. Nur wenige Minuten dauert der letzte Kampf. Ein paar krankhafte Atemzüge noch. Dann ist er tot. Herzschlag. »Angina pectoris« steht in seinen Papieren. Erschütternd, wie schnell es geht, das Leben auszuhauchen.

Ein anderer Häftling erhängt sich am Nachmittag auf dem Dachboden seiner Wohnbaracke. Ein dritter flüchtet. Ich kannte ihn. Als SD-Angehöriger sollte er den Franzosen ausgeliefert werden. Not und Verzweiflung.

Abends ruft mich Herr Rosenberg, der Verbindungsmann der amerikanischen Militärregierung in Interniertenfragen, zu sich und hört sich meinen Fall an. Welche Schulbildung? Ob Abitur? Ob HJ? − − Aha!! − − SA? − − So, so!! − − Stiefvater Jude. − − − Hm! − − Feindeinsatz? − − Luftwaffe. − − − Hm! Aufklärungsflieger, Staffelkapitän. Generalstab. − − − Ein Zischen zwischen den Zähnen.

Auf meine Fragen gibt er keine Antwort. Er stellt höchstens eine Gegenfrage, die mit der Sache nichts zu tun hat. Ein raffinierter Bursche! Aber ich lasse nicht locker. »Herr Rosenberg, wann kann ich denn damit rechnen, daß endlich etwas zu meiner Entlassung aus dieser demütigenden Haft geschieht!?«

Er spielt mit einem Schreibstift auf seinem Tisch. »In zehn Jahren sind auch Sie frei!« Das wagt er zu sagen!

Ich schlucke zweimal tief. »Bitte, sagen Sie mir, ob nach der Verhandlung vor der Spruchkammer wenigstens die Militärregierung keinen Einspruch gegen meine gewiß anzunehmende Entlassung erhebt!« Herr Rosenberg lächelt mich an. Zynisch. Sarkastisch. »Nur dann, wenn der Kammerspruch falsch ist!«

»Und wer entscheidet das − − −??«

»Wenden Sie sich an den ›Öffentlichen Ankläger‹!«

Ich kann nichts mit diesem Gespräch anfangen. Rosenberg ist viel zu schlau, um verbindliche Antworten zu geben. Schlaflose Nächte.

Es hat Veränderungen gegeben. Schaeder und Freiherr von Lüdinghausen werden nach Kronberg zur Kriegsgeschichtsschreibung verlegt. Dr. v. Helmersen liegt mit Grippe im Hospital. Sauerbruch soll nach Nürnberg verbracht werden als Zeuge für Generaloberst Rendulic.

Der württembergische »Säuberungs«-Minister Kamm hat der amerikanischen Militärregierung vorgeschlagen, den sogenannten »automatischen Arrest«, der auch über unsere Gruppe verhängt ist, endlich aufzuheben, damit wenigstens die völlig Unschuldigen entlassen werden können. – Dieser Vorschlag des Ministers wurde jetzt endgültig von höchster amerikanischer Instanz abgelehnt.

Die hohen Stacheldrahtzäune um die einzelnen Wohnblocks werden abgebaut. Der Blick wird dadurch freier und geht nun weit über die Landschaft dahin. Vor Baracke VI steht ein Baum, der schon ganz grün übersponnen ist. Von der Neckaraue im Tal leuchtet es in saftigen Farben herauf. Überall schreiten Bauern mit ihren schweren, bedächtigen Schritten über die Felder, eggen die Scholle auf, streuen Düngemittel und bereiten das Land zur neuen Saat. So geht der März dahin.

Zur Untätigkeit verdammt, lehnen wir zu den Fenstern hinaus, schreiben Briefe oder lesen.

Der April beginnt naßkalt. Über das Neckartal ziehen dunkle Wolken heran, und die Vögel stoßen ängstliche Rufe aus. Dann nageln die Regentropfen gegen die Fensterscheiben. Zwischendurch blinkt die Sonne auf. Man kann jetzt direkt zuschauen, wie es draußen grün wird. Alles belebt sich täglich in neuen, kräftigeren Farben, und die verwaschene Schläfrigkeit des Winters weicht neuen Konturen. In der Ferne heben sich Hügel und wellige Waldkulissen empor. Es ist, als ob die von neuer Kraft geladene Luft das Weite wie durch ein Fernglas näher heranziehe.

Oberstleutnant Sauerbruch gesellt sich zu mir. Wir philosophieren ein wenig. Über Gott und die Welt. Und dann auch über realere Dinge. Drüben heben sich in der Ferne die Umrisse des Hohenasperg gegen das Abendrot ab. Wind fährt ins Geäst der Bäume über uns. »Wissen Sie«, sagt Sauerbruch ganz leise und mit einem erschreckenden Ton der Bitterkeit, »wissen Sie, unsere Lage hier führt zum Nihilismus – – oder nach Sibirien – – – oder zum Selbstmord – – –!!« Er wendet sich um und geht.

Unten in der Niederung windet sich der Neckar vor Marbach wie ein silbernes Band durch die von der tiefstehenden Sonne beleuchteten Auen.

Als am nächsten Morgen ein neuer wasserheller, blinkender Vorfrühlingstag erwacht, geselle auch ich mich zu den Männern, die draußen überall ihre Sachen säubern, putzen und scheuern. Decken werden geschüttelt. Wäsche flattert an Leinen im Wind. Alle greifen zu. Wir lüften unsere Strohsäcke, lassen sie vom Frühlingssturm durchblasen, der mit seinen Böen allenthalben dazwischenfährt. Morgen ist Ostern!

Es kommen Nachrichten von den Generalstabskameraden Schaeder und v. Lüdinghausen. Anstatt mit den kriegsgeschichtlichen Arbeiten zu beginnen, haben die Amerikaner sie in Kronberg vor Ostern ohne jedes weitere Verfahren – – entlassen! Sie sind frei! Wir sind hier wie vor den Kopf geschlagen. Gibt es denn noch eine Logik – – –???

Auf dem Flur unseres Stockwerks draußen tönt die singende Ausruferstimme des ehemaligen Oberbürgermeisters von Erfurt, der das Amt hat, die Trockenwäsche in einem Kellerraum zu bewachen. »Der Trooockenraum – – für die Wäääääsche wird – – – in zeeeeehn Minuten – – geöffffnet – – –!«

Draußen scheint die Sonne. Die Gefangenen wandeln in Gruppen auf den Lagerstraßen auf und ab. Die zum Gärtnerdienst Eingeteilten stecken Beete um die Wohnblocks herum ab, legen Rasenflächen an, säen Sämereien aus. Wolken segeln in stillem Fließen über das Lager heran, schieben sich über das Neckartal hinweg, zerfallen am Horizont. Vögel zwitschern in den Zweigen der Bäume, die immer mehr zu grünen beginnen.

Dieser Frühling! Seine Forderung an die Seele ist gebieterisch. Frei sein! Wenig Gepäck haben, nichts, was belastet. Damit ist's genug jetzt. Und die Zähne zusammenbeißen!

Die Männer sitzen draußen an den Hausmauern und lassen sich von der Sonne rösten. Ich liege auf einer Decke im Gras und träume ins Himmelblau hinauf. Eine mächtig hohe Trauerweide vor mir wedelt ihr großes grüngoldenes Fransentuch im Mittagswind hin und her. Ein feierliches, stilles Bewegen. Ich habe einen fauligen Geschmack im Mund.

Nach dem Gewitterguß scheint wieder die Sonne, warm und festlich. Auf den Lagerstraßen ein breiter Strom promenierender Gefangener. Auf den Kronen der Mauern und auf Treppenabsätzen sitzen sie und unterhalten sich. Alles ist heute unterwegs. Stimmengesumme von 4000 Menschen, die sich hier im Freien regen, im engen Geviert umherwandeln, liegt wie ein Dunstschleier über dem Lagerkomplex.

Ich bin unter ihnen, mit Besserer. Später allein. Gute Köpfe sehe ich, scharf geschnittene Charaktergesichter, Vorlagen für einen Bildhauer (kommt mir in den Sinn), kluge Augen. Aber allenthalben schmale, verbitterte Lippen. Lauter einzelne Schicksale. Die Sonne scheint dazu. Und die Vögel singen. Das macht alles ein wenig leichter – – –

Bis in die Abenddunkelheit hinein sitze ich draußen vor dem Haus und lausche einem sinfonischen Konzert aus einem Rundfunklautsprecher, der oben in der ersten Etage an einem geöffneten Fenster steht. Brahms: Klavierkonzert d-moll. Am Himmel beginnen einzelne Sterne zu glühen.

Ich melde mich zu einem Außenarbeitskommando zum Holzfällen.

Hier in der Nähe gibt es große Waldungen. Und ich habe Sehnsucht nach Wald und Erde, nach der Arbeit im harten, harzigen Holz. Besserer will mitkommen.

Am späten Nachmittag werden wir zur Lagerverwaltung gerufen. Der amerikanische CI-staff hat Besserer und mich von der Liste der Außenkommandos gestrichen. Niemand weiß, weshalb. Selbst die deutschen Mitarbeiter bei CI nicht, die ich befrage. »Wahrscheinlich Willkür«, sagt einer und hebt die Schultern.

Im Lager Karlsruhe sind jetzt von unserer ehemaligen Gruppe neun Kameraden entlassen worden. Das Spruchkammerurteil lautet: »Nicht betroffen«! – Und wir?

Nun blühen alle Obstbäume. Der April geht seinem Ende zu. Das Land ist, soweit man zu sehen vermag, ein einzigartig großer Garten. Die Sonne brennt heiß vom Himmel. Wir haben uns kurze Hosen gefertigt und laufen den ganzen Tag in diesen »Shorts« umher.

Ein ganz eigenartiges Lebensgefühl ist das. Oft kommt die Sehnsucht nach Freiheit wie eine hohe Woge des Meeres über mich, reißt mich vom sicheren Boden los und schleudert mich mit ihrer gischtenden Brandung gegen die nackten Felsen der Wirklichkeit. Dann fällt mir mit Erschrecken ein, daß es gar nicht mehr weit bis zu jener Grenze ist, wo man zerschmettert am Boden liegenbleibt. Ich meine, daß es einen Punkt gibt, an dem der letzte innere Halt der Vernunft und des geduldigen Ausharrvermögens einfach weggeschwemmt wird, wo man einfach verrückt wird vor Sehnsucht nach dem Leben. Es ist doch so entsetzlich unnormal, uns junge Menschen nun schon zwei Jahre schuldlos eingesperrt zu halten. Das muß ja seine Auswirkungen haben. Weiß man wohl überhaupt da oben bei denen, die die Macht des Siegers haben, welche Pein uns zugefügt wird!? Macht man sich da oben aber überhaupt Gedanken hierzu?

Wenn draußen irgendwo eins der Mädchen über eine Wiese geht, dann stehen die Gefangenen, zu Trauben von Menschen geballt, am Zaun und starren schweigend und mit zusammengekniffenen Lippen hin. Manche auch mit offenen Mündern, aus denen aber kein Schrei ertönt. Kein Wort fällt, keine Bemerkung. Wir stehen am Zaun, bis die Erscheinung verschwunden ist, und schleichen dann mit gesenkten Köpfen weiter.

Am letzten Apriltag werde ich zur Lagerrechtsberatung gerufen. Hier erfahre ich, daß ich in den nächsten Tagen meine Anklageschrift von der Lagerspruchkammer erwarten kann,. Eine Überraschung!

Die Kameraden drängen sich um mich. Ich bin der erste und vorläufig einzige, dem das »Glück« widerfährt, endlich wenigstens angeklagt zu werden. Ich fühle mich innerlich recht aufgeräumt. Ich habe ein gutes Gewissen. Mein Fall liegt klar. Ich bin sicher, alle mutmaßlichen Verdachtsmomente entkräften zu können. Manche schauen mich merkwürdig an. »Wie haben Sie denn das gemacht?? So als erster dranzukommen?«

»Hatten Sie Beziehungen??« Ungläubiges Lächeln, wenn ich sage, daß ich keine Beziehungen habe, ja, daß ich mir auch alles nicht erklären kann. »Na ja, Sie können jetzt froh sein!« meint Herrmann-Tross. Ich bin's! »Ist natürlich auch ein wenig problematisch, so als erster dranzukommen. Da gibt es vielleicht die meisten Schwierigkeiten!?« unkt einer. Neid!!

Der Frühling braust mit Sturmwind über das blühende Land. Wild schütteln die Bäume ihre Zwiege, und der Sturm erprobt mit wilden Böen seine Kraft an den jungen Blättern. Fensterscheiben klirren in ihren Fassungen. Alles ist irgendwie in Aufruhr. Auch mein Inneres.

Ich laufe planlos im Kasernengeviert umher. Schreibe ein paar Briefe, deren verworrener Inhalt kaum diese Bezeichnung verdient.

Am Abend gehe ich ins Lagerkino und schaue mir einen amerikanischen Film an. »Fräulein Kitty«, ein Durchschnittsfilm mit Ginger Rogers, die recht bezaubernd spielt und ein wenig der Garbo ähnelt. Im Vorspann ein fast entschuldigender Hinweis: »Die vorliegenden amerikanischen Filme sind meist schon zehn Jahre alt und älter. Sie gehörten zum Armeegepäck der amerikanischen Streitkräfte, als die Invasion vorbereitet wurde − − −« usw.

Mein Nebenmann sagt sarkastisch: »Mir scheint, die haben hier eine Armeekiste erwischt, die für Honolulu bestimmt war − − −!«

Immerhin sehe ich den Film aus einem besonderen Interesse. Er enthält für meine Begriffe typisch Amerikanisches! So sagt z. B. Marc, der Geliebte: »Wenn ich für eine Frau zehn Dollar auszugeben gewillt bin, dann weiß ich, daß ich sie liebe!« Das ist amerikanische Denkungsweise; Liebe in Geldwert! Oder Kitty sagt in einem Zwiegespräch zu Marc: »Wyn hat zuviel Geld!!« Marc erwidert, bestürzt und entrüstet: »Man kann nie genug Geld haben!!« Auch das scheint mir amerikanische Grundmeinung zu sein. Geld! Geld! Oder dann: Kitty seufzt bei der Nachricht, daß ihr Kind tot zur Welt kam, nur mit den Worten auf: »Und nun hat dieser kleine Anwärter auf das Jahr 2000 nicht mal eine Chance gehabt − − −!!« Amerikanisch!

Ein, wie mir immer wieder fatal erscheint, seelisch nicht eben reiches Volk. Geld ist alles. Sein Sentiment ist Kitsch. Sein Lebenswille zeigt sich in robuster Brutalität. Sein Humor bietet nur handgreiflichen Klamauk. Und recht hat, wer schneller aus der Hüfte schießen kann.

Die Kenntnisse, die dem Durchschnittsamerikaner von der Welt zur Verfügung stehen, sind die des »Baedeker«. Ihr geistiges Nivau ist etwa der flüchtig überflogene Inhalt eines »Konversationslexikons für jedermann« für zwei Mark fünfzig.

Und ihre Neuerungsbemühungen − auch hier bei uns − nehmen sich aus wie Experimente noch unreifer Studenten.

Das sind in unseren Augen die Kulturbringer aus Übersee für unser altes, armes, geschundenes, aber auch schon ein wenig senil gewordenes Europa.

»1. Mai! Weltfeiertag der sozialistischen Arbeit!«

Das Wetter ist kühl und windig. Wir sitzen nichtstuend, wartend und stark verdrießlich in unseren engen Stuben. Heute ist kein richtiges Licht draußen über der Landschaft. Der Himmel wirkt farblos wie ein verwaschenes blaues Hemd. Allenthalben wenig Feiertagsstimmung. Vielmehr Müdigkeit, drückende Melancholie, in der Bitterkeit brütet. Es ist so viel Niedertracht ringsum.

Da ist der Major Herrmann-Tross. Er und eine ganze Reihe anderer Gefangener gehören in die »Englische Zone«, weil sie dort beheimatet sind. Deshalb werden ihre Fälle vor der hiesigen Lagerspruchkammer nicht bearbeitet. Folglich müssen sie ad ultimum warten, bis sie mal »dran«-kommen, während die gleichgearteten Fälle ihrer Kameraden hier in diesem Lager erledigt werden. − Sie haben sich deshalb unter Hinweis auf die hier entstandene und von ihnen doch nicht verschuldete Ungerechtigkeit mit einem Verlegungsgesuch an das »Ministerium für politische Befreiung« gewandt.

Von diesem kam heute die Antwort: »− − − und kann dies also unter Berücksichtigung des Erbes, welches uns der Nationalsozialismus hinterlassen hat, nicht geändert werden! − − −« Die Empörung ist groß und sicherlich nicht unverständlich. Bittere Bemerkungen, Fragen, auf die es im Augenblick keine Antwort gibt, flackern auf.

»Was hat denn das Erbe des Nationalsozialismus mit unserem Gesuch zu schaffen??« »Will man denn in Zukunft jedes neue Unrecht mit diesem Hinweis entschuldigen??« »Ist denn ein Verweis auf frühere Fehler und Unrechtstaten allein stichhaltig, um neue begehen zu dürfen??«

Dies hier ist jetzt ein deutsches Interniertenlager. Die Amerikaner lehnen jede Beziehung zu uns ab. Jedes Gesuch, jede Beschwerde, jede Bittschrift wird an die deutschen Behörden abgegeben. Achselzuckend. »Wir haben nichts mehr mit Ihnen zu tun!« Okay!

Aber in Wirklichkeit sieht es anders aus. Bei der deutschen Lagerverwaltung sitzen amerikanische CI-Offiziere. *Diese* haben beispielsweise, wie uns jetzt bekannt wird, von der Liste der Freiwilligen für das Holzfälleraußenkommando neulich 17 Namen gestrichen, und zwar − stupide und sinnlos − jeden dritten Namen! Dadurch traf es auch die Namen »Naumann« und »Besserer«; er hatte sich gemeldet, als schon zwei Mann nach mir gekommen waren.

Überhaupt sickert allerlei durch. Da ist bei der deutschen Lagerverwaltung noch ein sogen. Kontroll-Offizier eingesetzt. Dieser Amerikaner sieht seinen Job offenbar darin, Verbote auszusprechen. So zum Beispiel das jetzt erlassene Verbot, vom Lager aus irgendwelche Versorgungsfahrten zur Beschaffung zusätzlicher markenfreier Lebensmittel und Kantinenwaren durchzuführen. »Weshalb denn??« »Kein Kommentar − −!!«

Und was dürfen die Deutschen? Sie dürfen vor jeder Entscheidung die Amerikaner fragen.

Grau lastet Nebel in den ersten Maitagen über dem Land. Das festliche Leuchten der Blüten ist überall ausgelöscht.

Ich werde davon benachrichtigt, daß mir meine Anklageschrift von der Lagerspruchkammer *nicht* ausgehändigt wird! – – –!!! – – – Es sei ein Irrtum gewesen – – –!! Damit basta!

Heute kommt Oberstleutnant Sauerbruch zurück. Er war vier Wochen als »Zeuge« in Nürnberg und sollte dort belastende Aussagen gegen die Generalobersten Weichs und Rendulic machen. Als er es mehrfach verweigerte, schob man ihn jetzt wieder ab. Er sieht miserabel aus. Abgemagert, fahl. Man verwahrte ihn die ganze Zeit in Nürnberg in Einzelhaft.

Am Abend haben wir mit unserer Gruppe bei Kerzenschein eine ausführliche Besprechung in einem Kellerraum.

So ähnlich mag die Stimmung in altchristlichen Katakomben gewesen sein. Sauerbruch berichtet von den Erlebnissen in Nürnberg, von den Vernehmungsmethoden der Amerikaner, von den Gefangenen dort und ihrem Ergehen. Einer von uns steht an der Tür und paßt auf, daß keine Unberufenen zuhören. Es ist sowieso hier im Lager etwas gegen uns Generalstabsoffiziere im Gange. Ein paar Parteileute und gewisse Gruppen der SS intrigieren gegen uns. Sauerbruch sitzt am Licht. Mein Blick wird immer wieder zu seinem schmalen Gesicht mit der hohen Stirn, den messerscharfen bitteren Lippen, den stahlgrauen Augen hingezogen. Das Antlitz einer Persönlichkeit. So ähnlich mag der junge Moltke ausgesehen haben. Sauerbruchs Bericht ist unerfreulich. Manche Hinweise von ihm sind wertvoll, denn auch aus unserer Gruppe wird noch der eine und andere nach Nürnberg als »Zeuge« geholt werden. Man bereitet immer wieder neue Prozesse dort vor. Auch unsere Oberbefehlshaber sollen noch an die Reihe kommen.

Ich schaue mir aufmerksam alle hier versammelten alten Kameraden an. Der äußeren Erscheinung nach ist nicht mehr viel »Militaristisches« übriggeblieben. Die Gesichter machen samt und sonders einen verbitterten, müden Eindruck. Diese Männer sind allesamt zermürbt durch das ewige Warten und die Überfülle an enttäuschten Hoffnungen. Da stehen sie im Halbrund um den Tisch, auf dem die Kerze flackert, lauschend, schweigend.

Gegen das Licht sehe ich im Profil das ebenmäßige, klassisch schöne Gesicht des »langen Peters«. Ein wundervolles Männerantlitz! Es könnte ein Modell sein für die großen »ehemaligen« Bildhauer Thorak, Klimsch oder Kolbe. – – Auf seinem Klapphocker in einer Ecke sitzt Pomptow, »der Afrikaner«; er befindet sich jetzt bereits vier Jahre in Gefangenschaft. Sein breites Gesicht mit der gelblichen Hautfarbe, den leicht schrägsitzenden Augen, dem kleinen schwarzen Haarbüschel über der Stirn verleiht ihm Ähnlichkeit mit einem Buddhaantlitz.

Ihm gegenüber Markert, der Typus eines preußischen Offiziers alter Schule, das knapp geschnittene Haar sauber zu einem Scheitel gebürstet, zusammengepreßte Lippen, gefurchte Stirn, konzentrierte Nachdenklichkeit, hoher Verantwortung eingedenk. Drüben auf der Wandbank im

Schatten zusammengesunken Oberst Metz, von der vielen Flüssigkeit der ewigen Suppenverpflegung aufgedunsen.

Im Anschluß an Sauerbruch spricht Eckstein, unser »Sprecher«. Er berichtet über seine Rücksprachen, die er inzwischen mit dem »Öffentlichen Kläger« der Lagerspruchkammer, Herrn Stelmaszyk, hatte. Nach dessen Ansicht können unsere Fälle nicht eher bearbeitet werden, bis nicht Auskünfte über uns vom Berliner »Information-Center« vorliegen. Diese seien bereits vor zwei Monaten angefordert worden.

Er habe Herrn Stelmaczyk darauf aufmerksam gemacht, daß unsere damals nach Karlsruhe verlegten Kameraden bereits ihre Anklageschriften erhalten haben und laufend als »Nicht vom Befreiungsgesetz betroffen« entlassen werden.

Darauf habe der »Öffentliche Kläger« gesagt: »Was in Karlsruhe geschieht, ist für das hiesige Lager nicht maßgebend!« Auf den Einwand, daß man aber doch in Karlsruhe die Auskünfte vom Berliner »Information-Center« nicht erst abwarte: »Ich habe meine Vorschriften!« Eckstein schließt, er habe den Eindruck gehabt, gegen eine Mauer aus Gummi anzurennen.

Der nächste Sprecher ist der Kamerad Werner. Er enthüllt uns Dinge, die uns bisher nur als Gerüchte bekannt waren, jetzt aber durch eine zufällige Kenntnisnahme beweisschlüssig wurden.

Demnach sei hier im Lager bereits am 21. Dezember vergangenen Jahres ein amerikanischer Befehl vom »War Department« aus Washington eingetroffen, wonach alle hier befindlichen Generalstabsoffiziere baldigst freizulassen seien. Dieser Befehl sei damals von der amerikanischen Lagerleitung zwecks entsprechender Vorbereitungen an den deutschen Lagerleiter, den ehemaligen SS-Sturmbannführer Dr. Vogt, weitergegeben worden. Ihn hatten wir seinerzeit wegen seiner augenfällig fairen, knappen, ordentlichen Verhaltensart geschätzt, aber wie wir jetzt hören, haben wir uns getäuscht.

Dr. Vogt habe damals gemeinsam mit seinen Mitarbeitern, dem ehemaligen NSDAP-Kreisleiter Dr. Lüdt und einem ehemaligen Mitarbeiter von »Reichsleiter« Bormann, Dr. Friedrich, eine Denkschrift an die amerikanische Militärregierung verfaßt, wonach die Freilassung der ehemaligen Generalstabsoffiziere ungerecht sei, solange noch niedere SS-Dienstgrade in Haft befindlich seien.

Die Amerikaner hätten daraufhin ihren Befehl zurückgezogen, weil die Deutschen seine Durchführung zu unseren Gunsten selbst als »ungerecht« empfanden − − −

Dr. Vogt kam kurze Zeit darauf nach Dachau − nicht aber quasi »mit einem Fußtritt der Amerikaner ins verlängerte Rückgrat«, wie wir damals meinten −; er sei vielmehr in Dachau bereits zwei Tage später − − − Lagerleiter geworden!

Es kann nicht wundernehmen, daß dieser Enthüllung eine allgemeine Empörung unserer Kellergemeinschaft folgt. Es wird heftig diskutiert.

Daß Dr. Vogt für die SS eintrat, ist sicherlich sein gutes Recht. Daß es aber stillschweigend geschah, ohne uns wenigstens zu informieren hier im gleichen Lager, wird mit unverhohlener Verachtung quittiert.

»Man sollte alles kurz und klein schlagen!« meint einer. »Was kann man denn überhaupt noch tun, um eine Spur von Recht zu finden??« fragt ein anderer. »Auswandern! Wenn wir rauskommen: auswandern − −!!« Auch Herrmann-Tross ist ein glühender Verfechter dieser Idee. »Dieses Scheißvolk soll mich am Arsch lecken!! Sechs Jahre dafür gekämpft! Alles verloren! Und jetzt diese Behandlung!? Neee! Soll diese Hefe doch in ihrem eigenen Unrat schmoren; nur weg, weg, nichts als weg!!«

Mich empört dieser Nihilismus. Ich trete gegen die Meinung von Herrmann-Tross auf. »Schließlich sind wir deutsche Offiziere!!« rufe ich. »Wir können unser Volk doch nicht einfach verraten! *Ist denn das wirklich das deutsche Volk, das sich heute hier und da so gemein, so charakterlos zeigt??* Gibt es nicht auch andere Deutsche? Glaubt ihr denn, Deuschland sei nur noch eine Mischung aus Lumpen, Schiebern, Denunzianten und Arschkriechern?? Das glaubt ihr doch selber nicht! Und ich glaube es auch nicht − − −«

»Doch, doch!!« ruft man mir zu, »Gesindel das alles − −!!« So geht die Debatte im allgemeinen Rumoren unter − − −

Zum Glück scheint am nächsten Tag wieder die Sonne. Die Welt sieht gleich ganz anders aus. Wir sitzen im Freien. Hinter dem Drahtzaun auf den Feldern arbeiten alte Frauen und junge Mädchen, sie harken, hacken und jäten.

Und hier sitzen an die 400 Männer, untätig, sinnlos wartend, und drehen Daumen.

Aus Dachau kommen neue Transporte. Wieder rollen Lastwagen, Staubwolken auf den Lagerstraßen aufwirbelnd, neue Menschenfracht ins Lager herein, annähernd 200 Mann, vornehmlich ehemaliges KZ-Bewachungspersonal, viele Volksdeutsche aus irgendwelchen Balkanländern dabei! Demoralisierte Gestalten dabei in zerschlissenen ehemaligen SS-Uniformstücken, schmutzigen Hemden, in Holzpantinen, speckige, schiefsitzende Mützen über ungepflegten, langen Haaren. Es erweckt den Eindruck, als wolle man für die Zukunft in den Interniertenlagern hauptsächlich zwei Gruppen von Menschen festhalten: zum einen die − gefährliche! − Intelligenz, und zum anderen das sowieso unbrauchbar Minderwertige, nutzlose Esser, Sozialfälle. Alles übrige, was der Mittelmäßigkeit angehört, ist frei.

Im Lagerleben wird es aber nachgerade unerträglich, mit diesen neuangekommenen Typen in engster Lebensgemeinschaft tagein und tagaus zusammengepfercht zu sein. Man kann sich schlecht daran gewöhnen, daß man jetzt, wenn man seine Wäsche zum Trocknen auf eine Leine hängt, daneben stehen bleiben muß, bis man sie wieder abnehmen kann, da sie sonst von der Leine gestohlen wird. Wer als letzter eine Stube verläßt, montiert die Türklinke ab und nimmt sie mit, damit kein Unbefugter inzwischen nach für ihn Wertvollem sucht. Läßt man im Waschraum ein winziges Stückchen Seife liegen − − sofort ist es verschwunden. Herrmann-Tross wurde dieser Tage bei einer Kinovorstellung in der Turnhalle seine zusammengefaltete Decke unter dem Hintern weggeklaut, als er sich eben nur kurz einmal erhoben hatte.

Ernst Besserer und ich haben unseren kleinen Tisch ins Freie gestellt, neben eine Pappel, mit deren Blättern der Wind spielt. Es ist Sonntagmorgen; wir haben uns einen netten Frühstückstisch gerichtet. Weiße Decke, der Topf mit den blühenden Blumen von Rosemaria, Teller, Tassen und Bestecke sorgfältig ausgelegt. Es gibt für jeden ein frisches Ei mit Schnittlauch und Butterbrot. Und Käse! Und eine köstliche Fischpaste, von Besserers Mutter. Dann noch zwei Scheiben Dachauer Zopfgebäck. Und einen vorzüglichen echten schwarzen Kaffee. Hinterher amerikanische »aktive« Zigaretten, also keine im Eigenbau mit der Hand gedrehten Ungetüme − − − Es könnte behaglich hier sein.

Die ersten Minuten sind wir − am frühen Morgen − noch allein hier in diesem kleinen umgrenzten Hof zwischen den Häusern.

Aber schon kommt einer und hängt Wäsche hier auf. Querhin über das hübsche Stiefmütterchenrondell.

Ein anderer legt sich splitternackt zum Sonnenbaden auf den Rasen, gleich unmittelbar neben uns, die Blöße gerade noch notdürftig mit einem schmalen roten Stückchen Stoff bedeckt. Ein dritter schlurft mit seinem Schemel heran und beginnt, irgend etwas aus Blech zu behämmern.

Dann erscheinen einige Aufgeregte und schwenken einen Fetzen Zeitung in der Hand! Die »Neue Zeitung« von gestern. Sie bringt einen Artikel, wonach sämtliche Internierte, die Angehörige einer vor dem Nürnberger Tribunal als »nicht verbrecherisch« erklärten Organisation sind, jetzt zur Entlassung kommen. Also wir − − −!!!

Neue Hoffnung keimt auf. Es wird sofort eine Besprechung in den Keller einberufen. Besserer und ich räumen unseren Tisch wieder zusammen, bringen die Sachen schnell in die Stube zurück und eilen in die »Katakombe« hinab.

Es wird bereits heftig debattiert. Wir versuchen für uns die Frage zu klären, welche Schritte wir einleiten sollen: Denazifizierung im Lager, um als »freie Menschen«, als »Nichtbetroffene«, als »Unbelastete« nach Hause zu gehen? Oder sollen wir auf vorzeitige Entlassung drängen?? Es geht hoch her, aber wir sind heute guten Mutes.

Endlich − so scheint es − kommt alles in Fluß. Einer steckt den anderen mit Optimismus an. Wie wir es auch um- und umwenden und betrachten; jetzt *muß* es ja bald soweit sein, daß wir herauskommen aus diesem Los!

Das alles ist Vertrauen auf Logik. Die Enttäuschung kommt schon am folgenden Tag. Der amerikanische Lageroffizier und das »Ministerium für politische Befreiung« bestätigen, daß die in der »Neue Zeitung« erschienenen Entlassungsvorhaben auf ehemalige Generalstabsoffiziere *nicht* zutreffen. Und niemand weiß wieder, weshalb?? Jetzt ist jede Hoffnung wieder dahin.

Herrmann-Tross sagt: »Ich glaube, ich drehe durch. Ich halte das einfach nicht mehr aus!! Ich schaff' das nicht mehr – –!!« Tausend Fragen schwirren durch unseren Bau. Wo werden wir denn *nun* eingestuft?? *Wer* weiß denn überhaupt etwas Konkretes??

Sauerbruchs Rechtsanwalt bringt eine Äußerung des Vorsitzenden der Stuttgarter Berufungsspruchkammer mit, wonach ehemalige Generalstabsoffiziere auf jeden Fall mindestens in die »Klasse II«, also in die Gruppe der »Belasteten« einzustufen sind. Ein »Nicht betroffen« gebe es hier nicht! Also liegt der Urteils-Spruch von vornherein fest – –!!??

Schweigend gehen wir wieder hinauf in unsere Stuben. Ernst Besserer legt sich auf seine Pritsche und dreht sich der Wand zu. Wir haben keine Lust mehr zu irgend etwas. Wir sind seelisch »fertig«; da gibt es keinen Zweifel mehr.

Ich blättere in einer Zeitung von letzter Woche. »Im Rheinland täglich nur 800 Kalorien pro Kopf der Bevölkerung – – –« »Das Flüchtlingsproblem wird im kommenden Winter einer Katastrophe zutreiben – – –« »Die Hälfte aller Schulkinder Hamburgs unterernährt und tuberkulös – – –« »Reichsbahn kann nur 50% der angeforderten Güterwagen stellen. Anhaltender Wagenschrumpf gefährdet die lebenswichtigste Versorgung. Die »Russische« Zone behielt in den letzten Wochen 4000 Wagen zurück. 56000 Güterwagen sind aus dem Ausland nicht zurückgekommen. Wagenumlauf um 25% geringer als 1946 – – –« »Ernährungskrise ist nach Ansicht amerikanischer Offiziere Alleinschuld der deutschen Verteilerstellen und der mangelhaften Abgabeleistungen der deutschen Bauern. Es sollen Besatzungssoldaten eingesetzt werden – – –« »Beginnende Versteppung in der Mark Brandenburg infolge starker Walddezimierungen. Wind bedeckt jetzt bereits Äcker mit 5 bis 7 cm hoher Sandschicht – – –« »Neue Demontage von Kraft- und Elektrizitätswerken für die Sowjetunion – – –« »Im April 1000 Volkswagen hergestellt. Sie werden laufend in halbfertigem Zustand nach Belgien ausgeführt!«

Man wird ganz trübsinnig ob dieser Lektüre. Und es nimmt kein Ende. Müde lege ich die Zeitung aus der Hand.

Einer hat mir zugeschaut beim Lesen. »Na? Gut, was? Dieses Erbe des Nationalsozialismus! Alles Scheiße, mit Verlaub gesagt! – – Das ist die ganz bewußte Vernichtungspolitik des Siegers, sage ich Ihnen! Ausverkauf Deutschlands! Vollkommen und furchtbar! – – Und das Bitterste daran ist, daß sie ihre Maßnahmen im Namen der Menschlichkeit und des Christentums treffen! – – Welch entsetzliche Frivolität – – –!!«

Was ich zu beklagen habe, ist diese schreckliche und fortschreitende Verhärtung der Gemüter. Niemand mag mehr recht Ursache und Wirkung zu begreifen. Fast ein jeder beißt sich emotional fest. Mein Gott,

laßt uns doch heraus, heraus aus diesem Gefängnis, laßt uns Tausende
von jungen Menschen doch endlich die Hemdsärmel hochstreifen und in
die Fäuste spucken und mit anfangen zu schaffen!!!

»Christi Himmelfahrt« heute. Nachts hat es geregnet, und es ist, als sei
dadurch Sommer geworden. Das Laub glänzt einen Schein dunkler, und
die Blüten der Obstbäume sind fortgespült. Es ist die Zeit des schweren
Fliederduftes. Ab und zu dampft aus dem Neckartal weißer Nebel auf. –
Wir verschlafen diesen Tag. Und den nächsten. – Daß es jetzt immerzu
regnet, mag für die Landwirtschaft gut sein; für unsere Gemütsverfassung
ist es jedenfalls nicht gut.

Einmal kommen wir zu einer Katakombenbesprechung im Keller
zusammen. Der alte weißhaarige Oberst Hoeffner ist in den Hungerstreik
getreten. Er protestiert damit gegen die nicht mehr abzusehenden Verzö-
gerungen seines Falles trotz fortwährender Zusicherungen. Der »Öffentliche Kläger« bestellte ihn am Morgen zu sich und forderte ihn dringend
auf, von seinem Vorhaben Abstand zu nehmen. Es wurde eine Frist von
einer Woche vereinbart, während der der »Fall Hoeffner« endlich aufgegriffen werden soll.

»Dann laßt uns doch auch in den Hungerstreik treten!« ruft einer.
Eckstein, der »Sprecher«, mit müder Handbewegung: »Das hat doch –
gerade für Sie!! – keinen Zweck. Sie waren doch früher in der jetzigen
Ostzone wohnhaft – –« »Na, und – –??« Ich schrecke auf. Ich war ja
auch vor dem Krieg dort wohnhaft. Fliegerhorst Jüterbog – – –» – – –
ja, das ist auch neu: – –« sagt Eckstein leise und mit grausam klarer
Stimme, » Sämtliche Internierten, die früher in der Ostzone lebten und
dort wohnhaft waren, können hier gar nicht verhandelt werden. Eine
Entlassung kommt für diese Gruppe aber leider auch nicht in Frage,
ebensowenig wie natürlich – – oder besser: hoffentlich! – – ein
Abschub zwangsweise in ihre Heimatzone – – –« – So! Das sitzt – –
–!!

Jetzt auch *das* noch! Ich gehe in unsere Stube und lege mich aufs Bett.
Wohin sollte man sich sonst verkriechen – –!!??

»Sie sind heute mit dem Kaffee dran!« sagt Ernst Besserer unter mir.
»Ja! – – Dann – – später; halb vier – –!« »Warum nicht jetzt – – –??«
»Weil ich – – verdammt nochmal! – – Laßt mich doch in Ruhe – –!!«
»Was soll der Quatsch!? – – Kann ja auch allein Kaffee trinken, Sie – –
Sie Mimose – –!« Noch ein paar dumme Worte hin und her. Nur aus
diesem nichtigen Anlaß! Wir sind wohl alle mit den Nerven ziemlich
»fertig« – – –

Am Sonntag drauf: »Muttertag«! Ich habe Tischdienst. Ich mache einen
möglichst netten Frühstückstisch zurecht. Beiderseits des Blumenstocks
von Rosemaria die Bilder von Besserers und von meiner Mutter. Und
Rosemaria, das »Seelchen«, wie meine Mutter sie neulich in einem Brief
nannte, sitzt im Geiste zwischen uns. Es gibt frische Hörnchen, Butter,
Marmelade, Wurst. Ernst Besserer hatte gestern den Besuch seiner

Eltern. Sie waren in Stuttgart beim »Säuberungs«-Minister Kamm und trugen ihm den Fall ihres Sohnes vor. Herr Kamm, ein leicht korpulenter, älterer Herr, der, hinter seinem Schreibtisch sitzend, einen erkalteten Zigarrenstummel im linken Mundwinkel hängenließ und auch während der Unterredung nicht herausnahm, habe gesagt: »Wenn Ihr Sohn Generalstabsmajor zur in Nürnberg freigesprochenen Organisation gehört, wird er innerhalb der nächsten 14 Tage entlassen!« Ein Wort!

Er hat sich Ernst Besserers Anschrift genau notiert, will morgen hierher ins Lager kommen und gewährte den Eltern für morgen abend eine neue Unterredung, um ihnen definitiv Bescheid zu geben.

Ernst Besserer nimmt alles mit kühler Gelassenheit auf. Allzuoft wurden wir bereits mit derlei Zusagen vertröstet und belogen. Hinterher sah es dann stets anders aus.

Herr Stelmaczyk, unser hiesiger »Öffentlicher Kläger«, hat bereits die erste Liste, wonach 1100 Gefangene aufgrund der überall in Presse und Rundfunk neulich öffentlichen »Victory-Day«-Verfügung zur Entlassung heranstünden, zurückgewiesen und als lachhaft bezeichnet.

Die daraufhin vorgelegte, erneut »bereinigte« Liste mit etwas mehr als 600 Gefangenen nahm er gar nicht erst entgegen. Er äußerte sich dahingehend, daß aus diesem Lager allerhöchstens 40 Mann entlassen würden – – –!!

Am Nachmittag des folgenden Tages kommt Minister Kamm ins Lager. Er bespricht sich mit dem »Öffentlichen Kläger«, dem er angeblich neue Richtlinien gibt, wonach in etwa zwei Wochen eine Entlassungsaktion beginnen soll. Eingeleitete Spruchkammerverfahren sollen hier eingestellt und den Heimatbehörden zugewiesen werden. Allerdings könne der einzelne beantragen, hier im Lager verhandelt zu werden; er müsse dann natürlich in Kauf nehmen, noch einige Wochen länger inhaftiert zu bleiben. – Das wird eine schwere Wahl!

Wir alle wollen frei sein! »Erst mal draußen, dann wird sich schon alles finden!« Die Bestimmungen sind freilich unerfreulich: man darf den Wohnort nicht verlassen, man muß sich täglich bei der Polizei melden, man darf nur in ganz untergeordneter, einfachster Handarbeit verwendet werden. Nun, die Losung heißt: Frei sein!!

Herr Kamm, der Minister, hat bei seinem Besuch hier im Lager Ernst Besserer nicht, wie zugesagt war, zu sich bestellt.

In der Lagerverwaltung stellt man wieder neue Listen zusammen. Die ursprüngliche erste Liste von 1100 Gefangenen ist jetzt auf knapp 100 Mann zusammengeschmolzen: 26 Generalstabsoffiziere, 63 ehemalige SA-Angehörige, Unterführer, drei Angehörige der ehemaligen Reiter-SS und ein paar Politische Leiter.

Der »Öffentliche Kläger«, Herr Stelmaczyk, ist heute morgen auf Urlaub gefahren. Bis Pfingsten wird sich also nichts Neues ergeben – – –

Abends hören wir das vorzügliche Konzert einer jungen spanischen Pianistin, einer Meisterschülerin von Elly Ney. Sie spielt Johann Sebastian Bachs »Chromatische Fantasie und Fuge«, dann eine Mozart-Sonate und zum Schluß Beethovens »Appassionata«. Die Mozart-Sonate klingt zum Weinen schön, so leicht, so zart, so echt. So muß Mozart gespielt werden! Und die »Appassionata« wird unter den Fingern dieses Mädchens in seinem altmodischen weißen Leinenkleid mit Lochstickerei aus Omas Truhe zu einem brillanten Erlebnis. Tief eindrucksvoll und ergreifend vor allem das Choralmotiv. Und dann wieder ein so wild-lebendiges Temperament. Ganz erstklassig! Immer wieder ist Musik die große Trösterin − − −!

An einem der letzten Maitage bekomme ich von der Lagerspruchkammer meine Klageschrift. − Ein großes Ereignis! Ich bekomme sie gleichzeitig mit den Obersten Hoeffner und Binder.

Zunächst bin ich also in die Gruppe der »Belasteten« eingestuft. − » − − − aber dadurch, daß er im Juli 1942 in den Generalstab der Luftwaffe berufen und am 1. 1. 1943 zum Major i. G. befördert wurde, ist erwiesen, daß er das Leben des deutschen Volkes auf eine Politik der militärischen Gewalt auszurichten suchte. Er hat dadurch die nationalsozialistische Gewaltherrschaft wesentlich gefördert − − −«

Das ist natürlich grotesk! Hiergegen muß ich mich jetzt also verteidigen.

Ich beginne mit dem Entwurf meiner Verteidigungsschrift, die mich bis Pfingsten beschäftigt. Dann ist sie in einem Erstentwurf fertig. Der liebenswürdige kleine Herr Merkel, ehemaliger SA-Standartenführer aus Nürnberg, verschafft mir die Möglichkeit, die Reinschrift auf einer Schreibmaschine der Lagerverwaltung zu schreiben. So geht es schneller und sauberer. Am Dienstag nach Pfingsten gebe ich meine Verteidigungsschrift ab. Es ist ein umfangreiches Werk mit 21 Anlagen, eidesstattlichen Erklärungen und anderen Belegen geworden.

Der Spruchkammervorsitzende, Herr Dr. Milczewski, ein ehemaliger Major der Flakartillerie, nimmt sie entgegen. Er meint, ich solle mich noch eine Weile in Geduld fassen. »Sie brauchen aber doch nichts zu befürchten − −!« Dr. Milczewski ist, wie ich höre, jetzt Rechtsanwalt in Stuttgart. Was kann ich von seinen tröstenden Worten halten? Und *was* um Himmels willen sollte ich denn sonst noch befürchten??

In den ersten Junitagen klettert das Thermometer auf 33 Grad! Man kann dieser Hitze kaum entfliehen. Die schattigen Plätze draußen unter den Bäumen sind den ganzen Tag restlos belegt. Ich hocke auf dem Stein des Fußsteigs längs der Hauswand und versuche zu lesen. Der Schweiß rinnt am Körper entlang; das kitzelt ebenso wie die Ameisen, die einen überall geschäftig bekrabbeln, wenn man sich irgendwo niederläßt. Die Stunden schleichen schläfrig in dieser Gluthitze dahin. Ich wasche Wäsche, verrichte den Stubendienst, zu dem ich eingeteilt bin, stopfe meine Socken. Alles lustlos. Die Tage vergehen.

Sollte Ernst Besserer nicht nach der Zusage von Minister Kamm neulich innerhalb von 14 Tagen entlassen werden? War das auch wieder Schwindel??

Wie wir hören, müssen wir in unserer Verteidigung selbst beweisen, nicht zu einer in Nürnberg verurteilten verbrecherischen Organisation zu gehören! Also: Umkehrung der Beweislast!

Mürrisch, gereizt, schreibe ich ein paar Briefe oder lungere im Lager umher. Die Nerven sind wie glühende Drähte zum Zerreißen gespannt.

Nach dem Mittagessen geht es darum, ob wir noch eine Scheibe Brot essen wollen oder nicht. »Ich möchte ganz gern!« sagt Besserer. »Dann essen Sie doch!« sage ich. »Und Sie?« »Danke! Jetzt nicht.« »Dann kann ich jetzt auch kein Brot essen − − −!« »Mensch, Besserer, das ist mir doch ganz wurscht, ob Sie ’ne Scheibe Brot essen oder nicht − − −!!« Er nimmt sich also kein Brot. Wir löffeln schweigend noch einen Rest unserer Wassergrießsuppe. Ich spüle die Teller ab. Die Suppe hält natürlich nicht nach. Eigentlich habe ich noch Hunger − − − Soll ich? − − Soll ich nicht − − −??

Also! Ich schneide mir eine Scheibe Brot ab. Besserer wütend: »Sie sind kindisch!!« »Nehmen Sie doch auch − − !« möchte ich einlenken. »Quatsch!« Aus! Die Nerven sind ausgehakt. Hitze. Besserer und ich gehen umeinander herum, leichthin kühl und höflich. Solche Situationen gibt es häufig. Wenn doch ein Gewitter käme!

Major »Mazi« Zimmermann schreibt aus Karlsruhe. Fast sämtliche Kameraden unserer Gruppe sind dort inzwischen entlassen worden. Einige studieren bereits auf verschiedenen Universitäten. Major Lammel ist seit Ostern zuhause.

Ich laufe durchs Lager, immerzu nach vorn zum Tor, als wenn das einen Sinn hätte.

Auf den Feldern arbeiten Frauen und Mädchen. Die Farbflecke ihrer bunten Kopftücher und Kleider, ihrer roten und blauen Arbeitsschürzen, der sonnengebräunten Arme und Beine leuchten aus dem Sommergrün der Feldfrüchte heraus.

Ich sitze auf der steinernen Umrandung der Terrasse vor dem Hospital und schaue ihnen zu. Die Steine sind unter der Sonnenbestrahlung heiß geworden. Ich muß weiter. Unruhe knistert in den Adern.

Rosemaria, das »Seelchen«, will nach Ludwigsburg kommen. Sie war − unter erheblichen Schwierigkeiten − nach Berlin gereist, hat dort noch Überbleibsel an persönlichen Sachen für mich geholt.

Meine Mutter zeigte mir ihren Besuchsplan in einem Brief an. »Pfingsten ging als leuchtende Frühlingstage dahin. Nun ist Rosemaria wieder abgereist. Wie ein Vögelchen kam sie im Fluge her, und wir kamen ins Erzählen und fanden nicht mehr heraus und haben trotzdem noch viel vergessen. − Ich sehe sie noch bei ihrer Abreise auf dem Bahnsteig stehen und überall helfend zugreifen, kleine Kinder durchs Fenster hebend, Gepäckstücke, − − immer helfend, immer freundlich, immer lächelnd. Sie hat sehr viel Charme, das liebe ›Seelchen‹ − − −«

Mir ist unerklärlich bang um das Mädchen.

Am frühen Morgen werde ich zur Besuchsbaracke gerufen. Rosemaria! Und − − − oh, Schreck!! Mir bleibt das Blut in den Adern stehen. Ihr

Gesicht ist völlig verschwollen. Das linke Auge blutunterlaufen, das Weiße rot gefüllt. Die Augenhöhle blauviolett. Grünlich und gelb die Wange! Mein Gott!!! »Was – – was ist denn – – geschehen – – –???« Mir zittern die Knie, als sie erzählt.

Sie war von Berlin über München nach Dachau zurückgereist. Abends ging sie von ihrer Freundin nach Hause. Es war noch hell. Zwei amerikanische Soldaten stellten sich ihr in den Weg und begannen sie zu belästigen. Während der eine sie an den Schultern hielt, faßte der andere unter ihren Rock. Sie wehrte sich mit aller Kraft. Da holte der eine Soldat aus und schlug ihr die geballte Faust mit aller Wucht ins Gesicht.

Als sie dies in ihrer Art so einfach, so schlicht erzählt, ist mir, als träfe dieser Schlag mich selbst. O Gott, wie ist das möglich!? Dieses Kind noch, diese herzensgute Seele, und dann diese Roheit!

Sie weicht zurück, als ich versuche, ihre andere Wange zu streicheln. Die Tränendrüse des linken Auges ist angeschlagen und sondert Flüssigkeit nach innen ab. Der Jochbogen ist angesplittert. Man wollte sie gleich ins Krankenhaus in Dachau einliefern, aber da sie mich doch besuchen wollte – – –

Sie lächelt ein klein wenig. Wir sitzen nebeneinander auf der Holzbank. Tapfer verbeißt sie ihre Schmerzen. Ich möchte bersten vor Grimm und hilfloser Ohnmacht. Und sie – – – sie lächelt, streichelt meine Hände. »Es ist ja alles schon wieder fast gut!« sagt sie.

Sie hat mir Rosen mitgebracht, Teegebäck, Wurst, Tabak und Marmelade. Sie breitet eine weiße Serviette auf dem Tisch aus, stellt zwei hübsche Tassen auf; Kaffe aus einer Thermosflasche und Büchsensahne. Alles mitgebracht. In Taschen und einem großen Korb. Glück des Wiedersehens, trotz allem.

Ich gebe ihr ein Nähkästchen und Hausschuhe, beides selbst – »gebastelt«, und einen kleinen Band Gedichte, die im Laufe der Zeit in der Gefangenschaft entstanden. Sie freut sich. Wortlos. Es ist ja alles Freude in dieser Stunde!

Ich schaue sie unverwandt an, als sie erzählt. Dieses geschundene Antlitz. Dieser feige Überfall – – –!!!

Vieles ist in den letzten Wochen geschehen. Rosemaria erzählt mit überstürzender, sprudelnder Lebendigkeit.

Sie malt mir Bilder von menschlicher Größe, Güte, Hilfsbereitschaft. Und sie zeigt mir Abgründe menschlicher Unzulänglichkeiten auf.

Das alles hat sie inzwischen erlebt. Am eigenen Leib erfahren. – Ich höre ihr schließlich nur noch stumm zu.

»– – – Du mußt das verstehen, wie glücklich ich bin, daß ich deine Sachen aus Berlin mitnehmen konnte. Und daß ich's über die Zonengrenze brachte! Einen Koffer voll Wäsche, Schuhe, einen Anzug, einen Mantel. Und dann meine Sachen noch! – – Und deine Schreibmaschine! – – 180 Kilogramm hat alles gewogen – –« Das ist ja das dreifache Gewicht von ihr selbst – –!! »– – nun ja, ich habe 12 Pfund auf der

Reise abgenommen – – – aber wenn du dann freikommst – – –!« Sie
lächelt – – mein Gott! – – und sie kann's doch nur mit dem einen
gesunden Auge – – –

»– – – Auch Porzellangeschirr habe ich mitgebracht – – und
Bestecke – – weißt du, damit wir – – – und Bücher von dir – –!!« Ich
kann nichts tun, als ihre Hände ganz fest halten. Wir sind umgeben von
Stimmengewirr und Kindergeschrei. Warteraummilieu. Wie beim Zahnarzt.

Rosemaria will noch zwei Tage in Ludwigsburg bleiben bei einer
Familie, die sehr nett zu ihr ist. Ich rate ihr dringend, zum Arzt zu gehen.
Sie will es morgen tun.

Am nächsten Tag bekomme ich einen Zettel von ihr, vorn an der Tor-
wache. »Muß wohl doch operiert werden. Bin aber hier in besten Händen.
Mach Dir keine Sorgen!«

Ich darf sie ganz kurz sprechen. Sie hat heftige Schmerzen. Schwarze
Binde über dem Auge. Ganz blaß und fahl.

Es gelingt mir, bis zum Lagervorsteher, Herrn Frank, vorzudringen,
dem Hünen mit dem Wuschelkopf. Ich erzähle ihm von dem Überfall auf
meine »Schwester« Rosemaria.

Ich schildere ihm meine Sorge um sie. Er schaut mich durch schwarzge-
ränderte Brillengläser ernst an. »Ist denn so etwas möglich – – –!?« sagt
er, »Ich denke, das gibt's nur in der russischen Zone – –!??«

Ich bitte Herrn Frank, mich ein paar Stunden zu beurlauben und zu
Rosemaria, meiner »Schwester«, gehen zu lassen. »Tja, das sind alles so
Sachen, die ich nicht darf. So gern ich Ihnen helfen möchte – – –« Er
überlegt. – Auf den Fensterbänken blühen rote Pelargonien.

»Ich gebe Ihnen einen Wachmann mit! – – Kommen Sie um 13.00 Uhr
wieder zu mir!« Ich laufe in unsere Baracke zurück. In Besserers Aktentasche nehme ich ein Brot, etwas Käse und ein paar Haferflocken für
Rosemaria mit.

Der Wachmann, mit dem ich das Lager verlasse, ist ein junger, rechtschaffen verschlafener Mensch in einer schmuddeligen schwarzen Uniform. Das Gewehr hat er mit der Mündung nach unten umgehängt. Er
trottet mißmutig neben mir her. Schließlich erzählt er, daß er aus dem
ehemaligen Sudetengau, aus Znaim, stamme. Es fällt ihm schwer, Worte
zu finden oder gar ganze Sätze zu bilden.

Schließlich laufen wir stumm nebeneinander unseres Weges durch die
Stadt. Es ist ein weiter Weg; unser Ziel, das »Lerchenholz«, die Familie
Herth, liegt jenseits des anderen Endes von Ludwigsburg. Wir brauchen
mehr als eine Stunde.

Zwischen Gärten und blühenden Rosenbüschen stehen dort schmuck
aussehende Einzelhäuschen. Familie Herth sitzt eben am Mittagstisch.
Die Freude über mein Kommen ist aufrichtig.

Rosemaria »strahlt«!! Ihr Auge sieht heute etwas besser aus. »Die
Ärztin war zufrieden. Sie sagt, ich hätte großes Glück gehabt. Der

Faustschlag war so stark, daß es das Augenlicht hätte kosten können. Ums Haar! – Siehst du, wieder Glück – – –!!«

Ich muß gleich am Tisch Platz nehmen und mitessen. Der Wachmann ebenfalls. Es geniert ihn sichtlich; wie soll er mich streng bewachen, wenn wir hier behaglich gemeinsam am Tisch sitzen und köstliche Spiegeleier auf Speck verzehren – –!?? Es ist wie zu Hause!

Nach Tisch gibt es Bohnenkaffee. Rosemaria muß sich brav auf die Couch legen. Während ich bei ihr sitze und wir uns bei den Händen halten, spielt Herr Herth Klavier: Melodien aus Schuberts h-moll-Sinfonie. Sehr fein, sehr verinnerlicht das Spiel. Der Wachmann schläft auf seinem Stuhl ein. Rosemaria und ich schauen uns glücklich in die Augen. Draußen scheint die Sonne, und der Wind fächelt die Blätter der Obstbäume, die weit über den Hang hin verstreut stehen. Hier duftet alles nach Frieden!

Am späten Nachmittag bin ich wieder im Lager. Pünktlich auf die Minute. Als ich mich nochmals bei Herrn Frank bedanke, schaut er auf seine Uhr und ist – wie mir scheint – erleichtert. Er hat diesen meinen Kurzurlaub auf seine Kappe genommen. Dafür bin ich ihm aufrichtig zu Dank verpflichtet.

Ich hätte ohne Schwierigkeiten fliehen können. Vielleicht habe ich sogar für einige Augenblicke an diese Möglichkeit gedacht, als ich an Rosemarias Lager saß. Mein Wachmann hätte meine Flucht nicht zu verhindern vermocht. Außerdem schlief er den Schlaf des Gerechten. Vielleicht hatte auch Herr Frank an eine solche Möglichkeit gedacht. Und daß er dann sehr wahrscheinlich seinen Posten als Lagervorsteher verloren hätte – – –

Frau Herth hat mir noch eine Tüte Erdbeeren mitgegeben. Gemeinsam mit Ernst Besserer verzehren wir sie mit Milch.

Wir alle in unserer Stube fühlen uns betroffen. Major Herrmann-Tross hat, während ich draußen bei Familie Herth war, die furchtbare Nachricht bekommen, daß sein jüngster Sohn – – ertrunken ist. Der kleine Bub war knapp drei Jahre alt. Herrmann-Tross hat ihn nie gesehen. – Es gelang ihm schließlich, nach Überwindung endloser bürokratischer Schwierigkeiten telefonische Verbindung nach Hause zu bekommen. Dabei erfuhr er, daß seine Frau einen Selbstmordversuch unternommen und einen totalen Nervenzusammenbruch erlitten hat. Der kleine Bub ist vor ihrem Fenster ertrunken – – in einer Jauchegrube – – – Wir alle fühlen mit unserem Kameraden aufrichtig mit. Es gibt kaum die rechten Worte des Trostes.

Draußen beginnt es zu regnen. Schwere Tropfen fallen in die Blätter der Bäume vor unseren Fenstern. Schließlich rauscht es in ihnen, als wenn Wasser siede. Auf der Fensterbank steht Rosemarias Strauß roter Rosen.

Ich bin eben dabei, mich in ehrlicher kameradschaftlicher Verbundenheit in die jetzige Gemütsverfassung von Kamerad Herrmann-Tross zu versetzen, um nach Wegen zu forschen, auf denen man ihm helfen könnte, da werde ich aufgerufen.

Ich soll zur Lagerspruchkammer kommen. Ich muß eine Erklärung unterschreiben. Ich überfliege sie schnell. – »– – – und verpflichte ich mich, daß ich mich nach meiner Entlassung sofort der Spruchkammer meines Heimatortes zur Verhandlung meines Falles stelle und mich alle 14 Tage dort beim zuständigen ›Öffentlichen Kläger‹ melde – –«

Nanu?? Mein Fall soll doch hier im Lager verhandelt werden! – ?? Herr Milczewsky, der Vorsitzende der Lagerspruchkammer, hatte mir dies doch ausdrücklich zugesichert. Statt dessen soll ich jetzt an der sogenannten OMGUS-Entlassungs-Aktion teilnehmen! – –?? Und meine Verteidigungsschrift gegen die »Anklage«, die ich vor drei Wochen abgegeben habe – – –?? Alles wieder umsonst – – –??

Am folgenden Tag gelingt es mir, zu Dr. Milczewski vorzustoßen. Er macht einen müden, überanstrengten Eindruck. »Nein, Ihr Fall wird hier im Lager nicht mehr verhandelt!« »Aber Herr Doktor Milczewski, Sie erinnern sich doch! Als ich meine Verteidigungsschrift damals persönlich abgab, sagten Sie doch – – –« »Da muß ein Mißverständnis auf Ihrer Seite vorliegen!« fällt er mir ins Wort, »ich kann mich nicht erinnern!«

Ich zwinge mich, zur Ruhe, zur Höflichkeit. Ich mache Herrn Milczewski darauf aufmerksam, daß ich doch nun bereits in das dritte Jahr meiner Gefangenschaft eingetreten bin, schuldlos, fast ohne Hoffnung mehr auf eine gerechte Lösung in letzter Minute, weil es scheint, als wenn eben diese letzte Minute auch schon vorüber sei.

Aber Herr Milczewsky will nichts einsehen. Er hat meine Akte gewissermaßen bereits geschlossen. Er ist froh, wieder einen Vorgang weniger bearbeiten zu müssen.

»Tja, wissen Sie – –« er hebt bedauernd die Schultern, »– – ich schaffe es nicht, ich schaffe es einfach nicht; die schlechte Ernährungslage, Sie verstehen, und dann meine Anwaltspraxis in Stuttgart noch – – und das dauernde Hin- und Herfahren – – – und zum Zahnarzt muß ich auch noch – – –«

Es ist zwecklos, das Gespräch fortzusetzen. Nun sind wieder drei Wochen vergangen, in denen nichts geschehen ist. Ein stets und ständig in anderer Form wiederkehrender Sachverhalt.

»Sie können ja zum amerikanischen Kontrolloffizier des Lagers, Captain Claxton, gehen – – – vielleicht, daß er – –?? Wenn Sie sich beschweren – – –!! – – ??« Captain Claxton, die »letzte Instanz«. Ich gehe sofort zu seinem Büro und bitte um eine Rücksprache. Im Vorzimmer sitzt ein Herr v. Steffelin, ein ehemaliger Internierter, den man als den »bösen Geist des Lagers« bezeichnet. Mein Anliegen ringt Herrn v. Steffelin ein geringschätziges Lächeln ab. Von diesem Mann habe ich außer Unannehmlichkeiten wohl nichts zu erwarten, scheint mir. Ich soll morgen wiederkommen.

Etwas kleinlaut mache ich mich am nächsten Morgen wieder auf den Weg zum Büro des Kontrolloffiziers. »Herr Claxton kommt heute nicht zum Dienst!« Dies sagt leicht schnippisch in seinem Vorzimmer eine junge Blondine, während sie sich die Nägel poliert. Es ist die Tochter des »Öffentlichen Klägers« der Lagerspruchkammer, Herrn Stelmaczyk. Ihr gegenüber am Schreibtisch – mit dem Töchterlein des Allgewaltigen schön tuend – lümmeln sich die Herren v. Steffelin, Schlobinski und Fröhling in den Sesseln.

»Sie können ja morgen wiederkommen – – –« meint die Blondine. Am nächsten Morgen gehe ich wieder zum Büro von Claxton. Fräulein Stelmaczyk ist heute allein. Sie hat sich gerade ein kleines Frühstück bereitet. Der Kaffee duftet.

»Ach so, Sie!« begrüßt sie mich. »Ja, Mister Claxton wird heute auch nicht kommen – – –« Ich stehe wie versteinert. Nun bleibe ich stur stehen.

»Mein Fräulein!« sage ich, »– – –«

»Weiß schon, was Sie sagen wollen. Aber Sie können beruhigt sein; mein Vater hat gestern abend noch mit Mister Claxton gesprochen. Der war der Meinung, daß Ihre Fälle selbstverständlich noch hier im Lager verhandelt werden – – –« So!!

Ich mache wortlos kehrt und laufe zum Büro der Spruchkammer, zu deren Vorsitzenden Dr. Milczewski. Aber der ist heute nicht da! Ich will jetzt nicht locker lassen. Aber ich muß bis Montag warten.

Ein Wochenende voll Mißmut und Unruhe. Wir alle sind nervös und von einer Woche um Woche zunehmenden Gereiztheit untereinander. Das macht müde, laugt alle Kräft' aus.

Man hat eben alles satt hier. Das Lager. Das ganze Leben. Manchmal hat man's besonders satt. Dann knackt es in den Nerven, und sie gehen durch. Man muß sich sehr zusammennehmen. Manchmal gelingt das nicht mehr, und es fällt einem zu spät ein, daß man sich zusammennehmen müsse. Manchmal gelingt sogar das nicht mehr. Dann sitzt man wie verunglückt da. Sich selbst zur Last. Es kommt mir vor, als sei die ganze Luft, die wir hier atmen, mit Unheil verpestet.

Am Montagmorgen gehe ich wieder zu Dr. Milczewski. Er ist auch jetzt wieder nicht da. »Er wird heute auch nicht kommen!« sagt man mir in seinem Büro. Ich hinterlasse einen Brief und bitte ihn, meinen Fall doch noch hier im Lager zu verhandeln, nachdem Captain Claxton und Herr Stelmaczyk dies genehmigten.

Und nun lasse ich alles seinen Gang gehen. Ich habe keine Kraft mehr. Es fehlt mir wahrscheinlich in Zukunft auch die Energie, um mich bei dem einen und anderen weiteren Unrecht innerlich aufzubäumen. Ich kann nicht mehr.

Einer will mich trösten: »Wissen *Sie* denn, was gut ist, was nicht? Falls Ihr Fall noch hier im Lager verhandelt wird, wer weiß denn dann, ob Sie nicht Monate warten müssen, bis das Urteil rechtskräftig ist – –!! – –??«

Ich weiß es nicht. Ich laufe immerzu im Freien hin und her, hin und her. Es ist zum Verrücktwerden!

Als ich gegen Abend auf unsere Stube komme, kramt Ernst Besserer in seinen Sachen. »Na, was machen Sie denn? Wollen Sie packen?« frage ich. Eine dumme Frage. Natürlich. »Sie! Sind Sie mal ganz ruhig, Sie!« Ich, verblüfft: »Na, na, na! Was soll denn dieser Ton!?« »Wenn ich nicht im Zimmer bin, gehen Sie wahrscheinlich an meine Sülze und essen sich satt!!« Ich: »Hören Sie mal, das ist ja unerhört!!« Er: »Schon gut, schon gut! Aber irgendein Schwein hat mich beklaut! − −!!« Ich: »Und dieses Schwein, meinen Sie, sei ich gewesen!???« Ein Wort wechselt das andere. Wie ein paar alte streitsüchtige Jungfern. Zum Kotzen ist das! Immer wieder splittern die freundschaftlichsten Beziehungen wie sprödes Glas unter dieser stickigen und verpesteten Gefangenenpsychose.

Besserer lädt mich später ein, mit ihm zu Abend zu essen und auch von seinen Sachen zu kosten. Ich lehne ab. So borniert kann man werden − − − Die Tage gehen dahin.

In der Turnhalle finden Konzerte statt. Ich bin zu müde, um hinzugehen. Ich laufe nur noch stumpfsinnig im Lager umher. Kaum merklich, daß die Linden süß und schwer zu blühen begonnen haben. Das Herz kann diesen süßen Frieden doch nicht halten.

Am 19. Juni bekomme ich plötzlich und wie aus heiterem Himmel − − mein Spruchkammerurteil. »Das Verfahren wird eingestellt, da der Betroffene nicht belastet ist.« Es folgen zwei eng mit Schreibmaschine beschriebene Seiten der Begründung. Dr. Milczewski überreicht mir dieses zweifelsohne mit Mühe und Fleiß aufbereitete Werk persönlich.

In diesem Augenblick der Rührung − oder unter einer Art Rührseligkeit aus Nervenschwäche − murmele ich so etwas wie einen Dank. Dank!!?? Nachdem ich zwei Jahre und zwei Monate »nicht belastet«, also unschuldig in Gefangenschaft sitze.

Der Boß der Spruchkammer ist wahrscheinlich ebenfalls für einen Moment überrascht ob meines Dankes. »Nicht der Rede wert − − −«, antwortete er. »Die Kosten fallen der Staatskasse zur Last!«

Ich fange mich schnell. »Das hätten Sie sich bei mir sparen können − −!« stoße ich, nun schon wieder ein wenig bitter, hervor.

Dr. Milczewski zieht die Augenbrauen hoch und schaut mich verdutzt an. »Nun, zumindest sind wir einen Schritt − − wenn auch einen kleinen Schritt weiter«, lenke ich wieder ein, und füge schnell noch die Frage an: »Wie ist das denn nun, ist damit zu rechnen, daß der ›Öffentliche Kläger‹ Berufung einlegt?«

»Das entscheidet sich vielleicht schon morgen«, sagt Dr. Milczewski, »spätestens in einem Monat − −!«

»Ja, und die Militärregierung??« frage ich hastig; Dr. Milczewsky hat schon zweimal nach seiner Uhr geschaut. »Wird die Militärregierung den Spruch genehmigen? Und falls ›Ja‹, *wann* ist dann damit zu rechnen − −??«

»In einem − − oder zwei Monaten − −«, ein unsicheres Achselzucken, »− − vielleicht in einem Vierteljahr − −!«

Mir wird der Boden unter den Füßen weich. Alles beginnt unter mir zu schwimmen − − −

»Muß ich denn so lange hier im Lager warten − −?? Wird denn das OMGUS-Entlassungsverfahren nicht auch für mich wirksam − − −?? Und wann − − −??« »Warum nicht? Ich glaube doch − −«, ein dritter Blick auf die Uhr.

Diese bangen Fragen bleiben offen. Dr. Milczewsky geleitet mich bis an die Tür.

»Wenn's eine Berufung gibt und ich Pech habe, dann sitze ich Weihnachten auch noch hier!« sage ich noch. »Und die noch nicht verhandelten Kameraden sind dann im OMGUS-Verfahren längst in Freiheit!! − ?? Ist denn so etwas überhaupt zu gewärtigen?? Herr Doktor Milczewski, bitte, das wäre doch das Allerübelste − − − Was meinen Sie denn − − −?«

Er lächelt. Ein wenig gequält. Ein wenig unsicher. »Auf Wiedersehen!«

Schwüle Tage. Vor dem Fenster beginnt jetzt hangab der Mohn zu blühen. Es sieht aus, als säßen mit einem Male hundert lilarote Falter auf grünen hohen Stengeln und schaukelten im Wind. Es geht auf den hohen Sommer zu. Ich stehe, die Hände tief in den Hosentaschen vergraben, inmitten der stumpfen, müden Menge der vielen Gefangenen am Stacheldrahtzaun.

Alle Gedanken, alle Träume, alle Gespräche kehren immer wieder zu der einen zentralen Frage zurück: *WARUM???* Ich reibe mich wund an meiner Sehnsucht nach dem Leben. Als ich zurück ins Dunkel unserer Stube flüchte, um ein paar Briefe zu schreiben, sehe ich Ernst Besserer dort in einer Ecke sitzen. Ganz allein. Mit einem Buch. Ich spreche ihn unbekümmert − künstlich gemacht, dieses »unbekümmert!!« − an, aber er brummelt nur »Hm, hm!« Er hat's nicht leicht mit sich selbst. Anstatt zu versuchen, mit aller innerer Kraft aus dieser Teertonne des zähklebrigen Gemütsverfalls herauszukommen, bildet er sich ganz fest ein, gekränkt worden zu sein. Er ist auf diese Weise ganz sperrig, ganz verkrampft.

Mit den Briefen, die ich schreibe, wird es auch nichts Rechtes. Es geschieht ohne eine Spur von fröhlichem Klang, vielmehr so, als versuche sich jemand auf einem verstimmten Klavier, dessen Tasten gelb sind wie die Zähne eines alten Hungerleiders − − −

Eine Verfügung des »Befreiungsministeriums« wird bekanntgegeben: »Alle jene Internierten, deren Fälle noch von einer Lagerspruchkammer verhandelt werden, dürfen nicht im OMGUS-Verfahren entlassen werden. Sie müssen im Lager abwarten, bis die Kammersprüche von der US-Militärregierung bestätigt sind!« − So! Da haben wir's! Auch das noch. Es war zu befürchten − − −

Bevor ich mich von einer neuen Welle der Verzweiflung hinwegspülen lasse – und hierzu bedarf es nunmehr keiner starken Welle mehr! –, folge ich einem schier winzigem Lichtschein für den heutigen Abend.

In unserer Turnhalle liest Matthias Wiemann aus »Faust«, I. und II. Teil. Mehr als tausend Gefangene lauschen in tiefer Ergriffenheit der Stimme des großartigen Schauspielers Wiemann, ihren unterschiedlichsten Tönungen, ihrer eminenten Ausdrucksfähigkeit. Und dem so sympathischen Klang. Es wird ein ganz großer Genuß!

In solchen Stunden rührt man an die Grenzen der Erhabenheit. Man fühlt sich wieder als ein Mensch unserer Kultur. Wie selten ist das schon geworden – – –

Geist des Abendlandes, Grundgültiges unserer Wesensart, Schönheit der deutschen Sprache, dies weht wieder einmal über den Sumpf unserer heutigen Situation dahin. In Reinheit und Klarheit. Unantastbar!

Könnte ich es doch festhalten, das Glücksgefühl dieses wertvollen Abends! Aber es ist nur ein flüchtiges Aufflackern.

Eine goldene funkensprühende Sternschnuppe, schon wieder verglüht, verloschen, ehe sie richtig ins Bewußtsein drang. Und die Nacht ist um so schwärzer – – –

Ernst Besserer hat heute zum Sonntagmorgen »Tischdienst«. Aber er kocht kein Wasser für den Tee, röstet heute kein Brot. Und als ich mich eben zum gemeinsamen Frühstück an den Tisch setzen will, zieht er sich den Rock über und geht weg. »Zum Holz fahren!« Eine völlig unwesentliche Episode. Verlust unseres bislang liebgewordenen behaglichen Sonntagsfrühstücks, was sonst? Aber doch ein Störung der Harmonie. Jeder Bissen bleibt mir nun im Halse stecken, jeder Schluck wird zum lustlosen Würgen. Bloße Nahrungsaufnahme, was bisher eine kleine, gediegene Geste kulturellen Verhaltens war. Wir sprechen kaum mehr miteinander. Eisige Höflichkeit und ein paar gebrummte Antworten. Das ist alles. Und es ist von einer geradezu schreienden Torheit. Es ist auch ein Zeichen dafür, wie sehr diese entsetzlich lange Gefangenschaft unsere Gemüter verwirrt hat.

Draußen weht ein lauer, feuchter Wind, der den Schweiß auf der Haut nicht zu trocknen vermag. Auch diese Lieblichkeit von Landschaft und Klima geht uns allgemach auf die Nerven. Wenn es doch nur einmal richtig gewittern wollte!! Statt dessen säuseln tags und nachts linde, lauwarme Winde in den Blättern der Bäume, daß es immerfort silbrig lispelt. Die Luft erscheint zuweilen mit Spannung aufgeladen, ohne daß es zur Entladung kommt. Dies bringt mich in eine verzweifelte Stimmung. Ich brauche einfach das kraftvolle Walten, die Leidenschaft in der Natur, das Donnergrollen, Sturmsausen, Regenfluten; um so köstlicher empfinde ich anschließend das Bad der Seele in strahlender Sonnenhelligkeit! So aber ist alles nur ein müder Hauch, ein melancholisches Dahintreiben in den Sommer hinein.

Ernst Besserer – als »Tischdienst« – teilt unsere beiden kleinen

Butterrationen heute nach dem Verpflegungsempfang und gibt sie für jeden von uns beiden in einen besonderen Behälter. Früher ließen wir stets alles zusammen und aßen gemeinsam. Er leidet augenscheinlich selbst am Gift seiner verärgerten Gemütsverfassung. Und sein Zorn schwillt noch an, weil er spürt, daß niemand von diesem Trotz beeindruckt wird. Erst entgleitet das Messer, mit dem er unsere Ration teilte, seinen bebenden Fingern, dann der Deckel der Butterdose, schließlich ein Teller. Als er zu Boden poltert, fürchte ich eine nun sofort eintretende Gemütsexplosion. Aber sie kommt nicht! Leider – – – Besserers Antlitz ist dunkelrot vor Wut, als er wieder unter dem Tisch hervorkriecht.

Ich verdrücke mich ins Freie. Wie ein alter Mann in einem Altersheim sitze ich bald hier auf einer schattigen Bank, bald dort auf dem Rasen vor einer Hecke aus Sonnenblumen. Einsam. Leer. Ausgebrannt – – –

Ein wenig Ruhe dringt wieder ins Gemüt; ich lese Goethes »Italienische Reise«. Aus jedem Kapitel leuchtet schlechthin »Geniales« heraus. Diese Fülle von Gedanken. Dieser Schatz an Worten! Diese eindrucksvolle Art der Schilderungen in knapper Form. Ich lese mit Muße, und also mit Genuß.

Die letzten Junitage sind heiß. Der Asphaltbelag der Lagerstraßen weicht auf. Jeder mühselige Windstoß trägt die Gluthitze eines Backofens mit sich. Kaum ist es noch möglich, sich tagsüber im Freien aufzuhalten. Das ganze Land ringsum atmet Treibhausluft. Der Mohn hat so viele weißbläuliche und weißviolette Blüten angesetzt, daß es aussieht, als hätte über Nacht ein Schneeschauer die Pflanzen bedeckt. Dieses Weiß blendet im Sonnenschein, daß man die Augen zukneifen muß. Matt und erschöpft liegen die Gefangenen draußen im Schatten der Häuser und der Bäume.

Ich liege fast den ganzen Tag auf meinem Bett und lese Goethes »Werther«. Mit diesem Buch feiere ich gedanklich ein Wiedersehen mit meinem damaligen Deutschlehrer auf dem Gymnasium in Plauen, Herrn Dr. Strödel. Ich sehe ihn vor mir stehen, den blonden Haarschopf nach hinten gekämmt, die braune Hornbrille auf der Nase. »Lesen Sie jetzt den Werther mit Genuß! Es ist Ihr Alter, um dieses Werk vollkommen zu erfassen. In zehn Jahren werden Sie darüber lächeln – – –!« So ist es heute!

Aber ich lächle mit innerer Freude über dieses Märchen der romantischen Liebe aus guter alter Zeit. Und ich lächle in der Erinnerung an damals, als ich, auf einem Felsen im Vogtland im Tal der Trieb sitzend, dieses Werk mit heißen Wangen an einem sonnenhellen Maientag verschlang. Stille, süße Wehmut. Alles längst vorbei – – –

Am Morgen werde ich plötzlich und überraschend mit etwa 50 anderen Gefangenen zur Lagerspruchkammer gerufen! »Die ersten OMGUS-Entlassungen werden durchgeführt!« Entlassung – –!! – –?? Das Zauberwort! Aber es stellt sich heraus, daß ich irrtümlich gerufen wurde. Vor meinen Augen wird mein Name aus der Liste gestrichen – – – »Sie haben doch Ihren Spruch schon, nicht wahr?« fragt mich ein Fräulein aus dem Kammervorzimmer. »Tja, dann müssen Sie leider noch warten, bis die Bestätigung kommt − −!« Achselzucken.

Der »Öffentliche Kläger« ist jetzt ein Herr Matheis. Ich gehe zu ihm, frage, was man denn in meinem Fall zur Beschleunigung tun könne; schließlich sei ich ja als »nicht belastet« eingestuft. »Tja, da kann man gar nichts tun. Sie müssen eben warten. Sie wissen ja, die Militärregierung − − −« Wieder Achselzucken.

Ich setze mich wieder auf eine Bank vor unseren Wohnblock. Weit geht der Blick über das Land. Der Mohn wiegt seine großen, hellen Blüten. Im Westen schwimmt der Sonnenball in glutflüssigem Gold. Mir tanzen schwarze Punkte vor den Augen.

Eine neue Woche beginnt. Ich versuche einmal nachzurechnen, wie viele Wochen nun schon so sinnlos dahingeflossen sind. Ich weiß es nicht. Es sind so viele. Und es ist auch gleichgültig. Ich mag sie nicht mehr zählen. Der Blick aus brennenden, geröteten Augen geht in die Zukunft ausgerichtet auf einen einzigen Tag: Den Tag der Freiheit! Tag der Erlösung aus Furcht und Hoffnungslosigkeit! Wann? Wann? Wann?

Drei Kameraden werden im OMGUS-Verfahren entlassen. Ich gönne es ihnen. Natürlich! Nur − − ich kann es kaum ertragen. Ich kann nicht mehr begreifen, daß ich hier sein muß. Ich kann mich selbst nicht mehr begreifen.

Ich bin auch dieser lieblichen schwäbischen Landschaft von ganzem Herzen überdrüssig. Ein blühender, reifender Garten, soweit das Auge reicht. Ich kann ihn nicht mehr sehen − − −

Ich lese Bücher. Alles, was mir aus der dürftigen Lagerbibliothek in die Finger kommt. Ich lese tagelang und halbe Nächte. Ich will mich betäuben. Nichts mehr hören und sehen. Nur lesen. In anderen Welten leben. Da! Ein kitschiger Roman! Auch recht! Gekünstelt, verlogen, unecht. Sein Inhalt spielt in der Malerkolonie von − − − Dachau! Sogar der Vorort Etzenhausen ist erwähnt!

Dort lebt − − Rosemaria, das »Seelchen«. Ich lese den Roman, obwohl alles barer Unsinn ist. Aber ich sehne mich − − nach Rosemaria. Deshalb bezwinge ich das Buch.

Und dann − am 4. Juli, früh 7.30 Uhr − verläßt Ernst Besserer mit den beiden letzten Generalstabskameraden das Lager. Am späten Abend, kurz vor Mitternacht, erfuhren wir es. Auch Besserer ist überrascht, obwohl es zu erwarten war. Ich begleite ihn zum Lagertor. Er hat schweres Gepäck, und es wird ein heißer Tag. Wir stehen in der großen Gruppe der anderen Gefangenen, die heute entlassen werden und rauchen die letzte Zigarette zusammen.

Abschiedsgespräche sind immer albern und die Gesichter wirken wie gefroren. »Wie lange waren wir denn zusammen?« Um überhaupt etwas zu sagen. »Na ja, so an die 21 Monate − − −« Es gibt jetzt nicht mehr viel Neues zu sagen. Mir ist jämmerlich zumute.

Hundertmal habe ich in den letzten Wochen diese Stunde der Trennung zwischen Besserer und mir erlebt, aber nun ist es für mich doch nicht faßbar. Er geht, geht in die Freiheit, und ich – – bleibe hier.

Einundzwanzig Monate. Lager Aibling. Lager Dachau. Erst gingen wir uns aus dem Weg. Aber später: gleiche Tischgemeinschaft. Mit »Nischenvater« Eggert und »Schorsch« Lammel. Erstes Weihnachten im Sonderlager Dachau. Das erste Paket von daheim, dessen Inhalt er mit mir teilte. Gemeinsame Spaziergänge in den Barackengassen. Abendliche Doppelkopfspiele, unser kleiner Tisch, die Oase des Friedens im Getöse der Menge. Lager Neu-Ulm. Wieder Lager Aibling. Gemeinsamer Job als »Steineklopfer«. Wieder Lager Dachau, einen ganzen Sommer lang. Dann Ludwigsburg. Gemeinsam im »Ordnungsdienst« als guards, und gemeinsam – – gemeinsam – – alles gemeinsam, bis zuletzt in die Tiefen der Herzen gemeinsam – –

»Antreten!!« Ein Händedruck. Letzte aufrichtig gute Wünsche. Dann ist alles vorbei. Ich kann es nicht fassen.

Einundzwanzig Monate der Gefangenschaft. Abende, an denen man grimmig lachte. Gemeinsames Planen und Leidtragen, Anteil nehmen und Anteil geben. Seufzer, die auch dem anderen ins Herz drangen. Und wie viele gemeinsame Schritte?? Seite an Seite?? Das kann nicht alles plötzlich vorbei sein. Ich fühle mich entsetzlich einsam.

Besserer hat mir ein Foto zum Abschied gegeben. Auf die Rückseite seines Bildes schrieb er: »Meinem lieben Dicky, der nicht nur viele Monate Kriegsgefangenschaft und Internierungshaft mit mir gemeinsam ertrug, sondern auch meine wechselhaften Stimmungen heldenhaft und gleichmütig über sich ergehen ließ, in Dankbarkeit und der Hoffnung auf ein Wiedersehen in besseren Tagen.«

Ich muß lächeln. »Wechselhafte Stimmungen.« Auch das gehört wohl dazu. Das alles verbindet ebenfalls.

Ernst Besserer fehlt mir mehr, als ich zu sagen vermöchte.

»Was ist sicher?« fragt jemand. »Sicher ist nur, daß alles vorübergeht!« Das ist wohl die Erkenntnis jener, die nicht mehr weit von der Resignation entfernt sind.

Ich laufe im Lager umher. Zur Kantinenbaracke, zum Lagertor, dann einmal um den Sportplatz herum, zur Keramikwerkstatt, an der Turnhalle vorbei, zur Hospital-Terrasse, dann am Zaun entlang wieder zur Kantinenbaracke, zum Lagertor, zum Sportplatz, Keramikwerkstatt. Noch einmal. Und noch einmal.

Und immer die gleichen Bilder. Gefangene Menschen. Ernste, bittere Gesichter. Zerschlissene Bekleidungen. In der Sonne liegende, nackte, braune Gestalten. Untätig, stumpf. Unter einer Baumgruppe ein paar Deutsche aus der Batschka, Karten spielend. Immer die gleichen Gesichter. Und immer wieder Menschen, Menschen, Menschen.

Dort, der Hohenzollernprinz August-Wilhelm mit seinem dick angeschwollenen Bein, in hellblauer flatternder Hose, vornüber geneigt, unverkennbar das »friderizianische« Gesicht unter glatt nach hinten gekämmtem, langem, weißem Haar. Da! Der lange Herr v. Alvensleben mit Professor Bäumler, klein von Statur, in Holzpantinen, Badehose, Sportmütze, rot entzündeten Augen, der »Philosoph des Dritten Reichs«. Dort drüben, Professor Jankuhn, immer allein, immer nachdenklich, mit tiefen Falten im Antlitz. Und da! Kammersänger Komorek, hager, ernst, traurig, das lange graue Haar unordentlich, dicke, blaue Krampfadern an den Beinen. Junge SS-Männer dazwischen, sonnengebräunt. Alte Herren wieder, weißhaarig, müde. Reinhold, ein ehemaliger Generalstabsmajor, stets betont gepflegt; er kam erst kürzlich aus China.

Und Gemüsebeete, Tomaten, Bohnen, Salat, Möhren, alles ordentlich und liebevoll gepflegt. Und rührend sinnlos – – –

Am Zaun die Wachtposten mit den amerikanischen, salopp umgehängten Gewehren, Mündungen nach unten, alte Männer mit Tabakspfeifen und auch junge, reichlich verwilderte Burschen.

Und zwischendrin – – – ich! Ein Nichts! Eine Nummer unter annähernd 4000 Nummern. Das ist wohl die Erkenntnis vollkommener Einsamkeit.

Ich kann mich nicht mehr zurechtfinden. Ich zwinge mich, jetzt mein Dasein hier ohne jeden Widerhall zu ertragen, aber es gelingt kaum. Kein vertrautes Gespräch mehr. Alles ist leer. »Nur der Wandel ist beständig – –!« Scheiße auf alle Philosophie!

Ich wandere im Lager von Schatten zu Schatten, als die Sonne wieder hervorkommt und gleich von neuem unbarmherzig auf uns herniedersticht. Ich lese Theodor Pliviers »Stalingrad«, hervorragend geschrieben. In erträglichem Maß gehässig. Die Schilderung des Geschehens ist derart packend, daß ich im Schlaf davon träume. Es ist fürwahr keine erheiternde Lektüre. Aber sie scheint der Wahrheit verschrieben zu sein. Und diese Wahrheit ist sehr ernst, oft grausam, und sie liegt wie ein Albdruck auf mir.

Viel Selbsterlebtes steht wieder auf, wird wieder lebendig, greift mir an die Kehle: dieser Wahnsinn, diese Illusionen, dieser Dilettantismus, dieses ganze militärische Führungsfiasko an höchsten Stellen. Und auch unsere – heute nach knapp mehr als zwei Jahren schon nicht mehr ganz verständliche – Gläubigkeit und Illusionsbereitschaft. Ich erlebe alles wieder, und es stimmt mich nachdenklich.

Schörner, der Feldmarschall, steht vor mir; des »Führers liebster General«. Ich erlebe noch einmal die andere Seite dieses persönlich so tapferen, schneidigen Truppenführers. Ich erlebe die Etappe wieder, diesen Rausch des Vergessenwollens bis zum noch viel ernüchterndem Erwachen. Die Katastrophen an den Fronten. Führerbefehle! – Führerbefehle! Wahnsinn! – – Wahnsinn! Und *ich* mitten drin. Ein Staubkorn. Ohnmächtig dem geleisteten Eid und dem militärischen Gehorsam verpflichtet. Und doch mit weit aufgerissenen Augen das Unheil erkennend. Gelähmt! Gelähmt wie alle anderen. Welch furchtbare Zeit! Und nun ist dies alles jetzt und hier das Ende. Und der Beginn zu neuem Unrecht!

350

Dies ist wohl der stärkste Anlaß zur Verzweiflung. Das Leben erscheint sinnlos und eben doch zutiefst ungerecht.

Die »Moskauer Friedenskonferenz« ist gescheitert, desgleichen offenbar die »Konferenz von Paris über den Marshallhilfsplan.«

Die letzte Hoffnung, die letzte Chance, dieses armselige, geschundene Deutschland wieder zusammenzuflicken, ist nun endgültig dahin. Pliviers »Stalingrad« hetzt mich bis zur Erschöpfung. Aber das allein ist es nicht. In traumschweren Nächten begleitet mich das grausige Geschehen der schweren Kämpfe um diese Stadt unseres Schicksals und aller diese Tragödie begleitenden Umstände. Aber ich kann nicht hindern, daß zwischen den Zeilen dieses hunderttausendfachen Leides jener damals betroffenen Menschen in rotglühenden Lettern das Leid der heutigen hervorleuchtet.

Verhungerte Menschen in Deutschland. Brachliegendes, ehemals fruchtbares Land. Demontage der Industriebetriebe. Vertriebene. Flüchtlinge. Hungernde Kinder. Ausplünderung. Unermeßliche Arbeitslosigkeit. Verschleppungen. Niederbruch an allen Ecken und Enden. Selbstmorde aus Verzweiflung und Hoffnungslosigkeit. Nicht zu milderndes Leid und Elend der armen Alten, der Kranken.

Entsteht hier ein neues, gigantisches *Stalingrad auf deutschem Boden* – – –??

Maud v. Ossietzky, die Tochter des im KZ umgekommenen Carl v. Ossietzky, schreibt in der wiedererstandenen »Die Weltbühne« vom Greuel des Nazi-Regimes, von unschuldigen Opfern, vom unendlichen Leiden der Häftlinge in den KZ. Es ist unendlich viel Grausames geschehen. Was könnte wohl jenes Leid aufwiegen, das unsere Verblendung damals heraufbeschwor?? Ganz gewiß möchte ich, möchte viele von uns sehr kritisch mit dieser Vergangenheit abrechnen, möchte unseren eigenen Standpunkt in dieser Vergangenheit fixieren, möchte uns über unsere eigene Schuld sehr realistisch schlüssig werden. Dies ist ein Prozeß, der sicherlich Fortschritte macht. Und machen muß! Jeder von uns braucht das.

Aber es ist für diesen Prozeß peinlich fatal und hinderlich – und das sind wahrscheinlich nur sehr schwache Ausdrücke! –, daß wir alltäglich erleben müssen, wie von den neuen Leuten aller Schichten und Sparten, die jetzt den Ton angeben, die gleichen Fehler der Gedankenlosigkeit, die gleichen Taten des Unrechts begangen werden. Mit aller Entrüstung wehrt man sich dagegen, daß etwa ein heutiges Internierungslager mit einem früheren KZ verglichen wird. Freilich, es gibt keine elektrisch geladenen Zäune – (doch ! im »Sonderlager Dachau«!) –, es gibt keine Massenmorde –, keine medizinischen Versuche an lebenden Menschen. Das ist wahr. Aber es gibt unschuldige Menschen zu vielen Tausenden, die jetzt hoffnungslos das dritte Jahr der Gefangenschaft absitzen, aus Willkür jener, die die Macht zur Gedankenlosigkeit haben. Aus fadenscheinigen Gründen. Freigesprochene warten zu Hunderten auf Entlassung, ebenso hoffnungslos von Monat zu Monat belogen, betrogen, vertröstet.

Ich lege »Die Weltbühne« zur Seite. Mich kann das Schicksal, das da von einem bewährten Antifaschisten beschrieben wird, einfach nicht erschüttern, weil er sich genötigt sah, 1933 in die Schweiz zu emigrieren. Und auch das Schicksal eines anderen läßt mich kalt, der bei den Nazis seinen Beruf verlor und deshalb vorzeitig in Pension ging. Und jener erweckt höchstens meinen Abscheu, der ins Ausland floh, um dort in die feindliche Armee einzutreten und gegen Deutschland zu kämpfen. Und der damit die Legitimation erworben zu haben scheint, um heute in diesem Deutschland eine führende Rolle zu spielen – – – –

Ich suche meine Schuld. Meine ganz persönliche Schuld. Ich will sie erkennen. Ich will mich ihr auch beugen. Aber je weiter diese sinnlose Zeit ins Land geht, um so weniger kann ich sie sehen. Gewiß habe ich am Schuldverhalten des »Dritten Reichs« keine persönliche Schuld.

Ich war Soldat. Führer einer Aufklärungsfliegerstaffel, um damit einen gewissen Höhepunkt meiner militärischen Karriere anzumerken. Als Generalstabsmajor und Fliegerverbindungsoffizier zwischen einer Heeresgruppe und einer Luftflotte hatte ich situationsbedingt keine Verwendung, bei der man von einem Einfluß auf strategische Pläne eines Angriffskrieges oder gar auf politische Dinge sprechen könnte. Ich hatte keine Kommandogewalt, kaum eine beratende Stimme.

Bin ich also frei von persönlicher Schuld – –?? Und da ersteht die »Schuld« aus der Fiktion! *Wenn* ich nun an verantwortlicher Position gestanden hätte – –?? *Wenn* ich – angenommen! – in Situationen maßgeblich eingeschaltet gewesen wäre, die das Geschick von Menschen beeinflußt hätten? – –?? *Wie* hätte ich mich verhalten – –?? *Was* hätte *ich* gedacht, getan, befohlen – –?? Wäre *ich* frei von Verblendung gewesen – –?? Frei von Schuld geblieben – –?? *Wenn* – – –!?

Hier verliert sich alles Grübeln im Nebel. Unwillkürliches vermischt sich mit der Wirklichkeit. Ich fühle mich unendlich müde. Nachts hat es geregnet. Die Luft ist feucht und hat einen Geruch, als käme sie vom Meer. Salzig. Nach Teer. Das träume ich mit offenen Augen. Mir fehlt nachgerade jeder Sinn an der Gegenwart – – – Vielleicht macht das auch der Hunger. Mir ist alles gleichgültig. Und die Seele windet sich in ihrer Sehnsucht nach dem Ende dieses Loses hier doch in viel schwereren Hungerkrämpfen.

Als ich unten am Lagerzaun auf einer Bank sitze, schlafe ich ein. Ich träume von Ernst Besserer. Er hat mir einen Brief aus der wiedergewonnenen Freiheit geschrieben. Er erzählt von seinem »Kampf« mit den Behörden um Lebensmittelmarken, Zuzugsgenehmigung, Unterbringung, Reisebewilligung und so fort. Mich dünkt es eine Ewigkeit her, seit er das Lager verließ. Ich bin seither jedenfalls nicht mehr richtig froh gewesen, soweit das hier überhaupt möglich ist.

Unsere Stube ist wieder voll belegt. Ein baumlanger ehemaliger SS-

Führer hat unter meiner Pritsche das ehemalige Bett von Ernst Besserer bezogen; ein sehr selbstbewußter Typ, gut aussehend, männlich, zu
jeder Frage bereits mit einem fertigen Urteil zur Hand. Und zugleich
doch ein armseliges menschliches Wrack. Schwer kopfverwundet trägt
er eine silberne Hirnschale. Vielleicht ist er deshalb so leicht erregbar.
Innerlich ist er offensichtlich restlos verbittert, was sich in einem
manchmal unangenehmen Zynismus ausdrückt.

Seine Frau betreibt die Ehescheidung gegen ihn. »Das hat man heut-
zutage ja häufig!« ist das einzige, was er dazu bemerkt. Es stimmt!

Dann ist da noch ein Leimfabrikant aus Leipzig bei uns eingezogen,
ein sehr zurückhaltender, stillvergnügter und beneidenswert naiver
Mann. Er verbringt seine Zeit damit, daß er Motive von Ansichtskarten
in Aquarell malt. Viele Stunden am Tag pinselt er still vor sich hin.

Seitdem auch die letzte Möglichkeit für ein geeintes Europa durch
die Sowjetunion vereitelt wurde, macht sich bei uns allen hier im Lager
tiefe Niedergeschlagenheit breit. Nun ist nicht nur unser armes deutsches Vaterland in zwei Teile gespalten, sondern ganz Europa ist jetzt
in zwei Machtblöcke zerrissen. Damit ist die UdSSR ihrem Ziel wieder
einen Schritt näher gerückt, konsequent und rücksichtslos. Damit ist
Westdeutschland auf Gnade und Ungnade den Siegermächten ausgeliefert.

Und ich kann dadurch meine vogtländische Heimat wohl niemals
wiedersehen – – –

Die meisten Stunden des Tages verbringe ich damit, mit gesenktem
Kopf an den Stacheldrahtzäunen des Lagers entlangzugehen, zunehmend menschenscheu, jedenfalls immer allein. Ich habe schon fast an
nichts mehr Anteil. Auch einen reifen Sommertag erlebe ich nur mehr
mit blassen Empfindungen. Seitdem es kühler geworden ist, mutet die
Landschaft bereits herbstlich an. Die Kornfelder sind goldgelb getönt,
der Mohn verblüht. Wolken segeln hastig am Himmel dahin. Alles eilt
der Reife zu. Wer gezwungen ist, stille zu stehen, betrachtet das mit
Argwohn und Wehmut – – –

»Haben Sie schon gehört? Der Offizialverteidiger der Waffen-SS ist
bei General Lucius D. Clay vorstellig geworden, daß die Entlassung
ehemaliger Generalstabsoffiziere ungerecht sei!!« »So! Na und??« Seltsam, mich interessiert das nicht mehr.

»Fragen Sie mal Kamerad Sauerbruch! In Karlsruhe hat es schon
Krach gegeben. Die amerikanische Militärregierung soll die erneute
Überprüfung aller gegen Generalstabsoffiziere durchgeführten Spruchkammerverfahren angeordnet haben – – –« »Das kann alle die, die
schon draußen in Freiheit sind, ja nicht sonderlich kümmern – –!!?«
sage ich obenhin. Ich bin unwirsch. Ich will diesen ganzen »Quatsch«
nicht mehr zur Kenntnis nehmen. Es wird alles immer sinnloser.

Am Abend spielen die Stuttgarter Philharmoniker in der Lagerturn-
halle. Smetanas »Die Moldau«. Dann ein Violinkonzert von Mozart.

Und am Schluß die grandiose 5. Sinfonie von Tschaikowsky. Ein unbeschreibliches Erlebnis!

Wenn man sich in einer riesigen, endlosen Sandwüste verirrt hat und schließlich am Verdursten ist, und dann kommt plötzlich eine Oase, eine Wasserstelle in Sicht, dann kann man sicherlich nicht dankbarer sein, als ich es heute für diese Musik bin. Schon bei den geliebten Klängen und Melodien der »Moldau«, so unsagbar herrlich interpretiert, gingen mir die Nerven durch. Ich mußte die Hände falten und – heulte. Und dankte Gott. Es war alles ungewöhnlich und von einem überwältigenden Eindruck.

Unter mehr als tausend Gefangenen sitze ich in diesem großen Hallenraum, und die Tränen rinnen, weil es so schön, so wundersam schön und ergreifend ist, diese Musik zu erleben. Ich weiß nicht, was ich fühle – – kann diese Empfindungen nicht ordnen – – ich bade in Tönen und Melodien, ich schwimme auf ihrem Strom, ich lasse mich treiben. Und ich schäme mich auch nicht, daß ich nach diesen zwei Jahren trostloser Gefangenschaft dem Erlebnis dieser Musik nervlich nicht mehr gewachsen bin. Ich kann die Tränen nicht zurückhalten. Das Violinkonzert ist mir unbekannt und läßt mich kalt. Aber dann Tschaikowskys 5. Sinfonie!!! *Das* ist Rußland! Das ist slawischer Volkscharakter, das ist grenzenlos weites Land, das ist die Schwermut breiter Ströme, die aus der Steppe kommen und ins Unbegrenzte hinausfließen. Das ist Jähzorn und Trunkenheit. Das ist das Marschieren revolutionärer Bataillone über breite, steinerne Freitreppen hinab in den Tod. Ins Maßlose. Das brüllt und weint und schüttelt sich in der Selbstaufgabe, in der letzten Verschwendung.

Ich sitze auf meiner Bank und fühle mich um- und umgewühlt. Das Hemd klebt mir am schweißnassen Rücken, während ich von dieser gewaltigen Musik zermalmt werde. Könnte ich doch dieses Erlebnis in Worte fassen!

Als alles aus ist und das Toben des Applauses verebbt, treffe ich Herrmann-Tross am Ausgang der Halle. Er sieht bleich aus, und die Haare kleben ihm in der Stirn. »Mensch!« sagt er und seine Augen sind ganz groß, »ich bin vollkommen mürbe geworden. Das hat mich zusammengestaucht – – wie – – wie eine schwere körperliche Anstrengung – –!!« Ebenso fühle ich mich. Ganz und gar ausgefüllt von dieser Musik. Geläutert. Gebessert. Keinesfalls imstande, einen klaren Gedanken zu fassen. Oder gar logisch zu denken – – –

Ich habe den Eindruck, daß ich in meinem Leben niemals wieder Musik so wie heute erleben kann – – – Ein einmaliger Abend!

Heiße, gewitterschwüle Sommertage schließen sich an. Wir werden wieder gegen Typhus geimpft. Ich bekomme Kopfschmerzen. Fieber. Finde nachts keinen Schlaf. Die rechte Brusthälfte ist dick angeschwollen und hart. Ich bleibe den ganzen nächsten Tag schweißgebadet auf meiner Pritsche. Die Sonne sticht vom Himmel.

Der Juli geht seinem Ende zu. Überall draußen fällt das Getreide unter den Sensen der Bäuerinnen. Überall fehlen die Männer auch hier bei der Arbeit. Gefallen. Vermißt. In Gefangenschaft. Hier sitzen sie auf der Umfassungsmauer der Hospitalterrasse und schauen hinaus ins Land, über das Gold des Korns hinweg, das in Puppen aufgestellt wird. Schauen mit glänzenden Augen hinüber zu den blauen Kleidern der Mädchen und Frauen, zu den weißen Kopftüchern. Zu den Ährenleserinnen. Gefolgt vom Spiel der Kinder und deren Flinkheit im Haschen und Heben. Die Kleidchen der Kleinen wehen im Wind. Erntewagen ziehen, voll der goldenen Last, bedächtig einen Feldweg entlang zum Dorf im Neckartal hinab.

Am Abend bestellt mich zu meiner Überraschung Herr Rosenberg, der Verbindungsmann der Amerikaner, zu sich − − − in den Friseursalon der Lagerverwaltung. Während er beleibt, rosig und schwitzend im Stuhl sitzt und für die Rasur eingeseift wird, läßt er mich meinen Fall noch einmal vortragen.

»− − − habe Ihr Spruchkammerurteil bekommen − −«, prustet er unter dem Seifenschaum, »− − muß mir − − ein eigenes Urteil machen − −« Ich sage unverblümt, was ich auf dem Herzen habe. »− − will sehen, ob − − ob ich mich − − um die Beschleunigung Ihrer Sache − − kümmern kann − −«

Es wird immer heißer. Das Thermometer klettert auf plus 32 Grad.

Zwei Tage später läßt mich Herr Matheis, der »Öffentliche Kläger« der Lagerspruchkammer, wissen, daß meine Akten und mein Urteilsspruch bei der Militärregierung zur Bestätigung liegen. »Also bei der letzten Instanz!?« frage ich. »So kann man sagen! Ja!« meint Matheis. »Es kann sein, daß Ihr Spruch noch diese Woche bestätigt zurückkommt!« »Und wenn nicht − − −??« »Nun, dann müssen Sie eben noch warten. Es kann ja auch sein, daß ein schlechtgelaunter amerikanischer Sergeant Ihren Spruch kassiert − − tja, sowas hat's auch schon gegeben − − −«

Mich durchzuckt ein Schreck! »Und dann − − −??« ich schreie es fast heraus. »Na ja, dann fängt eben alles noch einmal von vorne an!« »Aber das ist doch − − das ist doch − −«, stottere ich. »Seien Sie froh, daß Sie nicht mit in die Britische Zone verlegt werden! Übermorgen geht der erste große Austauschtransport dorthin ab. Alle müssen mit, die am 1. September 1939 dort seßhaft waren!«

»Aber *ich??*«, frage ich Herrn Matheis, »was soll *ich* denn in der Britischen Zone − −??« »Na, Sie wohnten damals doch in Berlin? Stimmt's?« »Ja, aber − − −«. »Ich sagte ja, Sie haben Glück; über die ehemaligen Berliner ist die Bestimmung noch nicht ganz klar − − −« »Aber, was soll ich denn in einem neuen Lager?? Mit neuen Entnazifizierungsverhandlungen??«

Matheis wird ernst. »Hören Sie! Man munkelt, daß auch ein Austausch mit der Sowjet-Zone geplant ist! Wir wollen also hoffen, daß Sie vorher hier freikommen − − −« »Das wäre wohl das Allerschlimmste − − −«, sage ich noch. »Dann geht es ja wohl um Leben und Tod − − −!!« Matheis hebt die Schultern.

Plus 35 Grad im Schatten. Die Blätter welken an Bäumen und Sträuchern. Der Rasen dort zu unansehnlichem Gelb und Braun. Ich selbst komme mir vor wie ein uralter, von Moos überwucherter Fels, der unter der Sonnenhitze des Tages ausgeglüht wird und dann unter der Kälte der Nacht birst und zermürbt.

Jeden Morgen denke ich: Heute! Heute *muß* etwas mit mir geschehen. Etwas, das mich betrifft. Heute wird es endlich eine Lösung geben, heute. Aber wenn es dann Abend ist, sehe ich ein, daß wieder ein sinnlos vertaner Tag zur Neige ging.

Und ich bitte flehentlich »das Gute über mir«, daß ich nicht in letzter Minute noch verrückt werde.

Die Kameraden aus der Britischen Zone ziehen aus. Aus unserer Stube ist der Leimfabrikant aus Leipzig dabei. Frohgemut packt er seine Pinsel, seinen Farbkasten und seine Aquarelle zusammen. Auf jeden Fall − − ein Künstler!

Wie eine feuerflüssige Kugel schwimmt die Sonne im Hitzedunst über dem Hohenasperg. Irgendwo zirpt eine Grasmücke. Die Blätter der Kastanie hinter unserem Wohnblock beginnen zu gilben und sich zusammenzurollen. Über den weiten, schweigenden Feldern liegt die Hitze wie ein Kissen. Stirbt dieser Sommer schon? Ich träume in den pastellfarbenen Himmel über mir hinauf. Und bin ganz ohne Klang. Verlassen von allem. Ich möchte gern zu einem Gottedienst gehen. Monatelang war ich nicht dort. Es wäre Heuchelei gewesen. Kaum, daß ich noch beten kann. Aus einem völlig leeren Herzen kommt nichts. Aber jetzt ist es Zeit! Ich brauche einen Halt. Einen letzten Halt − − −! Dabei fühle ich jedoch genau, daß ich keinen finden werde, es sei denn, er wäre in der eigenen Brust zu spüren. Dort lastet aber nichts als Bitterkeit und eine übergroße Sehnsucht. Und alles ohne jeden Klang.

Von überallher bekomme ich ermunternde Briefe. »Kopf hoch!« ruft man mir zu, »laß dich nicht zuletzt noch unterkriegen! Mach' denen, die dich peinigen, nicht die Freude, dich doch noch in die Knie zwingen zu lassen! Bleib dir selbst treu!«

Nein, noch bin ich nicht am Ende. Noch fühle ich einige Reserven. Aber es geht der Neige zu. Einmal ist das Maß des Erträglichen voll − −

Ich treffe Herrn Matheis, als ich vorn am Lagertor stehe. Der »Öffentliche Kläger« würdigt mich einiger Worte. Er scheint mir meine Verfassung anzumerken. »Sie müssen die Nerven behalten!« sagt er. »Es geht jetzt ja doch in die Schlußrunde für Sie. Und − − Sie sind doch ohne Schuld − −!« Ein freundlicher Trost.

Freiheit!!! Wo ist sie? Friedliches Schaffen!!! Wann darf ich es? Seelenheiterkeit!!! Wo werde ich sie jemals wiederfinden?

In den ersten Augusttagen wird die Hitze schier unerträglich. Sie trocknet jedes Lebensgefühl aus. Apathisch bleiben viele auf ihren Pritschen liegen. Auch tagsüber. Auch ich.

Ich höre Radio. »– – – und es muß noch einmal gesagt werden: In unseren Internierungslagern sitzen doch nur noch die großen Nazis. Mit ihnen braucht man wirklich kein Mitleid zu haben. Vielmehr geht es diesen Totengräbern des Volkes noch immer viel zu gut. Sie sind besser ernährt als die zivile Bevölkerung, denn sie tun ja auch nichts, als den ganzen Tag in der Sonne liegen – – –«

Durch Zufall bekomme ich eine Aufstellung, aus welchen Gruppen sich unser Lager zusammensetzt:

664 »Politische Leiter«, darunter aber weder ehemalige Reichsleiter noch Gauleiter; sie haben sich meist das Leben genommen oder es durch alliierte Gewalt – auch in Nürnberg – verloren. So haben wir nur acht Kreisleiter,

67 ehemalige SA-Führer,

4 HJ-Führer,

6 ehemalige Führer des »Nationalsozialistischen Kraftfahrkorps« (NSKK),

35 Angehörige der GESTAPO,

41 des ehemaligen SD,

15 niedere Dienstgrade des Generalstabs.

2112 Mann der ehemaligen SS; das stärkste Kontingent, davon 1246 »Unterführer«,

433 Mannschaften (dabei KZ-Bewachungspersonal) und knapp 500 SS-Führer der Waffen-SS.

Das also ist hier das Verbrechervolk der »großen Nazis«!

Spät am Abend bekommen wir einen neuen Kameraden in unsere Stube, einen kleinen, dunkelhaarigen Bayern. Ehemaliger Hauptscharführer der Waffen-SS. Er kommt im Austauschtransport aus der Britischen Zone. Ein netter, sympathischer, sauberer Mann, an dessen Schicksal ich mich wieder ein wenig aufrichte. Auch dieser Mann hat nichts Böses getan, hat keinerlei Schuld auf sich geladen, sondern nur seine soldatische Pflicht in einer der Eliteeinheiten unserer Gesamtwehrmacht erfüllt.

Von ihm erfahre ich, daß noch Tausende und Abertausende dieser im jahrelangen Kampf gestählten jungen Männer, dieser tapferen Nur-Soldaten der Waffen-SS in den Lagern eingesperrt sind und bleiben.

Im Gegensatz zu mir gehört dieser junge Mann ja einer »verbrecherischen Organisation« an. Aber das macht nichts. »Sitzen« müssen wir ja doch beide.

Er trägt sein Los – wie mir scheint – unbekümmert und ohne Bitterkeit. »Wir haben soviel erlebt, damals draußen an der Front«, sagt er mit einem fast gutmütigem Lächeln in seinem Jungengesicht, »da werden wir ja das hier auch noch überstehen – – –« Dann geht er seine Wäsche waschen und duschen.

Ich denke darüber nach, daß es doch einen Grund hat, − schon aus einem unbewußten Solidaritätsempfinden heraus! −, wenn wir älteren Offiziere nicht in die Freiheit entlassen werden, solange diese Jungen, die in den letzten Kriegsjahren fast noch Kinder waren, in der Gefangenschaft festgehalten werden.

Ich stehe lang am offenen Fenster unserer Stube. Es hat abgekühlt, und damit ist auch gleich eine herbstliche Stimmung aufgekommen. In der Ferne sehe ich tatsächlich, wie ein Bauer schon wieder mit dem Pflug Furchen über die Stoppeln zieht und die Erde für den Winter umbricht. Nachts zirpen hundert Grillen den Schwanengesang des Sommers.

Es ist nun auch tagsüber nicht mehr ganz so schrecklich heiß. Der Geist beginnt sich wieder ein wenig zu beleben. Man möchte wieder Anteil nehmen am Geschehen. Aber an welchem Geschehen − −!!?? Es geschieht ja nichts. Ich laufe kreuz und quer durch das Lager. Jeder Stein, jeder Baum, jede Hausecke, jedes Gemüsebeet ist bereits tausendmal geschaut, betrachtet, zum Überdruß bekannt. Ich kann in unserer Stube am Tisch sitzen und die Augen schließen und laufe doch in Gedanken weiter meine Runden kreuz und quer durch den begrenzten Raum. Selbst noch im Schlaf träume ich alle diese allzu oft geschauten Bilder in quälender Monotonie.

Wann kommt das Ende!? Gott wird mir den rechten Weg weisen! Seiner grundlosen Barmherzigkeit und Güte gebe ich mich anheim. Den dunklen Wolken, die am Himmel hängen, und dem Sturm, der den sandtrockenen Ackerstaub über die Felder jagt, gebe ich dieses hingebende Flehen zu Gott mit − − −

Ich suche mir einen Platz auf einer der Bänke hinter dem langen rostroten Nordzaun des Lagers. Immerfort sind diese Bänke von Gefangenen besetzt, vom frühen Morgen bis in die sinkende Nacht hinein. Man hat Mühe, hier einen Platz zu bekommen. Wer aber hier sitzt, dessen Gedankenkreis ist nicht mehr von Stacheldraht umschlossen. Hier wird auch kein lautes Wort mehr gesprochen. Der Blick schweift den sanft geneigten Hang zum Neckartal hinab, bleibt am Dorf Neckarvaihingen hängen, das wie ein Spielzeug mit seinen weißen Giebeln und roten Ziegeldächern ins Grün hineingedrückt ist, geht über die dunklen Weinberge des jenseitigen Steilhanges wieder hinauf, über sanftlinige Höhen und Waldkuppen hin in eine blauzart verschleierte Ewigkeit hinein. Über einem Kohlfeld gaukeln weiße Falter. Immer paarweise. Die Natur erlebt fast atemlos ihre großen Stunden der Reife und Ernte. Schweigende Feierlichkeit. Nur am Himmel fließt das Meer der Wolken in stillem Bewegen von Horizont zu Horizont.

Ich zupfe ein paar Wiesenblumen unter dem Stacheldraht hervor und stelle sie oben in meiner Stube neben das Bild meiner Mutter, die heute Geburtstag hat. Das ist alles, was ich für sie tun kann.

Der junge SS-Mann kommt zu mir und bietet mir eine Zigarette an. Er sieht bekümmert aus. Schon möchte ich ihn fragen, was denn der Grund sei. Aber als wir uns anblicken, verstehe ich ihn. Wir haben die gleichen Gedanken. Ringsum die Kameraden unserer Stube, stehend, auf dem Rand der Bett-pritsche kauernd, die Mittagssuppe aus den Blechtöpfen kratzend. Es ist Mittagszeit. Einer rülpst ungeniert. Keiner gibt sich mehr die geringste Mühe um Haltung, sei es auch nur dem Nachbarn zuliebe. Es genügt ein Blick zwischen dem SS-Mann und mir, um uns über alles zu verständigen. Das ist wohl − neben der Fähigkeit, gemeinsam schweigen zu können − die höchste Stufe des Verstehens.

»Symptome der langen Gefangenschaft, auch das − − −«, sage ich leise. »Nein!« erwiderte er ebenso leise. »Verlorene primitivste Würde des Menschen − − − allumfassender Zusammenbruch − − diese Manns-bilder, die dreckigen! Als hätten's alle nur noch ihren Bauch und zwoa Öffnungen zur Nahrungszufuhr und zur Verdauung − − −«

Er deckt sich ein sauberes weißes Tuch über die Ecke seines Platzes am gemeinsamen Tisch, schüttet den Inhalt seines Kochgeschirrs in einen tiefen Teller, schlägt das Kreuzzeichen über Stirn und Brust und nimmt zum Essen Platz.

Auch in den nächsten Tagen laufe ich die meiste Zeit durch den Käfig dieses Gefangenenlagers wie ein Tier, das einen stillen Winkel sucht, wo die gepeinigte Kreatur wenigstens allein und ungestört traurig sein kann.

Der Abend des 8. August ist wie jeder andere Abend. Die Kameraden in der Stube richten sich für die Nacht ein. Einer rasiert sich noch unter der Lampe, die über unserem Tisch hängt. Mein junger SS-Freund kommt vom Flur herein, wo er sich seine schwarzen Schuhe blitzblank geputzt hat. Er hält sehr auf sein Äußeres.

Ich schreibe an einem Brief. Da wird die Tür geöffnet. Ein Angestellter der Spruchkammer kommt herein. »Wer ist hier der Naumann??« Ich schaue erschrocken hoch. »Ich − −!!«

»Sie werden morgen entlassen! Bitte, kommen Sie um 9.00 Uhr mit Ihrem Gepäck zur Verwaltung!« Er macht kehrt. Er ist schon wieder draußen; die Tür fällt ins Schloß. Mir flattert die Feder in der Hand. Ich zittere am ganzen Leib vor Aufregung. Vor Glückstaumel! Vor inniger Dankbarkeit! Entlassung in die Freiheit − −!!! Oh, Gott, Vater im Himmel! Laß es bitte, bitte nicht nur einen Traum sein − − −!!

Die Kameraden starren mich mit offenen Mündern an. Es ist jetzt ganz still in unserer Stube. »Gratuliere − −!« sagt einer leise. Es ist also kein Traum! Er hat's auch gehört. Ich werde entlassen!

Als ich von meinem Stuhl aufstehen will, ist es mir, als schwebe ich, fliege − − − Ich muß mich am Tisch festhalten. Mir ist ganz und gar schwindelig. »Freiheit!!« jubelt es in mir.

Dann laufe ich hinaus in den dunklen Kasernenkorridor. Und die Treppe hinab. Hinaus in die Nacht. Ich laufe wie in einem seligen Tanz. Für diese Stunde will ich meinem Herrgott bis an das Ende meines Lebens danken. Noch kann ich alles nicht fassen. Morgen! Morgen also soll ich −

endlich! – schuldlos! – die Freiheit wiedererlangen. Mir ist, als läuten es die Glocken von den Kirchen ein. Freiheit! Jetzt nicht mehr nur ein Traum! Jetzt – – – Zukunft!

Kameraden, die mir begegnen, geben mir ihre guten Wünsche mit auf den Weg. Ihre Augen sind stumpf dabei und ihre Mienen verzweifelt. Sie bleiben ja doch hier in ihrer Hoffnungslosigkeit zurück, und ihre seelische Stimmung erlebt einen Tiefpunkt an solchen Tagen, wenn ein Glücklicher scheidet.

Freiheit!! Daß ich es doch nicht zu begreifen vermag! Unendlich oft erlebte ich diesen Tag in meiner Sehnsucht voraus, und nun, da es soweit ist, kann ich es nicht fassen, nicht bewältigen.

Als ich ins Haus, in unsere Stube zurückkehre, sind die Kameraden dort schon zu Bett gegangen. Ich taste mich im dunklen Zimmer zu meinem Bett. Zum letzten Male! Morgen – – morgen – –

Mit jedem Pulsschlag hebe ich mich ein wenig mehr aus dem Bisherigen heraus, bis ich gleichsam in der Luft schwebe und vom Wind davongetragen werde wie ein Samenkorn an einem seidenen Faden, ein Samenkorn, das reif geworden ist – – –

Die letzten Formalitäten sind am nächsten Morgen schnell erledigt. Ich karge um jede Minute, die ich früher dieses Lager verlassen kann. Noch immer meine ich, der Traum könnte wieder verfliegen – – –

Aber dann ist es tatsächlich so weit!

Die Posten am Tor prüfen den Inhalt meines selbstgezimmerten Holzkoffers. Gefärbte amerikanische Wäsche, ein paar Bücher und Hefte, der Aluminiumteller, aus dem ich in all den vergangenen Monaten meine Suppe löffelte, Briefe in einer Mappe. Und dann – ganz zuunterst – man kann ja doch nie wissen, wozu man's mal brauchen kann!? – die Holzhaueraxt von Ernst Besserer – – –

Die Posten schauen sich vielsagend an. Mir sticht ein Schreck durch die Glieder. Hätte ich besser – – – doch nicht – – –!!??? Der Wachhabende macht eine Bemerkung, die ich so verstehe:»Okay! – – Laßt's gut sein – – –!« Er prüft meinen gestempelten und gesiegelten Schein. Alles in Ordnung. Der Riegel des Lagertors schnappt hinter mir ins Schloß.

Einen Augenblick muß ich stehenbleiben. Alles dreht sich jetzt hier um mich herum. Der Jubel in meiner Brust droht diese fast zu sprengen. Dann nehme ich mein Gepäck auf und mache mich mit schwankenden Schritten unter der Last meiner Habe auf den Weg: mit hochgepacktem Rucksack, schwerem Holzkoffer und Deckenbündel. Den Klappstuhl hänge ich mir um den Hals.

Der Sommerhimmel über mir strahlt in makellosem Blau. In den Gärten, an denen ich entlanglaufe, hängen reife Äpfel an den Bäumen. Ich höre Vögel singen. Menschen gehen auf den Straßen. Ein Mädchen schüttelt ein Tuch aus einem Fenster. Auf einem Rasenstück spielen Kinder.

Ich komme bis zur Hauptstraße. Hier setze ich mein Gepäck ab. Wische mir den Schweiß von der Stirn. Von links kommt ein Bauernwagen. Zwei Braune davor laufen im gemächlichen Schritt. Ein junger Mensch sitzt in blauem, schmierigem Kittel auf dem Sitzbrett, eine Schirmmütze schief auf den Locken. Er hält an, rückt zur Seite, nimmt mich mit. Er schimpft auf die Kapitalisten und bedauert, daß die Russen nicht auch hierher nach Ludwigsburg gekommen seien.

Der Wagen rattert und stößt auf dem groben Pflaster, und ich bin glücklich, daß ich auf diese Weise ein Stück weiter zum Bahnhof gelange. Um die Mittagsstunde verlasse ich Ludwigsburg. Für immer! Ich rechne nach: zehn Monate saß ich hier als Gefangener im Lager. Zehn Monate − − − Aber das ist jetzt ohne Belang. Mir ist schwindelig vor all dem, was ich jetzt möchte. Nur eines will ich nicht: Zurückdenken!

Jetzt an der Null-Linie gilt es vielmehr, still ohne Ballast, mit Gottvertrauen und mit letzter Kraft aus einem Rest noch immer nicht zerstörten Selbstbewußtseins anzutreten und zu versuchen − wenn es sein muß: mit verbissenem Eifer! − der Zukunft nachzulaufen − − −

Der Autor als Staffelkapitän im Rang eines Hauptmanns der Luftwaffe

Die BdM-Führerin Rosemaria erzählt volksdeutschen Kindern in Rußland von der Heimat

Zeichnung des Autors: »An der Hermann-Löns-Straße im Lager Ludwigsburg«; Juli 1947

Der Entlassungsschein vom 9. August 1947

Der Gefangenenausweis des Lagers Ludwigsburg